FILOSOFIAS DA ÍNDIA

Heinrich Zimmer

FILOSOFIAS DA ÍNDIA

compilado por

JOSEPH CAMPBELL

Tradução

Nilton Almeida Silva

Cláudia Giovani Bozza

e participação de

Adriana Facchini De Césare

Versão final

Lia Diskin

Palas Athena

Título original: *Philosophies of India*

Grafia segundo o Acordo Ortográfico da Língua Portuguesa de 1990, em vigor no Brasil desde 2009.

Projeto editorial	*Lia Diskin*
Coordenação editorial	*Emilio Moufarrige*
Revisão	*Lia Diskin*
	Nilton Almeida Silva
Revisão da 2ª edição revisada	*Adir de Lima*
	Lucia Brandão Saft Moufarrige
	Therezinha Siqueira Campos
Revisão dos termos em sânscrito	*Mário Ferreira*
Revisão ortográfica	*Lidia La Marck*
Foto da capa	*Hugo Sérgio Faleiros*
Diagramação	*Maria do Carmo de Oliveira*

Dados de Catalogação na Publicação (CIP) Internacional
(Câmara Brasileira do Livro, SP, Brasil)

Z66f

Zimmer, Heinrich Robert, 1890-1943.
Filosofias da Índia / Heinrich Zimmer; compilado por Joseph Campbell; tradução Nilton Almeida Silva, Cláudia Giovani Bozza e participação de Adriana Facchini De Césare; versão final Lia Diskin. São Paulo : Palas Athena, 1986.

Bibliografia.

ISBN 85-7242-002-9

1. Filosofia comparada 2. Filosofia hindu I. Campbell, Joseph, 1904 II. Título.

CDD- 181.4
86-0675 - 100

Índices para catálogo sistemático
1. Filosofia comparada 100
2. Filosofia hindu 181.4

8ª edição – abril de 2023

Direitos adquiridos para a língua portuguesa, pela
PALAS ATHENA EDITORA
Alameda Lorena, 355 - Jardim Paulista
01424-001 - São Paulo - SP - Brasil
fone: (11) 3050.6188
www.palasathena.org.br @associacaopalasathena

PRÓLOGO DO COMPILADOR

Os capítulos póstumos de Heinrich Zimmer para a obra que projetava escrever sobre as filosofias da Índia encontravam-se em graus diferentes de acabamento. Os que se referiam ao encontro de Oriente e Ocidente, à filosofia política indiana, ao jainismo, ao Sāṁkhya e Yoga, ao Vedānta e ao Conhecimento búdico, haviam servido de notas para uma série de conferências proferidas na Universidade de Colúmbia na primavera de 1942, ao passo que o capítulo concernente à questão do dever na filosofia indiana havia inaugurado o curso de primavera de 1943. Porém, decorridas apenas cinco semanas após o término desse período, Zimmer caiu mortalmente enfermo e os materiais acerca de outros temas do pensamento indiano ficaram incompletos, no estado de meras anotações e esboços. Não obstante, tudo estava ordenadamente centralizado em um único arquivo, de modo que não houve dificuldade na tarefa de sistematizá-los. As lacunas puderam ser preenchidas com materiais procedentes de outros manuscritos, bem como por recordações de diálogos que havíamos mantido. A compilação da maior parte dos capítulos transcorreu, portanto, sem maiores empecilhos. Contudo, à medida que se aproximava o final, os apontamentos tornaram-se tão esparsos e primários que foi necessário completar o fragmentado texto com dados provenientes de outras fontes.

Citei apenas os autores sugeridos por Zimmer em seus esboços e apontamentos de aula e todos mencionei claramente em minhas notas explicativas. Na seção sobre "Os grandes reis budistas", na qual pela primeira vez deparei com este problema, minhas autoridades principais foram *The Cambridge History of India*, vol. I; E. B. Havell, *The History of Aryan Rule in India from the Earliest Times to the Death of Akbar*; Ananda K. Coomaraswamy, *Buddhism and the Gospel of Buddhism*; T. W. Rhys Davids, *Buddhism, Its History and Literature*; S. Radhakrishnan, *Indian Philosophy*; Vincent A. Smith, *Ásoka, The Buddhist Emperor of India*; e o artigo de Louis de la Vallée Poussin a respeito dos concílios e sínodos budistas, na *Encyclopaedia of Religion and Ethics*. As notas destinadas ao capítulo sobre budismo Hīnayāna e Mahāyāna, estavam completas, muito embora não constituíssem ainda uma exposição contínua. Limitei-me a ordená-las, e verti as frases curtas em prosa corrente, preenchendo duas breves lacunas com citações de S. Radhakrishnan, conforme indicado nas notas. Por outro lado, fiquei particularmente desapontado ao ver que os materiais para os capítulos sobre *O Caminho do Bodhisattva*, *O Grande Júbilo* e *Tantra* eram muito escassos e desenvolvidos apenas de maneira fragmentada, pois eram estes os temas aos quais Zimmer estava se dedicando com maior atenção nos últimos anos de sua vida, e acerca dos quais conversava com extraordinária eloquência. Encontrei apenas uns poucos rascunhos espalhados entre os livros de sua biblioteca, e estes, junto às minhas lembranças de nossas conversas, tiveram de constituir o cabedal mínimo necessário para as notas. O leitor deverá ter em mente que nas últimas páginas a posição de Zimmer, talvez, não esteja corretamente apresentada. Pude apenas citar uns poucos e breves, mas preciosos, fragmentos, estruturados de modo tal que a maior parte das citações tem sua origem na tradução do Swāmī Nikhilānanda de *The Gospel of Śrī Rāmakrishna* e na obra de Sir John Woodroffe, *Shakti and Shākta*.

Não podemos duvidar de que a história das filosofias da Índia, agora apresentada, seria bem diferente caso Zimmer estivesse vivo. Contudo, a amplitude das ideias fundamentais é capaz de nos brindar com extraordinária visão, não apenas do desenvolvimento filosófico indiano como também do ocidental. Por isso, embora esta obra, no modo como se apresenta, seja de fato apenas um fragmento (um fragmento enorme e surpreendente, comparável talvez à *stūpa* inacabada de Borobudur), de maneira formal, constitui uma expressão coerente e prodigiosa. O conjunto é concebido antes de tudo como uma introdução ao tema, no qual cada capítulo conduz ao seguinte, e não como um manual; todavia, utilizei referências cruzadas e o Sr. William McGuire preparou um copioso índice para atender ao leitor desejoso de estudar qualquer tema em separado. Orientações para leituras adicionais poderão ser encontradas na bibliografia e nos títulos citados nas notas.

Meus profundos agradecimentos se dirigem ao Swāmī Nikhilānanda por haver permitido citar sua tradução de *The Gospel of Śrī Rāmakrishna*; à Dona Luisa Coomaraswamy pelas figuras 1, 2, 3, 5, 9, 10 e 12; à Dra. Stella Kramrisch pelas figuras 8 e 11 e à Dra. Marguerite Block pela figura 6a. O Metropolitan Museum of Art nos forneceu gentilmente as figuras 4 e 6b, a Morgan Library, a figura 6c, e o Asia Institute, a figura 7. Além do mais, tenho uma enorme dívida de gratidão para com a Sra. Wallace Ferguson, por ter-me ajudado na compilação final dos originais; com a Sra. Elizabeth Sherbon, pelos três anos de infatigável trabalho datilográfico; com o Sr. William McGuire, por sua meticulosa compilação das provas e pelo índice acima referido, e com minha esposa, pelas incontáveis horas que me escutou e por suas inúmeras sugestões.

Joseph Campbell

Nova York, 20 de março de 1951

PRÓLOGO À EDIÇÃO BRASILEIRA

Se por um lado presenciamos uma época em que a corrida armamentista é o denominador comum de todas as nações, sem respeitar fronteiras, ideologias e alianças, em que cientistas unem suas genialidades para criar métodos mais eficazes e mais econômicos de destruir o "inimigo" – seja este quem for –, é evidente que também estamos ante um despertar espiritual vigoroso, no qual tampouco se respeitam as fronteiras, as ideologias, ou as tradições de cada povo. O homem do século 20 está sedento de Deus, de fé e de experiências realmente espirituais. Por isso, não lhe importa de que oásis provenha a sua água, se das terras do leste ou do oeste, se das altas montanhas ou dos ermos, a única coisa que ele anseia é beber!

Faz um par de décadas que, olhando para o nascente, o Homem ocidental descobriu a pátria do Ganges – pátria esta que já havia despertado a curiosidade dos filósofos gregos –, e num arrebatamento apaixonado atravessou o grande mar em busca daquilo que, acreditava, aplacaria sua sede. No entanto, a afobação e o desespero impediram o abraço, o namoro, as carícias naturais de todo encontro; ao invés disso, as duas culturas esbarraram uma na outra, balbuciaram as experiências de milênios, tatearam tão somente os traços de seus corpos, e o Homem do Ocidente, atravessando uma vez mais o imenso oceano, voltou a suas terras. E então começaram a surgir as fábulas, as fantasias sem limites, os acréscimos e as distorções, os exércitos de "mestres" e de "iniciados", as salvações mágicas e os *samādhi* a cômodas prestações...

Não demorou muito para que este Homem fosse vítima de nova sede, agora cruciante, implacável! Mas, desta vez, a impetuosidade cedeu lugar à inteligência: o Homem enviou emissários, criaturas munidas da paciência necessária para cultivar uma amizade profunda e duradoura, criaturas perspicazes que não se deixaram impressionar pelas primeiras luzes, pelas cores estonteantes, pelos sons rítmicos e embriagadores. Não; estes emissários foram em busca das nascentes, dos verdadeiros mananciais da sabedoria, da água cristalina que brota do seio das alturas, na solidão e no silêncio.

Um desses emissários – corajosos e intrépidos – foi o Dr. Zimmer, de cuja compreensão o Homem do Ocidente dimensionou a importância do abraço entre ambas as culturas, o valor do mútuo conhecimento e o respeito necessário para consolidar qualquer vínculo no horizonte das filosofias.

A Palas Athena Editora sente-se honrada em editar esta obra, de enorme claridade filosófica aliada a uma exposição didática que revela a arte do bom educador.

O leitor perceberá que há termos sânscritos que não foram impressos em itálico, por exemplo, Sāṁkhya, Vaiśeṣika, Bhārata, Viṣṇu, etc.; isto se deve ao fato de serem nomes próprios, indicadores de sistemas filosóficos, dinastias ou divindades. Não obstante, há casos em que uma mesma palavra conserva duas grafias; por exemplo, Yoga, quando se refere a uma das seis escolas tradicionais do pensamento filosófico indiano, aparece em maiúsculo, com letra normal do corpo do texto; quando faz alusão às técnicas e disciplinas espirituais do candidato à sabedoria, aparece em minúsculo e itálico. Outrossim, o plural dos termos sânscritos não foram ocidentalizados e, deste modo, o leitor encontrará os *Veda*, as *Upaniṣad*, os *guṇa*, etc.

Desejamos expressar neste prólogo a nossa profunda gratidão aos tradutores, Nilton Almeida, Cláudia Bozza e Adriana De Césare; ao impecável trabalho de revisão dos originais de Therezinha Siqueira Campos, e à conferência das laudas da composição realizada por Renata De Césare; igualmente a todos aqueles que nos incentivaram durante os longos meses de labor neste lançamento. Contudo, a nossa maior gratidão vai para o Dr. Zimmer, que, pela sua vida como professor universitário, como escritor e pesquisador, descortinou para nós os inexauríveis mistérios da profunda sabedoria da Índia milenar.

Lia Diskin

São Paulo, 12 de abril de 1986

PRÓLOGO À 2ª EDIÇÃO BRASILEIRA

Já se passaram dezessete anos da publicação da 1ª edição em português desta obra. Inúmeras reimpressões nos levaram a esta nova edição encorajados por um número crescente de leitores e pesquisadores.

No transcurso destes anos podemos constatar significativas mudanças de atitude frente às filosofias não ocidentais em geral, e às do Sudeste Asiático em particular. Estas mudanças aconteceram tanto nos espaços acadêmicos quanto entre o público leigo. Melhores traduções, novas abordagens e adaptações literárias permitiram um acesso mais amplo àqueles interessados, porém não familiarizados com termos técnicos específicos de uma determinada escola de pensamento.

Por outro lado, pesquisadores e praticantes brasileiros começaram a escrever seus próprios comentários sobre textos clássicos, facilitando ainda mais a compreensão de ensinamentos que estavam confinados às referências culturais milenares das quais provinham. Referências estas que em muitos casos hoje inexiste.

Contudo, a mudança mais promissora está acontecendo nos meios acadêmicos. Durante séculos as Faculdades de Filosofia tiveram nos seus programas curriculares unicamente conteúdos da produção filosófica ocidental, alegando que fora desse marco geográfico não encontrávamos uma atividade de busca racional isenta capaz de extrair do mundo real princípios de validação universal. Obviamente essa atitude etno e eurocêntrica refletia a percepção de realidade afirmada na Europa até o século 19, cujas características eram absoluta, estática e excludente.

O desenvolvimento da antropologia, da sociologia do conhecimento e dos meios de comunicação permitiram o contato com outras culturas e modalidades de viver e estar no mundo. A abertura deste novo cenário de diversidade de saberes levantou dúvidas sobre aquelas "certezas", e revelou que todo conhecimento sobre a realidade é fruto de uma percepção, e esta não pode acontecer fora de uma perspectiva histórico-cultural, social, sexual e existencial do próprio sujeito que a percebe. Apenas a título de exemplo, tanto o sistema Vedānta quanto o budismo já reconheciam, cada um à sua maneira, a presença de um passado que se atualiza e recria formando padrões de pensamento que interditam a percepção da realidade tal como ela é.

Desse modo, celebramos com esta nova edição as extraordinárias oportunidades de reflexão e experiência – espaços ampliados do afazer filosófico contemporâneo – que compatibilizam a multiplicidade de abordagens sobre o que seja a realidade. Tais abordagens têm o propósito comum de buscar dar sentido à própria vida, e é aqui, nesta busca, onde legítima e inquestionavelmente podemos falar de filosofias da Índia.

Lia Diskin
21 de abril de 2003

N.E.: A partir da 2ª edição, foram incluídas as ilustrações das páginas 455 a 466, digitalizadas e gentilmente cedidas pelo Sr. Nissin Cohen.

ÍNDICE GERAL

Prólogo do Compilador 5
Prólogo à Edição Brasileira 7
Prólogo à 2ª Edição Brasileira 9
Tábua de Pronúncia 15

PARTE I – O BEM SUPREMO

I. O ENCONTRO DE ORIENTE E OCIDENTE
1. O rugido do despertar 19
2. A ponta acerada 26
3. As pretensões da ciência 34
4. As quatro metas da vida 38
5. Liberação e progresso 42
Notas 46

II. OS FUNDAMENTOS DA FILOSOFIA INDIANA
1. A filosofia como modo de vida 50
2. O discípulo qualificado 52
3. A filosofia como poder 54
4. "Morrer em torno ao Poder sagrado" 59
5. Brahman 63
Notas 69

PARTE II – AS FILOSOFIAS DO TEMPO

I. A FILOSOFIA DO ÊXITO
1. O mundo em guerra 77
2. O estado tirano 81
3. O valor contra o tempo 83

4. A função da traição 87
5. Geometria política 92
6. As sete maneiras de se aproximar de um vizinho 96
7. O rei universal 101
Notas 108

II. A FILOSOFIA DO PRAZER 113
Notas 120

III. A FILOSOFIA DO DEVER
1. A casta e as quatro etapas da vida 121
2. Satya 127
3. Satyāgraha 132
4. O palácio da sabedoria 134
Notas 138

PARTE III – AS FILOSOFIAS DA ETERNIDADE

I. JAINISMO
1. Pārśva 143
2. Imagens jainas 156
3. Os autores da travessia do rio 163
4. As qualidades da matéria 168
5. A máscara da personalidade 172
6. O homem cósmico 176
7. A doutrina jaina da escravidão 180
8. A doutrina jaina da liberação 183
9. A doutrina de Maskarin Gosāla 189
10. O homem contra a natureza 192
Notas 199

II. SĀṀKHYA E YOGA
1. Kapila e Patañjali 208
2. A concentração introvertida 210
3. Os obstáculos 216
4. Integridade e integração 223
5. Psicologia Sāṁkhya 228
Notas 240

III. BRAMANISMO
1. Os Veda 244
2. As Upaniṣad 258
3. A Bhagavadgītā 272
4. O Vedānta 290
Notas 323

IV. O BUDISMO
1. O conhecimento búdico 336
2. Os grandes reis budistas 351
3. Hīnayāna e Mahāyāna 362
4. O caminho do Bodhisattva 377
5. O grande júbilo 386
Notas 391

V. O TANTRA
1. Quem busca o nirvāṇa? 399
2. O cordeiro, o herói e o homem-Deus 412
3. Todos os deuses estão em nós 420
Notas 425

APÊNDICE A: Os seis sistemas 431
Notas 437
APÊNDICE B: Sumário histórico 439
BIBLIOGRAFIA 443
ILUSTRAÇÕES 453
ÍNDICE ANALÍTICO 469
ÍNDICE SÂNSCRITO 497

TÁBUA DE PRONÚNCIA

A. Alfabeto Sânscrito

Vogais: a, ā, i, ī, u, ū, ṛ, ṝ, ḷ

Ditongos: e, ai, o, au

Consoantes:	ka,	kha,	ga,	gha,	ṅa	(Guturais)
	ca,	cha,	ja,	jha,	ña	(Palatais)
	ṭa,	ṭha,	ḍa,	ḍha,	ṇa	(Cerebrais)
	ta,	tha,	da,	dha,	na	(Dentais)
	pa,	pha,	ba,	bha,	ma	(Labiais)
	ya,	ra,	la,	va		(Semivogais)
	śa,	ṣa,	sa			(Sibilantes)
	ha					(Aspirada)
	ṁ,	ḥ				

Nota: As consoantes já trazem implícitas na letra a vogal *a* exceto a letra *ṁ (anusvāra)* que tem o som anasalado como em be*m* e a letra *ḥ (visarga)* que é aspirada como o *r* na palavra ma*r* falado no português do Rio de Janeiro.

B. Pronúncia

a	tem o som aproximado de	a	em	f*a*ma
ā		á		*á*lamo
i		i		d*i*fícil
ī		í		f*í*sica
u		u		il*u*são
ū		ú		*ú*nico

ṛ	r	ca*r*ta, como na pronúncia sertaneja.
ṝ	r	ca*r*ta como acima explicado, alongando-se o som do *r*.
ḷ	l	ma*l* da pronúncia portuguesa do Rio Grande do Sul

Nota: Em sânscrito as sílabas não têm acentuação forte; são diferenciadas em breves e longas por um traço sobre a vogal que denota alongamento.

e	e	g*e*ma
ai	ai	g*ai*ta
o	o	g*o*ma
au	au	m*au*
ka	c	*c*ama
ga	g	*g*ama
ṅa	n	ca*n*ga
ca	tch	*tch*au
ja	dj	*Dj*alma
ña	nh	ma*nh*ã
ya	ia	T*ia*go
ra	r	pa*ra*
śa	x	cai*xa*
ha	h	"*h*ome" (em inglês)

ta, da, na, pa, ba, ma, la, va, sa pronunciam-se como em português.

ṭa, ṭha, ḍa, ḍha, ṇa, ḷa, ṣa devem ser pronunciadas apoiando-se a ponta da língua na abóbada palatina, próximo dos incisivos superiores.

kha, gha, cha, jha, tha, dha, pha, bha são pronunciadas como no inglês "por*t-h*ole", "ran*k-h*igh", "ma*dh*ouse", etc.

Nota: As duplas consoantes também são pronunciadas distintamente.

Parte I

O Bem Supremo

CAPÍTULO I

O ENCONTRO DE ORIENTE E OCIDENTE

1. O RUGIDO DO DESPERTAR

Nós, ocidentais, estamos próximos da encruzilhada que os pensadores da Índia já haviam alcançado cerca de sete séculos antes de Cristo. Daí a verdadeira razão pela qual nos sentimos embaraçados e ao mesmo tempo estimulados, inquietos ainda que interessados, quando nos deparamos com os conceitos e as imagens da sabedoria oriental. Esta é a encruzilhada que os povos de todas as civilizações atingem, inexoravelmente, no percurso natural do desenvolvimento de suas capacidades e necessidades de experiência religiosa; e os ensinamentos da Índia nos obrigam a conscientizar os problemas de tal cômpito. Contudo, não podemos fazer uso das soluções indianas; devemos entrar nesta nova época à nossa maneira e resolver as questões com nossos próprios recursos porque, embora a verdade – o esplendor da realidade – seja universalmente uma e a mesma, ela é espelhada diversamente conforme os meios que a refletem. A verdade aparece de maneira diferente em cada época e em cada terra, de acordo com a idiossincrasia, com a matéria viva na qual se forjam seus próprios símbolos.

Os conceitos e as palavras são símbolos assim como as visões, os rituais e as imagens; igualmente, usos e costumes da vida cotidiana; porém uma realidade transcendente impregna todos eles. Ainda que sejam muitas as metáforas que refletem e apontam algo, sendo este algo expresso e revestido das mais diversas maneiras, permanece inefável, continua inescrutável. Os símbolos conduzem a mente à verdade, mas não são a verdade, daí ser enganoso adotá-los. Cada civilização, cada época deve fecundar e conceber seus próprios símbolos.

Assim, temos de seguir o difícil caminho de nossas próprias experiências, produzir nossas próprias reações e assimilar nossos sofrimentos e realizações.

Só então a verdade que manifestamos será tão nossa quanto uma criatura o é de sua mãe, e a mãe, apaixonada pelo Pai[1], regozijar-se-á com o seu filho em quem verá o fiel retrato d'Aquele. A semente inefável deve ser concebida, gestada e nascida de nossa própria substância, alimentada com nosso próprio sangue se o que de fato queremos é a criança genuína através da qual sua mãe renasce; e o Pai – o Divino Princípio Transcendente – também renascerá, isto é, emergirá do estado de não manifestação, de inação e de aparente não existência. Não podemos pedir Deus emprestado. Temos que efetivar Sua nova encarnação a partir de nossas próprias entranhas. O divino deve, de algum modo, descer na matéria de nossa própria existência e participar neste peculiar processo vital.

Segundo as mitologias da Índia, este é um milagre que indubitavelmente acontecerá. Nos antigos relatos encontramos que sempre que se implora a Viṣṇu – criador e sustentador do mundo – para que apareça numa nova encarnação, as forças suplicantes são tão intensas que ele acede. Porém, no momento em que se manifesta assumindo um corpo em ventre abençoado para novamente apresentar-se ao mundo – que é um reflexo do seu próprio ser inefável – forças demoníacas dotadas de vontade se colocam contra ele; pois também existem aqueles que odeiam e desprezam o deus, e para quem não dão lugar em seus sistemas de crescente egoísmo e autoridade despótica. Fazem tudo o que podem para dificultar sua tarefa. Entretanto, a violência dessas forças não é tão destrutiva quanto parece; não é mais que a força necessária dentro do processo histórico. A resistência é parte integrante na cíclica comédia humana que se desenrola sempre que uma fagulha da verdade celestial – atraída pela miséria das criaturas e a iminência do caos – manifesta-se no plano fenomênico.

"Acontece o mesmo" – declara Paul Valéry – "ao nosso espírito como à nossa carne: ambos envolvem em mistério aquilo que sentem ser o mais importante, ocultando-o de si mesmos; distinguem-no e protegem-no por meio daquela profundidade em que o encobrem. Tudo o que realmente importa está bem velado; os testemunhos e documentos apenas o tornam mais obscuro; os atos e as obras têm a intenção deliberada de disfarçá-lo." [2]

A principal finalidade do pensamento indiano é desvendar e integrar na consciência o que as forças da vida recusaram e ocultaram, não é explorar e descrever o mundo visível. A suprema e característica façanha da mentalidade bramânica (e isto foi decisivo, não apenas para o desenvolvimento da filosofia indiana, mas também para a história de sua civilização) foi a descoberta do Eu *(ātman)* como entidade imperecível e independente, alicerce da personalidade consciente e da estrutura corporal. Tudo o que normalmente conhecemos e expressamos de nós mesmos pertence à esfera da impermanência, à esfera do tempo e do espaço, mas este Eu *(ātman)* é imutável por todo o sempre, além do tempo, além do espaço e da obnubiladora malha da causalidade, além de qualquer medida, além do domínio da visão. A filosofia indiana, por milhares de anos, tem-se esforçado em conhecer este Eu adamantino e efetivar seu conhecimento na vida humana. E esta permanente inquietação é responsável pela suprema e contínua renovação de imperturbabilidade que penetra as terríveis histórias do mundo oriental – histórias não menos extraordinárias, não menos apavorantes que as nossas. Por meio das vicissitudes da mutabilidade física, permanece a base espiritual da paz beatífica de *ātman*: o Ser eterno, atemporal e imperecível.

A filosofia indiana, assim como a ocidental, fala-nos da estrutura e das potências mensuráveis da psique, analisa as faculdades intelectuais do homem e as operações de sua mente, avalia várias teorias do entendimento humano, estabelece os métodos e as leis da lógica, classifica os sentidos e estuda os processos pelos quais apreendemos, assimilamos, interpretamos e compreendemos as experiências.

Os filósofos hindus, como os do Ocidente, discorrem acerca de valores éticos e critérios morais. Estudam também os traços visíveis da existência fenomênica, criticando os dados da experiência externa e obtendo conclusões sobre os princípios que serviram de base. Em resumo: a Índia teve, e ainda tem, suas próprias disciplinas psicológicas, éticas, físicas e teoria metafísica. Mas a preocupação fundamental – em contraste notável com os interesses dos modernos filósofos ocidentais – foi sempre a transformação, e não a informação; uma mudança radical da natureza humana e, com isto, uma renovação na sua compreensão não só do mundo exterior mas também de sua própria existência; uma transformação tão completa quanto possível que, ao ser coroada pelo êxito, leva a uma total conversão ou renascimento.

Neste sentido, a filosofia indiana tem laços mais estreitos com a religião do que o pensamento crítico e secularizado do Ocidente moderno. Está mais próxima dos filósofos antigos como Pitágoras, Empédocles, Platão, os estoicos, Epicuro e seus seguidores, Plotino e os pensadores neoplatônicos. Encontramos, novamente, este ponto de vista em Santo Agostinho, nos místicos medievais como Mestre Eckhart e nos místicos posteriores como Jacob Boehme, de Silésia; nos filósofos românticos reaparece em Schopenhauer.

As atitudes entre o mestre hindu e o discípulo inclinado aos seus pés estão determinadas pelas exigências desta suprema tarefa de transformação. O problema que os ocupa é produzir uma espécie de transmutação alquímica da alma. O discípulo tem de sair da escravidão, dos limites da ignorância e imperfeição humanas e transcender o plano da existência terrena, não pela mera compreensão intelectual, mas por meio de uma mudança de coração, uma transformação que atinja o âmago de sua existência.

Há uma graciosa fábula popular que ilustra esta ideia pedagógica. Encontramo-la entre os ensinamentos do célebre santo hindu do século 19, Śrī Rāmakrishna.[3] Relatos singelos aparecem frequentemente nos discursos dos sábios orientais, circulam no saber comum do povo e são conhecidos por todos desde a infância. Levam as lições da sabedoria atemporal da Índia aos lares e corações das pessoas, tornando-se, com o passar dos milênios, patrimônio da comunidade. De fato, a Índia é uma das grandes pátrias da fábula popular e muitas destas foram levadas para a Europa durante a Idade Média. A vivacidade e nitidez das imagens gravam fundo no íntimo das criaturas os aspectos mais importantes do ensinamento. São como pontos fixos sobre os quais podemos desenvolver um sem-número de raciocínios abstratos. A fábula do tigre representa apenas um dos muitos recursos orientais para que as lições sejam assimiladas e guardadas na memória.

O exemplo em questão é o de um filhote de tigre que havia sido criado entre cabras mas que, pela orientação esclarecedora de um mestre espiritual, descobre sua própria e insuspeita natureza. Prenhe e balofa, sua mãe havia passado vários dias à procura de uma presa sem nada conseguir, até que deparou com um rebanho de cabras selvagens. A tigresa estava faminta e isto pôde explicar a violência da sua investida. O esforço do ataque precipitou o parto e ela acabou morrendo de completo esgotamento. As cabras, que haviam se dispersado, retornaram ao lugar e lá encontraram um filhote de tigre choramingando ao lado de sua mãe. Levadas pela compaixão maternal, adotaram a débil criatura; amamentaram-na juntamente com suas próprias crias e dela cuidaram ternamente. O animal cresceu e sobreveio a recompensa pelos cuidados dispensados, pois o pequeno companheiro aprendeu a linguagem das cabras, adaptou sua voz àquele som suave e mostrou tanto afeto quanto qualquer cabrito. A princípio, teve alguma dificuldade para mastigar com seus dentes pontiagudos as tenras folhas do pasto, mas logo se acostumou. A dieta vegetariana o mantinha enfraquecido, conferindo ao seu temperamento uma notável doçura.

Certa noite – quando o órfão, crescido entre cabras, já havia alcançado a idade da razão – o rebanho foi atacado, desta vez, por um velho e feroz tigre. As cabras se dispersaram, porém o jovem permaneceu onde estava, sem medo ainda que surpreso. Achando-se face a face com a terrível criatura da selva, fitou-a estupefato. Passado o primeiro impacto, começou a tomar consciência de si. Desamparado, berra, arranca folhas de pasto e se põe a mastigar, ante o olhar perplexo do outro.

De repente, o poderoso intruso pergunta:

– Que fazes aqui entre cabras?! Que estás mastigando?!

A resposta foi um berro. O outro, indignado, disse num rugido:

– Por que emites este som estúpido?!

E antes que o pequeno pudesse responder, apanhou-o pelo cangote e o sacudiu como se quisesse fazer-lhe recobrar a lucidez. O tigre da selva carregou o assustado animal até um lago próximo, soltando-o na margem e obrigando-o a olhar para a superfície espelhada da água, então iluminada pela Lua.

– Veja estas duas imagens! Não são semelhantes? Tens a cara típica de um tigre, é como a minha. Por que te iludes pensando ser um cabrito?! Por que berras?! Por que mastigas pasto?!

O tigrezinho, incapaz de responder, continuava a olhar espantado comparando as duas imagens refletidas. Inquieto, apoiou-se numa e logo noutra pata, e lançou um grito de aflitiva incerteza. A velha fera novamente o carregou, porém agora até seu covil, onde lhe ofereceu um pedaço de carne crua e sangrenta, sobra de uma refeição anterior. Ante a inusitada visão, o jovem tremeu de repugnância mas o velho, ignorando o fraco gesto de protesto, ordenou rudemente:

– Coma! Engula!

O outro resistiu, porém a horripilante carne foi forçada a passar por entre seus dentes; o tigre vigiava atentamente seu aprendiz, que tentava mastigar e preparava-se para engolir. Sua não familiaridade com a consistência da carne causava-lhe certa dificuldade, e estava prestes a emitir outro débil berro quando começou a experimentar o gosto do sangue. Excitado, devorou o restante com avidez, sentindo um prazer incomum à medida que o novo alimento descia-lhe pela garganta e atingia o estômago. Uma força estranha e quente irradiava de suas entranhas trazendo-lhe uma sensação eufórica e embriagadora. Estalou a língua, lambeu o focinho satisfeito e, erguendo-se, deu um largo bocejo como se estivesse despertando de uma longa noite de sono – uma noite que o manteve sob feitiço por anos e anos. Espreguiçando-se, arqueou as costas, estendeu e abriu as garras. Sua cauda fustigava o solo e, de súbito, irrompeu de sua garganta o triunfal e aterrorizante rugido de um tigre.

O inflexível mestre, que estivera observando de perto, sentia-se recompensado. A transformação, de fato, acontecera. Ao cessar o rugido, perguntou severamente:

– Agora realmente sabes quem és?

E para completar a iniciação de seu jovem discípulo no saber secreto de sua própria e verdadeira natureza, acrescentou:

– Venha! Vamos caçar juntos pela selva.

A história do pensamento indiano, durante o período que precede o nascimento e a missão de Buddha (aprox. 563-483 a.C.), revela uma gradual intensificação na importância dada ao problema da redescoberta e assimilação do Eu. Os diálogos filosóficos das *Upaniṣad* indicam que durante o oitavo século a.C. houve uma mudança de orientação dos valores, deslocando o foco de atenção do universo exterior e limites tangíveis do corpo para o universo interior e intangível, levando às suas últimas conclusões lógicas as perigosas implicações desta nova direção. Ocorria um processo de retirada do mundo normalmente conhecido. As potências do macrocosmo e as faculdades correspondentes do microcosmo eram, em geral, desvalorizadas e relegadas com tal ousadia que todo o sistema religioso do período anterior corria o risco de ruir. Os reis dos deuses, Indra e Varuṇa, e os divinos sacerdotes dos deuses, Agni, Mitra, Bṛhaspati, já não mais recebiam suas cotas de preces e sacrifícios. Ao invés de direcionar a mente a estes simbólicos guardiões e modelos da ordem natural e social, sustentando-os e mantendo-os vigentes por meio de uma contínua sequência de ritos e meditações, o homem voltava sua atenção para o íntimo, esforçando-se por conseguir manter-se num estado de crescente autoconsciência pela reflexão profunda, pela autoanálise sistemática, pelo controle respiratório e pelas severas disciplinas psicológicas do Yoga.

Os antecedentes desta radical introjeção já se divisavam em muitos hinos védicos[4] como, por exemplo, na seguinte oração em demanda de poder, na qual as forças divinas, manifestadas de diversas maneiras no mundo exterior, são conjuradas para encarnar no sujeito, fazer moradia em seu corpo e vivificar suas faculdades:

> Que o brilho presente no leão, no tigre e na serpente; em Agni (deus do fogo sacrificial), nos brâmanes e em Sūrya (o sol) seja nosso! Possa a encantadora deusa que deu à luz Indra vir a nós, com seu esplendor!
>
> Que o brilho presente no elefante, na pantera e no ouro; nas águas, no rebanho e nos homens seja nosso! Possa a encantadora deusa que deu à luz Indra vir a nós, com seu esplendor!
>
> Que o brilho presente na carruagem, nos dados, na força do touro; no vento, em Parjanya (Indra como senhor das chuvas) e no fogo de Varuṇa (senhor regente do oceano e do quadrante ocidental) seja nosso! Possa a encantadora deusa que deu à luz Indra vir a nós, com seu esplendor!
>
> Que o brilho presente no homem de casta real, na retesada pele do tambor, na força do cavalo e no grito dos homens seja nosso! Possa a encantadora deusa que deu à luz Indra vir a nós, com seu esplendor![5]

O sistema *adhyātman-adhidaiva* totalmente desenvolvido no período das *Upaniṣad* empregava, como meio para se chegar ao absoluto desapego, um programa completo de correspondência entre os fenômenos subjetivos e objetivos.[6] Eis um exemplo:

> Uma vez criadas, as divindades do mundo disseram ao *Ātman* (o Eu como Criador): "Dai-nos uma moradia onde possamos nos estabelecer e alimentar". Levou-lhes um touro[7], e elas disseram: "Em verdade, isto não é suficiente para nós". Levou-lhes então um cavalo, e elas disseram: "Em verdade, isto não é suficiente para nós". Levou-lhes uma pessoa, e elas disseram: "Oh! Muito bem! Em verdade, uma pessoa está muito bem!". Ele lhes disse: "Entrem em suas respectivas moradas!". O fogo se fez fala e entrou na boca. O vento se fez alento e penetrou nas narinas. O Sol se fez visão e entrou nos olhos. Os quadrantes do céu se fizeram audição e penetraram nos ouvidos. As plantas e as árvores se fizeram cabelos e entraram na pele. A Lua se fez mente e entrou no coração. A morte se fez alento descendente e penetrou no umbigo. As águas se fizeram sêmen e entraram no membro viril.[8]

Ensina-se ao discípulo que aplique o conhecimento de tais correspondências em meditações como esta:

> Assim como um jarro se reduz a pó; uma onda, a água; ou um bracelete, a ouro; assim também o Universo se reduzirá a mim. Maravilhoso sou! Adoração a mim! Porque quando o mundo, desde seu deus mais supremo até a menor folha de relva, se dissolve, esta destruição não é minha.[9]

Evidentemente, deparamo-nos aqui com uma total dissociação entre o eu fenomênico (a personalidade ingenuamente consciente que junto ao seu mundo de nomes e formas será, a seu tempo, destruída) e o outro Eu transcendental *(ātman)*, profundamente oculto, essencial ainda que esquecido, mas que ao ser recordado lança um emocionante brado que aniquila o mundo: "Maravilhoso sou!". Este outro não é algo criado, mas sim o substrato de todas as coisas criadas, de todos os objetos, de todos os processos. "As armas não o cortam, o fogo não o queima, a água não o molha, o vento não o seca."[10] As faculdades dos sentidos, normalmente direcionadas para fora, buscando, apreendendo os objetos e reagindo ante eles, não entram em contato com a esfera da realidade permanente, apenas com as mudanças passageiras das transformações perecíveis de sua energia. Assim, a força de vontade, orientada para a obtenção de fins mundanos, não resulta em grande ajuda para o homem; nem os prazeres e as experiências dos sentidos podem iniciar a consciência no segredo da plenitude da vida.

De acordo com o pensamento e a experiência da Índia, o conhecimento das coisas impermanentes não conduz a uma atitude realista, pois estas coisas carecem de substancialidade, perecem. Tampouco podem levar a uma concepção idealista porque as inconsistências das coisas, que estão em fluxo contínuo, se contradizem e refutam uma a outra. As formas fenomênicas são, por natureza, falazes e ilusórias. Quem nelas se apoia encontrará dificuldades. Elas não passam de partículas de uma grande ilusão universal manobrada pelo mágico esquecimento do Eu, sustentada pela ignorância e prolongada pelas paixões enganosas. A pueril ignorância da verdade oculta do Eu é a causa primária de todas as concepções errôneas, das atitudes impróprias e dos consequentes tormentos deste mundo embriagado consigo mesmo.

Encontra-se implícita em tal proposição a base para uma mudança de interesse, não apenas nos meios e objetivos das pessoas mundanas, mas também nos ritos e dogmas da religião destas criaturas iludidas. O criador mitológico, o Senhor do Universo, já não mais importa. Somente a consciência introvertida, voltada e dirigida ao âmago da própria natureza do sujeito, alcança aquela linha fronteiriça onde os acidentes transitórios encontram sua fonte imutável. E tal percepção pode finalmente guiar a consciência para além da fronteira, fazendo-a fundir-se – perecer e tornar-se assim imperecível – no *substratum* onipresente de toda substância. Assim é o Eu *(ātman)*, fonte última, mantenedora e perdurável dos seres; doador de todas as manifestações peculiares, das mudanças das formas e desvios do estado verdadeiro; são os assim chamados *vikāra*: transformações e evoluções da manifestação cósmica. O sábio descobre as causas do que aqui é exposto, ultrapassando o estágio do mero envolvimento, não pela glorificação e submissão aos deuses, mas pelo conhecimento, o conhecimento do Eu.

Este conhecimento é obtido mediante uma destas duas técnicas: 1. rejeição sistemática do mundo – em sua totalidade – como ilusório, ou 2. profunda compreensão da absoluta materialidade do mundo.[11]

Esta é precisamente a posição não teísta, antropocêntrica, que estamos a ponto de alcançar no Ocidente, se é que já não a alcançamos. Afinal, onde habitam os deuses a quem podemos elevar nossas mãos, enviar nossas preces e fazer oblação? Além da Via Láctea existem apenas universos ilhados, galáxias nas infinitudes do espaço – nenhum reino de anjos, nada de mansões celestiais, nenhum trono divino do Pai rodeado por um coro de abençoados que, em beatífico estado, dão revolteios em torno do santo mistério da Trindade. Resta ainda, nestas imensidões, uma região onde a alma, em sua busca, possa chegar aos pés de Deus após ter-se despojado de sua vestimenta material? Ou já não será tempo de nos voltarmos para dentro, procurar o divino no recôndito mais profundo, escutar a voz que no silêncio interior manda, consola e extrai do íntimo a graça que excede a toda compreensão?

Nós, ocidentais modernos, finalmente estamos preparados para buscar e ouvir a voz que a Índia ouviu. Mas, como o filhote de tigre, não devemos ouvi-la do instrutor e sim do nosso próprio coração. O cristianismo atual, como os deuses revelados do panteão védico no período de deflação, tem sido depreciado. O cristão – diz Nietzsche – é um homem que se comporta como todos os outros. Nossas profissões de fé já não encontram nenhuma afinidade visível com nossa conduta pública ou com nossas esperanças mais íntimas. Em muitos de nós, os sacramentos não operam sua transformação espiritual; estamos abandonados e sem saber a quem recorrer. Entrementes, nossas filosofias acadêmicas e seculares importam-se mais com a informação que com a transformação redentora exigida por nossas almas. E esta é a razão pela qual uma olhadela na face da Índia pode nos ajudar a descobrir e recuperar algo de nós mesmos.

A finalidade fundamental de qualquer estudo sério do pensamento oriental deveria ser não apenas a de reunir e ordenar o maior número possível de informações prolixas mas, ao contrário, a acolhida de alguma influência importante. E para que isto aconteça – seguindo a parábola daquele que fora criado por cabras e acabou descobrindo ser tigre – deveríamos deglutir a "carne" do ensinamento o menos cozida que pudéssemos tolerar; não muito suavizada pelo calor de nosso arraigado intelecto ocidental (e muito menos por qualquer salmoura filológica), nem tampouco crua, pois tornar-se-ia insuportável e indigesta. Temos que tomá-la "malpassada", "suculenta", para podermos conhecer seu real sabor e experimentar certa surpresa. Então, nos uniremos, vencendo a distância transoceânica, ao rugido selvagem da sabedoria da Índia, cujos ribombos ecoam em todas as partes do mundo.

2. A PONTA ACERADA

Antes de nos introduzirmos no estudo da filosofia, deveríamos esclarecer o que dela realmente esperamos. Há muitos que, em secreto temor, resistem às suas revelações. Acham difícil desfrutar da filosofia, excitante vez ou outra, mas quase sempre enfadonha, emaranhada, abstrata e aparentemente de pouco valor prático. Para tais pessoas, a metafísica é um vago e grandioso absurdo cujo único objetivo é provocar vertigens; suas incontroladas especulações são contrárias às descobertas da ciência moderna e foram desacreditadas (por todos, exceto os mal-informados) pelas publicações dos pensadores recentes. Finalmente, hipóteses de trabalho começam a elucidar os enigmas do Universo e da existência humana. Mediante cálculos baseados em experimentações sérias e controladas, verificadas não apenas nos fatos de laboratório mas também por meio de técnicas aplicadas à vida cotidiana, dissipam-se sistematicamente os segredos tradicionais dos místicos. O mistério da Eucaristia não mais existe, resta apenas o pão. E assim, embora seja permitido que a filosofia tenha sua cota no serviço à civilização e siga os hábitos usuais da mentalidade moderna, não podemos levá-la a sério caso entre em confronto com as formulações correntes da física ou recomende um modo de conduta diferente daquele hoje generalizado pelo progresso da tecnologia. A metafísica e outras vagas meditações, como a filosofia da história e da religião, podem ser toleradas como um elegante enfeite da educação, mas carecem de utilidade vital.

Aqueles que hoje representam este tipo de mentalidade preconceituosa – muito em voga – ensinam a filosofia como uma síntese dos dados científicos, e rejeitam tudo o que não possa ser enquadrado nesse contexto. Interessam-se em controlar e harmonizar as descobertas feitas nos variados campos de pesquisa, esboçar um padrão compreensivo e formular princípios metodológicos sem ferir a autoridade do especialista: o companheiro de pesquisa que está em contato direto com o micróbio, o corpo celeste ou o reflexo condicionado; porém, no que se refere a qualquer outro sistema de pensamento, seus métodos, objetivos e "verdades" são rejeitados ou, quando aceitos, o são como exóticas e curiosas inquietações de um mundo superado.

Há, contudo, um outro tipo de pensador moderno, diametralmente oposto e às vezes abertamente antagônico ao primeiro, que nutre a esperança de que a filosofia contemporânea possa um dia proferir algo diferente dos informes que continuamente chegam dos vários centros científicos. Como um estudante em pesquisa, tal pensador percorre os laboratórios observando meticulosamente os numerosos instrumentos, trabalhando com tabulações, classificações, terminando por ficar cansado da infinidade de respostas minuciosas acerca de questões especializadas. Este homem busca a resposta para uma indagação que os amigos cientistas parecem não tratar e que os filósofos evitam de modo sistemático. O que ele necessita é algo além do raciocínio crítico; algo que alguém de espírito adequado tenha compreendido intuitivamente como uma Verdade (com V maiúsculo) sobre a existência do homem e a natureza do cosmo; algo que rasgue o peito e penetre o coração com o que Baudelaire chamou de "a ponta acerada do infinito" – *la pointe acérée de l'infini*. O que ele quer é uma filosofia que confronte e resolva os problemas, tarefa antes desempenhada pela religião; e, por mais cursos universitários que realize sobre a validade da inferência lógica, esta necessidade subsiste.

Eis o ideal do pensador de mentalidade prática: uma filosofia subordinada à pesquisa empírica, usando os antolhos fornecidos pelos critérios da ciência contemporânea e uma metafísica submetida a um criticismo racional vindo de todos os cantos; em uma só palavra, a razão infalível. O outro tipo de pensador, por sua vez, simplesmente não está convencido da eficácia de todas estas plausíveis investigações e descobertas, mas tampouco rejeitará a censura, a ele advinda, por ser um tanto misterioso em suas exigências pessoais. Não pede que a filosofia seja compreendida por contemporâneos seus de qualquer nível intelectual; o que ele quer é uma resposta (ou ao menos uma insinuação dessa resposta) às perguntas primordiais de seu espírito.

Os sábios da Índia compartilham o segundo ponto de vista. Nunca pretenderam que seus ensinamentos fossem populares. Na verdade, somente nos últimos anos suas palavras tornaram-se acessíveis à maioria devido à edição dos textos e às traduções em línguas vernáculas. Eles insistem primeiro em determinar se o candidato à admissão no santuário de sua filosofia possui as necessárias qualificações espirituais. Já cumpriu satisfatoriamente as disciplinas preliminares? Tem a suficiente maturidade para obter benefício do contato com o guru? Merece um lugar aos pés do mestre? Tudo isto porque as soluções dadas pelos sábios indianos aos enigmas da vida, e o seu modo de afrontar o mistério do Universo, seguem rumos completamente diferentes daqueles que percorrem os líderes da educação e da ciência contemporâneas no Ocidente. Não negam nem pedem desculpas pelo fato de seus ensinamentos serem de difícil entendimento e, portanto – necessariamente – esotéricos.

Veremos em seguida quais são os requisitos específicos para que o discípulo *(adhikārin)*[12] possa especializar-se em algum ramo tradicional do saber; mas primeiro introduzamo-nos no assunto por meio de dois interessantes relatos sobre as provações e os exames iniciais a que são submetidos tais discípulos. Eles nos mostram que um candidato, mesmo que tenha dado provas de sua capacidade e sido aceito meritoriamente para a instrução, não deve supor que já esteja apto para entender nem sequer os primeiros princípios da sabedoria sobre a realidade. Nem mesmo seus dotes excelentes (embora superem o nível comum ou o da minoria privilegiada) representam uma garantia contra as ciladas e os perigos do enganoso caminho que leva à verdade mais recôndita.

O primeiro relato, a respeito de um rei que fora aceito como discípulo pelo famoso filósofo vedantino Śaṅkara (aprox. 788-820 ou 850 d.C.), nos dá uma ideia da grandiosidade existente nas concepções básicas da filosofia clássica da Índia e ilustra sua incompatibilidade com o senso comum. São elas revelações provenientes da "outra margem", do "além do rio Jordão"; ou, como a tradição do budismo Mahāyāna o coloca: são pistas para se chegar à "Sabedoria transcendental da Margem distante" *(prajñāpāramitā)*, pistas estas que se refletem nas copiosas e turbulentas águas do rio da vida, as quais têm de ser atravessadas na barca *(yāna)* das práticas iluminadoras das virtudes budistas.

Não é a descrição detalhada da margem de cá, e sim da outra margem, a meta suprema da investigação, ensino e meditação. A autotransformação no percurso até a outra margem é o ideal compartilhado por todas as grandes filosofias da Índia.[13]

A doutrina do Vedānta, na forma como foi sistematizada e exposta por Śaṅkara, enfatiza um conceito por demais enigmático: o de *māyā*[14]. *Māyā* denota o caráter insubstancial e fenomênico do mundo por nós observado e manipulado, bem como o da própria mente e, ainda, das camadas e faculdades conscientes e subconscientes da personalidade. É um conceito que ocupa um ponto chave no pensamento e no ensinamento vedantino e, se mal compreendido, pode levar o discípulo à conclusão de que o mundo externo e o seu eu são desprovidos de toda e qualquer realidade, são meras inexistências, "como os chifres de uma lebre". Este é um erro comum nas primeiras etapas da instrução e, visando corrigi-lo por meio de significativos exemplos, são utilizadas inúmeras alegorias cômicas sobre os *adhikārin* indianos e seus gurus.

O rei da nossa narrativa, discípulo do filósofo Śaṅkara, era um homem lúcido e realista que não podia deixar de ter em boa conta a sua estirpe e augusta personalidade. Quando seu mestre lhe disse que considerasse todas as coisas – inclusive o exercício do poder e o usufruto dos deleites reais – como sendo nada mais do que reflexos (puramente fenomênicos) da essência transcendental do Eu, presente tanto nele quanto em todas as coisas, o rei mostrou-se relutante. E, quando o mestre acrescentou que esse único Eu parecia-lhe múltiplo devido à força da ilusão de sua inata ignorância, o rei resolveu testar seu guru para ver se era, de fato, capaz de agir como uma pessoa absolutamente desapegada.

Assim, no dia seguinte, quando o filósofo se dirigia ao palácio por uma daquelas majestosas avenidas a fim de continuar instruindo o rei, foi solto em sua direção um enorme elefante enlouquecido por queimaduras. Śaṅkara virou-se e fugiu logo que percebeu o perigo e, quando o animal estava quase sobre ele, o mestre desapareceu. Ao ser encontrado, Śaṅkara estava no topo de uma alta palmeira, na qual havia subido com uma destreza mais própria dos marinheiros que dos intelectuais. O elefante foi apanhado, acorrentado e conduzido de volta aos estábulos, e o grande Śaṅkara, transpirando por todos os poros, apareceu ao seu discípulo.

O rei, educadamente, desculpou-se com o mestre de sabedoria pelo infeliz e quase desastroso incidente; mal podendo esconder um sorriso perguntou, com fingida seriedade, o porquê de o venerável mestre ter recorrido à fuga física, uma vez que ele estava ciente de que o elefante era de caráter puramente ilusório e fenomênico.

Respondeu o sábio:

– De fato, a pura verdade é que o elefante é irreal. Não obstante, tu e eu somos tão irreais quanto o elefante. Somente a tua ignorância, anuviando a verdade com este espetáculo de fenomenismo irreal, fez com que visses meu eu fenomênico subir numa árvore irreal.

A segunda alegoria também recorre à inegável impressão física causada por um elefante; no entanto, desta vez, o *adhikārin* é um estudioso muito sério que adota a atitude precisamente oposta à do rei. Śrī Rāmakrishna narrava frequentemente este relato para ilustrar o mistério de *māyā*. Trata-se de um exemplo memorável, surpreendente e adequado, com traços do suave humor que caracteriza os muitos contos populares da Índia.

Diz-se que um velho guru estava por concluir as lições secretas – ministradas a um discípulo adiantado – sobre a onipresença do Ser Supremo. O discípulo, recolhido em si mesmo e pleno de felicidade por aprender, escutava o mestre:

– Tudo é Deus, infinito, puro e real, ilimitado, que vai além dos pares de opostos, livre de qualidades diferenciadoras e distinções restritivas. Este é o sentido último de todos os ensinamentos de nossa sabedoria sagrada.

O discípulo entendeu e disse:

– Deus é a única realidade. O Uno Divino pode ser encontrado em tudo. É imperturbável pelo sofrimento ou qualquer outra imperfeição. Cada "tu" e cada "eu" é Sua morada, cada forma é uma imagem obscurecedora dentro da qual habita o único e inativo Agente.

Estava exultante: uma onda sentimental o invadiu, fazendo-o sentir-se radiante e poderoso como uma nuvem que se avoluma até preencher o firmamento. Seu andar era lépido e sem peso.

Sublime, sozinho como a única nuvem no céu, ele seguia pela estrada quando um enorme elefante surgiu no sentido oposto. O cornaca, sentado sobre o pescoço do animal, gritou:

– Saia do caminho!

Os inúmeros sinos da manta que cobria o paquiderme deixavam ouvir uma cascata de sons argênteos seguindo o ritmo do lento e inaudível passo. O exaltado estudante da ciência vedantina, embora pleno de sentimentos divinos, ouviu e pôde ver o elefante aproximar-se. Então, pensou consigo mesmo: "Por que deverei dar passagem para esse elefante? Sou Deus. O elefante é Deus. Deverá Deus ter medo de Deus?" E assim, destemido e com fé, ele continuou no meio da estrada. Mas quando "Deus" veio de encontro a "Deus", o elefante ergueu sua tromba em torno da cintura do pensador e o atirou fora do caminho. Leves foram suas feridas apesar da dura queda. Coberto de pó, mancando, aturdido mentalmente e cheio de espanto, voltou ao mestre para contar sua perturbadora experiência. O guru ouviu serenamente e, narrado o acontecimento, respondeu:

– De fato, tu és Deus, como também o elefante. Mas, por que não escutastes a voz de Deus vindo a ti através do cornaca, que também é Deus, pedindo que saísses do caminho?

Até certo ponto, o verdadeiro pensamento filosófico sempre tem de ser de difícil compreensão quando se considera a totalidade de seu alcance e de suas implicações. Ainda que enunciado com absoluta claridade e a mais precisa coerência lógica, permanece fugidio.

Se as palavras de Platão e Aristóteles, por exemplo, tivessem sido dominadas por seus intérpretes durante os séculos que decorreram desde suas primeiras e inspiradas expressões, certamente elas não seriam o tópico vital das investigações e desses sempre apaixonados debates que permanecem até o presente momento. Uma verdade profunda, ainda que compreendida pelo intelecto mais penetrante e expressa em termos exatos, será lida de modos conflitantes durante épocas diferentes. Aparentemente assimilada e integrada, continuará sendo fonte de novas e espantosas descobertas para gerações vindouras. A Antiguidade possuía todo o texto de Heráclito – não apenas os poucos e incompletos fragmentos e referências ocasionais que chegaram até nós – e já então ele era conhecido como "o obscuro"; entretanto, na literatura ocidental, Heráclito é o primeiro mestre das frases incisivas e dos aforismos claros e sucintos.

Conta-se que Hegel, o mais elevado e poderoso dos filósofos românticos – ao mesmo tempo claro e críptico, abstrato e realista –, enquanto jazia no seu leito de morte, em 1831, atingido prematuramente pela cólera, era consolado por um de seus discípulos, amigo íntimo e destacado seguidor. Procurando tranquilizar o mestre, dizia-lhe que, caso viesse a falecer antes de completar sua notável obra enciclopédica, restariam seus fiéis discípulos para prossegui-la. Hegel, sereno como o silêncio antártico, no exato momento de sua morte, apenas ergueu um pouco a cabeça e murmurou: "Tive um discípulo que me entendeu". E enquanto todos os presentes ficaram alertas para ouvir o nome que o venerado pronunciaria, sua cabeça afundou novamente no travesseiro: "Um discípulo que me entendeu" – prosseguiu – "e que me entendeu mal".

Essas penetrantes histórias não precisam ser literalmente verídicas mas, como antigos hieróglifos, amiúde retratam algo verdadeiro. As biografias contidas nas *Vidas Paralelas* de Plutarco são, em grande parte, relatos desse tipo acerca de homens famosos do mundo clássico.

Há na filosofia ocidental uma longa e grandiosa cadeia de mestres distintos, como Pitágoras, Empédocles e Platão, Plotino e os neoplatônicos, os místicos da Idade Média, Espinosa e Hegel, que se ocuparam com problemas além da esfera do senso comum, problemas que só podiam ser expressos por meio de fórmulas complexas e paradoxos. A filosofia indiana procede da mesma maneira, e ambas as trilhas estão plenamente cônscias de que os meios oferecidos pela mente e as faculdades da razão são inadequados para apreender e expressar a verdade. O pensamento está limitado pela linguagem. É uma espécie de silencioso colóquio interior. O que não pode ser formulado com os símbolos e palavras correntes de uma certa tradição não existe no pensamento usual. Portanto, é necessário que um espírito intrépido e fervoroso, munido de um esforço criativo, irrompa através das palavras para chegar até o tácito e poder ver o todo. E então, fazer outro esforço para reproduzi-lo, cunhando um novo termo no campo da linguagem. Desconhecida, inominada, inexistente, por assim dizer, e no entanto existindo em realidade, a verdade tem de ser conquistada, encontrada e traduzida no plano da linguagem, onde inevitavelmente irá, como dantes, ser mal compreendida.

As possibilidades técnicas e práticas do pensamento em qualquer época ficam assim rigidamente limitadas pela abrangência e riqueza do cabedal linguístico disponível: o número e alcance dos substantivos, verbos, adjetivos e conectivos. A totalidade deste cabedal é chamada na filosofia indiana de *nāman* (em latim, *nomen*; em português, nome). A substância com a qual a mente trabalha no ato de pensar está formada por este tesouro nominal de ideias. *Nāman* é o reino interior dos conceitos, que corresponde ao reino exterior das formas percebidas, que em sânscrito se chama *rūpa*, "forma", "figura", "cor" (pois não há forma ou figura sem cor). *Rūpa* é a contraparte exterior de *nāman*; *nāman* é o interior de *rūpa*. Portanto, *nāmarūpa* significa, por um lado, o homem que experimenta e pensa, o homem dotado de sentidos e mente, e por outro, todos os meios e objetos do pensamento e da percepção. *Nāmarūpa* é a totalidade do mundo objetivo e subjetivo como observado e conhecido.

Todas as escolas de filosofia indiana, ainda que divirjam em suas formulações concernentes à essência da verdade última ou da realidade fundamental, são unânimes em afirmar que o objeto último do pensamento e a meta final do conhecimento estão além do alcance de *nāmarūpa*. Tanto o hinduísmo vedantino quanto o budismo Mahāyāna insistem constantemente no caráter inadequado da linguagem e do pensamento lógico para expressar e compreender seus sistemas. De acordo com a clássica fórmula vedantina, o fator fundamental responsável pela condição e problemas de nossa consciência cotidiana, a força que constrói o ego e o induz a tomar erroneamente a si mesmo e suas experiências por coisas reais, é a "ignorância", "nescidade" *(avidyā)*. Não é cabível descrever essa ignorância como "existente" *(sat)*, nem como algo "inexistente" *(a-sat)*, mas como "inefável, inexplicável, indescritível" *(a-nirvacanīya)*. Porque – continua o argumento – se fosse irreal e inexistente, não teria força suficiente para acorrentar a consciência às limitações da pessoa e ocultar da visão interior do homem a realização da imediata realidade do Eu, que é o único Ser. Mas, por outro lado, se fosse real, absolutamente indestrutível, então não seria tão facilmente dissipada pela sabedoria *(vidyā)*; o Eu *(ātman)* jamais teria sido descoberto como o substrato último de todos os entes, e não haveria Vedānta alguma capaz de guiar o intelecto à iluminação. Não se pode dizer que a ignorância *é*, porque ela muda. A transitoriedade é seu caráter próprio, e isto o discípulo reconhece no momento em que transcende seu feitiço enganoso. Sua forma é "a forma do devir" *(bhāvarūpa)*: efêmera, perecível, derrotável; no entanto, a ignorância em si mesma difere dos fenômenos transitórios nela circunscritos, porque a ignorância tem existido – apesar de sempre mutável – desde tempo imemorial. Na verdade, é a raiz, causa e substância do tempo. E o paradoxo é que, ainda sem nunca ter começado, ela pode ter um fim, pois o indivíduo preso por ela à interminável roda de renascimentos, e sujeito ao que é popularmente chamado de lei da transmigração da mônada vital ou alma, pode tornar-se consciente de que toda a esfera da ignorância é uma existência sem realidade última – e isto pode ser feito simplesmente por um ato de "íntima revelação" *(anubhava)*, ou por um momento de real compreensão: "eu (sou) ignorante" *(aham ajñaḥ)*.

A filosofia indiana afirma com insistência que as possíveis experiências que a mente pode ter da realidade ultrapassam, em muito, a esfera do pensamento lógico. Para expressar e comunicar o conhecimento adquirido em momentos de intuição que transcendem o plano gramatical, devem ser usadas metáforas, símiles e alegorias que não são meros adornos e acessórios dispensáveis, mas os próprios veículos da significação, impossível de ser alcançada por meio de fórmulas lógicas do pensamento verbal comum. As imagens significativas podem abarcar e manifestar com clareza e coerência o caráter paradoxal da realidade conhecida pelo sábio: uma realidade "translógica" que, expressa em linguagem abstrata do pensamento normal, pareceria inconsistente, contraditória em si mesma e até completamente destituída de significado. Portanto, a filosofia indiana serve-se abertamente dos símbolos e das imagens do mito e, em última análise, não está em desacordo com a estrutura e o sentido da crença mitológica.

Os filósofos críticos gregos anteriores a Sócrates, os pensadores pré-socráticos e os sofistas praticamente destruíram sua tradição mitológica nativa. O novo enfoque que deram à solução dos enigmas do Universo, da natureza e do destino do homem, amoldava-se à lógica das ciências naturais incipientes – física e astronomia – e das matemáticas. Sob sua poderosa influência, os antigos símbolos mitológicos degeneraram em elegantes e divertidos temas para romances, tão improfícuos quanto as tagarelices sobre os intrincados casos de amor e desavenças da hierarquia celestial. Na Índia, ao contrário, a mitologia nunca deixou de apoiar e facilitar a expressão do pensamento filosófico. A rica pictografia da tradição épica, as características das divindades cujas encarnações e proezas constituem o mito, e ainda os símbolos religiosos, populares e esotéricos, serviram reiteradamente aos fins do ensino didático, convertendo-se em receptáculos com os quais os mestres comunicavam suas renovadoras experiências da verdade. Efetuou-se, assim, uma cooperação do mais recente com o mais antigo, do mais baixo com o mais elevado, uma maravilhosa amizade entre a mitologia e a filosofia; e isto formou um tal alicerce que toda a estrutura da civilização indiana tornou-se plena de significação espiritual. A estreita interdependência e a perfeita harmonização de ambas servem para refrear a tendência natural da filosofia indiana para o esotérico e o recôndito, apartada da vida e da tarefa de educar a sociedade. No universo hindu, o folclore e a mitologia levam às massas as verdades e os ensinamentos filosóficos. Nesta forma simbólica, as ideias não têm de ser rebaixadas para se tornarem populares. A vívida e adequada pictografia conserva as doutrinas sem alterar seu sentido.

A filosofia da Índia é fundamentalmente cética em relação às palavras; não acredita que sejam apropriadas para exprimir o tema principal do pensamento filosófico e, portanto, usa de cautela quando procura traduzir em fórmulas puramente intelectuais a resposta ao enigma do Universo e da existência humana. "O que é tudo isto à minha volta, este mundo em que me encontro? Que processo é este que me leva, junto com a terra? De onde vem tudo isto? Para onde vai? E qual deve ser o meu papel, meu dever, meu objetivo, em meio a este drama desconcertante e assustador no qual me encontro envolvido?" Este é o problema crucial do ser humano quando começa a filosofar, antes de reduzir suas aspirações a questões de metodologia crítica em torno de suas próprias faculdades mentais e sensoriais. "Tudo isto à minha volta... meu próprio ser...": eis a rede de liames chamada *māyā*, a potência criadora do mundo. *Māyā* manifesta sua força através do universo mutante e das formas evolutivas dos indivíduos. Segundo a filosofia indiana, a tarefa primordial do ser humano, e, em última instância, irrecusável, consiste em compreender este segredo, saber como age e transcender – se possível – seu feitiço cósmico descortinando as camadas da aparência tangível e visível, irrompendo simultaneamente através de todos os estratos intelectuais e emocionais da psique.

3. As pretensões da ciência

No meu tempo de estudante geralmente se considerava que a expressão "filosofia indiana" era contraditória, uma *contradictio in adjecto*, comparável a um absurdo tal como "madeira de ferro". A "filosofia indiana" era algo que simplesmente não existia, como as "calendas gregas" ou, no dizer dos lógicos hindus, os "chifres de uma lebre" ou o "filho de uma mulher estéril". Dentre todos os professores que ocupavam cátedra de filosofia naquela época, havia apenas um solitário entusiasta, um discípulo de Schopenhauer, o velho Paul Deussen, que regularmente dava aulas sobre filosofias da Índia. É claro que, até certo ponto, os orientalistas proporcionavam informações preparando edições de textos, auxiliados, vez por outra, por um aluno, mas nunca se preocupavam em investigar o problema da existência ou não de tal coisa chamada "filosofia indiana". Tudo quanto encontrassem em seus documentos interpretavam sobre uma base filológica, passando sem delongas para a linha seguinte. Enquanto isso, os outros professores de filosofia concordavam unanimemente – uns de maneira polida, outros nem tanto – que tal coisa como filosofia, no sentido exato do termo, simplesmente não existia fora da Europa. E, conforme veremos, esta atitude tinha suas razões do ponto de vista técnico.

Mas, em contrapartida, um outro grupo de historiadores estava desenvolvendo uma concepção mais ampla e inspiradora sobre a história das ideias e a evolução do espírito humano. Entre estes, o mais destacado foi Wilhelm Dilthey. Tais homens sentiram a necessidade de incorporar as filosofias da Índia e da China em algum trabalho que pudesse ser uma história universal do pensamento humano, ainda que lhes faltasse capacidade para tal tarefa. Sustentavam – e a partir daí isto é aceito de modo geral – que, se um pensador como Hobbes já integrava a lista de nossas personalidades insignes, então não se podia desprezar as palavras de Confúcio sobre educação, política e ética. Ou, se Maquiavel era considerado o primeiro pensador político moderno, algo precisava ser dito a respeito do sistema hindu que aparece no *Artha-Śāstra*[15]. Da mesma maneira, se Santo Agostinho, Santo Tomás de Aquino e Pascal são chamados filósofos religiosos, então não se pode deixar de lado os grandes teólogos hindus como Śaṅkara e Rāmānuja[16] que, com grande domínio das técnicas escolásticas, expuseram os fundamentos filosóficos da teologia vedantina ortodoxa. E no momento em que se reconhece Plotino ou Mestre Eckhart como filósofos, Lao-Tsé não pode ser ignorado, nem os mestres do Yoga hindu ou budista. Portanto, referências à China e à Índia foram incorporadas na história do pensamento ocidental, seja como notas de rodapé, olhadelas marginais ou capítulos preliminares, adornando a história da "verdadeira" filosofia, que começa com os gregos jônicos Tales, Anaximandro e Heráclito, nos séculos 6º e 5º a.C.[17]

Apesar da influência deste ponto de vista, muitos eruditos, mesmo nos primeiros anos do nosso século, permaneceram relutantes em conferir o honroso título de "filosofia" ao pensamento hindu. Alegavam que "filosofia" era um termo grego denotando algo único e particularmente nobre que havia nascido entre os gregos e, desde então, desenvolvido apenas pela civilização ocidental. Em favor deste argumento, recorriam à autoridade do gigante Hegel que, um século antes, com magistral intuição e completo domínio das informações então disponíveis, fazia referência à Índia e à China em suas *Filosofia da Religião* e *Filosofia da História*. Hegel cunhou certas fórmulas, ainda não superadas, para o estudo da história e que têm sido corroboradas pelos conhecimentos mais recentes dos fatos e das fontes (hoje em muito maior número que em sua época). Embora inigualável em sua capacidade intuitiva, baniu a Índia e a China, junto com suas filosofias, dos principais capítulos de sua obra, considerando as façanhas destas quase desconhecidas civilizações como uma espécie de prelúdio antes de se erguer o cortinado que ocultava a história "verdadeira", que começa no Oriente Próximo, e a filosofia "verdadeira", que foi uma invenção dos gregos. O argumento de Hegel – que é o argumento daqueles que ainda conservam aquela velha relutância em conferir o título de "filósofos" aos imortais pensadores da Índia e da China – é que falta algo aos sistemas orientais. Quando comparados com a filosofia ocidental, do modo como foi desenvolvida na Antiguidade e nos tempos mais recentes, o que obviamente lhes falta é este contato íntimo, sempre renovado e frutífero, com as progressistas ciências naturais – seus métodos críticos em contínuo aperfeiçoamento e sua concepção secular, não teológica, praticamente antirreligiosa, do homem e do mundo. E aqui se radica a pretensão de isto ser razão suficiente para restringir a aplicação da palavra "filosofia" no sentido dado no Ocidente.

Deve-se admitir que neste ponto a velha guarda tem razão. Um traço distintivo da filosofia ocidental é sua íntima e contínua inter-relação com as ciências. Consideremos, por exemplo, o papel das matemáticas aplicadas na astronomia, na mecânica e na física gregas, ou, ainda, os estudos feitos de maneira metódica e sem os entraves de concepções teológicas e míticas por pensadores como Aristóteles e Teofrasto a respeito dos problemas da zoologia e da botânica. Tem-se argumentado que o pensamento da Índia – na melhor das hipóteses – pode ser comparado não com a linha mestra da filosofia ocidental, mas apenas com o pensamento cristão da Idade Média, desde os Padres da Igreja até Santo Tomás de Aquino. Nesse tempo a especulação filosófica tinha de obedecer às exigências da fé revelada, era impelida a atuar como serva ou auxiliar da teologia *(ancilla theologiae)* e nunca lhe era permitido desafiar ou analisar os fundamentos dogmáticos estabelecidos e interpretados pelos decretos papais, sustentados mediante a perseguição de todos os heréticos e livre-pensadores. A filosofia grega e igualmente a filosofia da Idade Moderna – representada por Giordano Bruno (morto na fogueira) e Descartes – propiciaram inevitavelmente uma revolução intelectual, gerando uma radical e sempre crescente libertação do pensamento enclausurado no tradicionalismo religioso. Já em meados do século 5º a.C., Anaxágoras foi desterrado de Atenas por declarar que o Sol não era o deus solar Hélios, mas uma esfera celestial incandescente. Dentre os crimes imputados a Sócrates – pelos quais teve de beber cicuta – constava a falta de fé na religião estabelecida, aquela das divindades tutelares de Atenas. Desde o tempo de Bruno e Galileu, as ciências e as filosofias modernas só chegaram à atual maturidade batalhando incessantemente contra as doutrinas do homem e da natureza, que constituíam a tradição e o tesouro firmado pela Igreja. Nada comparável, ou ao menos nada tão revolucionário e explosivo, teve lugar no Oriente.

A filosofia ocidental tornou-se o anjo da guarda do pensamento correto, ou seja, crítico e sem preconceitos. E chegou a esta posição devido aos leais e frequentes contatos com os métodos de pensamento progressista das ciências. E ela defenderá sua posição mesmo que isso resulte na destruição de todos os valores tradicionais, sejam estes quais forem, da sociedade, da religião e da filosofia.

Os pensadores do século 19, que recusaram colocar a filosofia indiana em igualdade de direitos, assim o fizeram porque se sentiam responsáveis perante a verdade das ciências modernas, estabelecida por meio da experimentação e do espírito crítico. A filosofia, como eles a concebiam, existia para expor os métodos de tal progresso racional, ao mesmo tempo que os protegia do diletantismo, do subjetivismo no pensamento e da especulação indisciplinada onde proliferam suposições conduzidas por vias não fidedignas, próprias do homem arcaico.

Por outro lado, há uma atitude de reverente tradicionalismo que se evidencia na maior parte dos grandes documentos do pensamento oriental, uma disposição a submeter-se às declarações autorizadas dos inspirados mestres que afirmam haver tido contato direto com a verdade transcendental. Isto indicaria a incorrigível preferência pela visão, intuição e experiência metafísica, em detrimento da experimentação, do trabalho de laboratório e da redução das informações precisas dos sentidos a fórmulas matemáticas. Nunca houve na Índia uma afinidade tão significativa entre a ciência natural e a filosofia, que pudesse resultar numa expressiva fecundação recíproca significativa. Nada há na física, botânica ou zoologia indianas, que possa ser comparado com as grandes descobertas de Aristóteles, Teofrasto, Erastótenes e os cientistas da Alexandria helenística. O pensamento indiano não foi influenciado por esse espírito crítico, ou pelas novas disciplinas e as sugestões que os pensadores ocidentais recebiam continuamente das fontes científicas. E se não é cabível afirmar que as ciências naturais da Índia tenham, alguma vez, se igualado às conhecidas na Europa – mesmo em tempos dos gregos – quão maior não será esse desequilíbrio em nossos dias?

Sob o impacto das grandes conquistas dos nossos laboratórios, a filosofia moderna reformulou completamente a concepção de seus problemas. Sem o desenvolvimento da matemática, da física e da astronomia modernas, obtido pelo trabalho de Galileu, Torricelli e seus contemporâneos, esse novo modo de pensar, representado por Descartes e Espinosa, nunca teria ocorrido. Espinosa ganhou a vida como óptico, fabricando lentes – instrumento moderno das ciências mais recentes. A obra versátil e múltipla de Leibniz revelou claramente a íntima relação, ou melhor, a fusão da matemática e da física com a filosofia do século 17. E não se pode estudar Kant sem tomar contato prévio com a obra de Newton. No século 19, a contrapartida da ciência foram as filosofias empíricas e positivistas de Comte, Stuart Mill e Spencer. De fato, todo o curso do pensamento ocidental moderno foi determinado pelo progresso constante e inexorável de nossas ciências racionais e secularizadas, desde os dias de Francis Bacon e o surgimento da Nova Ciência até o presente, quando as teorias estimulantes de Einstein, Heisenberg, Planck, Eddington e Dirac, sobre a estrutura do átomo e do Universo, abriram um leque de novas tarefas, não apenas para os filósofos de hoje, mas também para os de gerações futuras.

Nada similar encontraremos na história da Índia. Entretanto, presenciamos situação análoga na Antiguidade Clássica com a grande sequência de pensadores, desde Tales a Demócrito, de Platão e Aristóteles até Lucrécio. Não foram poucos os pré-socráticos que se distinguiram tanto em matemática, física e astronomia, quanto na especulação filosófica. Tales obteve maior fama quando predisse o eclipse do Sol por meio da matemática aplicada aos problemas da cosmologia do que jamais obteve entre seus contemporâneos ao declarar que a água era o elemento primordial de todo o Universo, ideia comum a várias mitologias anteriores. Do mesmo modo, Pitágoras ficou célebre como descobridor de certos princípios básicos da acústica. Aristóteles destacou que os pitagóricos "aplicavam-se ao estudo da matemática e foram os primeiros a fazer com que essa ciência progredisse"[18]. Considerando os princípios dos números como os fundamentos de todas as coisas existentes, Pitágoras descobriu experimentalmente que os intervalos musicais dependem de certas proporções aritméticas entre os comprimentos das cordas sob mesma tensão, e aplicou esta descoberta das leis da harmonia à interpretação de toda a estrutura do cosmo. Assim, na Grécia antiga – como na Europa atual – a especulação filosófica acerca da estrutura e das forças do Universo, da natureza de todas as coisas e do caráter essencial do homem já era, em grande parte, dirigida por um espírito científico de investigação, cujo resultado foi a dissolução das ideias arcaicas, sustentadas pela mitologia e pela teologia. O tradicionalismo baseado na revelação e nas experiências visionárias caíam em descrédito. Seguiu-se uma série de revoluções intelectuais que foram, em parte, a causa e o protótipo espiritual do colapso dos sistemas sociais, produzido séculos mais tarde – desde a Revolução Francesa em 1789 até as revoluções da Rússia e da Europa Central no presente século e, por último, mas nem por isso menos importante, as recentes convulsões no México, América do Sul e China.

A filosofia indiana, ao contrário, permaneceu tradicional. Auxiliada e renovada, não pelas experiências de laboratório mas pelas vivências interiores da prática do Yoga, preservou as crenças herdadas e as interpretou, sendo, por sua vez, interpretada e corrigida pelas forças da religião. Na Índia, a filosofia e a religião diferem em alguns pontos, mas nunca houve um ataque total e destruidor por parte dos representantes do criticismo puro contra o baluarte imemorial do sentimento religioso popular. Na verdade, ambas as instituições têm-se fortalecido reciprocamente, de modo que em cada uma delas podemos encontrar características que na Europa atribuiríamos apenas à sua oposta. Eis por que os professores de nossas universidades tinham certa razão em negar, por tanto tempo, o título grego e ocidental de "filosofia" ao pensamento indiano. Não obstante – e isto espero conseguir demonstrar – existe e tem existido na Índia algo que de fato é filosofia, uma aventura tão intrépida e assombrosa como a mais arriscada que o mundo ocidental já tenha empreendido. Somente que ela nasce de uma situação e de um padrão de cultura orientais, almeja fins que são estranhos aos das universidades modernas e utiliza outros métodos para se autoavaliar – seus objetivos são precisamente aqueles que inspiraram um Plotino, Escoto Erígena e Mestre Eckhart, ou ainda os altos voos filosóficos de pensadores como os do período pré-socrático: Parmênides, Empédocles, Pitágoras e Heráclito.

4. As quatro metas da vida

O fato é que não há nenhuma palavra sânscrita que abarque e inclua tudo aquilo que na tradição literária indiana poderíamos chamar "filosófico". Os hindus têm vários modos de classificar os pensamentos que consideram dignos de aprender e transmitir, mas não dispõem de um termo único que compreenda todas as suas generalizações fundamentais sobre a realidade, a natureza humana e a conduta. O primeiro e o mais importante de seus sistemas de classificação é aquele das quatro metas, finalidades ou esferas da vida humana.

1. *Artha*, a primeira meta, refere-se às posses materiais. As artes que servem a esse propósito são as da economia e da política, as técnicas de sobrevivência usadas na luta pela vida contra a inveja e a competição, a calúnia e a chantagem, a ameaçadora tirania dos déspotas e a violência de inescrupulosos vizinhos. Literalmente, a palavra *artha* significa "coisa, objeto, substância" e compreende todo o conjunto dos objetos materiais passíveis de serem possuídos, desfrutados e perdidos, e dos quais precisamos no viver cotidiano para manter uma casa, sustentar uma família e cumprir com os deveres religiosos, ou seja, para realizar virtuosamente as obrigações da vida.[19] Os objetos também são fonte de gozo sensual[20], prazer dos sentidos e satisfação das exigências legítimas da natureza humana: o amor, as belas obras de arte, as flores, as joias, as roupas bonitas, a moradia confortável e os prazeres da mesa. A palavra *artha* conota, desta maneira, "a obtenção de riquezas e prosperidade, vantagem, lucro e fortuna mundanas", e ainda "resultado"; na vida comercial: "assuntos de negócio, trabalho, preço"; e no direito: "demanda, ação, petição". No que se refere ao mundo exterior, *artha* – em sua acepção mais ampla – significa "aquilo que pode ser percebido, um objeto dos sentidos"; no que diz respeito ao mundo interior da psique: "fim e objetivo, propósito, objeto, querer, desejo, motivo, causa, razão, interesse, uso, necessidade e preocupação"; como último termo de um composto, *artha* pode exprimir: "pela causa de, em nome de, para, a fim de". Assim, esta palavra reúne os significados de: 1. o objeto da busca humana; 2. os meios para essa busca; 3. as necessidades e os desejos sugeridos por tal busca.

Na Índia, há uma literatura específica sobre esse assunto, em que a área de investigação é restringida ao campo exclusivo da política: a política do indivíduo em sua vida cotidiana e a política de obter, exercer e conservar o poder e a riqueza como rei. Esta arte é ilustrada por fábulas, o veículo mais notável para a apresentação de uma filosofia realista da vida. As histórias do mundo animal – narradas nestas fábulas – revelam a cruel ciência do sobreviver, uma fria arte de prosperar diante dos constantes perigos encontrados na luta pela vida e pela supremacia, travada – aberta ou clandestinamente – entre os seres. Como todas as doutrinas indianas, é altamente especializada e tem por fim ensinar uma arte. Não está cerceada ou alterada em seus fundamentos por pudores morais; as técnicas são apresentadas quimicamente puras. Os textos são secos, incisivos, inclementes e cínicos, refletindo no plano humano as leis impiedosas do conflito animal. Os seres se devorando mutuamente e prosperando às custas dos outros inspiraram o pensamento dos autores. Os princípios básicos são aqueles do fundo do mar, daí a doutrina ser chamada *Matsyanyāya*, "o princípio ou lei *(nyāya)* dos peixes *(matsya)*", ou seja: "os peixes grandes comem os pequenos". Este ensinamento também é conhecido por *Artha-Śāstra, o manual autorizado (śāstra) da ciência da riqueza (artha)*, onde se encontram todas as leis da política, economia, diplomacia e guerra, leis que remontam ao início dos tempos.

A literatura sobre esse assunto compreende assim, por um lado, fábulas de animais, por outro, tratados sistemáticos e aforísticos. Dentre as primeiras, os dois textos mais conhecidos são o *Pañcatantra, os cinco (pañca) teares ou urdiduras (tantra)*, ou seja, *os cinco tratados*, e o *Hitopadeśa, instrução (upadeśa) naquilo que é vantajoso e benéfico (hita)*. Dos tratados sistemáticos, o mais importante, sem dúvida, é uma obra enciclopédica conhecida como *Kauṭilya Artha-Śāstra*, nome derivado do autor atribuído pela tradição, Cāṇakya Kauṭilya, lendário chanceler de Candragupta, o Maurya, que floresceu no final do século 4º a.C. Quando Alexandre Magno incursionou pelo nordeste da Índia em 326 a.C., as províncias desta região eram governadas pela dinastia Nanda; cerca de cinco anos após essa incursão, Candragupta, cujo pai pode ter sido um Nanda, mas cuja mãe era de origem inferior, destruiu essa casa real e fundou o império dos Mauryas, um dos mais poderosos da história da Índia. O manual de política, atribuído ao sábio e astuto brâmane que se supõe ter aconselhado e ajudado Candragupta em seu empreendimento, apresenta um quadro vivaz, amplo e detalhado dos estilos e técnicas hindus de governo, estatística, guerra e vida pública na época em questão.[21] Um tratado bem mais breve, chamado *Bārhaspatya Artha-Śāstra*, é uma densa coleção de aforismos que supostamente foi revelada pela divindade Bṛhaspati, chanceler mítico, sacerdote da realeza e principal conselheiro de Indra – rei dos deuses – em política terrena.[22] Outro sumário é o *Nītisāra* de Kāmandaki, *o extrato, sumo ou essência (sāra) do governo ou conduta adequada (nīti)*.[23] Esta é uma obra bem posterior à de Kauṭilya, composta em versos didáticos, por vezes encantadores, cujo fito é conter o extrato ou a essência da compilação anterior. Elementos valiosos também aparecem em muitos dos diálogos, relatos e fábulas didáticas da grande epopeia nacional, o *Mahābhārata*: são pequenos trechos e fragmentos de tratados hoje perdidos, cuja origem remonta à época feudal da Índia, nos séculos 8º e 7º a.C. Além destas temos algumas obras menores, que às vezes modificam a ciência para atender, de certo modo, às exigências da ética e da religião.[24]

Pode-se extrair dessas fontes uma filosofia prática de vida, filosofia vigorosa, talentosa e absolutamente realista, bem como uma teoria de diplomacia e de governo que é certamente comparável à arte política de Maquiavel e Hobbes. O *Artha-Śāstra* é semelhante também à *República* e *Leis* de Platão e, ainda, à *Política* de Aristóteles.

2. *Kāma*, a segunda das quatro metas da vida, é o prazer e o amor. Na mitologia indiana, *Kāma* é equivalente a Cupido. É o deus hindu do amor que, com seu arco florido e as cinco flechas floridas, envia desejos que fazem o coração estremecer. *Kāma* é o desejo encarnado e, como tal, mestre e senhor da Terra, bem como das esferas celestiais inferiores.

O principal texto clássico dos ensinamentos sobre *kāma* que chegou até nós é o célebre *Kāma-Sūtra*, de Vātsyāyana.[25] Esta obra deu à Índia uma ambígua reputação de sensualidade, bastante enganadora, pois o tema erótico é apresentado num plano totalmente técnico e secularizado, algo assim como um manual para amantes e cortesãs. A atitude dominante dos indianos, na verdade, é austera, casta e extremamente recatada, marcada por uma ênfase nas atividades puramente espirituais e por uma absorção nas experiências místicas e religiosas. O ensinamento de *kāma* surgiu para corrigir e evitar a frustração na vida conjugal, que deve ter sido muito frequente quando os casamentos por conveniência eram uma regra e os enlaces por amor constituíam uma exceção. Através dos séculos, o casamento tornara-se mais e mais um assunto de família. Os jovens noivos tinham seu destino determinado por horóscopos levantados por astrólogos, segundo os quais se realizariam as negociações de natureza econômica e social entre os chefes de família. Sem dúvida havia muitos lares onde imperava a tristeza e o tédio, e onde um pouco de estudo da ciência das cortesãs poderia ser de grande utilidade. Este compêndio das técnicas de ajustamento e de estimulação foi coligido para uma sociedade de emoções frias, não libertinas.

Embora a literatura sobre *kāma*, que chegou até nós, seja excessivamente técnica, pode-se no entanto obter algumas ideias fundamentais a respeito da atitude recíproca dos sexos, algumas noções indianas sobre a psicologia do amor, uma análise dos sentimentos e das formas de expressar as emoções, bem como uma concepção da finalidade e âmbito próprios do amor. Entretanto, melhor que o *Kāma-Sūtra* para este propósito é um outro grupo de compêndios tratando das várias artes do prazer, os manuais de poética e representação, chamados *Nāṭya-Śāstra*, que resumem para os profissionais as técnicas da dança, da pantomima, do canto e da arte dramática. Apresentam e discutem os modelos de herói e heroína hindus, suas características psicológicas e a sucessão de sentimentos que experimentam em diferentes situações típicas. Estes textos refletem o conhecimento de uma profunda psicologia das emoções, comparável à tipologia e à intricada textura das emoções e reações humanas desenvolvidas no Ocidente, na ópera italiana e na tragédia francesa dos séculos 17 e 18. Essas obras evocam em nossa memória os ensaios e aforismos daqueles literatos psicólogos da França, como La Bruyère, La Rochefoucauld, Chamfort e Vauvenargues, renovadores da tradição grega de Teofrasto que, por sua vez, se inspirou na arte teatral grega.

3. *Dharma*, a terceira das quatro metas abrange todo o contexto dos deveres religiosos e morais. Também está personificado como um deus, mas de caráter relativamente abstrato.

Os textos são *Dharma-Śāstra* e *Dharma-Sūtra* ou *Livros da Lei*. Alguns são atribuídos a personagens míticos, tais como Manu, antepassado do homem; outros, a certos eminentes mestres e santos brâmanes da Antiguidade. O estilo dos mais antigos – como por exemplo os de Gautama, Āpastamba e Baudhāyana, que pertenceram aos séculos 5º e seguintes a.C.[26] – se parece com a prosa védica tradicional, em sua última etapa. Estas primeiras obras estão cheias de prescrições religiosas, ritualísticas e sociais, prescrições apontadas para uma ou outra das escolas védicas. Mas os livros jurídicos posteriores – e notadamente o grande compêndio atribuído a Manu[27] – chegam a cobrir todo o contexto da ortodoxia da vida indiana. Encontramos aqui, meticulosamente formulados sobre a base das práticas imemoriais imputadas aos ensinamentos do próprio Criador, rituais e regras sociais das três castas superiores: *brāhmaṇa* (sacerdote), *kṣatriya* (nobre) e *vaiśya* (mercador e agricultor). Neste sistema, quem recebe as mais altas posições e honras não é o rei ou o milionário e sim o sábio, o santo, o *mahātma* (que literalmente significa "magnânimo": Espírito ou Eu [*ātman*] grande [*mahānt*]). Como visionário e porta-voz da verdade atemporal, é dele que deriva toda a ordem da sociedade. O rei, a bem dizer, é apenas o administrador dessa ordem; os agricultores e os mercadores fornecem os materiais que dão corpo à forma; e os trabalhadores *(śūdra)* são aqueles que contribuem com o necessário labor físico. Assim, todos estão harmonicamente concatenados para revelar, preservar e experimentar a grande imagem divina. *Dharma* é a doutrina dos deveres e dos direitos de cada indivíduo numa sociedade ideal e, como tal, é a lei ou espelho de toda ação moral.

4. *Mokṣa*, *apavarga*, *nirvṛtti* ou *nivṛtti*, a última das quatro metas, é a redenção ou liberação espiritual. É considerada a finalidade última, o bem humano definitivo, de modo que está acima e em posição inversa às três anteriores.

Artha, *kāma* e *dharma*, conhecidas como *trivarga* (grupo de três), são as ocupações mundanas; cada qual implica uma orientação própria ou "filosofia de vida" e, ainda, a cada uma é dedicada uma literatura especial. Mas, sem dúvida, a maior parte do pensamento, investigações, ensinamentos e escritos indianos está consagrada ao tema supremo de liberar-se da ignorância e das paixões oriundas da ilusão do mundo. *Mokṣa* deriva da raiz *muc*: "desatar, livrar, soltar, libertar, liberar, deixar em liberdade, sair de, abandonar, largar", significando portanto "liberação, escape, liberdade, libertação, livramento, resgate; emancipação final da alma". *Apavarga*, que procede do verbo *apavṛj*, quer dizer "desviar, destruir, dissipar; arrancar, desmontar, tirar para fora" e, por conseguinte, designa "atirar ou descarregar (um projétil), abandonar; término, fim; realização ou cumprimento de uma ação". *Nirvṛtti* é "desaparição, destruição, descanso, tranquilidade, conclusão, cumprimento, liberação da existência mundana, satisfação, felicidade e beatitude". E *nivṛtti* é "cessação, término, desaparição; abstinência de atividade ou trabalho; abandono, desistência, resignação; o apartar-se de ações ou emoções mundanas; quietismo, afastamento do mundo; descanso, repouso, felicidade". Todos estes termos de dicionário sugerem, em conjunto, parte do que significa a finalidade mais alta da vida humana tal como concebida pelo sábio oriental.

O *paramārtha* indiano – que significa "objeto *(artha)* supremo *(parama)*" – é nada menos que a realidade fundamental na qual se alicerça o reino fenomênico. Sua captação se produz quando impressões conduzidas pelos sentidos físicos aos centros nervosos do cérebro, a serviço das paixões e emoções de um ego, já não mais enganam. Fica-se então "des-iludido". *Paramārthavid* "aquele que conhece *(vid)* o objeto supremo *(paramārtha)*" é, por conseguinte, a palavra sânscrita que o dicionário traduz, toscamente, por "filósofo".

5. Liberação e progresso

Apreendemos melhor o essencial de qualquer sistema de filosofia quando o vemos condensado em seus termos principais. Uma exposição elementar deve ater-se, consequentemente, à apresentação e interpretação das palavras que serão utilizadas para conceber as ideias mais importantes. O pensamento da Índia adapta-se admiravelmente a este enfoque, porque todos os seus termos pertencem ao sânscrito e têm servido por muito tempo na linguagem da poesia e do romance e, ainda, em tratados técnicos como os de medicina. Esses termos não estão confinados à atmosfera alheia, não familiar, das escolas e doutrinas especializadas. Os substantivos, *verbi gratia*, constituem a maior parte da terminologia filosófica, permanecem ao lado dos verbos derivados das mesmas raízes e denotam atividades e processos que expressam igual conteúdo. Sempre é possível chegar ao significado fundamental estudando os usos comuns da palavra na vida diária e, por este meio, verificar não apenas seus matizes e valores implícitos mas também as metáforas e conotações que o termo sugere. Tudo isso contrasta notavelmente com a situação do Ocidente contemporâneo, onde a maior parte dos termos filosóficos procede do grego e do latim, não pertence à vida real dos povos: assim sendo, sofre de uma inevitável falta de clareza e vigor. A palavra "ideia", por exemplo, tem significados diferentes segundo procuremos entendê-la em Platão, Locke, na moderna história das ideias, na psicologia ou numa conversa cotidiana; para a compreensão do termo deve-se considerar separadamente cada caso, cada autor, período e escola.

Por outro lado, o vocabulário indiano está tão intimamente vinculado às práticas usuais de sua civilização que sempre pode ser interpretado pela significação geral.

Examinando-se todas as acepções de um termo sânscrito qualquer, pode-se observar o pensamento indiano em funcionamento como se ele fosse visto por dentro. Esta técnica corrige os inevitáveis erros de interpretação que surgem, mesmo nas melhores traduções, resultantes da enorme gama de associações diferentes evocadas pelos termos europeus. Na verdade, não temos equivalentes verbais precisos para traduzir o sânscrito, mas apenas aproximações enganosas nas quais repercutem associações ocidentais, que são necessariamente diferentes daquelas do universo indiano. Este fato tem levado o Ocidente a todo tipo de falsas deduções sobre a natureza, os meios e os propósitos do pensamento oriental. Mesmo o intérprete mais fiel encontrar-se-á divulgando dados errôneos simplesmente porque suas palavras, uma vez pronunciadas, caem inexoravelmente no domínio do contexto europeu. Apenas consultando continuamente o dicionário sânscrito é que se começa a perceber a talagarça onde se inserem as frases que, por séculos, serviram de veículo ao pensamento vivo da Índia.

Por exemplo, a importância dada pelas filosofias ascéticas ao ideal e fim supremo do *mokṣa*, e a consequente vastidão literária a respeito, levam o estudante do Ocidente a uma visão extremamente unilateral da civilização indiana. A verdadeira força de um ideal não pode ser compreendida fora de seu contexto, e esse contexto é a Índia tradicional, não a moderna civilização industrial. *Mokṣa* é uma força que tem impregnado cada traço, característica e disciplina da vida indiana e que modelou toda a sua escala de valores. Deve ser entendido não com o significado de uma refutação mas como o coroamento final do êxito do homem triunfante. Em síntese: a maior parte da filosofia indiana propriamente dita diz respeito à orientação do indivíduo durante a segunda etapa de sua vida; não antes, mas depois que tenha cumprido os compromissos com o mundo, decorrentes da vida pessoal. Uma vez cumpridos seus deveres como membro moral e sustentador da família e da comunidade, é que se volta à tarefa final da aventura humana.

De acordo com o *dharma* hindu, a vida do homem divide-se em quatro etapas *(āśrama)* estritamente diferentes. A primeira é a do estudante, "aquele que deve ser ensinado" *(śiṣya)*, "aquele que atende, serve e acompanha seu guru" *(antevāsin)*. A segunda é a do chefe de família *(gṛhastha)*, que constitui o grande período da maturidade e do exercício de seu devido papel no mundo. A terceira é a do retiro à floresta para dedicar-se à meditação *(vanaprastha)*. E a quarta refere-se ao sábio errante e mendicante *(bhikṣu)*. *Mokṣa* é para estes dois últimos, não para o primeiro nem para o segundo.

Grāma, "o povoado", e *vana*, "a floresta" se opõem reciprocamente. Para o âmbito de *grāma* foi dado aos homens "o grupo de três" *(trivarga)* e os manuais dos fins e metas próprios da vida mundana; mas no que diz respeito a *vana* – a floresta, o eremitério, a ação de livrar-se desta carga terrena de objetos, desejos, deveres e tudo o mais – o homem necessita de outras disciplinas, de outro caminho, de outros ideais, técnicas e experiências de liberação. Tanto os negócios, a família, a vida secular, como as belezas e esperanças da juventude e os sucessos da maturidade são agora deixados para trás: apenas a eternidade permanece. E para ela a mente se dirige, não mais às tarefas e atribulações desta vida que vieram e se foram como um sonho. *Mokṣa* aponta para além das estrelas, não para a viela do povoado. *Mokṣa* é a metafísica posta em prática. Seu objetivo não é assentar os alicerces das ciências, desenvolver uma sólida teoria de conhecimento ou controlar e aperfeiçoar os métodos para abordar cientificamente o espetáculo da natureza e os documentos da história humana, mas para rasgar o véu do tangível. *Mokṣa* é uma técnica para transcender os sentidos a fim de descobrir, conhecer e permanecer identificado com a realidade atemporal que subjaz no sonho da vida no mundo. O sábio conhece e interpreta a natureza e o homem na qualidade de visíveis, tangíveis e susceptíveis de experiência, mas apenas para ir além deles rumo ao bem metafísico supremo.

É indubitável que o Ocidente não teve metafísica – prática ou de outro tipo – desde meados do século 18. Em pleno contraste com a concepção oriental sobre a insubstancialidade deste mundo de mudança e queda, nossas mentes materialistas desenvolveram e defenderam uma concepção otimista da evolução e, junto a esta, uma fervorosa fé na perfectibilidade das coisas humanas por meio de uma tecnologia e planejamento mais aperfeiçoados, de um programa de expansão educacional e da abertura de oportunidades para todos. Enquanto o hindu sente-se completamente à mercê das forças destrutivas das parcas (doenças, pragas, guerras, tirania e injustiças humanas) e imolado pelo impiedoso fluir do tempo (que devora indivíduos, destrói o melhor dos reinos e cidades e reduz até mesmo as ruínas a pó), nós sentimos o poder do gênero humano de inventar e organizar a soberana força do homem para conseguir disciplina coletiva e o impulso e capacidade de controlar as forças motrizes da natureza. Somos os que realizam as mudanças; a natureza permanece sempre igual. E esta natureza, conquistada pela análise científica, pode ser submetida aos arreios da triunfante carruagem do progresso humano. Os pensadores europeus do século 18 acreditavam na progressiva ilustração: a sabedoria iria dissipar as trevas tornando a sociedade perfeita, nobre e pura. O século 19 acreditou no progresso social e material da coletividade: a conquista das forças da natureza, a abolição da violência, escravatura e injustiça; a vitória não apenas sobre a dor mas até sobre a morte prematura. E agora, o século 20 está convicto de que somente por meio de uma ampla e extensa organização e planejamento poderemos ter esperanças de salvar nossa civilização.

A fragilidade da vida humana não é de fato uma obsessão para nós, como ocorria com nossos antepassados nos séculos 15 e 16. Sentimo-nos mais protegidos do que eles contra as vicissitudes, melhor assegurados contra os reveses da fortuna; a velhice e a decrepitude não nos causam tanto desespero e resignação. Cremos que somos nós que estabelecemos nossa providência ao nos lançarmos na histórica batalha humana, ao dominar a terra e seus elementos, ao controlar seus reinos mineral, vegetal e animal e até mesmo o subatômico. Estamos agora gradualmente desvelando as forças secretas da existência, a química complexa e a alquimia orgânica dos processos vitais, quer em nossa psique, em nosso corpo físico ou no mundo ao redor. Já não nos sentimos enredados nos fios de uma teia cósmica inconquistável. E assim, como corolário disto tudo, temos nossa lógica da ciência, nossos métodos experimentais e a psicologia, mas nos falta a metafísica.

Hoje, os altos voos especulativos carecem de interesse para nós. Não fundamentamos nossas existências em fascinantes ou consoladoras interpretações globais da vida e do Universo, seguindo linhas como as da teologia tradicional ou as da abstração meditativa; preferimos as questões minuciosas de nossas inúmeras ciências sistemáticas. Ao invés de uma atitude de aceitação, resignação e contemplação, cultivamos uma vida de incessante movimento provocando mudanças a cada instante, melhorando e planejando coisas, submetendo os crescimentos naturais e espontâneos do mundo a um programa. No lugar daquele objetivo arcaico de compreender a vida e o cosmo como uma totalidade, temos por ideal um entendimento altamente especializado, fruto de uma atividade sempre mais sutil e variada com o domínio de detalhes concretos. A religião e a filosofia transformaram-se em ciência, tecnologia e economia política. Conforme o exposto e sendo *mokṣa* o objetivo principal da filosofia indiana, podemos muito bem nos perguntar se temos as devidas qualificações para a compreensão dessa doutrina distante, aferrados que estamos à perseguição de *artha*, *kāma* e *dharma*, e – como se isto não bastasse – nos sentindo plenamente satisfeitos de que assim seja.

Deste modo, deparamos com outra das diferenças fundamentais entre as filosofias do Ocidente hodierno e do Oriente tradicional. Considerado do ponto de vista das disciplinas hindus e budistas, nosso enfoque puramente intelectual a todas as questões teóricas, que não estejam diretamente relacionadas com o *trivarga*, pareceria diletante e superficial. Em tempos comparativamente modernos, ao longo de sua evolução, o pensamento ocidental tornou-se de todo esotérico. Supõe-se estar aberto à investigação de qualquer intelectual que satisfaça os requisitos gerais de: a) uma educação básica, e b) algum treino intelectual especializado que o habilite a prosseguir com o argumento. Mas não era esta a maneira nos tempos antigos de Platão. Μηδεὶς ἀγεωμέτρητος εἰσίτω ἐμὴν στέγην: "Ninguém sem preparo em matemática pode cruzar este meu umbral".[28] Diz-se que Platão fez com que gravassem essa advertência em cima da porta de sua Academia em homenagem a Pitágoras e a seus contemporâneos e revolucionários matemáticos da Sicília, como Arquitas de Tarento. Ao passo que nos tempos modernos supõe-se que a educação secundária e quatro anos de universidade permitam o acesso ao *sanctum sanctorum* da verdade última. A Índia, neste aspecto, está com Platão; e esta era outra justificativa sustentada pelos professores das universidades americanas e europeias ao recusarem a entrada do pensamento indiano ao templo que tinham construído para sua "filosofia".

NOTAS

1. Nota do tradutor: Trata-se aqui de uma comparação metafórica onde o "Pai" representa o princípio único transcendente; a "mãe", a cultura, e o "filho", os símbolos gerados e alimentados por ela.

2. *Il en est de notre esprit comme de notre chair, ce qu'ils se sentent de plus important, ils l'enveloppent de mystère, ils se le cachent à eux-mêmes; ils le désignent et le défendent par cette profondeur où ils se placent. Tout ce qui compte est bien voilé; les témoins et les documents l'obscurcissent; les actes et les oeuvres sont faits expressément pour travestir.* (Paul Valéry, *Variété I, Au sujet d'Adonis,* p. 68)

3. Cf. *The Gospel of Śrī Rāmakrishna,* tradução e introdução do Swāmī Nikhilānanda, New York, 1942, p. 232, 233, 259-360. Śrī Rāmakrishna (1836-1886) foi a perfeita encarnação da filosofia religiosa ortodoxa da Índia. Sua mensagem chegou pela primeira vez aos Estados Unidos com seu discípulo, Swāmī Vivekānanda (1863-1902), que representou a Índia no Congresso Mundial de Religiões celebrado em Chicago, 1893. Hoje, os monges da missão Rāmakrishna-Vivekānanda mantêm centros religiosos e ministram cursos na maioria das principais cidades dos Estados Unidos.

4. Nota do compilador: Ao leitor não familiarizado com a cronologia dos documentos indianos, relataremos sucintamente que os quatro *Veda (Ṛg, Yajur, Sāma e Atharva)* contêm os hinos e os encantamentos mágicos das famílias árias pastoris que entraram na Índia pelas montanhas do noroeste durante o segundo milênio a.C., época aproximada em que os aqueus (com quem estavam de certo modo aparentados e cuja língua se assemelhava ao sânscrito védico) chegavam à Grécia. Os hinos védicos são o monumento religioso e literário mais antigo existente da assim chamada família de línguas indo-europeias, abrangendo todas as literaturas das seguintes tradições: céltica (irlandês, galês, escocês, etc.), germânica (alemão, holandês, inglês, norueguês, gótico, etc.), itálica (latim, italiano, espanhol, francês, romeno, etc.), grega, balto-eslávica (antigo prussiano, letão, russo, tcheco, polonês, etc.), anatólia (armênio, antigo frígio, etc.), iraniana (persa, afegã, etc.) e indo-ariana (sânscrito, páli e as línguas modernas do norte da Índia como o hindi, bengali, sindi, panjabi e gujarate, bem como a língua falada pelos ciganos). Muitos dos deuses, crenças e observâncias da época védica estão em estreito paralelo com os tempos homéricos. Os hinos parecem ter se fixado na sua forma atual cerca de 1500-1000 a.C.
   Entretanto, o termo *Veda* não compreende apenas essas quatro coleções de hinos, mas também um grupo de composições em prosa apendiculados às mesmas, conhecido por *Brāhmaṇa* que, tendo sido redigido nos séculos imediatamente posteriores, representa uma época de meticulosa análise teológica e litúrgica. Os *Brāhmaṇa* contêm longas e pormenorizadas discussões acerca dos elementos e conotações do sacrifício védico, bem como alguns fragmentos de inestimável valor dos antiquíssimos mitos e legendas árias.
   Após o período dos *Brāhmaṇa* veio o das *Upaniṣad* (acima mencionado), que desabrochou no oitavo século a.C. tendo seu apogeu no século de Buddha (aprox. 563-483 a.C.). Estes períodos são comparáveis às datas da filosofia grega, começando com Tales de Mileto (640?-546 a.C.) e culminando nos diálogos de Platão (427?-347 a.C.) e as obras de Aristóteles (384-322 a.C.).
   Para comodidade do leitor, preparamos um breve apêndice histórico contendo informações a respeito das datas da maioria dos tópicos tratados nesta obra. V. Apêndice B.

5. *Atharva-Veda* VI. 38 (traduzido por Maurice Bloomfield, *Sacred Books of the East*, vol. XLII, p. 116, 117; cf. também *Harvard Oriental Series*, Cambridge, Mass., 1905, vol. VII, p. 309).
"A encantadora deusa que deu à luz Indra" é Aditi, mãe dos deuses do panteão védico, e corresponde a Reia, mãe dos olímpicos gregos. Indra, o principal e mais adorado de seus filhos, equivale ao senhor dos deuses greco-romanos, Zeus-Júpiter, enquanto Varuṇa é comparável ao Urano grego (céu) e Sūrya a Febo-Apolo.

6. *Adhyātman* (*adhi* = por cima de; *ātman* = Eu ou espírito): o Espírito Supremo manifestado como Eu do indivíduo. *Adhidaiva* (*daiva*, de *deva* = divindade): o Espírito Supremo operando nos objetos materiais. Ambos constituem, neste sistema, os dois aspectos de um único Imperecível, conhecido do ponto de vista subjetivo e objetivo, respectivamente.

7. Nota do tradutor: Entretanto, nas várias versões consultadas da *Aitareya-Upaniṣad*, encontramos que o oferecido é uma vaca, não um "touro" *(tābhyo gamanayatta abruvanna vai nodayamalamiti)*.

8. *Aitareya-Upaniṣad* 1. 2. 1-4 (traduzido por Robert Ernest Hume, *The Thirteen Principal Upanishads*, Oxford, 1921, p. 295).

9. *Aṣṭāvakra-Saṁhitā* 2. 10-11 (traduzido por Swāmī Nityaswarūpānanda, Mayavati, 1940, p. 22, 23).

10. *Bhagavadgītā* 2. 23.

11. Respectivamente, como no Vedānta (infra, p. 290-322) e no Sāṁkhya (infra, p. 208-239).

12. Infra, p. 52-54.

13. Nota do compilador: Buddha (c. 563-483 a.C.) não aceitou a autoridade dos *Veda*; consequentemente, a doutrina que ensinava era heterodoxa e foi desenvolvida à parte da trajetória védica ortodoxa, produzindo suas próprias escolas e sistemas. Pode-se distinguir duas grandes correntes no pensamento budista. A primeira dedicou-se ao ideal de salvação individual, apresentando como meio para se chegar a este fim a disciplina monástica. A segunda, que parece ter amadurecido no norte da Índia durante e após os dois primeiros séculos da era cristã (bem depois de a outra ter-se disseminado pelo sul chegando até a ilha do Ceilão – atual Sri Lanka), propôs o ideal de salvação para todos e desenvolveu disciplinas populares de devoção e o serviço secular universal. A primeira é conhecida por Hīnayāna, "o menor ou pequeno *(hīna)* barco ou veículo *(yāna)*", ao passo que a outra é denominada Mahāyāna, "o grande *(mahā)* barco ou veículo", ou seja, o barco em que todos podem navegar. O budismo Hīnayāna apoia-se num extenso corpo de escrituras em páli (dialeto indo-ariano do tempo de Buddha), compiladas por volta dos anos 80 a.C. pelos monges do Sri Lanka (o assim chamado Cânone Páli). O budismo Mahāyāna reconheceu este cânone e elaborou um corpo de escrituras próprio, em sânscrito (língua tradicional culta e sagrada da Índia védica que se preserva até hoje, sofrendo poucas modificações). Entre os principais desses escritos budistas (em sânscrito) encontram-se aqueles textos conhecidos como *Prajñāpāramitā* já mencionados e que serão discutidos adiante nas páginas 348-386. O budismo Mahāyāna se difundiu pelo norte entrando na China, no Tibete e no Japão, levando a "sabedoria transcendental

da margem distante" àquelas terras; em contrapartida, o budismo Hīnayāna sobrevive principalmente no Sri Lanka, Birmânia – atual Myanma – e Sião, atual Tailândia. Enquanto isso, a tradição dos *Veda* e das *Upaniṣad* não se deteve em seu desenvolvimento e produziu sua própria série de filósofos criadores e sistematizadores. Dentre estes, o mais célebre foi o brilhante gênio Śaṅkara (aprox. 788-820 ou 850 d.C.), cujos comentários sobre as escrituras védicas ortodoxas fundamentais figuram como um monumento supremo do período recente da filosofia indiana. O termo Vedānta (=*Veda+anta*, fim: "fim do *Veda*", ou seja, o objetivo ou desenvolvimento último do pensamento védico) é aplicado às obras e conceitos deste último período de escolasticismo ortodoxo hindu (cf. infra, p. 290-322).

14. Nota do compilador: *Māyā*, da raiz *mā*, "medir, formar, construir", denota, em primeiro lugar, o poder de um deus ou demônio em produzir efeitos ilusórios, mudar de forma e aparecer sob máscaras enganosas. Deriva daí o sentido de "magia", produção de ilusões por meios sobrenaturais ou, simplesmente, "ato de produzir ilusões", como por exemplo na guerra, a camuflagem, etc. (cf. infra, p. 98). *Māyā*, na filosofia vedantina, é especificamente "a ilusão sobreposta à realidade como efeito da ignorância"; por exemplo: ignorantes da natureza de uma corda em meio ao caminho, podemos tomá-la por uma cobra. Śaṅkara descreve todo o universo visível como sendo *māyā*, uma ilusão sobreposta à realidade pelos enganosos sentidos e pela mente não iluminada do homem (compare com Kant em *Crítica da Razão Pura*; observe também que, para o físico moderno, uma unidade diminuta de matéria pode aparecer como partícula ou como onda de energia, conforme o instrumento usado para sua observação). Cf. Heinrich Zimmer, *Myths and Symbols in Indian Art and Civilization*, Bollingen Series VI, Princeton, 1946, Índice, em *Māyā*. (N.T.: edição mais recente, 1974. Edição em português: *Mitos e símbolos na arte e civilização da Índia*, São Paulo, Palas Athena, 1989).

15. Infra, p. 38, 39 e 80-106.

16. Infra, p. 293 e segs.; 319, 320.

17. Georg Misch, discípulo de Dilthey e compilador de seus copiosos manuscritos póstumos, e que agora (1942) está em Cambridge, Inglaterra, comparou os passos e as etapas da filosofia grega durante o período anterior a Platão com desenvolvimentos paralelos na história chinesa e indiana. Ele reuniu textos de cada uma dessas três tradições que tratavam de problemas similares, e os apresentou numa série de traduções em alemão, junto com comentários. (Georg Misch, *Der Weg in der Philosophie*, Leipzig, 1926) [Há uma edição alemã posterior, ampliada, e uma tradução inglesa, parcialmente reelaborada sobre a segunda edição alemã. (Nota de J. A. Vazquez, tradutor da versão em espanhol, EUDEBA, 1965)].

18. Aristóteles, *Metafísica*, I.v. (Loeb Classical Library, vol. I, p. 33).

19. Na Índia, os deveres religiosos e sociais são considerados uma dívida que se contrai pelo fato de haver nascido numa comunidade e nela permanecer como membro. A dívida deve ser paga aos deuses que nos protegem e favorecem, aos nossos ancestrais a quem devemos a própria existência, e aos nossos próximos, com quem partilhamos as mágoas e as alegrias da vida. O virtuoso cumprimento do nosso papel na vida *(dharma)* será discutido adiante (p. 41 e 122-137), como a terceira das Quatro Metas.

20. O prazer *(kāma)* é uma das Quatro Metas, cf. infra, p. 40 e 113-119.

21. *Kauṭilya Artha-Śāstra*, compilado por R. Shamashastry, Mysore, 1909; 2. ed. revisada, 1919. Uma tradução do mesmo compilador foi publicada em Bangalore, 1915; 2. ed., 1923.

22. *Bārhaspatya Artha-Śāstra*, compilado e traduzido por F. W. Thomas, *Punjab Sanskrit Series*, Lahore, 1921. A respeito de Bṛhaspati, cf. infra, p. 64, 65.

23. *Kāmandakīya Nītisāra*, traduzido por M. N. Dutt, *Wealth of India Series*, Calcutta, 1896. O verbo *nī* significa "liderar, transportar, conduzir, guiar, governar, dirigir", e o substantivo *nīti*, "direção, guia, administração; comportamento, propriedade, decoro; curso da ação, política, prudência, sabedoria política, arte do estadista". *Nītisāra*, portanto, é sinônimo de *Artha-Śāstra*.

24. Em M. Winternitz, *Geschichte der indischen Literatur*, Leipzig, 1920, tomo III, p. 504-536, encontra-se uma resenha sobre a bibliografia e uma exposição de todo este tema.

25. *Sūtra*, "um fio, uma série de regras, aforismos" (compare com a palavra latina e portuguesa "sutura"). Um *sūtra* é um manual, um livro de regras. Existem *sūtra* para cada aspecto da vida indiana. O grande período de composição desses sumários aforísticos foi entre os anos 500 e 200 a.C.

26. Traduzidos por G. Bühler na série *Sacred Books of the East*, vol. XI (Āpastamba e Gautama) e vol. XIV (Baudhāyana).

27. *Mānavadharma-Śāstra*, tradução de G. Bühler na série citada, vol. XXV.

28. John Tzetzes, *Chiliades* 8. 973.

CAPÍTULO II

OS FUNDAMENTOS DA FILOSOFIA INDIANA

1. A FILOSOFIA COMO MODO DE VIDA

Na Índia antiga cada ramo do saber estava associado a uma arte altamente especializada e a um modo de vida consoante com este. O saber não devia apenas ser colhido nos livros, palestras, conversas e debates, mas dominado por meio da aprendizagem ao lado de um mestre competente. Era necessário que o discípulo, dócil à autoridade do guru, se entregasse a ele de todo o coração, sendo pré-requisitos básicos a obediência *(śuśrūṣā)* e a fé absoluta *(śraddhā)*. *Śuśrūṣā* é o fervoroso desejo de ouvir, obedecer e reter o que se ouve; implica respeito, reverência e serviço. *Śraddhā* é a confiança e a firmeza da mente; exige a ausência de todo tipo de pensamento e crítica independentes por parte do discípulo, denotando também reverência, bem como um forte e intenso anseio de aprender. Essa palavra sânscrita significa também "o desejo ardente de uma mulher grávida".

O discípulo que tem em suas entranhas a verdade anelada – do mesmo modo que aquele filhote trazia em si o tigre da selva[1] – submete-se sem reservas ao seu guru, prestando-lhe reverência como à encarnação do saber divino que lhe será ministrado, pois o mestre é porta-voz da sabedoria superior e possuidor de uma arte especial. O discípulo, em seu culto religioso, deve devotar-se à divindade que preside a arte especial e à sabedoria que será, dali em diante, o princípio formativo de sua trajetória. Deve compartilhar a moradia de seu mestre durante anos, servi-lo em sua casa e ajudá-lo no trabalho, seja seu ofício o de sacerdote, mago, asceta, médico ou oleiro. As técnicas necessitam ser aprendidas pela prática constante, enquanto a teoria é ensinada por meio da instrução oral, suplementada por um estudo completo dos manuais básicos. Todavia, o mais importante de tudo é que deve ser realizada uma "transferência" psicológica entre mestre e discípulo, pois uma espécie de transformação precisa ocorrer. O discípulo, como metal maleável, deve ser formado seguindo o molde do mestre que lhe serve de matriz, e isto não apenas em relação às questões de arte e saber, mas também a toda atitude pessoal. No que concerne à vida e à moral do guru, é necessário que haja uma identificação absoluta, uma correspondência ponto por ponto entre seus ensinamentos e seu modo de vida, uma espécie de identidade que no Ocidente só poderíamos esperar de um monge ou de um sacerdote.

Não se procura uma atitude crítica e sim um crescimento gradual dentro do molde da disciplina. A instrução é aceita e seguida, por assim dizer, às cegas; porém, com o decorrer do tempo, quando aumenta a capacidade do discípulo para captar o ensinamento, a compreensão vem sozinha. Esta aceitação cega e consequente compreensão intuitiva da verdade, pela atitude que lhe corresponde, é conhecida na Europa como prática fundamental da Igreja Católica Romana. Tome-se como exemplo um dos romances de Flaubert, *Bouvard et Pécuchet*, onde é descrito o caso de dois livre-pensadores que, desapontados com seus modos de vida, e após tentarem o suicídio, voltam à fé da infância e retornam ao ambiente campestre de seus primeiros anos. Recorrem ao padre e o assaltam com seu ceticismo e dúvidas inquietantes, ao que ele simplesmente responde: *Pratiquez d'abord*, isto é, "Adotem e pratiquem primeiro o método ortodoxo dos deveres ritualísticos, assistindo à missa regularmente, rezando, indo à confissão e comungando. Então, pouco a pouco entenderão, e suas dúvidas irão se desvanecer como névoas à luz do sol. Não precisam sondar as grandes profundezas do dogma da Trindade nem dos outros mistérios, mas é necessário que professem e sintam uma fé absoluta pois, em última instância, essas coisas devem ser – de algum modo – verdadeiras. E assim manter as esperanças de que seu significado possa ser-lhes revelado à medida que aumenta em seu interior o efeito da graça sobrenatural".

De igual maneira, a filosofia oriental é acompanhada e auxiliada pela prática de uma forma de vida: a reclusão monástica, o ascetismo, a meditação, a oração, os exercícios de *yoga* e as horas diárias dedicadas ao culto. A função do culto é imbuir o devoto da essência divina da verdade. Esta se manifesta sob as formas simbólicas das divindades ou de outras figuras sobre-humanas, sagradas, cuja função é direcionar o pensamento; também se manifesta por meio do próprio mestre que – representando a verdade encarnada – a revela continuamente, seja mediante seus ensinamentos, seja pela sua conduta diária. Neste sentido, a filosofia da Índia está tão estreitamente ligada à religião, aos sacramentos, às iniciações e às formas da prática litúrgica, como a filosofia ocidental moderna está para as ciências naturais e seus métodos de investigação.

Esta concepção indiana – da identidade da personalidade e conduta com o ensinamento – está muito bem colocada num comentário inteligente que um amigo meu, hindu, fez acerca de um livro popular sobre filosofia do Oriente:

> Em última análise – disse ele – a verdadeira aquisição é somente aquela que se encontra confirmada em nossa própria vida. O valor dos escritos de um homem depende do grau em que sua própria vida patenteia seus ensinamentos.

2. O DISCÍPULO QUALIFICADO

No campo específico da filosofia bramânica ortodoxa, encontramos um pequeno tratado para principiantes, que remonta ao século 15 de nossa era, conhecido como *Vedāntasāra*: *A essência (sāra) da doutrina Vedānta*[2], cujas primeiras páginas esclarecem a atitude conveniente do discípulo indiano em relação à sua matéria de estudo, seja ela qual for. Logicamente, pode-se ler a tradução desses textos tal como qualquer ensaio de Locke, Hume ou Kant, mas devemos ter em mente que semelhantes estrofes não foram escritas para serem tratadas desse modo. De fato, deparamo-nos com uma discussão sobre uma questão preliminar que nos adverte desde o início: "Quem é competente e, em consequência, quem está qualificado para estudar o Vedānta com o fim de realizar a verdade?". No que se refere a nós, esta questão pode ser facilmente respondida: "Não nós, ocidentais. Não os intelectuais". Isto ficará claro ao prosseguirmos.

O "estudante competente" *(adhikārin)*, ao iniciar seu estudo de Vedānta, deve ter uma atitude não de crítica ou de curiosidade, mas uma absoluta fé *(śraddhā)* em que ele poderá descobrir a verdade por meio das fórmulas do Vedānta prestes a lhe serem comunicadas.[3]

Além disso, tem de possuir um fervoroso desejo de libertar-se das cargas da vida mundana, uma aspiração firme e sincera de livrar-se da escravidão de sua existência como indivíduo preso ao vórtice da ignorância. Isto é denominado *mumukṣutva* ou *mokṣecchā*: "o desejo de liberação"[4]. Assim como um homem que carrega sobre sua cabeça um feixe de lenha em chamas correrá a um lago para livrar-se do fogo, também o *adhikārin*, queimado pelas dores cruciantes do fogo da vida no mundo – um mundo de futilidade enganadora, de nascimentos e mortes – recorrerá a um guru versado nos *Veda* que, tendo já alcançado o ideal do Vedānta, vive sereno na consciência ininterrupta da essência do ser imperecível. O *adhikārin* deve ir ao seu guru levando presentes em suas mãos, pronto para servir e preparado para obedecer de todos os modos.

O "estudante competente" é um aspirante que, havendo estudado os quatro *Veda* e seus "membros" *(Vedāṅga)*[5] de acordo com o método prescrito, já tem uma compreensão geral do saber védico. Precisa também purificar-se de todas as máculas provenientes desta existência ou das anteriores, por meio da abstenção de qualquer ato cujo propósito atenda a desejos mundanos e seja causa de dor para outras criaturas; e realizar fielmente, dia após dia, as devoções apropriadas e os ritos obrigatórios especiais para ocasiões como, por exemplo, o nascimento de uma criança. Além disso, é mister que pratique determinadas austeridades que levem à expiação do pecado[6], e as tradicionais meditações que têm por objetivo a concentração mental[7]. Enquanto os "ritos" penitenciais – cotidianos e específicos – servem para purificar a mente, as "meditações" visam levá-la a um estado de concentração em "um só ponto"[8].

Segundo a crença tradicional, a realização desses ritos e devoções prescritos levará o discípulo, após a morte, ao "céu dos antepassados" *(pitṛloka)* ou à "esfera da verdade" *(satyaloka)* superior. Mas, tais resultados agradáveis não são considerados importantes – nem mesmo desejáveis – pelo adepto do Vedānta. São meros produtos acessórios da disciplina, estâncias de passagem ao longo do caminho, que já não lhe interessam. Estas ainda estão dentro do mundo do nascimento e representam tão só uma continuação da roda da existência *(saṁsāra)*, não obstante seja um episódio muito feliz chegando a durar, dizem, incontáveis milênios. Mais que a bem-aventurança celestial, o que aspira o vedantino é ver através e além do caráter ilusório de toda existência, seja ela qual for, tanto no denso plano terrestre quanto nas esferas mais altas. Ele sacrificou por completo toda ideia de gozar os frutos de suas boas obras; toda recompensa atribuída como resultado de sua devoção perfeita ele entrega à divindade pessoal a quem serve. Pois sabe que não é ele quem atua mas a Pessoa espiritual – o morador onipresente que o habita, assim como a todas as coisas – a quem ele, como devoto, está totalmente dedicado: o deus que é o Eu *(ātman)* dentro de seu coração.[9]

O meio necessário que o estudante deve empregar para transcender a ilusão é, antes de tudo, a "discriminação entre as coisas permanentes e as transitórias" *(nitya-anitya-vastu-viveka)*.[10] Está escrito: "Somente Brahman é a substância permanente, tudo o mais é transitório"[11]. A totalidade dos objetos deste mundo que são agradáveis aos sentidos – as grinaldas de flores, os perfumes, as mulheres bonitas, os prazeres de todo tipo, são meramente transitórios, chegam como resultado de nossas ações *(karman)*. Mas os prazeres do mundo vindouro também são o resultado de nossos atos e, portanto, efêmeros.

O segundo requisito para o estudante do Vedānta é o inabalável menosprezo por toda e qualquer ilusão, uma vez que esta tenha sido assim reconhecida. Ele deve renunciar, sincera e eficientemente, a todo fruto possível de seus atos virtuosos. Esta é a verdadeira renúncia: *ihāmutrārthaphalabhogavirāgaḥ*, "indiferença *(virāga)* ao gozo *(bhoga)* dos frutos *(phala)* da ação *(artha)* tanto aqui *(iha)* como no além *(amutra)*"[12].

O terceiro dos meios necessários é a concentração, abordada no capítulo intitulado *Os Seis Tesouros*, sendo o primeiro *śama*, "quietude mental, apaziguamento das paixões"[13]. *Śama* é a atitude ou modo de conduta que mantém a mente livre das perturbações provocadas pelos objetos dos sentidos; e a única atividade sensorial permitida ao estudante de filosofia é a de escutar avidamente as palavras do seu guru. O segundo tesouro, *dama*, representa uma segunda etapa no autodomínio: "o subjugar dos sentidos"[14]. De acordo com a psicologia clássica hindu, o homem tem cinco faculdades de percepção (audição, tato, visão, paladar e olfato), cinco faculdades de ação (fala, apreensão, locomoção, evacuação e procriação) e um "órgão interno" *(antaḥkaraṇa)* de controle que se manifesta como ego *(ahaṁkāra)*, memória *(cittam)*, compreensão *(buddhi)* e pensamento *(manas)*.[15] *Dama* refere-se à atitude decisiva de afastar esta estrutura do mundo exterior. O tesouro seguinte, *uparati*, é a "completa cessação" das faculdades que têm por objetivo a percepção e a atividade sensórias.[16] O quarto, *titikṣā*, "resistência, paciência", representa o poder de suportar sem a menor inquietação o calor e o frio extremos, a boa e a má fortuna, as honras e os insultos, as perdas e os ganhos e todos os outros "pares de opostos" *(dvandva)*.[17] O discípulo, agora, está em condições de direcionar sua mente para além das distrações mundanas. O quinto dos tesouros pode, então, ser obtido: *samādhāna*, a "concentração constante da mente". O discípulo é capaz de manter sua atenção fixa nos ensinamentos do guru, e pode sumir-se ininterruptamente nos textos sagrados ou nos símbolos e temas inefáveis de suas intensas meditações.[18] *Sam-ā-dhā* significa "juntar, unir, compor, colecionar, concentrar, fixar, aplicar atentemente (como o olho ou a mente)". *Samādhāna* é o resultado obtido bem como a própria atividade em si. É a fixação da mente em algo, numa contemplação absolutamente imperturbada e imperturbável: "meditação profunda, estabilidade, compostura, paz mental, perfeita absorção de todo pensamento num só objeto". Depois disso pode ser obtido o sexto tesouro, a fé perfeita[19].

Discriminação, renúncia, os "seis tesouros" e o intenso anseio de liberação *(mumukṣutva)*[20] são precisamente os meios pelos quais o filósofo indiano atinge a meta da compreensão. O neófito deve ser competente para poder dominá-los. Sua mente e coração necessitam estar purificados pelas austeridades e rituais preliminares das práticas religiosas ortodoxas de sua comunidade. Deve estar suficientemente instruído nas escrituras sagradas, e ser capaz de conquistar estes "meios necessários" para transcender a ilusão. "Tal aspirante – está escrito – é um discípulo qualificado."[21]

3. A FILOSOFIA COMO PODER

No Oriente, a sabedoria filosófica não se inclui nos tópicos de informação geral. É um saber especializado cuja meta é a obtenção de uma forma mais alta de ser. O filósofo é aquele cuja natureza foi transformada, "re-formada" segundo um modelo de características sobrenaturais, em consequência de ter sido impregnado do poder mágico da verdade. É por isso que o futuro discípulo deve ser cuidadosamente testado. A palavra *adhikārin*, como adjetivo, significa literalmente "com título para, com direito de, dotado de autoridade, dotado de poder, qualificado, autorizado, adequado para"; também significa "pertencente a, possuído por"; e como substantivo, "oficial, funcionário, chefe, diretor, reclamante justo, dono, proprietário, personagem qualificado para executar algum sacrifício ou ato sagrado".

A filosofia é apenas uma das muitas classes de sabedoria ou conhecimento *(vidyā)*, conhecimento este que conduz a um fim prático. Assim como outras *vidyā* levam à aquisição de destrezas particulares pertencentes, por exemplo, às do artesão, sacerdote, mago, poeta ou bailarino, a filosofia conduz à aquisição de um estado divino, tanto aqui quanto no além. Toda espécie de sabedoria traz a seu possuidor um poder específico, e isto advém inevitavelmente do domínio de seus respectivos materiais. O médico domina as doenças e as drogas, o carpinteiro domina a madeira e outros materiais de construção, o sacerdote domina os demônios e mesmo os deuses, por meio de seus encantamentos e rituais propiciatórios e de oferenda. Analogamente, o filósofo iogue é dono de sua mente e de seu corpo, de suas paixões, de suas reações e de suas meditações. É alguém que transcendeu os pensamentos prenhes de desejo e todos os outros tipos de pensamento humano comum. O infortúnio não é para ele nem desafio nem derrota. Está totalmente além do alcance das garras do destino.

No Oriente, a sabedoria, não importa de que tipo, deve ser guardada zelosamente e comunicada com cautela, e tão só àqueles capazes de se tornarem receptáculo perfeito pois, afora representar uma arte, cada ramo do saber traz consigo um poder quase mágico, um poder de fazer coisas que, sem ele, seriam milagres. O ensinamento que não tenha por objetivo comunicar tal poder é irrelevante, e sua comunicação para alguém incapaz de manejá-lo adequadamente seria desastroso. Outrossim, a posse da sabedoria e de suas potências especiais era considerada – nos tempos antigos – uma das partes mais valiosas da herança familiar. Qual um tesouro, transmitido com sumo cuidado, obedecia à linha da descendência paterna. Os encantamentos, as técnicas das várias artes e profissões e, finalmente, a própria filosofia eram originariamente comunicadas apenas desta maneira. O filho seguia ao pai. A nova geração tinha pouca oportunidade de escolha e, por isso, tratava de conservar os instrumentos de prestígio familiar.

Daí os hinos védicos, nos primeiros tempos, pertencerem com exclusividade a certas grandes linhagens. Dos dez livros do *Ṛg-Veda* (que é o mais antigo dos *Veda* e, de fato, o documento mais antigo existente em qualquer das tradições indo-europeias)[22], apenas o primeiro não é denominado "livro de família". Os restantes contêm grupos de vigorosos versos que antigamente eram propriedade, cautelosamente guardada, das velhas famílias de sacerdotes, videntes e rapsodos religiosos. Os antepassados dos diversos clãs compuseram as estrofes com o fim de invocar os deuses aos atos sacrificiais, propiciá-los e obter seus favores, pois os hinos haviam sido revelados àqueles cantores ancestrais durante suas visões, nas quais se comunicavam com os próprios deuses. Então, ocasionalmente, os proprietários marcavam seus bens, fazendo aparecer seus nomes em alguma parte dos versos ou – o que era mais frequente – com uma estrofe final característica, facilmente reconhecível como sinal de prerrogativa. Tal qual os rebanhos das famílias pastoris árias eram distinguidos por alguma marca ou corte na orelha, no flanco ou em outra parte, também os hinos levavam suas marcas, com o mesmo senso aristocrático da força da propriedade e consequente apreço.

Uma vez que a sabedoria que produz arte e destreza especiais tem de ser guardada cuidadosamente, então, quanto maiores os poderes envolvidos tanto mais zelosos devem ser os guardiões, principalmente quando esses poderes são os próprios deuses, as forças motrizes da natureza e do cosmo. Os complexos e cuidadosos rituais concebidos para invocá-los e vinculá-los aos propósitos humanos ocupavam – na antiguidade védica e também nos tempos homéricos – o lugar que hoje têm as ciências como a física, a química e a bacteriologia. Um hino poderoso era tão estimado por aquelas pessoas como é para nós o segredo de um novo superbombardeiro ou o projeto para a construção do último modelo de submarino.

A história da Índia, tanto em sua primeira fase quanto na posterior, foi caracterizada por um estado praticamente contínuo de guerras: invasões estrangeiras, disputas pela supremacia entre os senhores feudais e, depois, entre os próprios déspotas reais. Em meio a todos esses distúrbios, as fórmulas religiosas védicas dos brâmanes eram consideradas uma arma secreta muito preciosa, e como tal foram utilizadas. Podemos compará-las com a atitude das tribos de Israel quando entraram em Canaã – conduzidas por Josué – destruindo as muralhas de Jericó com o ressoar mágico de seus chifres de carneiro. Devido ao seu conhecimento superior os invasores árias na Índia derrotaram as populações nativas, instalaram-se naquelas terras e, por fim, expandiram seu domínio por todo o subcontinente. As raças conquistadas passaram a constituir a quarta casta, a dos *śūdra*, não arianos, excluídos implacavelmente dos direitos e da sabedoria – fonte de poder – da sociedade dos conquistadores, e proibidos de ter até mesmo o mínimo acesso às técnicas da religião védica. Nos mais antigos *Dharma-Śāstra* lê-se que, se um *śūdra* ouvisse acidentalmente a recitação de um hino védico, deveria ser punido enchendo-se-lhe as orelhas com chumbo derretido.[23] Estas fórmulas sagradas eram destinadas unicamente aos brâmanes (sacerdotes, magos, guardiões do poder sagrado), aos *kṣatriya* (reis, senhores feudais e guerreiros) e aos *vaiśya* (camponeses, artesãos e burgueses de linhagem ária).

Este antigo sistema de segredo e exclusão manteve-se durante todos os períodos e em todas as formas de vida indiana. Caracteriza a maioria das tradições sagradas de onde derivou grande parte dos elementos da filosofia da Índia, especialmente as de origem ária, mas também – e em muitos detalhes importantes – aquelas que escaparam do controle ária-bramânico. As tradições não védicas – budismo, jainismo, Sāṁkhya e Yoga – carecem das restrições de casta e de família peculiares à orientação védica[24]; não obstante, exigem do aspirante que deseje penetrar os seus mistérios uma entrega tão completa à autoridade do mestre espiritual, que se torna impossível voltar à forma de vida de outrora. Antes que o estudante destas disciplinas não árias possa ingressar no santuário íntimo e atingir realmente o objetivo estabelecido por tais doutrinas, ele terá que desvincular-se por completo de sua família, com todos os seus modos de vida, para assim renascer como membro da ordem.

As ideias principais da doutrina secreta bramânica, conforme desenvolvidas e formuladas no final do período védico (aprox. século 8º a.C.), são preservadas nas *Upaniṣad*. Estas obras representam uma espécie de instrução altamente especializada – que exigia do discípulo uma profunda qualificação – e o mestre tinha a liberdade de transmiti-la ou não. Para ser digno deste saber esotérico, o discípulo deveria ser um *adhikārin* realmente maduro e perfeitamente preparado para suportar a sabedoria revelada. No período em que estes livros foram concebidos, as restrições impostas eram ainda mais severas do que viriam a ser mais tarde. Uma das principais *Upaniṣad* contém a advertência de que seu ensinamento deve ser transmitido não apenas de pai para filho mas somente para seu primogênito, ou seja, sua duplicata mais jovem, seu *alter ego* renascido, "e a ninguém mais, quem quer que seja".[25] E, num extrato mais recente das *Upaniṣad* métricas, lemos: "Este segredo, por demais misterioso, não deverá ser transmitido a ninguém que não seja um filho ou um discípulo e que não tenha ainda alcançado a serenidade"[26]. Não podemos esquecer que o termo equivalente da palavra *upaniṣad* – que em todos os lugares era usado para descrevê-lo – é *rahasyam*, "um segredo, um mistério". Trata-se, portanto, de uma doutrina secreta, oculta, que revela *satyasya satyam*, "a verdade da verdade".

Este mesmo antigo caráter de reserva, distanciamento e exclusivismo é preservado inclusive nas obras do mais recente dentre os grandes períodos da filosofia e dos ensinamentos indianos, isto é, o período tântrico, que aparece na época medieval da Índia. Na realidade, a literatura tântrica em sua forma atual pertence principalmente aos séculos posteriores ao 3º de nossa era.[27] Supõe-se, em geral, que os textos representam conversas secretas mantidas entre Śiva, o deus supremo, e sua *śakti*, ou esposa, a deusa suprema. Primeiro um deles ouve como discípulo, logo ouve o outro; escutam-se mutuamente com atenção, o que revelam em poderosos versos: a verdade de sua secreta essência, essência criadora, sustentadora e condutora do mundo. Cada um ensinando o meio para quebrar o feitiço do falso conhecimento que mantém a consciência individual presa ao mundo dos fenômenos. Os textos tântricos insistem no caráter secreto de seus conteúdos, não devendo chegar ao conhecimento de descrentes e nem mesmo dos crentes não iniciados nos círculos mais íntimos dos adeptos.

No Ocidente, ao contrário, o orgulho da filosofia provém do fato de estar aberta à compreensão e crítica seja de quem for. Nosso pensamento é exotérico e se considera que isso seja uma das provas e evidências de sua validez universal. A filosofia ocidental não tem nenhuma doutrina secreta e desafia a todos que examinem cuidadosamente seus argumentos, bastando, para isso, inteligência e imparcialidade na discussão. Em decorrência dessa abertura, obteve ascendência sobre o pensamento e a sabedoria da Igreja, que exigia que certas coisas fossem aceitas como estabelecidas pela revelação divina e corroboradas inquestionavelmente pelas interpretações dos padres, papas e concílios que obedeciam à inspiração divina. Nossa filosofia moderna e popular, velejando na esteira deixada pelas ciências naturais, não reconhece outra autoridade que a da prova experimental e pretende fundamentar-se apenas sobre postulados que sejam obtidos racionalmente, na forma de resultados lógicos de dados crítica e metodicamente organizados, colhidos da experiência sensível, registrados e controlados pela mente e pelos infalíveis aparelhos de laboratório.

Pergunto-me até que ponto a nossa civilização acredita que o homem, ao assumir a profissão de filósofo, torna-se misteriosamente poderoso. Os homens de negócios que controlam nossa economia, vida social, política interna e relações exteriores geralmente desconfiam dos filósofos. Absortos em elevadas ideias de difícil aplicação aos casos concretos, os "professores" tendem apenas a complicar as coisas com seus enfoques abstratos e, além disso, não são bem-sucedidos no ganha-pão ou como empresários. Certa vez, Platão aventurou-se a governante procurando ajudar o tirano da Sicília que o convidara para estabelecer um regime modelo, seguindo as mais modernas concepções filosóficas.

Mas logo os dois se desentenderam e o tirano terminou por prender o filósofo, colocando-o à venda no mercado de escravos da própria capital que deveria ter sido o berço de uma idade áurea e cidade exemplar de uma ordem justa, altamente filosófica e representativa de uma condição humana definitivamente satisfatória. Platão, de imediato, foi comprado por um amigo que o libertou e o devolveu a sua terra natal, a democrática e liberal Atenas, cujo governo torpe e corrupto sempre o aborrecera profundamente. Lá pôde avaliar o único escape e consolo sempre disponível ao intelectual. Escreveu um livro, sua célebre *República*, à qual logo seguiria *Leis*. Através destas obras, o aparentemente desamparado e impotente filósofo deixou sua marca – imperceptível em sua época ainda que grandiosa em todos os sentidos – sobre os séculos e até sobre os milênios vindouros.

Caso semelhante temos em Hegel. Quando morreu repentinamente de cólera, em 1831, sua filosofia caiu em descrédito público e foi ridicularizada durante as oito décadas seguintes pelos professores de filosofia de seu país. Na própria Universidade de Berlim, ainda em 1911, quando eu ali estudava e assistia às aulas de seu quarto sucessor, Alois Riehl – de espírito nobre e encantador, um dos mais destacados intérpretes das teorias críticas ao entendimento humano de Hume e Kant – tínhamos de ouvir uma série de gracejos mal o professor começava a expor a filosofia hegeliana. No entanto, aquele mesmo Hegel estava a ponto de ser descoberto por minha própria geração, seguindo a inspirada liderança de Wilhelm Dilthey que há pouco havia renunciado a sua cátedra em favor de Riehl, afastando-se da docência. Surgem, então, os neo-hegelianos, e o filósofo obtém o reconhecimento oficial e acadêmico ao qual fazia jus.

Nesse meio tempo, porém, fora das universidades, fora dos canais da doutrina oficial, as ideias de Hegel exerciam uma influência no curso dos acontecimentos mundiais, fato que, comparativamente, reduzia a nada a importância do reconhecimento acadêmico. Até mesmo o fiel hegelianismo de G.J.P.J. Bolland e seus discípulos na Holanda – que continuou e cresceu após a reputação do filósofo ter decaído na Alemanha – e ainda a tradição hegeliana no sul da Itália – atingindo seu ápice na obra de Benedetto Croce – parecem insignificantes em comparação com o peso da influência de Hegel na política do mundo moderno. Pois o sistema de Hegel inspirou a Karl Marx; seu pensamento dialético inspirou a estratégia política e psicológica de Lenin; foi também seu pensamento que inspirou Pareto, pai intelectual do fascismo. Assim, o forte influxo das ideias de Hegel sobre as potências não democráticas da Europa – o que significa, na verdade, sobre os acontecimentos de todo o mundo moderno – é talvez inigualável. Atualmente, sua magnitude se compara ao poder da longa autoridade da filosofia de Confúcio na China, que modelou a história desse país desde o terceiro século a.C. até a revolução de Sun Yat-sen; ou à força do pensamento de Aristóteles na Idade Média e (por influência dos jesuítas) na Idade Moderna. Embora os filósofos pareçam inofensivos e mansos professores acadêmicos, fracassados e até mesmo desprezados pelo obstinado homem de ação, às vezes estão muito longe de sê-lo. Como fantasmas invisíveis, eles conduzem exércitos e nações do futuro pelos revolucionários campos de batalha, ensopados de sangue.

A Índia, a sonhadora Índia, filosófica, pouco prática e repetidamente malsucedida em manter sua liberdade política, sempre defendeu a ideia de que a sabedoria implica poder se (e este é um "se" que não podemos deixar de ter em conta) ela penetra, transforma, domina e modela toda a personalidade. O sábio não há de ser uma biblioteca filosófica andando altivamente sobre duas pernas, uma enciclopédia falante. Nele, o próprio pensamento deve converter-se em sua vida, em sua carne, em sua alma, manifestando-se numa habilidade em exercício. Então, quanto maior for o grau de sua realização, tanto maior será o seu poder. O poder mágico de Gandhi, por exemplo, deve ser entendido deste modo. A força de sua egrégia presença como modelo das massas indianas advém do fato de que nele se expressa a identificação da sabedoria ascética (como modo de vida) com a política (como atitude efetiva ante os problemas mundanos, tanto os da vida cotidiana como os da política nacional). Sua grandeza espiritual é refletida e honrada no título a ele conferido: *Mahātma*, "cuja essência de ser é grande", "aquele em quem a essência suprapessoal, supraindividual e divina – que penetra todo o Universo e habita no microcosmo do coração humano como a graça vivificante de Deus *(āman)* – cresceu a tal magnitude que chegou a predominar totalmente *(mahānt)*". O Ser espiritual arrebatou e dissolveu nele todos os traços do ego, todas aquelas limitações e propensões obstruidoras próprias do estado humano vulgar, e mesmo todos os vestígios de atos motivados pelo ego *(karman)*, bons ou maus, provindos desta vida ou de atos realizados em nascimentos anteriores. Tais vestígios na personalidade preconceituam e deformam a visão do homem acerca dos acontecimentos do mundo, impedindo sua aproximação à verdade divina. Mas o *Mahātma* é o homem cujo ser foi transformado pela sabedoria, e talvez ainda tenhamos oportunidade de ver os efeitos mágicos dessa poderosa presença.[28]

4. "Morrer em torno ao Poder sagrado"

O sábio é adorado e temido devido à miraculosa força anímica que irradia no mundo; é um homem de estudo que se transformou pela sabedoria e que se parece mais a um primitivo xamã do que a um doutor em filosofia; é como um sacerdote védico ou como um mago; pode, ainda, ser comparado a um asceta indiano que, mediante as austeridades que impôs a si, superou os limites humanos e adquiriu tamanhos poderes que mesmo os deuses – governantes das forças e esferas do Universo – ficam sob seu controle. Na maioria dos textos védicos encontramos declarações precisas sobre as recompensas milagrosas ou poderes mágicos que podem ser esperados das várias classes do saber. *Ya evaṃ veda*, "aquele que assim sabe", é uma fórmula frequentemente usada. "Aquele que assim sabe assimila em si os poderes sobre-humanos, cuja essência e eficácia secreta veio a compreender, estudando e praticando esta lição."

Escolhemos, dentro do imenso patrimônio literário, um exemplo que mostrará com clareza o culto dedicado a todo tipo de conhecimento e a seu possuidor.

Trata-se de um texto que é, ao mesmo tempo, um documento de metafísica e uma curiosa receita de poder – uma terrível arma secreta do *Artha-Śāstra*, a sabedoria política.[29] Sobreviveu e chegou até nós proveniente dos campos de batalha feudais do remoto passado indo-ária – a idade da cavalaria que se reflete na desastrosa guerra do *Mahābhārata*[30]. Esta guerra, que se tornou tão famosa nos anais da civilização indiana, teve lugar numa época em que os escritos em prosa dos textos chamados *Brāhmaṇa* e das primeiras *Upaniṣad* estavam sendo firmados nos moldes em que se preservam até hoje. Portanto, nosso exemplo de magia metafísica pôde muito bem ter sido empregado por um ou mais dos adversários. O texto em questão é conservado numa compilação exegética, em prosa, pertencente à tradição do *Ṛg-Veda*, conhecida como *Aitareya-Brāhmaṇa*, e é chamado "O morrer em torno ao Poder sagrado".[31]

> Agora vem o morrer em torno ao Poder sagrado *(brahmanaḥ parimaraḥ)*. Aquele que conhece o morrer em torno ao Poder sagrado, à sua volta morrem os rivais que o odeiam e lutam contra ele.
>
> O que aqui sopra [quer dizer, o vento, o alento vital *(prāṇa)* do Universo que penetra e move todo o macrocosmo] é o Poder sagrado *(brahman)*. [Este *brahman* é a essência vital secreta de todas as coisas. "Aquele que assim sabe", *ya evaṃ veda*, participa na força incessante desse princípio vital e, em sua própria esfera limitada, pode exercer seu papel irresistível.] Em torno dele [daquele que aqui sopra] morrem estas cinco divindades: o relâmpago, a chuva, a Lua, o Sol e o fogo. O relâmpago, após relampejar, entra na chuva [desaparece na chuva, se desvanece, se dissolve, morre na chuva], fica oculto; por isso, os homens não o percebem.

Esta é a declaração fundamental do encantamento. Agora, eis o paralelo para a esfera humana:

> Quando um homem morre, fica oculto; então os homens não o percebem.

E, com base nesta correspondência, aprendemos a seguinte técnica:

> Ele [que pratica o encantamento ou ritual do morrer em torno ao Poder sagrado, essa atuação mágica *(karman)* que forma parte do "caminho da ação ritual" *(karmamārga)* para alcançar um nível sobre-humano] deve dizer, ao morrer o relâmpago [ou seja, no momento em que o clarão desaparece na chuva]: "Que morra meu inimigo, que fique oculto, que eles não o percebam!" [Esta é a maldição contra o inimigo, um encantamento de destruição por analogia, que atua à distância.] Prontamente eles [ou seja, os amigos da vítima e outras pessoas] deixam de percebê-lo.

E agora, passemos para a etapa seguinte do encantamento:

> A chuva, tendo caído, entra na Lua [porque a Lua é considerada receptáculo e fonte de seiva vital, vivificante, das águas cósmicas, e estas, em forma de chuva, alimentam os reinos vegetal e animal; quando, porém, a chuva cessa, o poder retorna à fonte de onde havia saído, ou seja, desaparece e se integra no Rei Lua, recipiente de todas as águas da vida imortal], fica oculta; então, os homens não a percebem.

E novamente:

> Quando um homem morre, fica oculto; então, os homens não o percebem. Ele [que pratica o encantamento] deve dizer quando morre a chuva: "Que morra meu inimigo, que fique oculto, que eles não o percebam!" Prontamente eles deixam de percebê-lo.
>
> A Lua, em conjunção, entra no Sol, fica oculta; então, os homens não a percebem. Quando um homem morre, fica oculto, então, os homens não o percebem. Ele deve dizer quando a Lua morre: "Que morra meu inimigo, que fique oculto, que eles não o percebam!" Prontamente eles deixam de percebê-lo.
>
> O Sol, ao se pôr, entra no fogo [o fogo sacrificial e doméstico que é mantido e aceso por todo pai de família e adorado como a principal divindade regente e protetora do lar védico: Agni (fogo) é o mensageiro dos deuses, em sua boca são vertidas as oferendas e, deixando atrás de si chamas e fumaças ascendentes ele voa, com as oferendas recebidas, rumo às invisíveis moradas celestiais onde alimenta com sua boca suas divindades irmãs, como um pássaro a seus filhotes], fica oculto; então, os homens não o percebem. O encantamento mortal é lançado novamente contra o inimigo. Morrerá como o Sol morre a cada noite quando sua luz e calor são reabsorvidos no fogo. O fogo sacrificial se mantém aceso desde o pôr do sol até o alvorecer e se considera que daí provém a luz que surge pela manhã com o Sol. Assim, o fogo tem mais poder que o Sol.
>
> O fogo, com sua respiração para frente e para cima, entra no vento. [O vento é o ar, o mais alto dos poderes sagrados do Universo, *brahman*, a força vital do mundo. Porque o vento continua a soprar quando todos os outros poderes do corpo do Universo deixam temporariamente de existir, quando já não mais se manifestam e se fundem uns aos outros na sequência regular inerente a eles. Quem quer que adore um desses poderes menores como se fosse o supremo, compartilha de sua debilidade e deve sucumbir em mãos daquele que obteve uma força inigualável por meio do conhecimento do poder mais abrangente.] Ele [o fogo] fica oculto [no vento]; os homens não o percebem. [...]

A maldição da morte é então pronunciada pela última vez e, assim, termina a primeira fase do encantamento. Agora começa a tarefa de controlar o processo inverso:

> Dali renascem estas divindades: do vento nasce o fogo [o fogo é produzido girando-se uma vareta colocada num orifício sulcado numa tábua; a vareta é de madeira dura, a tábua, mais branda; a pequena chama de fogo surge na tábua – como se saísse do ar], pois é do alento *(prāṇa)* que ele nasce, sendo aceso pela força. [O vento, na forma de energia e alento vitais *(πνεῦμα, spiritus, prāṇa)* existente no interior do homem, unido à força física *(bala)* do esforço do homem ao girar a vareta, é que efetivamente produz o fogo.]
>
> Ao ver isto, ele deve dizer: "Que nasça o fogo; que não nasça meu inimigo; que se vá logo para longe daqui". [E depois o efeito:] Logo se vai dali.
>
> Do fogo nasce o Sol; havendo-o visto, deve dizer: "Que nasça o Sol; que não nasça meu inimigo; que se vá logo para longe daqui". Para longe ele se vai.
>
> Do Sol nasce a Lua. [...] E quando a Lua se torna visível, o oficiante deve pronunciar a mesma fórmula.
>
> Da Lua nasce a chuva. [...]

O feitor da magia observa o momento em que o relâmpago aparece, e novamente lança a maldição contra seu rival:

> Que não nasça meu inimigo; que se vá logo para longe daqui. E para longe ele se vai.

Este é o morrer em torno ao Poder sagrado. [Sua eficácia é garantida por sua origem e seu êxito da seguinte maneira:] Maitreya Kauṣrava [um sacerdote] revelou ao rei Sutvan Kairiśi Bhrgāyaṇa este morrer em torno ao Poder sagrado. Ao redor dele morreram cinco reis, então Sutvan alcançou a grandeza [*mahānt*].

Ele tornou-se, por assim dizer, um *mahārāja*, reduzindo todos os outros *rāja* à vassalagem ou à fidelidade forçada.

Há uma observância especial ou voto *(vrata)* que acompanha este ritual mágico, devendo ser cumprido por quem o pratica.

> Não se deve sentar antes que o inimigo o faça; se acredita que o inimigo esteja de pé, assim também deve permanecer. Nem se deve deitar antes que o inimigo; se crê que o inimigo esteja sentado, assim também deve ficar. Tampouco deve ir dormir antes que o inimigo; se crê que o inimigo esteja acordado, assim também deve permanecer.

Então, por fim, o resultado de todas estas esmeradas observâncias:

Mesmo que seu inimigo tenha cabeça de pedra, logo o prostra, logo o prostra.

Este é um vívido exemplo de magia "daquele que assim sabe", *ya evaṃ veda.* Na medida em que depende do conhecimento – o conhecimento de *brahman* –, é um antigo exemplo de *jñānamārga*, o "caminho do conhecimento" mas, na medida em que o êxito só é obtido mediante a observância especial ou voto *(vrata)*, pertence também ao *karmamārga*, o "caminho da ação ritual"; o fundamental é que deve ser praticada sem erro durante as cinco ocasiões de nascimento e morte dos cinco poderes cósmicos.

Aquele que usar a magia para obter autoridade sobre seus vizinhos hostis – chefes de feudos rivais, talvez os próprios primos (como no *Mahābhārata*), ou meio-irmãos (como no caso da constante batalha pela hegemonia cósmica entre deuses e antideuses ou titãs) – terá pela frente uma tarefa muito complexa. Todo o tempo permanecerá ocupado: com o fogo, o Sol se pondo e saindo, a Lua que aparece e se oculta e, principalmente, terá de estar alerta durante as tempestades de raios e trovões, quando as chuvas se precipitam e acabam, e os repentinos clarões do relâmpago rasgam os céus. Terá de proferir com rapidez e no momento exato suas maldições, se é que pretende lograr êxito em atingir seu inimigo distante. E preocupado em ficar em pé, em não deitar enquanto seu inimigo estiver sentado, e em não ir dormir antes de seu rival, o oficiante do encantamento deve ter sido um neurótico possuído por uma estranha obsessão. É claro que tudo isso valeria a pena se esta arma secreta o livrasse do círculo de seus inimigos e abrisse para ele, *ya evaṃ veda*, as portas do supremo poder real.

Este é um exemplo da magia do *Artha-Śāstra*[32] proveniente de um dos mais terríveis períodos de guerras intestinas na história do mundo. Foi uma época que terminou com a chacina recíproca, o autoextermínio, de toda a cavalaria da Índia, pondo fim ao velho estilo da realeza feudal ariana. O grande banho de sangue descrito no *Mahābhārata* marcou o apogeu e o final do período feudal védico-ariano. Na fase seguinte, a das *Upaniṣad*, o termo sânscrito para herói, *vīra*, não mais se aplicou ao homem de ação, e sim ao santo – o sábio que se tornara senhor, não dos outros, tampouco dos reinos vizinhos, mas de si próprio.

5. BRAHMAN

O termo *brahman*, que no texto acima foi traduzido como "Poder sagrado" (*brahmanaḥ parimaraḥ*: o morrer em torno ao Poder sagrado), tem sido o conceito mais importante e singular da religião e da filosofia hindu desde os tempos védicos até os nossos dias. À medida que avancemos em nosso estudo, o significado de *brahman* ficará mais claro. Não é uma palavra facilmente traduzível nas línguas do Ocidente. No entanto, podemos preparar o terreno fazendo uso de uma breve investigação preliminar – seguindo as linhas tidas em alta consideração na teologia védica e nas ciências indianas de épocas posteriores – como técnica para descobrir, não apenas a acepção de um termo *(nāman)*, mas também a natureza essencial do objeto denotado *(rūpa)*. O método é o de examinar a etimologia dos vocábulos em questão.

Consideremos a frase *brahmanaḥ parimaraḥ*: a raiz *mṛ-* > *mar-*, "morrer", está relacionada com "mortal" e o prefixo *pari-* corresponde ao grego περί, "ao redor" (a saber, *peri*-metro, "medida ao redor", ou seja, "circunferência"; *peri*-scópio, "um instrumento para olhar ao redor"). A terminação *-aḥ*, acrescentada à raiz, forma um substantivo verbal. Assim, traduzimos o termo *parimaraḥ* por "o morrer em torno".

O professor Keith, no contexto acima, traduziu *brahman* por "o Poder sagrado", o que me pareceu uma escolha feliz e adequada pois circunscreve o termo convenientemente ao caso especial do texto mágico. No substantivo *brahman*, *brah-* é o tema, *-man*, a terminação (a forma *-manaḥ*, do texto, é o genitivo). Esta terminação, *-man*, também é encontrada em *āt-man*, *kar-man*, *nā-man*; sua força reside na função de formar um substantivo de ação *(nomina actionis)*. Por exemplo, *āt-man*, da raiz *an-*, "respirar" (alguns acreditam, no entanto, que deriva de *aṭ-*, "ir"), é o princípio da respiração (ou da ação de ir), que é vida. Do mesmo modo, *kar-man*, da raiz *kṛ-*, "fazer", é "trabalho, ação, rito, desempenho" e *nā-man*, da raiz *jñā-*, "conhecer", significa "nome"[33].

Passemos agora para o tema *brah-* que se apresenta de forma mais breve e fraca como *bṛh-*; e ambas as formações aparecem nos dois nomes da divindade védica Bṛhas-pati, também chamada Brahmaṇas-pati, que é o sacerdote doméstico e guru de Indra, rei dos deuses. Assim como todo rei humano tem por guru um sacerdote (brâmane) doméstico que também o serve como mago da corte – defendendo-o dos demônios, doenças e magia negra de seus inimigos e realizando, por sua vez, o revide mágico a fim de que seu rei seja o supremo, um *mahārāja* – da mesma forma Indra era servido por este divino Bṛhaspati que desempenhava o papel tradicional de conselheiro espiritual e político do deus-rei. Com efeito, foi graças à poderosa sabedoria de Bṛhaspati que Indra conquistou os antideuses *(asura)* e os manteve sob guarda em suas moradas subterrâneas. Bṛhaspati é o arquétipo celeste da casta dos brâmanes – personificação divina da arte e da criatividade ritualística, infalível em seus astuciosos recursos e encarnando a quintessência das faculdades intelectuais do gênio indiano altamente desenvolvidas. Ele é considerado o primeiro dos antepassados sacerdotais divinos de uma das duas famílias mais antigas de sacerdotes védicos, os Aṅgiras[34], cujos descendentes – em amizade íntima com os poderes celestes durante as obscuras épocas do início dos tempos – chegaram a contemplar os deuses em suas visões espirituais, visões estas expressas nas estrofes poderosas *(ṛc > ṛg)* do *Ṛg-Veda*. Daí o poder e a sabedoria dessas estrofes serem capazes de conjurar os deuses aos ritos de sacrifício e deles obter a boa graça, ganhando ainda auxílio para seus objetivos ou, melhor dizendo, para alcançar os propósitos da família proprietária do hino védico. A terminação sânscrita *-pati* da palavra Bṛhaspati significa "senhor" (compare com o grego πόσις, "marido, esposo", e o feminino πότνια, "senhora, rainha"). Literalmente, pois, Bṛhaspati é "o potente", aquele que tem o poder de governar *bṛh* ou *brah*. E, afinal, o que é *brah*? Veremos que é algo bem distinto de "intelecto".

Bṛh aparece como um verbo cuja única forma ainda viva é o particípio presente, o qual é empregado como adjetivo: *bṛh-ant*, frequentemente usado e significando "grande". Além disso, existe uma forma derivada (com uma nasal inserida: *bṛṁh*) que aparece no verbo *bṛṁh-ayati*, "fazer *bṛh*, tornar *bṛh*", ou seja, "fazer ou tornar grande"; porque *bṛh* indica "crescer", "expandir" e, no que diz respeito a sons, "rugir". Neste mesmo caso, *bṛṁhita* – que como acabamos de ver significa "feito grande" – denota "o barrir de um elefante", o trompetear poderoso que, quando expressa ira ou triunfo, constitui o maior entre os sons animais. A palavra *bṛh*, em si mesma, carrega uma forte sonoridade.

Bṛṁhayati, na medicina clássica hindu, exprime a arte de aumentar a força vital em pessoas fracas; a arte de engordar. O doutor "engorda" *(bṛṁhayati)* aqueles que são magros. De modo similar, as divindades se tornam *bṛṁhita*, "gordas, inchadas, enchidas", por obra dos hinos e louvações; e os homens, por sua vez, pela graça divina. Quando alguém se dispõe a encetar uma viagem, é de costume dizer-lhe: *Ariṣṭam vraja panthānam mad-anudhyanā-bṛṁhitā* – "Segue teu caminho, e que este seja livre de obstáculos e males. Estás aumentado *(bṛṁhita)* por minha força anímica que te acompanha em forma de minha visão interior". Ao qual ele responde: *Tejo-ṛdha-bṛṁhitaḥ* – "Esses (inimigos), eu os matarei pois estou enchido, aumentado, pela metade de tua ardente força vital".[35]

Bṛṁhayati significa "aumentar, revigorar, fortificar, intensificar" e o substantivo védico *barhaṇā*, da mesma raiz, indica "poder, força". Desse modo, surge que, no vocabulário védico, *brahman* corresponde exatamente àquilo que o hinduísmo dos séculos posteriores vem a chamar *śakti*: "energia, força, poder, potência".[36] Uma pessoa *śak-ta* é "potente para fazer algo". Indra, rei dos deuses, é *śak-ra*, "o poderoso", o dotado de força[37] e sua rainha Indrāṇī é, em correspondência, *śacī*, "a poderosa". O Professor Keith, portanto, foi bastante preciso ao escolher o termo "Poder sagrado" para *brahman* em sua tradução do antigo encantamento védico.

O poder, instrumento e meta suprema da magia, era, de fato, o grande elemento determinante de toda arte sacerdotal védica. Como vimos, quem conhece e pode ter os préstimos do supremo poder do Universo é, em si mesmo, todo-poderoso. O poder é encontrado em muitas partes e assume várias formas e manifestações. Habita no homem – não nas camadas mais superficiais de sua natureza mas no âmago, no mais íntimo santuário de sua vida. É de lá que brota, engrandece e inunda o cérebro e o corpo do homem. E pode-se fazer com que cresça, de modo a adquirir forma e irromper na mente como visão, ou na língua, tomando o aspecto perdurável do poderoso encantamento mágico da estrofe impregnada de poder. Nos hinos védicos, a palavra *brahman* significa simplesmente, em muitos casos, "esta estrofe, este verso, esta linha". Por exemplo: "Por meio desta estrofe *(anena brahmaṇā)*, eu te liberto desta enfermidade".[38]

Brahman, como encantamento ou expressão mágica, é a forma cristalizada e congelada da mais alta energia divina ou, por assim dizer, sua forma mais adequada e manejável. Esta energia é perene e latente no homem; dormente, porém susceptível de ser ativada pela concentração até se converter em vigília criadora. O sacerdote mágico, como se a incubasse, consegue que sua mente a utilize para seus propósitos, tornando-a evidente no encantamento. Quando ainda não se cristalizou, quando ainda não se precipitou em seu estado líquido ou etéreo, constitui o poderoso impulso que emerge do inconsciente do ser humano. Em outras palavras, *brahman* é aquilo por meio do qual vivemos e agimos, a espontaneidade fundamental de nossa natureza. Como Proteu, é capaz de assumir a forma de qualquer emoção, visão, impulso ou pensamento específicos. Move nossa personalidade consciente pelas premonições, lampejos orientadores e manifestações repentinas de desejo; sua origem, porém, está oculta na profundidade, além da experiência sensível e dos processos mentais. *Brahman* transcende tudo isto e, assim, é "transcendente" (o que na psicologia moderna é chamado "inconsciente"); é propriamente o que se acha além da esfera e do alcance da consciência intelectual, na grande região escura e insondável que ultrapassa a mais profunda das profundezas e a mais alta das alturas.

Desse modo, *brahman*, como poder supremo em altura e profundidade, último e transcendente, habitando os planos visíveis e tangíveis da nossa natureza, transcende não apenas o chamado "corpo denso" *(sthūlaśarīra)* mas também o mundo interior de formas e experiências – as noções, ideias, pensamentos, emoções, visões, fantasias, etc. – do "corpo sutil" *(sūkṣmaśarīra)*. Como poder que transforma e anima tudo no microcosmo, bem como no mundo exterior, é o hóspede divino do corpo mortal e se identifica com o Eu *(ātman)*; o aspecto superior daquilo que no Ocidente chamamos, de maneira indiscriminada, "alma".

De fato, em nosso conceito ocidental de "alma" misturamos, por um lado, os elementos pertencentes à esfera mutável da psique (pensamentos, emoções e elementos similares da consciência do ego) e, por outro, o que está além, atrás e acima destes: o indestrutível alicerce de nossa existência, o Eu anônimo (Eu com E maiúsculo, que não é, de modo nenhum, o ego limitado), bem distante das atribulações e da biografia da personalidade. Não se deve confundir esta fonte de vida com a matéria – nervos e órgãos tangíveis que são os receptáculos e veículos do processo vital manifestado e que constituem o corpo denso – nem com qualquer das diferentes faculdades altamente especializadas – os estados de raciocínio, das emoções, dos sentimentos ou das percepções – que constituem o corpo sutil. O verdadeiro Eu *(ātman, brahman)* fica envolto em todas as estratificações "espirituais" e "materiais" do invólucro perecível, com o qual não deve ser confundido.

Brahman – poder cósmico no sentido supremo da palavra – é a essência de o tudo que somos e sabemos. Todas as coisas surgiram maravilhosamente de sua onipresente onipotência que a tudo transcende. Todas as coisas o evidenciam, mas somente a sacrossanta ciência do sábio mago merece seu nome, porque este sábio é o único ser do Universo dedicado a tornar *consciente*, nele próprio, e *conscientemente* manifesto em ação aquilo que nos outros se acha profundamente oculto. Bṛhas-pati, Brahmaṇas-pati, é o poderoso conhecedor e aquele que plasma todo tipo de sinal e instrumento de sabedoria sagrada: encantamentos, hinos e ritos, assim como as interpretações e elucidações exegéticas. Nele, a água borbulhante da fonte oculta (que é o poder divino em todos nós) flui abundante e livremente, com força ininterrupta. Fazer brotar essas águas e viver delas, nutrido por sua força inesgotável, é o alfa e o ômega da função do sacerdote, capaz de manter-se naquele papel graças à técnica iogue que tem sempre acompanhado, guiado e constituído uma das grandes disciplinas da filosofia indiana.

Todo ser habita na margem do oceano infinito da força vital. Todos nós a carregamos interiormente como força suprema e plenitude de sabedoria. Ainda que se oculte bem fundo, não é possível confundi-la nem ignorá-la. Está na mais escura e profunda galeria subterrânea do castelo do nosso ser, no manancial esquecido e abissal.

O que aconteceria se a redescobríssemos e bebêssemos incessantemente de suas águas? Eis a ideia norteadora da filosofia da Índia. E, como todos os exercícios espirituais indianos estão seriamente dedicados a este fim prático – não à mera contemplação ou discussão fantasiosa sobre profundas e elevadas ideias –, pode-se muito bem considerar que representa um dos sistemas de pensamento mais realista, prático e positivo já produzido pela mente humana. A busca que tem inspirado e deificado o espírito do homem na Índia através dos tempos objetiva saber como chegar a *Brahman* e com ele permanecer em contato; como se identificar com *Brahman*, vivendo fora dele; como se tornar divino enquanto ainda na terra, transformando-se e renascendo com a pureza do diamante no plano terreno.

Todavia, não podemos dizer que este seja um objetivo exclusivamente indiano, pois se acha refletido em muitos mitos de diferentes partes do mundo. O antigo herói mesopotâmico Gilgamesh partiu em busca da planta da imortalidade. Owein, o cavaleiro arturiano, encontrou a Fonte da Vida; Parsifal, o Santo Graal. Do mesmo modo, Hércules venceu o monstruoso cão que guardava o reino da morte e, após inumeráveis e valorosas façanhas, ascendeu por meio da chama da pira funerária para alcançar seu lugar imortal entre os deuses. Jasão e os heróis gregos de seu tempo, com seu intrépido navio Argos, conquistaram o Velocino de Ouro. Orfeu buscou Eurídice, sua alma querida, com esperança de resgatá-la das sombras. E o imperador chinês Shih Huang enviou uma expedição – que jamais regressou – à Ilha dos Bem-aventurados, no vasto Mar do Oriente, para que de lá trouxessem a Planta da Imortalidade. Estes relatos, com a linguagem universal das imagens mitológicas, representam a eterna e primigênia busca do homem. A aventura continuou durante a Idade Média nos laboratórios secretos dos misteriosos alquimistas, preocupados em transmutar a matéria vil em ouro imperecível e produzir a pedra filosofal – como se fosse *Brahman* materializado, possuindo um poder supremo sobre todos os fenômenos, capaz de transformar qualquer coisa em outra. Por todo o mundo encontramos homens lutando por este *summum bonum*: o ouro, a pérola, a planta da imortalidade. Maui, o astucioso herói polinésio, perdeu sua vida ao tentar obter a imortalidade para os homens, mergulhando na garganta de sua antepassada Hine-nui-te-po. De muitas maneiras esta busca já foi empreendida. Nós, os ocidentais, continuamo-la, ainda hoje, por intermédio dos nossos doutores em medicina. O traço único que caracteriza a Índia no modo de conduzir esta busca é a sua formulação e efetivação no plano do pensamento. A filosofia indiana, portanto, não contradiz, antes elucida e corrobora os símbolos mitológicos universalmente conhecidos. Trata-se de uma disciplina prática, física e mental, cujo objetivo é realizá-los em vida despertando e ordenando a mente.

Mas, antes de embarcarmos em nosso estudo das técnicas indianas utilizadas nesta perene aventura humana, precisamos ter uma certa noção das condições gerais que dizem respeito aos fatos humanos na Índia. Isto pode ser feito traçando-se um esboço das três filosofias indianas da vida comum, conhecidas por *trivarga*[39]: as doutrinas políticas do *Artha-Śāstra*, as psicológicas do *Kāma-Śāstra* e a ética do *Dharma-Śāstra*, pois o que os homens têm de transformar em essência divina são precisamente as vicissitudes que afligem suas personalidades tangíveis, as cadeias de seus desejos e sofrimentos, posses *(artha)*, prazeres *(kāma)* e virtudes *(dharma)*. Para estas coisas – que constituem a própria vida do Velho Adão – morre o herói aventureiro quando passa do mundo familiar e conhecido para o que está além e debaixo deste, onipresente mas quase sempre fora de nosso alcance. Renascimento, liberação, significam ir além do que é conhecido.

Tem-se a impressão de que esse voo sublime alçado pela Índia, dentro do reino transcendente, não teria ocorrido caso as condições de vida houvessem sido um pouco menos desesperadoras. A liberação *(mokṣa)* pode tornar-se a principal preocupação do pensamento somente quando aquilo que prende o ser humano às suas existências seculares normais já não oferece nenhuma esperança, representa apenas deveres, encargos e obrigações, e não propõe nenhuma tarefa promissora ou alguma meta que estimule e justifique ambições de plenitude no plano terreno. A propensão da Índia à busca transcendente e a miséria que reflete sua história estão, sem dúvida, em íntima relação e não devem ser consideradas em separado. A cruel filosofia política e as façanhas metafísicas e sobre-humanas representam o verso e o reverso de uma única experiência de vida.

NOTAS

1. Supra, p. 22, 23.

2. *Vedāntasāra of Sadānanda*, tradução com introdução, texto e comentários de Swāmī Nikhilānanda, Mayavati, 1931. Sobre Vedānta, veja supra, p. 47, nota 13. [Obra reeditada por Advaita Ashrama, Calcutta, 1974. (N.T.)]

3. *Vedāntasāra* 24.

4. *Ib.* 25.

5. Manuais auxiliares sobre fonética, ritual, gramática, etimologia, prosódia e astronomia.

6. Ou seja, reduzindo a dieta gradualmente com o minguar da Lua, até que não coma nada na noite em que não há Lua; então aumentando a quantidade em um quatorze avos a cada dia, até que na Lua cheia obtenha novamente a dieta normal *(cāndrāyaṇa)*. Tais austeridades são descritas nas leis de Manu, *Mānavadharma-Śāstra* 11. 217.

7. Exercícios de meditação na divindade tutelar escolhida pelo devoto *(iṣṭadevatā)*; esta é um "aspecto com qualidades" *(sa-guṇa)* da essência suprema *(Brahman)*. *Brahman*, em si mesmo, é totalmente desprovido de qualidades *(nir-guṇa)* e, consequentemente, está além do alcance dos poderes da mente vulgar de um homem. As várias *iṣṭadevatā*, imagens e personificações, são apenas auxílios preliminares, guias e acomodações, cuja finalidade é preparar o espírito do devoto para a realização final que transcende toda forma.

8. *Vedāntasāra* 6-13.

9. Nota do tradutor: acreditamos ser necessário lembrar que para a tradição da escola Vedānta, especialmente a de Śānkara, *ātman* é a "testemunha" dos processos transitórios – atos, pensamentos, emoções, sentimentos – experimentados pelo falso Eu, o ego. Cf. *Bhagavadgītā* 5. 8 e também infra, p. 290-322.

10. *Vedāntasāra* 15.

11. *Ib.* 16.

12. *Ib.* 17. A renúncia aos frutos da ação é a fórmula fundamental do *karmayoga*, o caminho da liberação pela ação, que tem sua expressão clássica na *Bhagavadgītā* 3. Todas as ações devem ser realizadas como um dever em si mesmo *(dharma)*, desempenhadas como o papel de um ator no palco da vida. Pertencem à peça *(līlā)*, não ao Eu real *(ātman)* do ator. "Portanto, realiza sempre sem apego a obra que tens que fazer; porque um homem que faz sua obra sem apego alcança o supremo." (*Bhagavadgītā* 3. 19) Veja infra, p. 272-290.

13. *Vedāntasāra* 18, 19.

14. *Ib.* 20.

15. Tratamos destas faculdades infra, p. 228-239.

16. *Vedāntasāra* 21.

17. *Ib.* 22.

18. *Ib.* 23.

19. *Ib.* 23. Para fé *(śraddhā)*, cf. supra, p. 50, 52.

20. Cf. supra, p. 52.

21. *Vedāntasāra* 26.

22. Cf. supra, p. 46, nota 4.

23. Gautama, *Institutes of the Sacred Law* 12-4. (*Sacred Books of the East*, vol. II, parte I, p. 236).

24. Nota do compilador: O jainismo, o budismo (cf. supra, p. 47, nota 13), o Sāṁkhya e o Yoga não aceitam a autoridade dos *Veda*, e são, portanto, considerados heterodoxos, isto é, doutrinas à parte da tradição bramânica ortodoxa dos *Veda*, das *Upaniṣad* e do Vedānta. Heinrich Zimmer sustentava que estes sistemas heterodoxos representam o pensamento dos povos não árias da Índia, que foram dominados e desprezados pelos brâmanes mas que podiam, no entanto, vangloriar-se por terem tradições próprias de extrema sutileza. H. Zimmer considerava que o jainismo era o mais antigo entre os grupos não árias, em contraste com a opinião da maioria das autoridades ocidentais, que consideram Mahāvīra, contemporâneo de Buddha, o seu fundador, e não apenas o último de uma longa série de mestres da doutrina jaina, como querem os próprios jainistas (e Zimmer). Deste modo, seria verdadeira – acreditava Zimmer – a ideia jaina de que sua religião remonta a uma antiguidade longínqua, pré-ária, do assim denominado período dravídico, extraordinariamente esclarecido em tempos recentes com a descoberta de uma série de grandes cidades da época neolítica situadas no Vale do Indo, e que datam do terceiro ou talvez quarto milênio a.C. (Cf. Ernest Mackay, *The Indus Civilization*, London, 1935; também em H. Zimmer, *Mitos e símbolos na arte e civilização da Índia*, São Paulo, Palas Athena, 1989, p. 79 e segs.) O Sāṁkhya e o Yoga representaram uma sofisticação psicológica posterior dos princípios conservados no jainismo e prepararam o terreno para a vigorosa afirmação antibramânica do Buddha. O Sāṁkhya e o Yoga formam juntas a teoria e a prática de uma mesma filosofia. Kapila, tido como fundador do Sāṁkhya (cf. infra, p. 208 e segs.), pode ter sido um contemporâneo dos pensadores do período das *Upaniṣad*, e parece ter emprestado seu nome à cidade em que Buddha nasceu: Kapilavastu. (Nota do revisor: Na verdade, conforme consta na p. 355, Siddhārtha Gautama nasceu em Lumbīnī e cresceu em Kapilavastu.) Em geral, as filosofias heterodoxas, não árias, não são exclusivistas no mesmo sentido em que a filosofia bramânica é, pois não estão reservadas aos membros das três castas superiores.

25. *Chāndogya-Upaniṣad* 3. 11. 5, 6. Cf. *Bṛhadāraṇyaka-Upaniṣad* 6. 3. 12.

26. *Maitri-Upaniṣad* 6. 29. Cf. *Śvetāśvatara-Upaniṣad* 6. 22.

27. Nota do compilador: Os livros sagrados ortodoxos *(śāstra)* da Índia são classificados em quatro categorias: 1. *Śruti* (o que é ouvido), os *Veda* e certas *Upaniṣad*, considerados como revelação direta; 2. *Smṛti* (o que é recordado), os ensinamentos dos santos e sábios antigos, e também os livros jurídicos *(Dharma-Sūtra)* e as obras que tratam das cerimônias domésticas e de sacrifícios menores *(Gṛhya-Sūtra)*; 3. *Purāṇa* (antigo, saber antigo), compêndio de antologias, de caráter comparável ao da Bíblia, contendo mitos cosmogônicos, antigas lendas, saber teológico, astronômico e natural; 4. *Tantra* (tear, urdidura, sistema, ritual, doutrina), um corpo de textos comparativamente recentes, tidos como revelados diretamente por Śiva para ser a escritura específica do *Kaliyuga*, a quarta idade do mundo ou a época presente. Os *Tantra* são chamados "o quinto *Veda*" e seus rituais e

conceitos suplantaram, de fato, o já então arcaico sistema védico de sacrifícios tornando-se a nova urdidura sustentadora da vida indiana.

Um conceito típico do sistema tântrico é o da *śakti*: a mulher como "energia" *(śakti)* projetada do homem (compare com a metáfora bíblica de Eva como costela de Adão). Homem e mulher, deus e deusa, são as manifestações polares (passiva e ativa, respectivamente) de um princípio único transcendente e, como tal, um em essência, ainda que duplo na aparência. O homem é identificado com a eternidade, a mulher com o tempo, e o abraço dos dois, com o mistério da criação.

O culto da *sákti*, a deusa, desempenha um papel de enorme importância no hinduísmo moderno, em contraste com a ênfase patriarcal da tradição védica, estritamente ária; e sugere que o *Tantra* pode ter tido suas raízes em solo dravídico, isto é, não ária (cf. supra, p. 70, nota 24). Digno de nota é o fato de que Śiva, o deus universal e consorte da deusa (que para ela guarda a mesma relação que a eternidade com respeito ao tempo), é também o Senhor Supremo do Yoga, que é uma disciplina não védica. A casta, além disso, não é um pré-requisito para a iniciação tântrica (cf. supra, *loc. cit.*). Zimmer sugere (infra, p. 423, 424) que a tradição tântrica representa uma síntese criativa das filosofias árias e nativas da Índia. O tantrismo exerceu uma prodigiosa influência sobre o budismo Mahāyāna; e, ainda, sua profunda penetração psicológica e técnicas espirituais arrojadas conferem um interesse peculiar para o psicanalista moderno.

28. Nota do compilador: Esta conferência foi pronunciada em 1942.

29. Cf. supra, p. 38, 39.

30. Nota do compilador: Os mais célebres exemplos no vasto corpo dos *Purāṇa* indianos (cf. supra, nota 27) são as duas epopeias populares conhecidas como *Rāmāyana* e *Mahābhārata* (esta última é oito vezes mais longa que a *Odisseia* e a *Ilíada* juntas), que parecem ter assumido sua forma atual entre os anos 400 a.C. e 400 d.C. (cf. M. Winternitz, *Geschichte der indischen Literatur*, vol. I, p. 403, 439, 440). Este intervalo – quando ocorreram profundas transformações na Índia (cf. infra, p. 355-362) – estende-se como uma ponte entre duas idades de ouro; a primeira é o período da conquista política e espiritual indo-ária do vale do Indo, do Jumna e do Ganges (aprox. 1500-500 a.C.), marcada pelos *Veda*, *Brāhmaṇa* e *Upaniṣad*, atingindo seu apogeu no período de Buddha; a segunda, a época da dinastia Gupta (320-647 d.C.), representa a expressão clássica da síntese realizada pela Índia com a civilização hindu e a budista, e constitui o ponto mais alto da criatividade indiana, no período medieval. Estes grandes momentos são conhecidos na história pelos nomes das várias casas imperiais nos diferentes lugares da Índia em que surgiram; por exemplo, a primitiva dinastia Cālukya no Decan ocidental (550-753 d.C.), e a dinastia dos Rāṣṭrakūṭa que a sucedeu; a dinastia Pallava no sul da Índia (séculos 3º a 9º d.C.) e suas extensões coloniais em Java e Camboja; o reino Rājputāna de Kanauj no noroeste (séculos 9º a 11 d.C.); a dinastia dos Cālukya posteriores, que destituíram, por sua vez, os Rāṣṭrakūṭa e permaneceram no poder até o final do século 12; os Cola, que tomaram o lugar dos Pallava no sul (aprox. 850-1287 d.C.), a dinastia Hoyśala em Mysore (cujo zênite ocorreu nos séculos 12 e 13 d.C.) e o pequeno oásis da dinastia Rāya em Vijayanagar (aprox. 1370-1565), último núcleo da civilização hindu que sobreviveu à devastadora invasão muçulmana.

Em contraste com os abundantes vestígios literários e arquitetônicos dessas épocas imperiais, quase não restam monumentos palpáveis da primeira idade de ouro, pois os primitivos indo-árias, assim como os primitivos gregos, não construíram em pedra nem confiaram à escrita suas tradições. Os *Veda*, os *Brāhmaṇa* e as *Upaniṣad*, assim como os ensinamentos de Buddha e seus contemporâneos, conservaram-se oralmente até serem escritos em

alguma data após o século 3º a.C. Portanto, tudo o que não era considerado digno de ser recordado por uma escola específica foi perdido parcial ou totalmente.
As primeiras composições purânicas – epopeias, novelas e contos heroicos da idade feudal indo-ariana – ficaram assim perdidas. O *Rāmāyana* e o *Mahābhārata*, bem como mais de uma vintena de outros *Purāṇa* de período mais recente, conservaram apenas fragmentos das composições heroicas mais antigas, mesclados com miríades de detalhes tirados da sabedoria popular, normas de moral ascética, dos contos religiosos populares, e dos sentimentos de um tempo de religiosidade comparativamente novo, no qual Viṣṇu – que era uma divindade de pouca importância no período védico – é agora a personificação suprema do absoluto. A *Bhagavadgītā*, que aparece no livro VI do *Mahābhārata*, anunciada como o ensinamento de Viṣṇu encarnado no herói Kṛṣṇa, é tão recente que pode reunir numa única afirmação as doutrinas do Śāṅkhya e das *Upaniṣad*, e assim preparar o terreno (como mostra Zimmer, infra, p. 272-290) para a síntese final e completa do Vedānta e do Tantra. Não obstante, o consenso da opinião erudita situa a batalha épica descrita no *Mahābhārata* no início da conquista da Índia pelos árias, por volta de 1100 a.C. (veja, por exemplo, *Cambridge History of India*, vol. I, p. 276). O campo da batalha, Kurukṣetra – localizado numa região entre os rios Sutlej e Jumna – era o centro da cultura indo-ária no período dos *Brāhmaṇa*, enquanto o caráter da batalha sugere continuamente aquele da *Ilíada*. O que uma vez deve ter sido uma epopeia cavalheiresca comparativamente breve e brilhante, com o decorrer dos tempos, foi incorporando todo o saber e narrativas maravilhosas dos diversos mundos da vida indiana, crescendo como uma avalanche até abranger – e tornando-se sua inspiração suprema – a civilização do "país dos Bhārata" *in totum*. Durante os últimos mil e quinhentos anos, esta prodigiosa epopeia – em sua forma atual – tem proporcionado orações e meditações, representações teatrais populares, entretenimento de príncipes, admoestações morais, fábulas, romances, peças de títeres, pinturas, canções, imagens poéticas, aforismos para o iogue, os sonhos de cada noite e a forma de conduta diária de centenas de milhões de pessoas que vivem entre o vale da Caxemira e a ilha tropical de Bali. É como dizem atualmente na Índia: "Se não se encontra no *Mahābhārata*, não se encontra em nenhuma outra parte do mundo".

31. *Aitareya-Brāhmaṇa* 8. 28 (traduzido por Arthur Berridale Keith em *The Rigveda-Brāhmaṇas, Harvard Oriental Series*, vol. XXV, Cambridge, Mass., 1920). Além de ser uma introdução acessível, esta obra constitui uma amostra das formas da teologia e liturgia bramânicas. Veja particularmente a notável história do jovem brâmane Śunahśepa, que aboliu os sacrifícios humanos (*Ait. Brāhm*, 7. 13 segs.). A história é contada em excelente prosa. (Os hinos atribuídos a Śunahśepa no *Ṛg-Veda* 1. 24-30 não fazem alusão ao dilema descrito nesta lenda.) Estes relatos bramânicos são os exemplos mais antigos em prosa numa língua indo-ária e se apresentam numa mistura de prosa e verso, tais como voltaremos a encontrar na poesia céltica antiga e nos *Jātaka*, com suas interessantes narrações budistas. Uma versão mais breve do "Morrer em torno ao Poder sagrado" aparece no *Taittirīya-Upaniṣad* 3.10.
[*Aitareya-Brāhmaṇa*, foi reeditada por Motilal Banarsidass, Nova Délhi, 1971. (N.T.)]

32.Observe que esse termo (cf. supra, p. 39) refere-se não só à bibliografia da ciência em geral mas também ao livro escrito por Cāṇakya Kauṭilya.

33.*Nāman* é a forma do tema, *nāma* é a forma do nominativo singular; assim também *karman*, *karma*; o nominativo de *ātman* é *ātmā*. Compare com *yogin*, *yogī*. Os eruditos não seguem uma forma única para transportar estes substantivos sânscritos; por exemplo, *ātman* aparece mais frequentemente que *ātmā*, *karma* mais que *karman*.

34. A palavra sânscrita *aṅgiras* está relacionada com o grego ἄγγελος, de onde procede "anjo".

35. Nota do compilador: Não consegui localizar a fonte desta citação.

36. Tornou-se comum, no Ocidente, designar a ortodoxia do primeiro grande período indo-ariano (a religião dos *Veda, Brāhmaṇa* e das *Upaniṣad)* pelo nome de "bramanismo", enquanto o período pós-budista e da Índia moderna (a religião da *Bhagavadgītā* e dos mestres vedantinos, purânicos e tântricos) recebeu o nome de "hinduísmo". No que se refere ao termo *śakti*, cf. supra, p. 70, nota 27.

37. *Śak-ra*, "dotado de *śak*", compare com *dhī-ra*, "dotado de *dhī*", isto é, dotado da virtude da *dhyana*, meditação religiosa profunda. *Dhīra* significa "firme, constante, de mente forte, corajoso, calmo, enérgico, sábio, profundo, agradável, gentil"; mas também significa "preguiçoso, néscio, obstinado, insolente".

38. *Atharva-Veda*, passim.

39. Cf. supra, p. 41; a quarta esfera da filosofia, *mokṣa*, "liberação", será o tema da Parte Terceira.

Parte II

As Filosofias do Tempo

CAPÍTULO I

A FILOSOFIA DO ÊXITO

1. O MUNDO EM GUERRA

Quando, em agosto de 1939, li a notícia do pacto germano-russo de não agressão, assinado pouco antes de começar a presente guerra,[1] fiquei tão surpreso quanto aquelas pessoas que supostamente entendem mais sobre assuntos políticos do que um indólogo, e que deveriam, em decorrência, estar mais bem informadas. E assim que tomei conhecimento dessa assombrosa aliança entre as duas potências consideradas inimigas naturais, defendendo interesses e ideais de vida antagônicos, lembrei-me de um conto hindu, uma fábula que consta na epopeia do *Mahābhārata* – tesouro único e inesgotável de sabedoria espiritual e secular. Era a parábola de um gato e um rato, ensinando que dois inimigos mortais declarados, como a Alemanha de Hitler e a Rússia de Stalin, podiam muito bem travar uma aliança e apresentar uma frente unida, se tal conciliação fosse conveniente aos interesses passageiros de ambos.

Certa feita – assim começa este conto oportuno[2] – um gato montês e um rato habitavam a mesma árvore na selva; o rato morava num buraco da raiz e o gato nos galhos, onde se alimentava de ovos de pássaros e de filhotes inocentes. O gato também gostava de comer ratos, mas este de nosso conto conseguia manter-se fora do alcance de suas garras.

Um dia veio um caçador e armou habilmente uma rede sob a árvore e, naquela noite, o gato ficou preso em suas malhas. O roedor, contente, saiu de seu esconderijo e experimentou um prazer enorme ao andar em volta da armadilha, mordiscando a isca e tirando o máximo proveito daquela situação. Logo se deu conta de que dois outros inimigos haviam chegado: um pouco mais acima, entre a escura folhagem da árvore, pousara uma coruja de olhos resplandescentes, prestes a lançar-se sobre ele, enquanto que por terra se aproximava, sorrateiramente, um mangusto. O rato, sem saber o que fazer, maquinou com rapidez um surpreendente estratagema. Dirigindo-se ao gato, disse-lhe que o libertaria roendo as malhas, se antes lhe fosse permitido entrar na rede e abrigar-se em seu colo. Mal o outro concordou, o pequeno animal, aliviado, foi para dentro da rede.

Todavia, se o gato esperava ser salvo de imediato sofreu uma grande decepção, pois o rato aninhou-se confortavelmente em seu corpo, escondendo-se de modo a fugir aos olhares atentos de seus outros dois inimigos; então, uma vez seguro em seu refúgio, decidiu tirar uma soneca. O gato protestou mas o rato disse que não havia pressa. Ele sabia que poderia safar-se a qualquer instante e que a seu contrariado hospedeiro só restava ser paciente, na esperança de obter a liberdade. Então, o roedor falou francamente ao seu inimigo natural que iria esperar pelo caçador. Deste modo, o gato, também estando ameaçado, não aproveitaria sua independência para apanhar e devorar seu libertador. O felino nada pôde fazer; seu pequeno hóspede cochilou bem no meio de suas garras. O rato esperou tranquilamente a chegada do caçador e, quando viu o homem aproximar-se para inspecionar as armadilhas, cumpriu sem risco sua promessa roendo as malhas com rapidez e pulando em sua toca, ao passo que o gato, num salto desesperado, escapuliu e alcançou um galho, livrando-se da morte certa.

Este é um exemplo típico extraído do vasto e precioso repertório de fábulas indianas que revelam a sabedoria política. A parábola em questão nos dá uma ideia do realismo frio e cínico e da falácia, que são a seiva vital e o sabor próprio do velho estilo da teoria política e da casuística da Índia. O rato, bastante perspicaz e sem prejuízo algum em fazer alianças para evitar o perigo, era, além disso, destemido, e mestre na arte de fazer as coisas no momento oportuno. Mas nossa história não termina no episódio da rede. A parte final apresenta o propósito destinado à instrução dos reis hindus e seus chanceleres.

Depois que o frustrado caçador se afastou carregando sua rede inutilizada, o gato desceu da árvore e, aproximando-se da morada do rato, chamou-o docemente, convidando-o para sair e reunir-se ao seu velho companheiro. Disse-lhe que a situação em que se viram envolvidos na noite anterior já havia passado e a ajuda que cada um prestara tão lealmente ao outro, na luta em comum pela sobrevivência, havia consolidado uma união duradoura que apagava todas as diferenças anteriores. Dali em diante, os dois seriam amigos para sempre, baseando-se numa confiança mútua. Porém o rato mostrou-se cético e inarredável diante da retórica do gato; recusou-se terminantemente a sair do abrigo seguro em que estava. Uma vez terminada a situação paradoxal que os havia colocado juntos numa cooperação estranha e temporária, não havia palavra que pudesse persuadir o arguto animalzinho a se achegar a seu inimigo natural. Para justificar sua recusa aos galantes mas insidiosos sentimentos do outro, o rato pronunciou a fórmula destinada a servir de moral ao conto. Disse, franca e diretamente: "No campo da batalha política não existem coisas como uma amizade perdurável".

Não pode haver nenhum laço tradicional, nenhuma aliança cordial ou união futura baseada nos perigos, vitórias e experiências comuns do passado. Ao longo da luta incessante entre as potências políticas – que é igual à das feras no deserto, onde se devoram entre si apoderando-se de tudo o que podem – as amizades e as alianças são apenas atitudes e expedientes temporários, forçados pelo interesse comum e motivados pela necessidade e o desejo. Assim que a situação de ajuda mútua passa, vai-se também o motivo que dava segurança ao pacto, pois o que governa a política nunca é a amizade, mas tão somente a cooperação e o auxílio momentâneos, inspirados por ameaças comuns ou pelas mesmas esperanças de lucro, e apoiadas pelo egoísmo natural de cada um dos aliados. Nunca há uma "aliança altruísta". As lealdades não existem e onde se alega amizade há apenas uma máscara. Não pode haver nenhuma "união" duradoura.

Assim ocorreu com o Japão que, no início do presente século, pediu e obteve o apoio da Inglaterra para enfraquecer a Rússia na Pérsia*, no Oriente Próximo e nos Dardanelos. Logo depois, na Primeira Guerra Mundial, o Japão tornou-se aliado da Inglaterra e da Rússia, juntamente com a França, para expulsar a Alemanha da China (Kiao-chow) e se apossar das ilhas alemãs no Pacífico. E hoje, na guerra atual, o Japão aliou-se à Alemanha, venceu a França na Indochina e parece ameaçar seriamente o império colonial inglês. Como vemos, a antiga sabedoria política hindu do primeiro milênio a.C. ainda é uma boa chave para interpretar o pensamento político dos povos asiáticos. E é também uma chave excelente para compreender a política internacional do mundo inteiro, pois seu posicionamento, absolutamente amoral ou pré-moral, não só a revela como também formula com fria exatidão – numa espécie de álgebra política – certas leis naturais fundamentais que governam a vida política, não importa onde. A Inglaterra, por exemplo, antes da Primeira Guerra Mundial, descobriu que era mister aliar-se à Rússia para deter a ascensão da Alemanha – embora o imperialismo britânico também conflitasse com o russo com o qual havia estado em luta por quase todo o século 19. Por outro lado, de 1933 a 1938, entre a ascensão de Hitler ao poder e o fracasso da política de apaziguamento em Munique, a Inglaterra tolerou e até favoreceu o surgimento do nazismo, como possível defesa contra o perigo da difusão do comunismo na Europa Central. Depois de Munique, a Inglaterra procurou novamente aliar-se à Rússia contra o que agora era o perigo nazista. E, ainda hoje (março de 1942), temos a liberal, democrática e capitalista Inglaterra, de mãos dadas com a Rússia comunista, unidas contra um inimigo comum.

Tais flutuações em nossa moderna situação internacional indicam que as teorias políticas desenvolvidas na Índia antiga não perderam de modo algum sua vigência. Elas permanecem despercebidas, em grande parte, por terem sido eclipsadas pela reputação mundial das grandes filosofias metafísicas e religiosas da Índia que objetivam a liberação – o budismo, o Vedānta e as demais –, mas isso não significa que careçam de utilidade ou interesse para o espírito moderno. Somente nas últimas décadas é que essas doutrinas políticas realistas

* Atual Irã.

chegaram a atrair nossa atenção, como resultado das edições e traduções recentes feitas por eruditos especializados. Tudo indica que poderiam figurar com vantagem entre os estudos exigidos pelos modernos departamentos de relações exteriores, pois essas doutrinas políticas foram compiladas por brâmanes astutos, treinados nas complexas formalidades e nos perigosos rituais de comércio com os poderes sobre-humanos, e estavam destinadas a prestar serviço num jogo político muito real, intrincado e cruel. De modo geral, foram compostas para orientar os ministros e chanceleres que, em sua maioria de origem bramânica, eram os conselheiros dos déspotas indianos, tanto na vida secular quanto nos assuntos espirituais. Tais doutrinas encontram-se em tratados, isto é, textos escritos por e para profissionais, daí serem tão técnicos e minuciosos como os manuais, ou *sūtra*[3], de qualquer dos outros ofícios indianos: carpintaria, medicina, feitiçaria, sacerdócio ou dança.

A tradição popular hindu das fábulas, desenvolvida paralelamente aos tratados mais profissionais e técnicos, tornou-se conhecida no Ocidente há séculos. São histórias marcantes acerca de situações diversas – apresentadas sob o gracioso disfarce do reino animal – revelando os envolvimentos e problemas complexos da política que em todas as partes confrontam reis, estados e indivíduos, seja na grande luta pela sobrevivência, seja nas questões menores da vida cotidiana. Tais fábulas já deleitaram muitas gerações de ocidentais; porém, ainda não foi percebido o seu valor para interpretar as situações correntes e para compreender a política internacional em geral. Por outro lado, a mentalidade hindu sempre percebeu a aplicabilidade dessas fábulas na complexa arte da intriga e da defesa.

A coleção mais conhecida, *Pañcatantra*, entrou na Europa por meio de traduções semíticas (árabes e hebreias), já no século 13 de nossa era, vindo finalmente a ser difundida, como disse La Fontaine, *en toutes les langues*.[4] Mas o sistemático *Artha-Śāstra* de Cāṇakya Kauṭilya só se tornou acessível após 1909. Lembra-me ainda a grande surpresa que foi essa descoberta para todos os interessados: um círculo restrito de eruditos especialistas da Europa, Estados Unidos e Índia. O estilo cáustico e sentencioso, a fluidez literária e o gênio intelectual falam muito em favor do mestre em estratagemas políticos que compôs este assombroso tratado. A maior parte deste material provém de fontes mais antigas, pois a obra se fundamenta na rica tradição de ensinamentos políticos anteriores, superando-os, ainda que os conserve em seus aforismos e citações. No entanto, o estudo do conjunto dá a impressão de ter sido produzido por um único autor, uma inteligência notavelmente superior, de quem pouco ou talvez nada sabemos. A ascensão de Candragupta, fundador da dinastia Maurya, ao trono supremo da Índia setentrional, no século 3º a.C., e o importante papel dessa dinastia nos séculos seguintes deram à fama do célebre chanceler Kauṭilya – dono de uma arte à qual se atribui a criação do novo período histórico – um brilho de lenda praticamente impenetrável.[5]

2. O ESTADO TIRANO

Ao analisarmos as teorias e estratégias do estadista indiano, vemos o antigo estilo do despotismo em todo seu vigor e em toda sua fraqueza, e começamos a entender algo do sinistro pano de fundo que esteve presente no cenário político da Índia: as tragédias intermináveis, os perigos constantes para o indivíduo, a total falta de segurança, a ausência de todos aqueles direitos que hoje apreciamos como necessários à liberdade humana fundamental. O mundo descrito era o do ditador monárquico solitário, apoiado por uma vasta e onerosa máquina militar e por um monstruoso sistema de política e espionagem secretas que incluía delatores, prostitutas, sicofantas, tugues, falsos ascetas e envenenadores profissionais; em suma, uma terrível organização de despotismo similar àquela descrita pelos historiadores gregos em suas narrações acerca dos basileus – Rei de reis – da antiga Pérsia.

Porque, de fato, foi o império persa – estabelecido por Ciro, o Grande (550-529 a.C.), e levado adiante magnificamente até o seu colapso repentino, quando Dario III (336-330 a.C.) foi derrotado por Alexandre Magno – que estabeleceu o modelo para as monarquias da vizinha Índia[6]. A Pérsia foi o primeiro estado da história a conduzir o reinado para uma posição de absoluto e inquebrantável poder, que a todos atingia, sustentado exclusivamente pela força militar. Em três gerações – de Ciro, passando por Cambises e daí a Dario I (521-486 a.C.) – os exércitos persas destruíram os antigos reinos conhecidos em todas as direções (e eram civilizações de caracteres muito diferentes), de modo que o controle do tirano logo se estendeu, por um lado, desde o Mar Negro e o Cáucaso, ao norte, até a boca do Tigre e do Eufrates e, por outro, ao Egito, no sul; no oeste, alcançou a Síria e a Ásia Menor, e no sentido leste, atingiu o Afeganistão, o Vale do Indo e a própria Índia. Nunca antes se conseguira semelhante unificação de tantos povos pela força. Uma espantosa variedade de grupos étnicos que floresciam de modo autônomo foi conquistada e obrigada a integrar-se num sistema único, poderoso e brutal. O exército, inigualável no mundo inteiro, arrasava o que estivesse em seu caminho, até que deparou com os rudes citas ao norte dos Dardanelos e com os intrépidos gregos no coração de sua própria pátria. Todos os demais domínios ao seu alcance foram reduzidos à condição de meras províncias, sob o duro controle de um só basileu.

Este temível super-rei, que morava em sua gloriosa e reluzente capital, Persépolis, era descrito como se tivesse seus "olhos e ouvidos em todas as partes", o que simplesmente significava que seus inúmeros espiões e agentes secretos estavam alertas por todo o império para vigiar e informar sobre as populações escravizadas – povos das mais diversas religiões, línguas e raças, de população numerosa e divididos entre si. Um sistema completo e eficiente de informantes, delatores e policiais com roupas civis – que também se utilizava das mulheres públicas e do submundo – cobria as províncias conquistadas com uma rede cerrada e infalível. As fronteiras e acessos de entrada ficavam sob controle por meio de um serviço de passaporte, enquanto viajantes e embaixadores políticos que se encontravam no reino eram estritamente vigiados. Uma fiscalização desta natureza era absolutamente necessária para sustentar as conquistas obtidas por pura violência. A unificação forçada de todo o Oriente Próximo poderia ser mantida apenas por uma administração suspicaz, implacável e esmagadora. Os agentes secretos eram designados para espiar até mesmo os altos funcionários do governo.

Tudo isso parece abominavelmente familiar, pois hoje voltamos a nos encontrar com situações semelhantes nos novos estados tirânicos da Europa e Ásia. De fato, quem deseje visualizar e entender o modelo histórico real onde se fundamentou o *Artha-Śāstra* de Kauṭilya deveria estudar a configuração do mundo atual, bem como o antigo protótipo persa, do qual as dinastias da Índia (que se desenvolviam, se estendiam e desapareciam, elevando-se e reduzindo-se a pó) foram cópias fiéis. Ademais, uma consideração como esta facilitará a compreensão daquela tendência fundamental em escapar da vida secular, que caracteriza a tradição do pensamento indiano – o caminho sagrado de *mokṣa*[7] – e da séria busca empreendida para liberar-se dos perigos e dores da escravidão terrena, conseguida por meio de uma espécie de equanimidade metafísica.

Os documentos budistas e jainas permitem estudar a situação da Índia nos séculos 6º e 5º a.C. Naquela época, as estruturas políticas do período feudal ariano estavam se desintegrando, abrindo assim o caminho para o desenvolvimento do duro estilo persa. Este modelo pode ser comparado com o da fase posterior e decadente do medievalismo do século 15 na Itália e na Alemanha: um florescente caos de minúsculos principados e cidades livres, todas rivais, lutando desesperadamente pela sobrevivência e disputando a supremacia; condenadas, quase sem exceção, a serem absorvidas ou dominadas pelos estados maiores e ascendentes, governados por monarcas incontroláveis. No período imediatamente anterior a Kauṭilya, essa etapa de unificação forçada parece ter sido praticamente concluída – ao menos no norte da Índia – sob a dinastia Nanda, cuja derrota viria a ser a grande façanha de Kauṭilya. Dentro da nova concepção de estado e de disciplina social indianas já se havia tornado fundamental o modelo das técnicas persas para reduzir as extensas áreas dos povos anteriormente livres a impotentes províncias, semear entre elas a suspeita e a desconfiança recíprocas, desarmar as populações conquistadas e induzir seus homens a servir no exército do tirano em distantes campos de batalha. O antiquíssimo e nativo ideal indiano do "divino imperador do mundo" *(Cakravartin)*[8] seria cerceado, digamos assim, pelos instrumentos modernos do militarismo agressivo, e parodiado grosseiramente por uma administração opressora sobre os territórios conquistados.

A arte oficial da dinastia Maurya de Kauṭilya, representada pelos monumentos do rei Aśoka (273-232 a.C.), testemunha a influência do estilo persa. Tal arte, apesar de sua iconologia, não tem o verdadeiro sabor religioso; é uma arte de pompa, de manifestação secular e de êxito. Pois, segundo o novo despotismo indiano, conforme a inspiração persa, não existia no reinado a ideia de santidade, a ideia de um mandato divino presenteado pelos deuses ao portador da coroa; o governo era a demonstração e o reflexo do poder pessoal do próprio rei: a unificação prodigiosa de regiões heterogêneas sob uma férrea tirania central em constante perigo de desintegração. E, para sua sobrevivência, a única necessidade resumia-se numa espécie de super-homem no comando, um superdemônio que, devido a sua capacidade intelectual, talento e astúcia incomuns, fosse capaz de manter a complexa máquina do governo no auge do poder.

Assim permaneceu a concepção indiana após a época feudal embora, na Pérsia, Dario I (521-486 a.C.) lhe houvesse dado um novo toque ao restaurar a dinastia depois da morte de Cambises e da conspiração do pseudo-Esmérdis e os magos, no ano de 521. Dario I atreveu-se a proclamar um mandato divino para ele e seu reino. Uma inscrição gravada num rochedo em Behistun representa-o de pé, triunfante sobre seus inimigos e recebendo o apoio do supremo deus persa, Ahura-Mazda. Um gesto corajoso, sem dúvida, mas de maneira nenhuma inédito, pois seguia os antecedentes de uma tradição imemorial e praticamente universal. O imperador chinês, por exemplo, durante séculos foi chamado de "O Filho do Céu" *(t'ien-tse)*, e era considerado a personificação não só do princípio real mas também do sacerdotal. Era o mediador entre o céu e a terra. E, se porventura, seus domínios sofressem derrotas, fome ou corrupção e, ainda, se ele próprio fosse deposto, sua queda deveria ser interpretada como sinal de que o céu *(t'ien)* havia retirado seu mandato, insatisfeito pelo fato de o monarca não ter cumprido com as virtudes superiores. O usurpador que então conseguia estabelecer a nova dinastia, evidentemente, atraía para sua casa o favor celeste e portava o mandato divino *(t'ien ming)* em suas têmporas vitoriosas.

Esta luz de glória não brilhou nas cabeças dos reis hindus posteriores. Não era o supremo Senhor do Universo mas tão somente a deusa da Fortuna, Śrī Lakṣmī (divindade volúvel e comparativamente menor), quem garantia o êxito e a continuidade do poder. E ela abandonava o soberano assim que o destino *(daiva)* lhe era desfavorável, encarnando temporariamente na rainha suprema, companheira do rei, enquanto houvesse motivo para tal ligação. Porém, se o rei esbanjasse sua riqueza até esgotá-la ou caísse em mãos de um inimigo mais forte, ela se retirava – relutante e em lágrimas – para conceder seus favores ao próximo portador da coroa. Śrī Lakṣmī nada tinha a ver com a virtude, somente com a política e o giro da roda do tempo. A filosofia de vida dos reis e chanceleres indianos era fatalista, cética e incorrigivelmente realista.

3. O VALOR CONTRA O TEMPO

Há uma antiquíssima controvérsia que está presente na literatura da Índia de todas as épocas, desde o período feudal, representado no *Mahābhārata*, até as obras do hinduísmo comparativamente moderno. Resume-se na seguinte questão: qual é, afinal, o fator mais poderoso e, em última análise, mais decisivo na luta vital incessante pela sobrevivência e o êxito: o valor pessoal ou o simples e fatal curso do tempo?[9] Aqueles que defendem o primeiro – *vīrya*, a denodada proeza e resistência do herói que nunca se rende, ao contrário, luta em todos os momentos e sobrevive a todos os reveses, que uma vez derrubado tem a força para erguer-se de novo e, deste modo, é capaz de dominar a pétrea e inflexível obstinação do destino – sustentam que, no final, o valor triunfa. Este argumento é usado contra os fracos que desanimam, contra os atormentados pela vida que se entregam, contra o pusilânime que renuncia e abandona o jogo. Vemos nesta concepção de vida e de destino algo da atitude do buldogue inglês, embora sem a crença cristã de que a causa justa triunfará e de que a aceitação humilde dos sofrimentos como castigo pelas faltas e defeitos tenha poder de redenção.

O argumento oposto é de um total fatalismo e fundamenta-se numa longa e triste experiência. Declara que grande parte dos mais valorosos lutadores, no decorrer da história, tem fracassado um sem-número de vezes. Homens aguerridos empenharam-se em vão até o último fôlego contra as marés crescentes que a todos eles varreram; ao passo que outros homens de menor coragem, satisfeitos com as carícias da Fortuna, ocuparam com orgulho e segurança o lugar do herói. Porque na história há altos e baixos. Nos períodos de ascensão tudo promove o herói conquistador; ele é dono da situação. Seus próprios erros e deficiências o beneficiam. Nenhum revés pode impedir sua carreira. Seus inimigos, embora corajosos e apoiados por recursos superiores, lutam em vão para deter sua marcha triunfante. O "tempo" *(kāla)*, poder supremo, o favorece e isso é tudo. Porque o tempo se processa em círculos, ora expandindo-se, ora contraindo-se. Ocorre, tão somente, que a trajetória do herói coincide com um período de crescimento.

Os deuses, diz este argumento desesperançado, na batalha contra os antideuses, obtiveram a vitória, não devido ao valor ou à astúcia, ou ainda à arte de seus conselheiros oniscientes, os sacerdotes bramânicos, senão porque o tempo os favorecia. Chega o momento em que os deuses derrotam seus inimigos e conquistam o domínio do Universo, e é isto que os conduz até seus tronos sublimes. Mas o tempo dá voltas e eles serão destronados, passarão da glória ao exílio; será a sua vez de estarem cheios de ira impotente enquanto os demônios, então triunfantes, estabelecerão ímpio governo.

Ninguém pode lutar contra o tempo. Suas marés são misteriosas. Deve-se aprender a aceitá-las e a obedecer seu ritmo incessante. Por exemplo, o divino Kṛṣṇa, tendo encarnado na terra, auxiliou seu querido amigo humano de linhagem real, Arjuna, outorgando-lhe um poder sobre-humano que o transformou num herói invencível. Porém, assim que o amigo divino misteriosamente partiu deste plano humano para sua morada celestial, tudo mudou na vida de Arjuna. Sua coragem já não lhe era suficiente, visto que uma simples tribo de pastores selvagens, homens sem casta e não arianos, habitantes dos bosques, armados apenas com clavas de madeira e torrões de argila, levaram as rainhas viúvas de Kṛṣṇa, confiadas aos cuidados de Arjuna, sendo este, guerreiro invencível de outrora, incapaz de impedir o rapto e a desonra das nobres damas. O "tempo" *(kāla)* havia dado uma volta; aquela corrente misteriosa, de cujas águas todas as coisas surgem e em cuja superfície cavalgam, agora engolfava e varria essas mesmas coisas num fluxo insensível, oscilante e indiscriminado.

Tal é o clássico argumento. Entretanto, na Índia, não se chegou a resolver a controvérsia entre os que aceitam os decretos do tempo ou do destino com um misticismo fatalista e aqueles que defendem a eficácia do valor. Contudo, ambos estão de acordo em que os deuses, no que concerne a essas duas forças determinantes, não estão em melhor posição que os reis humanos ou os indivíduos em geral.

Daiva, a palavra sânscrita para "destino", é um adjetivo substantivado cuja exata significação é "aquilo que pertence ou que está relacionado com os deuses *(deva)*". Denota um fator ou poder assexuado e anônimo, divino, algo neutro, a "essência divina", uma força transcendente anterior não só às personificações míticas como aos próprios deuses e a todos os acontecimentos produzidos por eles. *Daiva*, "o destino", não pode ser personificado, rebaixado à escala da imaginação humana, e tampouco pode ser atingido pela oração, sacrifício ou encantamento mágico. *Daiva* é a face pétrea da vida, que deve ser enfrentada quando nos despojamos da ilusão confortante da tradição mágica e mitológica, do consolo da religião devocional, e quando finalmente compreendemos como é breve o dia da vitória que as armas humanas alcançam. É preciso aceitar, com coragem e sobriedade, o lugar do homem nessa trama poderosa, pois já não há ideais que protegem e consolam, nem deuses fortes o bastante para nos defender; nada de ilusões gratificantes sobre a natureza da comunidade. Ilusões, por exemplo, de que a nação possa subsistir por meio da renúncia e da posposição do indivíduo, ou pelo sacrifício de uma geração; ou, ainda, noções agradáveis como aquelas de que as instituições e os ideais sumamente valiosos sobreviverão à morte da época e ao desastre pessoal do indivíduo sacrificado para que eles sobrevivam.

Como um solitário predador, leão ferido em sua caverna, abandonado pela Fortuna e por seus companheiros, o rei hindu, não importa qual seja sua riqueza pessoal, está condenado a morrer exilado na selva. A fama dificilmente irá além de sua vida. Sua centelha vital, sua alma pessoal *(jīva)*, prosseguirá no vórtice do renascimento através de sucessivas encarnações nos céus ou nos infernos – mais provavelmente nos infernos – e, após o interlúdio daquela vida no além, nascerá, mais uma vez, como homem ou animal. Ele pode aspirar a ser rei novamente, passar pela mesma luta, o mesmo ciclo, impiedosamente excitado por iguais ansiedades e triunfos, abalado por presságios, submetendo-se finalmente à ruína, subindo como um foguete, caindo como uma estrela, e esquecendo sempre de que já experimentou tais coisas muitas vezes antes. E de novo esvaziará o cálice da vida até a última gota, com gulodice ou desgosto, na fartura ou na miséria, sem compreender a cilada elementar, ou seja: foi ele mesmo que misturou os ingredientes ao realizar atos e ter desejos em suas existências anteriores, e que agora, uma vez mais, está preparando seu próprio futuro.

A situação do déspota hindu abandonado pela Fortuna (Śrī)[10], oprimido pelo destino *(daiva)*, engolfado pelo tempo *(kāla)* é como a de Napoleão nos rochedos de Santa Helena. O Pequeno Corso fez, numa oportunidade, uma observação inteligente a respeito do destino e da fortuna, que expressa uma atitude notavelmente similar à do indiano. No auge de sua carreira meteórica, em 1810, quando ainda mantinha relações aceitáveis com a Rússia, realizou-se um congresso de reis e príncipes no coração da Alemanha, Ekfurt – ducado de Weimar – presidido por Napoleão. As reuniões eram tão fascinantes que um dia o mestre de cerimônias de Napoleão, o conde de Ségur, tomou-as como desculpa por ter chegado tarde ao conselho privado de seu Imperador, dizendo que havia sido difícil cruzar a antessala, pois estava cheia de reis: *Il y avait de rois!* Terminado o congresso, e estando Napoleão prestes a partir, aquele que o hospedara, o duque da Saxônia-Weimar – o valente Carlos Augusto, amigo e protetor de Goethe – colocou-se de pé diante da porta do coche para despedir-se do Imperador. Quando o duque lhe desejou boa sorte, não obstante detestá-lo profundamente, Napoleão, já dentro do coche, o repreendeu por sua leviandade, dizendo que na trajetória de um homem predestinado como ele havia um período em que nada conseguiria deter sua ascensão mas que, de súbito, poderia chegar o momento contrário e, consequentemente, uma simples palha atirada por uma criança seria suficiente para sua queda. Esta foi uma enérgica rejeição ao conceito de "sorte" acidental ou pessoal (o poder da deusa Fortuna, Śrī) aplicada a homens como ele, e um enigmático pronunciamento que apontava ao vasto destino impessoal das estrelas[11].

As palavras do grande aventureiro e predestinado são comparáveis à concepção hindu das marés e ciclos, que levam os fortes à vitória e depois ao desastre. Entretanto, vale ressaltar uma importante diferença. No Ocidente, o gênio político, ou o exímio jogador, sente-se instrumento de algo superior a ele durante aqueles momentos em que parece representar uma força fatal na história. Ele é o destino encarnado, portador dos poderes que governam o desenvolvimento da civilização e produzem as mudanças de época. É o protagonista de certas forças sociais ou o principal representante do espírito e dos ideais de uma nova e melhor era, transportando para a história os elevados princípios pelos quais os antigos mártires sofreram, lutaram e morreram. São estes princípios, por exemplo, o da liberdade, da democracia e da racionalização nos assuntos humanos que inspiraram o Terceiro Estado a tomar o poder na Revolução Francesa. Tudo indica que, no Ocidente, o homem de ação tem de considerar a si mesmo como nobre instrumento de um plano misterioso para o desenrolar da história da humanidade, como agente do espírito universal, produzindo mudanças e impulsionando o processo evolutivo. Nesta acepção, mesmo um incrédulo e ateu como Napoleão – que só acreditava em sua própria "estrela", em seu próprio gênio – coloca-se lado a lado com aqueles que permanecem fiéis a uma fé estabelecida, e que em suas revoluções fazem a "Guerra de Deus": homens como Cromwell, que humildemente se considerava o veículo escolhido por Deus e o instrumento da Providência para defender o verdadeiro cristianismo contra o papismo, a Inquisição, os jesuítas e tudo o que ele considerasse uma distorção diabólica da verdadeira mensagem de Cristo (à qual ele, em contrapartida, não deturpava). Napoleão exercia pela força o mandato do pensamento moderno, na forma como foi concebido por Locke, Rousseau, Montesquieu e Voltaire, e no modo como ressoou na *Heroica* de Beethoven. Napoleão era o emissário de uma Nova Era. Assim é que o consideramos e avaliamos em nossa concepção ocidental de progresso (que se realiza por nosso meio) do destino do homem.

Nenhum mandato da Providência, da história ou da humanidade, orla a fronte do déspota hindu. Ele é, temporariamente, o detentor real do poder despótico, mas não que tenha nascido para ser o emissário de uma nova ideia, de algum novo sonho engravidado em sua época e do qual ele seria o escolhido para concretizá-lo no mundo. O déspota não representa outra coisa que a si mesmo: ele próprio e aqueles a quem pode pagar ou subornar, ganhar com favores ou colocar a seu serviço por meio de ameaças. E quando cai, é apenas ele quem cai, junto daqueles que dependiam de seu governo, ou desgoverno. Desse modo, verificamos que falta ao reinado da Índia o prestígio do direito divino, que tem prestado apoio em outras partes tanto da Ásia quanto da Europa. O caráter sagrado que corresponde ao Filho do Céu na China, ao Micado no Japão, ao Faraó no Egito e à Coroa real, que é ao mesmo tempo chefe da Igreja anglicana, na Índia não é atribuído aos membros da casta *kṣatriya* – os guerreiros, os reis, os aventureiros aristocratas e os conquistadores – mas sim aos brâmanes: os sacerdotes, os sábios conhecedores e conjuradores do *Brahman* transcendente. Por milênios, o ápice da pirâmide social foi ocupado pelos herdeiros natos da sabedoria secreta do Poder sagrado. Eles, os repositórios vivos da tradição, magos e mestres profissionais, são os intermediários despersonalizados entre as regiões do poder divino e o mundo humano. Todavia, no que concerne aos reis – *il y avait tant de rois!* – seus valores são os seus próprios, assim como seus destinos e suas agonias.

4. A FUNÇÃO DA TRAIÇÃO

Aprendemos nos testemunhos védicos e em todos os registros posteriores que os reis sempre ocuparam um lugar inferior à casta dos brâmanes. Durante o período védico e o período feudal seguinte, representado no *Mahābhārata*, eles provinham principalmente dos clãs guerreiros, famílias de casta *kṣatriya*, mas após a desagregação da sociedade feudal nos séculos 7º e 6º a.C. – quando a força dos *kṣatriya* arianos diminuiu sensivelmente devido às incessantes guerras internas, e caiu seu poderio no norte da Índia – surgiu a idade obscura de que estivemos falando, no decorrer da qual homens de várias procedências subiram ao poder: tanto os descendentes de algumas das famílias reais sobreviventes da época pré-ariana, quanto ricos soldados de origem inferior. Sabemos, por exemplo, que Candragupta era adepto de um credo não védico (o dos jainistas), cujas raízes remontam às crenças pré-arianas do noroeste da Índia, as quais nunca foram totalmente erradicadas pelos brâmanes[12]. Aparentemente, muitos dos fundadores das novas dinastias eram pouco melhores (se é que eram) que criminosos. Os documentos bramânicos lamentam – em termos que não deixam lugar a dúvidas – que, naquela nova época de revoltas, aventureiros da mais baixa origem tivessem ocupado os tronos reais e, ainda, houvesse reis que não defenderam os brâmanes, nem a religião ariana, nem sequer o estilo de vida ariano.

A realeza tinha perdido o esplendor da época védica quando os governantes passaram a apoiar prodigamente a casta sacerdotal e receber, por sua vez, o reflexo da aprovação ortodoxa. Mas também faltava à realeza a glória de dias ainda mais remotos, do período mítico pré-ária, dravídico, quando os clãs reais do país pretendiam descender dos deuses e se dizia que eram da dinastia "solar" ou da dinastia "lunar"[13]. Durante esta nova, miserável e obscura época, conhecida por *Kaliyuga*, a última e a pior das quatro Idades do Mundo no presente ciclo do tempo[14], a realeza assumiu as características vulgares próprias do despotismo. Tudo o que dava ao reinado uma dignidade espiritual se perdeu. O poder estava somente nas mãos dos rudes, dos astutos, dos ousados, dos imprudentes, enfim, daqueles capazes de inspirar a ambição e o temor.

Na Índia pós-feudal, a debilidade da classe dominante advinha do fato de o rei e sua dinastia não estarem fortemente arraigados no povo, como os reis da Inglaterra ou os micados do Japão, ou da forma como antes estiveram os imperadores da Áustria. O princípio da realeza em si, como instituição, nunca foi questionado. Era um fator insubstituível no plano divino da criação, parte integrante da ordem social tal qual as leis morais e religiosas, o sistema de castas e a tradicional sequência das quatro etapas da vida[15]. A instituição propriamente dita estava de acordo com o *dharma*, sendo sua função servir-lhe de instrumento. O rei tinha de supervisionar a comunidade e cuidar que todos cumprissem os deveres ordenados e as tarefas da vida consoante às prescrições ortodoxas próprias de cada casta, sexo e idade. Apesar do princípio em si mesmo ser inquestionável – inquestionável como lei básica da natureza (pois a noção de uma república democrática e autogovernada estava simplesmente fora de seu âmbito de ideias) –, o indivíduo, ou a família, que de fato desempenhava o papel da realeza, podia ser derrubado por um êmulo, e isto a poucos importaria. Algum rei vizinho de hierarquia semelhante podia invadir o reino, ou algum aventureiro oportunista se apoderar do trono; ou talvez o chanceler, cansado do títere com coroa de soberano, cujos fios ele manejava, decidisse tomar para si os símbolos do poder que já vinha em grande parte controlando. Ninguém se importava com o que ocorria, a não ser que o colapso dinástico o afetasse de maneira direta. A população se aferrava tão só à instituição. E assim o rei, pessoalmente, como o leão real entre outros animais predadores da selva, tinha de cuidar de si mesmo.

Tais quais os imperadores militares de Roma em seu período de declínio ou os déspotas de Bizâncio ao longo de sua dramática história, os reis indianos tinham de estar constantemente alertas aos ataques, tanto internos quanto externos, confiando sobretudo em sua força militar, astúcia e valor pessoal. A maior confiança era depositada na eficiência e na lealdade dos oficiais que ocupavam os mais altos cargos de comando, pois não se conhecia nenhuma forma de governo por mandato do povo. O povo não passava de uma aglomeração de súditos – ocupados cada um na luta pela vida – divididos em grupos e distanciados entre si pelas regras de casta, pelas numerosas seitas religiosas e pelos tabus raciais de origens diversas (tabus contra o matrimônio e até mesmo contra o simples contato entre pessoas de castas diferentes, porque eram, até certo ponto, quase que mutuamente "intocáveis"). Não havia um corpo representativo, estabelecido, institucionalizado, quer para defender os privilégios do povo por meio da legislação contra os reis abusivos, quer para apoiar por meio de uma ação popular aquele rei que recebia a aprovação do povo. O governante indiano, ao menos teoricamente, orientava-se pelos conselhos dos brâmanes e dos anciãos da comunidade, tidos como a voz da ordem tradicional. Contudo, não havia poder capaz de detê-lo caso resolvesse desconsiderá-los. Se quisesse, poderia tornar-se um fanfarrão egoísta, ímpio e bruto, sobrecarregando com mais impostos e obrigações seu já atormentado povo. E, do mesmo modo, não poderia esperar nenhum apoio popular efetivo, por mais benevolente que decidisse ser. Toda sua confiança estava depositada em sua própria e poderosa força militar, em sua perspicácia, em sua fortuna real e em suas tropas interesseiras.

Para tomar parte nas guerras do rei, os mercenários tinham de ser generosamente pagos, e o abandonavam tão logo se esgotava sua fortuna. Na história da Índia antiga, perder uma batalha geralmente significava perder um reino ou uma dinastia. Portanto, na corte real respirava-se uma atmosfera de intriga, conspiração, desconfiança e traição. "Afortunados os reis que à noite podiam desfrutar de um sono tranquilo e feliz." Os oficiais favorecidos, quanto mais eficazes e poderosos, menos confiáveis eram, pois conhecendo os pontos vulneráveis e os recursos do rei, eles é que tinham a chave do reino. Assim, grandes favores e desgraça repentina, intimidade e suspeita estavam indissoluvelmente ligados.

O ministro capaz vivia num permanente dilema. Por um lado, tinha de demonstrar continuamente sua eficiência e, por outro, preservar seu cargo do próprio monarca a quem servia. Devia estar alerta contra as calúnias nascidas da inveja alheia e do menor deslize que pudesse cometer, mas também (e isto era sempre um grande perigo) contra a possibilidade de se tornar supérfluo por ter conseguido fazer que as coisas seguissem perfeitamente bem seus rumos. Se o ministro fosse muito cuidadoso em seu trabalho e conseguisse erradicar por completo as ameaças internas do domínio de seu tirano – aqueles "espinhos" *(kaṇṭaka)*, como denominados nas obras hindus sobre política, perturbações que "picam" o rei e abalam a tranquilidade real –, encontrar-se-ia em tal situação que, tendo tornado a si mesmo dispensável, poderia ser deposto. Este é o tema da seguinte fábula instrutiva do leão, do gato e do rato.[16]

Certo gato miserável, expulso pelos aldeões e vagando pelos campos a ponto de morrer de fome, magro e desvalido, foi encontrado por um leão e salvo de sua situação desesperadora. O rei dos animais convidou o infeliz a compartir sua caverna e se alimentar das sobras de suas abundantes refeições. Porém, este não era um convite inspirado pelo altruísmo ou por algum senso de lealdade racial; era simplesmente porque o leão estava sendo molestado por um rato que vivia num buraco de sua toca. Quando ele tirava a sesta, aquele vinha e lhe roía a juba. Acontece que os leões grandes e poderosos não são capazes de caçar ratos; em contrapartida, gatos ágeis o são; desse modo, ali estava a base para uma amizade sólida e talvez agradável.

Bastou a presença do gato para manter o rato afastado, e assim o leão poder dormir em paz. O pequeno roedor não fazia o menor barulho porque o gato estava sempre alerta. O leão premiava seus serviços com farta alimentação, engordando, sem delongas, seu ministro.

Mas um dia o rato fez um ruído e o gato cometeu o erro fatal de agarrá-lo e devorá-lo. Desaparecido o rato, desapareceu também o favor do leão que, já cansado da companhia do gato, sem nem mesmo lhe agradecer, devolveu seu competente ministro à selva, onde teria de enfrentar novamente o perigo de morrer de fome.

A lição se resume na máxima final: "Cumpre tua tarefa, mas deixa sempre algo por ser feito. Por causa desse algo permanecerás indispensável".

Este é um dos muitos segredos da polícia secreta de todos os países, um desses engenhosos "segredos que não se pode contar". Esta irônica fábula, dirigida aos astutos ministros e outros servidores leais dos volúveis déspotas indianos, revela as circunstâncias do ditador nas garras de sua própria Gestapo. Embora sendo bastante eficazes em seguir as pistas de seus inimigos ocultos, tais ministros fazem com que se preserve um bom número deles para assim garantir não apenas o poder de seu ditador, mas também a utilidade de si mesmos. Isto é perfeitamente natural neles, sendo o mundo como é, e provoca o curioso efeito de cultivar, sob a proteção do monarca cujos "olhos e ouvidos estão em todas as partes", um processo insidioso que cresce e se nutre de si mesmo numa fertilização recíproca, pelo qual é conservada uma contínua reaparição de antagonistas "que se buscam uns aos outros". A polícia secreta se converte no principal apoio e proteção dos revolucionários do submundo, muito embora sua única e exclusiva função seja reprimi-los. De fato, não só protege a oposição como também a fomenta, porque o sistema tirânico – que para sua continuidade tem de depender de uma polícia secreta opressora e onipresente – engendra inevitavelmente novos inimigos internos a cada dia. Por outro lado, esses elementos subversivos, geralmente muito idealistas, alimentam a ilusão de que são menos visíveis do que o são em realidade. E como sabemos pela história, quando cai o poder governante acontece, às vezes, de os revolucionários encontrarem amplamente justificadas as esperanças da vitória de sua causa. Nesse meio tempo, eles estiveram inconscientemente garantindo, *pelo mero fato de existirem*, a preciosa necessidade que o gato tinha para o leão. Sem ratos, os funcionários da Gestapo e da Ogpu ver-se-iam em dificuldades para manter sua terrível importância. Aqui novamente percebemos que a concepção de intriga política na filosofia hindu da arte de governar tem uma notável pertinência com os assuntos contemporâneos.

Os ensinamentos antigos possuem uma atmosfera curiosamente atual. Na política externa hindu, por exemplo, considerava-se que o impacto causado pelo ataque inesperado e traiçoeiro e pelo assalto repentino era um dos melhores meios para triunfar além fronteiras; e o sigilo absoluto e o perfeito ocultamento formavam o ambiente propício para a maturação dos planos e a realização de preparativos mais completos. Nos tratados políticos encontramos a seguinte máxima: "Carrega teu inimigo sobre os ombros até que tenhas conseguido dele o que querias; então atira-o com força para longe, despedaçando-o como se fosse um cântaro de argila jogado contra uma pedra"[17]. Ou ainda: "Aquele que, buscando vantagem própria, queira esmagar a outrem, deve proceder cautelosa e deliberadamente. Quando levantar a mão, prestes a golpear seu inimigo, deve abordá-lo de maneira amistosa. [Poderia ser o Sr. Nomura nas conversações que antecederam a Pearl Harbor!] Deve dirigir-se ainda mais gentilmente ao lhe desferir o golpe mortal. [Poderia ser o Sr. Saburo Kurusu!] E quando tenha cortado a cabeça de seu inimigo, deve compadecer-se e lamentar-lhe a desgraça"[18].

Os documentos da história da Índia contêm muitos exemplos onde se comprova o êxito desta máxima. Entre estes, encontramos o de um príncipe saindo da capital, em marcha solene com seu exército, para dar as boas-vindas ao seu velho pai que regressava coroado pela vitória sobre um vizinho poderoso, de cujos domínios tinha se apropriado. Uma cidade improvisada foi construída na planície, com tendas luxuosas para acomodar o vencedor após as penúrias de sua campanha, e igualmente ergueu-se um portentoso edifício onde o triunfo haveria de ser comemorado. Mas enquanto o rei descansava sob as enormes vigas, e seu obediente filho – cercado por sua própria milícia fortemente armada – passava em revista um grande batalhão de elefantes de guerra, a imponente estrutura foi ao chão, soterrando o pai e todos os seus acompanhantes.[19]

"Cante, afague e acalente a futura vítima para que durma"; isto é recomendado não apenas para a política interna (na corte do déspota ou nos conclaves onde os grupos ou partidos que sustentam o poder são reciprocamente inimigos mortais), mas também para a externa (onde se torna uma arma inigualável). Tal procedimento recebe o nome de *māyā*, "criação de uma ilusão", e onde melhor podemos estudá-la é na história política de nosso tempo. A política nazista, por exemplo, quando de seus preparativos para subjugar a Polônia, primeiro inspirou confiança por meio de um pacto de não agressão concluído com o Marechal Pilsudski, em 1933. Deste modo, a Polônia foi apartada de sua aliada natural, a França, e ficou isolada. Em seguida, os polacos foram adulados com a permissão de também partilhar dos despojos da dividida Tchecoslováquia, no outono de 1938, após a crise de Munique. Isto não passou de uma aproximação amigável que precedeu e ocultou o golpe mortal desferido como um raio antes mesmo de transcorrer um ano.

As técnicas modernas para tratar com os inimigos são as mesmas já utilizadas pelos antigos mestres hindus. Os recentes territórios conquistados e abandonados à fome, à peste, à pilhagem, como a Polônia, a Ucrânia, a Grécia e a Noruega, ilustram esta lei geral. "O remanescente do inimigo que ainda sobrevive" – está descrito – "é como o fogo abafado ou uma dívida não paga: os três crescem com o tempo."[20] Portanto, as forças derrotadas devem ser eliminadas: os comunistas na Itália e na Alemanha nazista, a burguesia na Rússia. Em todas as partes se exterminam os chefes e os generais de partidos inconvenientes; os esquerdistas e os direitistas lotam as prisões do mundo. Este impiedoso princípio natural é abundantemente exemplificado tanto na história da Índia como na história da desaparecida Bizâncio, ou na Rússia de Boris Godunov e o falso Dimitri, ou, ainda, no fuzilamento relativamente recente do último Czar com sua mulher e as quatro filhas num sótão, quando se supunha que iriam ser apenas confinados.

A política da Índia antiga era permeada por uma atmosfera de perigo, suspeita e ameaça. Havia uma espécie de guerra de nervos contínua. Exatamente a mesma situação é descrita por Tácito e Suetônio em suas biografias dos imperadores romanos ou por Gibbon em *A Decadência e Queda do Império Romano*, assim como nos relatos gregos dos aquemênidas da antiga Pérsia, nos testemunhos muçulmanos dos califados de Bagdá, Cairo e outros, e nas histórias do poder otomano em Constantinopla. É uma atmosfera que se fez comum em nossos dias, especialmente no âmbito controlado pelos estados totalitários, como o foi no de seus numerosos precursores e colaboradores a partir de 1918: a Iugoslávia do rei Alexandre, a Lituânia de Voldemaras, a Polônia de Pilsudski, a Turquia de Kemal Atatürk e a Grécia dos generais ditadores. Todos se sentem sempre em perigo. Todo rei – completamente vulnerável ainda que armado até os dentes – está sempre alerta para precaver-se das surpresas. Ninguém é totalmente dono de nenhuma situação em tempo algum. Súbitas mudanças trazem a morte ou a desgraça. Intrigas e homicídios internos, intrigas e agressões de fora, ameaças repentinas, tudo isso derruba os fortes. Os golpes diretos e esmagadores aniquilam os fracos. *Māyā*, fratricídio, veneno e punhal estão na ordem do dia.

5. Geometria política

A política britânica de equilíbrio do poder servirá para nos introduzir em outro dos princípios fundamentais do *Artha-Śāstra* indiano: o do *maṇḍala*, ou círculo político de estados vizinhos. Os estadistas britânicos mostraram sempre, e em todos os lugares, uma grande habilidade no manejo desta arma. A fim de manter o equilíbrio europeu, quando Luís XIV ameaçava perturbá-lo colocando seu neto no trono da Espanha, Marlborough (cuja vida, diga-se de passagem, fornece bons exemplos do tema abordado anteriormente) travou uma aliança entre a Inglaterra e os Países Baixos, alguns estados alemães, Portugal, Dinamarca e a Casa de Habsburgo, aliança que precipitou a Guerra de Sucessão na Espanha (1701-1714) contra a ameaça do nascente império francês. Pouco depois, na Guerra dos Sete Anos (1756-1763), quando a França se aliou com a Áustria, Rússia, Suécia e Saxônia, contra a Prússia de Frederico, o Grande, os ingleses se colocaram ao lado da Prússia, e saíram-se tão bem no jogo que destruíram a hegemonia da França no mundo e estabeleceram as bases para seu próprio império ao controlar o Canadá e a Índia.

Uma vez mais, então, a Inglaterra atraiu forças contra a França em razão da ameaça representada pelas campanhas napoleônicas. Os britânicos apoiaram Portugal e Espanha na Guerra Peninsular (1804-1814), bem como a Rússia, Áustria, Prússia e Países Baixos em Waterloo. Não obstante, a Guerra da Crimeia viu a Inglaterra e a França unidas (pela primeira vez após mais de duzentos anos), juntamente com a Turquia e a Savoia, para contrabalançar a Rússia que então pressionava perigosamente pelos Dardanelos. Os britânicos apoiaram o Japão para debilitar a Rússia em 1903-1904, mas na Primeira Guerra Mundial estiveram ao lado dos russos – bem como da França novamente – contra a aliança da Alemanha e Áustria.

Este notável jogo de pesos e contrapesos foi tomado muito seriamente pelos antigos reis e príncipes da Índia. O campo de batalha das potências contendoras de então era a vasta paisagem de um subcontinente de tamanho aproximado ao da Europa, mas muito menos interrompido por acidentadas cadeias montanhosas. Embora entremeadas de desertos e selvas traiçoeiras, as diferentes regiões da Índia se comunicavam por meio de largos rios e extensas planícies; quase todos os reinos estavam rodeados por vizinhos inimigos e expostos ao ataque por todos os flancos. Em consequência, prevalecia uma situação de perpétua desconfiança como a que conhecemos, por exemplo, no palco, ainda que menor, dos Bálcãs.

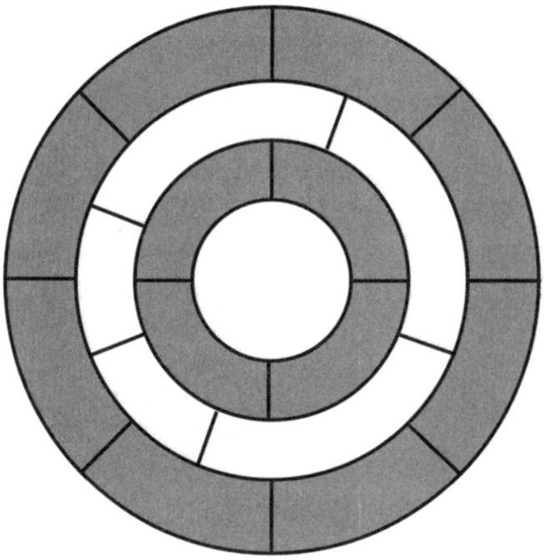

A principal fórmula hindu para dispor as alianças e coligações estrangeiras é fundamentada num diagrama de anéis concêntricos que representam os inimigos e os aliados naturais. Cada rei deve considerar seu reino como centro de uma espécie de alvo, rodeado por "anéis" *(maṇḍala)* que simbolizam, alternadamente, seus inimigos e aliados naturais. Os inimigos estão representados pelo primeiro anel circundante – são os vizinhos imediatos, prontos para atacar. O segundo anel é o dos amigos naturais do rei, ou seja, aqueles que estão logo atrás de seus vizinhos inimigos e que, por sua vez, os ameaçam pelo simples fato de serem vizinhos. Continuando, encontramos um terceiro anel que representa uma ameaça mais remota ao rei, e que deve ser considerada, já que pode fornecer reforços aos inimigos imediatos. Além disso, dentro de cada anel existem subdivisões indicando as animosidades naturais mútuas pois, uma vez que cada reino tem seu próprio *maṇḍala*, há consequentemente um conjunto complexo de numerosas tensões atuando em diversos sentidos. Este plano de cercos recíprocos deve ser cuidadosamente demarcado e avaliado, e só então usado como base de ação. Ele delineia e torna manifesto um certo equilíbrio e tensão entre forças naturais, e também antevê as terríveis explosões periódicas de conflitos que se propagam amplamente. Como princípio social válido universalmente, supõe-se que os vizinhos são propensos à inimizade, à inveja e à agressão, cada um aguardando o momento oportuno para, de surpresa, atacar traiçoeiramente.[21]

Este diagrama um tanto formal pode nos parecer algo teórico e artificioso, mas reflete muito bem as condições geográficas do subcontinente indiano. E, ainda, está largamente confirmado na história moderna da Europa. Constitui a figura básica de uma espécie de geometria política que pode ser aplicada com uns poucos retoques, para se medir, na prática, as tensões em quase todo o cenário histórico, e é uma proeza realmente magnífica do gênio hindu a quem tanto agrada dedicar-se a exercícios intelectuais altamente abstratos, mas que ao mesmo tempo possui um dote notável de penetração intuitiva, de expressão simbólica e de linguagem pictórica da parábola e do mito.

Quando aplicamos o antigo *maṇḍala* da Índia ao mapa da Europa, obtemos um diagrama perfeito dos problemas e vicissitudes, dos acertos e dos aparentes enganos, que provocaram nossas quase ininterruptas guerras. No começo da época moderna, no século 16, a França encontrava-se ameaçada pelo cerco resultante da união entre a Espanha e o Império Germânico sob a dinastia dos Habsburgo. A luta subsequente pela hegemonia entre os reis franceses e os imperadores de Viena – desde os reinados de Francisco I (1515-1547) e Carlos V (1519-1556) – estendeu-se até o desmembramento do Império Austro-Húngaro quando do Tratado de Versalhes em 1919. Luís XIV (1643-1715) "o mais cristão dos reis", que perseguiu os calvinistas huguenotes e os expulsou de seu reino – conseguiu o apoio dos turcos otomanos que estavam às costas dos domínios dos Habsburgo na Europa oriental. Então, os turcos invadiram os territórios do inimigo desde o que é hoje a Iugoslávia passando pela Hungria, enquanto os exércitos franceses lutavam contra as forças imperiais alemãs nos Flandres e ao longo do Reno.

O vizinho que está atrás ou nas laterais do nosso inimigo imediato é nosso amigo inato: eis o princípio supremo. As considerações morais e religiosas, as questões ideológicas e a tradição espiritual comum não têm tanta força quanto este simples fato geométrico. O rei cristão não hesitou em trair e pôr em perigo a civilização cristã na Europa, ao inspirar e auxiliar uma invasão da mesma potência que fora a principal inimiga da cristandade durante os dois mil anos anteriores. Exatamente de igual modo, a Alemanha nazista de hoje* trai a causa comum da Europa, isto é, a civilização e o império colonial do homem branco, ao cooperar com a tentativa japonesa de conquistar o Extremo Oriente e o Pacífico. Ambas

* N.R. O autor está se referindo à época em que foi escrito o livro, ou seja, 1942.

as traições – à causa cristã e à ocidental – com fins egoístas têm um notável precedente e modelo no acordo feito entre um Papa e o Grande Turco. Ansioso por conservar a independência política do território da Santa Sé, Alexandre VI – supremo pastor da comunidade cristã, vicário de Cristo na terra e porta-voz do Espírito Santo – apertou as mãos, em 1494, do Sultão Bayazid II para derrotar as ambições imperiais de Carlos VIII da França. Meio século depois, Suleiman I, o Magnífico, aliou-se ao rei francês Francisco I contra o titular do Sacro Império Romano, Carlos V; e o subsequente avanço muçulmano na Europa oriental (precursor do que se realizou na época de Luís XIV) gozou até mesmo da aprovação tácita do Papa Paulo III.

No *maṇḍala* das alianças francesas, quando o poder da Turquia começou a declinar, foi substituído pela influência da crescente Rússia, que se tornou a aliada natural em razão de estar imediatamente atrás dos vizinhos franceses do leste. Seguindo este esquema, Napoleão, em 1805 e 1810, fez-se amigo do imperador da Rússia com o fim de conter a Prússia e a Áustria – muito embora os exércitos russos estivessem por anos e anos lutando ao lado dos austríacos, na Suíça e ao longo da Riviera, em uma campanha comum contra a Revolução Francesa e a República. Napoleão, agindo pelas costas da Alemanha, fez ressurgir também a Polônia como sua segunda aliada ao restaurar as partes de seu território que haviam caído em mãos da Áustria e da Prússia, quando da partição feita entre a Rússia e esses dois países no final do século 18. Seguindo a mesma lógica infalível do *maṇḍala*, a França, uma vez mais, ganhou a cooperação da Rússia em sua política de circundamento pouco antes da Primeira Guerra Mundial – um clássico movimento de pinça no tabuleiro de xadrez das potências, que obrigava seu vizinho imediato a lutar simultaneamente em duas frentes. A França, ao mesmo tempo, apoiou a Sérvia contra a Áustria, como aliada na retaguarda desta última[22] e logo a Romênia, que atuou como um punhal cravado nas costas, na hora crucial, quando a Alemanha tinha perdido a batalha de Verdun e era derrotada ao longo do Departamento do Somme, na frente ocidental. Com o Tratado de Versalhes, a França inaugurou uma política sistemática de *maṇḍala* para manter o inimigo subjugado. Criou-se um anel de potências eslavas, desde a Polônia e Tchecoslováquia até a Romênia e Iugoslávia, que ameaçava as costas da Alemanha e o que restava da Áustria. Os novos aliados receberam empréstimos para adquirir armas e auxiliar seu desenvolvimento. A Alemanha respondeu com o Tratado de Rapallo, em 1922, feito com a Rússia – agora uma aliada natural na retaguarda da Polônia e da Tchecoslováquia.

Após a tomada do poder pelos nazistas, houve uma rápida série de movimentos hábeis no tabuleiro do *maṇḍala*, que terminou na quebra total da estrutura sutil destinada a garantir a hegemonia da França no continente. No momento em que a Polônia aceitou assinar o pacto de não agressão por dez anos, em 1933, o anel ficou virtualmente desfeito. Então, pouco a pouco, os aliados orientais da França foram se apartando e, ao final, até a Bélgica se retirou do plano de colaboração imediata e automática com a França contra a Alemanha. Assim tudo ficou amadurecido para um novo assalto ao poder.

A próxima configuração do *maṇḍala* se manifestará no seu devido tempo.

6. As sete maneiras de se aproximar de um vizinho

Nīti, a palavra sânscrita para política, significa, literalmente, "conduta adequada". A política do rei proporciona à comunidade um modelo exemplar do modo como se conduzir com êxito em meio aos perigos do mundo. O rei, embora sendo a autoridade suprema do reino, é quem corre os maiores perigos em seu elevado, invejável e precário estado de esplendor. Os reis vizinhos, seus próprios ministros ambiciosos, generais bem-sucedidos e até mesmo membros de sua família – filhos e príncipes aspirantes ao trono, rainhas intrigantes – estão alertas para lhe arrancar o cetro. Por último – mas nem por isso menos importante – está o povo que, fatigado e sobrecarregado de impostos, pode a qualquer momento ser secretamente instigado à revolta por algum inimigo real ou por algum personagem de estirpe inferior, ávido de usurpação. Nesta atmosfera de ameaça, temor e movimentos inesperados, prevalece o *matsyanyāya*, "a lei dos peixes"[23]: a lei da vida sem o paliativo da decência moral, tal como prevalece nas impiedosas profundezas do mar.

Esta lei é tão bem conhecida no Ocidente quanto na Índia. É ilustrada no velho provérbio popular: "Os peixes grandes comem os pequenos", que Pieter Bruegel, o famoso pintor flamengo do século 16, representou brilhantemente em algumas de suas obras-primas, caracterizadas por seu bom humor e vivacidade. Vemos nestas obras grande número de peixes de todos os tipos e tamanhos, os grandes devorando os pequenos e estes, por sua vez, sendo fisgados por pescadores. Dos ventres dos maiores, quando abertos pelo homem, saem os menores, e há, embaixo destes, uma inscrição onde se lê tal provérbio. Bruegel pintou estas telas na época em que toda a Europa era um mar tumultuoso devido à luta dos Habsburgo, dos Flandres, do governo mundial da Espanha e do Império Alemão, para deter o crescente poder da França, que tentava romper o círculo formado por essa monumental coligação. Era uma época em que novas armas (a pólvora e os canhões) e novas técnicas de guerra (o desenvolvimento de grandes companhias de infantaria mercenária ao invés de cavaleiros) espalhavam a devastação e o terror – do mesmo modo que estão fazendo hoje as novas armas da tecnologia moderna. Os provérbios pintados por Bruegel mostram a vida no reino marinho e sua fria voracidade, expressam com pertinência aquela ideia de que na esfera política cada um faz o que pode para si, procurando tirar o máximo dos outros. Tal ideia comunica que a política é, e sempre deve ser, uma empresa de combate, não um assunto decente e ordenado onde cada nação, grupo ou raça recebe, proporcionalmente, seu devido quinhão do mundo de acordo com seu tamanho, suas capacidades e contribuições para a civilização.

Em conformidade com esta maneira pessimista de entender o problema da luta pela sobrevivência, os meios e recursos propostos pelos livros indianos de política não têm escrúpulos ou qualquer consideração misericordiosa. Por exemplo, os quatro "meios" *(upāya)*[24] fundamentais de se aproximar de um inimigo são os seguintes:

1. *Sāman*, "conciliação ou negociação". Este é o caminho do apaziguamento, da lisonja, do encantamento.

O encantador de serpentes apazigua sua naja (um animal perigoso) tocando uma melodia em sua flauta. De modo semelhante, o assim chamado aspecto "colérico" ou "terrível" de uma divindade (que é sempre ambivalente e pode ser perigosa) é encantado, acalmado, apaziguado ou propiciado pelas melodias mágicas em cujas asas os encantamentos das estrofes ascendem à sua morada invisível. A palavra latina para encantamento é *carmen*, "canto mágico para se obter a graça de um ser sobrenatural". E no mesmo sentido, o termo sânscrito *sāman* significa, literalmente, "melodia". *Sāman* denota uma linha específica do saber sacerdotal da tradição ritual védica que trata das melodias com as quais se deve cantar as diversas estrofes *(ṛc)* do *Ṛg-Veda*. É um saber carregado de tanta magia que certas partes dele, por serem consideradas perigosas, não podem ser transmitidas dentro dos limites do povoado: mestre e discípulo se retiram para algum lugar remoto e solitário do deserto. Cantando fórmulas mágicas dessa natureza, enquanto segurava em suas mãos os fragmentos remanescentes do Ovo Cósmico, depois de este ter-se aberto no começo do mundo (a metade superior do ovo subiu e se converteu em Céu, enquanto a inferior desceu e se converteu em Terra), Brahmā, o criador, conjurou oito elefantes celestiais que foram então designados para as quatro regiões do mundo e para os seus quatro pontos intermediários, a fim de servirem como suporte do firmamento. Por isso, os elefantes se chamam *sāmodbhava*, "produzidos por *sāman*".

Diariamente usamos do *sāman* ao saudar as pessoas, quando dizemos: "Olá! Como está?" "Que bom vê-lo!", e também: "Adeus! Até breve!" Neste contexto social, o dicionário sânscrito traduz *sāman* por "palavras amáveis, delicadeza, gentileza". Aplicado à política, a tradução é: "meios suaves ou conciliatórios, conduta conciliatória". Na prática moderna isto se referiria aos pactos de não agressão, às conversações preliminares sobre estes, à demarcação das respectivas áreas de influência e exploração e ao rateio de recursos.

2. O procedimento de aproximação contrário é chamado *daṇḍa*, a vara de castigo usada pelo juiz e também pelo porteiro para afugentar os mendigos e os moleques de rua. *Daṇḍa* significa "castigo, punição, ataque, assalto, violência, clava, bastão, cajado; exército, controle, subjugação, refreamento". Diz o *Mahābhārata*: "O rei deve sempre ter em sua mão a vara de castigo *(daṇḍa)* erguida"[25]. Ou ainda, nas leis de Manu: "Para a ampliação de um reino, *sāman* e *daṇḍa* são os dois meios principais"[26]. Em resumo: *daṇḍa* é a agressão de qualquer espécie, seja ela aberta e desavergonhada ou justificada hipocritamente como castigo ante insultos ou ameaças. É uma ofensa insuportável quando, por exemplo, a vítima, prestes a ser castigada, procura se armar ou contrair aliança com um vizinho mais forte.

3. *Dāna* (em latim *donum*, em português "doação"), "doação, presente, dádiva", é a terceira maneira de aproximação recomendada. Em política, trata-se simplesmente de "suborno". *Dāna* inclui os acordos para a partilha do butim de

guerra, bem como os presentes, condecorações, etc., para os generais, ministros e agentes secretos do vizinho.

4. *Bheda*, "fenda, divisão, brecha, ruptura, distúrbio, semear discórdia num partido inimigo, perfídia, traição". Esta é a técnica de dividir e conquistar; de minar desde o interior.

Estes são os quatro principais meios, aos quais se acrescentam:

5. *Māyā*, "engano, fraude, a produção de uma ilusão".

O deus Indra manifestou seu *māyā* quando assumiu a forma de um inofensivo brâmane e apareceu entre os antideuses ou titãs. Estes inimigos dos deuses haviam construído um altar de fogo em forma de pirâmide, com o qual pretendiam alcançar o céu e ter o domínio do Universo. O brâmane retirou alguns tijolos da parte inferior do imponente edifício e todos os demônios caíram por terra[27]. Noutro mito védico, encontramos o mesmo deus que, ao ser perseguido por um grupo de titãs que acabavam de vencê-lo numa batalha, transformou-se em crina de cavalo e assim sumiu de vista.

Māyā significa "engano, fraude, qualquer ato mágico ou ardiloso, uma façanha diplomática". A missão diplomática do Sr. Saburo Kurusu em Washington, cuja aparente finalidade era o apaziguamento enquanto os bombardeiros japoneses avançavam sobre Pearl Harbor, não foi um jogo totalmente injusto e sem precedentes, de acordo com o código completamente imoral da política indiana e do Extremo Oriente, mas sim um estratagema clássico. Os peixes sempre atacam e comem uns aos outros sem prévio aviso.

Māyā, em diplomacia, também inclui o uso da máscara da probidade moral, da virtude religiosa e da indignação do homem civilizado, fatores estes que já demonstraram ser armas poderosas na recente história do mundo ocidental, onde os líderes de guerra tiveram de conseguir o apoio das populações, educadas mais nas filosofias do dever moral que nas do ataque traiçoeiro.

6. *Upekṣā*, um outro meio secundário, é aquele do "olhar de soslaio, não prestar atenção, não levar em consideração, ignorar deliberadamente". A atitude da Inglaterra quando o Japão dominou a Manchúria, quando Mussolini invadiu a Etiópia e Hitler, a Áustria, foi uma atitude de *upekṣā*: fingir que não se importava pois não podia decidir acerca de seu envolvimento no assunto.

7. *Indrajāla*, "a rede *(jāla)* de Indra", significa "conjuro, trapaça, prestidigitação, estratagema ou truque de guerra". Denota a criação de uma aparência de coisas que não existem, por exemplo, a construção de uma linha de sentinelas feita apenas com bonecos, ou a simulação de um ataque, digamos, às Ilhas Britânicas, quando na realidade se prepara uma invasão à Rússia. O *indrajāla* implica a divulgação de informações errôneas e o fomento de falsas crenças, podendo-se dizer que é uma forma especial de aplicar o princípio de *māyā* às técnicas de guerra.

E assim temos os sete modos de aproximação a um vizinho neste insensível oceano de peixes. Eu me pergunto se existem textos de política no Ocidente que sejam capazes de abordar o assunto com tamanha simplicidade e clareza.

Podemos concluir esta introdução aos antigos tratados indianos sobre o êxito, citando algumas máximas típicas. As que se seguem foram extraídas do *Mahābhārata*, livro XII.

> O rei deve dispor de ambas as classes de sabedoria: a direita e a tortuosa.[28]
>
> A última palavra da sabedoria social é: jamais confiar.[29]
>
> Assim como as nuvens mudam de um momento a outro, assim também teu inimigo de hoje pode se tornar, hoje mesmo, teu amigo.[30]
>
> Quem quiser triunfar neste mundo deve estar disposto a fazer profundas reverências, jurar amor e amizade, falar humildemente e fingir que derrama e enxuga lágrimas.[31]
>
> Não temas os resultados do *karman*; confia em tua força. Ninguém neste mundo já viu quais são os frutos de uma ação boa ou má. Aspiremos, então, a ser fortes, pois todas as coisas pertencem ao homem que é forte.[32]
>
> A força está acima do direito; o direito procede da força. O direito sustenta-se na força como os seres vivos, no solo. Assim como a fumaça segue o vento, o direito segue a força. O direito por si mesmo carece de mando; apoia-se na força assim como a trepadeira, na árvore.
>
> O direito está nas mãos do forte; nada é impossível para o forte. Tudo o que procede do forte é puro.[33]
>
> Sê como a garça ao calcular tuas próprias vantagens; como o leão ao atacares; como o lobo ao depredares; como a lebre ao fugires.[34]
>
> Quando te encontrares em uma situação humilde, procura elevar-te recorrendo a atos piedosos e a atos cruéis. Antes de praticares a moralidade, espera até seres forte.[35]
>
> Se não estiveres preparado para ser cruel e matar homens como o pescador mata peixes, abandona toda esperança de grande êxito.[36]
>
> Se os homens acreditam que tu és brando, te desprezarão. Portanto, quando for a hora de ser cruel, sê cruel; e quando for a hora de ser brando, sê brando.[37]

Alguns trechos selecionados do *Artha-Śāstra* de Kauṭilya servirão para nos transmitir a atmosfera interior do palácio.[38]

> Ele [o rei] deve construir seu palácio residencial seguindo o modelo da casa onde guarda seu tesouro; ou pode ter sua morada residencial no centro de uma câmara de falsas aparências *(mohanagṛha)*, provida com passagens secretas nas paredes; ou numa câmara subterrânea oculta por figuras de deusas e altares *(caitya)*, entalhados na madeira da porta, e conectada a diversos corredores subterrâneos de saída; ou num andar superior, provido de uma escada oculta na parede, com uma passagem de saída dentro de um pilar oco; e todo o edifício deverá ter dispositivos mecânicos que permitam fazê-lo desabar quando necessário.[39]

Estando no interior do harém, o rei deverá ver a rainha somente quando a integridade pessoal desta estiver assegurada por uma velha criada. Ele não deverá tocar mulher nenhuma de cuja integridade pessoal não esteja seguro, porque o rei Bhadrasena foi morto por seu próprio irmão que estava oculto no quarto da rainha; escondido embaixo da cama de sua mãe, o filho matou o rei Kārūśa; misturando arroz frito com veneno, como se fosse mel, a própria rainha envenenou Kāśirāja; por meio de uma manilha pintada com veneno, a própria rainha matou Vairantya; com a joia envenenada do cordão que cingia sua cintura, a própria rainha matou Sauvīra; com um espelho pintado com veneno, a própria rainha matou Jālūtha; e com uma arma oculta sob o nó de seu cabelo, a própria rainha matou Vidūratha. Assim, o rei deve estar sempre alerta contra estes perigos que o espreitam. Deve manter suas esposas longe de ascetas com cabeças raspadas ou com cabelos trançados, assim como de bufões e prostitutas. Tampouco devem as mulheres de boa linhagem ver as esposas do rei, a não ser quando forem designadas parteiras.[40]

Toda pessoa do harém viverá no lugar que lhe for destinado e jamais mudará para um lugar designado a outros. Ninguém do harém, em momento algum, deverá estar em companhia de um estranho. No harém, a entrada e a saída de artigos de qualquer espécie terá de ser controlada, e somente os objetos marcados com um selo *(mudrā)*, após minuciosa inspeção, poderá chegar a seu destinatário.[41]

O rei só comerá das comidas frescas após ter feito com elas uma oblação, atirando primeiro um pouco ao fogo e, depois, um pouco aos pássaros. O fogo, os pássaros, a comida e os serventes denunciarão a presença do veneno por meio de diversos sintomas, reações e formas de comportamento.[42]

Todos os empreendimentos dependem das finanças. Daí que toda a atenção deve ser dispensada ao tesouro. [...] Há cerca de quarenta maneiras de desfalque [segue-se uma descrição detalhada destas]. Assim como é impossível não sentir o gosto do mel ou do veneno quando estão na ponta da língua, assim também é impossível que um empregado do governo não usufrua um pouco dos rendimentos reais. Assim como não é possível saber se um peixe que se move na água está dela bebendo ou não, assim também não é possível descobrir se os empregados que trabalham no governo furtam o dinheiro.

É possível observar os movimentos dos pássaros que voam no céu, mas não é possível apurar os movimentos dos empregados do governo com intenções ocultas.[43]

7. O REI UNIVERSAL

O evidente pessimismo da filosofia política da Índia, apartada que está de qualquer esperança ou ideal de progresso e melhoria, harmoniza-se com sua própria concepção de tempo *(kāla)*, e também com as crenças do cristianismo primitivo e medieval sobre o caráter corrupto do mundo. A ética indiana *(dharma)* reconhece que a lei dos peixes deve, tanto quanto possível, ser proscrita da sociedade humana; de fato, dentro de cada célula da sociedade, ela fica absolutamente proibida – ou seja, dentro da província de cada rei.[44] Em termos ideais, a ciência do governo, tal como aparece no *Artha-Śāstra*, representa o *daṇḍa* do *dharma*. O rei é a principal custódia do *dharma* dentro do reino sob seu controle, sendo o mantenedor e a vara *(daṇḍa)* da ordem ritual revelada da vida civil. A boa vontade recíproca, a tolerância e a cooperação entre os indivíduos, grupos, profissões e castas são requeridas dentro de cada estado, como o são dentro de uma família; entretanto, conforme a concepção indiana, não há esperança nenhuma de que este modelo pacífico de decência humana, harmônico e bem dirigido, possa ser aplicado em maior escala à esfera das nações. Estas, como se fossem superindivíduos que ferozmente se antagonizam, não podem ser controladas por nenhum poder superior, e a lei primitiva da natureza permanece atuando irrefreadamente.

Contudo, existe um antigo ideal mítico – um idílico sonho compensatório, nascido da nostalgia da paz e estabilidade – que imagina um império universal de tranquilidade perdurável regido por um monarca justo e virtuoso, o *Cakravartin*, "possuidor de *cakravarta*", que poria fim à incessante luta entre os estados beligerantes. *Cakra* significa "roda", substantivo que etimologicamente se relaciona com o grego κύκλος, com o latim *circus* e *circulus*, e com o anglo-saxão *hwēol*. *Cakravarta* refere-se à circunferência de uma poderosa cadeia de montanhas que rodeia o mundo, muito além do oceano envolvente, como uma orla. O *Cakravartin* conduz seu exército ao horizonte mais longínquo; seus elefantes de guerra aplacam a sede e se banham nas águas profundas das quatro regiões do mundo. Os reis dos impérios rivais, pertencentes a todos os círculos concêntricos de seu *maṇḍala*, se prostram em reconhecimento a sua inquestionável supremacia e, ao prestar-lhe obediência diante da plataforma em que se ergue o trono de seu comando supremo, os diamantes que revestem suas tiaras e diademas refletem nas unhas dos pés do imperador, que brilham como espelhos. Pois, em virtude de sua supremacia moral, o avanço de seu exército é irresistível. O *Cakravartin* é o grande homem, o super-homem *(mahāpuruṣa)* entre os reis e, em sua marcha, ele é precedido por uma aparição luminosa no firmamento, em forma de roda *(cakra)* – reprodução do símbolo neolítico da roda solar. A primeira visão que dela teve apareceu enquanto o rei estava concentrado em meditação e oração matinal, indicando que ele deveria empreender uma campanha de unificação de todo o reino terrestre. O rei levantou-se e seguiu o símbolo que agora o antecede em sua marcha. E assim, o rei o faz "girar e rotar" em seu caminho; por isso ele é chamado *cakra-vartin* – visto que a raiz *vṛt* significa "girar, rotar". *Cakram vartayati*: "ele põe em movimento a roda sagrada (da monarquia que pacifica o mundo)".

Esta concepção do *mahāpuruṣa cakravartin*, "o super-homem que faz a roda girar", remonta não apenas às primeiras tradições védicas mas também às tradições pré-védicas e pré-árias da Índia, refletindo-se nas diversas escrituras jainas e budistas, bem como nos *Purāṇa*.[45] De acordo com a concepção budista, o monarca universal é a contrapartida secular do Buddha, o "Iluminado", de quem se diz ter ele mesmo "posto em movimento a roda da doutrina sagrada".

Como o *Cakravartin*, o Buddha é o senhor não apenas de uma comunidade nacional ou sociedade restrita, mas sim de todo o mundo. Sua roda, o *dharma* budista, não está reservada às castas privilegiadas – como o *dharma* dos brâmanes é para o Universo inteiro; uma doutrina de liberação cuja finalidade é trazer a paz a todas as criaturas, sem exceção. O Buddha e o *Cakravartin* manifestam o mesmo princípio universal, um no plano espiritual, outro no secular. Ao nascerem, ambos já trazem em seus corpos determinados sinais característicos que pressagiam suas missões: os trinta e dois sinais mais importantes *(mahāvyañjana)* e os inúmeros outros secundários *(anuvyañjana)*. Examinada logo após o nascimento, os adivinhos e astrólogos-fisiognomonistas anunciam o destino que aguarda a criança miraculosa.[46]

Os sete grandes símbolos que se apresentam ao *Cakravartin* quando chega o momento de cumprir sua missão são os seguintes:

1. A Roda Sagrada *(cakra)*, que denota universalidade. O próprio *Cakravartin* é o eixo central do Universo; todas as coisas tendem para ele assim como os raios, para o cubo da roda. Ele é a estrela polar em torno da qual tudo gira com a ordem e harmonia das hostes de luzes celestiais.

2. O divino Elefante Branco (*hastiratna*, "elefante-tesouro"). Rápido como o pensamento, este animal divino cruza o firmamento levando o monarca em suas viagens de observação cósmica. O elefante branco era a antiga montaria sagrada dos reis pré-árias.

3. O Cavalo Branco como o Leite, o valoroso corcel solar *(aśvaratna*, "cavalo-tesouro"). O cavalo era o animal de montaria e de biga dos invasores arianos. Este animal branco como o leite desempenha para o *Cakravartin* o mesmo serviço que o Elefante Branco divino.

4. A Joia Mágica (*cintāmaṇi*, "joia-pensamento"), isto é, a pedra dos prodígios que transforma a noite em dia e realiza qualquer desejo, tão logo formulado.

5. A Perfeita Rainha-Consorte *(strīratna*, "tesouro de esposa"): a mulher ideal, tão impecável em sua beleza como em sua virtude. Seu corpo é uma fonte de frescor no verão e de calor no inverno.

6. O Perfeito Ministro das Finanças (*gehapati*, *gṛhapati*, "dono de casa"). Devido à sua eficiente e irrepreensível administração, nunca falta dinheiro para que o monarca possa cumprir com sua pródiga generosidade; a caridade é levada a todo o Universo, aliviando o sofrimento de viúvas, órfãos, anciãos e enfermos.

7. O Perfeito General-em-Chefe (*pariṇāyaka*, "o líder").

Estes sete símbolos aparecem nos altares budistas junto com alguns outros emblemas, visando representar o império espiritual do Iluminado. Também é comum a presença de dois peixes indicando não mais o *matsyanyāya* mas a abundância da vida, pois o peixe simboliza a força procriadora do mar, a fecundidade das águas de onde saem inúmeros organismos que procriam e geram a si mesmos. O peixe oferece alimento a todos, daí ser usado simbolicamente com o mesmo significado da cornucópia, o vaso cheio de flores de lótus e a jarra repleta de ouro ou de joias.

Uma representação budista do *Cakravartin* secular com os sete símbolos foi preservada na laje de uma estupa *(stūpa)*[47] em Jaggayapeṭa, ao leste de Hyderabad e não muito longe da célebre estupa de Amarāvatī. O edifício propriamente dito desapareceu; possivelmente, partes dele foram incorporadas na estrutura posterior de Amarāvatī. Sua data certamente não é posterior ao século 1º de nossa era, e com grande margem de segurança pode ser atribuída ao século 2º ou 3º a.C. Seu estilo não denuncia sinal nenhum de influências helenísticas de Gandhāra, nem características báctreas ou *kuṣāṇa*. É decididamente hindu, pré-Mathurā, e mais antigo que a vívida obra da vizinha Amarāvatī.[48] Esta é a representação mais remota que existe, do nativo ideal indiano de rei universal.

Em *O Grande Texto da Extinção Final*[49] o mestre, no momento em que ia deixar este mundo, foi interrogado por seu sobrinho e discípulo favorito, Ānanda, que desejava saber quais cerimônias deveriam ser realizadas após sua partida. O Iluminado disse que os discípulos não teriam de se preocupar com isso pois havia devotos suficientes nas classes superiores da sociedade para honrar os restos do *Tathāgata*[50]. "Eles não deixarão de honrar os restos do *Tathāgata* – disse ele – da mesma maneira como se honram os restos de um *Cakravartin*", ou seja, da maneira mais nobre possível. E então descreveu para Ānanda as cerimônias que tradicionalmente são feitas após a morte de um *Cakravartin*. O Buddha acrescentou que há quatro classes de homens dignos de uma *stūpa*: 1. um *Tathāgata* como ele mesmo, que tinha feito girar a roda da lei e ensinado a doutrina universal; 2. um *Pratyeka Buddha*, ou seja, aquele que tendo alcançado a iluminação não regressou ao mundo para ensinar; 3. um discípulo de um *Tathāgata*, e 4. um *Cakravartin* secular. Esta lista não pertence à primeira estruturação da tradição budista mas, aparentemente, reflete que havia *stūpa* destas quatro classes em memória dos *mahāpuruṣa*.

Como dissemos, o ideal de monarca universal remonta às épocas pré-árias da Índia (terceiro e quarto milênios a.C.). Porém foram acrescentadas características de um segundo ideal equivalente, associado mais ao cavalo que ao elefante nativo das terras indianas, e que deve ter sido desenvolvido pelos seminômades árias, antes de chegarem à India propriamente dita, provenientes do Afeganistão, através do Passo Khyber. Naqueles tempos antigos, os domínios estépicos dos vários chefes de clãs eram, do mesmo modo que as fronteiras, um tanto flexíveis: o poder e a posse das terras indicavam o direito de utilizar certos campos de pastoreio.

Os rebanhos de gado e os cavalos eram acompanhados por ginetes, vaqueiros arianos que defendiam os direitos de seus chefes à posse tanto dos animais quanto dos campos onde pastavam. Naquela época remota, quando um rei desejava proclamar-se soberano supremo, soltava aos pastos um espécime perfeito de cavalo – aquele que reunisse as melhores condições para ser oferecido no rito solene do sacrifício do cavalo *(aśvamedha)*. A este animal era permitido ir aonde quisesse, sempre seguido de uma guarda de elite formada por jovens guerreiros, prontos para se opor a quem tentasse capturar ou afastar o cavalo de seu campo de pasto. Quando este animal soberbo, à imitação do corcel solar, já houvesse vagado pela terra durante o ciclo completo de um ano, estendendo seu aventuroso passeio de conquista até onde desejasse, era então escoltado de volta para sua casa a fim de ser imolado em rito solene e cuidadosamente elaborado. Este sacrifício real elevava o soberano que possuía o dito cavalo a uma posição de superioridade sobre todos os seus vizinhos, pois demonstrava que podia enviar seu rebanho a pastar tão longe quanto quisesse. O mundo era seu campo de pastoreio; ninguém se atreveria a interferir. Sua propriedade, o valor de seus cavaleiros e com isto sua própria supremacia, teriam sido demonstrados e aceitos.

O rito do *aśvamedha*, pormenorizado nos textos sacerdotais védicos *(Brāhmaṇa* e *Śrauta-Sūtra)*[51], foi cumprido pelos imperadores hindus até mesmo em épocas relativamente recentes: pelos imperadores da dinastia Gupta, por exemplo, que governaram todo o norte da Índia de 320 a 480 de nossa era.[52] Samudragupta, o segundo desta linha, ordenou que fosse gravado em pedra um panegírico – composto pelo poeta de sua corte, Hariṣeṇa – pelo qual proclamava que ele havia ampliado seus domínios formando um império, no mínimo igual ao que os Mauryas tiveram sob o reinado de Aśoka, apesar de este ter sido budista, ao passo que Samudragupta era hindu ortodoxo. O monarca universal hindu *(Cakravartin)*, que pacificava a humanidade ao reunir todos os reinos vizinhos sob sua única soberania, era o "grande rei" *(mahārāja)*, o "Rei de reis" *(rājādhirāja*; compare com o persa: *shāhānām shāh*, "o Xá de xás"), e devia ser proclamado igual, em hierarquia, àqueles *Buddha* redentores do mundo que, com suas doutrinas, põem a roda em movimento. Samudragupta confirmou e celebrou sua dignidade com o cerimonial supremo do *aśvamedha* – rito primordial da tradição védica hindu –, e foi especificamente esta dignidade que fez constar na inscrição gravada em pedra.

O disco solar como símbolo do *Cakravartin* indica que este rei-pastor universal é, por assim dizer, o próprio Sol: aquele que concede vida, o olho universal, o senhor e mantenedor do mundo. O mesmo disco solar aparece na mão do deus Viṣṇu, sendo denominado *sudarśana*, "bonito de ver, auspicioso de contemplar", que dá vida e luz. A roda solar, como arma de Viṣṇu, como símbolo do *Cakravartin* e como a lei que o Buddha pôs em movimento, procede, por sua vez, de um simbolismo solar antiquíssimo e muito difundido. Luís XIV da França imitou a fórmula, chamando a si mesmo Rei Solar: *le Roi Soleil*. O Sol, luz e vida do mundo, brilha igualmente sobre todos, sem distinções; assim também brilha o verdadeiro *Cakravartin*. Seu poder é a manifestação culminante e suprema da natureza, a iluminação do Homem-Rei, perfeitamente equilibrado em razão, justiça, misericórdia e compreensão.

Mas, quão ridículos foram os remedos desse ideal por parte das dinastias que pretenderam possuir a virtude solar! Todos os caminhos que as levaram à vitória estavam encharcados de sangue. No que se refere à extensão, os ricos domínios dos conquistadores guptas no norte da Índia, no século 4º a.C., podem muito bem ter justificado aqueles títulos majestosos que os reis, orgulhosamente, outorgavam a si próprios; suas dinastias, porém, eram sustentadas pela arte de *nīti*, violenta e astuciosa. Não sendo eles outra coisa que uma manifestação da primitiva doutrina *matsyanyāya*, não conseguiram transmutar em ouro as águas tenebrosas do oceano. Tampouco se pode dizer algo melhor daquele que se autointitulava *Roi Soleil*, cujo conceito neopersa de monarquia absoluta preparou a atmosfera social da França para a queda da sua vasta dinastia. Paralelamente ao apogeu de Luís XIV, Cromwell, na Inglaterra, assentava, do outro lado do Canal, as bases da democracia protestante anglo-saxônica por meio de uma ação violenta banhada de sangue. A primeira cabeça real já havia rolado. Com a Revolução Francesa, a nova era desencadeou sua fúria fazendo cair muitos reis e imperadores por todo o mundo. Mas, onde, até hoje, está a dádiva da paz perpétua?

Na história recente do mundo ocidental – durante as duas últimas décadas de seu domínio mundial, 1918-1938 – iniciou-se uma tentativa nobre de tornar realidade este sonho milenar. O autocontrole, a cooperação e a boa vontade recíproca deveriam prevalecer sobre a lei primitiva. Foram tomadas medidas para que se efetivassem no âmbito internacional as leis da decência humana que têm preponderado pela história no interior das comunidades individuais: a ordem moral da família humana. A Liga das Nações e o Pacto Kellogg-Briand, pelo qual se renunciava à guerra, fizeram parecer por um momento que o dia do *Cakravartin* estava próximo. Mas a corajosa tentativa fracassou e a lei dos peixes voltou a predominar sem disfarce algum. E mais: nos países totalitários esta lei vigora com supremacia nas próprias comunidades, dissolvendo o *dharma* (as liberdades civis, a liberdade religiosa e os direitos humanos) e chegando a um tal extremo nunca antes conhecido na história da Índia hindu.

Ainda faltavam alguns anos para que a nossa civilização assistisse ao irromper da Primeira Guerra Mundial quando, pela primeira vez, a filosofia do *Artha-Śāstra* tornou-se conhecida por um círculo restrito de filósofos ocidentais que publicaram e comentaram estes documentos. Os eruditos da velha geração, naqueles anos comparativamente inocentes, expressaram suas opiniões cristãs de que se tratava de um documento bastante interessante do gênio hindu, altamente sofisticado e curioso, mas característico de uma modalidade de pensamento própria de uma etapa da história humana definitivamente ultrapassada: uma longínqua civilização arcaica que nunca conhecera as bênçãos dos ideais que alicerçavam a Europa. A estes bons homens, as teorias hindus pareciam estar impregnadas de uma perversidade pagã, que não tinha quase nenhum termo de comparação com a tradição cristã ocidental. Nem mesmo Maquiavel poderia ser comparado a eles pois era um ocidental que, apesar de tudo, tinha mente cristã.

O Príncipe, de Maquiavel, com seus conselhos cínicos e opiniões sobre política, foi composto no período cruel de transição entre a Idade Média e a Moderna. Maquiavel destilou sua sabedoria mundana valendo-se de suas observações e experiências pessoais, atuando como secretário de relações exteriores de uma cidade-república em meio aos terríveis distúrbios da história italiana do século 15, e a isso acrescentou o que pôde deduzir da leitura de Tito Lívio e dos clássicos. Sua intenção era preparar o terreno para o heroico salvador político, o qual, como ele ardentemente esperava e rogava, logo apareceria naquela conturbada época de sua Itália, para colocar as coisas em seus eixos, expulsar de seu solo nativo os cruéis invasores (França e Alemanha), pôr fim àquelas devastadoras campanhas e tiranias esmagadoras e, finalmente, extinguir até mesmo as guerras internas daqueles aventureiros arrogantes e tirânicos que estavam dilacerando o país e minando toda esperança de unificação como a que tinha ocorrido na França nos dias de Luís XI. As páginas de Maquiavel se inspiram, portanto, num patriotismo ardente que não é encontrado nas doutrinas hindus, completamente alheias a tais ideias e sentimentos da Idade Moderna. E assim, aos eruditos que compararam as duas obras, parecia que a doutrina de Maquiavel, aparentemente cínica, fria e imoral, portava o fogo redentor que faltava aos pagãos, ou seja, o amor que o autor nutria por uma nação cristã moderna. Mas justamente esse amor é o nutriente do poder que mantém a lei dos peixes atuando com toda sua força no mundo contemporâneo.

Maquiavel foi o primeiro autor ocidental a escrever de maneira estritamente científica sobre a política e a arte de governar; sua obra é um clássico insuperado, bastante especializado, claro, preciso, corajoso, livre de preconceitos populares e sentimentalismo. As teorias hindus, por outro lado, carentes do fogo sagrado e remontando além da época pré-cristã de Alexandre Magno, foram julgadas pelos seus críticos como não tendo o menor traço de valor moral e decência humana. Aos eruditos daqueles dias que antecederam a Primeira Guerra Mundial, elas pareciam refletir um estado primitivo, embora complexo, da situação humana na civilização pagã, estado superado definitivamente pelo surgimento da sociedade cristã, pelas conquistas humanitárias do saber moderno e pela tendência generalizante do que se tem chamado "progresso". Pessimistas como Schopenhauer, Nietzsche e o historiador suíço Jacob Burckhardt já haviam questionado e abalado a complacência daqueles tempos autossatisfeitos, mas não suficiente o bastante para exercer qualquer influência notável na crença geral da perfectibilidade e aprimoramento do homem. A maioria desses eruditos viam com desgosto e comiseração documentos como o *Artha-Śāstra* de Kauṭilya, que confirmavam tudo aquilo em que sempre acreditaram com respeito à necessidade da luz cristã para iluminar as terras degeneradas dos pagãos.

Todavia, quando hoje examinamos atentamente estes documentos – que nos chegam após terem se passado mais de dois mil anos – a história nos obriga a tecer o comentário triste e agudo de Hamlet quando percebeu que o tempo estava desconjuntado: "Isto foi certa vez um paradoxo; mas agora o tempo o comprova". Atualmente, o que está acontecendo em grande parte do mundo pareceria, à luz desse tratado, enveredar por uma total "asiatização" dos assuntos políticos tanto nacionais quanto internacionais. As leis são vistas novamente como o foram em épocas passadas. Sentimo-nos inclinados a outorgar um respeito novo e profundo ao gênio que em tempos remotos reconheceu e esclareceu as situações e forças fundamentais que permaneceriam inalteráveis na esfera da política humana. O mesmo estilo de pensamento indiano que concebeu o jogo de xadrez obteve também uma profunda compreensão das regras desse enorme jogo do poder. E estas são regras que não podem ser desconsideradas por quem quer que esteja seriamente se preparando para ingressar no campo da ação política, seja em virtude de um forte individualismo, ou por querer ter o mundo em suas mãos, ou até mesmo para ver se não é ele que está destinado a se tornar um *Cakravartin* – o abençoado que deverá aplacar os sofrimentos que sempre, e em todas as partes, marcaram nossa triste história, governada por tubarões.

NOTAS

1. Nota do compilador: As conferências deste capítulo foram proferidas na primavera de 1942.

2. *Mahābhārata* 12. 138.

3. Cf. supra, p. 49, nota 25.

4. O *Directorium humanae vitae*, aprox. 1270, é a tradução latina, feita pelo judeu João de Cápua, de uma versão hebreia, que por sua vez havia sido traduzida da versão árabe traduzida de uma versão persa do sânscrito. Uma antiga versão espanhola apareceu em 1251, tirada da mesma versão árabe. O texto latino de João de Cápua foi traduzido para o alemão no século 15 (*Das Buch der Byspel der alten Wysen*, aprox. 1481) e para o italiano no século 16 (A. F. Doni, *La moral filosophia*, Veneza, 1552). Sir Thomas North traduziu do italiano para o inglês (*The Morall Philosophie of Doni*, London, 1570), e no século 17 apareceram numerosas versões impressas em vários idiomas. La Fontaine escolheu a maioria dos temas do seu segundo volume das *Fábulas* tirando-os do *Pañcatantra* – que ele descreve em seu prefácio como "as fábulas de Pilpay, sábio indiano".

5. Cf. supra, p. 37 e Apêndice B. Para a história deste período, cf. Sir George Dunbar, *A History of India, from the Earliest Times to the Present Day*, segunda edição, London, 1939, p. 35-57, "The Maurya Empire".
   Kauṭilya é um dos pouquíssimos personagens históricos imortalizados pela poesia indiana. Ele aparece no *Mudrārākṣasa*, peça em sete atos de autoria de Viśākhadatta (do século 5º, 8º ou 9º d.C.), que trata da expulsão da dinastia Nanda por Kauṭilya, e sua vitória sobre o chanceler Nanda, Rākṣasa, em favor da causa de seu protegido real, Candragupta. Há uma tradução para o inglês, de H. H. Wilson, *Works*, London, 1871 vol. XII, p. 125 e segs.

6. Observe que o período que vai ser tratado é o que se segue à primitiva época feudal dos *Veda*, dos *Brāhmaṇa* e das *Upaniṣad*. Cf. supra, p. 46, nota 4, e veja Apêndice B.

7. Sobre este termo, cf. supra, p. 41, item 4.

8. Cf. infra, p. 97-102. Cf. também Ananda K. Coomaraswamy, *Spiritual Authority and Temporal Power in the Indian Theory of Government*, New Haven, 1942.

9. Cf. *Mahābhārata* 12. 25; 13. 6; e passim.

10. Nota do tradutor: Śrī, nome usualmente conferido a Lakṣmī.

11. Esta ideia das estrelas ou "da estrela" que preside a carreira do herói tem sido muito comum no Ocidente desde a Renascença. Os humanistas daquela época reviveram a astrologia greco-romana em benefício dos livre-pensadores que acabavam de rejeitar a autoridade da Igreja e da Revelação, e que agora eram "modernos" à maneira romana da época de Horácio e Tibério. A astrologia foi introduzida em Roma no tempo dos primeiros imperadores como uma moda fascinante de origem sumério-babilônica. A astrologia nunca teve um papel importante na formação da filosofia indiana no que concerne ao destino – o destino dos reis e dos déspotas –, muito embora seja comum o estudo de horóscopos e o uso diário dela.

12. Cf. supra, p. 70, nota 24; e infra, p. 143 e segs.

13. Como sabemos pelas antigas tumbas sumérias e egípcias, os reis das civilizações arcaicas do quarto ao segundo milênio a.C. eram considerados deuses encarnados. Na Índia, corresponde ao período da civilização dravídica. O princípio do reinado divino sobreviveu na história indiana posterior, nas genealogias das casas reais não árias, onde pretendiam ser descendentes do deus Sol e do deus Lua. Compare com a tradição japonesa, onde o micado era considerado descendente da deusa solar Amaterasu, e cf. supra, p. 87.

14. Sobre a teoria hindu das idades do mundo, veja Zimmer, *Mitos e Símbolos na Arte e Civilização da Índia*, São Paulo, Palas Athena, 1989, p. 18-21.

15. As quatro etapas na biografia do indivíduo são: 1. *brahmacārin*, 2. *gṛhastha*, 3. *vānaprastha*, 4. *sannyāsin*. Cf. supra, p. 43; infra, p. 123-127.

16. *Hitopadeśa* 2.4.

17. *Mahābhārata* 12. 140. 18.

18. *Ib.* 12. 140. 54; cf. também 12. 102. 34; 12. 103. 9-13.

19. Ibn-Batuta, *Voyages*, tradução para o francês de C. Defremery e B. R. Sanguinetti, Paris, 1853, vol. III, p. 212, 213.

20. *Mahābhārata* 12. 140. 58.

21. A ciência do *maṇḍala* (o círculo de Estados) é abordada no *Kauṭilya Artha-Śāstra* 7.

22. A Rússia também apoiou a Sérvia contra a Áustria: outro movimento de pinça.

23. *Artha-Śāstra* 1. 4. 9; veja também *Mahābhārata* 12. 67. 16, 17, e 12. 89. 21.

24. *Upāya*, do verbo *upa-i*, "aproximar-se".

25. *Mahābhārata* 12. 120. 93 e também 12. 140. 7. "Um rei deve mostrar severidade ao fazer com que todos os seus súditos cumpram seus deveres respectivos. Se não fizerem assim, ficarão de tocaia como lobos, devorando-se uns aos outros". (*Ib.* 12. 142. 28.). Veja também a peça política *Mudrārākṣasa* 1. 15.

26. *Mānavadharma-Śāstra* 7. 109.

27. *Śatapatha-Brāhmaṇa* 2. 1. 2. 13-16 (*Sacred Books of the East*, vol. XII, p. 286, 287).

28. *Mahābhārata* 12. 100. 5.
A maior parte do *Mahābhārata* trata do ensinamento da sabedoria "reta". Só quando acossado pelas perguntas incansáveis do nobre Yudhiṣṭhira, é que o grande guru dos guerreiros, Bhīṣma, revelou os segredos do caminho "tortuoso".
"Yudhiṣṭhira disse: Que linha de conduta deveria adotar um rei privado de amigos, cercado de inimigos, dono de um tesouro exaurido, sem tropas, acompanhado de ministros perversos, tendo seus planos secretos divulgados e não vendo com clareza o caminho que deve seguir [...] ?

"Bhīṣma disse: Familiarizado como estás com os deveres, ó touro da raça de Bhārata, perguntaste-me algo que toca o mistério. Se não me tivesses perguntado, ó Yudhiṣṭhira, não poderia aventurar-me a discorrer sobre este dever. A moralidade é muito sutil. [...] Escuta, pois, ó descendente de Bhārata, os meios a que os reis podem recorrer em épocas difíceis. Entretanto, do ponto de vista da verdadeira moralidade, eu não diria que estes meios são justos." (*Ib.* 12. 130. 1-8)

29. *Ib.* 12. 80. 12.

30. *Ib.* 12. 138. 154.

31. *Ib.* 12. 140. 17.

32. *Ib.* 12. 134. 2, 3.

33. *Ib.* 12. 134. 5-7.

34. *Ib.* 12. 140. 25.

35. *Ib.* 12. 140. 38; cf. também 12. 141. 62.

36. *Ib.* 12. 15. 14; e 12. 140. 50.

37. *Ib.* 12. 56. 21; e 12. 102. 33; 12. 103. 33; 12. 140. 65; 12. 142. 32; e passim.

38. *Chānakya Kauṭilya's Artha-Śāstra (sic)*, tradução de R. Shamasastry, com uma introdução de D. J. R. Fleet, Bangalore, 1915, 2ª. edição, 1923.

39. *Ib.* 1. 20. 40; trad., p. 45.

40. *Ib.* 1. 20. 41; trad., p. 46.

41. *Ib.* 1. 20. 42; trad., p. 47.

42. *Ib.* 1. 21. 43; trad., p. 48.
Robert Graves, em *Eu, Cláudio* (romance sobre a vida do imperador Cláudio, baseado em Suetônio e em Tácito), conta como Augusto, temendo ser envenenado por Lívia, comia somente os figos que ele mesmo colhia. Mas Lívia então fez com que os figos das árvores do pomar imperial recebessem uma camada de veneno, e assim o velho Augusto encontrou a morte. A esposa de Cláudio, Agripina – a mais jovem – serviu-lhe um prato de cogumelos, sua iguaria preferida, sendo que o cogumelo maior, por cima dos outros, estava envenenado. A própria rainha gentilmente colocou o cogumelo envenenado no prato dele, enquanto se serviu dos menores, daquele mesmo prato, para não levantar suspeitas. Lembremos também que os copeiros dos monarcas da época medieval tinham de garantir a bebida que serviam aos seus soberanos, derramando uma pequena quantidade na cavidade da tampa da taça e bebendo diante dos olhos do monarca, como um brinde à sua saúde.

43. *Artha-Śāstra* 2. 8. 65, 66, 69; trad. p. 73, 75, 79, 80.

44. "O rei deve se comportar com seus súditos como uma mãe com respeito ao filho em seu útero. Assim como a mãe, deixando de lado aqueles objetos que mais aprecia, busca apenas o bem de seu filho, assim também devem proceder os reis" *(Mahābhārata* 12. 56. 44, 45).

45. Nota do compilador: Como foi dito (supra, p. 70, nota 24), Zimmer considerava o jainismo, o Sāṁkhya, o Yoga e o budismo (que são ensinamentos heterodoxos, isto é, que rejeitam a autoridade dos *Veda)* como representativos de uma corrente de tradição não védica, não ariana, procedente (com modificações) dos tempos dravídicos, pré-árias. A melhor descrição do *Cakravartin* aparece no cânone budista páli do Sri Lanka, em "The Longer Sermons or Dialogues" *(Dīgha-nikāya)*, tradução para o inglês de T. W. e C. A. F. Rhys Davids, *Dialogues of the Buddha*, vols. II, III (*Sacred Books of the Buddhists*, vols. III, IV), London, Max Müller, 1910 e 1921; veja especialmente o nº 17, *Mahā-sudassana-sutta*, e o nº 26, *Cakkavatti-sīhanāda-sutta*. O *Mahā-sudassana-sutta* trata de Sudassana, um legendário *Cakravartin* a quem Buddha se refere reiteradamente no transcorrer destes diálogos (veja também, por exemplo, o *Mahāparinibbānasuttanta*, O Grande Texto da Extinção Final, *ib.* 16. 5. 15.). O *Cakkavatti-sīhanāda-sutta* (O Rugido do Leão do Monarca Universal) conta a carreira de um lendário *Cakravartin* Dṛdha-nemi (em páli: Dalhanemi), "Aquele cujo raio da roda *(nemi)* é firme *(dṛdha, dalha)*, ou seja, é indestrutível". Os atributos de um *Cakravartin* são descritos no Dīgha-nikāya III, *Ambaṭṭhasuttanta* 1. 5.

46. Os *mahāpuruṣa* que, ao nascer, estão muito próximos da iluminação final para se tornarem Buddha, podem escolher entre ser um *Cakravartin* ou um *Buddha*. Esta última alternativa requer a rejeição do poder secular e do gozo, para seguir o árduo caminho da austeridade e da renúncia absoluta.

47. O túmulo relicário, ou *stūpa*, é talvez o tipo de edifício budista mais notável e característico. Cf. Zimmer, *Mitos e Símbolos na Arte e Civilização da Índia*, São Paulo, Palas Athena, 1989, p. 60, 78, 160.

48. Nota do compilador: A arte indo-ariana (diferenciando-se dos remanescentes dravídicos, pré-árias, da civilização do vale do Indo; cf. supra, p. 70, nota 24) carece quase totalmente de documentos anteriores ao século 3º a.C., quando surge repentinamente numa abundância de formas, algumas toscas, outras refinadas. Entre elas destaca-se certo número de moedas gregas com retratos de imperadores alexandrinos de Báctria, bem como as obras de uma escola pós-alexandrina de artesãos no Punjab e Afeganistão (Gandhāra), que produziram uma estatuária budista de estilo helenístico. Os historiadores ocidentais têm sido muito cuidadosos ao averiguar a influência destas formas coloniais gregas por todo o Oriente, e há alguns que chegaram a afirmar que toda arte oriental é devida à influência do gênio grego. Ananda K. Coomaraswamy, entretanto, assinala (*History of Indian and Indonesian Art*, New York, Leipzig, London, 1927, p. 50 e segs.) que a arte Gandhāra não é tão antiga como supunham seus primeiros defensores, sendo impossível atribuir a qualquer uma de suas esculturas uma data anterior ao primeiro século de nossa era e, muito embora seu estilo sentimental seja helenístico, sua iconografia e temas são indianos, reproduzindo motivos já presentes nas obras do período Maurya, uns três ou quatro séculos antes. Além disso, a vigorosa escultura jaina e budista, que no mesmo século se produziu em Mathurā (a moderna Muttra, sobre o Jumna, entre Délhi e Agra), "não pode derivar de nenhuma classe de imagens de Gandhāra" (*ib.*, p. 57, citando a J. Ph. Vogel, "The Mathurā School of Sculpture", *Archaeological Survey of Indian*, Annual Reports, 1909-1910, p. 66).
Um dos fatos mais curiosos sobre Gandhāra é que sua arte helenística não floresceu enquanto os gregos governavam esta região. Como vemos (infra, p. 361-362), os gregos foram expulsos, aprox. 75 a.C., por um grupo de invasores citas, os śtakas, e estes por sua vez, aprox. 50 d.C., por uma tribo de mongóis nômades conhecida como Yuech-chi, ou Kuṣāṇa. A data mais antiga que se pode atribuir a uma obra Gandhāra é no período Śaka, enquanto a culminação do estilo ocorreu sob a proteção de Kaniṣka, imperador Kuṣāṇa (aprox. 78-123 d.C.). Durante o reinado deste imperador, também floresceu a vigorosa escola indiana nativa de Mathurā.

Contemporâneo destes desenvolvimentos ao norte, houve também o crescimento de um estilo mais gracioso e delicado, na região costeira do Decan, governada pela dinastia nativa Āndhra, entre os rios Godavari e Kṛṣṇa. A *stūpa* em ruínas, de Jaggayapeṭa (que pertence a este movimento), parece ter sido construída durante ou antes do primeiro século da nossa era, uma vez que a bem mais sofisticada e refinada obra da vizinha Amarāvatī – "a flor mais voluptuosa e delicada da escultura indiana", como foi chamada por Coomaraswamy (*ib.*, p. 71) – certamente pertence ao segundo século. O exemplo de Zimmer do *Cakravartin* procede, portanto, de um dos monumentos mais antigos dentro da arte nativa indiana por ora conhecidos.

49. *Dīgha-nikāya* XVI, *Mahāparinibbānasuttanta* 5. 10-12; H. Ker, *Manual of Indian Buddhism (Grundriss der Indo-Arischen Philologie,* tomo III, fasc. 8), Strassburg, 1896, p. 43, 44; também Rhys Davids, *Dialogues of the Buddha,* vol. III, p. 154-156.

50. Aquele que chegou *(āgata)* à verdade *(tathā),* "ser tal qual é"; o indescritível caminho ou estado que só pode ser expresso por *tathā,* que significa simplesmente, "assim, dessa maneira", ou "sim". O *Tathāgata* é o Buddha.

51. *Śrauta*: "referente a *Śruti*", ou seja, ao *Veda*. Para maiores detalhes sobre *Śruti,* cf. supra, p. 70, nota 27; para os *sūtra,* cf. supra, p. 49, nota 25.

52. Cf. supra, p. 71, nota 30, e Dunbar, *op. cit.*, cap. III, p. 68-73.

CAPÍTULO II

A FILOSOFIA DO PRAZER

Kāma-deva, o deus indiano do amor, não é o filho pequenino de Vênus – o infante rechonchudo – mas sim um jovem brilhante e habilidoso. Sua encantadora companheira é Ratī, "a luxúria e o prazer sensual". E como o divino Eros de Hesíodo, celebrado por Fedro no diálogo de Platão, Kāma foi o primogênito entre os deuses.

> Primeiro veio o Caos, então a Terra de largo seio,
> assento perene de tudo o que existe,
> e o Amor.[1]

Vasanta, "Primavera", é o divino comandante em chefe do exército sob as ordens deste rapazola perigoso. Com uma fragrante brisa do sul, Vasanta faz a paisagem florescer e enternece todas as criaturas para facilitar o doce, penetrante e irresistível ataque do deus do amor.

Kāma leva um arco com flores enlaçadas e cinco flechas cujas pontas são brotos perfumados. Devemos ter em mente que o arco e a flecha eram levados muito a sério e que sempre foram a arma clássica de guerra na Índia – desde o remoto período védico, passando pela idade da cavalaria épica, e mesmo durante o período subsequente dos reis tiranos rivais, até que as invasões muçulmanas introduziram a pólvora, o canhão, as armas de fogo e os projéteis inventados por chineses e ocidentais. Kāma é chamado Puṣpabāna, "aquele cujas flechas são flores", e Pañcasāyaka, "dotado de cinco flechas". Leva também um laço ou nó corrediço *(pāśa)* com o qual apanha e prende sua vítima de longe, bem como um gancho para trazê-la para perto. Estes quatro instrumentos do deus invencível – a flecha, o arco, o laço e o gancho – estão associados, nos ritos e diagramas mágicos das escolas tântricas medievais[2], com as quatro fórmulas de encantamento que produzem o amor e a entrega. São elas, respectivamente, as ordens: "Abre!" *(jambha)*, simbolizada pelas flechas; "Confunde, enlouquece!" *(moha)*, o arco; "Paralise, entorpeça, imobilize!" *(stambha)*, o laço; e "Humilhe, amanse, subjugue!" *(vaśa)*, o gancho.

Conta-se que certa vez Kāma, obedecendo às ordens de Indra, rei dos deuses, ousou ter por alvo a Śiva – o mestre iogue, arquétipo do asceta solitário no panteão hindu – a fim de interromper sua meditação e fazê-lo apaixonar-se pela deusa Pārvatī, a filha divina de Himālaya, o rei da montanha. Pārvatī era uma encarnação da suprema deusa do mundo, Kālī-Durgā-Satī, a eterna contraparte feminina de Śiva e sua energia projetada, a quem o deus, para o bem do Universo, deveria conhecer[3]. Mas quando a primeira seta florida atingiu seu alvo, despertando Śiva da intemporal contemplação de sua luminosidade mais íntima e celestial, um relâmpago de cólera irrompeu de seu terceiro olho – o central, entre as sobrancelhas – e o corpo de Kāma, a própria imagem do encanto irresistível, foi reduzido a cinzas. Ratī, a esposa desolada, conseguiu convencer Śiva a resgatar seu consorte do mundo da não existência, mas, embora seu espírito houvesse retornado, o belo corpo não pôde ser reconstituído. Por isso, Kāma é chamado *Anaṅga*, "sem corpo". Ele paira acima e entre os amantes, intangível e invisível, obrigando-os a se abraçarem.

Kāmaloka, "o reino *(loka)* dos desejos e suas realizações *(kāma)*", é o belo paraíso dos prazeres do deus do amor, onde homens e animais vivem enfeitiçados pelos objetos dos sentidos. Assim seduzidos, os seres que esqueceram seu próprio Eu continuam presos à roda universal do ciclo do tempo, condenados a renascerem na terra, nos céus, ou nos purgatórios de dor, conforme o caráter de seus pensamentos e desejos. Porque o fruto do desejo é o destino; o indivíduo, por motivo de suas ações, encadeado à roda causal pelos delicados mas firmes e duráveis filamentos de seu próprio desejo, vai de existência em existência – terrena, celeste e infernal – seja como homem, como besta, como deus, incapaz de romper as amarras e alcançar a paz do mais além.

Em seus níveis mais baixos, Kāmaloka compreende os infernos ou purgatórios de dor, bem como a região fantasmagórica dos espectros *(preta)*, a dos monstros gigantes *(rākṣasa)* que devoram bestas e homens, a dos antideuses ou titãs *(asura)*, a dos duendes *(kumbhāṇḍa)*, o reino dos deuses aquáticos serpentiformes *(nāga)* e o das divindades domésticas (*yakṣa*: deuses da fertilidade, sobreviventes da arcaica civilização pré-ariana, que agora servem de acompanhantes das divindades Kubera e Śiva). O reino intermediário, dos homens e das bestas, fica no plano terrestre, enquanto acima, onde ainda governa Kāma (a personificação suprema do fascínio do mundo transitório), está o reino dos deuses atmosféricos, alados como pássaros *(garuḍa)*, e o paraíso dos músicos celestes *(gandharva)* – estes últimos, homens que renasceram para os prazeres sensuais dos céus inferiores, lá desfrutam da companhia e do amor de donzelas celestiais *(apsaras)*. As esferas dos deuses, progressivamente rarefeitas, são representadas como sobrepostas, uma sobre a outra, nos patamares do monte Sumeru, a grande montanha central do mundo, a qual, como um gigantesco zigurate babilônico, como uma torre de Babel cósmica e natural, ergue seu cume às mais altas esferas da beatitude celeste. E além está Brahmaloka, o reino do ser sem forma e da felicidade puramente espiritual. Mas o poder de Kāma também aí chega, uma vez que o Universo é obra da vontade divina *(icchā)* ou do desejo *(kāma)*: o desejo do Uno em ser muitos. Todas as esferas do ser são geradas e sustentadas por esse primeiro impulso criador. No plano carnal ele atua por meio do mistério do sexo; no mais alto, é a pura Vontade do Criador. Portanto, Kāma é "o primeiro dos deuses" – mas também o mais jovem, visto que nasce a cada dia no encontro e no acasalamento das criaturas no decurso do tempo. Kāma é o poder e o processo pelo qual o Uno se engendra a si mesmo como homem, animal ou planta, e assim impulsiona a criação contínua do Universo. Kāma é a conjunção da eternidade com o tempo, pela qual aquela abundância se torna esta abundância e o não manifesto se manifesta em todos os seres do cosmo, desde Brahmā até a folha da relva.

A iconografia budista – diferentemente da hindu – descreve três reinos criados *(loka)* ou regiões de passagem nas quais os seres podem descender para reencarnar *(avacara)*. O primeiro e inferior é Kāmaloka, "o mundo dos desejos"; o seguinte é *rūpaloka*, "o mundo das formas puras" (além do desejo), enquanto o superior é *arūpaloka*, "o mundo sem formas, o reino informe". Estas concepções representam as experiências próprias do Yoga e nelas se fundamentam. Níveis de experiência cada vez mais internos e superiores são obtidos à medida que se aprofunda o processo de absorção introspectiva e se diminui a esfera de experiências exteriores. E estes são subdivididos em muitos estratos, cada qual habitado por uma classe de seres celestiais sutis.

De acordo com antigas lendas budistas, quando Gautama Śākyamuni estava sentado sob a árvore Bo a ponto de transcender todas as formas e reinos rumo à infinitude intemporal do Vazio, Kāma apareceu-lhe na forma de um jovem com um alaúde e procurou tentá-lo a fim de que não cumprisse sua tarefa de transcender o mundo. Um dos nomes atribuídos a Kāma nestes textos budistas é o de um velho demônio védico, Namuci, uma palavra comumente interpretada como "aquele que não *(na)* deixa ir *(muc)*". Proporcionando a cada criatura algo dos gozos da vida, Kāma, na forma de Namuci, mantém todos sob seu feitiço, de modo que todos os seres criados tornam-se uma e outra vez presas da morte. Daí ser ele também chamado "o maligno" *(pāpīyān)* ou, simplesmente, "a Morte" (Māra)[4]. Kāma e Māra, o gozo da vida e as garras da morte, são respectivamente a isca e o anzol – os prazeres da mesa farta e o preço a ser pago por ela – o jantar e a conta, que nesse caso é a mortalidade, o sofrimento e as lágrimas; *la douloureuse*, a hora penosa do pagamento que põe fim ao carrossel. Assim, o supremo sedutor, o primogênito dos deuses e sustentador do mundo, tem um aspecto dual para todos os seres, como o tem a totalidade dos deuses e forças da vida. São ao mesmo tempo atrativos e destrutivos, misericordiosos e impiedosos, desejáveis e aterradores. Na linguagem pictórica das iconografias hindu e budista, todos os seres e presenças sobre-humanas são assim ambivalentes e ambíguos. A vida no mundo é descrita como um paradoxo angustiante; quanto mais viva, mais difícil de suportar: um mar de sofrimentos, prazeres ilusórios, promessas enganosas e realizações desanimadoras. Na verdade, a vida é o mar da loucura fecunda dos peixes que a si mesma nutre e devora.

Conta-nos a lenda que o Buddha não sucumbiu ao poder do deus da morte e do desejo (em cujo estandarte aparece o emblema do peixe) continuando, assim, em seu propósito. A ilusão da dualidade desapareceu para ele e sua consciência já liberada uniu-se à realidade do Vazio. Todos os homens estão destinados a esta meta transcendental. Como veremos, grande parte da filosofia indiana ocupa-se, principalmente, com os meios necessários para atingir a liberação *(mokṣa)* do poder que ata ao mundo, exercido pelo ser divino "que não deixa ir", o mago cósmico, Namuci[5]. Toda a literatura tradicional sobre este tema deixa claro que o primeiro passo para alcançar este objetivo último é recusar a isca oferecida por Kāma, sua mesa tentadora, a abundância do mundo. Contudo, isto não impede que a maioria – tanto na Índia como em qualquer parte deste vasto "campo de pastoreio" – se dedique exclusivamente a perseguir essa ilusão agridoce.

Os manuais hindus sobre a arte do amor, compostos para aqueles que ainda se dedicam à obra de continuar a criação, desprezam obstinadamente as observações desalentadoras e prescrições ascéticas desencorajantes daqueles que se liberaram, a não ser quando estas reflexões sutis acerca do caráter efêmero do prazer venham acrescentar ao amor e à vida uma excitação um tanto diferente. O caso é similar ao dos manuais hindus de ciência política, onde os princípios da virtude não são considerados, exceto quando uma máscara de moralidade possa servir aos propósitos do especialista em poder. As raízes da doutrina e da técnica de *kāma* remontam à antiguidade primitiva. Pertencem à ciência e arte da magia do amor (o saber de encantamentos, feitiços e poções do amor), que é o tema dominante em todas as tradições primitivas. Neste sentido, elas são decididamente pré-budistas e pré-vedantinas[6] e, a respeito do ideal monástico e das técnicas de renúncia, são antes alheias que antagônicas.

Kāma, o substantivo sânscrito, denota toda a gama de experiências possíveis no âmbito do amor, sexo, gozo e prazer sensual. *Kāma* é "desejo, apetite, satisfação carnal, concupiscência, amor e afeto". Os primeiros documentos indianos sobre o assunto aparecem nos estágios mais antigos da religião védica e da bruxaria popular, sendo inúmeros e notáveis os encantamentos de amor, por exemplo, no *Atharva-Veda*. Aqui, a vida amorosa significa, em primeira instância, a vida familiar, a vida de casado, e a finalidade principal desta doutrina é simplesmente conseguir que a vida erótica seja coroada pelo êxito, isto é, produzir uma família feliz e harmoniosa: um marido feliz, uma esposa e mãe feliz, e numerosas crianças sadias e bem dotadas; varões, de preferência. Porque os varões são indispensáveis para perpetuar a linhagem e assegurar a continuidade ininterrupta do culto familiar de oferendas aos antepassados, pelo qual as almas dos pais falecidos são sustentadas no "reino dos pais ou antepassados" *(pitṛloka)*. Por outro lado, as filhas são cargas delicadas e onerosas. É necessário conseguir e arcar com as despesas de um casamento adequado, tendo-se em conta as exigências de casta e posição social; e nunca se sabe o que esperar do genro conseguido a tanto custo. A casa certamente prospera com os varões, ao passo que as filhas sempre acarretam gastos e provocam ansiedades. As indicações que temos da tradição mais antiga de *kāma* incluem receitas e rituais para se gerar filhos varões, conservar-se jovem e saudável, tornar-se e manter-se atraente e ter êxito na vida erótica de casado.

Um breve exame da lista de encantamentos dedicados à obra de Kāma, que figuram no *Atharva-Veda*, servirá para mostrar o propósito e caráter dos problemas da maneira como foram entendidos e abordados naquela época. Até o momento, este antigo material védico não foi estudado e analisado em comparação com as fórmulas posteriores que aparecem em trabalhos como o *Kāma-Sūtra* de Vātsyāyana, mas ainda assim deixa transparecer o caráter originariamente sagrado e a autoridade desta doutrina que aparece nas obras ulteriores de maneira um tanto secularizada e profana, como uma espécie de *ars amandi* para mulherengos e cortesãs. Aproximadamente uma décima terceira parte de todo o antigo *Atharva-Veda* está dedicada à magia deste tema tão importante para o homem. São 41 itens entre os 536 hinos, orações e encantamentos – não constituem certamente a maioria, mas formam uma parte significativa dentro da compilação total. A lista seguinte nos dará uma ideia da finalidade dos mais antigos hinos e encantamentos[7]:

Para um parto bem-sucedido. (11)
Maldição para que uma mulher permaneça solteira. (14)
Um feitiço de amor com uma erva de sabor doce. (34)
Para garantir o amor de uma mulher. (72)
Para conseguir marido a uma mulher. (81)
Contra uma esposa rival, com uma planta. (117)
Para a fecundidade. (127)
Para reger o amor de uma mulher. (130)
Para recuperar a virilidade, com uma planta. (149)
Para fazer com que os da casa durmam (encantamento para o amante entrar na casa da amada à noite). (151)
Para que a concepção tenha êxito. (265)
Dois encantamentos para ganhar o amor de uma mulher. (287)
Para que nasçam varões. (288)
Contra o nascimento prematuro. (293)
Contra ciúmes. (293)
Para conseguir um cônjuge. (325)
Para a felicidade matrimonial. (339)
Para que a gravidez tenha êxito, com um amuleto. (341)
Para obter uma esposa. (342)
Para ganhar o afeto. (347)
Para a potência viril. (354)
Para conquistar uma mulher. (355)
Dois encantamentos para conquistar o amor de um homem. (379)
Para arrebatar o amor de um homem. (380)
Para a procriação. (401)
Contra uma mulher rival. (411)
Marido e mulher, um ao outro. (411)

A esposa ao marido. (412)
Para conquistar e reter o amor de um homem, com uma planta. (412)
Para curar ciúmes. (416)
Para destruir a potência viril de alguém. (454)
Contra uma mulher rival, com uma planta. (467)
Para defender uma mulher grávida dos demônios. (493)
A Kāma. (521)
Estrofes mágicas para cerimônias de casamento. (740-753)
Do Desejo (Kāma) e para ele. (985)

As preocupações e dificuldades da vida conjugal nos tempos védicos eram aparentemente muito similares às que temos no mundo de hoje. E as prescrições oferecidas pela literatura de Kāma no *Atharva-Veda* são as soluções clássicas de todas as épocas: tratamento médico à base de ervas, plantas e poções; sugestão e persuasão acrescidas de objetos mágicos (amuletos); eugenia; higiene mental e emocional (adaptação e ajuste psicológicos); tudo formulado em termos de magia e administrado pelo sacerdote que atuava como mago e curandeiro – um arquétipo arcaico destes bruxos modernos da alma: o psicanalista de consultório e o médico de família. Por outro lado, alguns dos encantamentos são pura e simplesmente medicina caseira, usada pelo marido ou esposa sem o auxílio do sacerdote-mago: encantamentos amorosos contra rivais e outros.

Kāma pertence à essência da magia, e a magia, à essência do amor, porque, entre os feitiços e encantamentos da natureza, os do amor e do sexo detêm a supremacia. Trata-se do feitiço que compele a vida a prosseguir de geração em geração, o feitiço que prende todas as criaturas ao ciclo de existências, através de mortes e nascimentos. Seria impossível imaginar um compêndio de saber mágico sem o devido cabedal de encantamentos de amor. A palavra latina *carmen*, "canto sacerdotal mágico (que conjura as potências afastando os demônios)", a palavra inglesa *charm* (que originariamente significava "estrofe mágica, a cantoria de conjuração, que produz o feitiço") e outros termos afins como "encantamento", "encantador" e "encanto", assinalam o sentido original de canto mágico ou feitiço, sendo o mesmo válido para as palavras francesas *enchanté*, *desenchanté* e *charme*. Uma cantora, uma soprano, uma *cantatrice*, é uma encantadora, do mesmo modo que um tenor "enfeitiça" os ouvintes. O amor, o canto e a divina poção embriagadora que faz o próprio deus latejar nas veias estiveram durante milênios associados, não apenas de maneira alegre e pueril, como nos sonhos da juventude, mas também desesperadamente nos rituais obscuros da arte da feitiçaria.

O primitivo saber mágico indiano sobre o amor – ao que tudo indica – foi conhecido e preservado em doutrinas esotéricas por clãs guerreiros fora das famílias de sacerdotes. A abordagem do tema revela a inspiração evocada por um sentido profundo do mistério sagrado da vida, ao passo que nos manuais posteriores da arte do prazer, altamente técnicos, o tratamento é comparativamente seco e conciso. O famoso brâmane Śvetaketu parece ter sido um dos primeiros redatores de manuais desta espécie. No sexto livro da *Chāndogya-Upaniṣad*, conta-se que ele recebeu de seu pai, Uddālaka Āruṇi, a chave de todo o saber, expressa na "grande fórmula" védica *(mahāvākya)* "Tu és Aquilo" *(tat tvam asi)*. Em todos os lugares ele é celebrado como o modelo clássico de brâmane, embora um tanto unilateral, na forma como o conhecemos por muitas fontes ortodoxas. Dominava perfeitamente o saber sagrado mas, tudo indica, não se sentia à vontade no âmbito da filosofia secular. Não há dúvidas de que foi por meio de homens como este que a sabedoria arcaica de *kāma* perdeu seu propósito e profundidade originais. A riqueza deste tópico, no modo como era compreendido nos tempos védicos anteriores – quando constituía uma das áreas da sabedoria doméstica –, foi se perdendo devido às frequentes abreviações e sínteses. Muito pouca filosofia ou metafísica pode ser extraída desta literatura posterior sobre a arte de amar.

O texto mais importante é justamente o famoso *Kāma-Sūtra*[8], do brâmane Vātsyāyana, composto no século 3º ou 4º d.C. Esta é uma versão magistral, não obstante muito condensada e resumida, dos documentos da tradição antiga. Alguns tratados menores e tardios, compostos em verso, que em parte apresentam traços mais antigos do que o clássico *Kāma-Sūtra*, transmitem uma ideia mais ampla do que deve ter sido a doutrina original. Entre estes podemos mencionar o *Pañcasāyaka*, "O Deus das Cinco Flechas", composto pouco tempo depois do século 11 da era cristã; o *Ratirahasya*, "A Doutrina Secreta do Prazer do Amor", que é pouco anterior ao século 13; e o *Anaṅgaraṅga*, "O Cenário do Deus sem Corpo", que provavelmente data do século 16 d.C. Alguns fragmentos ocasionais conservados nas *Upaniṣad* também nos indicam a rica, santa e profunda reverência com que se realizava o ato sagrado, por meio do qual o Deus dos deuses continuava sua criação, perpetuando-a por meio das gerações das grandes famílias bramânicas e reais. Atualmente, o conhecimento dessa filosofia prática do erotismo pode estar tudo, menos perdido.[9]

NOTAS

1. Hesíodo, *Teogonia* 116 e segs.; Platão, *Banquete*, 178 B.

2. Cf. supra, p. 70, nota 27 e infra, p. 399 e segs.

3. Cf. Heinrich Zimmer, *A conquista psicológica do mal*, São Paulo, Palas Athena, 1988, capítulo V.

4. Māra, literalmente, "aquele que mata ou faz 'morrer' *(mar-)*"; compare com o latim *mors*, *mor*-tis, e *mor*-tal, *mor*-talidade.

5. Na-muci e *mokṣa*, ambos derivam da raiz *muc-*: "deixar ir, soltar"; o primeiro com o prefixo negativo *na-*.

6. Cf. supra, p. 46, nota 4 e p. 47, nota 13.

7. Os títulos são aqueles dados pelos tradutores, William Dwight Whitney e Charles Rockwell Lanman, em seu *Atharva-Veda*, Harvard Oriental Series, vols. VII e VIII, Cambridge, Mass., 1905. Os números entre parênteses referem-se às páginas dos volumes de Whitney e Lanman; as páginas 1-470 estão no vol. VII, e as páginas 471-1052, no vol. VIII.

8. "Os aforismos *(sūtra)* da técnica de fazer o amor *(kāma)*".

9. Nota do compilador: Aqui se interrompem os apontamentos de Zimmer. Sua intenção era de continuar o estudo analisando os textos sobre a representação teatral (cf. supra, p. 39, 40), e ampliar sua exposição da tradição anterior, revendo as passagens pertinentes nas *Upaniṣad*. O capítulo acima, do modo como foi apresentado, é apenas um esboço.

CAPÍTULO III

A FILOSOFIA DO DEVER

1. A CASTA E AS QUATRO ETAPAS DA VIDA

Na Índia, todos trazem consigo as insígnias características da classe de vida a que pertencem. Podem ser reconhecidos à primeira vista por suas vestimentas, seus adornos, os sinais de sua casta e ocupação. Todo homem leva o símbolo de sua divindade tutelar pintado na testa, ficando assim sob custódia e proteção do deus. Mulheres solteiras, casadas, viúvas, vestem roupas apropriadas, e a cada uma lhe corresponde um conjunto de normas e tabus definidos com meticulosidade e seguidos com absoluto rigor. O que comer e o que não comer, de que se aproximar e o que evitar, com quem conversar, partilhar as refeições e se casar – tais questões pessoais são minuciosamente reguladas com penalidades precisas e severas, tanto para as infrações acidentais quanto para as intencionais. O propósito dessas exigências é preservar de máculas a força espiritual específica da qual depende a eficácia de um indivíduo como membro de uma determinada categoria social.

Na medida em que um indivíduo é um componente funcional do complexo organismo social, sua preocupação deve ser a de identificar a si próprio com as tarefas e interesses de seu papel social, e até mesmo ajustar seu caráter público e privado a esse papel. O grupo tem prioridade sobre qualquer um de seus componentes. Portanto, toda autoexpressão – do modo como a conhecemos e valorizamos – fica eliminada, pois o pré-requisito para participar de um grupo consiste não em cultivar, mas em dissolver a idiossincrasia e tendências pessoais. A virtude suprema é assimilar-se – com toda sinceridade e sem reservas – à máscara impessoal, imemorável e intemporal do clássico papel inerente às condições de nascimento *(jāti)*. O indivíduo é assim compelido a se tornar anônimo, o que de maneira nenhuma é tido como um processo de autodissolução mas sim de autodescoberta, porque a chave para realizar a encarnação em que se encontra reside precisamente nas virtudes da casta à qual pertence.

Considera-se que a casta forma parte do caráter inato de cada um. A ordem moral divina *(dharma)*, que tece e mantém unida a estrutura social, é a mesma que dá continuidade às vidas do indivíduo; assim como o presente deve ser entendido como consequência natural do passado, de igual modo a casta da encarnação seguinte estará determinada pela maneira como for desempenhado o papel de hoje. E, ainda, não apenas a casta e a profissão, mas tudo o que acontece ao indivíduo (mesmo o que aparentemente seja pura casualidade) está determinado e adapta-se exatamente à sua natureza e exigências mais profundas. O episódio calidoscópico vital deste momento está ligado às vidas anteriores; é o resultado destas como efeito natural dos fatores causais pretéritos que operam no plano dos valores éticos, das virtudes humanas e das qualidades pessoais, segundo leis naturais e universais que regem a atração eletiva e repulsão espontânea. Considera-se que há uma estrita relação entre o que uma pessoa é e o que ela experimenta, tal como a superfície interior e exterior de um vaso.

Portanto, a melhor maneira de lidar com os problemas da vida é indicada pelas leis *(dharma)* da casta *(varṇa)* a que se pertence e pela etapa da vida em que se encontra *(āśrama)*. Não somos livres para escolher: pertencemos a uma espécie, a uma família, associação, ofício, grupo ou religião. E, uma vez que esta circunstância não só determina até o último detalhe as normas para a nossa conduta pública e privada, mas também representa (de acordo com este inflexível, ilimitado e penetrante modelo de integração) o verdadeiro ideal do caráter que temos agora por natureza, então nossa preocupação como criaturas de juízos e ações deve ser apenas a de encarar os problemas que se nos apresentam, em conformidade ao papel que desempenhamos. Como consequência, os dois aspectos do evento temporal – o subjetivo e o objetivo – ficarão exatamente unidos e o indivíduo será eliminado como um terceiro fator intruso. Então, ele tornará manifesto não mais o acidente temporal de sua própria personalidade, mas a lei cósmica vasta e intemporal, e assim, de espelho defeituoso, passará a cristal perfeito que atuará anônimo e sem deixar vestígios. Uma vez que, de fato, praticando-se rigorosamente as virtudes prescritas, pode-se chegar à erradicação do eu, dissolvendo o último traço de impulso e resistência pessoais, liberando-se assim das restritas fronteiras da personalidade e absorvendo-se na infinitude do ser universal. O *dharma* está carregado de poder. É o ponto ígneo de todo presente, passado e futuro, bem como a via por onde se chega à consciência transcendental e à beatitude que caracteriza a puríssima existência espiritual do Eu.

Cada um nasce no lugar que lhe compete *(svadharma)*, dentro do cenário fantasmagórico do poder criador que é o mundo, e seu primeiro dever é manifestá-lo, viver conforme a ele e tornar conhecido, por seu aspecto e seus atos, o papel que desempenha no espetáculo. Toda mulher é uma manifestação terrena da Mãe universal, manifestação do aspecto gerador e sedutor do sagrado mistério que sustenta e continuamente cria o mundo. A mulher casada deverá ser exemplo de decoro, a meretriz há de se orgulhar por sua habilidade em conservar seus atrativos e vender seus encantos. A mãe e dona de casa deverá gerar tantos varões quanto puder, e venerar seu marido como a encarnação humana de todos os deuses. Marido e mulher devem aproximar-se um do outro como duas divindades, pois ele, por meio dela, renasce em seus filhos, assim como o Criador se manifesta nas formas e criaturas do mundo pelo efeito mágico de seu próprio poder, sua *śakti*, personificado em sua deusa. E assim como o membro masculino se relaciona com a comunidade por meio das devoções e serviços religiosos correspondentes a sua posição social, do mesmo modo a esposa está vinculada à sociedade como a *śakti* de seu marido. A religião dela é servir a ele, assim como a dele é servir aos seus "Pais" e às divindades de sua vocação. Por conseguinte, toda a existência é vivida e entendida como um serviço a Deus, todas as coisas são conhecidas como imagens do Senhor único e universal.

Cada profissão tem sua divindade tutelar especial, que encarna e personifica a própria habilidade do ofício e maneja ou exibe suas ferramentas como atributos distintivos. A divindade tutelar dos escritores, poetas, intelectuais e sacerdotes, por exemplo, é a deusa Sarasvatī Vāc: a deusa do discurso fluente e loquaz. E a padroeira das práticas mágicas dos sacerdotes brâmanes é Sāvitrī: não a princesa humana filha do rei Aśvapati, que segundo a lenda resgatou seu marido, o príncipe Satyavān, dos domínios do rei Morte, mas sim a contraparte feminina e energia divina, a *śakti* de Brahmā-Savitṛ, criador do mundo; ela é o princípio divino da criação, que a tudo inspira e tudo move. Kāma, o Cupido hindu, é a divindade tutelar das cortesãs e daqueles que estão necessitados das lições do *Kāma-Śāstra* – o código autorizado da tradicional sabedoria revelada sobre o amor e o sexo.[1] Por sua vez, Viśvakarman, o divino "perito em todos os ofícios", o carpinteiro, o arquiteto e artífice principal dos deuses, é a divindade padroeira dos artesãos, obreiros e artistas.

Cada um destes protetores divinos – representando o princípio e a soma total de um ramo bastante especializado do saber – é um mestre zeloso e exclusivo. A criatura humana, destinada por nascimento para servir a divindade, deve empregar toda sua força e devoção em seu culto; a mínima falha pode levar ao desastre. Como uma amante, é encantadora e generosa se for servida fiel e exclusivamente, mas torna-se daninha, terrível e maligna se não for devidamente atendida em suas exigências; o deus se abre como uma flor, oferecendo doçura, fragrância e fruto em abundância para o devoto de concentração perfeita; do contrário, é irascível e vingativo. Na Índia, a hierarquia estática, setorizada e de mútua cooperação entre os ofícios e profissões, exige e inculca a mais extrema unilateralidade. Não há escolha, nada de fantasia, ninguém pode ficar se aventurando por aí; desde o primeiro alento de vida a energia do indivíduo é dominada, canalizada e coordenada para o trabalho geral do superindivíduo, que é a própria sociedade sagrada.

A subdivisão em quatro etapas *(āśrama)* do transcurso ideal da vida de um indivíduo leva mais longe ainda este princípio despersonalizador, que age pela especialização. A primeira etapa, a do discípulo *(antevāsin)*, é regida exclusivamente pela obediência e submissão. O discípulo, ávido por receber – sob o feitiço mágico de seu mestre espiritual – toda a carga e transferência do conhecimento divino e do ofício mágico de sua vocação, procura ser nada menos que o cálice sagrado onde flui esta preciosa essência. Simbolicamente, por meio do "fio sagrado" do cordão umbilical espiritual com o qual é solenemente investido, está ele unido ao seu guru como se fosse a única, exclusiva e superabundante encarnação humana, fonte do alimento espiritual sobre-humano. Castidade absoluta *(brahmacarya)* é exigida; e, se por qualquer experiência com o outro sexo ele viola esta proibição, rompendo assim a continuidade da identificação profunda com seu guru, aplicam-se-lhe as punições mais rigorosas e complexas. São estes os períodos de *śraddhā* (fé cega no mestre e conhecedor do caminho) e *śuśrūṣā* (a vontade e o desejo de "ouvir" *[śru]* e aprender de memória; ouvir, obedecer e adaptar-se), é quando o homem natural, o animal humano, deve ser sacrificado completamente, e a vida do homem espiritual, a sabedoria e poder supranormal do "duas vezes nascido" devem se fazer efetivas na carne.

Então, abruptamente, ao terminar a etapa do discipulado e sem qualquer período de transição, o jovem, agora um homem, é transferido – poder-se-ia dizer, lançado – para a vida de casado, fase em que deve ser dono de casa *(gṛhastha)*. Ao assumir o ofício paterno, os negócios e a profissão, ele recebe uma esposa (escolhida por seus pais), gera filhos, sustenta a família e faz o melhor que pode para se identificar com todas as tarefas e papéis ideais do tradicional *pater familias*, membro da congregação, etc. O jovem pai se identifica com os prazeres e preocupações da vida conjugal *(kāma)*, e de igual modo com os típicos interesses e problemas pertinentes à prosperidade e riqueza *(artha)* a fim de dispor dos meios necessários, não só para sustentar sua crescente família conforme os padrões condizentes com seu nascimento ou categoria humana *(jāti)*, mas também para atender as necessidades relativamente onerosas do ciclo ortodoxo de ritos sacramentais. Por que de fato, o sacerdote doméstico, o brâmane-guru, a quem deve agora empregar e atender – tal como tem de fazer Indra com o divino Bṛhaspati[2] –, abençoa e ajuda a família em todas as ocasiões possíveis, combinando as funções de confessor e conselheiro espiritual, médico da família, psicólogo prático, exorcizador e mago. Estes profissionais cobram honorários, o que em parte é a causa do êxito dos seus procedimentos psicoterapêuticos santos e secretos. Os gurus, com absoluta entrega, identificados (como todos os outros da comunidade) com os privilégios e deveres de seus papéis imemoriais, servem de condutores da sabedoria sobre-humana e do poder sagrado *(brahman)*, como nervos da consciência que atravessam todo o corpo social.

O guru tende a se converter num ídolo – do mesmo modo que cada um tende a imobilizar-se, desumanizar-se, estabilizar-se e perder sua espontaneidade individual – na medida do grau de perfeição que alcança ao executar seu papel intemporal, intensamente estilizado. Portanto, na segunda metade de sua vida, o indivíduo terá de pôr de lado estes papéis transitórios. Tendo se identificado totalmente com as funções que couberam à sua personalidade social (sua máscara de ator social, ou *persona)*, terá agora de sair dela de modo definitivo: desprender-se das suas posses e de todas as preocupações concernentes à riqueza *(artha)*, abandonar os desejos e ansiedades de sua vida matrimonial *(kāma)* – que então já floresceu e deu vários frutos – e, inclusive, afastar-se dos deveres da sociedade *(dharma)* que o uniram à manifestação universal do Ser imperecível por meio dos arquétipos permanentes da tragicomédia humana. São seus filhos os que agora levam as alegrias e as cargas do mundo; consequentemente ele, já no final de sua maturidade, pode abandoná-lo, ingressando assim no terceiro *āśrama*, o da "partida para a floresta" *(vanaprastha)*. Porque não somos apenas máscaras profissionais e sociais que representam papéis ilustres no mundo das sombras temporais, somos algo mais substancial, isto é, um Eu. Pertencemos ao mundo – e não podemos deixar de pertencer – no entanto, as nossas marcas de casta, nossas vestimentas não nos descrevem adequadamente; nossas funções morais e seculares não conseguem sondar nossa essência. Esta transcende a natureza manifestada e tudo o que a ela pertence: nossas propriedades e prazeres, nossos direitos e deveres e nosso relacionamento com os antepassados e os deuses. Tentar alcançar essa essência inominável é colocar-se a caminho da busca do Eu, e este é o fim e propósito da terceira entre as quatro etapas da vida.

Tanto o marido como sua esposa, no período de retiro para a floresta, deixam de lado os cuidados, deveres, alegrias e interesses que os ligavam ao mundo e iniciam a difícil busca da realidade interior. Não obstante, nem mesmo este idílio de uma vida de santidade na floresta assinala o fim da aventura; pois como o primeiro período – o de estudante – este também é preparatório. No quarto e último *āśrama* – aquele do santo mendigo errante *(bhikṣu)* – já não está ligado a qualquer exercício ou lugar, e "sem se preocupar com o futuro e indiferente ante o presente"[3], ele, o errante sem lar, "vive identificado com o Eu eterno e não contempla outra coisa"[4]. "Já não lhe importa que seu corpo, tecido com os fios do *karman*, caia ou se sustenha, assim como uma vaca não se importaria em se tratando de uma grinalda colocada em seu pescoço; porque as faculdades de sua mente agora descansam no Poder sagrado *(brahman)*, a essência da beatitude."[5]

Originariamente, os santos jainistas iam "vestidos de espaço" *(digambara)*, quer dizer, totalmente nus, como sinal de que não pertenciam a nenhum grupo, seita, profissão ou comunidade reconhecidos. Haviam descartado todas as marcas determinantes, porque a determinação é uma negativa por especialização.[6] No mesmo espírito, os monges budistas errantes eram instruídos a se cobrirem com farrapos, ou ainda com vestes de cor ocre, sendo estas geralmente usadas pelos criminosos banidos da sociedade e condenados à morte. Os monges colocavam essas vestes desonrosas como sinal de que eles também estavam mortos para a hierarquia social. Haviam sido entregues à morte e estavam além das fronteiras da vida, tinham ultrapassado as limitações do mundo, liberando-se de todas as amarras que implica pertencer a algo. Eram renegados. Analogamente, o brâmane peregrino e mendicante tem sido sempre comparado ao ganso selvagem ou ao cisne *(haṁsa)*, que não tem morada fixa e vagueia, migrando com as nuvens de chuva para o norte, em direção ao Himalaia, logo voltando para o sul, e sentindo-se à vontade tanto em lagos ou lençóis d'água como na extensão ilimitada e infinita do espaço.

Presume-se que a religião, em última instância, nos libera dos desejos e temores, ambições e compromissos da vida secular – os enganos de nossos interesses sociais, profissionais e familiares; porque a religião reivindica a alma. Porém, a religião também é necessariamente algo que diz respeito à comunidade e, assim sendo, ela se torna um instrumento de opressão que nos ata de maneira mais sutil, por meio de ilusões menos evidentes e portanto mais penetrantes. Quem quer que procure transcender as estreitas complacências de sua comunidade tem de romper com sua congregação religiosa. Uma das maneiras clássicas de assim proceder é fazer-se monge, ingressando, por assim dizer, em uma outra instituição, que desta vez se destina a isolar o homem e a garanti-lo contra os liames vulgares que o prendem. A outra maneira consiste em ir para a floresta, tornar-se eremita – atado agora ao suave idílio do eremitério e aos detalhes inocentes de sua vida ritual simples. Onde, em todo este mundo, pode o indivíduo ser totalmente livre?

Que é realmente o homem, além de todas as marcas, costumes, instrumentos e atividades que denotam seu estado civil e religioso? Que ser é este que subjaz, sustenta e anima todos os estados e mudanças do devir de sua vida, que passa como uma sombra? As forças anônimas da natureza que atuam dentro dele, os empreendimentos bem ou mal sucedidos dos quais depende sua condição social, a paisagem e a forma de viver correspondente à sua época e lugar de nascimento, a matéria que passa através de seu corpo e, por um tempo, o constitui, encantam sua fantasia e animam sua imaginação; entretanto, não se pode dizer que alguma dessas coisas seja o Eu. O indivíduo pode buscar satisfazer o forte anseio pela liberação absoluta das limitações – o que é idêntico ao anseio pelo anonimato completo – tornando-se mendigo errante, sem lugar fixo para repouso, sem caminho regular, sem outros objetivos, sem pertences. Mas ainda assim estará carregando consigo a si próprio. Ainda estarão presentes e ativas nele todas aquelas estratificações do corpo e da psique, que correspondem à oferta e à demanda do ambiente e que o ligam ao mundo onde quer que esteja. Para alcançar o almejado Homem absoluto *(puruṣa)*, deve rejeitar as vestimentas e envoltórios obscurecedores. Desde a pele, passando pelo intelecto e as emoções, a memória das coisas passadas e os inveterados hábitos que condicionam as reações – aquelas espontaneidades adquiridas, os automatismos familiares por onde se expressam os gostos e desgostos arraigados – tudo isso deve ser posto de lado, pois não são o Eu, mas apenas "sobreposições"[7], "corantes", "unturas" *(añjana)* de seu brilho e pureza intrínsecos. É por isso que, antes de entrar no quarto *āśrama*, aquele da não entidade errante, o hindu pratica os exercícios psicológicos da terceira etapa, a do idílio da floresta. Ele tem de se despojar de si mesmo para chegar ao Eu adamantino. E é esta a função do *yoga*. *Yoga*, o descobrimento do Eu, e logo a identificação absolutamente incondicional de si mesmo com o fundamento anônimo, ubíquo e imperecível de toda a existência, constitui o fim próprio da segunda metade do ciclo da biografia ortodoxa. É a hora de lavar a pintura de ator que se usou no palco universal, é a hora de recolher e liberar a Pessoa viva que, impassiva e desapegada, sempre esteve presente, sustentando e impulsionando tudo.

2. Satya

> É melhor o próprio *dharma*, mesmo que imperfeitamente realizado, do que o *dharma* de outrem bem realizado. É melhor morrer no cumprimento do próprio *dharma*: o *dharma* de outrem está cheio de perigos.[8]

Existe na Índia uma crença antiga de que aquele que desempenhou seu próprio *dharma* sem uma única falha em toda sua vida pode, simplesmente invocando este fato por testemunha, realizar atos mágicos. Isto é conhecido como "ato de Verdade". O *dharma* não precisa ser aquele da mais alta casta bramânica, nem mesmo das classes sociais respeitáveis da comunidade. Em todo *dharma*, o Poder sagrado, *brahman*, está presente.

Conta-se, por exemplo, que em certa época o bom rei Aśoka, o maior da grande dinastia Maurya da Índia setentrional[9], "estava na cidade de Pāṭaliputra cercado por gente da cidade e do campo, por seus ministros, seu exército e seus conselheiros, com o Ganges que corria ao seu lado, caudaloso devido às enchentes, quase transbordando, de uma légua de largura por quinhentas de extensão. Observando o rio, Aśoka perguntou aos seus ministros: Há alguém capaz de fazer com que o poderoso Ganges comece a fluir em sentido oposto? Ao que os ministros responderam: É algo difícil, Majestade.

Nessa mesma margem do rio estava uma cortesã chamada Bindumatī que, ao ouvir a pergunta do rei, disse: Sou uma cortesã da cidade de Pāṭaliputra, vivo da minha beleza, meus meios de subsistência são os mais baixos. Que o rei contemple meu ato de Verdade. E ela realizou um ato de Verdade. No mesmo instante o poderoso Ganges começou a reverter o seu fluxo, bramindo à vista da enorme multidão.

O rei ficou atônito e maravilhado quando ouviu o bramido causado pelos redemoinhos e ondas do imponente Ganges. Disse a seus ministros: Como é possível que o poderoso Ganges volte às suas origens? – Majestade, a cortesã Bindumatī ouviu vossas palavras e realizou um ato de Verdade. Devido a este ato de Verdade o Ganges teve seu fluxo invertido.

Com o coração palpitante de excitação, o próprio rei foi postar-se ante a cortesã e perguntou-lhe: É certo, como dizem, que tu, por um ato de Verdade, fizeste com que o rio Ganges voltasse em seu curso? – Sim, Majestade. Replicou então o rei: Tens o poder de fazer isto? Quem, exceto um louco, acreditará no que dizes? Por meio de que poder conseguiste que estas águas revertessem seu fluxo? Respondeu a cortesã: Com o poder da Verdade, Majestade, fiz o poderoso Ganges mudar seu curso.

Então disse o rei: Tens então o poder da Verdade? Tu, uma ladra, trapaceira, corrupta, viciada e pecadora perversa, que transgrides os limites da moralidade e vives saqueando os tolos! – De fato, Majestade, sou o que dizeis. Mas mesmo eu, mulher malvada que sou, possuo um ato de Verdade por meio do qual, se assim o desejasse, poderia virar de cabeça para baixo o mundo dos homens e o mundo dos deuses. O monarca inquiriu: Que ato de Verdade é este, afinal? Esclarece-me, por favor.

– Majestade, quem quer que me dê dinheiro, seja um *kṣatriya*, um brâmane, um *vaiśya*, um *śūdra* ou de qualquer outra estirpe, trato a todos exatamente da mesma forma. Se for um *kṣatriya*, não faço distinção em seu favor; se for um *ṣūdra*, não o rejeito. Igualmente livre de adulação e desprezo, sirvo ao dono do dinheiro. Este, Majestade, é o ato de Verdade pelo qual pude fazer o poderoso Ganges reverter seu fluxo".[10]

Assim como o dia e a noite se alternam, cada um conservando sua própria forma, mantendo por sua oposição o caráter dos processos temporais, do mesmo modo, na esfera da ordem social, cada indivíduo sustém a totalidade sendo fiel ao seu próprio *dharma*. O sol na Índia resseca a vegetação, mas a lua a restaura, provendo o orvalho vivificante; de modo similar, os inúmeros elementos reciprocamente antagônicos de todo o Universo colaboram ao trabalhar uns contra os outros. As regras de castas e profissões são consideradas reflexos, na esfera humana, das leis desta ordem natural; daí que, ao aderir a tais regras, as várias classes cooperam entre si, mesmo quando aparentemente em conflito. Cada raça ou classe social segue sua própria virtude e todos juntos fazem a obra do cosmo. Este é o serviço pelo qual o indivíduo é elevado acima das limitações de sua idiossincrasia pessoal e se torna um conduto vivo da força cósmica.

O substantivo sânscrito *dharma*, da raiz *dhṛ*, "suster, sustentar, carregar" (em latim: *fero*; cf. com o anglo-saxão: *faran*, "viajar"; cf. também o termo inglês *ferry)* significa "o que sustenta, mantém unido ou erguido".[11] Como temos visto, *dharma* não se refere apenas a todo o contexto da lei e do costume (religião, usos, estatutos, observâncias de casta ou de seita, maneiras, modos de comportamento, deveres, éticas, boas obras, virtude, mérito moral ou religioso, justiça, piedade, imparcialidade), mas também à qualidade, caráter ou natureza essencial do indivíduo, resultando disso que o seu dever, função social, vocação ou padrão moral, são o que de fato são. O *dharma* desaparecerá no instante imediatamente anterior ao fim do mundo, mas perdurará enquanto perdure o Universo; e cada um participa de seu poder enquanto desempenha seu papel. Esta palavra implica não só uma lei universal que governa e sustenta o cosmo, mas também se refere às leis particulares ou inflexões da "lei", que são inerentes a cada espécie em particular ou modificação da existência. A hierarquia, a especialização, a unilateralidade e as obrigações tradicionais pertencem, pois, à essência do sistema. Mas não há luta de classes, porque não se pode tentar ser outra coisa que aquilo que se é. Ou se é *(sat)* ou *não* se *é (a-sat)*, e o *dharma* de alguém é a manifestação, no tempo, do que se *é*. O *dharma* é a justiça ideal que se faz vida. Um homem ou uma coisa sem seu *dharma* é um absurdo. Existem profissões limpas e profissões sujas, mas todas participam do Poder sagrado. Daí a "virtude" ser medida pela perfeição atingida pelo homem, individualmente, cada um no exercício de seu papel.

"A rainha do turbante" – diz outro relato – "querendo saudar o sábio Soma, irmão de seu marido, despediu-se de seu cônjuge, o rei, e ao cair da tarde fez o seguinte voto: Amanhã de manhã, acompanhada de meu séquito, saudarei o sábio Soma, providenciarei comida e bebida para ele, e só depois comerei.

Porém, havia um rio entre a cidade e a floresta, e naquela mesma noite houve uma enchente, o rio subiu e varreu fortemente as margens. Perturbada com isso, a rainha, ao chegar a manhã, perguntou ao amado esposo: De que maneira cumprirei hoje o meu desejo?

Disse o rei: Ó rainha, não te aflijas, pois isto é algo simples de fazer. Vai, mantendo-se calma, acompanhada de teu séquito, para a margem do rio. Chegando lá, invoca primeiro a deusa do rio e então, de mãos unidas e com pureza no coração, pronuncia estas palavras: Ó, deusa do rio, se desde o dia em que meu cunhado fez seu voto meu marido tiver vivido em castidade, deixa-me então passar.

Ao ouvir tal coisa, a rainha ficou atônita e pensou: Que está se passando? O rei está sendo incoerente. Desde o dia em que seu irmão fez o voto, o rei gerou filhos comigo, e isto significa que cumpri ante ele o meu voto de esposa. Contudo, por que duvidar? É o contato físico que está sendo considerado neste caso? E, além disso, as esposas que são leais aos seus maridos não devem duvidar de suas palavras. Pois já foi dito: A esposa que hesita em obedecer a ordem de seu marido, o soldado que hesita ante a ordem do rei, o aluno que hesita ante a ordem de seu pai, todos estes quebram seus próprios votos.

Satisfeita com a ideia, a rainha, acompanhada de seu séquito e vestida com trajes cerimoniais, foi ao rio, aproximou-se da margem, prestou reverência e, com pureza de coração, pronunciou claramente a fórmula da Verdade recitada por seu marido.

De repente o rio, lançando suas águas à direita e à esquerda, tornou-se raso e permitiu a passagem. A rainha atravessou até a outra margem e ali, inclinando-se ante o sábio conforme o estabelecido, recebeu suas bênçãos e sentiu-se uma mulher feliz. Então, o sábio indagou como conseguira atravessar o rio, e ela contou a história. Ao terminar, perguntou ao príncipe dos sábios: Como é possível, como se pode imaginar que meu marido viva em castidade?

O sábio respondeu: Escuta-me, boa mulher. Desde o momento em que pronunciei meu voto, a alma do rei se liberou das ataduras e com veemência desejou também tomar os votos, porque um homem como ele não poderia suportar pacientemente o jugo da soberania. Assim, ele assume o poder unicamente por um senso de dever, mas seu coração não está naquilo que faz. Além disso, costuma-se dizer: Uma mulher, embora ame outro homem, segue seu marido. Assim também um iogue apegado às coisas permanece na roda de existências. É exatamente assim que a castidade do rei é possível, ainda que leve uma vida de pai de família, pois seu coração está livre de pecado, como a pureza do lótus permanece imaculada, muito embora cresça na lama.

A rainha inclinou-se respeitosamente ante o sábio e então, experimentando grande regozijo, foi a um certo lugar na floresta e ali montou sua estância. Fez com que se preparasse comida para seu séquito oferecendo também comida e bebida para o sábio. Finalmente, tendo cumprido seu voto, ela também comeu e bebeu.

Quando a rainha foi se despedir do sábio, indagou uma vez mais: Como posso atravessar o rio, agora? O sábio respondeu: Mulher de fala tranquila, deves dirigir-te à deusa do rio desta maneira: Se este sábio, até o final de seu voto, permanecer em jejum, permita-me a passagem.

Perplexa novamente, a rainha foi para a margem do rio, proferiu as palavras do sábio, atravessou o rio e foi para sua casa. Após ter contado a história toda ao rei, perguntou: Como pode o sábio continuar em jejum quando eu mesma fiz com que ele o quebrasse?

Disse o rei: Ó minha rainha, tua mente está confusa; não entendes em que consiste a verdadeira religião. O sábio tem o coração pacífico e a alma nobre, esteja ele comendo ou em jejum. Logo, ainda que, tal como prescreve a religião, um sábio se alimente de comida pura, não tendo sido por ele preparada nem por ele encomendada, essa comida é chamada de fruto do jejum perpétuo. O pensamento é a raiz, as palavras são o tronco, as ações são os ramos que formam a copa da árvore da religião. Se as raízes são fortes e firmes, toda a árvore dará fruto."[12]

As formas visíveis dos corpos que são os veículos da manifestação do *dharma* vão e vêm; são como os pingos de chuva que caem e que, ao passarem, tornam visível e retêm a imagem do arco-íris. O que *é (sat)* é o resplendor do ser que brilha através do homem ou da mulher que cumpre perfeitamente seu papel no *dharma*. O que *não é (asat)* é aquilo que uma vez não foi e logo não será, quer dizer, o mero fenômeno que parece aos órgãos dos sentidos ser um corpo independente e que perturba nossa tranquilidade, despertando reações de medo, desejo, compaixão, ciúmes, orgulho, submissão ou agressão –, reações dirigidas não ao que está manifestado, mas ao seu veículo. A palavra sânscrita *sat* é o particípio presente da raiz verbal *as-* "ser, existir, viver"; *as-* significa "pertencer a, estar de posse de, corresponder a"; também significa "acontecer ou suceder a alguém, surgir, aparecer, ocorrer"; significa ainda "ser suficiente", e também "tender a, resultar ser; permanecer, residir, habitar; estar em relação particular, ser afetado". Portanto *sat*, o particípio presente, significa literalmente "ente ou existente"; também "verdadeiro, essencial, real". Com referência aos seres humanos, *sat* significa "bom, virtuoso, casto, nobre, digno; venerável, respeitável; erudito, sábio". *Sat* também exprime "certo, adequado, melhor, excelente", bem como "formoso, belo". Empregado como substantivo masculino, expressa "um homem bom e virtuoso, um sábio"; como substantivo neutro "o que realmente existe, entidade, existência, essência, realidade, a verdade realmente existente, o Bem"; e "*brahman*, o Poder sagrado, o Eu supremo". A forma feminina do substantivo, *satī*, significa "uma esposa boa e virtuosa" e, ainda, "uma mulher asceta". *Satī* foi o nome adotado pela deusa universal ao encarnar-se como filha da antiga divindade Dakṣa para se tornar a esposa perfeita de Śiva.[13] E, além disso, *satī* é a forma sânscrita original da palavra inglesa *suttee*, que denomina o autossacrifício da viúva hindu na pira funerária de seu marido – ato que consuma a perfeita identificação do indivíduo feminino com seu papel, como se fosse a imagem viva do ideal romântico hindu de esposa exemplar. Ela é a própria deusa Satī, reencarnada, a *śakti*, ou energia vital projetada de seu esposo. Tendo falecido seu senhor – seu princípio vivificante – o corpo dela só pode ser *a-sat*, não *sat*: "irreal, não existente, falso, não verdadeiro, impróprio; não adequado a seus propósitos, mau, perverso, vil". *Asat*, como um substantivo, significa "inexistência, não entidade; não verdade, falsidade; mal" e, em sua forma feminina, *asatī*, "uma esposa não casta".

O conto da rainha, do santo e do rei ensinam que a Verdade (*sat-ya*: estado de ser o que é) deve estar enraizada no coração. O ato da Verdade tem de surgir dali. E, consequentemente, embora o *dharma* – o cumprimento do papel que cada um herdou em sua vida – seja a base tradicional desta proeza hindu de virtude, uma verdade de qualquer ordem quando sinceramente sentida no coração também tem sua força. Mesmo uma verdade vergonhosa é melhor que uma falsidade decente, como nos ensina o genial conto budista que narramos a seguir.

> O jovem Yaññadatta havia sido mordido por uma cobra venenosa. Seus pais o levaram aos pés de um asceta e o colocaram no solo, dizendo: Reverendo senhor, os monges conhecem ervas medicinais e encantamentos; cura nosso filho!
>
> – Não conheço ervas, não sou médico.
>
> – Mas és um monge; faze, por caridade, um ato de Verdade e salva este menino.
>
> O asceta respondeu: Muito bem, farei um ato de Verdade. Depositou suas mãos na cabeça de Yaññadatta e recitou os seguintes versos:
>
> Só por uma semana vivi a vida santa,
> com o coração tranquilo, em busca de mérito.
> A vida que vivi por cinquenta anos
> desde então, contra minha vontade a vivo.
> Por esta verdade, a saúde!
> O veneno é vencido! Que viva Yaññadatta!
>
> Imediatamente o veneno saiu pelo peito do pequeno Yaññadatta e penetrou a terra.
>
> O pai colocou sua mão sobre o peito de Yaññadatta e recitou os seguintes versos:
>
> Jamais gostei de ver um estranho
> chegar e hospedar-se. Nunca me preocupei em dar.

Meu desgosto, porém, nem monges nem brâmanes
jamais souberam, por mais doutos que fossem.
Por esta verdade, a saúde!
O veneno é vencido! Que viva Yaññadatta!

Imediatamente o veneno saiu pelas costas do pequeno Yaññadatta e penetrou a terra.

O pai pediu que a mãe fizesse um ato de Verdade, porém ela disse: Tenho uma verdade, mas não posso recitá-la em sua presença.

O pai respondeu: Faze com que meu filho fique sadio de qualquer modo! Então, a mãe recitou os seguintes versos:

Filho meu, já não odeio tanto esta maligna serpente
que saiu de uma fresta para te morder, quanto odeio teu pai!
Por esta verdade, a saúde!
O veneno é vencido! Que viva Yaññadatta!

Imediatamente o resto do veneno penetrou a terra e Yaññadatta levantou-se e começou a brincar.[14]

Este conto poderia ser utilizado como um texto de psicanálise. A revelação da verdade reprimida, profundamente oculta pelos anos de mentiras e ações falsas que mataram o filho (isto é, que mataram o futuro, a vida desta família miserável, hipócrita, que vivia se enganando), é suficiente, como magia, para extrair o veneno do pobre corpo paralisado, e tudo o que havia de falso *(asat)* torna-se então realmente inexistente. A vida renasce com vigor e o vivo é novamente unido ao que estava vivo. A noite da inexistência intermediária se esvai.

3. Satyāgraha

Este princípio do poder da verdade, que todos reconhecemos em nossa história pessoal, bem como naquilo que pudemos aprender da vida particular de nossos amigos, é o que o Mahatma Gandhi está aplicando atualmente na Índia no campo da política internacional[15]. O programa do Mahatma Gandhi consiste no *satyāgraha*, "ater-se *(āgraha)* à verdade *(satya)*"; é uma tentativa de colocar em jogo esta velha ideia indo-ariana contra as forças aparentemente muito superiores do equipamento especializado do império universal dos anglo-saxões, apoiado no plano industrial, político e militar. Isso porque, quando começou a Primeira Guerra Mundial, a Grã-Bretanha prometeu à Índia sua liberdade em troca de sua colaboração na guerra europeia, para impedir que a Alemanha e a Áustria rompessem com o anel de ferro de seus *maṇḍala*; entretanto, passados os momentos de angústia, a Grã-Bretanha deixou de lado seu compromisso, considerando-o inconveniente para sua própria prosperidade. Por deixar de cumprir a verdade, o governo inglês na Índia imediatamente tornou-se *asat*, "inexistente, mau, inadequado para atender a seus propósitos, nulo"; em outras palavras: tirânico, monstruoso, contrário à natureza. Assim, esse governo ficou separado das divinas fontes vitais do verdadeiro ser que sustenta todos os fenômenos terrenos, e estava quase que totalmente morto: era algo grandioso que ainda poderia continuar agarrado, como uma casca sem vida, mas que um princípio superior poderia erradicar.

O princípio superior é a verdade, como se manifesta no *dharma*, "a lei, aquilo que sustenta, mantém unido e erguido". O governo, "a lei", baseado numa "falsidade" é uma anomalia – de acordo com o ponto de vista do Mahatma Gandhi – que remonta à época dos nativos indo-árias pré-persas. As infindáveis agressões punitivas, impostas pela Grã-Bretanha para acabar com a "ilegalidade" daqueles que desafiavam a jurisdição das "leis" britânicas baseadas na ilegalidade, não deveriam, conforme os planos de Gandhi, ser resistidas com as mesmas armas, mas sim pela força espiritual que se faria sentir automaticamente como resultado do esforço da comunidade em ater-se *(āgraha)* à verdade *(satya)*. As garras da nação tirana seriam esfaceladas. O exercício de sua ilegalidade pelos quatro cantos do mundo traria sua própria ruína; era apenas questão de esperar pela ruptura. Enquanto isso, a Índia deve permanecer com seus ímpetos de violência convenientemente contidos, e com piedade e decência dedicar-se à prática infalível de seu próprio *dharma* eterno, com fé *(śraddha)* e firmeza neste poder que é a mãe do poder: a Verdade.

No *Artha-Śāstra* de Kauṭilya está escrito: "todo soberano, mesmo aquele cujos domínios se estendem aos confins da terra, de caráter perverso e sentidos incontrolados, deve perecer rapidamente. Esta ciência, considerada como um todo, está relacionada com as faculdades de percepção e ação"[16]. Este é o outro lado, o aspecto secreto do *matsyanyāya*, a lei dos peixes. Para nós, ocidentais, tal afirmação numa obra como a que tratamos em nossas primeiras conferências pode parecer uma simulação hipócrita de "idealismo" político. Entretanto, a obra de Kauṭilya está completamente destituída de tais pretensões, pois a hipocrisia é ensinada como algo inerente ao estratagema político, não como um pretexto para se ensinar. Se o leitor ocidental quiser entender de que maneira um homem tão realista como o primeiro chanceler da dinastia Maurya pôde ter pretendido que sua afirmação acima merecesse a devida atenção, é bom ter em mente que, na Índia, o Poder sagrado sempre foi levado a sério. Os brâmanes, capazes de controlá-lo e usá-lo por meio de suas fórmulas mágicas, eram conselheiros e assistentes indispensáveis aos reis: o Poder sagrado podia ser uma arma secreta em suas mãos. Eles não pensavam na lei dos peixes como algo contrário à lei do autodomínio espiritual. Sabiam que o poder vence e que a força é o direito. Mas, conforme sua concepção, há muitas espécies de poder, e o mais forte é o Poder sagrado. Este, além disso, também é "justo", porque é nada menos que a essência e manifestação da própria Verdade.[17]

Ahiṁsā, "a não violência, o não matar", é o primeiro princípio do *dharma* do santo e do sábio, o primeiro passo para o autodomínio com o qual os grandes iogues se elevam acima das ações humanas normais. Por meio disto, eles conseguem um tamanho estado de poder que, quando o santo volta novamente ao mundo, ele é, literalmente, um super-homem. Também já se ouviu falar desse ideal no Ocidente[18]; mas ainda não vimos todo um continente tentar seriamente pôr esse princípio em ação no mundo, ou seja, no mundo que a nós parece ser o único realmente sério: o das questões internacionais. O programa de *satyāgraha* seguido por Gandhi, sua pregação nacional de "ater-se firmemente à verdade" aderindo estritamente ao primeiro princípio do domínio do *yoga* indiano, *ahiṁsā*, "a não violência, o não matar", é uma experiência séria, moderna, audaciosa e virtualmente muito poderosa, proveniente da antiga ciência hindu de transcender a esfera dos poderes inferiores entrando na esfera dos poderes mais elevados. Gandhi está confrontando a falsidade da Grã-Bretanha *(asatya)* com a verdade da Índia *(satya)*; o compromisso britânico, com o santo *dharma* hindu. É uma batalha do sacerdote mago empreendida em escala moderna e colossal, de acordo com as regras dos manuais provenientes não do Colégio Militar Real, mas de *Brahman*.

4. O PALÁCIO DA SABEDORIA

A força espiritual posta em prática pelo sistema e técnica de identificação anônima, que caracteriza e sustenta a forma de vida ortodoxa hindu, origina-se em níveis profundos do inconsciente, que estão normalmente interditados para o indivíduo consciente de si que atua segundo os valores racionais, conscientemente verificáveis. A inflação psicológica, a sensação de um significado supranormal e suprapessoal que nós, do mundo moderno, às vezes sentimos nos momentos – especialmente solenes – em que nos encontramos desempenhando um daqueles grandes papéis arquetípicos que têm sido o destino da humanidade manter em atividade através dos milênios (a noiva, a madona, o guerreiro, o juiz, o sábio mestre) – tornou-se algo permanente e normal na civilização indiana. As contingências da personalidade individual são sistematicamente colocadas de lado: sempre é pedido ao indivíduo para se identificar com um ou outro dos papéis intemporais e permanentes que constituem toda a estrutura e modelo da sociedade. É claro que permanecem alguns traços de personalidade, os quais são prontamente perceptíveis, mas estão sempre subordinados às exigências do papel. Consequentemente, toda a vida, todo o tempo, tem as qualidades de uma grande obra dramática, há muito conhecida e amada, com seus momentos de alegria e de tragédia, nos quais os indivíduos agem como atores e espectadores. Tudo resplandece com a poesia da intemporalidade épica.

Mas o outro lado deste quadro – deste estado de ânimo maravilhoso e de inflação geral – é, obviamente, a deflação, o inferno: o profundo desespero e naufrágio daquele que, por qualquer transgressão, se desvia do caminho. A esposa que falha em manter imaculada sua representação do papel de Satī; o marechal de campo notoriamente incompetente em seu dever com o rei; o brâmane que foi incapaz de resistir a uma atração amorosa além das barreiras do tabu impostas por sua casta: tais faltas representam ameaças à estabilidade da estrutura. Se estes atos se generalizassem, o conjunto se desintegraria. Assim, esses sujeitos, como um grupo, são simplesmente atirados para a escuridão exterior, onde há lamentações e ranger de dentes. Eles agora nada são *(a-sat)* senão desterrados. Foram donos de seus atos; são donos de suas tragédias. Ninguém sabe em que condições se encontram, ninguém se importa. Estas são as falhas que no Japão justificam plenamente o haraquiri. A antítese do sonho geral da vida é, portanto, o naufrágio pessoal (nem mesmo pode ser chamado de tragédia) do indivíduo que fracassou no desempenho de seu papel.

"O caminho do excesso" – escreve William Blake – "conduz ao palácio da sabedoria."[19] Somente quando pressionado até o excesso é que algo engendra seu oposto. Na Índia, onde o esquema de identificação com os papéis sociais é levado a tal extremo, que todo conteúdo do inconsciente coletivo é esvaziado na esfera da ação durante a primeira metade da vida individual, vemos que, ao término dos primeiros *āśrama*, um violento movimento contrário da psique transporta o indivíduo ao extremo oposto, e ele permanece anônimo como sempre, mas agora no ermo da absoluta não identificação. Todos nós, tanto no Ocidente como no Oriente, se queremos participar da vida de nossa sociedade, temos de nos identificar com o curso da história e a realização global do mundo. Sempre temos de ser algo: estudante, pai, mãe, engenheiro. Mas no sistema hindu, o respeito por essa necessidade foi levado a um tal excesso que a totalidade da vida petrificou-se numa rígida imagem baseada num princípio. Para além, longe das malhas sociais, está o vazio do não manifestado, ao qual se pode passar quando a lição da primeira metade da vida tiver sido aprendida – a lição dos deuses – e, contudo, para onde se passa automaticamente, compulsoriamente, como se impelido por todo o peso de uma reação em contrário e da mesma força. "Quem dera fosses frio, ou quente! Assim, porque és morno, e não és frio nem quente, vomitar-te-ei de minha boca."[20] Somente porque tudo tem sido dado é que o indivíduo é livre para ingressar finalmente em níveis além da possessão e da crença.

Todos temos de nos identificar e "pertencer" a algo; mas não podemos nem devemos buscar nossa realização nessa atitude, porque reconhecer as distinções entre as coisas, diferenciar isto daquilo – ação implícita e fundamental no esforço natural – pertence à esfera da mera aparência, ao reino do nascimento e morte *(saṁsāra)*. A tendência popular indiana a tudo deificar, a tornar divinizada toda classe de ente, não é menos absurda, em última instância, que a irreligiosidade cientificista do Ocidente que, com seu "nada mais que", pretende reduzir tudo à esfera do entendimento racional e relativo – desde a potência do Sol até o ímpeto do amor. O relativismo e o absolutismo, quando totais, são de igual modo perversos, precisamente por serem convenientes. Simplificam em excesso visando os fins da ação eficaz. Não se preocupam com a verdade e sim com os resultados. Enquanto não compreendermos que cada coisa inclui todas as demais, ou, pelo menos, que também é diferente do que parece ser, e que antinomias como as dos opostos – o bem e o mal, o verdadeiro e o falso, isto e aquilo, o sagrado e o profano – estendem-se até as fronteiras do pensamento, mas não as ultrapassam, ainda estaremos atados ao monte de lixo do *saṁsāra*, sujeitos à ignorância que retém a consciência dentro dos mundos dos renascimentos. Enquanto fizermos distinções, exclusões ou excomunhões, seremos agentes e servos do erro.

> Oh! Sou a própria consciência. O mundo é como uma exibição de um prestidigitador. Então, como e onde poderia haver em mim qualquer pensamento de aceitação ou rejeição?
>
> Desde Brahmā até as folhas da relva, sou verdadeiramente tudo: aquele que sabe disto libera-se com certeza dos conflitos, torna-se puro, pacífico e indiferente ao que é conseguido e ao que não é.
>
> Abandona por completo tais distinções como "Eu sou Ele" e "Eu não sou isto". Considera tudo como o Eu, e sê feliz sem desejos.[21]

Excluir, rejeitar algo é pecado e autoengano, é a sujeição do todo à parte, é a violência atuando contra a essência e a verdade onipresentes, o finito colocando a si próprio acima do infinito. Aquele que assim se comportar (isto é, quem ainda se comporta como ser humano civilizado) mutila e abrevia a realidade revelada e, consequentemente, mutila e abrevia a si mesmo. Sua punição é consoante seu crime; o próprio pecado já é sua própria pena, porque cometer o delito é ao mesmo tempo a pena e a expressão da própria incapacidade do pecador. Como sabiamente nos advertiram: "Quando, pois, deres esmola, não faças tocar trombeta diante de ti, como fazem os hipócritas nas sinagogas e nas praças, para serem glorificados pelos homens. Em verdade vos digo que eles já receberam a recompensa".[22] Aqui está o engano secreto da realidade que se desenrola como uma reação em cadeia, como um mundo sem fim; o ponto crucial que motiva o riso dos deuses olímpicos.

Mas, por outro lado, aquele que, a fim de não se fechar para nada, considera tudo sem a menor distinção, é igualmente enganado e culpado, porque não leva em conta a hierarquia de valores e a diferença entre as coisas. O inebriante e devastador "Tudo é Deus" da *Bhagavadgītā*, embora reconheça que existem diferenças entre os graus da manifestação divina, acaba por insistir tanto no fato colossal da sacralidade de todas as coisas que, em contraste, as distinções podem facilmente parecer negligenciáveis.

Uma solução teórica geral e definitiva para este dilema universal, que possa ser usada como base segura, ainda não foi encontrada. O verdadeiro, a validade, a vigência, subsistem apenas *in actu*: no jogo incessante que a consciência iluminada realiza com os fatos da vida diária, expressos nas decisões tomadas de momento a momento, nos atos de renunciar ou tomar posse de algo, ao afirmar ou negar, em resumo, apenas nos atos desempenhados por um ser no qual a iluminação está continuamente viva como uma força presente.[23] E o primeiro passo para se alcançar este estado de vigília redentora é deixar para trás, com irrevogável decisão, o caminho, os deuses e os ideais do *dharma* ortodoxo e institucionalizado.

Foi assim com Jesus que, ao percorrer as terras da Palestina, parecia um salvador caprichoso e temperamental em seu violento repúdio à santimônia petrificada, ao ritualismo apático e à insensibilidade intelectual dos fariseus. Hoje, uma congregação de nossas distintas igrejas consideraria igualmente constrangedoras as palavras ardentes por ele proferidas, segundo o Evangelho de São Mateus: "Em verdade vos digo que os publicanos e as meretrizes entram adiante de vós no reino de Deus".[24] Entretanto, esta repreensão não teria lugar na Índia, onde a prostituição é estritamente institucionalizada, e onde se considera que os deuses e os abençoados do céu, assim como as meretrizes, estão ligados à virtude *(dharma)*, aos prazeres *(kāma)* e às conquistas *(artha)* da roda prodigiosa do mundo criado. Lá, se alguém quiser escapar ao terrível fastio da comunidade autocomplacente e santificada, o único recurso é mergulhar abaixo do mais baixo, ir além do que está além, romper a máscara, até mesmo, do deus mais supremo. Esta é a obra da "liberação" *(mokṣa)*, a tarefa do sábio desnudo.

NOTAS

1. Cf. supra, p. 113-119.

2. Cf. supra, p. 64.

3. Śankara, *Vivekacūḍāmaṇi* 432; compare Lucas 12: 22-30.

4. *Ib.* 457.

5. *Ib.* 416.

6. Posteriormente, como uma concessão, os santos jainistas vestiram roupagens brancas e tornaram-se *śvetāmbara*, "vestido de branco". Estas foram as vestes menos comprometedoras que eles puderam encontrar. (Veja infra, p. 201, nota 26).

7. Nota do tradutor: Optamos pelo termo "sobreposição" no lugar de "sobre-imposição" – que seria a tradução exata do inglês "super-imposition" – porque não consta em nosso vernáculo. O termo ilustra a ideia do velamento da realidade por meio dos poderes de *māyā*. Veja Capítulo III, Parte 4, tema Vedānta *(āropa)*.

8. *Bhagavadgītā* 3. 35.

9. Cf. supra, p. 39.

10. *Milindapañha* 119-123. Citado e traduzido por Eugene Watson Burlingame, "The Act of Truth *(Saccakiriya)*: A Hindu Spell and Its Employment as a Psychic Motif in Hindu Fiction", *Journal of the Royal Asiatic Society of Great Britain and Ireland*, 1917, p. 439-441.

11. O substantivo *dhar-ā*, "a que dá à luz", denota a terra; o substantivo *dharaṇa* é "suporte, apoio, sustentáculo".

12. *Parśvanāthacaritra* 3. 255-283; Burlingame, *loc. cit.*, p. 442, 443.

13. Cf. Zimmer, *A conquista psicológica do mal*, São Paulo, Palas Athena, 1988, p. 177-189.

14. *Jātaka* 44, Burlingame, *loc. cit.*, p. 447, 448.

15. Nota do compilador: Esta conferência foi proferida na primavera de 1943.

16. *Artha-Śāstra* 1. 6.

17. "Com referência à injustiça pode-se dizer que, mesmo quando atinja grandes proporções, é incapaz de tocar a justiça, que sempre está protegida pelo tempo e brilha como um fogo ardente." (*Mahābhārata* 13. 164. 7).

18. "Eu, porém, vos digo: Não resistais ao mal; mas a qualquer que te ferir na face direita, volta-lhe também a outra; e ao que quiser demandar contigo e tirar-te a túnica, deixa-lhe também a capa. Se alguém te obrigar a andar uma milha, vai com ele duas. Dá a quem te pede, e não voltes as costas ao que deseja que lhe emprestes." (Mateus 5:39-42).

19. *The Marriage of Heaven and Hell*, "Proverbs of Hell".

20. Apocalipse 3:15, 16.

21. *Aṣṭāvakra-Saṁhitā* 7.5; 11.7; 15.15.

22. Mateus 6:2.

23. Esta ideia é representada no budismo Mahāyāna pelo ideal do *Bodhisattva*, "aquele cujo âmago vital é iluminação", e no hinduísmo pelo *Jīva-mukta*, "o liberado em vida". (Cf. infra, p. 309-318, 377-390).

24. Mateus 21:31.

PARTE III

As Filosofias da Eternidade

CAPÍTULO I

JAINISMO

1. PĀRŚVA

Ante a mais simples menção do nome do Senhor Pārśva, as perturbações cessam; à sua visão *(darśana)* o temor aos renascimentos é destruído e seu culto remove a culpa do pecado.[1]

Devemos fazer imagens de Pārśva e render-lhe homenagem pelo efeito de seu *darśana*, não por alguma esperança de que o próprio grande ser condescenda em auxiliar o devoto, pois os salvadores jainistas – os "Autores da travessia do rio" *(Tīrthaṁkara)*, como são chamados – habitam numa região celeste no teto do Universo além do alcance da oração; não há possibilidade de que o seu auxílio desça daquele lugar alto e luminoso à esfera nublada do esforço humano. Nas fases populares do culto doméstico jaina implora-se aos deuses hindus que concedam pequenos benefícios (prosperidade, vida longa, descendência masculina, etc.), mas os objetos supremos da contemplação jaina, os *Tīrthaṁkara*, estão além dos regentes divinos da ordem natural. É preciso dizer que o jainismo não é ateísta mas sim transteísta. Os *Tīrthaṁkara* – que representam o alvo de todos os seres humanos, mais ainda, o objetivo de todos os seres vivos deste universo vital de mônadas reencarnantes – foram "isolados" *(kevala)* das províncias da criação, conservação e destruição, que formam o campo de ação e de interesse dos deuses. Os "Autores da travessia do rio" estão além do acontecer cósmico assim como dos problemas biográficos: são transcendentes, livres de temporalidade, oniscientes, desprovidos de ação e estão absolutamente em paz. A contemplação de seu estado, na forma como é representado em suas imagens curiosas e cativantes juntamente com os exercícios graduais da disciplina ascética jaina, compele o indivíduo, no decorrer de muitas vidas, a superar pouco a pouco as necessidades e ansiedades da prece humana, indo além das divindades que respondem às preces, além dos céus bem-aventurados onde esses deuses e seus devotos habitam, até chegar à longínqua esfera transcendente e "isolada" da existência pura e imperturbável, para a qual os "Autores da travessia", os *Tīrthaṁkara*, abriram caminho.

A fundação do jainismo tem sido atribuída, pelos historiadores ocidentais, a Vardhamāna Mahāvīra, contemporâneo do Buddha, que morreu por volta do ano 526 a.C. No entanto, os jainistas consideram que Mahāvīra não foi o primeiro mas o último de uma longa série de *Tīrthaṁkara*. O número tradicional destes é vinte e quatro, e supõe-se que a linhagem provém, através dos séculos, de tempos pré-históricos.[2] Sem dúvida, os primeiros deles são mitológicos, e a mitologia se introduziu largamente nas biografias dos restantes; é cada vez mais evidente que deve haver alguma verdade na tradição jaina que sustenta a antiguidade de sua religião. Ao menos no que concerne a Pārśva, o *Tīrthaṁkara* imediatamente anterior a Mahāvīra, temos boas razões para crer que ele de fato viveu, ensinou e foi um jainista.

Supõe-se que Pārśvanātha, "o Senhor Pārśva", tenha atingido a liberação cerca de duzentos e quarenta e seis anos antes de Vardhamāna Mahāvīra, o fundador "histórico" da religião jaina. Se tomarmos 526 a.C. como o ano em que o Senhor Mahāvīra alcançou o *nirvāṇa*[3], então 772 a.C. pode ser tido como o ano de Pārśvanātha. Segundo a lenda, ele viveu exatamente cem anos[4], tendo deixado sua casa aos trinta para se tornar um asceta, o que nos leva a concluir que nasceu por volta do ano 872 a.C. e deixou seu palácio em 842. Pārśvanātha é tido como o vigésimo terceiro da lendária série dos *Tīrthaṁkara*, havendo entrado no mundo oitenta e quatro mil anos após o *nirvāṇa* de Bhagavan Ariṣṭanemi, o vigésimo segundo desta longa linhagem espiritual. Sua vida, ou melhor, vidas – que seguem o paradigma típico das biografias ortodoxas dos santos jainas –, nos servirão de introdução às provações e vitórias do objetivo último e supremo da existência indiana: a liberação espiritual *(mokṣa)*. A biografia do Santo é oferecida como modelo para todos aqueles que desejam livrar-se da pesada carga do nascimento terreno.

Pārśvanātha vivia e reinava como Indra no décimo terceiro céu[5] quando chegou a hora de reingressar no mundo dos homens; desceu, então, ao ventre da rainha Vāmā, a formosa consorte do rei Aśvasena. Todos os que viram o menino tornar-se homem ficaram admirados com sua beleza e vigor; entretanto o que mais os surpreendia era sua indiferença aos interesses, prazeres e tentações do palácio. Nem o nobre trono de seu pai, nem os encantos femininos conseguiam prender sua atenção; tudo o que desejava era renunciar ao mundo. A família, a contragosto, consentiu que o príncipe partisse, e nesse momento os deuses desceram para celebrar "A Grande Renúncia". Num palanquim celestial eles o transportaram para a floresta onde fez seu voto de *sannyāsa*: a renúncia total do mundo, sinal de sua decisão irrevogável de aniquilar sua natureza mortal. Passaram-se os anos e os deuses desceram uma vez mais, agora porque Pārśvanātha havia alcançado a onisciência, tendo anulado seu *karman*. Dali em diante, como um

Tīrthaṁkara, um salvador em vida, ensinou e esteve entre os homens. E quando já havia cumprido sua missão na terra, à idade de cem anos, sua mônada vital separou-se de seu corpo terreno e se elevou ao teto do Universo onde, desde então, habita para sempre.

Eis, resumidamente, o relato da provável biografia desse antigo mestre – adornada com alguns detalhes mitológicos. Mas na Índia, pátria da reencarnação, uma só biografia não é suficiente: as vidas dos santos e salvadores são entremeadas com prelúdios – que podem se estender ao infinito – referentes às existências anteriores beatíficas, que seguem em geral um paradigma coerente. Mostram o herói espiritual primeiro em planos de existência e experiência inferiores – mesmo animais – desempenhando seu papel característico de ser magnânimo; acompanham gradualmente sua evolução (com períodos de bem-aventuranças entre vida e vida, quando residem em alguns dos céus tradicionais, colhendo as recompensas da virtude terrena) até que, tendo progredido através de muitos níveis de experiência, chega finalmente ao estado supremo de espiritualidade encarnada que distingue sua biografia histórica, real. Existem várias obras sobre os nascimentos anteriores atribuídos ao Buddha, e a lenda piedosa também inventou uma longa série para Pārśvanātha.

Uma das características mais marcantes nos relatos das vidas anteriores de Pārśvanātha é a ênfase colocada na oposição que ele recebia de um irmão obscuro, sua própria antítese. À medida que Pārśvanātha aumentava em virtude, seu irmão obscuro crescia em maldade, até que o princípio da luz, representado no *Tīrthaṁkara*, finalmente triunfou e, ainda, o próprio irmão foi salvo.[6] A inimizade entre ambos supõe-se ter começado na nona encarnação, anterior à última. Naqueles tempos eles haviam nascido como filhos de Viśvabhūti – primeiro-ministro de um certo rei pré-histórico chamado Aravinda – que numa ocasião se pôs a pensar: "Este mundo, com toda certeza, é transitório"; e, sem mais delongas, partiu em busca da emancipação, deixando para trás sua esposa, os dois filhos e uma grande fortuna. O filho mais velho, Kamaṭha, era irascível e astuto, enquanto o mais novo, Marubhūti, era eminentemente virtuoso (este, é óbvio, será Pārśvanātha em seu último nascimento).[7] Assim, quando certa vez o monarca teve de deixar seu reino para ir em campanha contra um inimigo distante, confiou a segurança do palácio ao mais jovem dos irmãos, Marubhūti; o maior, dominado por uma cólera doentia, seduziu a esposa de seu irmão. O adultério foi descoberto e quando o rei, ao voltar, perguntou a Marubhūti que castigo deveria ser imputado, o futuro *Tīrthaṁkara* aconselhou o perdão. O rei, porém, ordenou que o rosto do adúltero fosse pintado de preto e que o montassem de costas num burro; assim feito, foi levado por toda a capital e expulso do reino.

Privado da honra, lar, propriedades e família, Kamaṭha consagrou-se, em solidão, às austeridades mais extremas, não com o espírito humilde de renúncia ou contrição, mas com o objetivo de adquirir poderes sobre-humanos, demoníacos, com os quais pudesse perpetrar sua vingança. Marubhūti soube dessas penitências e pensou que seu irmão finalmente havia se purificado. Não obstante as advertências do rei, foi fazer-lhe uma visita desejando convidá-lo para voltar ao lar.

Encontrou Kamaṭha em pé – como costumava ficar dia e noite – mantendo no alto, com braços erguidos, uma enorme laje de pedra; por meio deste exercício doloroso superava os limites normais da debilidade humana. Mas quando o futuro *Tīrthaṁkara* inclinou-se a seus pés, em sinal de respeito, o perverso ermitão, ao ver aquele gesto de reconciliação, sentiu tanta raiva que atirou a grande pedra na cabeça de Marubhūti, matando-o no momento em que se curvava. Os ascetas do bosque da penitência, dos quais o monstro havia aprendido as técnicas de autopunição, expulsaram-no imediatamente de sua companhia, e ele procurou refúgio entre os membros de uma tribo selvagem dos *bhil*. Tornou-se um salteador e assassino e, no seu devido tempo, morreu após uma vida de crimes.

Esta estranha história monta o cenário para uma longa e complicada série de encontros, cheios de surpresas: casos tipicamente indianos de mortes e reaparecimentos, ilustrando a teoria moral do renascimento. O maldoso Kamaṭha passa por inúmeras formas paralelas, mas em sentido contrário àquelas de seu virtuoso irmão – que amadurece gradualmente –, e surge de tempos em tempos para repetir seu pecado de agressão, ao passo que Marubhūti, o futuro *Tīrthaṁkara*, conquista uma harmonia interior cada vez maior e adquire o poder de aceitar com equanimidade suas mortes consecutivas. Por conseguinte, esse irmão obscuro da lenda jaina, na realidade, está a serviço da luz – assim como Judas, no cristianismo, serve à causa de Jesus[8]. E do mesmo modo que o lendário suicídio de Judas, por enforcamento, é um paralelo da crucificação de seu Senhor, as quedas de Kamaṭha nos diferentes infernos subterrâneos indianos são um confronto às ascenções complementares de seu futuro salvador aos diversos níveis celestiais. Contudo, é importante assinalar que a concepção indiana de céu e inferno difere daquela aceita pelo cristianismo, pois a permanência do indivíduo nestes não é eterna. São, antes, estações de purgatório que representam graus de realização experimentados no caminho rumo à transcendência final de toda existência qualitativa. Daí que o obscuro irmão não esteja, como Judas, condenado eternamente pelo que fez ao Senhor e, ao final, será redimido de sua escravidão nas esferas da ignorância e da dor.

Embora Kamaṭha e Marubhūti tenham morrido, suas mortes não significam o fim de suas aventuras para esta série de contos. O bom rei Aravinda, a quem Marubhūti serviu como ministro após a morte de seu fiel conselheiro, sentiu-se impelido a abandonar o mundo e levar uma vida de ermitão, e a causa desta decisão foi um episódio relativamente insignificante. Sempre piedoso, planejava construir um santuário jaina, quando um dia avistou no céu uma nuvem que parecia um majestoso templo flutuando lentamente. Observando-o com enlevo, sentiu-se inspirado com a ideia de construir um templo naquela mesma forma. Apressou-se então em obter pincéis e tintas a fim de copiá-lo; mas quando olhou novamente, a forma já havia mudado. Uma ideia estranha lhe ocorreu: "Se o mundo não é mais que estados passageiros como este, como posso dizer que algo me pertence? De que adianta continuar na minha posição de rei?" Chamou seu filho, entregou-lhe o trono, deixou o reino e tornou-se um mendicante sem rumo, vagando solitariamente.

Foi assim que um dia, em meio a uma floresta cerrada, deparou com uma grande reunião de santos ocupados em suas práticas meditativas. Uniu-se a eles, e não se havia passado muito tempo quando um vigoroso elefante surgiu desembestado na direção dos penitentes. Diante do perigo, a maioria dos ermitãos se dispersou; Aravinda contudo ficou imóvel, embevecido, em profundo estado de contemplação. Descontrolado, o elefante avançou diretamente sobre o rei que meditava mas, ao invés de esmagá-lo, acalmou-se tão logo percebeu sua absoluta imperturbabilidade. Abaixando a tromba, inclinou-se sobre os enormes joelhos em sinal de obediência. "Por que insistes em praticar atos nocivos?" perguntou Aravinda. "Não há maior pecado que prejudicar outros seres. Tua encarnação sob esta forma é o resultado dos deméritos que adquiriste no momento de tua morte violenta. Abandona estes atos pecaminosos; começa novamente a praticar os votos; logo, uma condição feliz estará a tua espera."

A visão clara do mendicante havia percebido que o animal furioso era seu antigo ministro, Marubhūti. Em razão do caráter violento de sua morte e dos pensamentos aflitivos que foram albergados no instante da dor, o homem anteriormente piedoso estava agora nesta encarnação inferior de animal raivoso. Seu nome era Vajraghoṣa, "Voz troante do raio", e sua companheira era a antiga esposa de seu irmão adúltero. Ao ouvir a voz do rei a quem outrora havia servido, lembrou-se de sua encarnação anterior – que tinha sido sob forma humana –, jurou os votos de ermitão, recebeu as instruções religiosas aos pés de Aravinda e determinou-se a não realizar mais nenhum ato prejudicial. Dali em diante, o poderoso animal passou a comer uma quantidade pequena de ervas, apenas o suficiente para manter seu corpo e sua alma unidos; esta santa dieta, juntamente com um programa de austeridade, reduziram muito o seu peso tornando-o magro e tranquilo. Não obstante, em momento algum deixou de contemplar com devoção sincera aos *Tīrthaṁkara*, os "supremos" *(parameṣṭhin)*, agora serenos no zênite do Universo.

De quando em quando, Vajraghoṣa ia à margem de um rio próximo aplacar sua sede, e numa destas ocasiões foi morto por uma imensa serpente. Tratava-se de seu antigo irmão, o antagonista perene de sua trajetória, que, tendo morrido em completa iniquidade, reencarnara nessa forma malígna. A simples visão do santo paquiderme acercando-se tranquilamente do rio despertou o velho espírito de vingança, e a serpente o atacou. O veneno mortal percorreu como fogo sua pele solta e macilenta; mas, apesar da dor terrível, Vajraghoṣa não esqueceu seus votos de ermitão. Ele teve a morte chamada "a pacífica morte da renúncia absoluta", e nasceu imediatamente no décimo segundo céu como o deus Śaśi-prabhā, "Esplendor da Lua".

Desta forma, completa-se um pequeno ciclo de três vidas de santidade (humana, animal e celestial), combinadas com outras três do antagonista (humana, animal e infernal), pois tudo na vida dos irmãos resultava em contraste, até mesmo seu ascetismo. De fato, o vingativo Kamaṭha não havia adotado as rigorosas práticas para transcender, mas para garantir os projetos do ego, enquanto as do piedoso Vajraghoṣa representavam o espírito da autoabnegação absoluta.

Deve ser observado que Vajraghoṣa, aqui, é o modelo do devoto piedoso nas primeiras etapas da experiência religiosa – é o que no cristianismo se denomina "uma ovelha de Deus". Na Índia, entretanto, o ideal consiste em começar neste simples plano devocional, mas de maneira nenhuma permanecer nele; é por isto que as vidas do futuro *Tīrthaṁkara* continuam sua trajetória.

"Esplendor da Lua", divindade feliz, viveu entre os prazeres abundantes de seu céu durante dezesseis oceanos *(sagara)* de tempo, e mesmo ali não se descuidou das práticas regulares de atos piedosos. Renasceu, portanto, como um afortunado príncipe chamado Agnivega (Força de Fogo), o qual, após a morte de seu pai, subiu ao trono de seus domínios.

Um dia apareceu um sábio errante pedindo para conversar com o jovem rei; no encontro, ele discorreu sobre o caminho da liberação. Agnivega imediatamente sentiu que um sentimento religioso despertava em seu coração e, de chofre, o mundo perdeu para ele todos os seus encantos. Adotou as práticas monásticas de seu mestre e, por meio dos exercícios regulares de penitências gradativas, atenuou em si mesmo tanto o apego quanto a aversão pelas coisas mundanas, até que, por fim, tudo cedeu lugar a uma sublime indiferença. Retirou-se, então, para uma caverna no alto do Himalaia e ali, submerso na mais profunda contemplação, perdeu toda consciência do mundo exterior. Quando neste estado, foi novamente picado por uma cobra. O veneno ardia, mas ele não perdeu seu pacífico equilíbrio: deu as boas-vindas à morte e expirou numa atitude espiritual de excelsa submissão.

A cobra, é claro, era uma vez mais o inimigo de sempre que, após ter assassinado o elefante, desceu até o quinto inferno, onde passou por sofrimentos indescritíveis durante um período de dezesseis oceanos de tempo. Findados estes, retornou à terra, ainda sob a forma de serpente e, ao ver Agnivega, voltou a cometer o mesmo pecado. O rei ermitão, no instante preciso de sua morte, foi elevado à categoria de um deus – desta vez, por um tempo de vinte e dois oceanos. Mas a serpente desceu ao sexto inferno, onde os tormentos foram ainda maiores que os do quinto.

Mais uma vez um ciclo havia sido completado, abrangendo agora uma vida terrena e um intermédio celestial e infernal. O esquema tripartido do primeiro ciclo favoreceu a transformação terrena de um indivíduo, cujo centro de gravidade acabava de mudar do material para o espiritual. Com efeito, Marubhūti, o irmão virtuoso e ministro de confiança do rei, era um homem de temperamento nobre a serviço do Estado, ao passo que Vajraghoṣa começava uma vida especificamente santa. O elefante, embora em um plano que poderia ser considerado inferior ao de ministro de rei, era na verdade o primeiro passo de uma série superior. A morte repentina do homem político e o nascimento de um dócil e infantil elefante-ovelha de Deus simbolizam exatamente a crise que advém quando se passa por uma conversão religiosa. Esta crise inicia a série de passos poderosos que a alma dá em sua marcha ascendente; o primeiro passo é o da realização espiritual (como vimos no relato da vida de Agnivega, o rei ermitão); o segundo é o de *Cakravartin*, aquele que traz a paz sobre a terra; o terceiro é o de uma vida de santidade milagrosa, e o último dos passos é o de *Tīrthaṁkara*, que avança em direção ao teto transcendental do mundo.

E assim, este relato de transformações conta, mudando repentinamente as circunstâncias, como a rainha Lakṣmīvatī, a pura e adorável consorte de um rei chamado Vajravīrya (Aquele que tem o poder heroico do raio), teve numa única noite cinco sonhos premonitórios, pelos quais seu marido concluiu que algum deus estava por descer e nascer como seu filho. Ao cabo de um ano, ela deu à luz um varão, em cujo corpo belo e pequeno foram encontrados os sessenta e quatro sinais auspiciosos do *Cakravartin*. Foi chamado Vajranābha (Umbigo de diamante), destacou-se em todos os ramos do saber e a seu devido tempo começou a governar o reino. A roda do mundo *(cakra)*[9] figurava entre as armas de seu tesouro real sob a forma de um disco de força irresistível; com esta arma ele conquistou os quatro cantos do mundo, obrigando todos os outros reis a se inclinar ante seu trono. Ele também adquiriu as catorze joias sobrenaturais que são as marcas da glória do *Cakravartin*. E, embora rodeado pelo esplendor supremo, não esqueceu, nem mesmo por um dia, os preceitos da moralidade, continuando a reverenciar os *Tīrthaṁkara* e os preceptores jainas ainda vivos, realizando jejuns, orando, praticando os votos e inúmeros atos de misericórdia. Um ermitão de nome Kṣemaṅkara veio um dia à corte; então, o *Cakravartin*, ao ouvir as palavras agradáveis do santo homem, libertou-se de seu último apego ao mundo. Renunciou ao seu trono e à riqueza, e partiu com o propósito de praticar solitariamente as santas penitências, sem temer os alaridos dos elefantes, chacais e gnomos da floresta.

Mas seu velho inimigo havia retornado ao mundo, agora como um *bhil*, um homem das tribos selvagens da floresta. Em tempo oportuno, o caçador primitivo deparou com o local de meditação do antigo *Cakravartin*. A visão do santo em profunda meditação reacendeu uma vez mais seu ódio inveterado e, ao se lembrar de sua última encarnação humana, sentiu arder a paixão pela vingança; assim, colocou no arco sua flecha mais penetrante, mirou e disparou. Vajranābha morreu em paz, sereno, e ascendendo a uma das mais elevadas esferas celestiais – denominada Madhyagraiveyaka, situada no meio *(madhya)* do pescoço *(grīvā)* do organismo do mundo com forma humana[10] – tornou-se um *Aham*-Indra (Eu sou Indra)[11]; em contrapartida o *bhil* ao morrer, por causa de seus pecados vis e criminosos, desceu ao sétimo inferno, onde teve um novo período de incríveis tormentos.

A manifestação seguinte do futuro *Tīrthaṁkara* ocorreu na pessoa de um príncipe da família Ikṣvāku (casa reinante de Ayodhyā), cujo nome era Ānandakumāra. Sendo como outrora um perfeito jainista, adorador fervoroso dos *Tīrthaṁkara*, tornou-se Rei de reis num império extenso. Os anos se passaram. Estando um dia frente ao espelho, notou que seus cabelos embranqueciam. Sem delongas fez os preparativos necessários para que seu filho assumisse a coroa e logo ingressou na ordem dos ascetas jainas, abandonando o mundo. Seu preceptor desta vez era o grande sábio Sāgaradatta, sob cuja orientação (e graças a uma prática constante de todas as austeridades prescritas) adquiriu poderes sobre-humanos. Aonde quer que fosse, as árvores se inclinavam carregadas de frutos, não havia agruras nem sofrimentos, os lótus perfumavam as águas cristalinas dos lagos e os leões brincavam inofensivamente com as corças. Ānandakumāra passava o tempo meditando e, por milhas, a atmosfera em sua volta se enchia de paz. Animais e pássaros aproximavam-se dele sem medo nenhum. Um dia, porém, o santo de estirpe real foi atacado por um leão indômito (o velho inimigo) que o trucidou e devorou. Ānandakumāra acolheu a morte com absoluta tranquilidade. Renasceu no décimo terceiro céu como rei supremo dos deuses, Indra.

O futuro salvador permaneceu durante vinte oceanos de tempo lá, muito acima, entre mansões celestiais; não obstante, em completo domínio de si próprio como um verdadeiro jainista, praticando atos morais com ininterrupta concentração, desapegado dos sentidos e dos prazeres, havia alcançado tal desenvolvimento que resistia, até mesmo, aos deleites celestiais mais sutis. Prestava culto aos *Tīrthaṁkara*, que estavam muito acima dele, e dava aos deuses exemplo da luz da verdadeira fé. Na verdade, para estes, era mais um mestre espiritual e salvador do que um rei. Agora, era evidente, estava pronto para desempenhar o papel supremo de um salvador de deuses e homens. No entanto, deveria descer à terra mais uma vez e realizar sua última encarnação, que iria assinalar o ápice de seu progresso através do ciclo de nascimentos e mortes.

Conta-se que o Indra da morada Sudharma (o plano celeste mais próximo da terra) dirigiu-se a Kubera, o senhor dos gnomos, que controla todos os tesouros em joias e pedras preciosas escondidas nas montanhas, e lhe disse: "O Indra do décimo terceiro céu, muito acima de mim, logo descerá à terra e irá encarnar-se como filho do rei de Benares. Ele será o vigésimo terceiro *Tīrthaṁkara* da Índia. Alegra-te pois, e faze chover as Cinco Maravilhas sobre o reino de Benares e sobre o piedoso monarca e a fiel rainha que serão os pais do *Tīrthaṁkara*".

Assim foi anunciado o começo da encarnação (histórica em seus traços essenciais) que consideramos brevemente ao abrir este capítulo. Kubera, o rei dos gnomos, preparou-se para executar a ordem e, como resultado de suas diligências, todos os dias caíam do céu – durante os seis meses que precederam a descida do salvador Pārśvanātha ao ventre da rainha – nada menos que trinta e cinco milhões de diamantes, flores das árvores que atendem aos desejos nos jardins celestiais dos deuses, chuvas de águas límpidas de dulcíssima fragrância, sons divinos dos grandes tambores – as mui auspiciosas nuvens de chuva – e a doce música cantada pelas divindades do céu. O esplendor de Benares aumentou mil vezes e a alegria do povo não conhecia limites, pois tais são os presságios que sempre assinalam o início das cerimônias cósmicas sagradas que comemoram o aparecimento de um *Tīrthaṁkara* na terra. Junto com os deuses, o mundo inteiro se regozija e participa, glorificando cada evento sublime desta apoteose da mônada vital na sua trajetória rumo à perfeição, à onisciência e à liberação.

Em uma noite superlativamente auspiciosa, a adorável rainha Vāma teve catorze sonhos premonitórios e, tão logo o rei Aśvasena foi deles informado, compreendeu que seu filho seria um salvador – um *Cakravartin* ou um *Tīrthaṁkara*. A mônada pura desceu ao ventre real daquela que seria sua última mãe terrena, durante o benéfico mês primaveril chamado *vaiśākha*[12], em meio a comemorações celestiais; e assim que deu vida ao embrião que já estava há três meses no ventre (sendo este o momento da recepção de sua própria vida), os tronos de todos os Indra tremeram nos céus e a futura mãe sentiu o primeiro movimento de seu filho. As divindades desceram em carruagens palacianas aéreas e, entrando na cidade real, celebraram o primeiro *kalyāṇa*, "o acontecimento salutar da descida da mônada vital ao seu corpo material para vivificar o embrião" *(garbhakalyāṇa)*. Após as divindades terem conduzido o rei e a rainha aos seus respectivos tronos, verteram sobre eles água benta de um jarro de ouro, oferecendo suas preces ao grande ser em gestação; em Benares ecoou uma música sublime. As deusas mais eminentes do céu foram delegadas para cuidar da senhora grávida e, a fim de entretê-la, conversavam sobre os mais variados assuntos. Por exemplo, propunham-lhe questões enigmáticas, que a rainha, no entanto, solucionava sem dificuldade, pois trazia dentro de si o próprio conquistador da onisciência. Além disso, durante o período de sua gravidez abençoada, não sofreu dor nenhuma.

Quando seu filho nasceu, os tronos de todos os Indra tremeram e os deuses tiveram a certeza de que o Senhor havia visto a luz do dia. Com pompa, vieram celebrar o segundo *kalyāṇa*, "o acontecimento salutar do nascimento do Salvador" *(janmakalyāṇa)*. A criança, de formosa pele azul-negra[13], cresceu rapidamente tornando-se bela e robusta. Quando menino, gostava de viajar a cavalo ou sobre os dorsos fortes dos elefantes reais. Frequentemente divertia-se na água com os deuses aquáticos e, na floresta, com os deuses das árvores e colinas. Mas nestes jogos infantis, mesmo entregando-se a eles de corpo e alma, manifestava-se a doce pureza moral de sua natureza extraordinária. À idade de oito anos adotou e começou a praticar os doze votos fundamentais do dono de casa jaina, embora isso fosse coisa de adultos[14].

Ora, o avô materno de Pārśva era um rei chamado Mahīpāla que, ao morrer sua esposa, ficou tão desconsolado que renunciou ao trono e se retirou para o ermo a fim de praticar as disciplinas mais severas conhecidas nos bosques penitenciais. Entretanto, não havia o verdadeiro espírito de renúncia neste homem apaixonado. Era um exemplo daquele tipo arcaico de ascetismo cruel – centrado em si mesmo, embora apontando a fins elevados – que deveria ser superado pelo ideal jaina de compaixão e autorrenúncia. Com os cabelos emaranhados e uma tanga de pele de veado, cheio de paixão e de obscura ignorância, armazenando tremendas energias por meio de sofrimentos autoinfligidos, Mahīpāla andou de floresta em floresta, até que um dia chegou às vizinhanças de Benares, realizando um exercício espiritual particularmente difícil, conhecido como a penitência dos "Cinco Fogos"[15]. Foi aqui que encontrou acidentalmente seu neto, o belo infante de sua encantadora filha Vāmā.

O garoto, montado num elefante, vinha rodeado pelos seus colegas de folguedos. Haviam entrado animadamente na floresta, quando depararam com o velho eremita que, em austera solidão, tentava no meio dos fogos dominar suas paixões. Mahīpāla, já fora de si, reconheceu de imediato o príncipe e gritou: "Não sou eu o pai de sua mãe? Não nasci eu numa família ilustre? E não é verdade que tudo abandonei para me retirar à solidão? Não sou um anacoreta, praticando aqui as mais severas penitências possíveis? Que jovenzinho orgulhoso és tu, que não me saúdas como é devido?"

Pārśva e seus companheiros pararam atônitos.

O velho homem levantou-se, apanhou um machado e se dispôs a cortar uma enorme tora, sem dúvida para poder dar vazão a seu estado de espírito, mas, ostensivamente, também para obter combustível com o qual alimentar seu grande sistema de fogos. O rapaz gritou fazendo-o deter-se, explicando em seguida: "Nesse tronco vive um casal de serpentes; não as mate sem razão".

O ânimo de Mahīpāla não melhorou com este conselho peremptório. Virou-se e perguntou com seco escárnio: "Quem és tu?! Brahmā?! Viṣṇu?! Śiva?![16] Percebo que podes ver tudo, não importa onde as coisas estejam". Ergueu seu machado e deliberadamente descarregou-o contra o tronco. A tora partida deixou à vista duas serpentes esmagadas ao meio.

O coração do rapaz sangrou ao ver as duas criaturas que se retorciam moribundas. "Não sentes compaixão? Avô, tu não sabes nada. Essas austeridades que praticas são absolutamente inúteis."

Mahīpāla, em vista disso, perdeu todo o controle. "Já sei, já sei, já sei" – gritava – "tu és um sábio, um grande sábio. Mas eu sou teu avô. Além disso, sou um ermitão. Pratico a penitência dos Cinco Fogos. Durante dias fico sobre uma só perna com os braços levantados. Passo fome, sede e quebro meu jejum apenas com folhas secas. Obviamente, é de esperar que um garoto como tu considere as austeridades de seu avô tolas e infrutíferas!"

O pequeno príncipe respondeu com voz firme, mas em tom suave e doce: "O espírito da inveja infesta todas as tuas práticas, e diariamente matas animais com teus fogos. Causar dano a outros, por menor que seja o dano, é cometer grande pecado; e, ainda, mesmo pecados menores acarretam, como consequência, grandes sofrimentos. Tuas práticas, divorciadas que estão do conhecimento correto, são tão vazias quanto a casca separada de seu grão. Abandona essa absurda autotortura; segue o caminho dos *Tīrthaṁkara* e executa ações justas com fé e conhecimentos corretos, pois este é o único caminho da emancipação".

Então o Senhor Pārśva entoou um hino às serpentes moribundas e elas expiraram pacificamente em sua presença. Ele retornou ao palácio e as serpentes – após morte tão meritória – renasceram de imediato no mundo subterrâneo: o macho era agora Dharaṇendra, "o senhor da Terra" (a serpente cósmica, Śeṣa, que sustenta a terra com sua cabeça), e a fêmea, Padmāvāti (a deusa Lakṣmī). Ambos desfrutaram ilimitada felicidade.

O velho e mal-humorado Mahīpāla – agora cabe dizê-lo – não era outro senão o perverso irmão. Como leão, havia matado e comido o salvador no final de sua encarnação anterior e, em consequência, foi atirado aos horrores do quinto inferno onde permaneceu durante dezessete oceanos de tempo. Depois, por um período de três oceanos de tempo, passou um certo número de encarnações na forma de quadrúpede, sendo que na última delas fez alguns atos meritórios e, em recompensa, renasceu como este homem bruto. Todavia, as palavras do neto foram estéreis e o ermitão continuou com aquelas práticas improdutivas até sua morte.

O príncipe atingiu a adolescência; ao chegar à idade de dezesseis anos seu pai quis arrumar-lhe uma noiva, mas o jovem rejeitou a ideia. "Minha vida" – disse – "não deverá ser tão longa quanto a do primeiro *Tīrthaṁkara*, o Senhor Ṛṣabha; deverei viver apenas cem anos. Dezesseis de minha breve vida já se foram em jogos infantis e, quando completar os trinta, ingressarei na Ordem. Por que então deveria casar-me por um período tão curto, esperando conhecer alguns prazeres que, afinal, são todos imperfeitos?"

O rei compreendeu. Seu filho estava se preparando para a Grande Renúncia; qualquer esforço para detê-lo seria inútil.

Em seu coração o jovem pensou, agora colmado pelo espírito de renúncia: "Por muitos anos desfrutei do estado de Indra; mesmo assim o desejo de prazer não foi aplacado. De que servem umas poucas gotas de água terrena para quem não se satisfez com um oceano de ambrosia? O desejo de prazer só é aumentado pelo gozo, assim como a virulência do fogo o é pela adição de combustível. Os prazeres são, sem dúvida, agradáveis momentaneamente, mas suas consequências são maléficas, pois para satisfazer os apetites dos sentidos somos forçados a entrar nos reinos da dor, desconsiderando os mandamentos morais e nos entregando aos piores vícios. Daí ser a alma compelida a migrar de nascimento em nascimento entrando, até mesmo, no reino das bestas e passando pelas esferas dos sofrimentos infernais. Portanto, não desperdiçarei mais anos da minha vida na busca vã do prazer".

Então, o futuro *Tīrthaṁkara* começou a praticar as "Doze Meditações", e observou que o ciclo de existências não tem princípio, é doloroso e impuro, e que o Eu só tem a si mesmo como amigo. Os tronos de todos os Indra tremeram nos céus, os deuses desceram para celebrar o terceiro *kalyāṇa*, "o salutar acontecimento da Renúncia" *(sannyāsakalyāṇa)*, e dirigindo-se ao jovem salvador disseram: "O mundo dorme profundamente, envolto numa nuvem de ilusão. Deste sono não despertará a não ser pelo chamado luminoso de teu ensinamento. Tu, o iluminado, aquele que desperta a alma arrogante, és o Salvador, o grande Sol perante quem são insignificantes as palavras de tênue luz de meros deuses como nós. Deves fazer agora o que vieste fazer: assumir os votos, anular o inimigo *karman*, dissipar a escuridão da ignorância e abrir o caminho para a beatitude". Assim dizendo, espalharam flores celestiais aos seus pés.

Quatro Indra desceram junto com seus séquitos; trombetas angelicais soavam; ninfas celestes cantavam e dançavam; então as divindades aclamaram: "Vitória ao Senhor!" e o Indra do céu, Sudharma, conduziu Pārśva a um trono que aparecera milagrosamente. Assim como um monarca no ponto culminante do cerimonial de "Vivificação do rei" *(rājasūya)* é consagrado com uma aspersão de água, do mesmo modo Pārśva o foi com um elixir do divino Oceano Lácteo, derramado com um jarro de ouro. Garrido com sublimes enfeites, ele voltou junto aos pais, despedindo-se e consolando-os com palavras amorosas. Logo, os deuses conduziram-no para a floresta num palanquim celestial. O cortejo se deteve à sombra de uma certa árvore e Pārśva, descendo do palanquim, ficou ao lado de uma laje de pedra. A agitação da multidão foi diminuindo à medida que ele, com suas próprias mãos, começou a tirar os enfeites e vestimentas que cobriam seu corpo. Quando ficou completamente desnudo, a renúncia encheu seu coração. Virou para o norte e, com as mãos unidas, se curvou em honra aos Emancipados; havia se libertado dos desejos. Arrancou cinco fios de cabelo de sua cabeça e os deu a Indra. O deus os aceitou e, retornando ao céu, atirou-os reverentemente no Oceano Lácteo. Assim, durante o primeiro quarto do décimo primeiro dia de luar do mês de *pauṣa* (dezembro-janeiro), o salvador assumiu seus últimos votos. Em pé, numa rígida postura, jejuando com absoluta firmeza e observando cuidadosamente as vinte e oito regras primárias e as noventa e quatro secundárias da Ordem, Pārśva tomou posse daquilo que se chama conhecimeto *manaḥparyāya*: o conhecimento dos pensamentos de outrem. Leões e corças brincavam juntos ao seu redor, e em todas as partes da floresta reinava a paz.

Porém, a grande meta não seria obtida sem que mais um incidente ocorresse, porque o antagonista ainda iria dar seu último golpe. Certa feita, enquanto o salvador permanecia em pé, imóvel, absorto em meditação, a carruagem de um deus da ordem luminar, chamado Saṁvara[17], repentinamente deteve sua viagem pelo éter – pois nem mesmo um deus pode passar pelo resplendor de um santo da magnitude de Pārśva, absorvido em contemplação. Com seu saber clarividente, Saṁvara compreendeu o que havia ocorrido, e logo percebeu que o santo era Pārśvanātha.

O personagem do carro não era outro que o velho antagonista, agora na forma de uma divindade menor em decorrência dos poderes obtidos pelas penitências do velho Mahīpāla. Contrariado, o deus decidiu então retomar sua antiga batalha utilizando, desta vez, as forças sobrenaturais que já dominava. Assim, fez baixar uma densa e terrível escuridão produzindo magicamente um ciclone uivante. As árvores voaram pelos ares em pedaços. A terra se partiu fazendo um grande ruído, os altos picos despencaram transformando-se em pó, uma chuva torrencial caiu. Ainda assim, o santo permaneceu imóvel, sereno, absolutamente imerso em meditação. O deus, furibundo, tornou-se horrendo: a cara negra, a boca vomitando fogo e, como o deus da morte, colocou em seu pescoço um colar de cabeças humanas. Lançou-se em direção a Pārśva como um raio na noite e gritou ferozmente: Matar, matar! Contudo, o santo nem se moveu.

Todo o domínio subterrâneo da serpente que sustenta a terra começou a tremer e o grande Dharaṇendra, "rei da Terra", disse à sua consorte, a deusa Padmāvatī: "O compassivo Senhor, a cujo doce ensinamento na hora de nossa morte devemos o atual esplendor, está em perigo". Os dois subiram, fizeram um gesto em sinal de obediência ao Senhor, que não se apercebera de sua chegada, e, ladeando-o, alongaram suas formas prodigiosas formando um escudo: nenhuma gota da fortíssima chuva tocou seu corpo. As aparições foram tão grandes e tão extraordinárias que o deus Saṁvara voltou a sua carruagem e fugiu.[18]

Então Pārśva quebrou um a um os grilhões de seu *karman* e ficou absorto na Contemplação Branca, na qual são dissolvidos os últimos e mais tênues traços do desejo humano que procura obter vantagens. Durante o auspicioso décimo quarto dia da Lua minguante do mês de *caitra* (março-abril), quebrou o último dos sessenta e três laços associados aos quatro modos do *karman* destrutivo, e o salvador universal atingiu a pura onisciência. Ingressara no décimo terceiro estágio do desenvolvimento psíquico: estava "liberto ainda que encarnado". A partir daquele instante, cada partícula do Universo estava ao alcance de sua mente.

Seu principal apóstolo, Svayambhu, pediu respeitosamente que o *Tīrthaṁkara* ensinasse ao mundo; os deuses prepararam um salão de reuniões de doze compartimentos, chamado "congregação" *(samavasaraṇa)*, no qual havia um lugar atribuído a cada espécie de criatura. Enormes multidões se achegaram, e o compassivo Senhor Pārśva deu sua instrução purificadora a todos, sem fazer distinção, em oposição estrita ao procedimento dos brâmanes. Sua voz tinha um timbre misteriosamente divino. O supremo Indra desejava que ele pregasse a verdadeira religião até mesmo nas partes mais distantes da Índia. Ele consentiu em fazê-lo. Aonde quer que fosse, uma "congregação" era erguida e imediatamente lotada.

Saṁvara pensou: "Será que realmente o Senhor é uma fonte tão infalível de Felicidade e Paz?" Por isto, foi a uma das grandes reuniões a fim de escutar o salvador. Pārśva pregava e, de repente, aquele espírito de hostilidade que havia persistido por tantas encarnações foi apaziguado. Abatido pelo remorso, Saṁvara jogou-se aos pés de Pārśvanātha soltando um grito. O *Tīrthaṁkara*, inesgotável em sua bondade, consolou aquele que havia sido seu inimigo nascimento após nascimento. A mente de Saṁvara, pela graça de seu irmão, abriu-se para a visão correta e, deste modo, foi colocado no caminho da liberação. Junto com ele, setecentos e cinquenta ascetas, que obstinadamente haviam se devotado às penitências cruéis – infrutíferas, segundo a concepção jaina – abandonaram suas práticas inúteis e adotaram a fé do *Tīrthaṁkara*.

Pārśvanātha ensinou durante sessenta e nove anos e onze meses; finalmente, tendo pregado por todas as terras da Índia, chegou ao monte Sammeda[19]. Até então, ele estivera no segundo estágio da contemplação. Passava agora para o terceiro. Transcorreu um mês e ele continuava absorto.

O período de vida humana do *Tīrthaṁkara* estava próximo do fim. Quando dela nada mais restava do que o suficiente para pronunciar as cinco vogais, Pārśvanātha entrou no quarto estágio de contemplação. Setenta anos antes, seus *karman* destrutivos haviam sido anulados e agora os oitenta e cinco laços associados com os quatro modos do *karman* não destrutivo foram aniquilados. Isto aconteceu no sétimo dia da Lua minguante de *śrāvaṇa* (julho-agosto) e o Senhor Pārśva imediatamente passou à sua liberação final. Sua mônada vital ascendeu à Siddha-śīla, a região pacífica de bem-aventurança eterna no topo do Universo, enquanto seu cadáver repousou no cume do monte sagrado.

Encabeçados pelos vários Indra, os deuses desceram para celebrar o quinto e último *kalyāṇa*: "o acontecimento salutar da Liberação" *(mokṣa-kalyāṇa)*.

Colocaram os restos mortais num palanquim de diamante e, prestando-lhe reverente culto, derramaram sobre seu corpo sagrado substâncias aromáticas e curvaram-se em sinal de obediência. Então, da cabeça do deus Agni-kumāra (o jovem príncipe do Fogo) surgiu uma chama de fogo celestial e o corpo foi consumido. Os deuses, após a cremação, esfregaram seus peitos e cabeças com as cinzas sagradas, marchando então rumo às suas moradas supremas, com cantos e danças triunfantes.

Até hoje, o monte Sammeda é conhecido como Colina de Pārśvanātha, para fazer lembrar a existência do vigésimo terceiro *Tīrthaṁkara* jaina, que ali obteve sua liberação e dali partiu para a Siddha-śīla, para nunca mais voltar.

2. Imagens Jainas

Existem várias correspondências bem próximas entre a lenda da última vida de Pārśvanātha e a biografia do Senhor Buddha. Além disso, certas imagens de Buddha, que o mostram protegido por uma serpente, dificilmente podem ser distinguidas daquelas do *Tīrthaṁkara* jaina. Sem dúvida, as duas religiões compartilham uma tradição comum. Os nascimentos dos dois salvadores são muito parecidos, tal como os relatos sobre o maravilhoso conhecimento que possuíam quando crianças. Os áugures predisseram para ambos a missão de um *Cakravartin* ou de um redentor do mundo. Os dois cresceram como príncipes, mas deixaram os palácios de seus pais para irem à floresta em busca de experiências semelhantes de autorrealização ascética, e nos episódios culminantes destas biografias – a conquista da liberação – o ataque de Saṁvara a Pārśvanātha corresponde ao de Māra, o deus do desejo e da morte, contra o meditativo Gautama Śākyamuni.

Diz a lenda que, quando o futuro Buddha sentou-se sob a árvore Bo, no Lugar Imutável, o deus, cujo nome é ao mesmo tempo Māra (Morte) e Kāma (Desejo),[20] desafiou-o procurando tirá-lo de seu estado de enlevo. Sob o aspecto de Kāma, fez aparecer ante o salvador meditativo a maior distração do mundo representada por três deusas tentadoras acompanhadas de seus séquitos; não conseguindo obter o resultado habitual, recorreu ele à espantosa forma de Māra. Com um enorme exército procurou aterrorizar e até mesmo matar o Buddha causando poderosos vendavais, temporais, chuvas de pedras flamejantes, de armas, cinzas ardentes, areia, lama incandescente e, por fim, uma escuridão imensa. O futuro Buddha, porém, continuou impávido. Ao entrarem na esfera de sua contemplação, os projéteis convertiam-se em flores preciosas . Māra arremessou então um disco afiadíssimo, que imediatamente se transformou num dossel florido. Por último, o deus questionou o direito do Bem-aventurado de ali estar, sentado ao pé da árvore Bo, naquela posição imóvel; frente a isto, o futuro Buddha tocou a terra com a ponta dos dedos de sua mão direita, e ela trovejou testemunhando: "Concedo-lhe esse direito!", ao que se ouviram centenas, milhares, centenas de milhares de rugidos da terra. O exército de Māra se dispersou e os deuses de todos os céus desceram com grinaldas, perfumes e outras oferendas em suas mãos.

Naquela noite, enquanto choviam flores vermelhas da árvore Bo sob a qual estava sentado, o salvador adquiriu em sua primeira vigília o conhecimento de suas existências anteriores; durante a vigília intermediária, o olho divino e, na última, a compreensão das origens interdependentes. Agora ele era o Buddha. Os dez mil mundos tremeram doze vezes, até as costas do oceano. Flâmulas e estandartes surgiram pelos quatro cantos. Lótus brotavam em todas as árvores e o sistema de dez mil mundos era como um ramalhete de flores que girava no espaço.[21]

É óbvio que esta vitória final em muito se assemelha à de Pārśvanātha, com exceção da serpente, "senhor da Terra", que não figura no relato. Em seu lugar, é a própria Terra que defende o herói. A lenda budista prossegue narrando que o Bem-aventurado, após sua grande conquista, sentou-se de pernas cruzadas durante sete dias sob a árvore Bo, desfrutando da beatitude da liberação. Depois andou até a árvore *banyan*, árvore do Pastor de Cabras, onde permaneceu por mais sete dias. Em seguida, dirigiu-se para a árvore chamada Mucalinda, nome da imensa serpente que habitava suas raízes. Estando o Buddha absorto na bem-aventurança da iluminação, volumosas nuvens negras surgiram no céu, um vento frio se pôs a uivar e a chuva começou a cair. "Então, de sua morada, apareceu Mucalinda, o rei-serpente, que, envolvendo sete vezes com seus anéis o corpo do Bem-aventurado e protegendo-lhe a cabeça, disse: 'Que nem frio nem calor, nem moscas ou mosquitos, nem vento, sol ardente ou criaturas rasteiras possam se aproximar do Bem-aventurado!' Decorridos sete dias, Mucalinda, o rei-serpente, percebeu que as nuvens e as tempestades tinham se dissipado. Logo se desenrolou do corpo do Bem-aventurado, mudou sua aparência pela de um jovem e, levando as mãos unidas à testa, prestou reverência."[22]

Não é possível reconstruir com precisão o vínculo entre as versões jainas e budistas. É provável que ambas provenham de um fato bastante simples: quando os seguidores entusiastas das duas religiões começaram a empregar artesãos para esculpir imagens de seus salvadores, os principais modelos das novas obras de arte deveriam proceder dos protótipos indianos mais antigos, entre os quais, os mais importantes eram os *yakṣa* e os *nāga* – exemplos do sábio ser supra-humano, dotado de intuição e poder milagrosos e que figurava destacadamente no culto doméstico da Índia, desde os tempos mais remotos. Popularmente, eram considerados gênios protetores e doadores de prosperidade. Suas formas aparecem em todas as portas e na maioria dos santuários locais. Os *yakṣa* (espíritos da terra e da fertilidade) são representados por robustas figuras humanas em pé, enquanto os *nāga* (gênios semi-humanos serpentinos), embora frequentemente também apareçam sob a forma humana, têm, em geral, a cabeça protegida por um gigantesco capuz de serpentes.[23]

Quando os artesãos – que durante séculos haviam produzido imagens para atender às necessidades gerais do culto doméstico indiano – acrescentaram em seus catálogos as figuras dos salvadores religiosos Pārśva e Buddha, eles fundamentaram suas concepções nas formas antigas, ora suprimindo, ora conservando os atributos sobre-humanos serpentinos. Estes sinais característicos do ser sobrenatural parece terem proporcionado o modelo do halo budista de épocas mais recentes; e não é nada improvável que as lendas de Dharaṇendra e Mucalinda viessem a existir, simplesmente, como explicações posteriores da combinação entre as figuras da serpente e do salvador encontradas nas imagens tanto jainas quanto budistas.

A versão jaina da lenda é mais dramática que a budista e confere à serpente um papel de maior importância. Ainda mais notáveis são aquelas imagens jainas de Pārśvanātha, que o representam com duas serpentes saindo de seus ombros: isto indica uma certa conexão com a antiga arte da Mesopotâmia e sugere a grande antiguidade dos símbolos incorporados ao culto jaina. No Oriente Próximo, após o período dos ensinamentos de Zoroastro (início do primeiro milênio a.C.), quando o panteão persa foi sistematizado com o significado de forças do bem (celestes) contra as forças maléficas (terrestres), a serpente foi classificada entre estas últimas. E, como tal, não a encontramos apenas na Bíblia dos hebreus, no papel de Satã, mas também na arte e na lenda persas posteriores sob a figura de Daḥḥāk, o grande tirano malvado do poema épico medieval Shāhnāmah (1010 d.C.), cujo autor foi Firdausī. Neste último papel, a figura apresenta forma humana com serpentes saindo de seus ombros[24], assemelhando-se em muito à do irmão maligno de Pārśvanātha.

As imagens do primeiro dos vinte e quatro *Tīrthaṁkara*, Ṛṣabhanātha, que supostamente viveu e ensinou no passado pré-histórico mais remoto, oferece uma visão tipicamente jaina do santo perfeito, livre da escravidão mundana por estar absolutamente purificado dos elementos do *karman* que maculam e deformam nossas vidas humanas normais. Uma dessas esculturas pertence ao século 11, 12 ou 13 de nossa era e foi talhada em alabastro – material preferido para representar o estado de luminosidade dos *Tīrthaṁkara*, pois sugere muito bem a transparência de um corpo purificado da opacidade da matéria tangível. Por meio de penitências e abstenções prolongadas, o santo jaina se purga sistematicamente não apenas de suas reações egoístas, mas também de sua natureza biológica e, assim, diz-se que seu corpo é "de uma extraordinária beleza e de uma fragrância milagrosamente pura. Não está sujeito às doenças, ao suor e às impurezas originadas do processo de digestão"[25]. É um corpo semelhante ao dos deuses, que não se alimentam de comida grosseira, não transpiram e nunca se fatigam. "O alento dos *Tīrthaṁkara* é como a fragrância dos lírios aquáticos; seu sangue é branco como o leite fresco da vaca." Daí terem a cor do alabastro e não o amarelo, encarnado ou escuro, como o têm as pessoas em cujas veias corre o sangue vermelho. "E sua carne não tem cheiro de carne."

Tudo isso se expressa por intermédio do material e da postura daquela estátua jaina do primeiro salvador. A pedra é brilhante e branca como leite, enquanto a rígida simetria e a completa imobilidade da posição lhe conferem um ar de alheamento espiritual. Um *Tīrthaṁkara* é representado, de preferência, sentado numa postura de *yoga*, ou em pé, numa atitude de "desprender-se do corpo" (*kāyotsarga*): rígido, ereto e imóvel, com os braços firmes para baixo, os joelhos rijos e os pés paralelos. O protótipo físico de tal super-homem é comparável ao corpo de um leão: peito e ombros poderosos, quadris estreitos, nádegas felinas esguias, abdome reto como uma coluna e os dedos – das mãos e dos pés – fortes, longos e bem formados. O peito é largo e de linhas suaves, aberto e sem a menor cavidade, mostrando o efeito dos exercícios respiratórios prolongados, praticados segundo as regras do *yoga*. Tal asceta é denominado "herói" *(vīra)*, pois ele conseguiu a vitória humana suprema; este é o sentido do título de Mahāvīra, "o grande *(mahānt)* herói *(vīra)*, que foi conferido a Vardhamāna, o vigésimo quarto *Tīrthaṁkara*, contemporâneo de Buddha. O santo também é chamado Jina, o "vencedor", e seus discípulos, portanto, jainistas, os "seguidores (ou filhos) do vencedor" .

Antigamente, os monges jainas andavam completamente nus, tendo se despojado de todas as marcas de casta e sinais tipificadores que pertencem à essência das vestes indianas e indicam o envolvimento, daqueles que as usam, na teia da escravidão humana. Posteriormente, no período de Mahāvīra, muitos começaram a usar vestido branco como uma concessão ao decoro, e se autointitularam *śvetāmbara*, "aqueles cuja vestimenta *(ambara)* é branca *(śveta)*". Esta vestimenta denotava seu ideal de uma pureza alabastrina e, dessa maneira, não se distanciavam muito do costume heroico dos conservadores, que continuavam a chamar a si mesmos de *digambara*, "aqueles cuja vestimenta *(ambara)* é o elemento que preenche as quatro regiões do espaço *(diś)*".[26] Por isso, os *Tīrthaṁkara* ora são representados nus, ora vestidos de branco. Ṛṣabhanātha, na imagem de alabastro acima referida, veste um manto fino de seda cobrindo seus quadris e pernas.

Porém, na iconografia jaina, surge um problema especial em virtude da drástica pureza do ideal do *Tīrthaṁkara*. Não é permitido ao escultor trair o sentido de sua representação alternando, de uma maneira ou de outra, o perfeito isolamento e a ausência de particularidades que caracterizam os seres liberados. As mônadas vitais puras devem ser representadas sem falhas. Como então poderá o devoto distinguir dentre os "vencedores" um do outro, já que todos – tendo transcendido a esfera do tempo, da mudança e dos caracteres específicos – são tão parecidos quanto gotas d'água? A solução deste problema foi simples: prover cada imagem de um emblema que remetesse ao nome ou a algum detalhe distintivo da legenda do *Tīrthaṁkara* correspondente. É por este motivo que a estátua de Ṛṣabhanātha – literalmente "senhor *(nātha)* touro *(ṛṣabha)*" – mostra um pequeno zebu macho sob os pés do salvador. O efeito de uma tal conjugação, em contraste dramático com as figuras que o ladeiam – reminiscências do mundo e da vida de onde o *Tīrthaṁkara* se retirou – confere maior ênfase ao desapego majestoso da figura perfeita, absolutamente independente e equilibrada do santo, em seu isolamento triunfante. A imagem do liberado não parece estar animada, tampouco inanimada, mas imersa numa calma intemporal singular. É humana em sua forma e traços, porém tão inumana quanto um pingente de gelo; deste modo, transmite com perfeição a ideia de haver se retirado triunfantemente do ciclo da vida e da morte, dos cuidados pessoais, do destino individual, dos desejos, dores e do suceder dos acontecimentos. Como uma coluna feita de substância não terrena, o *Tīrthaṁkara* – "Autor da travessia", aquele que desbrava o caminho cruzando o rio do tempo rumo à liberação e beatitude finais da outra margem – ergue-se divinamente imóvel, absolutamente despreocupado das multidões de exultantes devotos que se aglomeram a seus pés.

Em Śravaṇa Beḷgoḷa, no distrito de Hāsan, Mysore, há uma figura colossal desse tipo, erguida por volta do ano 983 d.C. a pedido de Cāmuṇḍarāya, ministro do rei Rājamalla da dinastia Gaṅga. Foi talhada numa formação rochosa vertical em forma de agulha, um prodigioso monólito, no topo de uma colina que fica cento e vinte metros acima da cidade. A imagem ultrapassa os dezessete metros de altura e tem perto de quatro metros nos quadris, sendo, pois, uma das maiores esculturas do mundo sustentada sem auxílio de qualquer estrutura. Os pés descansam sobre uma plataforma baixa. As videiras que sobem pelo corpo do salvador referem-se a um episódio da biografia de Gommaṭa (também chamado Bahūbali, "braço forte"), filho do primeiro *Tīrthaṁkara*, Ṛṣabhanātha. Conta-se que permaneceu nesta postura de *yoga* sem se mover durante um ano. As videiras cresceram alcançando seus braços e ombros, formigueiros nasceram ao redor de seus pés, entretanto, ele se manteve como uma árvore ou rocha do deserto. Até hoje, toda a superfície da estátua é ungida a cada vinte e cinco anos com manteiga derretida, por isso parece nova e conserva-se limpa.

Segundo uma lenda, esta imagem remonta a uma época muito anterior ao ano de 983 de nossa era, mas durante séculos havia sido esquecida por ignorar-se onde estava. Conforme esta tradição, Bharata, o primeiro dos *Cakravartin* míticos da Índia[27], foi quem a erigiu; Rāvaṇa, o fabuloso caudilho dos demônios do Ceilão*, prestou-lhe culto e, quando os homens não mais se lembraram dela, ficou coberta pela terra. Esta mesma lenda nos diz que Cāmuṇḍarāya, ao ser informado de sua existência por um mercador viajante, fez ao lugar sagrado uma peregrinação com sua mãe e alguns companheiros. Lá chegando, uma divindade terrena feminina, a *yakṣinī* Kuṣmāṇḍī, que havia sido uma servidora do *Tīrthaṁkara* Ariṣṭanemi, manifestou-se e mostrou o lugar oculto. Então Cāmuṇḍarāya, com uma flecha de ouro, abriu a colina e a enorme figura pôde ser vista. A terra foi removida, e contrataram-se artesãos para limpar e restaurar a imagem.[28]

Os emblemas dos *Tīrthaṁkara* são os seguintes: 1. Ṛṣabha, um touro; 2. Ajita, um elefante; 3. Śambhava, um cavalo; 4. Abhinandana, um macaco; 5. Sumati, uma garça; 6. Padmaprabha, um lótus vermelho, 7. Supārśva, uma cruz gamada; 8. Candraprabha, a Lua; 9. Suvidhi, um delfim; 10. Śītala, o sinal chamado *śrīvatsa*, no peito; 11. Śreyāṁsa, um rinoceronte; 12. Vāsupūjya, um búfalo; 13. Vimala, um porco; 14. Ananta, um falcão; 15. Dharma, um raio; 16. Śānti, um antílope; 17. Kunthu, uma cabra; 18. Ara, um diagrama chamado *nandyāvarta*; 19. Malli, um jarro; 20. Suvrata, uma tartaruga; 21. Nami, um lótus azul; 22. Ariṣṭanemi, uma concha[29]; 23. Pārśva, uma serpente; 24. Mahāvīra, um leão.

* Atual Sri Lanka.

A posição ereta em que geralmente se encontram possui a rigidez característica da marionete, indicando o estado profundo de êxtase em que estão submersos. Esta postura é chamada "desprendimento do corpo" *(kāyotsarga)*. A modelagem evita os detalhes, mas isto não faz com que resulte liso nem incorpóreo. O salvador não tem peso, nele não palpita a vida nem qualquer promessa de prazer, e, contudo, é um corpo, uma realidade etérea em cujas veias corre leite ao invés de sangue. Os espaços vazios intencionalmente deixados entre os braços e o tronco, e entre as pernas, visam destacar o esplêndido isolamento da figura sobrenatural. Não há um contorno surpreendente, nem traços individuais interessantes, tampouco um perfil proeminente, mas sim uma tranquilidade mística, uma serenidade anônima , que nem sequer somos convidados a compartilhar. A nudez está tão distante da sensualidade como o estão as estrelas ou as pedras. Na arte indiana, a nudez não tem por objetivo sugerir quer seja o encanto sensual (como nas imagens gregas de ninfas e Afrodites), quer seja o ideal de uma perfeita masculinidade corporal e espiritual desenvolvida por meio de competições esportivas (como nas estátuas gregas dos jovens atletas, vencedores dos jogos sagrados de Olímpia e de outras partes). A nudez das deusas indianas é a da fértil e indiferente Mãe Terra, enquanto a dos rígidos *Tīrthaṁkara* é etérea. Feita de alguma substância que não provém do ciclo da vida, nem se relaciona com ele, a verdadeira estátua jaina "vestida de céu" *(digambara)* expressa o isolamento perfeito daquele que se libertou de todo e qualquer vínculo. É um absoluto que "permanece em si mesmo", um desapego estranho porém total, uma nudez majestosamente fria em sua simplicidade pétrea, rígidos contornos e abstração de linhas.

A forma da imagem do *Tīrthaṁkara* é como uma bolha: à primeira vista sua atitude inexpressiva parece um pouco primitiva – simplesmente parado em pé sobre suas pernas – mas, na realidade, é um trabalho muito consciencioso e bastante complexo, pois evita todos os traços dinâmicos, exuberantes e vitoriosos da arte hindu contemporânea, tal como podemos apreciá-la nas maravilhosas e vitais esculturas de Elūrā, Bādāmī e outros lugares. O santo e o artista jaina, como se protestassem, ignoram deliberadamente a infatigável vitalidade tanto dos deuses indianos quanto de suas míticas configurações cósmicas. Por meio do silêncio transparente do alabastro revela-se a grande doutrina que abre passagem em direção ao eterno, o caminho jaina para escapar da multiplicidade universal de tentações e ilusões.[30]

É importante ter em mente que os *Tīrthaṁkara* e suas imagens pertencem a uma esfera totalmente diferente daquela dos cultos ortodoxos hindus. Os deuses hindus que habitam os céus transcendidos por Pārśvanātha são ainda acessíveis à oração humana; em contrapartida, a liberação suprema alcançada pelos *Tīrthaṁkara* os coloca além de qualquer apelo terrestre. Não é possível tirá-los jamais de seu eterno isolamento. Superficialmente, seu culto pode assemelhar-se ao das divindades indianas, que não só atendem às orações dos homens, mas também condescendem em manifestar-se nas imagens inanimadas dos templos – como se estas fossem seu trono ou assento *(pīṭha)*[31] – em resposta aos ritos consagratórios que as conjuram. Os jainistas guardam profundo respeito pelas estátuas dos *Tīrthaṁkara* e contam lendas acerca de suas origens miraculosas; entretanto, a atitude não é exatamente aquela de adoração. A seguir, narraremos a história sobre o Senhor Pārśva em sua penúltima vida terrena; nela vamos encontrar a chave da natureza peculiar à atitude jaina.

Lembremo-nos de que o nome do salvador era, então, o do rei Ānandakumāra[32]. Após derrotar os governantes das nações vizinhas e tornar-se um *Cakravartin*, seu ministro sugeriu que devia celebrar uma cerimônia religiosa em honra do *Tīrthaṁkara* Ariṣṭanemi; mas, quando o rei entrou no templo para prestar-lhe o culto devido, uma dúvida o assaltou: "De que adianta curvar-se ante uma imagem, se as imagens são inconscientes?" Porém, naquele momento, estava no templo um santo chamado Vipulamati, que dissipou sua dúvida. "Uma imagem" – disse ao rei – "afeta a mente. Se alguém colocar uma flor vermelha diante de um vidro, o vidro ficará vermelho; se colocar uma flor azul-escura, o vidro ficará azul-escuro. De igual maneira, a mente muda ante a presença de uma imagem. Ao contemplar a forma do desapaixonado Senhor num templo jaina, a mente de súbito se preenche de um sentimento de renúncia, ao passo que, ao ver uma cortesã, ela se inquieta. Não há quem mire a forma pacífica e absoluta do Senhor sem que reconheça suas qualidades nobres; e esta influência é mais poderosa se lhe for rendido culto. A mente se purifica de imediato e, se a mente já é pura, entra no caminho da bem-aventurança final".

O sábio Vipulamati ilustrou esta lição que deu ao rei com uma metáfora que guarda analogia com muitas das tradições da Índia, tanto jainas como não jainas. "Numa certa cidade" – disse – "morrera uma cortesã muito bonita, e seu corpo fora levado ao local de cremação. Um homem licencioso que casualmente passava por ali observou sua beleza e pensou quão afortunado não teria sido se, ao menos uma vez na vida, tivesse tido oportunidade de desfrutá-la. Ao mesmo tempo, um cachorro que vagava pelos arredores, vendo o corpo ser levado ao fogo, pensou: 'que saborosa comida poderia haver tido, caso não a tivessem desperdiçado jogando-a às chamas'. Mas um santo, também presente, pensou quão lamentável era que alguém dotado de semelhante corpo não o tivesse aproveitado praticando os exercícios difíceis do *yoga*".

"Lá, havia apenas um cadáver" – continuou Vipulamati – "não obstante produziu três tipos de sentimento em três testemunhas diferentes. Porque as coisas externas produzem efeitos segundo a natureza e pureza da mente". "A mente" – conclui – "é purificada pela contemplação e pelo culto dos *Tīrthaṁkara*. As imagens dos *Tīrthaṁkara*, portanto, nos capacitam para desfrutar dos prazeres do céu após a morte e podem, até mesmo, preparar nossa mente para a experiência do *nirvāṇa*."

3. Os autores da travessia do rio

O jainismo nega a autoridade dos *Veda* e das tradições ortodoxas do hinduísmo. Por isso, é considerado uma das religiões heterodoxas da Índia. Não deriva de fontes ária-bramânicas senão que reflete uma cosmologia e uma antropologia muito mais antigas, que pertenciam às classes superiores do noroeste da Índia pré-ária; suas raízes se encontram no mesmo subsolo que as especulações metafísicas arcaicas do Yoga, do Sāṁkhya e do budismo, que constituem os outros sistemas indianos não védicos[33]. A invasão ária, que dominou as províncias do noroeste e do norte central do subcontinente durante o segundo milênio a.C., não estendeu o peso de seu impacto além da parte central do vale do Ganges, consequentemente, nem toda a nobreza pré-ariana dos estados do nordeste foi varrida de seu trono. Muitas famílias sobreviveram e, quando as dinastias da raça invasora começaram a mostrar sintomas de exaustão, os descendentes das linhagens nativas primitivas foram capazes de se impor novamente.

Candragupta, o Maurya, por exemplo[34], provinha de uma família dessa classe; assim também o Buddha. Ikṣvāku, o antepassado mítico da lendária dinastia solar a que pertencia Rāma – herói do *Rāmāyana* – tem um nome que alude mais ao mundo das plantas tropicais da Índia que às estepes de onde vieram os conquistadores, pois *ikṣvāku* significa "cana-de-açúcar", e sugere um ambiente de totemismo vegetal aborígine. Até mesmo Kṛṣṇa, a encarnação divina celebrada no *Mahābhārata*, cuja síntese de ensinamentos arianos e pré-arianos encontra-se resumida na *Bhagavadgītā*[35], não nasceu de linhagem brâmane mas sim *kṣatriya* – do clã Hari –, a que se associam ideias nada ortodoxas. A religião de Kṛṣṇa compreende muitos elementos que originariamente não faziam parte do sistema intelectual védico e, na célebre lenda onde figura levantando o monte Govardhan, ele está, na realidade, desafiando o próprio Indra – rei dos deuses védico-arianos – e até o humilhando[36]. Além disso, o pai de Kṛṣṇa, Vasudeva, era irmão do pai do vigésimo segundo *Tīrthaṁkara* jaina, o Senhor Ariṣṭanemi; portanto sua conversão à comunidade ortodoxa deve ter sido recente.

Como veremos nos capítulos seguintes, a história da filosofia indiana caracteriza-se, em grande parte, por uma série de ações recíprocas entre o estilo de pensamento e de experiência espiritual dos invasores védico-arianos e o dos primitivos drávidas, não árias. Os brâmanes foram os principais representantes do primeiro estilo, enquanto o outro foi conservado, e finalmente imposto, pelas casas reais sobreviventes da população indiana nativa, pré-ária e de cor escura. No presente capítulo abordamos primeiramente o jainismo, por ser este o que conserva a estrutura dravídica com maior pureza que as outras grandes tradições indianas, sendo, por conseguinte, uma manifestação direta, clara e relativamente simples do dualismo pessimista em que se alicerçam não apenas o pensamento do Sāṁkhya, do Yoga e do budismo primitivo, como também grande parte dos argumentos das *Upaniṣad*, ou até mesmo do denominado "não dualismo" do Vedānta. Passaremos, no capítulo II, aos sistemas muito afins do Sāṁkhya e do Yoga. O capítulo III será dedicado ao majestoso desenvolvimento bramânico, que constitui a linha principal da ortodoxia indiana e é a espinha dorsal da vida e do saber da Índia. O budismo será tratado no capítulo IV; de início, como um protesto vigoroso e devastador contra a supremacia dos brâmanes, no final, porém, como um ensinamento não muito distinto daquele ministrado pelas escolas bramânicas ortodoxas. Por último, no capítulo V, apresentaremos resumidamente o tema do Tantra, que é uma aplicação psicológica muito sofisticada dos princípios da síntese ário-dravídica, síntese esta que configurou as filosofias e práticas budistas e bramânicas na época medieval e que até hoje inspira não só a totalidade da vida religiosa da Índia, mas também grande parte dos ensinamentos populares e esotéricos das grandes nações budistas: Tibete, China, Coreia e Japão.

Voltemos porém aos *Tīrthaṁkara*. Como dissemos, eles representam, da maneira mais viva possível, a vitória contundente do princípio de transcendência sobre as fraquezas humanas. Pārśva e aqueles outros colossos, cujas formas elevadas talhadas em alabastro apontam para o céu como flechas, se liberaram das esferas dos medos e desejos humanos, passando a um reino onde as condições, vitórias e vicissitudes do tempo inexistem. Erguidos na posição de "desprender-se do corpo", ou sentados na recolhida "postura do lótus" – própria do iogue concentrado – eles representam, de fato, um ideal muito diferente daquele expresso na clamorosa afirmação védica do mundo "morrer em torno ao Poder sagrado"[37].

Vinte e dois destes *Tīrthaṁkara* jainas, negadores da vida, pertencem à dinastia solar antiga e semimítica, da qual, segundo a tradição, descende o salvador hindu Rāma e que está longe de ser ariana. Os outros dois pertencem ao clã Hari, a família de Kṛṣṇa, o herói popular de pele azul-negra. Todas estas figuras, Kṛṣṇa, Rāma e os *Tīrthaṁkara* representam o ressurgimento de uma concepção de mundo totalmente diversa daquela dos triunfantes pastores de gado e cavaleiros belicosos, que entraram na Índia pelas planícies através do Himalaia, e cujo modo de vida se havia imposto durante quase um milênio a todos que, de uma ou de outra maneira, o haviam enfrentado. Os *Veda*, como os hinos homéricos dos gregos, foram produções de uma consciência dedicada à ação; as figuras dos *Tīrthaṁkara*, entretanto, são a imagem da mais vívida expressão de toda a arte representativa do ideal que nega o mundo e que rejeita, sem apelação possível, os atrativos da vida. Aqui, as forças cósmicas não se curvam ante a vontade humana, mas, ao contrário, são implacavelmente esmagadoras, tanto as do universo externo quanto as que pulsam na corrente sanguínea.

Pārśva, o vigésimo terceiro *Tīrthaṁkara*, é o primeiro de uma longa série que podemos visualizar dentro de um marco histórico. Ariṣṭanemi – que o precedeu, e cujo irmão, Vasudeva, foi o pai de Kṛṣṇa, o popular salvador hindu – é apenas perceptível. Até mesmo na biografia de Pārśva, o elemento lendário é tão forte que resulta difícil sentir a presença de um ser humano realmente vivo. A situação é diferente, sem dúvida, no caso do último *Tīrthaṁkara*, Vardhamāna Mahāvīra, pois ele viveu e ensinou na época relativamente bem documentada do Buddha. Podemos, sem maiores empecilhos, imaginá-lo movendo-se entre monges e mestres daqueles tempos de fermentação intelectual; e, tanto nos textos budistas quanto nos jainas, encontramos reflexos de sua presença e influência.

Como todos os *Tīrthaṁkara* anteriores e como seu contemporâneo, o Buddha, Mahāvīra não era um ária nem tinha o menor parentesco com aqueles semidivinos videntes, sábios, cantores e magos, antepassados das famílias bramânicas e fontes da sabedoria védica ortodoxa tradicional. Era um *kṣatriya* do clã Jñāta (daí ser chamado Jñātaputra, "filho de Jñāta"), nascido em Kuṇḍagrāma[38] (*kuṇḍa*: buraco na terra para armazenar água; *grāma*: vilarejo), subúrbio da florescente cidade de Vaiśālī (a moderna Basarh, cerca de quarenta quilômetros ao norte de Patna, na província nordestina de Bihār). Seus pais, Siddhārtha e Triśālā, já eram, antes dele, piedosos jainistas, devotos do Senhor Pārśva. Mahāvīra, o segundo de seus filhos, recebeu o nome de Vardhamāna, que significa "crescimento, aumento". A seu devido tempo, casou-se com uma jovem escolhida por seus pais, chamada Yaśodā e com ela teve uma filha, Aṇojjā. Quando seus pais morreram e seu irmão mais velho, Nandivardhana, assumiu a direção da família, Vardhamāna tinha trinta anos. A fim de realizar a antiga e acalentada decisão de se tornar um monge jaina, solicitou e obteve a permissão de seu irmão. As autoridades monásticas também aprovaram seu pedido e ele ingressou na Ordem cumprindo os ritos jainas costumeiros. Seguiram-se doze anos de severa automortificação. Após os primeiros treze meses descartou suas roupas e, ao final de uma longa provação, atingiu o estado de "isolamento e integração" *(kevala)*, que implica a onisciência e a liberação dos liames terrenos, correspondente à "iluminação" *(bodhi)* dos *Buddha*. Mahāvīra viveu na terra por mais quarenta e dois anos, pregando largamente a doutrina e instruindo seus onze discípulos principais, os chamados *gaṇadhāra*, "cuidadores da multidão (dos seguidores)". Quando morreu em Pāvā, alcançando assim a liberação final *(nirvāṇa)*, tinha setenta e dois anos de idade. A seita *śvetāmbara* fixa essa data em 527 a.C., data que também dá início a esta seita; os *digambara* em 509, e os investigadores ocidentais modernos em 480, uma vez que Mahāvīra morreu apenas alguns anos antes do Buddha.[39]

Um diálogo que consta nas escrituras sagradas da seita *śvetāmbara*[40] afirma que os ensinamentos de Pārśva e de Mahāvīra são, em essência, os mesmos. Keśi, um adepto de Pārśva, aparece fazendo perguntas a Sudharma-Gautama, um dos seguidores de Mahāvīra – o novo mestre – e todas as suas perguntas recebem respostas que lhe parecem erradas. Decide, portanto, aguçar sua argumentação: "De acordo com Pārśvanātha os Grandes Votos são quatro em número. Por que então Vardhamāna disse que eram cinco?" Ao que Gautama respondeu: "Pārśvanātha compreendeu o espírito de sua época e percebeu que a enumeração de quatro, para os Grandes Votos, seria adequada às pessoas de seu tempo; Mahāvīra apresentou os mesmos quatro votos como se fossem cinco, a fim de tornar a doutrina jaina mais aceitável às pessoas de sua época. Não há diferença essencial entre os ensinamentos dos dois *Tīrthaṁkara*".

O quinto voto que Keśi, o adepto dos ensinamentos de Pārśva, estava colocando em questão, era o que dizia respeito às roupas, justamente o que havia produzido o cisma, pois implicava uma série de revisões de atitude e de conduta. Os conservadores não só insistiam em permanecer "vestidos de céu", como também rejeitavam todas as outras reformas de Mahāvīra. Por exemplo, Mahāvīra tinha permitido que as mulheres professassem votos de ascetismo, ao passo que na seita dos "vestidos de céu" tal prática era impedida, tendo que se esperar por uma posterior encarnação masculina. Não obstante, é verdade que Mahāvīra não pregou nada de absolutamente novo; ele apenas modificou e desenvolveu o que já havia sido ensinado por Pārśvanātha e, sem dúvida, por inúmeros outros santos e sábios de épocas anteriores.[41]

As escrituras dos jainistas mencionam como contemporâneos de Mahāvīra os mesmos reis do nordeste da Índia que, segundo fontes budistas, reinaram durante a vida do Buddha. Os textos canônicos dos budistas, que datam dos primeiros séculos antes da nossa era, aludem frequentemente aos jainistas sob seu antigo nome de *nirgrantha*[42], "sem nós, laços ou ataduras", isto é, "os desatados"; e se referem a eles como constituindo uma seita rival, mas em parte alguma os consideram integrantes de uma seita recém-fundada. Seu líder é chamado Jñātaputra Vardhamāna (Vardhamāna, filho do clã Jñāta), Mahāvīra (o Grande Herói) e Jina (o Vencedor); e, em contraste com o Buddha, nunca é apresentado como discípulo de mestres cujas doutrinas não o satisfizeram. Mahāvīra permaneceu fiel à tradição na qual havia nascido e onde se integrou plenamente quando se tornou monge jaina. Ao alcançar o objetivo supremo almejado por esta tradição – façanha extraordinária –, não a refutou, ao contrário, conquistou nova fama para o velho caminho.

Nunca se diz que Mahāvīra, novamente em contraste com Buddha, tenha recebido com sua iluminação a compreensão de um novo princípio filosófico ou qualquer conhecimento especial que já não fosse familiar à sua época. Ele não foi o fundador de uma nova comunidade ascética, mas o reformador de uma antiga. Não era o mestre de uma nova doutrina, apenas se diz que no momento de sua iluminação adquiriu o conhecimento perfeito de algo que, tanto ele quanto sua comunidade, já conheciam de maneira parcial e imperfeita. Simplesmente, havia entrado numa ordem de boa reputação, ordem esta que existia desde muito antes dele, e doze anos depois alcançara a iluminação. Desta forma, cumpriu totalmente o que havia sido prometido, aquilo que sua tradição sempre assinalara como sendo o último patamar de sua sagrada, detalhada e complexa representação religiosa da natureza do homem e do Universo.

Os documentos históricos budistas, portanto, parecem corroborar a tradicional tese jaina de que Mahāvīra foi o último – e não o primeiro, como afirmavam até pouco tempo atrás os eruditos ocidentais – dos "Autores da travessia do rio do renascimento rumo à outra margem". E há boas razões, como temos visto, para aceitar que o "Autor da travessia" precedente, Pārśvanātha, também tenha sido um personagem histórico real. Porém, anterior a Pārśva, está Ariṣṭanemi (ou Neminātha), o vigésimo segundo *Tīrthaṁkara* da atual fase "descendente" *(avasarpiṇī)* do ciclo universal do tempo cósmico[43], cujo emblema distintivo é o clarim indiano de guerra – a concha –, e cuja cor iconográfica é o preto[44]. Sua existência não está suficientemente comprovada pelos documentos históricos, mas se reflete em narrações lendárias que o vinculam a heróis do período feudal da cavalaria indo-ária, período descrito no *Mahābhārata* e na lenda de Kṛṣṇa. Conta-se que era um primo irmão de Kṛṣṇa; seu pai, Samudravijaya (Conquistador de toda a terra até às margens dos oceanos), havia sido irmão do pai de Kṛṣṇa, Vasudeva. Sendo heterodoxo[45], o ciclo hindu de Kṛṣṇa o ignora. Este ciclo, muito embora também apresente traços heterodoxos, foi incluído no grande corpo de lendas ortodoxas; todavia os jainistas sustentam que Neminātha foi muito superior a Kṛṣṇa, tanto pelas suas façanhas como pelas realizações intelectuais. Sua disposição humilde, sem nada a ostentar, sua implacável recusa ao luxo e à adoção da vida ascética são descritas de uma tal maneira que resulta o reverso de Kṛṣṇa. Seu nome completo, Ariṣṭanemi, é um epíteto da roda solar ou da carruagem solar, "cuja pina da roda *(nemi)* não está ferida *(ariṣṭa)*", ou seja, "é indestrutível", sugerindo deste modo que pertencia à antiga dinastia solar[46].

Com este *Tīrthaṁkara*, a tradição jaina irrompe além das fronteiras da história documentada para ingressar no campo do passado mitológico. Isto não quer dizer que um historiador possua o direito de afirmar que nenhum grande renovador e mestre da fé jaina – talvez conhecido por Ariṣṭanemi – tenha precedido Pārśvanātha. Simplesmente não estamos em condições de saber até que ponto se deve permitir que a imaginação avance seguindo a linha dos *Tīrthaṁkara*. Contudo, as datas assinaladas pela tradição jaina têm de ser rejeitadas logo que ultrapassamos Pārśvanātha, pois se diz que Ariṣṭanemi viveu oitenta e quatro mil anos antes de Pārśvanātha, o que nos levaria a algum ponto do paleolítico inferior, ao passo que o *Tīrthaṁkara* precedente, Nami (cujo emblema é o lótus azul e cuja cor é o dourado), morreu cinquenta mil anos antes de Ariṣṭanemi, ou seja, chegaríamos à época eolítica. Para Suvrata, o vigésimo (cujo animal é a tartaruga e cuja cor é o preto), é fixado um tempo que remonta a um milhão e cem mil anos antes disso. Com Malli, o décimo nono (cujo emblema é um jarro e cuja cor é o azul), entramos em eras geológicas pré-humanas, enquanto Ara, Kunthu, Śānti, Dharma, Ananta, Vimala e outros nos transportam além dos limites dos cálculos geológicos.

A longa série destes salvadores semimitológicos, prolongando-se pelo passado, era após era, cada um iluminando o mundo consoante as necessidades da época mas, ainda assim, em estrita concordância com a doutrina única, tende a confirmar a crença de que a religião jaina é eterna. De tempos em tempos ela tem sido revelada e renovada, em cada uma das idades indefinidamente sucessivas, não apenas pelos vinte e quatro *Tīrthaṁkara* da atual série "descendente", senão por um incomensurável número de mundos sem fim. A duração da vida e a estatura dos *Tīrthaṁkara*, nas fases mais favoráveis que se repetem eternamente (os primeiros períodos das séries descendentes e os últimos das ascendentes), são fabulosamente grandes. Com efeito, naqueles bons tempos de outrora as dimensões físicas do homem, bem como sua força e virtude, eram muito maiores das que conhecemos em nossos dias. Por isso, as imagens dos *Tīrthaṁkara* são colossais. As proporções anãs dos homens e heróis de épocas inferiores são resultado e reflexo da diminuição de sua força moral. Hoje, já não somos gigantes; em realidade, somos tão pequenos, física e espiritualmente, que a religião dos jainistas tornou-se muito difícil, e não haverá mais *Tīrthaṁkara* no presente ciclo. Outrossim, à medida que se aproxime o término da nossa atual época descendente, a escala da humanidade declinará ainda mais, a religião dos jainistas desaparecerá, e a terra, por sua vez, transformar-se-á num indescritível pântano de violência, bestialidade e dor.

Esta é a filosofia do mais profundo pessimismo. A roda de renascimentos no mundo é interminável, cheia de sofrimento e de nada serve. Por si mesma não pode proporcionar a liberação, carece de graça redentora, e até os próprios deuses estão sujeitos a seu feitiço enganador. Portanto, a ascensão aos céus e igualmente a descida aos infernos ou purgatórios não passam de simples fases ou etapas da ilusão. Como resultado de conduta meritória se renasce como um deus entre deuses; pela má conduta, entre os seres do inferno ou como um animal entre bestas. Mas, seja como for, não há maneira de sair desta circulação perene. Continuaremos girando sempre, através das várias esferas de prazeres sem importância e de sofrimentos pungentes, a menos que, de algum modo, consigamos ser os *artífices de nossa própria liberação.* Entretanto, isto unicamente pode ser realizado mediante um esforço heroico – uma longa e terrível prova de austeridades e de progressiva autoabnegação.

4. As qualidades da matéria

Segundo a cosmologia jaina, o Universo é um organismo vivo, animado em todas as suas partes por mônadas vitais que circulam através de seus membros e esferas. Este organismo jamais morrerá; nós – ou seja, as mônadas vitais que estão contidas em seu interior e constituem a própria substância do grande corpo imperecível – também somos eternos. Ascendemos e descendemos passando por vários estados deste ser, ora como humanos, ora como divinos, ora como animais; os corpos parecem morrer e nascer, mas a cadeia é contínua, as transformações intermináveis, e tudo o que fazemos é mudar de um estado para o seguinte. O modo como as indestrutíveis mônadas vitais circulam por este organismo é revelado à visão interior do santo e vidente jaina, por meio da iluminação.

As mônadas vitais que desfrutam os estados superiores do ser, isto é, aquelas que são temporariamente humanas ou divinas, possuem cinco faculdades sensoriais, bem como uma faculdade pensante *(manas)*, duração de vida *(āyus)*, força física *(kāyabala)*, poder da palavra *(vacanabala)* e poder de respiração *(śvāsocchvāsabala)*. Nas filosofias clássicas indianas Sāṁkhya, Yoga e Vedānta – encontramos as mesmas faculdades dos sentidos que aparecem na fórmula jaina (tato, olfato, paladar, audição e visão); contudo, foram adicionadas as chamadas "cinco faculdades de ação". Estas começam com a fala (*vāc*, que corresponde ao *vacanabala* do jainismo) e continuam com o ato de segurar (*pāṇi*, a mão), locomoção (*pāda*, os pés), evacuação (*pāyu*, o ânus) e geração (*upastha*, o órgão de reprodução). *Manas* (a faculdade pensante) é preservada, mas está vinculada a outras funções da psique chamadas *buddhi* (a inteligência intuitiva) e *ahaṁkāra* (a consciência do ego). Também se somam os cinco *prāṇa* ou "alentos vitais"[47]. Aparentemente, as categorias jainas representam uma descrição e uma análise da natureza humana relativamente primitivas, arcaicas, não obstante muitos de seus detalhes servirem de fundamento e terem sido incorporados à concepção indiana clássica, de data posterior.

As rãs, os peixes e outros animais que não nascem de um útero, carecem da faculdade pensante *(manas)* e, por conseguinte, são chamados de *asañjñin* (insensíveis), ao passo que os elefantes, os leões, os tigres, as cabras, as vacas e o resto dos mamíferos, uma vez que possuem a faculdade pensante, são *sañjñin*. As diversas criaturas que estão nos infernos, os deuses inferiores, do mesmo modo que os seres humanos, também são *sañjñin*.

Em contraste com essas concepções que representam a alma como algo diminuto, como um átomo *(aṇu)*, ou do tamanho de um polegar, e residindo no coração, o jainismo considera que a mônada vital *(jīva)* se difunde por todo o organismo; o corpo constitui, por assim dizer, sua veste; a mônada vital é o princípio que anima o corpo. A substância sutil desta mônada vital está misturada com partículas de *karman*, como a água no leite, ou o fogo numa bola de ferro incandescente. Além disso, a matéria cármica transmite à mônada vital seis tipos de cores *(leśyā)*. Por isto se diz que existem seis tipos de mônada vital, em série ascendente, cada qual com sua cor, odor, gosto e qualidade de tangibilidade[48], como segue:

6. Branca *(śukla)*
5. Amarela ou rosa (*padma*, como um lótus)

4. Vermelho fogo *(tejas)*
3. Cinza chumbo *(kapota)*

2. Azul-escuro *(nīla)*
1. Preto *(kṛṣṇa)*

Estes seis tipos se distribuem em três pares, e cada par corresponde precisamente a um dos três *guṇa*, ou "qualidades naturais", descritas com frequência nas escrituras clássicas do Sāṁkhya e do Vedānta.[49] As *leśyā* jainas de número 1 e 2 são escuras; estão relacionadas com o *guṇa tamas*, "escuridão". A *leśyā* 3 é cinza chumbo, enquanto a 4 é vermelho flamejante; ambas pertencem ao fogo e, deste modo, correspondem ao *guṇa rajas* (fogo = *rajas*, "cor vermelha"; cf. *rañj*, "tingir de vermelho"; *rakta*, "vermelho"). Finalmente, as *leśyā* 5 e 6 são claras e luminosas pois são estados de relativa pureza, logo, são as contrapartes jainas do clássico *guṇa sattva*: "virtude, bondade, excelência, claridade; ser ideal; o estado supremo da matéria". Em suma, as seis *leśyā* jainas parecem representar algum sistema de protótipos arcaicos dos quais derivaram os elementos básicos da teoria dos *guṇa*, que posteriormente exerceu grande influência.

O negro é a cor característica das pessoas impiedosas, cruéis e brutas, que ofendem e torturam outros seres. O azul-escuro caracteriza as pessoas libertinas e corruptas, ambiciosas, insaciáveis, sensuais e volúveis. O cinza chumbo é típico dos temerários, imprudentes, incontrolados e irascíveis, ao passo que o vermelho fogo é a cor dos prudentes, honestos, magnânimos e devotos. O amarelo denota compaixão, consideração, ausência de egoísmo, não violência e autocontrole enquanto as almas brancas são desapaixonadas, absolutamente desinteressadas e imparciais.

Assim como a água flui para um reservatório através de canais, igualmente a matéria cármica das seis cores flui para a mônada através dos órgãos físicos. Atos pecaminosos provocam um "influxo de mau *karman*" *(papāsrava)* e isso aumenta a matéria negra da mônada; por outro lado, atos virtuosos causam um "influxo de *karman* bom ou sagrado" *(puṇyāsrava)*, que torna a mônada mais branca. Todavia, mesmo esse *karman* positivo mantém a mônada vital atada ao mundo.[50] Ao se aumentar a matéria cármica branca e amarela, os atos virtuosos produzem laços mais suaves e leves; porém, ainda são laços e não bastam para consumar a liberação. Para se atingir o *nirvāṇa*, todo tipo de "influxos" *(āsrava)* deve ser anulado, e este estacionar da vida pode efetuar-se unicamente pela abstenção de ação, seja ela boa ou má.[51]

Um fato básico que os "adeptos" da sabedoria da Índia costumam esquecer é que os mestres indianos e aqueles que se libertaram das cadeias do mundo rejeitam todos os valores da humanidade. A "humanidade", no sentido do ser humano, o ideal de sua perfeição e o ideal da sociedade humana perfeita, foi da maior importância para o idealismo grego, como ainda o é para o cristianismo ocidental em sua forma moderna; entretanto, para os sábios e ascetas indianos, os *Mahātma* e salvadores iluminados, a "humanidade" não era mais que uma casca a ser partida, quebrada e abandonada. Porque a perfeita inatividade no pensamento, palavra e ação, é possível unicamente quando se morre para todos os interesses da vida: morto para a dor e o prazer, bem como para todo impulso de poder; morto para os atrativos do exercício intelectual; morto para os assuntos políticos e sociais; imóvel, profunda e absolutamente desinteressado mesmo pela condição de ser humano. A última, sublime e suave cadeia, a virtude, também é, por conseguinte, algo a ser cortado. Não pode ser considerada como meta; ela só é o início da grande aventura espiritual do "Autor da travessia", um degrau no caminho rumo à esfera sobre-humana. Outrossim, esta esfera não é apenas sobre-humana, é também superdivina: está além dos deuses, de suas moradas celestiais, de seus prazeres, de seus poderes cósmicos. Consequentemente, a "humanidade", tanto em seu aspecto coletivo quanto individual, não pode continuar preocupando alguém que seriamente se esforça por atingir a perfeição seguindo a rota suprema da sabedoria hindu. A humanidade e seus problemas pertencem às filosofias da vida, que analisamos anteriormente: as filosofias do êxito *(artha)*, do prazer *(kāma)* e do dever *(dharma)*; porém, estas já não interessam àquele que literalmente morreu para o tempo, e para quem a vida é morte.

"Deixe aos mortos sepultar os seus mortos"[52] esta é a ideia. Justamente por isso resulta tão difícil – para nós, cristãos do Ocidente moderno – apreciar e assimilar a mensagem tradicional da Índia.

A divinização heroica ou sentimental do homem, conforme as linhas dos ideais humanitários clássicos e modernos, é algo por demais estranho à mentalidade indiana; para ela, a dignidade especial do ser humano consiste unicamente no fato de que é capaz de tornar-se iluminado, liberto da escravidão, logo, em última instância, competente para desenvolver o papel de mestre supremo e salvador de todos os seres, inclusive os animais e os deuses. A mônada vital, amadurecida o suficiente para realizar esta tarefa superdivina, desce do reino elevado da beatitude celeste para a terra, como o fez a mônada do salvador jaina, Pārśvanātha[53], pois diante de sua sabedoria os temporários deleites e poderes dos deuses careciam de significado. Assim, em uma existência final entre os homens, o próprio salvador alcançou a iluminação perfeita e, com isso, a liberação, sendo que, com seus ensinamentos, renovou a doutrina intemporal do caminho para conquistar esta meta.

Este ideal surpreendente, expresso nas biografias lendárias dos *Buddha* e dos *Tīrthaṁkara*, foi levado a sério e tomado ao pé da letra como um objetivo para todos. Na verdade, era tido como um ideal aberto ao homem, e foram tomadas providências para realizá-lo. Aparentemente, era uma concepção pré-ária – e não bramânica – da função do homem no cosmo, originária do subcontinente indiano. O caminho de aperfeiçoamento ensinado por essa doutrina era o do ascetismo iogue e o da autoabnegação; a imagem que devia estar sempre presente na visão interior era a de um salvador humano que haveria de redimir a todos, mesmo aos deuses.

No Ocidente, essas ideias têm sido sistematicamente suprimidas como heresias: uma heresia de titanismo. Já para os gregos, era a falta clássica do herói trágico, a ὕβρις dos antideuses ou titãs, enquanto a Igreja Cristã tem zombado de tal pretensão por considerá-la simplesmente inacreditável.[54] Contudo, na poesia cristã moderna pode-se encontrar pelo menos um grande exemplo da vinda de um ser humano com o intuito de resgatar Deus. Porque quando Parsifal, no terceiro ato da ópera de Wagner, traz de volta a lança sagrada, cura Amfortas – o guardião adoentado do Santo Graal – e devolve o Graal às suas benéficas funções, as vozes dos anjos cantam das alturas: "Redenção para o Redentor!" Ou seja, o sangue sagrado de Cristo foi redimido da maldição ou do encantamento que anulava sua ação. E, ainda, no ciclo wagneriano de *O anel do Nibelungo*, encontramos um paralelo pagão deste motivo, desenvolvido em modo quase idêntico. Brünnhilde aplaca os sofrimentos de Wotan quando, ao devolver o anel às águas primordiais, proporciona descanso ao Pai de todo o Universo e canta então a Wotan: *Ruhe nun, ruhe, du Gott*! – "Descansa agora, descansa tu, Deus!" O indivíduo iluminado, aperfeiçoado pelo sofrimento, onisciente pela compaixão, desapegado após ter submetido seu ego, redime o princípio divino que por si só é incapaz de libertar-se de sua própria fascinação pelo jogo cósmico.[55]

5. A MÁSCARA DA PERSONALIDADE

Na epopeia homérica, Ulisses desceu ao mundo subterrâneo para se aconselhar com os mortos e lá, na úmbria terra de Plutão e Perséfone, encontrou as sombras de seus antigos companheiros e amigos que haviam sido mortos no cerco de Troia, ou falecido durante os anos que se seguiram à conquista da cidade. Eles eram apenas sombras naquele reino de penumbras; não obstante, cada um podia ser reconhecido de imediato porque guardava as mesmas feições que havia tido na terra. Aquiles declarou haver preferido a vida dura e triste de um camponês obscuro à plena luz do dia entre os vivos, que a melancólica monotonia de sua atual semiexistência como o maior dos heróis entre os mortos; apesar disso, ele era exatamente o mesmo. A fisionomia, a máscara da personalidade, havia sobrevivido à separação do corpo e ao longo exílio da esfera humana sobre a face da terra.

Em parte alguma da epopeia grega encontramos a ideia de que um herói morto tenha sido privado da identidade de sua existência temporal anterior. Os gregos da época homérica não consideravam a possibilidade de que alguém pudesse perder a personalidade com a morte – a lenta dissolução, evaporação e o desaparecimento final da individualidade histórica. Isto tampouco ocorreu à mentalidade cristã medieval. Dante, como Ulisses, foi um peregrino do além. Conduzido por Virgílio entre os círculos do inferno e do purgatório, subiu às esferas e por todo lugar, em todo o percurso de sua viagem, viu e conversou com amigos e inimigos pessoais, heróis míticos e grandes figuras da história. Todos, sem dificuldade, foram reconhecidos por ele, e todos satisfizeram sua insaciável curiosidade voltando a contar suas biografias, revivendo, mediante demorados relatos e argumentos, os detalhes minuciosos de suas existências frívolas e curtas. Suas antigas personalidades pareciam haver-se conservado muito bem através de suas longas perambulações pela vastidão do infinito.

Embora definitiva e eternamente separados dos breves momentos de suas vidas terrenas, eles ainda estavam preocupados com as vicissitudes e aborrecimentos de suas biografias, perseguidos por suas culpas que, como sombras, aderiam a eles nas formas simbólicas das respectivas punições. A personalidade mantinha todos em suas garras, tanto os santos do céu na sua glória, quanto os torturados e sofridos habitantes do inferno; porque a personalidade, segundo os cristãos medievais, não se perdia com a morte, nem haveria de desaparecer uma vez purgada pelas experiências do além. Ao invés disso, a vida além-túmulo seria, antes, uma segunda manifestação e experiência da essência da própria personalidade, realizada em uma escala mais ampla, num estilo mais livre, e com um desdobramento evidente da natureza e implicações das virtudes e dos vícios.

Para a mentalidade ocidental, a personalidade é eterna, indestrutível e indissolúvel. Na doutrina cristã esta é a ideia básica da ressurreição do corpo, sendo que tal ressurreição significa a reconquista de nossa estimada personalidade, agora em uma forma purificada, digna de se apresentar ante a majestade do Todo-poderoso. E supõe-se que esta personalidade continuará a existir para sempre – muito embora, por uma curiosa falta de lógica, não se acredite que haja existido em algum lugar, em qualquer estado ou forma, antes do nascimento carnal do indivíduo mortal. A personalidade não existia nas esferas extra-humanas, desde toda a eternidade, antes de sua manifestação temporal na terra. Afirma-se que passa a existir com o ato mortal da procriação; no entanto, também se afirma que prosseguirá depois de abandonar a estrutura mortal procriada: temporal em seu início, imortal em seu fim.

O termo "personalidade" deriva da palavra latina *persona*. Literalmente, *persona* significa máscara – que o ator do teatro grego ou romano usava sobre a face; a máscara "por meio" *(per)* da qual ele "recita" *(sonat)* sua parte. A máscara é o que carrega as feições ou caracterizações do papel, os traços de herói ou heroína, de serviçal ou mensageiro, enquanto o ator, por trás dela, permanece anônimo, como um ser desconhecido, intrinsicamente separado do drama, onde sofrimentos e paixões representados não o atingem de maneira direta. Originalmente, o termo *persona*, no sentido de "personalidade", deve ter significado que os indivíduos só estão personificando aquilo que parecem ser. A palavra indica que a personalidade é apenas a máscara do papel que cada um tem de representar na comédia ou na tragédia da vida, e que não deve ser identificada com o ator. Não é uma manifestação de sua natureza verdadeira, mas um véu. Todavia, a concepção ocidental – que se originou com os próprios gregos e, a seguir, foi desenvolvida pela filosofia cristã – anulou a distinção, implícita no termo, entre a máscara e o ator cuja face ela oculta. Ambos, por assim dizer, tornaram-se idênticos. Terminado o drama não se pode tirar a *persona*; esta fica colada quando da morte e na vida do além. O ator ocidental, tendo-se identificado de maneira absoluta com a personalidade que representou durante sua existência no teatro do mundo, é incapaz de retirá-la quando chega o instante de partir, e assim a conserva indefinidamente, por milênios, e até por eternidades, ainda que a peça já tenha acabado. Perder sua *persona* significaria para ele perder toda esperança de um futuro além da morte. Para ele, a máscara se fundiu e se confundiu com sua essência.

Por outro lado, a filosofia indiana insiste na diferença e acentua a distinção entre o ator e seu papel. Enfatiza continuamente o contraste entre a existência do indivíduo que se manifesta e o ser real do ator anônimo, oculto, velado e encoberto pelas vestes do drama. Na verdade, desenvolver uma técnica segura para manter clara a linha que separa ambos (ator e papel) tem sido um dos esforços dominantes do pensamento indiano através dos tempos. Durante séculos foram se sucedendo as meticulosas definições de suas relações e formas de ajuda mútua; igualmente perduraram os esforços – práticos, sistemáticos e corajosos – para ultrapassar os limites de uma e penetrar nos domínios insondáveis da outra, fazendo uso, acima de tudo, dos numerosos processos introspectivos do *yoga*. Penetrando e dissolvendo as camadas da personalidade manifesta, a consciência inexoravelmente introvertida perfura a máscara e, por fim, descartando-a em todos os seus estratos, chega ao anônimo e curiosamente indiferente ator de nossa vida.

Embora sejam encontradas, nos textos hindus e budistas, vívidas descrições dos tradicionais infernos e purgatórios, onde detalhes espantosos são minuciosamente apresentados, a situação nunca é a mesma que vemos nos mundos do além criados por Dante e Ulisses, repletos de celebridades mortas há muito tempo e que, não obstante, ainda conservam todas as características de suas máscaras pessoais. Nos infernos orientais, as multidões de seres que agonizam em meio a tormentos não guardam os traços de suas individualidades terrenas. Alguns podem recordar haverem estado numa certa parte e até saber qual foi a ação que provocou a punição atual; contudo, geralmente, todos estão perdidos e afundados em suas presentes misérias. Assim como qualquer cachorro está absorvido no estado de ser precisamente o cachorro que é, fascinado pelos detalhes de sua vida atual – como nós mesmos estamos em geral enfeitiçados por nossas presentes existências – assim também estão os seres nos infernos hindus, jainas e budistas. São incapazes de lembrar qualquer estado anterior, qualquer veste usada numa existência prévia: identificam-se exclusivamente com o que são agora. E esta é, desde já, a razão por que estão no inferno.

Uma vez que esta ideia indiana se apresenta à consciência, imediatamente surge a questão: "Por que estou obrigado a ser o que sou? Por que tenho de usar a máscara desta personalidade que penso e sinto ser eu mesmo? Por que tenho de suportar este destino, as limitações, ilusões e ambições deste papel peculiar que estou sendo impelido a representar? Ou, por que, se já deixei uma máscara atrás de mim, estou novamente com outra frente à ribalta, representando outro papel em um cenário diferente? O que me compele a continuar deste modo, sendo sempre algo exclusivo, um indivíduo, com todos estes defeitos e experiências? Onde e como poderei alcançar outro estado, aquele de não ser algo particular, assediado por limitações e qualidades que obstruem meu ser puro e sem limites? Pode alguém se converter em algo livre de todo matiz e cor específicos, não definido por uma forma, não limitado por qualidades, algo que não seja específico e, portanto, não sujeito a nenhuma vida específica?".

Estas são as perguntas que conduzem ao ascetismo e à prática do *yoga*. Brotam de um cansaço melancólico da vontade de viver – a vontade fatigou-se, por assim dizer, das perspectivas deste interminável "antes e depois", como se um ator repentinamente se enfastiasse de sua carreira. Uma carreira condenada ao curso intemporal de transmigrações: um passado sem lembranças e um futuro sem projetos! "Por que me preocupo em ser o que sou: homem, mulher, camponês, artista, pobre ou rico? Se já personifiquei, sem me recordar, todos os papéis e atitudes possíveis – uma e outra vez num passado perdido e em mundos que se dissolveram – por que continuo?"

Sem dúvida, seríamos levados a detestar a comédia da vida se não estivéssemos cegos, fascinados e iludidos com os detalhes do próprio papel que representamos. Se não estivéssemos enfeitiçados pelo argumento do drama que nos mantém prisioneiros, sem dúvida desistiríamos, abandonaríamos a máscara, a veste, as partes, a operação toda. Não é difícil imaginar por que, para alguns, poderia tornar-se simplesmente enfadonho prosseguir com este compromisso permanente, representando um personagem após outro nesta interminável trupe da vida.

Quando surge a sensação de fastio ou de náusea (como aconteceu repetidas vezes na longa história da Índia), então a vida se revolta, rebela-se contra sua tarefa mais elementar, ou dever, de seguir automaticamente para a frente. Ao passar do individual para o coletivo, este impulso provoca a fundação de ordens ascéticas, como aquelas das comunidades jainas e budistas de monges sem lar: exércitos de atores renegados, heroicos desertores, andarilhos e autoexilados da farsa universal que é a força da vida.

Se estes renegados estivessem preocupados em se justificar, argumentariam assim:

"Por que o que somos deveria nos importar? Que verdadeiro interesse temos no que diz respeito a todos aqueles papéis que as pessoas continuamente estão obrigadas a representar? É realmente lamentável o estado daquele que ignora já ter representado muitas vezes toda sorte de personagens – como mendigo, rei, animal, deus –, e que a vida do ator não é melhor num papel que em outro. Porque o fato mais óbvio acerca do compromisso infindável é que todos os objetos e situações da trama já foram propostos e perduram em repetição interminável através dos milênios. As pessoas devem estar completamente cegas para se submeterem sem descanso ao feitiço das mesmas fascinações de outrora; cativas das tentações aliciantes que têm seduzido todas as criaturas que já viveram; saudando com expectativa – como a uma nova e emocionante aventura – os mesmos fatos banais que decepcionaram indefinidamente seus desejos e esperanças, apegando-se a esta ou àquela ilusão. Tudo isto é apenas o resultado do fato de que o ator segue representando papéis, cada um deles aparentemente novo, mas que já foi desempenhado muitas vezes, embora com roupagens ligeiramente diferentes e com outros elencos. É óbvio, trata-se de um impasse ridículo. A mente foi enfeitiçada, apanhada ardilosamente pelas pressões de uma força vital cega que faz rodopiar as criaturas numa corrente cíclica incessante. E por quê? Quem ou o que produz isto? Quem é o tolo que mantém esta absurda comédia no palco?"

A resposta que deveria ser dada a quem não fosse capaz de encontrá-la por si mesmo seria simplesmente esta: o homem, o próprio homem, cada indivíduo. E a resposta é evidente porque cada um segue fazendo o que sempre tem feito, imaginando que faz algo diferente. Seu cérebro, sua língua, seus órgãos de ação estão incorrigivelmente possuídos pelo impulso de fazer algo novo – e o indivíduo o faz. É assim que ele constrói novas tarefas para ele próprio, contaminando-se a cada instante com novas partículas de matéria cármica, que penetram em sua natureza, afluem a sua mônada vital, mancham sua essência e obscurecem sua luz. Estes envolvimentos o acorrentam a uma existência patética de desejos e ignorância, na qual guarda com veneração sua personalidade transitória como se fosse algo substancial – aderindo ao breve feitiço da vida confusa, única coisa que conhece, e protegendo com zelo a momentânea passagem da existência individual entre o nascimento e a pira funerária –, e deste modo prolonga inconscientemente o período de sua escravidão pelas estradas indefinidas do futuro. Na busca incessante do que concebe ser seu próprio bem-estar e felicidade, ou os de algum outro, consegue apenas estreitar seus próprios grilhões e os dos demais.

6. O HOMEM CÓSMICO

A doutrina de que Deus tem forma humana prevaleceu no Oriente Próximo pré-cristão. Os hebreus, por exemplo, embora estivessem proibidos de fazer imagens de sua divindade, conceberam-na antropomorficamente. Jeová criou o primeiro homem à sua imagem e semelhança, e todos temos forma humana, como descendentes de Adão, porque Jeová tem essa forma. Jeová é o *Primeiro Homem*, divino e eterno, enquanto Adão é somente o primeiro homem, criado à imagem de Jeová, mas feito de terra e, consequentemente, perecível. Jesus, finalmente, é o segundo homem, ou o filho do Homem, que desceu dos Céus para restaurar a perfeição da imagem criada.

Em contraste com estas concepções do Oriente Próximo, que são de origem suméria e semítica, a tradição indiana aborígine, pré-ária – que está representada pela religião dos jainistas – considera que o *Primeiro Homem* não é Deus (ou seja, Deus como algo distinto da matéria, que cria o Universo extraindo-o da matéria como de um segundo princípio diferente da sua própria essência divina), mas sim o organismo do Universo. De acordo com esta crença, o Universo inteiro tem forma humana, nunca teve princípio e jamais terá fim. O *Primeiro Homem* não é "espírito", sendo este diverso da "matéria", senão "matéria espiritual", "espírito materializado". Neste aspecto, a filosofia do jainismo é monista.

Por outro lado, em sua análise da psicologia e do destino do homem, o jainismo é dualista. A mônada vital *(jīva)* é considerada como algo absolutamente diferente da "matéria cármica" *(a-jīva*, "não *jīva")* das seis cores[56], que a escravizam e lhe impedem a liberação. Este é um critério que o jainismo partilha com a filosofia do Sāṁkhya, que também não é ária nem védica, e cujas raízes se encontram na cosmovisão da Índia aborígine[57]; com efeito, no Sāṁkhya, as mônadas vitais *(puruṣa)* se distinguem estritamente da matéria inanimada (chamada *prakṛti*), e se considera que a meta dos esforços espirituais do homem é realizar a separação entre ambas.

Este dualismo radical das primitivas concepções jainas e do Sāṁkhya está em surpreendente contraste com o conhecido "não dualismo" do bramanismo clássico, expresso nas *Upaniṣad*, na *Bhagavadgītā* e sustentado principalmente pelo Vedānta.[58] Isto porque, segundo o ensinamento vedantino, a matéria *(prakṛti)* é energia materializada *(prāṇa, śakti)*, que por sua vez é a manifestação temporal da essência eterna, supraespiritual e incorporal, que é o mais íntimo Eu *(ātman)* de todas as coisas. O Eu *(ātman)* desenvolve o reino fenomênico da matéria *(prakṛti)* e, simultaneamente, entra nele sob a forma de mônadas vitais ou eus individuais *(jīva, puruṣa)*. Em outras palavras: todas as coisas, em todos os aspectos, são apenas reflexos do único e eterno Eu – *Ātman-Brahman* – que por essência está além de toda definição, nome e forma.[59]

Num dos textos básicos bramânicos[60] lemos, por exemplo: "O não existente, em verdade, estava aqui no princípio". Esse "não existente" não deve ser considerado simplesmente como um nada, pois se assim fosse não se haveria declarado que "estava". O texto segue com uma pergunta: "O que era este não existente?" E logo responde: "Energia vital *(prāṇa)*".

Então, as sete energias vitais *(prāṇa)*[61] falando juntas disseram:

> Em verdade, no estado em que ora nos encontramos, nunca seremos capazes de procriar. Façamos, portanto, destes sete homens [isto é, delas mesmas] um homem. Converteram aqueles sete homens [elas próprias] em um homem. [...] Foi ele quem se tornou o Senhor da Progênie.
>
> E este *Homem*, O Senhor da Progênie, sentiu o desejo dentro de si mesmo: "Quereria ser mais! Quereria parir!" Ele se esforçou e criou calor interno. Quando já havia se esforçado e criado calor, ele originou de si mesmo, como sua primeira criação, o Poder Sagrado, ou seja a "tríplice sabedoria" (os *Veda*). Esta tríplice sabedoria tornou-se uma sólida "plataforma" sobre a qual pôde ficar firmemente em pé. [...]
>
> Então, sobre este sólido lugar esteve firmemente parado e ardeu em seu interior. Ele originou de si mesmo, da fala *(vāc)*, as águas, para que fossem o mundo. Em verdade, a fala era sua; foi originada dele. Esta encheu tudo o que há aqui; tudo o que há aqui ela encheu.

Este é um exemplo da versão mitológica da concepção bramânica clássica da sequência de toda a criação, em todos os seus aspectos, a partir do Uno. A fala (*vāc*, isto é, a Palavra, o Verbo, o Logos) e as águas (compare com Gênese 1:2) são aqui a autoduplicação da única Realidade sem atributos; sua automanifestação, como o multiforme qualificado. O mundo de nomes e formas *(nāmarūpa)*[62] e da polaridade sujeito-objeto foi produzido; o estado de "oposição dual" (ou seja, "espírito" e "matéria") foi criado como uma emanação ou autodivisão do *Primeiro Homem*, não dual. Tudo compartilha de seu ser e dele participa. O que à primeira vista pareceria ser uma esfera de princípios duais procedeu desta Realidade única e *é* essa única Realidade. Consequentemente, os brâmanes, em sua meditação, buscam reduzir tudo novamente a esse "Uno sem segundo" – ao passo que os jainistas, nas suas meditações, separam (dentro dos limites desse único *Primeiro Homem*) o elemento espiritual (a mônada vital, *jīva*) da matéria *(karman, ajīva)*. Apesar disso, em ambos os casos, segundo os jainistas não arianos e segundo os brâmanes indo-arianos, o Deus Universal (que é ao mesmo tempo o Universo) é concomitantemente "matéria" e "espírito". Este monismo cósmico coloca estas crenças muito distantes da visão judaico-cristã ortodoxa.

Entretanto, os seguidores de Swedenborg traduzem a noção cristã de Deus como uma forma humana gigantesca, em uma figura que, de algum modo, sugere o Homem cósmico dos jainistas. Emanuel Swedenborg (1688-1772) experimentou em suas visões a totalidade do céu nessa forma antropomórfica. Em sua obra *O Céu e suas maravilhas, o mundo dos espíritos e o Inferno: narração baseada em coisas ouvidas e vistas*[63], ele declara: "Aquele céu como um todo representa um homem – este é um arcano ainda não conhecido no mundo, porém bem conhecido nos céus".[64] Swedenborg continua: "Na verdade, os anjos não veem todo o céu, coletivamente, nessa forma, porque a totalidade do céu é muito vasta para que um anjo possa captá-la com a vista; mas, ocasionalmente, eles veem sociedades distantes, que consistem em milhares de anjos, como um só objeto nessa forma; e baseando-se em uma sociedade, tomada como uma parte, tiram conclusões acerca do conjunto, que é o céu."[65] "Sendo assim a forma do céu, também é governada pelo Senhor como um só homem, e, deste modo, como um só conjunto."[66]

Em outra obra, também deste grande visionário, chamada *Sabedoria angélica sobre o amor divino e a sabedoria divina* (1763), ele descreve novamente os céus como um organismo humano, e diz:

> Os céus estão divididos em dois reinos, um chamado celestial, o outro, espiritual. No reino celestial governa o amor ao Senhor; no reino espiritual governa a sabedoria nascida desse amor. O reino onde o amor governa é chamado reino cardíaco dos céus; o reino onde impera a sabedoria é chamado reino pulmonar. Saiba-se que todo o céu angélico em sua totalidade representa um homem, e diante do Senhor aparece como um homem; consequentemente, seu coração constitui um reino e seus pulmões, outro. Assim, há um movimento pulmonar e cardíaco geral por todo o céu, e um movimento particular em cada anjo, originado no movimento geral. O movimento geral cardíaco e pulmonar procede somente do Senhor, porque o amor e a sabedoria provêm unicamente Dele"[67];

isto é, o céu tem a forma de um homem gigantesco, e tal forma está animada pelo movimento cardíaco que é o amor divino, que procede incessantemente de Deus, assim como o pulmonar ou respiratório, que é a razão divina. Deus não é idêntico ao gigantesco organismo antropomórfico formado de todas as estratificações do céu, mas o impregna com seu amor e sabedoria, e estes, por sua vez, impregnam o organismo, assim como o sangue do coração e o ar dos pulmões impregnam o corpo humano.

A diferença mais significativa entre este Homem Cósmico ocidental e o indiano é que, na visão de Swedenborg, somente o céu está moldado de acordo com a divina imagem humana (que é semelhante à forma arquetípica de Deus), ao passo que, no jainismo, a totalidade do Universo, incluindo até suas estratificações infra-humanas – animais e plantas que carecem das faculdades humanas superiores do amor, sabedoria e espiritualidade, e também a matéria inorgânica e os elementos mudos –, está contida no organismo antropomórfico divino.

Isto concorda com o objetivo universal da doutrina indiana de perfeição, transformação e redenção, que inclui não apenas os seres humanos, mas também tudo quanto existe. Ainda que precipitados na escuridão, os animais e até mesmo os átomos buscam a salvação. Sendo membros da irmandade cósmica de mônadas vitais, estão destinados a receber ensinamento e orientação dos salvadores universais a fim de, redimidos, atingirem a iluminação. Finalmente ascenderão, indo além dos grilhões do *karman* das seis colorações.

"Porque Deus é um Homem", lemos novamente em *O amor divino e a sabedoria divina* de Swedenborg (e aqui fica claro que a forma humana dos céus pode identificar-se com o próprio Deus),

> todo o céu angélico em conjunto parece um único homem e está dividido em regiões e províncias de acordo com os membros, vísceras e órgãos do homem. Portanto, há sociedades do céu que constituem a província de todas as coisas que estão no cérebro, de todas as coisas dos órgãos faciais e de todas as coisas das vísceras do corpo; e tais províncias estão separadas entre si exatamente como aqueles órgãos estão separados no homem; além disso, os anjos sabem em que província do homem eles residem. Todo o céu se assemelha ao homem porque *Deus é um Homem. Deus também é céu*, porque os anjos que constituem o céu são os receptáculos do amor e sabedoria provenientes do Senhor, e os receptáculos são imagens.[68]

Logicamente, o corolário é que o organismo humano é um reflexo dos céus:

> A multidão de pequenas glândulas (que constituem o cérebro humano) também pode ser comparada à multidão de sociedades angélicas dos céus, que são inúmeras e que, segundo me foi dito, *estão na mesma ordem que essas glândulas*.[69]
>
> Não me foi concedido ver que forma tem o inferno em sua totalidade; só me foi dito que, assim como o céu universal, visto coletivamente é como um diabo e também pode apresentar-se à visão na forma de um diabo.[70] [...] Até agora, tem sido cogitado no mundo que há um certo diabo individual que governa os infernos, e que foi criado como anjo da luz, mas que se tornou, posteriormente, um rebelde e foi lançado ao inferno junto com seus aliados. A razão pela qual prevaleceu esta crença é que na Palavra menciona-se o Diabo, Satanás e também Lúcifer, e o Mundo interpretou essas passagens em sentido literal; todavia, a verdade é que o Diabo e Satanás nestes textos significam o Inferno. O Diabo indica aquele inferno que está atrás, habitado pela pior classe de espíritos, chamados gênios malignos; Satanás quer dizer inferno que está na frente, cujos habitantes não são tão perversos, e chamam-se espíritos malignos; e Lúcifer significa os habitantes de Babel ou Babilônia, aqueles que procuram estender sua autoridade até mesmo no céu.[71]

> No Grande Homem, que é o céu, aqueles que estão colocados na cabeça gozam de cada ventura muito mais que todos os outros, pois gozam de amor, paz, inocência, sabedoria e inteligência e, consequentemente, de alegria e felicidade. Estes influem na cabeça e em tudo o que pertence à cabeça do homem e a ela corresponde. No Grande Homem, que é o céu, aqueles que estão colocados no peito gozam da caridade e da fé. [...] No Grande Homem ou céu, aqueles que estão colocados na região ventral e nos órgãos pertencentes à reprodução e a eles relacionados são os que estão eminentemente estabelecidos no amor conjugal. Os colocados nos pés estão estabelecidos no mais baixo dos bens celestes, chamado bem espiritual-natural. Os que se acham nos braços e nas mãos estão no poder da verdade derivado do bem. Os que estão nos olhos são excelentes por seu entendimento. Os que estão nos ouvidos, pela atenção e obediência. Aqueles que estão nas narinas distinguem-se pela percepção. Aqueles que estão na boca e na língua são os que se sobressaem no raciocínio vindo do entendimento e da percepção. Aqueles que ocupam os rins estão estabelecidos em uma verdade de caráter penetrante, discriminador e punitivo. Os que residem no fígado, pâncreas e baço estão estabelecidos na purificação do bem e da verdade por vários métodos. E assim com os outros membros e órgãos. Todos influem nas partes similares do homem e a elas correspondem. O influxo do céu tem lugar nas funções e usos dos membros e, como estes usos procedem do mundo espiritual, revestem-se de formas por meio dos materiais encontrados no mundo natural, e assim se apresentam nos efeitos. Por isso há uma correspondência entre eles.[72] [...] Em geral, o terceiro, ou céu supremo, constitui a cabeça até o pescoço; o intermediário, ou segundo céu, constitui o tronco ou o peito até a pélvis e os joelhos; o inferior, ou primeiro céu, constitui as pernas e os pés até as plantas, como também os braços até os dedos das mãos, porque os braços e as mãos são partes pertencentes aos órgãos inferiores do homem, ainda que estejam dos lados.[73]

A relação, espantosamente íntima, desta imagem antropomórfica com o Homem Cósmico da religião jaina aparecerá ao longo dos temas a seguir, onde se aborda o método do jainismo para ascender ao espaço vazio que ocupa o topo do crânio do Grande Homem, que é o universo dos jainistas.

7. A DOUTRINA JAINA DA ESCRAVIDÃO

De acordo com a filosofia pessimista dos jainistas, todo e qualquer ato ou pensamento acarreta uma acumulação de nova substância cármica. Prosseguir vivendo significa continuar sendo ativo, seja na fala, no corpo ou na mente.

Significa continuar fazendo algo todos os dias, o que resulta na armazenagem inconsciente das "sementes" de ação futura que crescem e amadurecem, transformando-se em "frutos" de sofrimentos, alegrias, situações e existências vindouras. Tais "sementes" são representadas como entrando e se alojando na mônada vital, onde, a seu devido tempo, se transformam nas circunstâncias da vida, produzindo os êxitos e as calamidades e tecendo a máscara – a fisionomia e o caráter – do indivíduo que se desenvolve. O próprio processo da vida consome a substância cármica, queimando-a como se fosse combustível mas, ao mesmo tempo, atrai novos materiais para o centro ardente das operações vitais. Assim, a mônada vital é novamente infestada pelo *karman*, pois se introduzem novas sementes que darão os frutos do porvir. Deste modo se mantêm em funcionamento dois processos contrários mas exatamente complementares. As sementes – as substâncias cármicas, se extinguem com rapidez e de maneira incessante devido às ações conscientes e inconscientes do sistema psicossomático e, no entanto, em função destas mesmíssimas ações, os estoques de armazenagem cármica são continuamente abastecidos. Daí que a conflagração própria de nossa vida prossiga crepitando.

Considera-se que este contínuo processo dual e autossustentador (em que a substância germinal cármica das seis cores[74] queima a si mesma nos acontecimentos que tornam a fecundá-la) ocorre – em sentido bem literal, físico – na esfera sutil ou corpo da mônada vital *(jīva)*[75]. O influxo contínuo *(āsrava)*[76] de matéria sutil que entra na mônada vital assemelha-se à mistura de corantes líquidos que a tingem, pois a mônada vital é uma substância cristalina que, em seu estado prístino, ou seja, antes de ser tingida pela matéria cármica, é imaculada, destituída de cor e perfeitamente transparente. Assim, o fluxo penetra, o límpido corpo começa a escurecer, tomando a cor *(leśyā)* correspondente ao caráter moral do ato cometido. Os atos virtuosos e as transgressões menores, veniais, produzem *leśyā* relativamente leves, pouco obscurecedoras (como vimos, desde suaves tons esbranquiçados passando pelo amarelo e o vermelho, até os matizes acinzentados), enquanto os delitos mais graves acarretam cores muito mais escuras (azul-escuro e preto). O pior crime possível, segundo a concepção jaina, é matar ou ferir um ser vivo: *hiṁsā*, "a intenção de matar" (da raiz verbal *han*: matar). *Ahiṁsā*, "não prejudicar", ou seja, não causar dano a *nenhuma* criatura é, por conseguinte, a regra jaina primordial de virtude.

Este princípio, muito bem definido, baseia-se na crença de que todas as mônadas vitais são fundamentalmente irmãs – e esse "todas" refere-se não apenas aos seres humanos, mas também aos animais e plantas, bem como às moléculas e átomos que habitam o interior da matéria. Matar, mesmo que acidentalmente, qualquer uma dessas existências turva o cristal da mônada vital, tingindo-a de uma cor fortíssima. Eis por que os animais de rapina, que se alimentam das criaturas que eles próprios mataram, estão infestados de *leśyā* muito escuras. O mesmo sucede com os homens que matam profissionalmente: açougueiros, caçadores e guerreiros. Suas mônadas vitais carecem por completo de luz.

A cor do cristal monádico indica o reino do universo, alto ou baixo, no qual o indivíduo deverá morar. Os deuses e os seres celestiais têm tonalidades mais brilhantes; os animais e os torturados habitantes do inferno são mais escuros. Durante o curso da vida, a cor do cristal muda constantemente segundo a conduta moral do ser vivo. Nas pessoas altruístas e piedosas, inclinadas à pureza, à autoabnegação, iluminação e liberação, o cristal resplandece de modo contínuo e as cores suaves acabam prevalecendo, ao passo que nos egoístas, imprudentes e descuidados – os que, no próximo nascimento, estão condenados a mergulhar nas torturas do inferno ou nos reinos inferiores do mundo animal, onde uns devoram aos outros – a escuridão do cristal é absoluta. Conforme sua cor, a mônada vital ascende ou cai (literalmente) no corpo do Ser Universal.

Esta doutrina simples e literal do vício e virtude universais foi desenvolvida por um grupo de homens ascetas e santos que, negando-se a si próprios, renunciaram à luta pela vida, e foi aceita por uma pacífica burguesia vegetariana de mercadores, negociantes e artesãos. Aparentemente, esta doutrina remonta ao mais longínquo passado indiano. A teoria das cores cármicas *(leśyā)* não é peculiar aos jainistas; tudo indica que havia integrado a tradição pré-ária conservada em Magadha (nordeste da Índia), onde tinha sido restabelecida, por um certo número de mestres não bramânicos, durante o século 5º a.C. É uma espécie de psicologia arcaica ingenuamente materialista, extremamente oposta às principais doutrinas da tradição védica. Mesmo assim, a rica metáfora do cristal tingido foi preservada no fluxo complexo do ensinamento clássico indiano, que se desenvolveu quando a antiga ortodoxia bramânica e as não menos antigas tradições não árias fundiram-se resultando numa única síntese. No sistema Sāṁkhya, esta metáfora desempenha um papel notável, pois é utilizada para ilustrar a relação entre a mônada vital e o contexto que a escraviza até que, pelo discernimento, os laços são dissolvidos. Esta metáfora, do Sāṁkhya, passou ao pensamento budista e bramânico.

Tal como se apresenta aos jainistas, o avanço do indivíduo rumo à perfeição e emancipação é consequência de um verdadeiro processo físico de limpeza que ocorre na esfera da matéria sutil; literalmente: uma limpeza da mônada vital cristalina. Quando ela se encontra livre da contaminação produzida pelas colorações cármicas, então brilha com uma lucidez transparente, porque o cristal da mônada vital, em si mesmo, é absolutamente diáfano. Além disso, quando limpo, torna-se imediatamente capaz de espelhar a verdade suprema do homem e do Universo, refletindo a realidade como ela realmente é. Portanto, assim que a substância cármica obscurecedora das seis cores é removida, a ignorância também o é. Isto significa que a onisciência coexiste com o estado supremo de absoluta claridade da mônada vital, o que é, precisamente, a liberação. A mônada já não está ofuscada pelas paixões obscurecedoras mas, ao contrário, está aberta, livre, não limitada pelas qualidades particularizantes que constituem a individualidade. Já não sente a obrigação universal de continuar usando a máscara de alguma personalidade inconsequente: a máscara de homem, animal, alma torturada ou deus.

8. A DOUTRINA JAINA DA LIBERAÇÃO

A sabedoria transcendental que libera e que se identifica com a própria liberação da roda de renascimentos é tida como uma doutrina secreta da tradição bramânica à qual foi incorporada, à maneira de uma nova revelação, no período relativamente recente das *Upaniṣad*. Os sábios arianos da época védica nada sabiam a respeito da transmigração; nem mesmo foi feita qualquer alusão a esta doutrina no curso completo de estudos védicos ortodoxos que, séculos mais tarde, foi transmitido pelo sábio brâmane Āruṇi a seu filho Śvetaketu[77]. A ideia da roda do infortúnio é, a bem dizer, herdada daqueles nobres clãs aborígines, não árias, que na época do Buddha e Mahāvīra desafiaram as concepções um tanto estreitas da ortodoxia bramânica; e foi ensinada sem restrições aos brâmanes espiritualmente qualificados, quando os arrogantes conquistadores finalmente condescenderam em solicitar tal ensinamento. Isto porque o conhecimento para os sábios não árias nunca havia tido um caráter exclusivo da maneira como o tinha para os brâmanes védicos. Os ensinamentos jainas, budistas e outros afins da heterodoxia hindu[78] não são mantidos em segredo como as poderosas fórmulas das famílias brâmanes. Considera-se que pertencem a todos, e que o único requisito para comunicá-los é que o candidato tenha adotado uma forma de vida ascética, após ter cumprido as disciplinas preliminares de seus deveres seculares normais; ou seja, tais ensinamentos são exclusivos apenas sob critérios espirituais, não genealógicos.[79]

No bramanismo védico, o culto doméstico honra aos Pais falecidos que foram enviados ao Mundo dos Pais e que necessitam oferendas sob pena de serem destruídos pela dissolução absoluta *(nivṛtti)*. Em outras palavras, o culto tem por finalidade a continuação da vida, defendendo o morto contra a terrível "nova morte" *(punarmṛtyu)* que colocaria ponto-final a sua existência. Isto contrasta diametralmente com a principal preocupação da Índia aborígine, pré-ária, cujo temor era que a vida, em sua dolorosa ronda, *não* acabasse nunca. Neste caso, os rituais do culto secular eram praticados não para prolongar a existência, mas para melhorá-la, para impedir os infortúnios da vida presente e evitar a descida aos dolorosos purgatórios ou o renascimento no reino dos animais. A beatitude celestial era desejada e infinitamente preferida às agonias dos reinos inferiores; contudo, além desta, havia um bem ainda maior, experimentado por aquele que nunca mais voltaria a assumir forma alguma.

Omnis determinatio est negatio: toda determinação da mônada vital por meio do influxo cármico que produz a individuação diminui seu poder infinito e nega suas possibilidades supremas. Daí que a finalidade própria seja *restitutio in integrum*, a restituição da mônada vital ao seu estado ideal inato. Isto é conhecido em sânscrito por *kaivalya*, "integração", a restauração de faculdades que foram temporariamente perdidas devido ao obscurecimento. Todos os entes que vemos no mundo se encontram em vários níveis de imperfeição; no entanto são passíveis de perfeição sempre que estejam dispostos a realizar o esforço adequado para obter o consequente conhecimento. Todos os seres estão fadados a ser oniscientes, onipotentes, ilimitados e livres; é isto que constitui sua íntima dignidade. Potencialmente, compartilham da plenitude da vida, que é divina; essencialmente constituem a abundância e plenitude da bem-aventurada energia. Não obstante, a dor domina suas vidas. O homem deve ter como meta tornar manifesto o poder que está latente em seu interior, removendo qualquer obstáculo que se interponha no caminho.

Embora esta concepção não fosse inerente à religião ariana dos deuses védicos e, na verdade, fosse diametralmente oposta a sua concepção da natureza e destino do homem, acabou por se integrar nela durante o primeiro milênio a.C. e, desde então, firmou-se como uma das doutrinas fundamentais da filosofia clássica indiana. Penetra a totalidade do pensamento bramânico durante o período das *Upaniṣad*, quando se proclama que a única atividade digna para os que haviam tido nascimento humano era a realização do Eu interior divino. Contudo, é importante observar que entre a concepção jaina e a do bramanismo que se desenvolvia no primeiro milênio (representada tipicamente nas *Upaniṣad)* há tanto diferenças como semelhanças. A doutrina budista também é muito diferente, pois enquanto a filosofia jaina é caracterizada por um estrito materialismo mecanicista em relação à substancialidade sutil da mônada vital e o influxo cármico, bem como no que diz respeito ao estado em que se encontram os liberados, as escrituras budistas, por sua vez, tanto quanto as que encontramos nas *Upaniṣad*, apresentam uma abordagem psicológica não materialista das mesmas questões. Esta divergência fundamental afeta cada detalhe, não só das cosmologias e metafísicas em foco, mas também dos respectivos códigos morais.

Por exemplo, se um monge jaina engole inadvertidamente um bocado de carne ao comer o alimento recolhido em sua tigela durante sua caminhada diária de mendicância (às portas de qualquer vila ou cidade que atravesse em sua peregrinação sem rumo), o cristal de sua mônada vital torna-se, automaticamente, manchado por um influxo escuro, como consequência mecânica do fato de ter comido carne de um ser sacrificado. E, onde quer que o asceta jaina caminhe, tem de varrer o caminho ante seus passos com uma pequena vassoura, a fim de que seus pés não esmaguem nenhuma criatura minúscula. O monge budista, ao contrário, anda sem vassoura. Ele recebe a instrução de estar em constante vigilância, não tanto com o lugar onde põe seus pés, mas principalmente sobre seus sentimentos e intenções. Deve estar "totalmente consciente e com pleno autocontrole" *(smṛtimant samprajānan)*, cuidadoso, atento e com seu sentido de responsabilidade sempre alerta. Com relação à carne, é culpado apenas se a deseja, ou se o animal foi sacrificado expressamente para ele e com sua plena conivência. Se recebesse alguns fiapos de carne junto com o arroz que lhe fosse oferecido, poderia comê-los sem contaminar-se.

A ideia budista de progresso rumo à pureza, ao desapego e à iluminação final, fundamenta-se num princípio básico de observância moral dos sentimentos e inclinações pessoais. Não é o fato que importa e sim a atitude frente a ele. Em outras palavras, o caminho budista é uma disciplina de controle psicológico e, por conseguinte, não encontraremos, nesta doutrina, teorias sobre o afluxo sutil do *karman* nem sobre o imperecível cristal sutil da mônada vital. Estas duas ideias são descartadas como erros materialistas, causados pela ignorância do primitivismo, e não verificadas pela experiência interna. Consideram-nas como elementos constitutivos do vasto pântano do abstrato saber metafísico e biológico que só servem para envolver e aprisionar a mente humana; estas noções, longe de nos libertar das esferas da dor e do nascimento, nos acorrentam a elas. Com efeito, a visão da realidade psíquica de quem pratica o budismo é baseada nas experiências efetivas de sua prática de *yoga* (técnicas para se desprender ou se desfazer de qualquer ideia fixa ou atitude mental permanente), as quais por decorrência levam a uma completa espiritualização não apenas da ideia de liberação, mas também da escravidão. O budista realizado, em última instância, não se prende a nenhum tipo de ideia, nem mesmo à do Buddha, nem à do caminho ou à de uma meta a ser atingida.

O jainismo, por outro lado, é ingenuamente materialista em sua concepção simples e direta do Universo, das hostes de mônadas que preenchem a matéria como se fossem suas moléculas elementares viventes, e do problema da obtenção da liberação. O cristal da mônada vital, conforme este sistema de positivismo arcaico, é de fato (ou seja, fisicamente) manchado e escurecido pelas várias cores do afluxo cármico e isto ocorre desde tempos imemoriais. Para conduzir a mônada a seu estado natural há que fechar todas as portas pelas quais a substância cármica entra, e assim mantê-las, a fim de bloquear o processo do automático "afluxo das seis cores" *(āsrava)*. Fechar as portas significa abster-se de toda classe de ação. A matéria obscurecedora que se encontra no interior irá, então, consumir-se lentamente, transformando-se, de modo automático, nos acontecimentos naturais do processo biológico.[80] As sementes cármicas vigentes crescerão produzindo seus inevitáveis frutos em forma de sofrimentos e experiências físicas, de tal sorte que a mancha irá gradualmente desaparecendo. Por último, se não for permitido que nenhuma partícula nova entre, conseguir-se-á de maneira automática a pureza translúcida da mônada vital.

O monge jaina não se permite reagir ante qualquer evento que aflija sua pessoa ou que aconteça diante dele. Sujeita seu físico e sua psique a um rigoroso treino de distanciamento ascético e chega realmente a ser indiferente às investidas do prazer e da dor e a todos os objetos, desejáveis e repugnantes ou até mesmo perigosos. Nele se opera um processo incessante de limpeza, uma árdua e difícil disciplina física e mental de concentração interior, cujo calor *(tapas)* queima as sementes cármicas ainda presentes. Assim, a mônada vital vai pouco a pouco se clarificando até atingir sua pureza cristalina intrínseca, enquanto o ator se recusa obstinadamente a participar do drama que está sendo representado no teatro da vida. Sua intenção é conseguir um estado de paralisia psíquica intencional. Ao rejeitar qualquer tipo de máscara e manter, com uma persistência sublime, sua inquebrantável decisão de não cooperar, ele, finalmente, é coroado pelo êxito. A frenética hoste de atores que habitam o Universo, ainda encantados com seus papéis e ávidos por continuar rivalizando entre si, mudando máscaras e papéis de vida em vida, representando todos os sofrimentos, conquistas e surpresas de suas biografias, afastam-se dele e o deixam partir. Ele escapou. No que diz respeito ao mundo, ele é um tolo inútil.

Como dissemos, o estado final alcançado desta forma pelo monge jaina chama-se *kaivalya*, "isolamento", "perfeição pela integração", o que significa liberação absoluta, pois, quando toda partícula de substância cármica houver sido queimada, e igualmente tiver sido impedido o afluxo de novas sementes, não mais restará qualquer possibilidade de amadurecer uma nova experiência. Mesmo o perigo de tornar-se uma criatura celestial foi superado; perigo, por exemplo, de se converter num rei dos deuses, um Indra, senhor dos raios, que, nos domínios da sublime felicidade e durante períodos de numerosos oceanos de tempo, goza os deliciosos frutos de sua conduta virtuosa em vidas anteriores. Todos os laços que prendiam a mônada vital tanto aos reinos superiores de existência quanto aos inferiores foram dissolvidos. Nela não ficam vestígios de nenhuma coloração como sinal de vínculo que obrigue a assumir as vestes de um certo elemento, planta, animal, ser humano ou sobre-humano; marca nenhuma de ignorância capaz de perturbar sua imobilidade. E, embora o corpo possa permanecer intacto por mais alguns dias, até que seu metabolismo tenha cessado por completo, o centro de atração da mônada vital já se ergueu muito além do tumulto da vida. Porque a matérica cármica, mesmo sendo sutil, é um peso que leva a mônada para baixo, retendo-a em uma ou outra das esferas de ação ignorante; o lugar preciso que a mônada ocupará nestas esferas depende de sua densidade ou peso específico, que é indicado por sua cor. As *leśyā* mais escuras – azul intenso e preto – mantêm a mônada nas camadas mais baixas do Universo, nos estratos subterrâneos do inferno ou nos mundos de existência mineral e vegetal, ao passo que, quando as cores se tornam mais claras, a mônada tem seu peso diminuído e ascende a uma ou outra das esferas mais altas, chegando talvez ao reino humano, que se situa na superfície do planeta, plano médio entre as numerosas estratificações do Universo; ou até mesmo podendo chegar às moradas sublimes dos seres divinos. Entretanto, quando alcança o estado supremo de isolamento *(kaivalya)* e está absolutamente purificada, livre do peso do último grama de lastro cármico, a mônada vital sobe com força irresistível, atravessando todos os planos correspondentes às seis cores, atingindo o zênite, como uma bolha de ar, destituída de gravidade. Ali permanece por cima do fluxo cíclico de correntes de vida que agitam todos os reinos inferiores. Deixou para trás – e para sempre – o ativo teatro de máscaras, que trocam sem descanso.

A metáfora da bolha é frequentemente usada nos textos jainas. A mônada vital ascende, passando pelas regiões celestiais dos deuses, onde há criaturas luminosas que, ainda encadeadas ao peso do *karman* virtuoso, gozam o fruto das boas ações e pensamentos de vidas anteriores. Iluminada por sua própria luz, transparente, a bolha sobe à cúpula do mundo – a esfera mais alta, chamada "levemente inclinada" *(īṣatprāgbhāra)* –, mais branca que o leite e as pérolas, mais resplandescente que o ouro e o cristal, com a forma de um guarda-sol divino. Outra metáfora compara a mônada vital com uma cabaça que foi convertida em frasco ou garrafa, cuja polpa foi removida e sua casca coberta com camadas de barro para torná-la mais sólida. Se um tal frasco vazio fosse colocado nas águas de um lago, afundaria devido ao peso do barro; porém, à medida que sua cobertura se dissolvesse, o frasco recuperaria sua leveza natural e, estando cheio de ar, tornar-se-ia mais leve que a água, subindo automaticamente do fundo para a superfície do lago. Com um movimento automático igual a este, a mônada vital, purgada da substância cármica, ergue-se das profundezas de sua prisão: este mundo submarino de capas envoltórias e máscaras da existência individual. Despojada dos traços característicos de qualquer forma de existência particular – a natureza deste ou daquele homem, mulher, animal ou ser divino – ela se torna anônima, sem peso e absolutamente livre.

O universo através do qual a bolha ou a cabaça ascende é apresentado na forma de um ser humano colossal: um prodigioso homem ou mulher, cujo organismo macrocósmico compreende as regiões celestiais, terrestres e infernais, todas elas habitadas por inúmeras criaturas.[81] O colosso masculino concerne ao ascetismo viril dos monges e santos jainas, enquanto o feminino reflete uma antiga concepção pré-ária da Mãe Universal. O culto à deusa Mãe remonta ao período neolítico, quando se havia difundido por toda a Ásia ocidental e às terras vizinhas ao Mediterrâneo. Foram encontradas imagens desta divindade, inclusive da época paleolítica, e seu culto sobrevive até hoje no hinduísmo popular. A concepção jaina representa o Universo sob uma forma humana prodigiosa, masculina ou feminina, cujos limites constituem os confins do próprio Universo. Segundo esta teoria, a superfície da terra, cenário da vida humana, está localizada no nível da cintura. As regiões dos infernos ficam abaixo deste plano, na cavidade pélvica, coxas, pernas e pés, enquanto as de beatitude celestial – estratificadas uma sobre a outra – abrangem o peito, ombros, pescoço e cabeça.[82] A região do supremo isolamento *(kaivalya)* fica no pináculo da abóbada, no interior, na cavidade do crânio.[83]

Após esta peregrinação de inúmeras existências pelas várias estratificações inferiores, a mônada vital ascende à região craniana do ser macrocósmico, livre do peso das partículas cármicas sutis que, anteriormente, lhe impediam de subir. Nada mais pode acontecer a ela, pois abandonou os traços da ignorância, daqueles pesados véus da individualidade que são as causas precipitadoras dos acontecimentos biográficos. Decisivamente e de uma vez por todas, ela se libertou do vórtice. Agora, livre de morte e nascimento, está suspensa além da lei cíclica de causação cármica, do mesmo modo que uma gota d'água destilada suspensa no teto ou na face inferior da tampa de uma chaleira. Ali, junto às outras mônadas vitais liberadas, flutua no interior da abóbada do divino Ser cósmico, onde permanece para sempre; e, naturalmente, as mônadas neste estado são tão iguais como gotas d'água, pois elas são partículas puras, existências serenas purgadas daquelas imperfeições que constituem a individualidade. As máscaras, os traços pessoais anteriores, foram eliminados junto com a substância germinal que teria amadurecido resultando em futuras experiências. Livres das cores, sabor e peso, os sublimes cristais são agora absolutamente puros, como as gotas de chuva que caem de um céu límpido, imaculadas e insípidas.

Outrossim, uma vez que elas se livraram das faculdades de sensação inerentes a todos os organismos (aquelas que produzem a audição, visão, olfato, paladar e tato), as mônadas vitais liberadas estão além dos limites do entendimento condicionado que determina o modo de ser das várias espécies: humana, animal, vegetal e mesmo a inorgânica. Elas não percebem nem pensam, mas estão conscientes de tudo de maneira direta. Conhecem a Verdade exatamente como é. São oniscientes como o seria também a própria força vital caso pudesse livrar-se das máculas modificadoras dos organismos específicos, cada um dos quais tem faculdades sensoriais e intelectuais de alcance reduzido. As limitações que tornam possíveis as experiências particulares são eliminadas, obtendo-se, imediatamente, uma intuição perfeita de tudo o que é factível de conhecimento. A necessidade de experiência se dissolve no conhecimento infinito. Tal é o sentido positivo do termo e do estado de *kaivalya*.

Isto nos faz lembrar o protesto do poeta e filósofo francês contemporâneo, Paul Valéry, que em sua obra, *Monsieur Teste*, escreve: "Há pessoas que têm a sensação de que seus sentidos as separam do real, do ser. Esta sensação infesta seus outros sentidos. O que vejo me cega. O que ouço me ensurdece. O que sei torna-me ignorante. Na medida em que sei sou ignorante. Esta luz que brilha à minha frente é uma espécie de véu que oculta uma escuridão ou uma luz mais... Mais o quê? Aqui se fecha o círculo desta estranha inversão: o conhecimento, como uma nuvem sobre o ser; o mundo brilhante, como névoa e opacidade. Retira tudo isto, para que eu possa ver!"[84]. Este grito de protesto e a moderna teoria do conhecimento de onde surge aproximam-se notavelmente da antiga ideia sustentada pelo jainismo: que as diversas faculdades do entendimento humano nos limitam.

Mas os *Tīrthaṁkara* perderam até mesmo a faculdade de sentir, pois esta também pertence à estrutura da carne, à sofredora vestimenta de sangue e de nervos. Daí que sejam completamente indiferentes ao que acontece nos mundos das estratificações, que deixaram para trás. Nenhuma oração ou ato de devoção os atingem. Tampouco descem para intervir no curso da Ronda Universal como o faz, por exemplo, Viṣṇu, a divindade suprema dos hindus, que periodicamente envia uma partícula de sua essência transcendente, como uma encarnação destinada a restaurar a ordem divina do Universo, alterada pelos tiranos inconsequentes e demônios egoístas.[85] Os *Tīrthaṁkara* jainas estão totalmente afastados. Não obstante, o jainista devoto lhes rende culto de modo incessante, concentrando sua atenção piedosa em suas imagens, como meio de progredir em sua purificação interna. Eles são às vezes celebrados junto com os deuses populares indianos do lar e da aldeia, porém nunca com o mesmo espírito. Isto porque os deuses proporcionam bem-estar temporal, afastando os demônios que causam doenças e desastres, enquanto o culto aos *Tīrthaṁkara* – os "Vencedores", os "Heróis", os "Autores da travessia" – conduz a mente a seu bem supremo, que é a paz eterna, além das alegrias e sofrimentos da ronda universal.

9. A DOUTRINA DE MASKARIN GOSĀLA

Os ascetas indianos carregam um bastão: *maskara, daṇḍa*. Por isso, os monges vedantinos são às vezes chamados *ekadaṇḍin*, "os portadores de um bastão"; ou, ainda, *haṁsa*, "cisne ou ganso selvagem", por serem andarilhos como os grandes pássaros que migram das selvas do sul para os lados do Himalaia, sentindo-se em casa tanto no elevado céu quanto nas águas das planícies terrenas. *Daṇḍin*, "portador de um bastão", denota, em geral, um asceta peregrino *(sannyāsin)*, seja de ordem bramânica ou jaina. Os monges budistas também levam um bastão, mas este é chamado *khakkhara*, pois é provido de um conjunto de anéis que produzem um tinido monótono *(khak)* que anuncia a aproximação do mendicante silencioso, quando avança pelas ruas ou vem segurando a tigela pedindo sua refeição diária. O monge budista nunca pede esmolas, simplesmente para em silêncio na soleira de uma porta à espera de algum alimento e, quando a tigela está cheia, ele parte sem dizer uma palavra. Ouve-se apenas o som de seu *khakkhara*. O som é o mesmo daquele bastão do *Bodhisattva*, chamado Kṣitigarbha, "Aquele cujo útero foi a terra" ou "nascido da terra". Kṣitigarbha, com seu *khakkhara*, vagueia por eternidades pelas esferas do inferno, confortando os seres torturados e resgatando-os da escuridão apenas com sua presença ou, mais precisamente, apenas com o som de seu bastão.[86]

Maskarin Gosāla (Gosāla, o do bastão de peregrino) foi um contemporâneo de Mahāvīra e do Buddha. Sua sistematização enciclopédica do Universo era afim à tradição dos jainistas. As duas doutrinas, aparentemente, guardavam relações entre si, pois derivavam de alguma grande tradição da ciência natural e da psicologia pré-árias. A julgar pelas evidências disponíveis, houve uma elaboração bastante minuciosa, altamente classificatória, de todos os aspectos do mundo natural. A interpretação de Gosāla sobre esses conhecimentos pode ser reconstruída em suas linhas principais, e em alguns de seus pormenores, a partir dos relatos e críticas contidos nos primeiros textos jainas e budistas.

Os discípulos deste mestre – por demais insultado e caluniado – eram chamados *ājīvika*, isto é, os que professam a doutrina *ā-jīva*. *Jīva* é a mônada vital; o prefixo *ā*, neste caso, significa "enquanto". Isto parece referir-se à notável doutrina de Gosāla, que preconiza não ser possível a realização "enquanto a mônada vital" *(ā-jīva.)* não tiver completado o curso normal de sua evolução (passando por um número fixo de nascimentos inevitáveis). O progresso biológico natural não pode ser acelerado por meio da virtude e do ascetismo nem retardado por causa do vício, porque o progresso se desenrola de acordo com seu próprio ritmo. Tudo indica que Gosāla, inicialmente, colaborou com Mahāvīra. Eles foram os líderes de uma mesma comunidade durante muitos anos; mas acabaram por divergir em alguns pontos principais da disciplina e da doutrina; desentenderam-se e houve a separação. Gosāla dirigia o movimento de secessão. Seus seguidores parece haverem sido numerosos e terem representado uma força considerável na vida religiosa da Índia por longos anos.[87] A existência e a importância desses adeptos, pelo menos até o século 3º a.C., está corroborada por uma dedicatória real gravada nos muros de três cavernas escavadas nas rochas de um monastério situado no monte Nāgārjuna.[88] Eram considerados muito perigosos, tanto pelos budistas como pelos jainistas.

Os inimigos de Maskarin Gosāla, mesmo enquanto era vivo, não pouparam palavras para atacá-lo. Conta-se que o próprio Buddha declarou que o ensinamento desse imponente antagonista era a pior de todas as falsas doutrinas de seu tempo. O Buddha a compara a um vestido de cânhamo que, além de ser desagradável à pele, não oferece proteção alguma contra o frio no inverno ou o calor no verão.[89] Ou seja, o vestido (a doutrina) é simplesmente inútil. O Buddha referia-se especificamente ao determinismo do dogma principal de Gosāla, no qual não havia lugar para o esforço humano voluntário.

Com efeito, a doutrina Ājīvika de que nenhum esforço moral ou ascético é capaz de reduzir a série de renascimentos não oferecia esperanças para aquele que ansiava liberar-se mais rapidamente do âmbito da ignorância, mediante exercícios de santidade. Ao contrário, um estudo vasto e abrangente de todos os reinos e divisões da natureza mostrava que cada mônada vital deveria passar, numa série de exatamente oitenta e quatro mil nascimentos, através de todo espectro de variedades do ser; começando entre os átomos elementares do éter, ar, fogo, água e terra, progredindo passo a passo pelas esferas das formas de existência geológica, botânica e zoológica, até chegar, finalmente, ao reino humano. Cada nascimento estaria vinculado aos outros consoante uma ordem evolutiva precisa, minuciosamente graduada. Todas as mônadas do Universo teriam de passar laboriosamente por esta única e inevitável trajetória.

Conforme este sistema, o corpo vivo do átomo é o organismo mais primitivo do cosmo, e está provido de apenas uma faculdade sensorial, a do tato, ou seja, a que lhe permite sentir o peso e a pressão. Tal é o estado inicial de cada mônada vital *(jīva)*. Ao progredir, ela é dotada de corpos com faculdades sensoriais e capacidades intelectuais e sensíveis cada vez maiores. Ascendendo naturalmente e por si mesma, segue através do longo e vagaroso curso de transmigrações, adotando as diversas condições vegetais, os estágios inferiores e superiores da vida animal e os múltiplos níveis da esfera humana. Quando, por fim, chega o momento em que vive a última das oitenta e quatro mil existências, a liberação simplesmente acontece por si mesma, como tudo o mais tem acontecido.

O destino do homem é forjado pela lei inexorável que rege a evolução da mônada vital. Gosāla compara esta longa ascensão automática à trajetória de um novelo jogado ao ar, que se desenrola até o final: a curva termina apenas quando o fio estiver completamente desenrolado. Nenhum esforço humano ou graça divina pode interromper ou interferir neste princípio inalterável de escravidão, evolução e liberação. É uma lei que entrelaça toda a vida, liga a matéria elementar, aparentemente inerte, ao reino dos insetos e do homem, percorre todas as coisas, veste e despe todo o guarda-roupa de máscaras e vestimentas próprias aos papéis das encarnações, e não pode ser forçada, apressada, enganada ou negada.

Esta é uma concepção de sombria grandeza, que abarca as coisas *in totum*, uma fria perspectiva científica do Universo e suas criaturas, que impressiona por sua sólida coerência. A melancolia do reino da natureza não é atenuada por nenhum raio de luz redentora. Ao contrário, esta estupenda ideação cósmica deprime o espírito pela lógica implacável, que não dá lugar às esperanças intrínsecas da alma humana. Não há concessões para a fé ou para os anseios humanos, nenhum acordo favorável a nossa consciência inata de uma possível liberdade.

Por outro lado, o jainismo e o budismo – triunfantes rivais contemporâneos da doutrina de Gosāla – concordam em acentuar a possibilidade de uma liberação mais rápida do ciclo como consequência do esforço. Ambos protestam com igual ênfase contra a mecânica inflexibilidade da lei evolutiva de Gosāla, na medida em que atinge a esfera da vontade humana. O Buddha, por exemplo, é mais categórico: "Existe" – diz ele – "um esforço heroico *(vīryam)* no homem; existe a possibilidade de um 'empenho bem-sucedido' *(utsāha)* cuja meta é livrar o homem do vórtice de renascimentos, desde que ele lute pertinazmente por isso"[90]. O solene panorama científico de Gosāla, excluindo – como o faz – o livre-arbítrio, transforma todo o Universo num vasto purgatório com numerosas etapas de longa duração. A criação torna-se uma espécie de laboratório cósmico no qual incontáveis mônadas, por um demorado e vagaroso processo alquímico de transformação, ficam gradualmente mais refinadas, enriquecidas e limpas, passando dos estágios obscuros e inferiores do ser para os superiores – por meio de sofrimentos sempre renovados – até que, por último, na forma humana, no limiar da liberação, adquirem a discriminação moral e o conhecimento espiritual.

É fácil compreender por que tal filosofia desapareceu do cenário histórico após alguns séculos. Mostrou ser insuportável. Ao pregar uma paciência fatalista numa escravidão virtualmente interminável, exigindo resignação sem compensações, nada concedendo à força de vontade moral e espiritual, ela simplesmente não oferecia respostas às questões cruciais formuladas pela alma humana inquieta e vazia. Não se importava com a prática da virtude, que tem por objetivo – o que é normal entre os homens – ganhar alguma recompensa; não oferecia campo para o exercício do poder da vontade, nenhuma razão para se fazer qualquer projeto de vida, nem alimentava esperanças de compensações, pois a única fonte de purificação do ser era o processo natural da evolução; e isto simplesmente demandava tempo – muitíssimo tempo – visto que procedia lenta e automaticamente, como um processo bioquímico, alheio a qualquer esforço interior do homem.

No entanto, conforme essa doutrina "camisa de cânhamo" de Gosāla, a conduta moral humana tem seu significado, pois todo ser vivente, com suas típicas reações ao meio, revela na íntegra sua história multibiográfica, junto com tudo aquilo que ainda tem de aprender. Seus atos não são causa do afluxo *(āsrava)* de substância cármica nova – como na concepção jaina – mas indicam apenas sua posição ou classificação na hierarquia geral, mostrando quão profundamente emaranhado ou quão próximo da liberação está. Nossos atos e palavras, por assim dizer, anunciam para nós mesmos e para o mundo, a cada minuto, até onde temos chegado. Desta maneira, o ascetismo perfeito, embora não tenha um valor causal, tem um valor sintomático: é o modo de vida característico de um ser no ponto de alcançar o objetivo do isolamento *(kaivalya)*; em sentido inverso, aqueles que não são facilmente atraídos por tal isolamento estão relativamente abaixo na escala humana. Qualquer incapacidade pronunciada para observar as normas ascéticas mais exigentes só denuncia que a pessoa se encontra terrivelmente longe do cume dessa escala cósmica.

Assim, os atos piedosos não são as causas e sim os efeitos; eles não acarretam, simplesmente predizem a liberação. O asceta perfeito mostra, pela desapegada austeridade de sua conduta, que ele está próximo do êxito. Mostra que falta muito pouco para completar seu percurso e que agora está em absoluta imperturbabilidade em sua exaltada indiferença por si mesmo e pelo mundo, igualmente indiferente ao que o mundo pensa dele, ao que ele é e ao que está prestes a ser.

Não é difícil imaginar o estado de impotência e perplexidade que esta filosofia teria provocado naqueles seres humanos ainda ligeiramente abaixo da condição superior, mas ansiosos pela recompensa suprema do mundo.

10. O HOMEM CONTRA A NATUREZA

O jainismo concorda totalmente com Gosāla em considerar a personalidade como uma máscara. Quer na forma de elemento, planta, animal, homem, ser celestial ou atormentado habitante do inferno, a forma visível é apenas a vestimenta temporária da vida interior, a qual avança através das várias existências rumo à meta que a livrará de tudo isto. Aparentemente, essa descrição das formas de vida transitórias, como se fossem outras tantas máscaras usadas e abandonadas pela grande hoste de mônadas vitais individuais – mônadas estas que constituem a própria substância do Universo –, foi um dos principais dogmas da filosofia pré-ária na Índia. É fundamental na psicologia Sāṁkhya e no Yoga de Patañjali e constitui o ponto de partida dos ensinamentos budistas.[91] Absorvida pela tradição bramânica, fundiu-se em outras ideias de modo que, ainda hoje na Índia, permanece sendo uma das expressões básicas de todo pensamento filosófico, religioso e metafísico. Assim, o jainismo e a doutrina de Gosāla podem ser considerados exemplos de como a mentalidade indiana – fora da ortodoxia bramânica e segundo os padrões de um antigo modo de pensamento enraizado no solo indiano – concebeu o fenômeno da personalidade desde tempos bastante remotos. Contrariamente à ideia ocidental de indivíduo eterno, concebida pelos gregos e legada ao cristianismo e ao homem moderno, na terra do Buddha a personalidade sempre foi considerada uma máscara transitória.

Mas o jainismo e o budismo discordam da interpretação fatalista de Gosāla sobre os papéis hierarquicamente estabelecidos no drama, e afirmam que cada ser humano é livre para conseguir sua própria emancipação. Por um ato firme de autorrenúncia podemos escapar desta melancólica escravidão que equivale, na prática, a um castigo eterno que não guarda nenhuma proporção com a culpa a nós atribuída pelo simples fato de estarmos vivos. A interpretação estritamente evolucionista de Gosāla é rejeitada, com base nas repetidas experiências de real liberação atingida por homens perfeitos e santos de todas as épocas. Tais homens foram sábios magistrais que, amiúde, começavam ingressando em ordens sagradas – como Mahāvīra na dos monges jainas – e terminavam como modelos de salvação. Eles nos oferecem com suas próprias vidas a plena garantia da possibilidade da liberação e, ainda, a forma de transpor a estreita saída. Ao invés da ordem biológica e mecanicista de Gosāla, trabalhando lenta e automaticamente pelas suas oitenta e quatro mil encarnações, o jainismo afirma o poder e o valor da moral individual: a força dos pensamentos, palavras e atos, que, quando virtuosos, imaculados e altruístas, conduzem a mônada vital à iluminação ao passo que, quando egocêntricos, pretensiosos e malévolos, acorrentam a mônada vital nas condições mais obscuras e primitivas, condenando-a a viver no reino animal ou entre as infelizes criaturas dos infernos.

Não obstante, o jainismo também apresenta uma interpretação científica, praticamente ateia, da natureza, pois os deuses não são mais que mônadas vitais, vestindo temporariamente máscaras favoráveis numa esfera altamente afortunada, enquanto o universo material é incriado e eterno. O Universo está composto pelos seis elementos seguintes:

1. *Jīva*: o conjunto das incontáveis mônadas vitais. Cada uma delas é incriada e imperecível, onisciente por natureza, dotada de infinita energia e plena de beatitude. Intrinsecamente as mônadas vitais guardam entre si uma semelhança absoluta, mas foram modificadas, diminuídas e maculadas em sua perfeição devido ao influxo perpétuo do segundo e oposto elemento do Universo, chamado:

2. *Ajīva*: "tudo que não *(a-)* é a mônada vital *(jīva)*".[92] *Ajīva*, em primeiro lugar, é o espaço *(ākāśa)*, considerado como um recipiente que a tudo abarca, envolvendo não apenas o Universo *(loka)* mas também o não Universo *(aloka)*. Este último é o que está além dos contornos do colossal Homem ou Mulher macrocósmico.[93] Outrossim, *ajīva* compreende as inúmeras unidades espaciais *(pradeśa)* e é indestrutível. Além de ser espaço, *ajīva* também se manifesta como os quatro elementos do Universo, distinguindo-se entre si como os vários aspectos deste único antagonista do *jīva*.

3. *Dharma*: o meio que possibilita o movimento. *Dharma* é comparado à água, na qual os peixes podem mover-se.[94]

4. *Adharma*: o meio que faz possível o descanso e a imobilidade. *Adharma* é comparado à terra, onde as criaturas podem deitar-se e ficar em pé.

5. *Kāla*: o tempo, que torna possível a mudança.

6. *Pudgala*: a matéria, composta de minúsculos átomos *(paramāṇu)*. *Pudgala* está dotado de odor, cor, sabor e tangibilidade.

Segundo os jainistas, a matéria existe em seis graus de densidade: a) "sutil-sutil" *(sūkṣma-sūkṣma)*, que é a substância invisível dos átomos; b) "sutil" *(sūkṣma)*, também invisível, e substância dos ingredientes do *karman*; c) "sutil-densa" *(sūkṣma-sthūla)*, invisível mas possível de experimentação, constitui a matéria dos sons, odores, contatos (por exemplo, do vento) e sabores; d) "densa-sutil" *(sthūla-sūkṣma)*, visível, mas não se pode apreender, tal como a luz do sol, a escuridão, a sombra; e) "densa" *(sthūla)*, que é tanto visível quanto tangível, porém líquida como água, óleo ou manteiga derretida; e f) "densa-densa" *(sthūla-sthūla)*: os objetos materiais que têm existências separadas e distintas, como o metal, a madeira e a pedra.

A matéria cármica adere ao *jīva* da mesma forma que a poeira a um corpo untado de óleo; ou como o fogo invade e tinge uma bola de ferro incandescente. Ela é descrita sob oito modalidades, conforme seus efeitos: a) O *karman* que envolve e oculta o verdadeiro conhecimento *(jñānāvaraṇakarman)*. Como um véu ou pano colocado sobre a imagem de uma divindade, este *karman* se interpõe entre a mente e a verdade, afastando, por assim dizer, a onisciência inata. b) O *karman* que envolve ou esconde a percepção verdadeira *(darśanāvaraṇakarman)*. Como um guarda evita que as pessoas se aproximem do rei que está na sala de audiência, este *karman* interfere na percepção dos processos do Universo, tornando difícil ou impossível ver o que acontece; ele vela, com seus efeitos, o *jīva*. c) O *karman* que cria sensações agradáveis e desagradáveis *(vedanīyakarman)*. Este é comparado ao gume de uma espada afiada coberta de mel e colocada na boca. Por causa deste *karman*, todas as nossas experiências de vida são compostas de prazer e dor. d) O *karman* que causa ilusão e confusão *(mohanīyakarman)*. Como o álcool, este *karman* embota e ofusca as faculdades de discriminação entre o bem e o mal. (O *kevalin*, o "isolado", não pode ser embriagado. A iluminação perfeita é um estado de suprema e sublime sobriedade.) e) O *karman* que determina a duração da vida individual *(āyuṣkarman)*. Como uma corda impede que o animal se afaste além da estaca a que está amarrado, este *karman* fixa o número de dias de cada um. Determina o capital de vida, a força de vida a ser gasta durante a atual encarnação. f) O *karman* que estabelece a individualidade *(nāmakarman)*. Este é o determinante do "nome" *(nāman)*, que denota, na forma "sutil-densa" do som, o princípio mental-espiritual, ou ideia essencial, da coisa. O nome é a contraparte mental da forma *(rūpa)*[95] visível e tangível – eis a razão pela qual os nomes e fórmulas podem produzir efeitos mágicos. Este é o *karman* que determina, até o último detalhe, tanto a aparência externa como o caráter interno do objeto, animal ou pessoa. É o que dá forma à atual máscara perecível. Seus efeitos são tão abrangentes que os jainistas o desdobraram em noventa e três subdivisões. Se a próxima encarnação terá lugar nos céus, entre homens ou animais, ou nos purgatórios; se estaremos dotados de cinco ou de menos sentidos; se pertenceremos ou não a alguma classe de seres de bom porte e andar majestoso (como os touros, elefantes e gansos), ou de passos desajeitados (como os asnos e camelos), ou com orelhas e olhos móveis ou imóveis; se seremos bonitos ou feios dentro de nossa espécie, despertando simpatia ou inspirando repugnância, adquirindo honra e fama ou má reputação: todas estas minúcias são determinadas por este "*karman* do nome próprio". O *nāmakarman* é como o retoque que o pintor coloca num retrato para traduzir os traços característicos, tornando sua figura reconhecível e claramente individual. g) O *karman* que estabelece a família na qual o indivíduo nascerá *(gotrakarman)*.

Na verdade, este deveria ser uma subdivisão do anterior mas, devido à enorme importância das circunstâncias de casta na Índia, foi-lhe atribuído o valor de uma categoria especial. O destino e todas as perspectivas da vida estão limitadas em grande parte pela casa em que se nasce. h) O *karman* que cria obstáculos *(antarāyakarman)*. Dentro desta categoria estão relacionadas um número de subdivisões, a saber: 1. *Dānāntarāyakarman*: que nos impede de ser tão desprendidos e generosos como gostaríamos ao darmos esmolas aos pobres e aos religiosos. 2. *Lābhāntarāyakarman*: que não nos deixa receber esmolas – um *karman* particularmente cruel, uma vez que os homens religiosos dependem de doações, assim como todas as instituições religiosas. (No Ocidente, por exemplo, uma universidade atingida por esta má influência ver-se-ia obrigada a fechar as portas por falta de fundos.) 3. *Bhogāntarāyakarman*: não nos permite gozar das coisas; faz-nos, por exemplo, chegar atrasados a uma festa; ou, enquanto comemos o bolo, pensamos que poderíamos guardá-lo para depois. 4. *upabhogāntarāyakarman*: como resultado desta frustração, somos incapazes de desfrutar dos objetos agradáveis que continuamente nos cercam – nossas casas, jardins, roupas finas e mulheres. 5. *Vīryāntarāyakarman*: que nos impede de atuar; há uma paralisia da vontade.

Ao todo, são descritos exatamente cento e quarenta e oito variedades e efeitos do *karman*, os quais atuam, em síntese, em duas direções: 1. *ghātikarman* (*karman* que golpeia, fere e mata) diminui os infinitos poderes da mônada vital, e 2. *aghātikarman* (*karman* que não golpeia) acrescenta qualidades limitadoras que não lhe pertencem. Todas estas dificuldades cármicas têm afetado o *jīva* desde a eternidade. O sistema jaina não necessita de explicações sobre o começo de tudo isto, pois não há noção de um tempo quando o tempo não existia: o mundo tem existido sempre. Além do mais, o que preocupa não é o início desta confusão, mas sim determinar sua natureza e aplicar uma técnica capaz de eliminá-la.

A escravidão consiste na união de *jīva* com *ajīva*; a salvação consiste em dissolver esta união. O problema desta junção e disjunção é expressado pelos jainistas na definição dos sete *tattva* ou "princípios":

1. *Jīva* e 2. *Ajīva*: foram abordados acima. *Ajīva* inclui as categorias 2-6 dos seis elementos que acabamos de descrever.

3. *Āsrava*: "afluxo", o ato de verter matéria cármica na mônada vital. Isto acontece através de quarenta e dois canais, entre os quais estão as cinco faculdades receptivas dos sentidos, as três atividades da mente, a fala, a ação física, as quatro paixões (cólera, orgulho, malícia e cobiça) e as seis não paixões (alegria, prazer, aflição, angústia, temor e repugnância)[96].

4. *Bandha*: "ligamento", o fato de *jīva* estar envolvido e sufocado pela matéria cármica.

5. *Saṁvara*: "detenção", a repressão do afluxo.

6. *Nirjarā*: "esvaziamento", a eliminação da matéria cármica por meio de austeridades purificadoras, consumindo-a com o calor interno de práticas ascéticas *(tapas)*, tal como uma cura por exsudação.

7. *Mokṣa*: "liberação".

Num texto jaina lemos: "*Jīva* e não *jīva* juntos constituem o Universo. Se estão separados nada mais é necessário. Se estão unidos, como acontece de estarem no mundo, a detenção e a destruição gradual da união é a única maneira possível de tratá-los".[97]

O universo jaina, em si mesmo, é indestrutível e não está sujeito a dissoluções periódicas tal como na cosmologia hindu.[98] Além disso, não há indícios de um casamento primordial sagrado, gerador de mundos, entre o Pai-Céu e a Mãe-Terra, que constitui um tema importante na tradição dos *Veda*. No grande sacrifício do cavalo *(aśvamedha)* dos antigos indo-árias, quando a rainha-chefe, que representa a Mãe-Terra, esposa do monarca do mundo *(Cakravartin)*, deitava na cavidade do sacrifício ao lado do animal sacrificado – símbolo da força solar celestial (lembremo-nos de que o cavalo acabava de concluir seu triunfal ano solar de vadiagem sem ser perturbado)[99] – este ato da rainha expressava a reconstituição mística do sagrado matrimônio cósmico. Mas no jainismo, o macho primordial (ou a fêmea primordial) é o Universo. Não há história de um período de gestação; nenhum "germe de ouro" *(hiraṇyagarbha)*; nenhum ovo cósmico que se divida ao meio, cuja metade superior é o Céu e a inferior, a Terra; nenhum ser primevo *(puruṣa)* sacrificado e desmembrado, cujos membros, sangue, cabelos... se transformem em partes constitutivas do mundo; em suma, não há mito de criação, porque o Universo sempre existiu. O universo jaina é estéril, modelado sobre uma doutrina ascética. É uma mãe universal que tudo contém, mas sem contraparte masculina; ou um gigantesco homem solitário, sem consorte feminina; e esta pessoa primordial está sempre inteira e viva. Os ciclos universais "ascendentes" e "descendentes"[100] são as marés do processo vital deste ser, processo contínuo e interminável. Todos somos partículas desse corpo gigantesco e a cada um de nós cumpre evitar que nos precipitemos nas regiões infernais que ocupam a parte inferior do corpo; portanto, devemos ascender tão rapidamente quanto possível à felicidade suprema da abóbada pacífica do crânio prodigioso.

Esta é uma ideia obviamente contrária à concepção cósmica dos videntes brâmanes; muito embora, veio a desempenhar um papel importante no hinduísmo posterior[101], especificamente nos mitos de Viṣṇu Anantaśāyin, o gigante divino que sonha o mundo, sustenta o Universo em seu ventre, permite que surja como um lótus de seu umbigo, e o recolhe e assimila em sua substância eterna.[102] Igualmente importante é sua contraparte feminina, a deusa Mãe que a tudo contém, que pare todos os seres de seu útero universal, nutre-os e, devorando-os, faz tudo ser como era.[103] Estes personagens foram adaptados no hinduísmo ao mito védico do Casamento Cósmico, mas a incompatibilidade de ambos os conjuntos de mitos ainda é evidente porque, embora se descreva o mundo das criaturas como tendo sido gerado, também se diz que constitui o corpo do ser divino; ao passo que, na concepção jaina, tal incongruência não ocorre, pois os *jīva* são os átomos de vida que circulam através do organismo cósmico. Um santo, um vidente onisciente *(kevalin)*, pode realmente contemplar o processo de interminável metabolismo acontecendo em toda a estrutura, observando as células em suas transmutações contínuas; isto porque sua consciência individual abriu-se a uma dimensão tão grande que equivale à consciência infinita do gigantesco ser universal. Com sua visão espiritual interior, ele contempla os átomos vitais, infinitos em número, circulando sem cessar, cada um dotado de sua própria duração de vida, força corporal e capacidade respiratória para poder seguir inalando e exalando perpetuamente.

As mônadas vitais, no nível elementar de existência (no estado de éter, ar, fogo, água e terra), possuem a faculdade do tato *(sparśendriya)*. Todas sentem e respondem à pressão; munidas por si mesmas de uma minúscula extensão, recebem o nome de *ekendriya*: "providas com uma *(eka)* faculdade sensorial *(indriya)*". Os átomos dos vegetais também estão dotados de uma faculdade sensorial (o sentido do tato); embora possuam quatro alentos vitais, carecem do poder da fala. Estas existências mudas e com um único sentido são igualmente máscaras ou vestimentas dos *jīva*, como o são as formas mais complexas dos reinos animal, humano e celestial. O *kevalin* sabe disso e o percebe em virtude de sua consciência universal. Ele também conhece e vê que as faculdades dos seres superiores são dez: 1. força-vital ou duração *(āyus)*; 2. força corporal, substância, peso, tensão e elasticidade *(kāyabala)*; 3. poder da fala, ou capacidade de proferir um som *(vacanabala)*; 4. poder de raciocínio *(manobala)*; 5. poder respiratório *(ānāpana-prāṇa, śvāsocchvāsa-prāna)*; e 6 a 10. os cinco sentidos receptivos, isto é, tato *(sparśendriya)*, paladar *(rasendriya)*, olfato *(ghrāṇendriya)*, visão *(cakṣurindriya)* e audição *(śravaṇendriya)*. Alguns vegetais, como as árvores, estão dotados de uma coletividade de *jīva*, e enviam *jīva* separados a seus ramos, brotos e frutos; isto se comprova plantando um fruto ou um galho, que logo cresce e se torna um ser individual. Outros, como as cebolas, têm um só *jīva* comum a certo número de talos separados. Os animais minúsculos, como os vermes, insetos e crustáceos – que representam o nível seguinte no desenvolvimento da organização vital – possuem, além de duração de vida, força corporal, poder respiratório e sentido de tato, o poder da fala ou faculdade de articular um som *(vacanabala)* e o sentido do paladar *(raśendriya)*. A duração de vida destes últimos cobre uma faixa de doze anos, enquanto os da classe precedente sofrem uma grande variação. Por exemplo, a duração de um átomo de fogo pode ser um momento *(samaya)* ou setenta e duas horas; a do átomo de água, uns momentos (de um a quarenta e oito) ou sete mil anos; a de um átomo de ar, um momento ou três mil anos.

Esta minuciosa sistematização das formas de vida, que os jainistas compartilham com Gosāla, se apoia na distribuição das dez faculdades entre os diversos seres, desde o átomo das vidas elementares até os organismos dos homens e dos deuses. Tal sistematização está longe de ser primitiva. Mesmo sendo curiosa e arcaica, é rebuscada e sutil em extremo, e representa uma concepção fundamentalmente científica do Universo. De fato, ficamos assombrados ante a luz que ela projeta sobre a longa história do pensamento humano – concepção mais extensa e mais impressionante do que aquela defendida com todo carinho pelos nossos humanistas e historiadores acadêmicos ocidentais, com suas breves histórias sobre os gregos e a Renascença. O vigésimo quarto *Tīrthaṁkara* jaina,

Mahāvīra, foi praticamente um contemporâneo de Tales e de Anaxágoras, os primeiros da linha clássica da filosofia grega; no entanto, a complexa e aguda análise e classificação das características da natureza, que o ensinamento de Mahāvīra tomava como certas, já existiam há séculos, talvez milênios. Esta sistematização tinha acabado muito tempo atrás, com as hostes dos poderosos deuses e magos feiticeiros da tradição sacerdotal ainda mais antiga, e que, por sua vez, havia estado muito acima dos níveis realmente primitivos da cultura humana, como as artes da agricultura, pastoreio e processamento de laticínios o estão com respeito às da caça, pesca e colheita de frutos e raízes. O mundo já era antigo, muito sábio e erudito, quando as especulações dos gregos produziram os textos que hoje são estudados em nossas universidades como se fossem os primeiros capítulos da filosofia.

De acordo com a ciência arcaica, todo o cosmo está animado e as leis fundamentais de sua vida são constantes por toda a sua extensão. Portanto, deveríamos praticar a "não violência" *(ahiṁsā)* até mesmo com os pequenos e mudos seres vivos, que tão pouca consciência possuem. O monge jaina, por exemplo, evita tocar ou espremer os átomos dos elementos. Ele não pode deixar de respirar, mas para impedir um possível dano, ele tem de usar um véu diante da boca: isto diminui o impacto do ar no interior da garganta. Não deve estalar os dedos nem abanar o ar, pois isso perturba e causa prejuízos. Num barco, se pessoas más, por alguma razão, decidem atirar um monge jaina na água, ele não deve chegar até a margem com braçadas fortes e violentas, como um valente nadador, mas tem que deslizar suavemente, como uma tora, deixando que a corrente o aproxime da terra firme: não deve alterar ou ferir os átomos de água. Deixará também que a água evapore de sua pele, não deverá enxugar-se ou balançar os membros com violência.

Desta forma, a não violência *(ahiṁsā)* é levada a suas últimas consequências. A seita jaina sobrevive como uma espécie de vestígio bem fundamentalista numa civilização que sofreu muitas transformações desde aquela época remota, quando esta ciência e ordem religiosa piedosa veio a existir, mostrando o mundo da natureza e os meios para escapar dele. Mesmo os jainistas laicos precisam estar atentos para não causar inconvenientes desnecessários a seus semelhantes. Por exemplo, não podem beber água depois que o dia escureceu, pois algum inseto pode ser engolido. Não devem comer carne de espécie alguma, nem matar os insetos voadores que tanto incomodam. Na verdade, obtêm-se méritos ao permitir que estes bichinhos pousem e piquem. Tudo isto levou aos costumes populares mais bizarros que, ainda hoje, podemos presenciar nas ruas urbanas de Bombaim – atual Mumbai.

Um par de homens caminha levando entre eles uma espécie de colchão cheio de percevejos. Param em frente a uma casa de família jaina e perguntam em alta voz: "Quem alimentará os percevejos? Quem alimentará os percevejos?" Se alguma senhora devota atira uma moeda da janela, um deles se deita cuidadosamente no colchão e oferece a si próprio como pasto para seus pequenos amigos. Assim, enquanto a dona de casa obtém seus méritos, o herói do colchão ganha sua moeda.

NOTAS

1. Nota do compilador: Não me foi possível localizar o texto usado pelo Dr. Zimmer em sua versão da vida de Pārśvanātha, portanto não posso indicar referências para as citações do presente capítulo. A versão da vida que se encontra na obra *Pārśvanāthacaritra* de Bhāvadevasūri (editada por Shravak Pandit Hargovinddas e Shravak Pandit Bechardas, Benares, 1912, resumida por Maurice Bloomfield, *The Life and Stories of the Jaina Savior Pārçvanātha*, Baltimore, 1919) concorda no essencial, mas difere em muitos detalhes.

2. Cf. supra, p. 70, nota 24, e Apêndice B.

3. O termo *nirvāṇa* não pertence, de modo nenhum, exclusivamente à tradição budista. A metáfora deriva da imagem da chama. *Nir-vā* significa "apagar, deixar de tomar ar". *Nirvāṇa* é "apagado", ou seja: o fogo do desejo, por falta de combustível, é apaziguado e extinto.

4. Considera-se que cem anos lunares é a duração ideal da vida. O santo imaculado, o homem virtuoso, está dotado de perfeita saúde devido a sua conduta pura e ascética e, em razão dos atos meritórios de suas vidas anteriores, está favorecido com um *karman* brilhante que lhe proporciona uma constituição bem equilibrada, de força insuperável. Ainda que cem anos possa parecer um exagero, Pārśva provavelmente alcançou uma ancianidade notável, assim como o Buddha e muitos outros famosos ascetas indianos. Portanto, é possível que a tradição jaina, que lhe imputa cem anos de vida, não esteja muito longe da verdade.

5. Nota do compilador: Os árias védicos, como os gregos homéricos, ofereciam sacrifícios às deidades que tinham formas humanas, muito embora pertencessem a uma ordem sobre-humana. Indra, como Zeus, era o senhor da chuva, o arremessador do raio e o rei dos deuses; nenhum ser humano poderia esperar tornar-se Zeus ou Indra. Por outro lado, os povos não arianos, dravídicos, da Índia (cf. supra, p. 70, nota 24), para os quais a reencarnação era uma lei fundamental, consideravam as divindades como simples seres (anteriormente humanos ou animais) que haviam merecido a beatitude. Quando os méritos expiravam, suas elevadas moradias ficavam vagas para outros candidatos, e novamente desciam em formas humanas, animais ou, até mesmo, demoníacas.
   Após o período védico, uma síntese destas duas crenças – a ária e a não ária – resultou num único sistema indiano que obteve reconhecimento geral (foi acolhida pelo budismo e jainismo, bem como pelo hinduísmo ortodoxo), no qual os nomes e papéis dos deuses védicos representavam elevadas posições que as almas virtuosas podiam alcançar. Além disso, como no universo não ariano havia um grande número de céus, os Indra (isto é, os reis dos vários reinos divinos) ficavam sediados em andares sobrepostos. Por isso, lemos que o santo Pārśvanātha "havia morado e reinado como um Indra no décimo terceiro céu".

6. Nota do compilador: Este dualismo nítido – se a concepção de Zimmer com respeito à antiguidade da tradição jaina foi correta – lança novas luzes sobre o problema das origens e natureza das "reformas" do profeta persa Zoroastro. Tornou-se comum considerá-las, com sua rigorosa ênfase moral e dualismo estritamente sistematizado, como uma inovação espiritual de uma única e grande personalidade profética. Entretanto, se o Dr. Zimmer estiver certo, a religião dravídica, pré-ária, era rigorosamente moral e sistematicamente dualista – muitos anos antes do nascimento de Zoroastro. Isto parece sugerir que no zoroastrismo reaparecem elementos pré-árias no Irã, após um período de supremacia ariana; algo comparável ao ressurgimento do ideal dravídico na Índia sob as formas do jainismo e do budismo. Fato significativo nesta relação é que o "irmão negro" persa – o tirano Ḍaḥḥāk

(ou Azhi Dahāka) – é representado como Pārśvanātha, com serpentes saindo de seus ombros.
No folclore e na mitologia das antigas civilizações pré-árias do Velho Mundo, o motivo dos irmãos contrários não é, de modo nenhum, extraordinário. Basta que nos recordemos das lendas de Caim e Abel, Esaú e Jacó, no Velho Testamento; e entre os contos mais antigos que nos chegaram do Egito, encontramos a "História dos dois irmãos" (cf. G. Maspero, *Popular Stories of Ancient Egypt*, New York/London, 1915, p. 1-20), em que se destaca não apenas uma clara oposição entre o bem e o mal, senão também uma série incrível de renascimentos mágicos.

7. Analogamente, nas lendas bíblicas de Caim e Abel, Esaú e Jacó, bem como na "História dos dois irmãos", egípcia (cf. nota do compilador, supra), o irmão perverso é o mais velho e o bom é o mais jovem.

8. Muitas lendas medievais representam Judas como sendo, de fato, o irmão maior de Jesus.

9. Cf. supra, p. 101, 102.

10. Isto será tratado infra, p. 176-180.

11. Cf. supra, p. 199, nota 5.

12. Um mês lunar, que corresponde parcialmente a abril e a maio.

13. Ou seja, era um descendente do tronco não ariano, aborígine, da Índia.

14. O dono de casa jaina: 1. não deve destruir a vida; 2. não deve mentir; 3. não deve usar sem permissão a propriedade alheia; 4. deve ser casto; 5. deve limitar suas posses; 6. deve fazer um voto perpétuo e um voto diário de andar apenas em certas direções e até certas distâncias; 7. deve evitar conversas e atos fúteis; 8. não deve pensar em coisas pecaminosas; 9. deve limitar os alimentos e gozos de cada dia; 10. deve render culto em horas determinadas, de manhã, ao meio-dia e à noite; 11. deve jejuar em certos dias; 12. deve fazer caridade, compartilhando seu conhecimento, dinheiro, etc., todos os dias. (*Tattvārthadhigama-Sūtra*, tradução e comentários de J.L. Jaini, *Sacred Books of the Jainas*, Arrah, sem data, vol. 11, p. 142, 143).

15. Quatro grandes fogos são acesos em volta do penitente, um em cada uma das quatro direções, enquanto o calor do sol indiano (o "quinto fogo") pulsa lá de cima.

16. Os deuses hindus fundamentais são comuns a todas as grandes religiões da Índia: ao budismo, ao jainismo e a todas as seitas indianas; cf. supra, p. 199, nota 5.

17. Também chamado Meghamālin, por exemplo na obra de Bhāvadevasūri, *Pārśvanāthacaritra* (cf. Bloomfield, *op. cit.*, p. 117, 118).

18. Ou, segundo outra versão: Quando o Senhor Pārśva sentou-se sobre uma árvore *aśoka*, decidido a obter a iluminação, um *asura* chamado Meghamālin o atacou sob a forma de um leão e depois enviou uma chuva torrencial para afogá-lo. Mas o rei serpente Dharaṇa envolveu seu corpo e o cobriu com seu capuz. "Então o *asura*, ao ver tão grande firmeza no Senhor, ficou atônito e seu orgulho esvaneceu. Prestou obediência ao vitorioso e voltou ao seu lugar. Também Dharaṇa, vendo que o perigo havia passado, retornou ao seu lugar."

(Comentário de Devendra ao *Uttarādhyayana-Sūtra* 23, publicado e traduzido por Jarl Charpentier, *Zeitschrift der Deutschen Morgenländischen Gesellschaft*, LXIX, 1915, p. 356).

19. Devido ao grande número de santos e sábios que ali atingiram a iluminação, este lugar é sagrado para os jainistas.

20. Cf. supra, p. 115, 116.

21. *Jātaka* 1. 68 (resumido da tradução de Henry Clarke Warren, *Buddhism in Translations*, Harvard Oriental Series, vol. III. Cambridge, Mass., 1922, p. 76-83).

22. *Mahāvagga*, primeiras partes, da tradução de Warren, *op. cit.*, p. 83-86.

23. Outras formas de *nāga* são a serpente, a serpente com várias cabeças e o torso humano com cauda de serpente. Cf. Zimmer, *Mitos e símbolos na arte e civilização da Índia*, São Paulo, Palas Athena, 1989, p. 57 e segs.

24. Uma forma mais antiga desta figura persa é preservada na tradição armênia, onde Azhdahak (= avéstico Azhi Dahāka > pálavi Dahāk > persa moderno Ḍaḥḥāk), o Dragão rei, é representado em forma humana com serpentes saindo de seus ombros. Azḥdahak é vencido por Vahagn, assim como o Ahi védico (ou Vṛtra) o é por Indra, o Azhi Daḥāka avéstico por Ātar (o deus do fogo, filho de Ahura-Mazda), e a Serpente do Jardim do Éden, pelo filho de Maria.

25. Helmuth von Glasenapp, *Der Jainismus, Eine indische Erlösungsreligion*, Berlin, 1925, p. 252.

26. Na época da incursão de Alexandre Magno pelo vale do rio Indo (327-326 a.C.), os *digambara* eram ainda suficientemente numerosos para atrair a atenção dos gregos, que os chamavam gimnosofistas, "filósofos nus", um nome bastante adequado. Continuaram a florescer lado a lado dos *śvetāmbara* até depois do ano 1000 de nossa era, quando o governo muçulmano forçou-os a se vestir.
Nota do compilador: A opinião de Zimmer acerca da relação entre os "vestidos de espaço" e os "vestidos de branco" difere da dos próprios *śvetāmbara*, que se consideram representantes da prática jaina original e sustentam que um cisma no ano 83 d.C. ocasionou o aparecimento dos *digambara*. Entretanto, o testemunho grego é a favor da existência dos gimnosofistas desde, pelo menos, o século 4º a.C. e tende a apoiar a pretensão dos *digambara* de haver conservado a prática mais antiga. Segundo a visão dos *digambara* sobre o cisma, na época de Bhadrabāhu, oitavo sucessor de Mahāvīra, surgiu uma seita de princípios relaxados que, no ano 80 de nossa era, se transformou na atual comunidade dos *śvetāmbara* (cf. Hermann Jacobi, *Digambaras*, em Hastings, Encyclopaedia of Religion and Ethics, vol. IV, p. 704).

27. Sobre a lenda do nascimento de Bharata, veja a famosa peça teatral de Kālidāsa, *Śakuntalā* (tradução inglesa em "Everyman's Library", nº 629). Bharata era o antepassado dos clãs do *Mahābhārata*. O próprio país Índia é chamado Bhārata (descendente de Bharata), bem como seus habitantes.

28. Glasenapp, *op. cit.*, p. 273, 274. Segundo outra lenda (também anotada por Glasenapp), Cāmuṇḍarāya mandou fazer esta imagem conforme um modelo invisível de Bharata, sito em Potanapura. Há uma estátua de Gommaṭa, de seis metros de altura, sobre uma

colina a vinte e cinco quilômetros ao sudoeste da cidade de Mysore. Outra foi erigida em 1432 pelo príncipe Virapāṇḍya de Kārkala, em Kanara Meridional, Madras. Em 1604, no mesmo distrito, em Vanur (Yenur), uma terceira, de mais de onze metros, foi levantada por Timma Rāja, que pode ter sido descendente de Cāmuṇḍarāya. Conta a tradição que algumas dessas figuras surgiram sem nenhum esforço humano. Outras foram feitas pelos santos das antigas lendas e então, como o colosso de Cāmuṇḍarāya mencionado acima, redescobertas milagrosamente.

29. Ariṣṭanemi, ou Neminātha, o predecessor imediato de Parśva, em sua semilendária biografia, está aparentado com Kṛṣṇa, o profeta da *Bhagavadgītā* hindu. Kṛṣṇa pertence ao período épico do *Mahābhārata*, que assinala o fim da época feudal ariana (cf. supra, p. 71, nota 30).

30. Por outro lado, os jainistas, ao construir seus templos, geralmente seguiam a estrutura tradicional das seitas hindus. Os templos jainas de Rājputāna e Gujarāt pertencem ao mesmo período ao qual devemos os magníficos monumentos hindus da Alta Índia, construídos pouco antes das invasões muçulmanas dos séculos 10º ao 13 da nossa era. Naquela época, os reis da dinastia Gaṅga erigiam os templos *śikhara* (torre) de Oṛīṣā, e foram construídos em Khajurāho os templos em forma de torre. A fase jaina deste rico período começa com as estruturas de Pālitāna (960 d.C.) e termina com o templo Tejaḥpāla no monte Ābū (1232 d.C.). Dois notáveis monumentos são o templo de Vimala Sha no monte Ābū (aprox. 1032) e o templo situado em Dabhoi, ambos em Gujarāt (aprox. 1254). Cf. Ananda K. Coomaraswamy, *History of Indian and Indonesian Art.*

31. Cf. infra, p. 255.

32. Cf. supra, p. 149. Veja também p. 199, nota 1.

33. Cf. supra, p. 70, nota 24, e Apêndice B. O Yoga, o Sāṁkhya e o budismo serão tratados infra, capítulos II e IV.

34. Cf. supra, p. 39.

35. Tratado infra, p. 272-290.

36. Cf. Sister Nivedita e Ananda K. Coomaraswamy, *Myths of the Hindus and Buddhists*, New York, 1914, p. 230-232.

37. Cf. supra, p. 59-63.

38. Cidade governada por caudilhos feudais do nordeste da Índia, também conhecida pelos antigos documentos budistas sobre o itinerário do Buddha (cf. *Mahāparinibbānasuttanta*).

39. Esta biografia está baseada no relato dado por Jacobi, no artigo "Jainism", em Hastings, *Encyclopaedia of Religion and Ethics*, vol. VII, p. 466, 467.

40. *Uttarādhyayana-Sūtra* 23 (*Sacred Books of East*, vol. XLV, p. 119 e segs.). A autenticidade deste texto é negada pelos *digambara*.

41. Nota do compilador: Talvez o leitor encontre alguma dificuldade em seguir o argumento de Zimmer, pois no texto ao qual se refere (*Uttarādhyayana-Sūtra* 23. 29), a afirmação sobre as roupas é exatamente oposta ao que se poderia esperar. Diz o texto: "A lei ensinada por Vardhamāna proíbe o uso de roupas, mas a do grande sábio Pārśva permite uma

vestimenta superior e outra inferior". Confesso que não sei como Zimmer pensava lidar com essa contradição, pois ele não deixou notas a respeito e não me lembro de ter discutido este assunto com ele. Seus manuscritos referentes a esta parte da história do jainismo ficaram incompletos. Entretanto, visto que ele enfatiza o fato de que "a autenticidade deste texto é negada pelos *digambara*" (nota acima), é possível que ele houvesse pretendido sugerir que os *śvetāmbara* inverteram a situação histórica para outorgar à sua tradição o prestígio do mestre anterior. Isto faria com que os *digambara* parecessem ser os seguidores de uma orientação posterior e temporária, ao passo que a controvérsia dos *digambara* era que os *śvetāmbara* representavam a forma tardia. Como foi observado acima (p. 201, nota 26), Zimmer apoia a versão dos *digambara* sobre a sequência histórica dos "vestidos de céu" e os "vestidos de branco".

42. *Nirgrantha* é palavra sânscrita; o termo páli, nos textos budistas, é *nigaṇṭha*.

43. Segundo os jainistas, o ciclo do tempo dá voltas continuamente. O atual período "descendente" *(avasarpiṇī)* foi precedido e será seguido por um período "ascendente" *(utsarpiṇī)*. *Sarpiṇī* sugere o movimento sinuoso de uma "serpente" *(sarpin)*; *ava-* significa "para baixo" e *ut-* "para cima". O ciclo serpentino do tempo (da serpente que envolve o cosmo, mordendo sua própria cauda) prosseguirá alternando-se nestes períodos "ascendente" e "descendente" para sempre.

44. Da mesma maneira que cada um dos idênticos *Tīrthaṁkara* tem um emblema que o distingue (cf. supra, p. 160), assim também tem uma cor. A de Mahāvīra, cujo animal é o leão, é o dourado; a de Pārśvanātha, azul (cf. Jacobi, *loc. cit.*, p. 466).

45. Cf. supra, p. 70, nota 24.

46. Cf. supra, p. 88.

47. Estas categorias clássicas são discutidas infra, p. 231-239. No jainismo, o termo *prāṇa* não é usado com o sentido de "alento vital", mas sim de "poder corporal", e se refere às dez faculdades citadas neste capítulo. Zimmer sugere que a análise da psique que prevaleceu no período clássico da filosofia indiana, na síntese dos chamados "seis sistemas", não foi originalmente uma contribuição bramânica; ela teve uma origem não ária, introduzida por intermédio do Sāṁkhya e do Yoga, e suas categorias estão prefiguradas na doutrina jaina. Para os seis sistemas, cf. Apêndice A.

48. Não é muito difícil, nem mesmo para nós, imaginar uma mônada vital mal cheirosa e acre, ou uma doce e fragrante.

49. Nota do compilador: Novamente aqui, Zimmer está assinalando a prefiguração, no jainismo, das categorias indianas clássicas. Uma ampla exposição sobre os *guṇa* pode ser vista infra, p. 217, 218; ao leitor não familiarizado com este conceito será conveniente retornar ao presente parágrafo, após terminar a leitura daquelas páginas. Antecipadamente, no entanto, pode-se afirmar que, segundo a concepção hindu clássica, a matéria *(prakṛti)* caracteriza-se pelas três qualidades *(guṇa)* seguintes: inércia *(tamas)*, atividade *(rajas)* e tensão ou harmonia *(sattva)*. Estas não são simples qualidades, mas a própria substância material do Universo, que se diz estar constituído pelos *guṇa*, como uma corda de três fios trançados: o *guṇa tamas* é, por assim dizer, negro; o *rajas*, vermelho, e o *sattva*, branco. A predominância do *guṇa tamas* na disposição de um indivíduo torna-o torpe, indolente e rancoroso;

de *rajas* torna-o agressivo, heroico e orgulhoso; ao passo que *sattva* o conduz ao repouso do iluminado, à bondade e ao entendimento.

50. Compare com a *Bhagavadgītā* 14. 5-9: "Os *guṇa* – *sattva*, *rajas* e *tamas* –, nascidos da matéria, atam firmemente o imortal morador-do-corpo ao corpo. O *sattva*, sendo imaculado, é luminoso e possui a natureza da paz e da serenidade; ata criando apego à felicidade e ao conhecimento. O *rajas*, essência da paixão, é a causa da avidez e da fascinação; ata o morador-do-corpo apegando-o à ação. Finalmente, *tamas* nasce da ignorância e confunde todos os seres encarnados; ata por inadvertência, indolência e sono. Assim, enquanto *tamas* obscurece o discernimento e cria apego ao erro, *rajas* apega à ação e *sattva*, à felicidade".

51. O *Tīrthaṁkara* jaina, em virtude de sua ilimitada intuição ou onisciência, baseada na pureza cristalina e no esplendor infinito da mônada vital liberada de sua substância cármica, percebe diretamente, em todas e em cada uma, a exata cor, sabor, fragrância e qualidade da matéria que contamina a mônada vital; sabe com precisão absoluta o grau de poluição, obscuridade ou brilho de cada indivíduo que ele vê, porque a luminosidade da mônada difunde-se por todo o organismo, e é tida como algo que emana até mesmo além da estrita circunferência do corpo, de tal modo que forma ao seu redor um halo, invisível para os simples mortais, porém claramente perceptível para o santo iluminado. Temos aqui a origem arcaica do halo – a "aura" dos teósofos – que envolve toda forma vivente e que, por seus matizes, escurecimentos ou brilhos, revela o estado da alma, mostrando se está mergulhada em paixões animais obscurecedoras, propensões egoístas, ou se já avançou no caminho rumo à purificação e à liberação das cadeias da matéria universal.

52. Mateus 8:22.

53. Supra, p. 150, 151.

54. Veja, por exemplo, os relatos sobre Simão, o Mago, escritos por Justino, o Mártir, (*Dial. cum Tryph.* CXX, 16), Tertuliano (*De Idol.* 9, *De Fuga*, 12, *De Anima*, 34, *Apol.* 13) e Orígenes (*C. Celsum*, I 57, VI 11), ou qualquer outra exposição de missionários cristãos modernos acerca da religião indiana.

55. Cf. Zimmer, *A conquista psicológica do mal*, p. 40, 41.

56. Cf. supra, p. 169.

57. Cf. supra, p. 70, nota 24.

58. Nota do compilador: Este assunto será abordado amplamente infra, p. 258-322. Zimmer, por ora, se limita a dizer que, embora a concepção jainista e Sāṁkhya seja dualista, e a védica e vedantina seja não dualista no tocante à relação da mônada vital *(jīva, puruṣa)* com a matéria *(karman, prakṛti)*, ambas as tradições representam o Homem Cósmico como idêntico ao Universo – não como um Deus externo, criador de algo absolutamente separado dele.

59. Cf. supra, p. 63-68.

60. *Śatapatha-Brāhmaṇa* 6. 1. 1. 109.

61. *Prāṇa*, “alento vital”: os sete (geralmente cinco) *prāṇa* constituem as energias vitais de cada criatura; seu afastamento assinala a morte do ser individual; cf. infra, p. 231. No presente contexto estão personificados como sete santos sábios, ou Ṛṣi.

62. Cf. supra, p. 32.

63. Publicado pela primeira vez em latim, London, 1758; tradução inglesa do Rev. Samuel Noble, New York, 1883.

64. *Ib.*, § 59.

65. *Ib.*, § 62.

66. *Ib.*, § 63.

67. Publicado pela American Swedenborg and Publishing Society, New York, 1912, § 381.

68. *Ib.*, § 288. O destaque em itálico é de Zimmer.

69. *Ib.*, § 366. O destaque em itálico é de Zimmer.

70. Swedenborg, *Heaven and its Wonders and Hell*, § 553.

71. *Ib.*, § 544.

72. *Ib.*, § 96. Compare com a ideia hindu do microcosmo como assento das forças divinas que representam o papel dos sentidos e das outras faculdades, como, por exemplo, do hino do *Atharva-Veda* citado supra, p. 24.

73. *Ib.*, § 65.

74. Cf. supra, p. 169.

75. Cf. supra, p. 168, 169.

76. Cf. supra, p. 170.

77. *Chāndogya-Upaniṣad* 6; cf. infra, p. 245, 246.

78. Com relação ao significado de “ortodoxo” e “heterodoxo” neste contexto, cf. supra, p. 70, nota 24.

79. Cf. supra, p. 56.

80. Cf. supra, p. 180, 181.

81. Compare com a visão de Swedenborg, supra, p. 177-180.

82. Há, por exemplo, uma classe de eminentes seres divinos chamados *graiveyaka*, “pertencentes ou habitantes do pescoço *(grīvā)*”. Cf. supra, p. 149.

83. Estas esferas no interior do corpo do ser macrocósmico são aproximadamente correspondentes (embora não de maneira exata) aos “centros” *(cakra)* do corpo humano descritos no *Haṭhayoga* e *Kuṇḍalinīyoga* (cf. infra, p. 413, 414). As técnicas do Yoga datam, assim

como a doutrina dos jainistas, da antiguidade pré-ária da Índia. Elas não estão incluídas entre as doutrinas védicas originais da ortodoxia ário-bramânica.

84. *"Il y a des personnages qui sentent que leurs sens les séparent du réel, de l'être. Ce sens en eux 'infecte' leurs autres sens.*

Ce que je vois m'aveugle. Ce que j'entends m'assourdit. Ce en quoi je sais, cela me rend ignorant. J'ignore en tant et pour autant que je sais. Cette illumination devant moi est un bandeau et recouvre ou une nuit ou une lumière plus... Plus quoi? Ici le cercle se ferme, de cet étrange renversement: la connaissance, comme un nuage sur l'être; le mond brillant, comme une taie et opacité.

Ôtez toute chose que j'y vois." (Paul Valéry, *Monsieur Teste*, nova edição, Paris, 1946, p. 60, 61).

85. Zimmer, *Mitos e símbolos na arte e civilização da Índia*, índice remissivo: *Viṣṇu*: avatares de.

86. O conceito de *Bodhisattva* será abordado mais amplamente, infra, p. 377-386.

87. Outra interpretação da origem e significado do nome *ājīvika* assinala esta querela entre as seitas. Uma das várias regras contra a profanação da vida santa, como definida pelos jainistas, é chamada *ājīva*, que proíbe ao monge trabalhar para sobreviver. Diz-se que, pelo fato de os seguidores de Gosāla trabalharem para se sustentar, desrespeitando esta regra do *ājīva*, vieram a ser denominados *ājīvika* pelos jainistas.

88. Cf. G. Bühler, "The Barābar and Nāgārjunī Hill Cave Inscriptions of Asóka and Dasaratha", *The Indian Antiquary*, XX (1891), p. 361 e segs.

89. *Aṅguttara-Nikāya* I. 286. (Traduzido por T. W. Rhys Davids, *The Gradual Dialogues of the Buddha*, Pāli Text Society, Translation Series nº 22, London, 1932, p. 265).

90. Nota do compilador: Nas escrituras budistas há muitas passagens em louvor ao esforço e ao empenho; contudo, não foi possível localizar o trecho aqui citado por Zimmer.

91. Cf. supra, p. 70, nota 24, e as exposições infra, capítulos II e IV.

92. Esta dicotomia fundamental de *jīva* e *ājīva* continua na filosofia Sāṁkhya sob as categorias de *puruṣa* e *prakṛti*. *Prakṛti* é a matéria do Universo, o material físico e psíquico que envolve o *puruṣa*.

93. Cf. supra, p. 187.

94. Este uso especificamente jainista do termo *dharma* não deve ser confundido com o exposto supra, p. 121-137.

95. Cf. supra, p. 31, 32.

96. Estes seis, juntamente com outros dois – resolução e admiração – são as modalidades fundamentais ou "sabores" *(rasa)* da poesia, dança e teatro indianos. Todas são exibidas por Śiva, o deus supremo, nas várias situações de suas manifestações míticas, e assim são santificadas no hinduísmo devocional como aspectos do "jogo cósmico" do Senhor, como revelações de sua energia divina sob diferentes modos. Por outro lado, segundo o jainismo, elas devem ser suprimidas, uma vez que atraem e aumentam a quantidade de matéria cármica e, por isto, nos distrai da perfeita indiferença que conduz à purificação da mônada vital.

97. *Tattvārthadhigama-Sūtra* 4. (*Sacred Books of the Jainas*, vol. II, p. 7).

98. Cf. Zimmer, *Mitos e símbolos na arte e civilização da Índia*, p. 11 a 24.

99. Cf. supra, p. 104.

100. Cf. supra, p. 203, nota 43.

101. Sobre o termo “hinduísmo” diferenciado de “bramanismo” cf. supra, p. 73, nota 36.

102. Zimmer, *Mitos e símbolos na arte e civilização da Índia*, p. 37-48.

103. *Ib.*, p. 153-171.

CAPÍTULO II

SĀṀKHYA E YOGA

1. Kapila e Patañjali

Vejamos agora as filosofias Sāṁkhya e Yoga, que na Índia são consideradas gêmeas – dois aspectos de uma única disciplina. O Sāṁkhya oferece uma exposição teórica básica da natureza humana, enumerando e definindo seus elementos, analisando a forma de sua mútua cooperação no estado de aprisionamento *(bandha)* e descrevendo sua condição quando desembaraçados ou emancipados na liberação *(mokṣa)*. O Yoga, por sua vez, trata especificamente da dinâmica do processo de livrar-se das ataduras e delineia as técnicas práticas para se obter a liberação ou "isolamento-integração" *(kaivalya)*. Na *Bhagavadgītā* lemos: "As pessoas pueris e sem instrução falam do 'conhecimento enumerativo' *(sāṁkhya)* e da 'prática da concentração introvertida' *(yoga)* como sendo diferentes um do outro; mas aquele que se estabelece firmemente em um deles obtém o fruto de ambos. O estado alcançado pelos que seguem o caminho do conhecimento enumerativo também é alcançado por meio dos exercícios da concentração introvertida. Realmente vê quem considera a atitude intelectual do conhecimento enumerativo e a prática da concentração como uma mesma coisa".[1] Em outras palavras, os dois sistemas se complementam reciprocamente e conduzem a fim idêntico.

As principais concepções deste sistema dual são: 1. que o Universo está alicerçado numa irresolúvel dicotomia de "mônadas vitais" *(puruṣa)* e "matéria" inanimada *(prakṛti)*; 2. que a "matéria" *(prakṛti)*, embora seja essencialmente simples, não composta, se apresenta ou se manifesta sob três aspectos diferenciados (chamados *guṇa)* comparáveis aos três fios de uma mesma corda; 3. que cada uma das "mônadas vitais" *(puruṣa)* associada à "matéria" *(prakṛti)* está envolvida na trama de uma interminável "roda de transmigração" *(saṁsāra)*.

Estas ideias não pertencem ao tronco original da tradição védico-bramânica. Tampouco encontramos entre os ensinamentos básicos do Sāṁkhya e do Yoga alguma alusão à existência daqueles deuses olímpicos – que estão além das vicissitudes da escravidão terrena – como no panteão védico. Ambas as ideologias têm origem diferente: o Sāṁkhya e o Yoga estão relacionados com o sistema mecânico dos jainistas que, como vimos, pode remontar – em parte de modo histórico e em parte lendário –, por meio de uma longa série de *Tīrthaṁkara*, até a longínqua antiguidade indiana aborígine, não védica. Portanto, as ideias fundamentais do Sāṁkhya e do Yoga têm de ser antiquíssimas. Contudo, não aparecem em qualquer dos textos indianos ortodoxos até uma data relativamente tardia – a saber, nas mais recentes estratificações das *Upaniṣad* e na *Bhagavadgītā*, onde já estão mescladas e harmonizadas com as ideias capitais da filosofia védica. Após uma longa história de resistência inflexível, a mentalidade bramânica esotérica e exclusivista dos invasores arianos se tornou receptiva e, finalmente, aceitou as sugestões e influências da civilização nativa. O resultado foi a união das duas tradições, e com o passar do tempo este fato produziu os majestosos e harmônicos sistemas do pensamento indiano medieval e contemporâneo.

Diz-se que o Sāṁkhya foi fundado por um santo semimítico, Kapila, a quem se considera separado da tradicional congregação de santos e sábios védicos, como um autoiluminado por direito próprio. Ainda que não represente um papel tão destacado no mito ou na lenda indiana como o de muitos outros grandes filósofos, seu poder milagroso é reconhecido num episódio célebre do *Mahābhārata*[2]. Lemos nesta obra que os sessenta mil filhos de um certo *Cakravartin* chamado "Oceano" (Sagara) estavam cavalgando como guarda armada do cavalo sacrificial de seu pai, enquanto o animal vagava pelos reinos da terra durante seu ano solar simbólico de liberdade vitoriosa.[3] Repentinamente, para profunda tristeza deles, o cavalo sumiu diante de seus próprios olhos. Começaram a cavar no local em que ele havia desaparecido quando, por fim, a grande profundidade, já no mundo subterrâneo, o encontraram ao lado de um santo que meditava. Tamanha era a ansiedade por recapturar o animal sagrado que os jovens guerreiros não se importaram com o santo – que não era outro senão Kapila – nem lhe prestaram a homenagem tradicionalmente devida a um religioso, razão por que, com um relâmpago nascido em seus olhos, o santo reduziu todos eles a cinzas.

Esta aventura evidencia o poder solar do sábio. Seu nome, Kapila, que significa "o Vermelho", é um epíteto do Sol, bem como de Viṣṇu. A julgar por sua influência no período de Mahāvīra e Buddha, deve ter vivido antes do século 6º da era pré-cristã, mas os textos clássicos do sistema filosófico, cuja fundação lhe é atribuída, pertencem a uma data muito posterior. A importante *Sāṁkhya-Kārikā* de Īśvarakṛṣṇa foi composta durante a metade do século 5º d.C., ao passo que o *Sāṁkhya-Sūtra* – obra que tradicionalmente é imputada ao próprio Kapila – não pode ser fixada antes de 1380-1450 d.C.[4]

Quanto ao Yoga, a data dos clássicos *Yoga-Sūtra* de Patañjali é bastante questionável. Ainda que os três primeiros livros deste tratado fundamental possam pertencer ao século 2º a.C., tudo indica que o quarto é posterior, visto que contém material que parece referir-se ao pensamento budista tardio. Por conseguinte, este último livro do tratado tem sido atribuído ao século 5º d.C., não obstante persistir a controvérsia a respeito. De qualquer modo, os quatro livros dos *Yoga-Sūtra* de Patañjali, junto a seu antigo comentário (o *Yoga-bhāṣya*, cuja autoria é conferida a Vyāsa, lendário poeta-sábio do *Mahābhārata)*, devem ser considerados entre as mais notáveis obras filosóficas em prosa, da literatura universal. Destacam-se não só pelo assunto exposto mas, particularmente, por sua maravilhosa sobriedade, clareza, laconismo e flexibilidade de expressão.

Temos poucas informações sobre Patañjali, e o pouco que sabemos é lendário e está cheio de contradições. Por exemplo, alguns o identificam com o gramático de mesmo nome, autor do "Grande Comentário" *(Mahābhāṣya)* à "Glosa Crítica" *(Vārttika)* de Kātyāyana sobre a *Gramática* sânscrita de Pāṇini; outros afirmam tratar-se de duas pessoas diferentes. Além disso, é tido como uma encarnação do deus serpente Śeṣa, que contorna e sustenta o Universo sob a forma de Oceano cósmico. Os eruditos ocidentais o situam no século 2º a.C., mas o sistema cuja fundação lhe é atribuída certamente já existia nos séculos anteriores.

2. A CONCENTRAÇÃO INTROVERTIDA

Quando a ambição, o sucesso e o jogo da vida *(artha)*, da mesma forma que o sexo e os prazeres sensuais *(kāma)*, já não nos oferecem expectativas novas e interessantes nem reservam mais surpresas, e quando começamos a nos fartar também do cumprimento virtuoso das tarefas próprias a uma vida decente e normal *(dharma)* – porque se tem convertido numa rotina monótona –, ainda permanece o atrativo da aventura espiritual, a busca de algo que exista dentro (sob a máscara da personalidade consciente) e fora (por trás do panorama visível do mundo exterior). Qual é o segredo deste ego, deste "eu" com quem temos estado em relações tão íntimas durante todos estes anos já vividos e que, apesar disso, é um estranho, cheio de artimanhas curiosas, caprichos frívolos e desconcertantes impulsos de agressão e teimosia? E o que se tem ocultado, nesse meio tempo, por trás dos fenômenos externos que não mais nos intrigam, produzindo todas essas surpresas que já não nos espantam? A possibilidade de descobrir o segredo do funcionamento do próprio teatro cósmico – quando seus efeitos chegaram a ser de um fastio intolerável – permanece como a última fascinação, desafio e aventura da mente humana.

No início dos *Yoga-Sūtra* temos:

> *Yogaś cittavṛtti-nirodhaḥ.*
>
> O *Yoga* consiste na detenção (intencional) das atividades espontâneas da substância mental.[5]

A mente, por natureza, está em constante agitação. De acordo com a teoria hindu, transfigura-se continuamente nas formas dos objetos que percebe.

Sua substância sutil toma as formas e as cores de tudo o que lhe oferecem os sentidos, a imaginação, a memória e as emoções. Em outras palavras, está dotada de um poder ilimitado e incessante de transformação ou metamorfose.[6]

Assim, a mente é uma onda contínua, como a superfície de um lago submetida à brisa, tremulando com reflexos entrecortados, variáveis e dispersos. Por si mesma jamais ficaria parada como um espelho perfeito e cristalino, em seu "estado próprio", refletindo tranquilamente o homem interior porque, para que isso acontecesse, seria necessário deter as impressões sensórias vindas do exterior (que são como as águas afluentes, turbulentas e perturbadoras da substância translúcida), bem como os impulsos internos: recordações, pressões emocionais e as incitações da imaginação (que são como fontes internas). Contudo, o *yoga* aquieta a mente; e, no momento em que esta quietude é atingida, o homem interior – a mônada vital, revela-se, como uma joia no fundo de um manso lago.

Conforme o Sāṁkhya (e a visão do Yoga é a mesma), a mônada vital (chamada *puruṣa*, "homem"; *ātman*, "Eu", ou *puṁs*, "homem, varão") é a entidade viva oculta por trás e no interior de todas as metamorfoses de nossa vida de escravidão. Do mesmo modo que no jainismo, aqui também se supõe que o número de mônadas vitais do Universo é infinito e que sua "natureza própria" *(svarūpa)* é totalmente diversa da "matéria" inanimada *(prakṛti)*, na qual tais mônadas estão imersas. São chamadas "espirituais" *(cit, citi, cetana, caitanya)*, e se diz que são "da natureza da pura luz, que brilha por si mesma" *(prabhāsa)*. No interior de cada indivíduo, o autoluminoso *puruṣa*, *ātman* ou *puṁs*, ilumina todos os processos da matéria densa e sutil – ou seja, os processos da vida e da consciência – ao tempo que se vão desenvolvendo dentro do organismo; porém esta mônada vital, em si mesma, é sem forma ou conteúdo. Está destituída de qualidades e peculiaridades, já que tais especificações nada mais são que propriedades e máscaras do reino da matéria. Não tem princípio nem fim, é eterna e imperecível, não tem partes nem divisões, porque o composto está sujeito a destruição. Inicialmente foi imaginada como do tamanho de um átomo, depois foi concebida como toda-penetrante e infinita, sem atividade, imutável, além da esfera dos movimentos, "no topo, no ápice" *(kūṭastha)*. A mônada é desapegada e intocada, absolutamente indiferente, sem inquietações e desprendida, portanto jamais está realmente cativa nem é, em verdade, libertada, senão eternamente livre. De fato, a liberação implicaria um estado prévio de encarceramento e não se pode dizer que tal prisão seja capaz de tocar o homem interior. O problema do homem consiste, simplesmente, em que não *compreende* sua permanente e sempre presente liberdade, devido ao estado turbulento, ignorante e dispersivo de sua mente.

A esta altura nos afastamos da doutrina jaina com sua teoria da contaminação efetiva da mônada vital *(jīva)* pela matéria cármica *(a-jīva)* das seis cores[7]. Segundo a concepção do Sāṁkhya e do Yoga, a mônada é uma entidade imaterial que – ao contrário do *ātman* do Vedānta – não está em beatitude nem tem o poder de agir como causa eficiente ou material de nada. É um conhecimento do nada. Não cria, não se expande, não se transforma nem produz transformação em nada. Não participa de maneira nenhuma nos sentimentos, posses ou sofrimentos humanos, senão que, por natureza, é "absolutamente isolada" *(kevala)*, mesmo quando parece estar comprometida com a vida por causa de sua *aparente* associação com os "atributos condicionadores e limitativos" *(upādhi)* – que são os constituintes, não da mônada vital, mas dos corpos materiais densos e sutis por meio dos quais ela é refletida na esfera espaço-tempo. *Puruṣa*, devido a estes *upādhi*, *aparece* como *jīva*, o "vivente", e *parece* estar dotado de receptividade e espontaneidade, de respiração e de todos os demais processos do organismo, mas, em si e por si, "não é capaz de dobrar uma folha de relva".

Com sua mera presença, inativa mas luminosa, a mônada parece ser o agente, e neste papel ilusório é conhecida como o "Senhor" ou "Supervisor" *(svāmin, adhiṣṭhātṛ)*. Na verdade, não governa nem controla. Os atributos condicionantes *(upādhi)* atuam por si mesmos, automaticamente e às cegas; o verdadeiro centro governante, o controlador e dirigente dos processos vitais, é o chamado "órgão interno" *(antaḥ-karaṇa)*. Todavia, o *puruṣa*, em virtude de sua refulgência, ilumina e parece estar refletido no processo. Além disso, esta é uma associação que nunca teve princípio: existe desde toda a eternidade. É semelhante ao relacionamento entre o sacerdote familiar hindu – não envolvido mas onipotente – e o rei, do qual é guia. O sacerdote é servido pelo monarca e por todos os oficiais do reino, mas permanece inativo e indiferente. Tal relação também pode ser comparada àquela do jogo de xadrez hindu, onde o papel do *puruṣa* é representado pelo "rei", ao passo que o onipresente "general do rei" *(senāpati)* – equivalente à "rainha" no jogo de xadrez ocidental – ocupa a poderosa função, subordinada mas mandatária, do "órgão interno". E, ainda, a relação se assemelha ao efeito do Sol sobre a Terra e sua vegetação. O Sol não sofre alterações por seu calor penetrar a Terra e as formas vivas do planeta. A autorrefulgência da desprendida mônada vital *(puruṣa)*, ao banhar o material inconsciente do reino da matéria inanimada *(prakṛti)* e de seus processos, cria, por assim dizer, a vida e a consciência do indivíduo: o que parece ser a atividade do Sol pertence, na verdade, à esfera da matéria. Melhor ainda, é como se um personagem imóvel, refletido num espelho que se move, parecesse estar em movimento.

Em resumo: de acordo com a filosofia Sāṁkhya, a mônada vital está associada a um tipo especial de "compromisso aparente" *(saṁyogaviśeṣa)* com o indivíduo vivente, como consequência natural do reflexo de sua luminosidade na matéria sutil da mente, multiforme e em movimento constante. O verdadeiro discernimento, o "conhecimento discriminador" (*viveka*), pode ser obtido tão só quando a mente é levada à sua condição de repouso. Então, percebe-se a mônada vital *(puruṣa)* sem o obscurecimento causado pelas qualidades da matéria agitada *(prakṛti)*, e neste estado, repentina e simplesmente, se revela sua natureza secreta. É vista em repouso sempre, tal qual é na realidade: isolada dos processos naturais que têm lugar continuamente a seu redor, na substância mental, nos sentidos, nos órgãos de ação e no mundo exterior animado.

A verdade pode ser alcançada apenas por meio da conscientização de que, não importa o que aconteça, nada afeta ou macula a mônada vital. Permanece totalmente desapegada, mesmo quando parece estar sustentando um processo vital individual por meio da roda de renascimentos e na vida presente. Nossa concepção superficial atribui todos os estados e transformações da vida à mônada vital onde, em seu interior, tais estados e transformações parecem estar acontecendo, colorindo-a e mudando-a para melhor ou para pior. Entretanto, esta ilusão é mero efeito da ignorância. A mônada vital jamais é afetada. Em nosso ardente e verdadeiro Eu continuamos, sempre, serenos.

Conforme a análise do Sāṁkhya-Yoga, as atividades espontâneas da substância mental – que devem ser suprimidas antes que a verdadeira natureza da mônada vital possa ser realizada – são cinco: 1. noções corretas, derivadas de uma percepção exata *(pramāṇa)*; 2. noções errôneas, derivadas de falsas apreensões *(viparyaya)*; 3. fantasia ou imaginação *(vikalpa)*; 4. sono *(nidrā)* e 5. memória *(smṛti)*.[8] Quando estas cinco atividades são suprimidas, automaticamente desaparecem os desejos e todas as demais atividades de caráter emocional.

1. As noções corretas baseiam-se em: a) percepções corretas, b) inferências corretas e c) testemunhos corretos.[9]

a) Percepção correta – O princípio pensante, ou seja, a mente, assume as formas de suas percepções por meio do funcionamento dos sentidos. Isto pode ser comparado ao fogo que, ardendo sempre, concentra seu poder nas extremidades de suas chamas e toca os objetos com línguas flamejantes. O ponto mais extremo do princípio pensante, ao entrar em contato com os objetos mediante os sentidos, assume suas formas, razão pela qual o processo de percepção significa uma perpétua autotransformação. Daí a substância da mente ser comparada ao cobre derretido que, colocado num cadinho, toma precisamente a forma deste. A substância mental adota de modo espontâneo a forma e a textura de sua experiência imediata.

O efeito deste processo é um reflexo fragmentado – em contínua mudança – da luz da mônada vital na sempre ativa função pensante, produzindo a ilusão de que a mônada é quem sofre todas as alterações. Parece tomar não apenas as formas das várias percepções, mas também das emoções e outros estados que experimentamos com relação a elas. Em consequência, imaginamos que somos nós que seguimos e respondemos continuamente a tudo o que afeta a flexível extremidade da mente: prazeres e dores, sofrimentos sem fim, mudanças de toda espécie. De acordo com sua propensão natural, a mente vai se transfigurando por meio de todas as experiências e respostas emocionais concomitantes a uma ávida, agitada ou prazerosa vida no mundo, e assim chegamos a acreditar que esta perturbação é a biografia da mônada vital. Nossa serenidade inata está sempre anuviada, tingida e colorida pelas formas e matizes variáveis do suscetível princípio pensante. Sem dúvida, as percepções pertencem à esfera da matéria e, quando duas percepções materiais não se contradizem, são tidas como verdadeiras ou corretas. Apesar disso, mesmo as percepções "verdadeiras" ou "corretas" são essencialmente falsas e devem ser suprimidas, visto que produzem – não menos que as "errôneas" – a concepção de uma "identidade de forma" *(sārūpya)* entre a consciência como substância mental e a mônada vital.

b) Inferência correta – É a função do princípio pensante ou atividade mental que se incumbe de atribuir aos objetos características que parecem corresponder-lhes. A inferência correta é aquela que pode ser sustentada por uma percepção sem erros.

c) Testemunho correto – Deriva das escrituras sagradas e autoridades tradicionais. Baseia-se na exata compreensão de uma palavra ou texto e corrobora a percepção correta e a inferência.

2. As noções errôneas causadas por conceitos falsos surgem em decorrência de alguma falha no objeto ou no órgão de percepção.

3. A fantasia reside em ideias puramente fictícias, que não têm a garantia da percepção; os monstros mitológicos, por exemplo, ou a ideia de que a própria mônada vital está dotada dos traços do princípio pensante e que, desta maneira, experimenta o que tem lugar na substância mental. A diferença entre uma fantasia e um conceito errôneo consiste em que a primeira não é corrigível mediante uma observação atenta do objeto.

4. Durante o sono, a atividade espontânea da substância mental continua. Isto é constatado pela experiência de prazer que normalmente deriva do sono e que dá lugar a expressões como "dormi profunda e deliciosamente". O Yoga preocupa-se com a supressão do sono, bem como com as atividades da mente em estado de vigília.

5. A memória é uma atividade da substância mental ocasionada por um resíduo ou "impressão latente" *(saṁskāra)* de alguma experiência tida na vida presente ou numa vida anterior. Tais impressões tendem a se ativar; manifestam-se como inclinações à ação, ou seja, tendências a conduzir-se segundo padrões estabelecidos por reações que aconteceram no passado.[10]

Nos *Yoga-Sūtra* de Patañjali lemos:

> No caso de receber convites daqueles que ocupam postos elevados, tais convites não devem causar apego ou orgulho, porque do contrário produzirão consequências indesejáveis.[11]

"Aqueles que ocupam postos elevados" são os deuses. Conforme a concepção do Yoga, não são onipotentes mas, em verdade, inferiores ao iogue perfeito. Apenas são seres muito favorecidos, porém ainda presos aos deleites de suas circunstâncias celestiais infinitamente propícias. O significado deste curioso aforismo é que o verdadeiro praticante do *yoga* não deve permitir que as tentações de alcançar os céus venham distrair seus esforços por transcender as seduções de *todos* os mundos de formas.

No comentário desta passagem declara-se que existem quatro graus de realização do *yoga*, aos quais correspondem quatro tipos de iogues:

1. Há o chamado "observante das práticas", para quem a luz está apenas começando a despontar.

2. Há o praticante com "intuição portadora de verdade".

3. Há aquele que subjugou os órgãos e os elementos e, por conseguinte, tem os meios para conservar suas conquistas (por exemplo, as intuições dos

diversos estados suprarreflexivos). Isto é, possui os meios proporcionais a ambos: ao que já foi cultivado e ao que ainda está por ser cultivado. Enfim, possui os meios para continuar avançando rumo à perfeição.

4. Há aquele que já está além do que pode ser cultivado, cujo único propósito é agora reabsorver a mente em sua causa primeira.

Aqueles que ocupam postos elevados observam a pureza da harmoniosa consciência do brâmane que experimentou diretamente a segunda etapa, chamada "etapa do mel", e procuram tentá-lo com seus postos elevados, dizendo:

> Senhor, queres sentar-te aqui? Queres descansar aqui? Este prazer pode ser atraente. Esta donzela celestial pode ser atraente. Este elixir afasta a velhice e a morte. Esta carruagem anda pelos ares. Mais além estão as Árvores do Desejo, que concedem os frutos de tudo quanto se lhes pede; o regato do Céu, que confere a bem-aventurança. Estes personagens são sábios e perfeitos. Estas ninfas são incomparáveis, e não são melindrosas. Aqui os olhos e os ouvidos se tornam supernos; o corpo, diamantino. Graças às vossas virtudes peculiares, Venerável Senhor, ganhastes todas essas coisas. Entra, pois, neste lugar que não decai, não envelhece, não morre e é caro aos deuses!

Ao escutar estas palavras – continua o comentador – o iogue deve ponderar acerca dos inconvenientes do prazer:

> Queimando-me nas horríveis brasas da roda de renascimentos e retorcendo-me na escuridão de nascimento e morte, somente agora encontrei a luz do *yoga* que põe fim às sombras dos obstáculos, os "prejuízos" *(kleśa)*. Os desejos das coisas sensuais nascidos da concupiscência são inimigos desta luz. Como então, eu, que vi tal luz, posso me deixar desviar por estes fenômenos dos sentidos – simples miragem – e tornar-me novamente combustível para aquele mesmo fogo da roda de renascimentos, quando volte a acender-se? Adeus coisas sensuais, enganosas como sonhos, desejáveis somente pelos vis!

O comentário prossegue:

> Determinado assim em seu propósito, deve o iogue cultivar a concentração. Abandonando todo apego pelas coisas dos sentidos, não tem de se orgulhar nem mesmo pensando que até os deuses o desejam com urgência. Se alguém, em seu orgulho, se julga seguro, deixará de sentir que a Morte o agarrou pelos cabelos. [Ou seja, será vítima de soberba celestial.] E então, o Descuido – que está sempre à espreita de pontos fracos e erros, e deve ser atentamente vigiado – encontrará uma abertura e criará obstáculos *(kleśa)*. Como resultado, as consequências indesejáveis ocorrerão.

> Mas, por outro lado, aquele que não se interessa nem sente as provocações do orgulho atingirá, com certeza, o propósito que cultivou em seu interior e, imediatamente, se verá face a face com o propósito ainda mais alto que lhe resta cultivar.[12]

Esta meta absoluta é descrita no último *sūtra* do livro III:

> Quando a pureza da contemplação *(sattva)* se iguala à pureza da mônada vital *(puruṣa)*, há isolamento *(kaivalya)*.[13]

O comentário diz:

> Quando o "poder contemplativo" *(sattva)* da substância pensante se liberta da contaminação do "poder ativo" *(rajas)* e da "força da inércia" *(tamas)*, e não tem outra tarefa senão transcender a ideia agora presente da diferença entre si mesmo *(sattva)* e a mônada vital *(puruṣa)*[14], e quando todas as sementes internas dos obstáculos *(kleśa)* tenham sido queimadas, então o "poder contemplativo" *(sattva)* entra num estado de pureza igual ao da mônada vital.
>
> Esta pureza nada mais é que a cessação de atribuir falsamente a experiência à mônada vital.[15] Nisto consiste o "isolamento" da mônada vital. Então o *puruṣa*, com sua própria luz interior, fica descontaminado e isolado.[16]

3. Os obstáculos

Kleśa, palavra de uso cotidiano na Índia, deriva da raiz *kliś-*, "estar atormentado ou aflito, sofrer, sentir dor ou angústia". O particípio *kliśta* é usado como adjetivo e significa "angustiado; sofrendo dor ou miséria; enfraquecido, fatigado, injuriado, ferido; gasto, em más condições, estragado, deteriorado, desordenado, obscurecido ou desvanecido". Uma grinalda, quando suas flores estão murchas, está *kliśta*; o brilho da Lua está *kliśta* quando um véu de nuvens a obscurece; uma veste gasta ou danificada por manchas está *kliśta*; e um ser humano, quando o esplendor inato de sua natureza foi subjugado por negócios fatigantes e pesadas obrigações, está *kliśta*. Nos *Yoga-Sūtra*, *kleśa* denota tudo o que, aderindo à natureza do homem, restringe ou debilita a manifestação de sua essência verdadeira. O *yoga* prescrito por Patañjali é uma técnica para livrar-se de tais impedimentos e assim reconstituir a perfeição inerente à pessoa essencial.

Quais são estes impedimentos?

A resposta a esta questão confunde a mente ocidental, porque revela o abismo que existe entre nossa concepção usual dos valores inerentes à personalidade humana e à dos indianos. Estes impedimentos são cinco, a saber:

1. *Avidyā*: nescidade, ignorância, falta de melhor conhecimento, falta de consciência da verdade que transcende as percepções da mente e dos sentidos em seu funcionamento normal. Em decorrência desse impedimento, somos escravizados pelos preconceitos e hábitos da consciência ingênua. *Avidyā* é a raiz de tudo o que chamamos nosso pensar consciente.

2. *Asmitā* (*asmi* = "eu sou"): a sensação, a noção grosseira de que "eu sou eu", *cogito ergo sum*; este ego evidente, base da minha experiência, é a verdadeira essência e fundamento de meu ser.

3. *Rāga*: apego, simpatia, interesse; afeição de todo tipo.

4. *Dveṣa*: sentimento contrário a *rāga*; aversão, fastio, desagrado, repugnância e ódio.

Rāga e *dveṣa*, simpatia e antipatia, constituem a base de todos os pares de opostos *(dvandva)* na esfera das emoções, reações e opiniões humanas. Incessantemente torturam a mente, deste e daquele modo, perturbando seu equilíbrio e agitando sua superfície, semelhante à de um lago ou de um espelho, que, assim, não pode refletir sem distorção a imagem perfeita do *puruṣa.*

5. *Abhiniveśa*: apegar-se à vida como se fosse um processo que continuará infinitamente, ou seja, a vontade de viver.

Estes cinco obstáculos ou impedimentos devem ser considerados como tantas outras perversões que agitam a consciência e ocultam o estado essencial de serenidade de nossa verdadeira natureza. Surgem involuntária e sucessivamente, brotando sem interrupção da fonte oculta de nossa existência fenomênica. Dão força à substância do ego e constroem, sem cessar, sua estrutura ilusória.

A fonte de toda esta confusão é o jogo natural dos *guṇa*, aqueles três "elementos, poderes ou qualidades" de *prakṛti* – já mencionados ao abordar as *leśya* dos jainistas[17] – que são: *sattva*, *rajas* e *tamas*.

1. *Sattva* é um substantivo formado do particípio *sat* (ou *sant*), que deriva de *as-*, o verbo "ser"[18]. *Sat* significa "ser; como deve ser; bom, bem, perfeito", e *sattva*, em consequência, "o estado ideal de ser; bondade, perfeição, pureza cristalina, brilho imaculado e completa quietude". A qualidade de *sattva* predomina nos deuses e seres celestiais, nas pessoas altruístas e nos homens dedicados a buscas puramente espirituais. Este é o *guṇa* que facilita a iluminação. Por isso, o primeiro objetivo ensinado nos *Yoga-Sūtra* de Patañjali é aumentar o caudal de *sattva*, a fim de purgar gradualmente a natureza humana do *rajas* e do *tamas*.

2. O substantivo *rajas* significa, literalmente, "impureza"; com referência à fisiologia do corpo feminino, significa "menstruação"; e, num sentido mais geral, "pó". A palavra está relacionada com *rañj-*, *rakta*, "vermelhidão, cor", e com *rāga*, "paixão". O pó citado é aquele que o vento continuamente agita numa terra onde não chove pelo menos dez meses por ano, visto que na Índia, excetuando a estação chuvosa, há somente o orvalho noturno para acalmar a sede da terra. O pó redemoinha com o vento, embaçando a serenidade do céu e cobrindo tudo. Por outro lado, no período das chuvas, o pó se assenta, e, durante a maravilhosa estação outonal que segue às chuvas – quando o Sol dispersa as pesadas nuvens –, o céu fica imaculadamente claro.[19] Por causa disso a palavra sânscrita para

"outonal", *śārada* (derivada do substantivo *śārad* = "outono"), tem a conotação de "fresco, jovem, novo, recente", e *viśārada* (caracterizado por uma grandeza ou abundância de *śārada*) significa "esperto, hábil, proficiente, experimentado, versado ou instruído em algo, douto, sábio". Isto é, o intelecto do sábio se caracteriza pela grande visibilidade do firmamento outonal, que é transparente, límpido e completamente claro, ao passo que o intelecto do néscio está repleto de *rajas*, o pó vermelho da paixão.

O *rajas* embaça o aspecto de todas as coisas, obscurecendo a visão não apenas do Universo, mas também de si mesmo. Logo, produz confusão intelectual e moral. Entre os seres mitológicos, o *rajas* predomina nos titãs, aqueles antideuses ou demônios que representam a vontade do poder em toda sua força, imprudentes em sua busca de supremacia e esplendor, cheios de ambição, vaidade e egoísmo jactancioso. O *rajas* é evidente em qualquer lugar entre os homens, como força motivadora de sua luta pela existência. É o que inspira nossos desejos, preferências e desagrados, rivalidades, e a vontade de usufruir as coisas do mundo. Compele homens e animais a lutar pelos bens da vida, negligenciando as necessidades e sofrimentos dos demais.

3. *Tamas* (cf. a palavra em latim *tene-brae*, a francesa *ténè-bres* e a portuguesa *tene-broso*), literalmente: "escuridão, negro, azul-escuro"; espiritualmente: "cegueira", conota a inconsciência que predomina nos reinos mineral, vegetal e animal. *Tamas* é a base de toda falta de sentimento, de toda estupidez, crueldade, insensibilidade e inércia. É causa de melancolia, ignorância, erro e ilusão. A rudeza da matéria aparentemente inanimada; a muda e cruel luta entre as plantas pelo solo, a umidade e o ar; a gula impassível dos animais em busca de alimentos e seu modo impiedoso de devorar suas presas são algumas das manifestações deste princípio universal. No plano humano, o *tamas* se manifesta na estupidez embotada dos que se encontram mais centrados em seus egos, mais autossatisfeitos – os que consentem com qualquer coisa desde que não interfira em seu descanso, segurança e interesse pessoal. *Tamas* é o poder que mantém unida toda a estrutura do Universo, a estrutura de cada sociedade e o caráter de cada indivíduo, contrabalançando o perigo de explosão que persegue sem trégua o dinamismo incansável do princípio de *rajas*.

O primeiro dos cinco impedimentos, *avidyā*, a falta do discernimento verdadeiro, é o principal sustentáculo do jogo interminável e interação dos três *guṇa*. A *avidyā* permite que a marcha cega da vida continue atraída e torturada, ao mesmo tempo, por seus próprios princípios. Os outros quatro impedimentos (*asmitā*, a noção grosseira de que "eu sou eu"; *rāga*, o apego; *dveṣa*, a repugnância, e *abhiniveśa*, a vontade de viver) são apenas transformações ou inflexões desta causa primordial, desta persistente ilusão de que os valores perecíveis e transitórios da existência terrena e celestial podem chegar, de algum modo, a tornar-se fonte de felicidade pura e permanente. A *avidyā* é a ruína comum a todos os seres viventes. Entre os homens, lança seu feitiço sobre a faculdade de raciocínio, provocando falsas predições e deduções errôneas. Apesar de os bens da vida serem intrinsecamente impuros e causarem sofrimentos de modo inevitável, pela sua própria condição de transitórios, insistimos em considerá-los como se fossem absolutamente reais. As pessoas acreditam que a terra é eterna, que o firmamento com as estrelas e a Lua é imperecível, que os deuses que habitam as mansões celestes são imortais – quando nada disto é verdadeiro. De fato, a verdade é precisamente o contrário dessas crenças populares.

É mister observar que, segundo a concepção essencialmente materialista dos jainistas, o oposto primário e total do *jīva* era o *a-jīva*[20]; entretanto neste caso, em que o problema da liberação é considerado do ponto de vista psicológico, o princípio crucial a ser combatido é *avidyā*. O fluxo constante do pensamento afetivo errôneo é o que alimenta a força motivadora da existência, produzindo uma vigorosa multiplicidade de falsas crenças que sustentam a vida. Cada entidade fenomênica – querendo prosseguir indefinidamente – evita pensar em seu próprio caráter transitório e se nega a observar os muitos sintomas ao seu redor que mostram a sujeição de todas as coisas à morte. Assim sendo, os *Yoga-Sūtra* dirigem a atenção para a instabilidade das coisas em que se assenta a vida: o Universo; os corpos celestes que, com suas rotações, medem e marcam a passagem do tempo; e até os próprios seres divinos, "aqueles que ocupam as altas posições", que são os regentes do ciclo. O fato inegável de que, por natureza, inclusive estas presenças grandes e aparentemente duradouras têm de passar garante o caráter transitório, fugaz e ilusório de todo o resto.

Os cinco impedimentos, juntos, distorcem todos os objetos da percepção, provocando assim novos equívocos a cada momento. No entanto, o iogue – no curso de suas práticas – os ataca sistematicamente pela raiz. Na verdade, dissipam-se, desvanecendo pouco a pouco, à medida que o iogue vai vencendo a ignorância *(avidyā)* de onde todos eles derivam. Estes impedimentos se tornam cada vez menos efetivos e, por fim, desaparecem. Com efeito, toda vez que o iogue entra em estado de absorção introvertida, eles caem temporariamente num torpor e, durante esses momentos em que estão inoperantes, a mente do iogue toma consciência de novos conhecimentos, enquanto nos estados de consciência tidos como "normais" – que são a única fonte de *nossa* experiência – os cinco impedimentos isolam o conhecimento, mantendo a totalidade do universo sob um feitiço tirânico de fascínio irresistível.

Do ponto de vista ocidental, toda a categoria dos "impedimentos" *(kleśa)* poderia se resumir no termo "personalidade". Eles são o feixe de forças vitais que constituem o indivíduo e que o engajam no mundo circundante. Nossa adesão ao ego, nossa ideia usual e concreta do que é o ego, nossa entrega espontânea às simpatias e antipatias que no cotidiano guiam a nossa conduta e que, mais ou menos inconscientemente, são os elementos mais queridos de nossa natureza, tudo isto constitui os impedimentos. Por meio deles encontramos o anseio primitivo da criatura vivente, comum tanto aos homens quanto aos vermes, o *abhiniveśa*: o impulso instintivo que nos obriga a continuar existindo. Do âmago da natureza de cada ser fenomênico surge um grito universal: "Que eu exista para sempre! Que eu possa seguir crescendo!"[21]. Face a face com a morte, este é o último desejo "até mesmo dos sábios". E, conforme a teoria indiana do renascimento, esta vontade de viver é forte o bastante para levar o indivíduo a cruzar o abismo da morte até uma nova encarnação, obrigando-o a tomar outra vez um novo corpo, nova máscara, nova veste, com os quais possa seguir vivendo. Além disso, este anseio brota espontaneamente de si próprio, não é um efeito do pensar; pois, que motivos tem uma criatura recém-nascida e sem experiência da morte para recuar ante ela?[22]

Este grito e anseio elementares por se expandir, e mesmo se multiplicar em novas formas com o único propósito de enganar a inevitável condenação à morte individual, é traduzido vividamente na descrição imaginária de um dos grandes mitos hindus do período bramânico (aprox. 900-600 a.C.); nele se narra a história do primeiro impulso de Prajāpati, o "Senhor das Criaturas", por meio do qual criou o mundo. Este antigo deus criador não era um espírito divino abstrato, como o que vemos nos primeiros capítulos do Antigo Testamento, o qual, flutuando no puro vazio – além e separado do tumulto produzido pelo mundo escuro da matéria – criou o Universo com a magia pura das ordens emanadas de sua santa voz, dando vida a todas as coisas apenas pronunciando seus nomes. Ao invés disso, Prajāpati era uma personificação da matéria animada, que a tudo contém, e da própria força vital, que anseia desenvolver-se em mundos fervilhantes. O mito conta que Prajāpati foi obrigado a criar por dois impulsos. De um lado, sentindo-se solitário, desamparado e temeroso, criou o Universo para se rodear de companhia; mas, por outro, também sentiu vontade de derramar sua substância, pelo que disse a si mesmo: "Que eu possa crescer, que eu possa originar criaturas!"[23]

Esta dupla atitude de desamparo e de desejo – abandonado no Nada total e, a um só tempo, surgindo para manifestar o poder vital criador que traz em si mesmo – representa em forma mítica todo o sentido do grito primário e universal. O deus criador hindu personifica a tendência dual que habita todas as criaturas vivas, por toda parte. O recuo temeroso diante da possibilidade da morte e, ao mesmo tempo, o valente impulso de crescimento, de multiplicação indefinida para assim converter-se num universo completo pela progênie, são os aspectos complementares do desejo único fundamental de seguir existindo sempre.

Os cinco *kleśa* compreendem, portanto, essa herança de tendências mediante a qual as criaturas se desenvolvem, agora e sempre. Esses "impedimentos" são as propensões involuntárias e inconscientes que atuam no interior de cada ser vivente e o arrastam através da vida. Além do mais, segundo a concepção indiana, estas propensões foram herdadas de vidas anteriores; são as forças que produziram nosso atual nascimento. Daí, que a primeira tarefa da filosofia Yoga seja destruí-las desde a raiz.

Isto requer a dissolução absoluta não só da personalidade humana consciente, mas também do impulso animal inconsciente que sustém a personalidade: a cega força vital presente "tanto no verme como no sábio" e que adere avidamente à existência. Pois, apenas quando estas duas esferas de resistência natural (moral e biológica) tenham sido quebradas é que o iogue pode experimentar – como âmago de seu ser – aquele *puruṣa* afastado dos gritos da vida e do fluxo constante da mudança. O substrato sereno e liberto poderá ser conhecido e alcançado pela consciência, unicamente por meio do mais severo e completo processo iogue de desapego e introversão. Para tal fim, existem no Yoga três linhas ou caminhos de disciplina: 1. o ascetismo, 2. a "instrução no ensinamento sagrado", 3. a entrega completa à vontade e à graça de Deus.

1. O ascetismo é um exercício preliminar para purgar as impurezas que mancham nossa natureza intrínseca. Estas obscurecem toda expressão e experiência, impregnando tudo com os caracteres dos atos anteriormente realizados pelo corpo e pela mente. Tais marcas obscurecedoras são como cicatrizes: foram talhadas pela paixão *(rajas)* e pela inércia espiritual *(tamas)*, as duas forças da parte animal de nossa natureza. Os exercícios espirituais eliminam as cicatrizes. As práticas ascéticas dissipam os impedimentos como o vento dissipa as nuvens que ocultam o céu. Então, a limpidez cristalina do firmamento interior da alma – a serenidade exemplar do profundo mar interior, inatingível pelas rajadas emocionais, imperturbável ante os sentimentos – ilumina a consciência. Nisto consiste a liberação, a iluminação supra-humana, meta de todas as duras práticas iogues que, sem ela, seriam inexplicáveis.

2. A "instrução no ensinamento sagrado" significa, primeiramente, memorizar os textos religiosos e mantê-los vivos na memória pela recitação metódica das preces, sentenças, fórmulas e as várias sílabas simbó1icas da tradição religiosa. Esta prática impregna a mente da essência do ensinamento e, desta forma, afasta-a das coisas mundanas, colocando-a na atmosfera piedosa do desapego religioso.

3. A completa entrega à vontade e à graça de Deus ocorre quando toda a personalidade adota uma atitude devocional ante as tarefas e acontecimentos da vida diária. Cada ato de nossa rotina diária deve ser realizado com ausência de interesses pessoais, de modo desapegado e sem a preocupação com os efeitos que possa ter sobre nosso ego, ou pela relação que possa haver com ele. Toda ação deve ser executada como um serviço prestado a Deus, apontada, por assim dizer, pela vontade de Deus, realizada por amor a Deus e pela própria energia de Deus, que é a energia vital do devoto. Considerando os deveres sob este prisma, passo a passo conseguimos eliminar o egoísmo, tanto de nossas ações como de seus resultados. Cada tarefa torna-se parte de um rito sagrado, cerimoniosamente cumprido em função de si próprio, sem considerar o benefício que possa advir para o indivíduo. Este tipo de devoção *(bhakti)* preliminar é ensinado na *Bhagavadgītā* e em muitos outros textos clássicos posteriores do hinduísmo. É um exercício ou técnica prática de desenvolvimento espiritual baseada na ideia de que toda obra é realizada por intermédio de Deus e a Ele deve ser oferecida, junto com seus resultados, como uma oblação.

Os *Yoga-Sūtra* ensinam que, por meio de uma vida perfeitamente dirigida de acordo com esses princípios, podemos alcançar um estado no qual os cinco impedimentos – isto é, a personalidade humana em sua totalidade junto com as camadas animais e inconscientes que constituem sua base e sua fonte inesgotável

– ficam reduzidos praticamente a nada. Podemos "queimar as sementes" das futuras existências individuais e ignorantes "no fogo do ascetismo". Tais sementes foram acumuladas em virtude dos atos, voluntários ou involuntários, realizados nesta existência ou nas anteriores; se não forem destruídas germinarão originando novos enredos, cujo fruto será, ainda, outro destino de obras e recompensas ilusórias. Entretanto, mesmo o ser humano congenitamente impedido – tanto na mente como em seu caráter – pode, por meio do *yoga*, adquirir um entendimento sublime e perfeito que lhe abra o caminho para a liberação e a iluminação. Livre do pó da paixão, que normalmente ofusca a atmosfera interior, e da escuridão pesada e entorpecedora que envolve toda existência fenomênica, o material da natureza, e sua força vital *(prakṛti)* inata, transforma-se inteiramente em *sattva*: calmo, transparente, como um espelho sem manchas, como um lago sem ondas, luminoso em sua quietude cristalina. Tendo removido os impedimentos *(kleśa)*, que normalmente fragmentam e enegrecem a visão, a iluminação se apresenta ante a mente de modo automático e a consciência viva compreende que é idêntica à luz.

Assim, o "regime de emagrecimento" do iogue vai, de forma sistemática, matando de fome a personalidade. Não há lugar para o egoísmo simplório geralmente considerado saudável às criaturas, uma força que permite aos homens, animais e mesmo plantas, sobreviver e vencer a luta pela existência. É um "regime de emagrecimento" que erradica até as tendências básicas, inconscientes, vegetativas e animais, de nosso caráter biológico. O benefício conquistado quando todo esse *rajas* e *tamas* tenham sido destruídos e apenas permaneça *sattva* – isolado, puro e capacitado para refletir sem distorções a verdadeira natureza de nosso ser – é a visão de um núcleo *(puruṣa)* emancipado do reino dos *guṇa* e distinto de tudo o que antes parecia constituir a personalidade: um sublime habitante e espectador, que está além das esferas do sistema consciente-inconsciente anterior, totalmente alheio às tendências que outrora sustentavam a biografia individual.[24] Este anônimo "ser adamantino" não é nada daquilo que estimávamos como nosso caráter e cultivávamos como nossas faculdades, inclinações, virtudes e ideais, pois ultrapassa todo horizonte de consciência impura ou parcialmente purificada. Estava coberto pelos veículos do corpo e da personalidade, e os obscuros e espessos *guṇa* não permitiam que sua imagem se revelasse. Apenas a essência translúcida do *sattva* clarificado permite que ele se faça visível, como um cristal nas águas calmas de um pequeno lago. E no momento em que é reconhecido, sua manifestação nos faz saber de imediato que ele é a nossa verdadeira identidade. Lembramos e saudamos a mônada vital, mesmo sendo distinta de tudo o que há neste composto fenomênico de corpo e psique, os quais, sob a ilusão causada por nossa ignorância habitual e consciência indiscriminadora *(avidyā)*, havíamos torpemente confundido com a essência permanente e real de nosso ser.

O "conhecimento discriminador" *(viveka)* é o inimigo de *avidyā* e assim o principal instrumento para nos livrar da força dos *guṇa*. *Viveka* atravessa *tamas* e *rajas* como uma faca, abrindo caminho rumo à compreensão de que o núcleo de nossa identidade está separado por um grande abismo de contínuos fluxos e refluxos de tendências que prendem a atenção do indivíduo comum, tendências estas tidas como pertencentes, de alguma forma, ao Eu. Pelo "conhecimento discriminador" *(viveka)* pode-se discernir e alcançar um estado permanente de supremo "isolamento" *(kaivalya)* dos processos vitais. Este estado é a contraparte terrena da própria mônada transcendente que, então, se revela à consciência interior absolutamente serena do iogue, em virtude de seu reflexo no imaculado espelho "sáttvico" de sua mente. Este ponto autoluminoso, que permanece firme em meio ao redemoinho de transitórios sentimentos, emoções, ilusões e miragens sobrepostas – o núcleo mais profundo e básico da natureza, a centelha do ser – fica, desta maneira, revelado em todo seu esplendor e é reconhecido prontamente como fundamento e pináculo da existência. Quando conquistada esta posição e nela estabelecido com firmeza, jamais a abandona, porque está acima das variações internas e externas, além de todo acontecimento. De lá pode ser testemunhado o processo vital que se desenvolve no corpo e na alma – como do píncaro de uma alta montanha que brilha ao sol por cima de uma agitada tormenta podem observar-se os movimentos das nuvens atravessando um vale.

4. Integridade e integração

O estado de isolamento supremo intrínseco à mônada vital *(puruṣa)* – afastada de todos os processos da matéria *(prakṛti)* que continuam por si mesmos e são a própria vida do corpo e da mente – é chamado *kaivalya*, um termo de sentido duplo. *Kaivalya* é o estado de alguém que é *kevala*, adjetivo que significa "peculiar, exclusivo, isolado, sozinho; puro, simples, sem mistura, desacompanhado de tudo o mais; desnudo, descoberto (como o chão)"; e ao mesmo tempo significa "completo, inteiro, absoluto e perfeito" (*kevalajñāna*, por exemplo, quer dizer "conhecimento absoluto"). *Kaivalya*, em consequência, é o "isolamento perfeito, a emancipação final, a exclusividade e o desapego", e, por igual, "perfeição, onisciência e beatitude". O substantivo *kevalin* também é usado especificamente para designar o santo jaina ou *Tīrthaṁkara*. Limpo da matéria cármica, e por isso livre da escravidão, este ser perfeito ascende em completa solidão ao cume do Universo. Mas, apesar de isolado, ele é todo-penetrante e dotado de onisciência, pois, uma vez que sua essência se livrou das características qualificantes, individualizantes, ela é absolutamente ilimitada. Aludindo ao *Tīrthaṁkara* e à sua condição, a palavra *kevalin* expressa os dois sentidos: "isolado, exclusivo, sozinho" e "completo, inteiro, absoluto", porque as duas ideias pertencem à esfera da beatitude na perfeição.

Como vimos, o sistema Sāṁkhya-Yoga tem muitos traços em comum com a antiga filosofia pré-ária conservada nas crenças dos jainistas. Em ambas as doutrinas os deuses são reduzidos à categoria de super-homens celestiais; desfrutam as prerrogativas de suas elevadas posições apenas por algum tempo e logo renascem entre as criaturas dos reinos inferiores. Além disso, nos dois sistemas, a matéria (*prakṛti*: composta pelos *guṇa* segundo o Sāṁkhya-Yoga, composta de *karman* de seis cores segundo o jainismo[25]) é um princípio absolutamente indissolúvel, de modo que o Universo – junto com suas criaturas visíveis e tangíveis – é entendido como algo de todo real. O Universo não é um simples produto da nescidade *(avidyā)*, como na concepção vedantina ortodoxa. Além disso, as mônadas vitais *(puruṣa, jīva)* também são reais; são entidades separadas, distintas da matéria e são inumeráveis. Esta ideia também é contrária ao ensinamento do Vedānta.

De fato, o Vedānta é não dualista. Ao invés de fundar o Universo numa legião de entidades espirituais eternas *(jīva, puruṣa)* imersas na substância de uma esfera material eterna *(ajīva, prakṛti)* – embora intrinsecamente opostas a ela –, os mestres arianos sustentavam que, em última análise, existe uma única essência, o *Brahman*, que se desdobra na miragem cósmica da multidão de seres visíveis. Cada criatura aparenta e acredita ser um indivíduo distinto, quando, em essência, nada há além de *Brahman*. *Brahman* é o Uno-sem-segundo, que compreende tudo, a única "coisa" que existe, não obstante cada indivíduo experimentar *Brahman* separadamente em seu aspecto microcósmico como sendo o Eu.

Nos *Yoga-Sūtra*, o termo *kaivalya* tem o mesmo significado duplo que na filosofia jaina, apesar de o problema da escravidão e da libertação ser aqui considerado do ponto de vista psicológico que, diga-se de passagem, se aproxima de certo modo do ilusionismo psicológico do Vedānta. O termo *kaivalya* também denota neste caso "isolamento" e "perfeição". O iogue que se desembaraçou dos "impedimentos" *(kleśa)*, os quais diminuem a perfeição do ser, conta com a experiência da realização em seu próprio isolamento onisciente – como o fez o *kevalin* jaina ou *Tīrthaṁkara* –; ele não se perde a si mesmo no *Brahman* universal, como faz o sábio vedantino. Porém, ao contrário do jainista, o iogue alcança o *kaivalya* não por se purificar, literalmente, da contaminação do *karman*, mas pela simples, ainda que muito difícil, compreensão de que ele é, de fato, em essência e apesar de todas as aparências, estranho às esferas de mudança e desgaste. Intacto, inalterado pelos processos das atividades naturais dos *guṇa*, o *puruṣa* (ao invés do *jīva* jaina) nunca é debilitado ou maculado, mas sim eternamente livre e autônomo – até mesmo nos seres de ordem inferior e a despeito do triste fato de que a maioria das criaturas nunca saberá, nunca irá se integrar alcançando a consciência da realização de ser, em essência, *kevala*: algo "sereno, supremo, onisciente e solitário".

A recordação desta verdade sobre nós mesmos, que surge com o extermínio dos impedimentos, leva simultaneamente à obtenção de poderes supranormais. Estes poderes parecem supranormais do ponto de vista de nossa ingênua e mundana vida "normal", mas quando se leem os textos que os descrevem é impossível deixar de sentir que talvez não devessem ser considerados supranormais, mas sim atributos da realidade pura de nossa natureza que, ao longo da prática iogue, nos é devolvida. Não são adições extras e miraculosas concedidas ao santo perfeito – mas propriedade natural do homem. São partes da herança humana que nos é retirada enquanto vivemos sob o manto dos impedimentos. Ler acerca destes poderes é perceber do que estamos sendo privados por causa dos *kleśa*; porque, quando o iogue tem acesso a tais poderes, toma posse deles como alguém que assume os direitos e faculdades que sempre lhe pertenceram em seu caráter de Homem *(puruṣa, ātman, puṁs)*.

A analogia tradicional é a do "filho do rei" *(rājaputra)* que não sabia ter sangue real e que era rei por direito. Isto equivale a dizer que não há, fundamentalmente, nem escravidão nem libertação, que somos livres por natureza. Apenas devido a uma ilusão pensamos que somos cativos. Quando o iogue alcança o conhecimento, nenhuma modificação básica ocorre em sua essência; sua perspectiva é que sofre mudança, seu entendimento do que é "irreal". Rejeita as falsas noções que encobriam sua própria realidade e a dos outros e, deste modo, se apropria de tudo quanto ele é em essência: *rajāputravat*, "como o filho do rei".[26] Esta analogia se refere ao conto simbólico que narramos a seguir.

"Era uma vez um filho de rei que, havendo nascido sob má estrela, foi tirado da capital enquanto ainda era bebê e criado por um indígena primitivo, um montanhês, fora dos limites da civilização bramânica [isto é, um pária, inculto, ritualmente impuro]. Assim, o príncipe viveu durante anos sob a falsa ideia: 'Eu sou um montanhês'. O tempo foi passando, o velho rei morreu e, como não havia ninguém apto para assumir o trono, um certo ministro de Estado, verificando que o menino, outrora abandonado a esmo, ainda estava vivo, partiu em sua busca. Percorrendo lugares áridos e montanhosos acabou por descobrir o príncipe e, ao encontrá-lo, lhe disse: 'Tu não és um montanhês, tu és o filho do rei'. Imediatamente o jovem abandonou a ideia de que era um sem casta e assumiu sua natureza real, dizendo para si próprio: 'Eu sou um rei'.

Deste modo" – continua o texto – "seguindo a instrução de um ser misericordioso (o guru) que declara: 'Tua origem, de fato, é o Homem Primordial *(ādipuruṣa)*, aquela mônada vital cósmica e divina que se manifesta por meio da consciência pura e que é espiritualmente onipresente e completa em si mesma; tu és uma parte dela', uma pessoa inteligente abandona o erro de supor que é uma manifestação ou produto da *prakṛti* e se une a seu próprio ser intrínseco *(svasvarūpam)*. Então diz para si: 'Uma vez que sou filho do *Brahman*, eu mesmo sou o *Brahman*. Não sou algo diferente de *Brahman* embora esteja preso a esta cadeia de nascimento e morte'."[27]

Nesta versão do antigo conto, a imagem segue a fórmula não dual do Vedānta: "Tu és Aquilo" *(tat tvam asi)*. "Tu és o Eu único e universal ainda que o desconheças." O mesmo é afirmado pela mensagem budista: "Todas as coisas são coisas do Buddha"[28]. O *saṁsāra*, reino do nascimento e da morte, é apenas uma ilusão vasta e propalada, um sonho cósmico do qual se deve acordar. Abandona, pois, este estado de ignorância, livra-te da ideia de que tu és um pária num local ermo. Sobe ao teu próprio trono. Também esta é a lição do Sāṅkhya e do Yoga – mas aqui, como já vimos, o *puruṣa* não se identifica com o "Primeiro *Puruṣa*" *(ādipuruṣa)*, o Homem Primordial, o Fundamento Cósmico *(Brahman)*, é antes separado, isolado e onipotente, porque está só.

O "filho do rei" percebe o que, sem saber, sempre fora. Nada muda na esfera dos fatos; unicamente a consciência – sua ideia do que é – transformou-se. No momento em que adquire o "conhecimento discriminador" *(viveka)*, revela-se uma distinção entre sua verdadeira natureza e a máscara acidental que havia adotado como membro de uma tribo selvagem de caçadores sem casta – como a compreensão experimentada pelo filhote de tigre criado entre cabras[29]. Aceitando a realidade de seu caráter tal como agora o percebe, o "filho do rei" descobre a si mesmo e fica isolado *(kaivalya)* de sua biografia anterior e de tudo o que ela continha, abandonando a máscara daquela realidade aparente. O passado simplesmente se desvanece. O "filho do rei" surge de sua vida anterior como de um sonho e, em pleno dia de seu novo entendimento, sente realmente que é o filho de um rei, com poderes e prerrogativas reais. Une-se, por fim, à plenitude oculta de sua verdadeira natureza *(kaivalya)* e nunca mais será velado pelas grosseiras deformidades que, ao longo de toda sua vida anterior, cobriram sua perfeição suprema.

É evidente a relação que existe entre este exemplo indiano de um princípio espiritual e a moderna ciência psicanalítica do Ocidente. Após a dissipação do fator repressivo (impedimento, fixação), a lembrança é automática. Tendo sido destruído um único erro profundamente enraizado, toda uma série de ignorâncias obscurecedoras também se dissolve e a vida muda. Este despertar transforma completa e imediatamente tanto o aspecto do mundo como a própria face de quem o vê.

No conto que acabamos de relatar não está explícito que o príncipe matou seu pai, mas é notório o paralelo deste relato com a tragédia de Édipo. O conto nos diz que o príncipe oriental foi levado ao exílio porque representava uma ameaça ao trono de seu pai, o que equivale dizer que representava uma ameaça à vida de seu progenitor. Na história da Índia, como em toda parte, a regência de reis despóticos sempre foi posta em perigo pelo nascimento de um filho. Kauṭilya, em seu tratado sobre a ciência política, chamado *Artha-Śāstra*, aborda este risco como um problema típico. No livro I, capítulos XVII e XVIII, discorre exaustivamente acerca das técnicas clássicas para resolvê-lo. Já citamos o caso do filho que matou seu pai escondendo-se embaixo da cama de sua mãe.[30] A história oriental está repleta de dramas familiares desta espécie.

O grande rei Bimbisara, em sua velhice, foi cegado por seu filho Ajātaśatru, que então o aprisionou em uma masmorra para evitar o crime capital de parricídio. E no período muçulmano (segundo um relato de ibn-Baṭṭūṭa), o velho e forte Shāh Ghiyās-ud-dīn Tughlak, ao retornar a Tughlakābād – capital que ele construiu ao sul de Délhi –, onde guardava seu grande tesouro, foi morto pela queda de um teto, traiçoeiramente arquitetada por seu filho, Ulugh Khan, que já antes (durante a expedição a Warangal) havia demonstrado flagrante deslealdade a seu progenitor. Assim, em 1325, Ulugh Khan subiu ao trono de Délhi com o título de Mohammed Tughlak, às custas do assassinato de seu pai.[31] O célebre imperador mogol Shāh Jahān, construtor do Taj Mahal, foi destronado por seu filho Aurangzeb em 1658 e mantido prisioneiro até sua morte em 1666.[32] E sabemos que o rei Aśoka, seguindo o conselho oportuno de seu incomparável ministro Kauṭilya, evitou um perigo similar colocando seu filho Kunāla sob guarda numa fortaleza fronteiriça, onde o jovem príncipe foi cegado. Aparentemente, neste caso em particular – como sem dúvida em muitos outros deste tipo –, a catástrofe foi resultado de uma intriga tecida pela rainha, muito semelhante à descrita na clássica lenda de Fedra e Hipólito. O jovem havia rejeitado o amor de sua madrasta, o que provavelmente teria provocado o assassinato de seu pai e a possibilidade de sua própria ascenção ao trono acompanhado dela como consorte. Então, quando jogado numa cela, a rainha deu ao guarda uma ordem dúbia que foi interpretada como um mandato para privar o jovem prisioneiro de sua visão.[33]

O que a ciência da psicanálise trata como modelo básico da relação ambivalente pai-filho, mais ou menos relegada ao inconsciente embora possível de ser descoberta nos sonhos e em outras manifestações espontâneas, tem sido, no decorrer das idades, um modelo quase permanente na vida dos reis. Encontramos muitos exemplos disto na mitologia grega, que é um reflexo da história primitiva, pré-ariana, das dinastias pelasgas, e também na história romana, como a vemos nos volumes de Tácito, Suetônio e Gibbon. Zeus renunciou à deusa Tétis quando percebeu que um filho dela iria eliminá-lo, tal como ele já havia eliminado seu próprio pai, Cronos; e o ancião rei de Argos, Acrísio, confinou sua filha Danae numa torre quando um oráculo declarou que o filho dela (ainda não concebido) haveria de matá-lo.

O tema é básico e conhecido por toda a humanidade e foi usado pelos filósofos, praticamente do mundo inteiro, como uma imagem notável do indivíduo que toma consciência de seus direitos. O pai físico e a esfera de sua herança (ou seja, todo o domínio dos sentidos físicos e órgãos da razão, bem como os costumes herdados e os preconceitos da própria raça) devem ser deixados de lado antes de entrar em plena posse do próprio eu intrínseco. Na parábola do filho do rei, como na do filhote de tigre entre as cabras, esta metáfora aparece suavizada, mas ao mesmo tempo resulta ainda mais vívida porque a imagem da vida que deve ser transcendida é a do pai adotivo, ao passo que as naturezas do rei e do tigre são os símbolos da realidade que deve ser assumida. Esta é uma transferência comum e um melhoramento da metáfora tradicional.[34] O significado simbólico é que para se tornar integrado, isolado, realizado e totalmente maduro *(kevala)*, o candidato à sabedoria tem de quebrar o feitiço de tudo quanto sua mente e sentimentos imaginaram, sempre, como próprio dele.

Porque a tarefa única e verdadeira da filosofia – segundo o pensamento indiano e certos filósofos clássicos, como Platão – transcende o poder e a função da razão. O acesso à verdade demanda uma passagem para além do âmbito do pensamento ordenado. E, justamente por isso, o ensinamento da verdade transcendente não pode ser transmitido mediante a lógica, mas somente por meio de fecundos paradoxos, símbolos e imagens. Ali onde um cuidadoso pensador racional, após ter avançado a passos lentos, seria forçado a parar (sem alento, por assim dizer, nos confins da estratosfera, arquejante por falta de oxigênio, desmaiando com dificuldades pulmonares e cardíacas), a mente ainda pode continuar. A mente pode elevar-se e entrar na esfera sublime mediante as asas dos símbolos que representam a Verdade-além-dos-pares-de-opostos, escapando, por meio dessas asas, da armadilha criada pelo princípio fundamental da lógica humana vulgar, o princípio elementar da incompatibilidade dos opostos. Porque o "transcendente" significa o ato de transcender (entre outras coisas) as leis básicas, lógicas e limitadoras que regem a mente humana.

Um princípio é "transcendente" quando compreende de maneira efetiva a identidade dos elementos, aparentemente incompatíveis, representando uma união de coisas que num plano lógico se excluem entre si. A verdade transcendente engloba uma "coincidência de opostos" *(coincidentia oppositorum)* sempre recorrentes, caracterizando-se, deste modo, por um contínuo processo dialético. A identidade secreta dos incompatíveis se manifesta ironicamente na transformação constante das coisas em suas antíteses: o antagonismo não é mais que o véu de uma identidade oculta. Por trás do véu, as forças em choque estão harmonizadas, o dinamismo cósmico está inativo e o paradoxo da união de caracteres e forças contrárias realiza-se *in totum*; pois lá, onde o Um e o Múltiplo são idênticos, é possível conhecer o Ser eterno, que ao mesmo tempo é fonte e força da abundante diversidade do perpétuo devir do mundo.

Embora receba o nome de Ser *(sat)* verdadeiro e único, este transcendente também é conhecido como não Ser *(asat)*, porque é o inefável ponto "de onde as palavras voltam, junto com a mente, sem haverem alcançado [seu objetivo]"[35], como pássaros que são obrigados a regressar quando voam desejando atingir o Sol. Mas, por outro lado: "Aquele que conhece a glória de *Brahman* não teme absolutamente nada. Em verdade, não é atormentado por pensamentos como este: 'Por que não agi bem? Por que agi mal?' Quem conhece isto se desembaraça destas duas questões e assegura o Eu para si mesmo, liberando-o".[36]

5. Psicologia Sāṁkhya

Na forma dos sistemas Sāṁkhya e Yoga, a filosofia e a cosmologia pré-ária, dualista e realista das mônadas vitais *versus* matéria vital do Universo, tornaram-se aceitáveis, finalmente, pela ortodoxia bramânica e até mesmo vieram a constituir uma das partes mais importantes da abrangente e clássica tradição filosófica hindu. Apesar disso, Kapila, o mítico fundador da doutrina Sāṁkhya, foi primeiramente considerado heterodoxo, e nenhum nome de mestres brâmanes da linha védica aparece entre os primitivos expositores do Sāṁkhya e do Yoga. Com efeito, a incompatibilidade básica do idealismo não dual do Vedānta com o realismo dualista e pluralista do Sāṁkhya e do Yoga ainda pode ser sentida mesmo na *Bhagavadgītā*; entretanto, devemos ter presente que uma das principais características desta obra monumental de síntese é o fato de empregar, lado a lado, as linguagens das duas tradições contrárias para assinalar que não são intrinsecamente discordantes. No século 15, no *Vedāntasāra*[37], e novamente no século 16, nos escritos de Vijñānabhikṣu[38], ambas as filosofias são apresentadas simultaneamente, conforme a teoria de que revelam a verdade única sob dois pontos de vista.

Na verdade, os protagonistas das duas escolas colaboraram na Índia durante séculos, emprestando-se mutuamente conceitos importantes com o propósito de expor os mistérios do caminho que leva a seu objetivo comum: o *mokṣa*.[39]

É pouco provável que os mestres da tradição ortodoxa bramânica houvessem aceito e assimilado os ensinamentos da doutrina não védica, aborígine, se o Sāṁkhya e o Yoga não tivessem previamente espiritualizado o conceito da relação que existe entre a matéria vital e as mônadas vitais. O jainismo, como vimos, conceituava a interação dos dois princípios como se fosse uma modalidade de química sutil, um processo material de penetração e difusão que tinge o cristal da mônada vital, contaminando-a pela substância cármica. Entretanto, nos *Yoga-Sūtra* não é descrito nenhum processo concreto deste tipo; aqui, fala-se de uma espécie de efeito ótico – uma ilusão psicológica – que faz parecer que a mônada vital está cativa, apanhada nas redes cármicas, presa nas atividades incessantes dos vários aspectos da matéria (os *guṇa*)[40], quando, em verdade, é sempre livre. A escravidão é apenas uma ilusão, na qual nossas mentes limitadas e limitantes se entretêm refletindo acerca da condição de nosso Eu transcendente, imutável e imaculado.

Todavia, o Sāṁkhya e o Yoga, em contraste com a concepção bramânica ortodoxa, consideravam que a atividade dos *guṇa* não é menos real nem menos autossuficiente que o repouso transcendente da mônada vital. A matéria (*prakṛti*, composta dos *guṇa*) oculta *realmente* a mônada vital; não é uma simples sobreposição ilusória e enganosa. As atividades dos *guṇa* são transitórias no que concerne a seus detalhes mutáveis, mas permanentes no que tange a seu contínuo fluir. Contudo, na esfera de cada indivíduo, os efeitos dos *guṇa* podem alcançar um estado de "cessação" (*nirodha*): devido a uma espécie de ajuste ótico, é possível compreender que a mônada vital está muito longe de tudo o que parece entrar nela dando-lhe cor porque, embora a matéria e suas atividades (*prakṛti* e os *guṇa*) sejam reais, o envolvimento da mônada vital (*puruṣa*) nelas é ilusório, como a presença de um homem dentro da moldura e da matéria de um espelho. O *puruṣa* está separado do jogo mutável dos *guṇa* por um abismo que não pode ser transposto pois ambos são heterogêneos, não obstante serem – tanto o *puruṣa* quanto os *guṇa* – igualmente reais. Esta teoria difere de modo substancial do não dualismo da concepção vedantina[41].

O Yoga pode ser definido como uma disciplina destinada a proporcionar uma experiência do distanciamento e isolamento soberanos do núcleo suprapessoal de nosso ser, aquietando as atividades espontâneas da matéria que, na forma de uma casca corpórea e psíquica, normalmente envolve a mônada vital. O Yoga baseia-se numa doutrina de funcionalidade psicológica, e o demonstra. Cria e a seguir transcende e dissolve os vários planos ou mundos de experiência, e assim torna conhecida a relatividade de todos os estados da realidade; pois quando se vê que o mundo íntimo é somente uma função dos órgãos psíquicos internos, então o universo externo, visível e tangível, pode ser entendido, por analogia, como apenas uma consequência de uma operação exterior das energias dos órgãos externos. Permitindo que as energias fluam por tais órgãos, e logo recolhendo essas mesmas energias em esferas interiores não menos imediatas e "reais", o mundo externo é experimentado como algo que pode ser contactado à vontade e, portanto, reconstruído ou derrubado pelo esforço iogue, capaz até mesmo de dissolvê-lo. Tudo depende de as faculdades sensoriais serem dirigidas rumo a seus usuais "planos de projeção" *(āyatana)* ou serem deles retiradas.

Para controlar e experimentar esta funcionalidade, o pré-requisito necessário é uma independência soberana de todos os pares de opostos *(dvandva)* que, vindos de fora, atacam e reduzem o homem. Somente um iogue completo, no perfeito domínio do seu próprio microcosmo, pode diluir as entidades pertencentes ao reino macrocósmico do nome e da forma, e fazê-las reaparecer segundo sua vontade. Porque a mente humana, com seus conteúdos e sua sabedoria, está condicionada, em cada caso específico, pelo equilíbrio peculiar dos *guṇa* agindo interiormente no caráter e nas disposições do indivíduo. Suas ideias, crenças e intuições, e até mesmo as coisas que vê ao seu redor, são, em última instância, apenas funções ou reflexos de sua maneira particular de não-saber-melhor. Esta *avidyā* é a rede na qual está preso e que o sustenta como personalidade. Inclusive suas experiências além-túmulo serão determinadas por esta limitação que, intangivelmente, restringe e acorrenta seu ser.[42]

De acordo com a análise da psique elaborada pelo Sāṃkhya e adotada como certa pelas disciplinas do Yoga, o homem é "ativo" *(kartṛ)* por intermédio dos cinco "órgãos de ação", e "receptivo" *(bhoktṛ)* por meio dos cinco "órgãos de percepção". Estes dois conjuntos de cinco órgãos cada um são, respectivamente, os veículos de sua espontaneidade e receptividade. São conhecidos como as "faculdades que agem para fora" *(bāhyendriya)* e funcionam como se fossem muitas entradas ou portas, ao passo que o "intelecto" *(manas)*, o "ego" *(ahaṃkāra)* e o "julgamento" *(buddhi)* atuam como porteiros. Os três últimos, tomados em conjunto, constituem o chamado "órgão interno" *(antaḥkaraṇa)*; são as forças que abrem e fecham as portas, inspecionando, controlando e registrando tudo o que se passa.

O corpo é descrito como uma cidade ou um palácio real onde mora um rei inativo (segundo o costume oriental) em meio às atividades de seus súditos. As faculdades sensoriais externas são comparadas aos líderes que coletam impostos dos chefes de família e entregam o recolhido ao governador local. Este, por sua vez, passa o coletado ao ministro das finanças que, por último, o entrega ao chanceler do rei. Isto é, as experiências dos sentidos são colhidas e registradas pelo *manas*, apropriadas pelo *ahaṃkāra* e, então, entregues ao "chanceler" *(buddhi)* do rei *(puruṣa)*.

As diferentes faculdades sensoriais são mutuamente antagônicas mas agem em conjunto de modo automático, como a chama, o pavio e o óleo de um candeeiro ao dissiparem a escuridão e iluminarem as formas e cores ao seu redor. Como vimos, as dez "faculdades que agem para fora" *(bāhyendriya)* estão classificadas em dois grupos: 1. o das cinco "faculdades de receptividade e apreensão" *(jñānendriya)* que são a visão, a audição, o olfato, o paladar e o tato; e 2. o das cinco "faculdades de espontaneidade ou ação": fala, ato de segurar, locomoção, evacuação e procriação.[43] As atividades em si mesmas são de matéria sutil, mas os órgãos nos quais estão sediadas são de matéria densa; as faculdades (ao contrário dos órgãos) não são perceptíveis, mas inferidas a partir de suas atividades. O *guṇa rajas* prevalece nas de ação; já nas de percepção predomina o *guṇa sattva*.

Uma vez que o "intelecto" *(manas)* coopera diretamente com as dez faculdades, ele é considerado como a décima primeira e é chamado "sentido interno" *(antarindriya)*. Como dissemos, é comparável ao governador local que coleta as experiências dos sentidos externos e as apresenta ao ministro das finanças (*ahaṁkāra*, a função do ego), de onde vão ao chanceler (*buddhi*, a faculdade de julgamento). *Manas*, *ahaṁkāra* e *buddhi*, juntos, constituem o "órgão interno" *(antaḥkaraṇa)*, que se diz ser de "tamanho médio" *(madhyamaparimāṇa)*, nem pequeno nem grande. E, deste órgão tríplice, procedem as atividades dos "alentos vitais" conhecidos mediante as cinco manifestações seguintes:[44] 1. *prāṇa*, o "alento que vai para diante", ou o ar exalado que penetra todo o organismo da ponta do dedo grande do pé, passando pelo umbigo e coração, até a ponta do nariz; 2. *apāna*, o "alento oposto ou que vai para baixo", o ar inspirado que prevalece na garganta, na região dorsal, intestinos, nos órgãos sexuais e nas pernas; 3. *samāna*, o "alento igualador" que digere e assimila, centralizado nos órgãos digestivos, no coração, no umbigo e em todas as articulações; 4. *udāna*, o "alento ascendente", que está no coração, na garganta, no palato, no crânio e entre as sobrancelhas; e 5. *vyāna*, o "alento penetrante" que atua na circulação, na respiração e na distribuição das seivas vitais e está disseminado por todo o organismo. Estes cinco *prāṇa* constituem e mantêm o sistema corpóreo, mas somente o fazem em virtude da presença soberana do *puruṣa*.

O *ahaṁkāra*, a função do ego, faz-nos acreditar que agimos, sofremos, etc., porém, na verdade, nosso ser real, o *puruṣa*, carece de tais modificações. O *ahaṁkāra* é o centro e a primigênia força geratriz da "ilusão" *(abhimāna)*. O *ahaṁkāra* é o conceito errado, o convencimento, a suposição ou a crença que reporta todos os objetos e atos da consciência a um "eu" *(aham)*. O *ahaṁkāra* – a criação *(kāra)* da expressão "eu" *(aham)* – acompanha todos os processos psíquicos, produzindo a ideia errônea de que "eu ouço, eu vejo, eu sou rico e poderoso, eu desfruto, eu vou sofrer", etc. É, portanto, a causa primeira do crítico "conceito errado" que persegue todas as experiências fenomênicas, ou seja, a ideia de que a mônada vital *(puruṣa)* está implicada e até identificada com os processos da matéria vivente *(prakṛti)*. Estamos continuamente nos apropriando, devido ao *ahaṁkāra*, de tudo o que se passa nos domínios do físico e do psíquico, sobrepondo sempre a falsa noção (e aparente experiência) de um sujeito (um "eu") a todos os feitos e vicissitudes. O *ahaṁkāra* se caracteriza pelo predomínio do *guṇa rajas*, visto que seu principal interesse se radica na ação.

Por outro lado, a *buddhi* é predominantemente "sáttvica" (nela prevalece o *guṇa sattva*), pois é a faculdade da tomada de consciência. *Buddhi* recebe o nome *mahān*, "o grande princípio ou substância primária", e também *mahānt*, "o Grande". A raiz verbal *budh-* significa "acordar, sair do sono, cair em si ou recobrar a consciência; perceber, notar, reconhecer, observar; conhecer, entender ou compreender; julgar, considerar; reputar, estimar; pensar, refletir". Então, o gerúndio *buddhi* significa "retornando à consciência, recobrando-se de um desmaio", e também "perspicácia, presença de espírito, intenção, propósito, projeto; percepção, compreensão; impressão; crença, ideia, sentimento, opinião; intelecto, entendimento, inteligência, talento; informação, conhecimento; discriminação, juízo e discernimento".

Conforme a doutrina do Sāṁkhya, *buddhi* é a faculdade do que se conhece sob o nome de *adhyavasāya*, isto é, "determinação, resolução, esforço mental; consciência, sentimento, opinião, crença, conhecimento, discriminação e decisão". Todos estes processos espirituais têm lugar dentro do homem, mas não estão à sua disposição segundo sua vontade consciente. Não somos livres para sentir, conhecer e pensar precisamente como queremos. Isto significa que a *buddhi* precede o *ahaṁkāra* tanto em hierarquia quanto em poder. As formas de julgamento e de experiência, conforme as quais reagimos às impressões, controlam-nos mais do que nós as controlamos; não estamos em condições de tomá-las ou deixá-las. Aparecem de dentro, como manifestações da substância sutil de nosso próprio caráter; são o que constituem esse caráter. Assim sendo, ainda quando ao tomar uma decisão acreditemos que somos livres e que agimos segundo nossa própria razão, na realidade estamos seguindo *buddhi*, nossa natureza "inconsciente".

Buddhi compreende a totalidade de nossas possibilidades intelectuais e emocionais, que se conservam distantes como se estivessem na base da função de nosso ego. Constituem a natureza total que continuamente se faz consciente (isto é, manifesta-se a nosso ego) por intermédio de todos os atos designados pelo termo *buddhi*. Como um grande reservatório das matérias-primas permanentes de nossa natureza que, sem cessar, apresentam-se à consciência e à função do ego desde o interior, *buddhi* é múltipla em seus produtos e expressões, maravilhosa em sua universalidade; por isso é chamada "o Grande", *mahānt*. Além do mais, os sinônimos dados a *buddhi* na literatura popular tornam clara a amplitude de sua abundância suprapessoal, pois expressam os vários aspectos sob os quais se manifesta. *Buddhi* é popularmente conhecida como *manas*[45]: "mente, entendimento, inteligência, percepção e cognição"; e também como *mati*: "conhecimento, decisão, resolução, determinação; intenção, propósito, projeto; estima, consideração; conselho; recordação, lembrança". Dentro deste grande depósito de nossas potencialidades psíquicas estão reunidas, lado a lado, nossas faculdades emocionais, intelectuais, volitivas e intuitivas. Daí "o Grande" *(mahānt)* também ser conhecido como *prajñā*, "sabedoria, discernimento"; *dhī*, "intuição, visualização, imaginação, fantasia"; *khyāti*, "conhecimento, o poder de distinguir os objetos pelos seus nomes apropriados"; *smṛti*, "recordação, memória"; e *prajñānasantati*, "a continuidade do saber". *Buddhi* faz com que o inconsciente se manifeste, e para isso utiliza toda classe de processo psíquico analítico e criador, processos estes ativados desde o interior. Por esta razão nos tornamos conscientes da totalidade de nossa própria natureza unicamente *a posteriori*, por meio de suas manifestações e reações em forma de sentimentos, recordações, intuições, ideias, e das escolhas que fazemos pelo intelecto ou pela vontade.

Outro sinônimo comum de *buddhi* é *citta*. *Citta*, o particípio do verbo *cint-/cit-*, "pensar", denota todo o experimentado e desempenhado por meio da mente. *Citta* compreende: 1. observar; 2. pensar; e 3. desejar ou intentar; ou seja, tanto as funções da faculdade do raciocínio como as do coração. De fato, amiúde as duas faculdades funcionam como se fossem uma, estreitamente vinculadas à substância anímica de nossa natureza. Entretanto, quando o pensamento surge na mente, é dirigido e colorido por nossas tendências e inclinações emocionais, e isto acontece a tal ponto que se faz necessária uma grande disciplina de concentração e crítica para aprender a separar o raciocínio (por exemplo, na ciência) dos movimentos do coração.

Buddhi é composta dos três *guṇa*, mas por meio da prática iogue é possível fazer com que o *guṇa sattva* prevaleça.[46] O treinamento purifica *buddhi* de sua herança original de *tamas* e *rajas*. Com a remoção do primeiro, dissipa-se a escuridão e a matéria sutil de *buddhi* torna-se translúcida como as águas de um lago de montanha. Com a remoção do segundo, cessa a agitação, e o vaivém da superfície inquieta se acalma, de modo que as águas, já clarificadas, tornam-se um espelho invariável. *Buddhi*, então, revela o *puruṣa* em sua serena despreocupação, indiferente à esfera ativa e ondulante de *prakṛti*.

Buddhi contém e é, ao mesmo tempo, a espontaneidade de nossa natureza; as outras faculdades *(ahaṁkāra, manas* e os dez *indriya)* são "como abelhas que seguem o conselho de seus reis[47]". Ainda assim, tudo indica que a influência corre em sentido contrário: os sentidos externos entram em contato com seu ambiente; suas experiências são assimiladas pelo *manas*; o produto do *manas* é posto em relação com nossa individualidade pelo *ahaṁkāra*; então *buddhi* decide o que deve ser feito. Desta forma a primazia da *buddhi* fica de todo eclipsada. O único meio para que o véu se torne transparente é dissolver o poder do *rajas* e do *tamas*, porque então os poderes que se espalham no organismo humano são os "supranormais" do "filho do rei", e *buddhi* se revela com sua força inata. Mas antes que se possa obter tal efeito, será mister destruir a conexão aparente da mônada vital com o sofrimento. Como vimos, a ilusão da conexão é provocada pela ausência de discriminação, pelo não reconhecimento da diferença existente entre *puruṣa* e *prakṛti* – particularmente entre *puruṣa* e o mais sutil dos produtos de *prakṛti*, o órgão interno e as dez faculdades dos sentidos. Uma vez que esta falta de "conhecimento discriminativo" *(viveka)* é a causa, torna-se evidente que a obtenção deste conhecimento representará o fim da experiência de sofrimento. O *viveka* possibilita que o indivíduo distinga entre seu próprio princípio vital e a matéria indiferente que flui ao seu redor.

De mais a mais, a matéria deixa de ser ativa no momento em que o indivíduo se identifica com o *puruṣa*; portanto, a *prakṛti* em ação mediante os *guṇa* é comparável à bailarina de um harém, que deixa de dançar no momento em que o espectador perde o interesse. Ela se retira da presença do rei quando este se cansa de sua exibição dos prazeres e dores do mundo. Agindo por intermédio dos *guṇa*, *prakṛti* mostra as maravilhas que conhecemos e amamos ou padecemos; contudo, o olho que dá energia ao espetáculo é o olho do *puruṣa*, que a tudo ilumina, e, no preciso instante em que retoma a si mesmo, o espetáculo do mundo desaparece.

Em virtude de a matéria sutil do órgão interno assumir todas as formas que os sentidos lhe apresentam, os objetos tendem a dar à mente uma forma ou caráter, e a deixar nela uma impressão ou "memória", mais ou menos permanente. Não apenas a forma do próprio objeto permanece como vestígio, mas também os sentimentos e pensamentos associados a ela, bem como a vontade e a determinação de agir que a forma provocou; e estes vestígios podem ser reanimados posteriormente pelo impacto de algo novo. Desta maneira se produzem as lembranças, surgem imagens da memória e se estabelece a continuidade do desejo vital, do temor e das formas de conduta. Isto quer dizer que o processo psicológico é entendido pelo Sāṁkhya e o Yoga como estritamente mecânicos. O tumulto constante da transformação provocado no órgão interno pela percepção, a emoção, o pensamento e a vontade, não difere em sentido específico das mudanças observáveis no mundo externo. Em ambas as esferas as transformações são materiais, processos puramente mecânicos que têm lugar na matéria; a única diferença está em que no mundo externo (que inclui, é óbvio, o corpo do sujeito) a matéria é densa, ao passo que no interno é sutil.

Esta fórmula mecanicista pertence à essência do Sāṁkhya e não só constitui a base de seu sistema psicológico como também dá a chave de sua interpretação sobre o mistério da metempsicose. Dentro do corpo denso, que sofre a dissolução após a morte, cada ser vivo possui um corpo sutil interior, formado pelas faculdades sensoriais, os alentos vitais e o órgão interno. Este é o corpo que perdura de nascimento em nascimento, como base e veículo da personalidade reencarnante.[48] Esta deixa o envoltório do corpo denso no momento da morte e então determina a natureza da nova existência; porque em seu interior ficaram as pegadas – como sulcos ou cicatrizes – de todas as percepções, atos, desejos e movimentos da vontade realizados no passado, de todas as propensões e tendências, da herança de hábitos e inclinações, e a disposição peculiar para reagir deste ou daquele modo, ou mesmo de não reagir.

Os termos técnicos usados para designar estas recordações do passado são *vāsanā* e *saṁskāra*. A primeira destas palavras (da raiz *vas*, "morar em, habitar") pode ser usada com referência ao odor que persiste numa roupa que foi perfumada com um vapor fragrante. Uma vasilha de barro cru conserva o aroma da primeira coisa que conteve, e da mesma forma o corpo sutil está impregnado pelas *vāsanā* (fragrâncias, perfumes e resíduos sutis) de todo seu *karman* anterior. Estes *vāsanā* tendem a causar *saṁskāra*, cicatrizes permanentes que acompanham o corpo sutil de vida em vida.

O substantivo *saṁskāra*, que significa "impressão, influência, operação, forma e molde", é um dos termos básicos da filosofia indiana. Deriva da raiz verbal *kṛ-*, "fazer". *Saṁs-kṛ-* significa "aprontar, moldar para algum uso, mudar ou transformar"; a ideia oposta é *pra-kṛ-*. Compare com *prakṛti*: a matéria tal como a encontramos em seu estado virgem ou primitivo. *Prakṛti* é a matéria primordial na qual ainda não teve lugar nenhuma mudança, transformação ou evolução. Inversamente, *saṁs-kṛ-* significa "transformar algo, adornar, agraciar, decorar". A linguagem vernácula do inculto é conhecida como *prakṛta* (em português, "prácrito"), ao passo que *saṁskṛta* (em português, "sânscrito") é o idioma clássico com regras gramaticais fixas e corretas, baseado na tradição sagrada da linguagem sacerdotal dos *Veda*, que, por sua vez, refletia a língua dos deuses e, por conseguinte, era um veículo natural da verdade divina. O verbo *saṁskṛ-* significa "purificar uma pessoa mediante cerimônias das escrituras", isto é, mudá-la de pessoa comum, simples ser humano, em um membro da comunidade mágica e sacramental, despido de suas impurezas atávicas e apto para participar nas cerimônias tradicionais. *Saṁskāra*, portanto, é "purificação, pureza; investidura com o sagrado cordão do duas vezes nascido"[49], ou, em geral, qualquer rito purificador ou cerimônia sagrada; mas também quer dizer "cozinhar, preparar comida (para torná-la mais saborosa e atraente, iluminando sua 'natureza crua' *[prakṛti]* indigesta e pouco convidativa), o polimento de uma pedra ou joia; educação, cultivo, treino, embelezamento, decoração, ornamento, maquiagem". (A falta de maquiagem é permitida nos afazeres domésticos, no trabalho e na labuta rústica, mas não quando se vai visitar pessoas, pois isto indicaria falta de respeito e de autoestima.) Assim, vemos que *saṁskāra* é um termo rico e muito sugestivo. Suas conotações giram em torno do conceito de "aquilo que foi trabalhado, cultivado, configurado". No caso do indivíduo, refere-se à personalidade – com todos os seus enfeites característicos, cicatrizes e artimanhas – que por anos, na verdade por vidas, estão em processo de cozimento.

Se a *prakṛti*, a matéria primitiva, não desenvolvida, fosse abandonada a seu próprio destino, caracterizar-se-ia por um perfeito equilíbrio dos *guṇa*. Neste estado não haveria nenhum tipo de transformação; não haveria nenhum mundo. O *tamas* (peso, indolência, obstrução), o *rajas* (movimento, excitação, dor) e o *sattva* (brilho, iluminação, alegria), então, não interagiriam, ficariam em perfeito equilíbrio e permaneceriam em repouso. Conforme o Sāṁkhya, o mundo não é o resultado do ato de um Criador. Não teve início no tempo. Ao invés disso, é o produto da influência incessante que um número infinito de *puruṣa* individuais têm exercido sobre a *prakṛti*. Os *puruṣa* em si mesmos não são ativos, apenas contemplam, como espectadores, o movimento do qual são a motivação perpétua. Tampouco exercem sua influência por vontade consciente. Sua mera presença incita *prakṛti* a mover-se – como o ímã excita o ferro. "Em virtude de sua proximidade" a mônada vital ilumina o campo e o processo dos *guṇa*. Apenas com seu brilho cria uma espécie de consciência no corpo sutil. "Como o fogo numa bola de ferro incandescente, assim está a consciência na matéria da vida."

Este dualismo é fundamental na doutrina Sāṁkhya. Os dois princípios – *prakṛti* (composta dos *guṇa)* e *puruṣa* (a coletividade de mônadas vitais irradiantes porém inativas) – são considerados eternos e reais, com base no fato de que em todos os atos e teorias do conhecimento existe uma distinção entre sujeito e objeto, e que não é possível nenhuma explicação da experiência sem o reconhecimento de um eu conhecedor e de um objeto conhecido. Aceitando esta dualidade como básica e axiomática, o Sāṁkhya desenvolve uma "exaustiva enumeração analítica" *(parisaṁkhyāna)* dos "princípios ou categorias da natureza" (*tattva*: a qualidade de ser o que é), tal como estes se desenvolvem nas incessantes evoluções e combinações da matéria inerte sob a influência ininterrupta da radiação emanada das mônadas vitais, cuja luz produz a consciência. Em resumo, esta evolução dos *tattva* poderia ser esquematizada conforme o quadro a seguir.

PRAKṚTI
(matéria primordial indiferenciada)

↓

Buddhi /Mahānt
(a potencialidade suprapessoal das experiências)

↓

Ahaṁkāra
(a função do ego: que se apropria dos dados da consciência e erroneamente os atribui à *puruṣa*)

↓

os cinco *karmendriya* (as faculdades de ação)	*manas* (a faculdade de pensamento)	os cinco *jñānendriya* (as faculdades dos sentidos)	os cinco *tanmātra*[50] (os elementos sutis, primários, compreendidos como as contrapartes internas e sutis das cinco experiências sensoriais, a saber: som, tato, cor e forma, sabor e dor: *sábda, sparśa, rūpa, rasa, gandha*)

↓

paramāṇu
(átomos sutis: dos quais temos consciência nas experiências do corpo sutil)

↓

sthūlabhūta
(os cinco elementos densos: éter, ar, fogo, água e terra, que constituem o corpo denso e o mundo visível e tangível, dos quais temos conhecimento pelas experiências sensoriais)[51]

Os *tattva* emergem gradualmente, um do outro. Este emergir é um processo natural de desdobramento ou evolução do estado "normal" de consciência desperta, a partir do estado primordial, indiferenciado e latente da *prakṛti*. Mediante o *yoga*, as transformações ou *tattva* voltam a se dissolver e este movimento inverso representa um processo de involução. O processo anterior, isto é, o da evolução dos *tattva* a partir do sutil *(sūkṣma)* para o denso *(sthūla)*, está caracterizado por um aumento contínuo do *guṇa tamas*, ao passo que, com o processo inverso, o *guṇa sattva* volta a prevalecer. No entanto, o *puruṣa*, a mônada vital, não tem nenhum envolvimento nos processos, não importa qual deles e quão refinado seja o estado alcançado pelo *guṇa sattva*. O *puruṣa* está absolutamente além do sistema dos *guṇa*, quer seja evolutivo ou involutivo. Autoluminoso e autoexistente, majestoso, ele nunca muda, enquanto *prakṛti* continuará mudando sempre.

O *puruṣa* é definido como "espírito puro" *(caitanya)*, como evidência do fato de que é não matéria; contudo, está muito longe de qualquer conceito ocidental de espiritualidade porque, segundo o Sāṁkhya, todas as condições daquilo a que chamamos "alma" são os efeitos do reino da matéria sutil, que ocorrem no corpo sutil; e tal corpo não deve ser, de maneira alguma, identificado com a mônada vital. Sobre a mônada vital nada pode ser dito (além da declaração de que ela é), exceto em termos negativos: não tem atributos, qualidades, partes, movimento; é imperecível, inativa e impassível; não é afetada por dores nem por prazeres, carece de emoções e sentimentos, é completamente indiferente às sensações. Está fora das categorias do mundo. O *puruṣa* é comparável a um vidente no momento em que nada vê, ou a um espelho que nada reflete. Coisa nenhuma chega à sua esfera, salvo ele próprio, ainda que todas as coisas exteriores a ele sejam iluminadas, ativadas e adquiram consciência graças a seu brilho puro, impassível e verdadeiro.

Quando se alcança o conhecimento perfeito do *puruṣa*, não se abandona imediatamente o corpo denso e o sutil; a vida continua durante um tempo considerável. Assim como a roda do oleiro segue girando depois de feito o jarro, em consequência dos impulsos iniciais, da mesma forma o corpo do *kevalin* continua com todos os seus processos naturais – densos e sutis – mesmo quando o próprio Conhecedor, muito acima deles, está simplesmente contemplando com sublime indiferença; porque a vida atual é o resultado de ações anteriores, é o fruto de sementes plantadas antes de atingir a emancipação e devem amadurecer até a plenitude de seus dias. Por outro lado, a força germinativa de todas as sementes que ainda não brotaram é detida e consumida. O Conhecedor sabe que não pode haver vida ou vidas futuras para ele, porque retirou seus impulsos do processo. O processo vai se esgotando pouco a pouco. Daqui em diante, ele simplesmente suporta os acontecimentos de sua existência sem se comprometer com nada novo, até o momento em que – quando a força das ações que frutificam se extingue – a morte o leva sem possibilidade de retorno. O corpo denso se dissolve. O sutil também. O órgão interno, com seus *saṁskāra*, que continuavam de nascimento em nascimento, não mais existe. Os *guṇa* são libertados de sua agitação neste turbilhão, e dissolvem-se as perturbações desse indivíduo.

Mas a mônada vital continua existindo, exatamente como o indivíduo segue existindo quando seu reflexo desapareceu de um espelho estilhaçado. A autoconsciência já não existe, porque falta a base material necessária para que se possam efetivar os processos do conhecimento, do sentimento e da experiência, mas a mônada vital persiste como uma entidade individual em si, para si e por si mesma. Sem o aparato do corpo denso e do sutil, o *puruṣa* está completamente isolado da esfera dos *guṇa*; nada pode alcançá-lo, é inatingível, está absolutamente afastado.

Este é o verdadeiro "isolamento".

Agora resulta evidente o paralelo entre o Sāṁkhya, o jainismo e os ensinamentos *ājīvika*, bem como seu contraste com o Vedānta. Tudo indica que a ideia de uma pluralidade de mônadas vitais pertence a uma antiga filosofia pré-ária, nativa da Índia; assim também a teoria de que a esfera da matéria *(prakṛti)* é em si mesma substancial e não um mero reflexo, uma miragem ou um ardil de *māyā*[52]. No entanto, há um aspecto no ensinamento do Sāṁkhya que parece diferir da noção de liberação, tanto jaina quanto vedantina; porque em seu estado final, separado dos instrumentos da consciência, o *puruṣa* está em eterna *inconsciência*. No transcurso da vida, este estado foi atingido, temporariamente, durante o sono profundo, sem sonhos, nos desmaios e no estado de perfeita abstração, que se obtém mediante uma prática iogue disciplinada. Mas este não é o estado descrito pelo onisciente *Tīrthaṁkara* jaina. Ao contrário, o Vedānta, precisamente para acentuar a ideia de que o estado perfeito é aquele de pura *consciência*, fala de um estágio ou esfera que está além daqueles do corpo denso (consciência vigílica), do corpo sutil (consciência onírica) e do corpo causal (sono profundo), que recebe o nome de estado "quarto" *(turīya)*[53]. Com esta intuição vedantina e bramânica, o isolamento *psicológico* na inconsciência – afirmado pelo Sāṁkhya e o Yoga – torna-se tão arcaico quanto o isolamento *físico* dos *Tīrthaṁkara* jainas.

A contribuição mais importante do Sāṁkhya e do Yoga à filosofia hindu reside em sua interpretação estritamente psicológica da existência. Suas análises do micro e macrocosmo, bem como de toda a série de problemas humanos, são apresentadas em termos de uma espécie de funcionalidade psicológica protocientífica que é comparável, em sua meticulosidade e positivismo moderado, à teoria e ao sistema da evolução biológica que abordamos na exposição acerca do jainismo e Gosāla. Neste caso, a imagem mítica primitiva do surgimento de um universo das águas cósmicas e do ovo cósmico ganha um novo sentido ao ser reinterpretado como sendo as etapas da consciência humana, factíveis de serem observadas nas experiências subjetivas do *yoga*. A partir do estado primordial da autoabsorção ou involução, que praticamente equivale à quietude e se assemelha ao não ser, desenvolve-se um estado de consciência interior intuitiva *(buddhi)* que antecede à noção de "eu" *(ahaṁkāra)*, o qual constitui a próxima transformação; e, por meio do intelecto *(manas)*, a consciência passa a experimentar (e a agir sobre) o mundo externo por meio dos sentidos externos. Assim está completo o processo cosmológico tendo em vista a experiência psicológica, como o desdobramento de um ambiente percebido a partir de um centro íntimo que tudo percebe. O mito ingênuo ganha de imediato uma estrutura significativa: o mundo é entendido como um desdobramento a partir de um estado latente de absorção interior; com isto, a introspecção torna-se a chave do enigma da esfinge. Finalmente, deve-se observar que as quatro características seguintes do Sāṁkhya aparecem também no budismo: afirmação de que toda vida é necessariamente sofrimento, indiferença ao teísmo e ao ritualismo dos sacrifícios védicos, oposição declarada às extravagâncias ascéticas (como, por exemplo, as do jainismo), e a crença no *pariṇāmanityatva*, "o devir constante do mundo".[54]

NOTAS

1. *Bhagavadgītā* 5. 4, 5.
2. *Mahābhārata* 3. 107.
3. Cf. supra, p. 104.
4. Cf. Richard Garbe, *Die Sāṁkhya-Philosophie*, 2ª edição, Leipzig, 1917, p. 83, 84 e 95-100.
5. Patañjali, *Yoga-Sūtra* 1.1, 2.
6. O caráter multiforme, em movimento constante, da mente tal como a descrevem o Sāṁkhya e o Yoga é comparável à ideia de Swedenborg de que "os receptáculos são imagens", isto é, que os órgãos receptores assumem, no plano espiritual, a forma e a natureza de qualquer objeto que recebam ou contenham. (Cf. Swedenborg, *Divine Love and Wisdom*, § 288).
7. Cf. supra, p. 168-170 e 180-182.
8. Patañjali, *Yoga-Sūtra* 1. 6.
9. *Ib.* 1. 7.
10. Este resumo sobre as atividades espontâneas da mente está baseado em Vijñānabhiksu, *Yogasārasaṅgraha*. Vijñānabhiksu viveu na segunda metade do século 16 d.C. Além de escrever o *Yogasārasaṅgraha* (Sumário da essência do Yoga) e um comentário sobre os *Yoga-Sūtra*, chamado *Yoga-vārttika*, condensou a doutrina do Sāṁkhya em seu *Sāṁkhyasāra* e compôs uma interpretação dos *Sāṁkhya-Sūtra*, seguindo a linha do Vedānta e do bramanismo popular em seu *Sāṁkhyapravacana-bhāṣya*. Segundo a visão de Vijñānabhikṣu, todos os sistemas ortodoxos da filosofia indiana (sendo o Sāṁkhya e o Yoga dois deles) contêm a verdade suprema, ainda que conduzam a ela por diversos – e aparentemente antagônicos – pontos de partida.
11. *Yoga-Sūtra* 3. 51.
12. *Yoga-Sūtra* 3. 51, Comentário. (Baseado na tradução de James Houghton Woods, *The Yoga-System of Patañjali*, Harvard Oriental Series, vol. XVII, Cambridge, Mass., 1927, p. 285, 286).
13. *Yoga-Sūtra* 3. 55.
14. *Sattva*, *rajas* e *tamas* são os três *guṇa* ou "qualidades da matéria" (cf. supra, p. 169 e infra, p. 216, 217). Uma vez que a substância pensante é material, está composta dos *guṇa*. A meta do Yoga é purgá-la de *rajas* e *tamas*, de modo que apenas *sattva* permaneça. Este é claro e sem agitação, e por isso reflete o *puruṣa* sem distorções. Quando o *puruṣa* é assim refletido, resta apenas um ato para obter a liberação: o reconhecimento de que o reflexo não é o *puruṣa*.
15. Ou seja, percebe-se que o reflexo do *puruṣa* na esfera da matéria não é o próprio *puruṣa*. Esta compreensão é comparável ao reconhecimento de que estivemos identificados com

nosso próprio reflexo num espelho. Consequentemente, nos liberamos de ser absorvidos no contexto do espelho.

16. *Yoga-Sūtra* 3. 55, Comentário. Woods, *op. cit.*, p. 295.

17. Supra, p. 169.

18. Compare com as palavras portuguesas "pre*sente*, au*sente*" *(sant)*, e também "*ess*ência, *ess*encial" *(as-)*.

19. O outono hindu, neste sentido, é comparável ao verão da Nova Inglaterra e de Nova York.

20. Cf. p. 193-195.

21. *Yoga-Sūtra* 2. 9, Comentário. Woods, *op. cit.*, p. 117.

22. Cf. *ib.*, p. 118.

23. *Śatapatha-Brāhmaṇa* 2. 2. 4; 6. 1. 1-9; 11. 5. 8. 1. Compare com a *Bṛhadāraṇyaka--Upaniṣad* 1. 2. 1-7 e 1. 4. 1-5.

24. Cf. supra, p. 216, e notas 16 e 17.

25. Cf. supra, p. 169, 170.

26. *Sāṁkhya-Sūtra* 4. 1.

27. Compare com a versão espanhola, do século 17, de Calderón de la Barca sobre a história do filho do rei, em sua célebre peça *La vida es sueño*.

28. *Vajracchedikā* 19. Cf. infra, p. 383.

29. Cf. supra, p. 22, 23.

30. Supra, p. 100.

31. Cf. supra, p. 91 (ibn-Baṭṭūṭa, vol. III, p. 212, 213).

32. *Encyclopaedia of Islam*, 1934, vol. IV, p. 257.

33. *Aśokāvadāna* 2. 3. 1. (Traduzido por J. Przyluski, *La légende de l'empereur Açoka dans les textes indiens et chinois*, Annales du Musée Guimet, Bibliothèque d'études, tomo 32, Paris, 1923, p. 281 e segs.) Cf. também Vincent A. Smith, *Aśoka, The Buddhist Emperor of India*, Oxford, 1901, p. 188, 189.

34. Podemos encontrar um grande número de eloquentes exemplos em Otto Rank, *The Myth of the Birth of the Hero*, Nervous and Mental Disease Monograph Series, nº 18, New York, 1914.

35. *Taittirīya-Upaniṣad* 2. 9; cf. Hume, p. 289.

36. *Ib.*, continuação.

37. Cf. supra, p. 52-54; infra, p. 294 e segs.

38. Cf. supra, p. 240, nota 10.

39. O principal elo entre ambas as tradições, pelo menos desde o período das *Upaniṣad* e da *Bhagavadgītā*, tem sido a doutrina de que a autoentrega *(bhakti)* deve ser praticada como passo preliminar ao desapego.

40. Cf. supra, p. 217, 218.

41. Cf. infra, p. 290 e segs.

42. A ideia de Swedenborg acerca da vida e da morte é uma contraparte exata desta teoria cármica do Sāṁkhya e do Yoga.

43. Cf. supra, p. 168, 169.

44. N.B. Estes cinco alentos vitais não são "densos" mas "sutis", e não devem ser confundidos com a respiração do sistema pulmonar.

45. Termo que apropriadamente se refere ao "intelecto", cf. supra, p. 231.

46. Cf. supra, p. 217-223.

47. Segundo o saber indiano acerca das ciências naturais, não há abelha-rainha.

48. Esse corpo sutil reencarnante merece muito mais o nome de "alma" do que "mônada vital", não obstante esta última tenha sido traduzida constantemente por "alma" (por Garbe e outros). Mas "alma" tampouco é muito correto neste caso, porque o material do corpo sutil está essencialmente desprovido de vida e sensibilidade *(jaḍa)*; é antes um corpo do que uma alma. Ao traduzir do sânscrito, é melhor não usar nosso termo animista ocidental.

49. Os membros das três castas superiores são os "duas vezes nascidos". O rito da investidura com o cordão sagrado, que se realiza na puberdade, simboliza a transformação que na tradição cristã está associada à batismal.

50. *Tanmātra*: "meramente *(mātra)* isso *(tan)*", "mera insignificância".

51. A formação dos elementos densos a partir dos sutis é assim descrita: "Dividindo cada elemento sutil em duas partes iguais e subdividindo a primeira metade de cada um em quatro partes iguais, e então acrescentando à metade não subdividida de cada elemento uma subdivisão de cada uma das quatro restantes, cada elemento torna-se cinco em um" (*Pañcadaśi* 1. 27). Estes compostos são o que se conhece como elementos densos, e são denominados segundo prepondere neles a porção de éter, ar, fogo, água ou terra.

ar	éter
fogo	
água	
terra	

éter	ar
fogo	
água	
terra	

éter	fogo
ar	
água	
terra	

éter	água
ar	
fogo	
terra	

éter	terra
ar	
fogo	
água	

Uma vez que o éter é experimentado como som, o ar como algo tangível, o fogo como cor e forma, a água como sabor, e a terra como odor, cada elemento denso (sendo um composto dos cinco) afeta todos os sentidos.

52. Cf. supra, p. 28.

53. Cf. infra, p. 262, 268 e segs.

54. O Sāṁkhya é citado no cânone budista páli, e as lendas budistas mencionam Kapila como um dos predecessores do Buddha. "Existem alguns eremitas e brâmanes que são eternalistas" – lemos no *Brahmajālasuttanta* (*Dīgha-nikāya* 1. 30, 34; traduzido por T. W. Rhys Davis, *Sacred Books of the Buddhists*, vol. II, Oxford, 1899, p. 27-29) – "dedicam-se à lógica e ao raciocínio e afirmam as seguintes conclusões próprias: a alma é eterna; e o mundo, que não origina nada novo, é firme como um pico de montanha, como um pilar solidamente fixado; e as criaturas vivas, embora passem de nascimento em nascimento, abandonem um estado de existência e surjam em outro, ainda assim elas existem para sempre".

CAPÍTULO III

BRAMANISMO

1. Os Veda

A filosofia hindu ortodoxa surgiu da antiga religião ária dos *Veda*. Originalmente, o panteão védico – com sua hoste de deuses – representava o Universo onde se projetavam as experiências e ideias do homem sobre si mesmo. As características humanas de nascimento, crescimento e morte, e o processo de geração, eram projetados sobre o acontecer cósmico. As luzes do céu, os aspectos variados das nuvens e das tempestades, das florestas, das cadeias de montanhas e do curso dos rios, as propriedades do solo e os mistérios do mundo subterrâneo eram entendidos e tratados com referência às vidas e relações dos deuses, os quais, por sua vez, refletiam o mundo humano. Estes deuses eram super-homens dotados de poderes cósmicos, e podiam ser convidados a participar de uma festa por meio de oblações. Eram invocados, adulados, apaziguados e agradados.

Na Grécia, esta antiga etapa da religião védica esteve representada na mitologia da época homérica, que continuou na tragédia do teatro ateniense. Entretanto, com o aparecimento do criticismo filosófico grego, na costa jônica da Ásia Menor, e seu desenvolvimento por filósofos e sofistas, desde Tales até Sócrates (apoiada então pelo avanço das ciências naturais, tendo à frente a astronomia racional, isto é, uma cosmologia baseada nas matemáticas), as projeções antropomórficas primitivas desapareceram da paisagem natural, como acontece com os sonhos ao despertar. O mito já não era aceito como uma interpretação válida dos processos naturais. As características humanas e as biografias dos deuses foram repudiadas e até mesmo satirizadas; a mitologia e a religião arcaicas decaíram; a comunidade brilhante dos Olímpicos desmoronou. E essa decadência foi seguida, pouco tempo depois, pelo colapso das cidades-estados gregas, no período de Alexandre, o Grande.

No círculo dos antigos pensadores hindus não houve tal crepúsculo dos deuses. As deidades guardiãs do mundo não foram depostas, mas incorporadas a uma visão mais ampla e profunda, como reis-títeres dentro do império de um senhor mais poderoso. A Presença Una, experimentada como o Eu *(ātman)*, ou Poder sagrado *(brahman)*, no interior e além do múltiplo, tomou para si mesma toda a carga da libido indiana, absorvendo por completo seu interesse. Esta monarquia espiritual e universal ameaçou seriamente o reino dos deuses, reduzindo muito sua importância e prestígio. Apesar disso, como vice-reis e emissários especiais, transcendentalmente investidos, ou seja, com os poderes e insígnias de seus cargos, as deidades permaneceram em seus altos postos, apenas cumprindo uma nova função. Foram reconhecidas como manifestações do Poder onipresente, o sustentáculo interno, para o qual se voltaram todas as atenções sérias. Esta base universal foi tida como idêntica dentro de todas as coisas – imutável entre formas cambiantes. Permanece suprema no interior das estruturas que se desdobram no universo fenomênico, quer nas esferas densas da experiência humana, quer nas mais rarefeitas do empíreo. Ademais, transcende a todas e está infinitamente além delas. Passo a passo, com o desenvolvimento desse tipo de pensamento bramânico especulativo, o complexo ritual politeísta dos primeiros estágios da tradição védica caiu em desuso e uma forma de adoração, menos elaborada, porém mais íntima e mais profunda, se fez popular.

"*Oṁ*! Era uma vez [um rapaz chamado] Śvetaketu Āruṇeya. Seu Pai lhe disse: 'Vive a vida de um estudante do conhecimento sagrado. Em verdade, meu querido, não há ninguém de nossa família que não tenha sido instruído nos *Veda*, que, por assim dizer, seja um brâmane [apenas] por parentesco'. O jovem, havendo se tornado um discípulo com a idade de doze anos e tendo estudado todos os *Veda*, regressou com a idade de vinte e quatro anos, vaidoso, orgulhoso, acreditando-se erudito.

Então seu pai lhe disse: 'Śvetaketu, meu querido, já que agora estás envaidecido, te acreditas erudito e és orgulhoso; pediste também aquele ensinamento mediante o qual o que não tem sido ouvido chega a ser ouvido, o que não se pensou vem a ser pensado, o que não se entendeu vem a ser entendido?'.

'Imploro, senhor, qual é esse ensinamento?'

'Assim como, meu querido, por um pedaço de argila se pode conhecer tudo o que é feito de argila [a modificação é meramente uma distinção verbal, um nome; a realidade é apenas 'argila'[1]]; tal como, meu querido, por um ornamento de cobre se pode conhecer tudo o que é feito de cobre [a modificação é meramente uma distinção verbal, um nome; a realidade é apenas 'cobre']; tal como, meu querido, por uma tesoura de unhas pode-se conhecer tudo o que é feito de ferro [a modificação é meramente uma distinção verbal, um nome; a realidade é apenas 'ferro']; assim é, meu querido, este ensinamento.'

'Em verdade, aqueles homens dignos não sabiam disso; caso o soubessem, por que não mo teriam contado? Mas tu, senhor, conta-me!'

'Assim seja, meu querido. [...] Traze-me um figo de lá.'

'Aqui está, senhor.'

'Divide-o.'

'Está dividido, senhor.'

'Que vês aí?'

'Estas sementes muito pequenas, senhor.'

'Divide uma delas, por favor.'

'Está dividida, senhor.'

'Que vês aí?'

'Absolutamente nada, senhor.'

Então disse-lhe [o pai]: 'Em verdade, meu querido, esta sutilíssima essência que tu não percebes; em verdade, meu querido, dessa sutilíssima essência é que surge esta grande figueira sagrada. Acredita-me, meu querido – disse ele –, isso que é a essência mais sutil, este mundo inteiro tem isso como seu Eu. Isso é a Realidade. Isso é o *ātman*. Aquilo tu és *(tat tvam asi)*, Śvetaketu'.

'Poderias, senhor, instruir-me ainda mais!'

'Assim seja, meu querido' – disse ele. 'Coloca este sal na água. Pela manhã vem ter comigo.'

Assim o fez.

Então disse-lhe o pai: 'O sal que puseste na água ontem à noite, traze-me aqui, por favor'.

Então ele quis pegá-lo, mas não o encontrou porque estava completamente dissolvido.

'Por favor, sorve a água deste lado' – disse-lhe [o pai]. 'Como está?'

'Salgada.'

'Sorve deste lado' – disse-lhe. 'Como está?'

'Salgada.'

'Deixe-a de lado. Logo, vem ter comigo.'

Ele assim fez, dizendo: 'Ela é sempre a mesma!'.

Então disse-lhe [o pai]: 'Em verdade, na realidade, meu querido, tu não podes perceber o Ser aqui. Em verdade, na realidade, Ele está aqui. Aquilo que é a essência sutilíssima, este mundo inteiro tem Aquilo como seu Eu. Aquilo é a Realidade. Aquilo é *ātman*. Tu, Śvetaketu, és Aquilo'."[2]

Enquanto do ponto de vista dualista do Sāṁkhya e do Yoga, e da concepção materialista das filosofias não árias do jainismo e de Gosāla, o Universo é interpretado a partir dos dois princípios eternos e antagônicos, *puruṣa* e *prakṛti* (ou *jīva* e não *jīva*), de acordo com o não dualismo transcendental da tradição védica todas essas oposições devem ser consideradas como meramente fenomênicas. O pensamento ulterior dos brâmanes não foi desencorajado pela evidente incompatibilidade das funções contraditórias. Ao contrário, reconheceram precisamente neste dilema a chave da natureza e o significado do transcendente e, portanto, do divino.

A instrução que o sábio Āruṇi dá a seu filho demonstra, por analogia, que o princípio supremo transcende a esfera dos "nomes e formas" *(nāmarūpa)*, mas penetra tudo, como o sal. O *Brahman* é tão sutil como o germe da semente dentro do fruto; é inerente a todos os seres como potencialidade da vida que neles se desenrola. Mas, ainda que esta entidade invisível se transforme, ou ao menos pareça fazê-lo, por meio de todas as formas e processos do mundo – como o cobre e a argila se convertem em todos os potes e panelas de cozinha –, apesar disso, estas formas visíveis e tangíveis são "meras transformações" *(vikāra)*; não devemos limitar nossa atenção ao espetáculo de suas configurações. Os nomes e as formas são acidentais e efêmeras; em última análise, "a realidade é apenas 'argila'".

Conforme esta fórmula bramânica, a dialética do Universo é uma manifestação de um princípio transcendente, não dual, além de todo dual, porém imanente, que produz o mundo de nomes e formas *(nāmarūpa)* e o habita como seu princípio animador. O dualismo da *natura naturans (prakṛti)* e a mônada transcendente imaterial *(puruṣa)* ficam deste modo transcendidos.

A principal motivação da filosofia védica, desde o período dos mais remotos hinos filosóficos (preservados nas partes mais recentes do *Ṛg-Veda*), tem sido, sem alterações, a busca de uma unidade básica que fundamente a multiplicidade. O pensamento bramânico esteve centrado, desde o início, no paradoxo do antagonismo simultâneo e da identidade das forças e formas manifestadas no mundo fenomênico, tendo como meta conhecer e controlar efetivamente o poder oculto que precede todas as coisas, que está por trás e no interior de tudo, como sua fonte recôndita. Esta busca ou investigação foi realizada por duas vias principais que chegam, basicamente, ao mesmo ponto. A primeira – respondendo à pergunta "Qual é a essência primordial e única que se diversificou?" – buscava o poder supremo por trás das formas do mundo exterior, enquanto a segunda, dirigindo a atenção para dentro, indagava: "Qual é a fonte de que procedem as forças e órgãos de minha própria vida?" Assim, a autoanálise desenvolveu-se no homem como uma disciplina paralela, correlata, que cooperava na avaliação especulativa das potências e efeitos externos.

Em contraste com seus produtos ou manifestações transitórias, a própria essência micro e macrocósmica foi considerada como inesgotável, imutável e indestrutível, porque era experimentada interiormente como um manancial de poder sagrado. Portanto, conhecê-la, ter acesso a ela pelo conhecimento *(jñāna)*, significava participar efetivamente de sua impassibilidade, beatitude, imortalidade e força ilimitada. Além disso, alcançar tal participação denotava transcender, em alguma medida, a ameaça da morte e das misérias da vida, o que constituía uma preocupação geral, muito séria e premente naqueles tempos antigos de guerra incessante, durante e depois da grande migração das tribos árias no subcontinente da Índia, quando a luta dos caudilhos feudais pela supremacia alcançava seu pleno vigor, e o mundo estava cercado de inimigos e demônios. Desde aqueles remotos dias de conflitos nômades e feudais, a investigação védica sobre o fundamento secreto da diversidade do cosmo desenvolveu-se gradualmente e sem interrupção até que, séculos mais tarde, com as *Upaniṣad*, os raciocínios pictográficos da mitologia e da teologia foram deixados para trás, substituídos pelos conceitos abstratos da metafísica. Porém, do começo ao fim, através de todas as transformações da civilização indiana, a obsessão bramânica – quer na forma relativamente primitiva da magia ariana, quer nos extremos refinamentos do pensamento posterior – continuou sendo a mesma, ou seja, engajada no problema da natureza da força que, em todas as partes e de maneira incessante, apresenta-se ao homem sob novos disfarces.

A tarefa de sondagem deste mistério foi tratada primeiramente com o espírito de uma ciência natural arcaica. Mediante a comparação e a identificação de diversos fenômenos, descobriu-se que estes provinham de uma mesma raiz, mostrando assim que eram basicamente um. O discernimento especulativo, ao penetrar nas constantes metamorfoses, reconheceu o poder onipresente da autotransmutação, denominada *māyā* (da raiz verbal *mā-*, "preparar, formar, construir")[3], e entendida como uma das faculdades características dos deuses e demônios supra e infra-humanos que dirigem o mundo. A função da teologia passou a ser, então, a de identificar e compreender toda a série de máscaras que cada poder divino poderia assumir, rotulando-as de maneira certa com os "nomes" correspondentes. Os nomes foram agrupados em invocações e ladainhas e a função do código sacrificial era a de conjurar as forças nomeadas nas ladainhas por meio de fórmulas apropriadas e, assim, subordiná-las aos projetos da vontade humana.

Um vivo exemplo desta variedade de investigações acha-se na teologia védica de Agni, o deus do fogo. Todo sacrifício védico está concentrado nesta divindade, em cuja boca (o fogo do altar) se vertiam as oferendas. Como mensageiro dos deuses, levava ao céu os sacrifícios em seu rastro de chamas e fumaça, e lá nutria os seres celestiais, como um pássaro a seus filhotes. O fogo em sua forma terrena, como poder que preside a toda lareira e família ariana, era Agni Vaiśvānara, o ser divino "que existe com todos *(viśva)* os homens *(nara)*". No céu, como calor do Sol, era o Agni solar, ao passo que na esfera do mundo intermediário *(antarikṣa)*, onde o fogo habita com as nuvens e aparece como relâmpago, era considerado filho das águas atmosféricas. Aqui na terra havia duas outras formas importantes de Agni: a vinculada à madeira e a associada com o calor da célula viva. O fogo era aceso fazendo girar uma vareta de madeira dura num buraco entalhado em uma tábua de madeira mais macia. A rotação produzia calor e, em seguida, uma faísca. Isto era comparável ao processo de procriação; a vareta que girava e a tábua eram os pais do fogo, respectivamente o homem e a mulher; portanto, Agni era filho da madeira. Todavia, como a madeira cresce nutrida pela água, Agni era o "neto da água" *(apāṁnapāt)*, mas também era filho da água, nascido como um raio do ventre aquoso das nuvens. Além disso, o fogo habita o interior de todos os seres vivos – homens, quadrúpedes e pássaros –, como podemos perceber pela temperatura do corpo. Esta temperatura é perceptível ao tato, está na pele. Mais tarde, afirmou-se que o fogo era a causa da digestão – o calor dos sucos corporais "cozinhava" o alimento nos intestinos – em decorrência, a bílis digestiva foi identificada como a principal manifestação do fogo macrocósmico no microcosmo.

O conhecimento de tais afinidades e inter-relações constituía uma parte importante da mais antiga sabedoria sacerdotal ariana. Pode-se dizer que era um tipo de ciência natural intuitiva e especulativa. E, assim como as ciências especulativas de nossos dias oferecem o fundamento e a base teórica para as tecnologias aplicadas, igualmente a sabedoria remota dos sacerdotes védicos sustentava uma técnica aplicada de magia prática. A magia foi a contraparte primitiva da ciência prática moderna, e as cogitações dos sacerdotes foram o antecedente da ciência pura de nossa astronomia, biologia e física teóricas. A investigação bramânica de outrora e suas aplicações chegaram à identificação dos fenômenos de determinadas esferas do Universo com outros de esferas diferentes, o que obteve uma ampla projeção. a) Os elementos do macrocosmo foram identificados com b) as faculdades, órgãos e membros do microcosmo (o organismo humano), e ambos com c) os detalhes dos ritos de sacrifício tradicionalmente herdados. O ritual foi o principal instrumento pelo qual as forças do Universo eram contatadas e controladas, subordinadas às necessidades e desejos humanos. À medida que o "caminho do conhecimento" *(jñānamārga)* substituía o "caminho da atividade ritualística" *(karmamārga)*, ou seja, quando a filosofia abstrata das *Upaniṣad* desprendeu-se da teia do ritualismo mágico, este foi gradualmente sendo relegado a um segundo plano. Tal mudança teve lugar entre os teólogos védicos, nos círculos dedicados a discussões, meditações e iniciações esotéricas. Com isto o problema das equivalências ou estruturas paralelas do a) Universo e b) a natureza humana tornou-se a única chave significativa para a interpretação, ao passo que o problema dos detalhes do sacrifício c) ia simplesmente desaparecendo. Deste modo, teve início um extraordinário período de investigação especulativa, onde a identidade secreta das faculdades e potenciais do corpo humano com os poderes específicos do mundo exterior foi exaustivamente estudada, de todos os ângulos possíveis, como base para uma interpretação total da natureza humana, uma compreensão de sua posição no Universo e, com isto, uma solução do enigma do nosso destino humano comum.

Este curioso estudo comparativo, que se prolongou por muitos anos, resultou em múltiplas tentativas para resumir os principais componentes do micro e macrocosmo em listas coordenadoras ou grupos de equações[4]. Por exemplo, na *Taittirīya-Upaniṣad* verificamos que os três elementos – terra, fogo e água, correspondem respectivamente ao ar respirado, à visão e à pele humanas; por outro lado, que a atmosfera, o céu, as quatro direções e as quatro regiões intermediárias se correlacionam, num sentido, ao vento, ao Sol, à Lua e às estrelas, e, no outro, à audição, à mente, à fala e ao tato; ao passo que as plantas, as árvores, o espaço e nosso corpo correspondem à carne, aos músculos, aos ossos e à medula.[5] Todavia, muitas dessas identificações, feitas sob tentativas arbitrárias e por demais esquemáticas, não convenceram a posteridade. Mas o efeito prático do movimento foi o de despersonalizar, progressivamente, o Universo e solapar o prestígio dos primitivos deuses védicos.

No entanto, como dissemos, os deuses nunca foram destronados na Índia. Não foram desintegrados e dissolvidos pela crítica e pela ciência natural no modo como foram as deidades dos gregos na época dos sofistas, Anaxágoras, Demócrito, Aristóteles e outros filósofos. Os deuses homéricos se tornaram objeto de escárnio e foram ridicularizados em razão de seus casos amorosos demasiadamente humanos e a seus acessos de ira, considerados incompatíveis com o conceito posterior de divindade, mais espiritual e ético. A nova atitude, armada com uma crítica moralizante, ficava ofendida ante as figuras simbólicas da antiga imaginação mítica – como as de Zeus em suas incursões amorosas ou as querelas familiares do Olimpo – interpretadas apenas de modo literal. Em contrapartida, a Índia conservou suas personificações antropomórficas das forças cósmicas como máscaras de grande vigor expressivo, como magníficas *personae* celestiais, que podiam servir como opção para auxiliar a mente em sua tentativa de compreender o que se considerava manifesto por meio delas. Permaneceram como símbolos úteis, cheios de significado e interesse, mediante os quais se podia conceber e lidar com as forças sempre presentes. Serviam de guias e, além disso, era possível alcançá-los por meio dos ritos sacrificiais antigos, com seus textos inalteráveis, bem como por práticas individuais de devoção emocional *(bhakti)* onde o "eu" se dirige, reflexivamente, a um "Tu" divino. Segundo estas concepções, o que é expresso pelas máscaras pessoais transcende a elas mesmas; porém, tais vestimentas das divinas *personae* nunca foram efetivamente retiradas. Essa atitude tolerante e afetuosa proporcionou ao problema teológico uma solução que conservava o caráter pessoal das forças divinas para todos os fins relacionados com o culto e a vida diária, enquanto permitia igualmente que um conceito mais abstrato, supremo e transcendente, predominasse nos planos mais elevados do conhecimento e da especulação, acima do ritual.

Tudo quanto é expresso nas *personae* divinas – ou, em geral, em qualquer forma tangível, visível ou imaginável – tem de ser considerado apenas como um sinal, uma indicação que orienta o intelecto para o que está mais oculto, que é mais poderoso, mais abrangente e menos transitório que qualquer coisa que os olhos ou as emoções possam conhecer. Do mesmo modo, os conceitos e as ideias, definidos e circunscritos pelo intelecto, também devem ser considerados como meros sinais úteis, assinalando o que não pode ser definido ou limitado por um nome. Porque tanto o reino das formas *(rūpa)* como o dos nomes *(nāman)* – a esfera do tangível e a esfera do conceitual – são simples reflexos. Para compreendê-los temos de reconhecê-los como manifestações de algo superior a eles mesmos, algo infinito que desafia *qualquer* definição, seja ela dada pelas fórmulas de uma teologia primitiva, cheia de maravilhas, ou pelas hipóteses de uma ciência posterior, de tendência prática.

Na Índia, a busca da força primordial alcançou, por meio de especulações de alto voo, o plano de uma realidade de onde tudo procede como mera manifestação fenomênica e temporal. Esta potência última, no Universo e no homem, transcende tanto a esfera sensorial quanto a conceitual, por isso ela é *neti neti*, "nem assim *(neti)* nem assim *(neti)*".[6] É aquilo "de onde as palavras voltam, junto com a mente, sem o haver alcançado".[7] Porém, não há dicotomia, não há antagonismo entre o "real" e o "irreal" nesta concepção estritamente não dualista, porque a suprema Realidade transcendente e suas manifestações mundanas (sejam elas visíveis ou conceitos verbais) são, em essência, o mesmo.

Contudo, há uma hierarquia ou graduação das manifestações, estados ou transformações da essência, que tudo abrange e tudo desenvolve, segundo os diferentes graus de suas intensidades e poderes. Outrossim, este princípio filosófico condiz com o princípio da ordem intrínseca da antiga hierarquia mitológica, na qual os vários deuses estavam classificados conforme a extensão de suas esferas de poder. Alguns dos deuses, como Indra, Soma e Varuṇa, governavam como reis; outros, como Agni, estavam dotados com as insígnias e faculdades do poder sacerdotal, e muitos outros, como os deuses do vento (os Marut), de uma ordem bem inferior, ocupavam as fileiras das hostes guerreiras divinas. Os panteões sempre refletem as hierarquias sociais vigentes nas famílias e tribos e, analogamente, os conflitos sociais do lugar; os grupos e as gerações de seres divinos deslocam-se e substituem uns aos outros, refletindo as crises da civilização e dos ideais de seus devotos. Os deuses mais jovens ganham ascendência sobre os mais antigos, como Indra fez com Varuṇa, e como Varuṇa, em época anterior, havia substituído o grande pai Dyaus, o Pai Céu. O problema crucial do teólogo é estabelecer contato com as divindades adequadas aos propósitos da época e descobrir, se possível, qual dentre os deuses é, em geral, o mais poderoso. Porém isto corresponde ao problema da investigação – mais recente e mais filosófica – do *jñānamārga*, onde a meta novamente é determinar e estabelecer um contato efetivo com o princípio supremo que a tudo controla – mas agora mediante o caminho *(mārga)* do conhecimento *(jñāna)* ao invés daquele do rito. O mais alto princípio deve ser descoberto e dominado pela sabedoria. O indivíduo tem de participar dele por meios abstratos. Então irá partilhar de sua potência como um sacerdote investido no poder de seu deus. Ele se tornará onipotente e imortal, estará além das mudanças e temores, além da futilidade comum a todos, dominará as plenitudes, tanto da vida terrena quanto da futura.

Como vimos, a investigação bramânica segue dois caminhos: um macrocósmico, outro microcósmico. Uma das etapas iniciais do primeiro está exemplificada no seguinte hino do chamado *Yajur-Veda Negro*, onde o princípio supremo manifesta-se como alimento *(anna)*[8]. O alimento é proclamado fonte e substância de todas as coisas. *Brahman*, a essência divina, revela-se ao sacerdote vidente nestes versos impressionantes, inspiradores de sentimento reverente:

> Sou o primogênito da essência divina.
> Antes que deuses viessem a existir, eu existia.
> Sou o umbigo [centro e fonte] da imortalidade.
> Quem me oferece aos outros, ao me oferecer, conserva-me para si.
> Sou o Alimento. Nutro-me de alimento e do que o alimenta.[9]

O material divino que compõe o universo vivo e suas criaturas é revelado aqui como alimento, o qual é matéria e força combinadas. Esta seiva vital constrói e constitui todas as formas da vida. Apesar de mudar suas formas, permanece indestrutível. As criaturas prosperam alimentando-se umas das outras – comendo-se, devorando-se e procriando entre si – mas a substância divina continua vivendo, sem descanso, por meio das incessantes interrupções das vidas de todos os seres vivos. Assim, vemos constatada neste hino solene – verificado e experimentado no aspecto de seu mistério sagrado – a lei primordial do terrível *Artha-Śāstra*: a luta impiedosa pela vida, que prevalece inocentemente no reino da natureza.[10]

O hino continua:

> Este alimento é armazenado no mais alto dos mundos superiores.
> Todos os deuses e os antepassados falecidos são os guardiões deste alimento.
> Tudo o que é comido, derramado ou espalhado como oferenda, não é, em conjunto, mais que uma centésima parte de todo o meu corpo.
> Os dois grandes vasos, o Céu e a Terra, foram ambos preenchidos,
> pela vaca malhada, com o leite de uma única ordenha.
> As pessoas piedosas, bebendo-o, não podem diminuí-lo.
> Não aumenta nem diminui.

A substância vital que preenche o corpo do Universo circula por suas criaturas num fluxo perpétuo e veloz; elas se convertem em vítimas umas das outras, em alimentos e alimentadores recíprocos. A parte que assim se faz visível é apenas a centésima parte da essência total, uma insignificante amostra da totalidade; de longe, a maior parte permanece oculta à visão, pois está armazenada no mais alto domínio do Universo, guardada pelos deuses e ancestrais mortos que partilham da morada celestial. A verdadeira natureza dessa reserva divina é a abundância; a porção manifestada como mundo é apenas o produto de uma única ordenha da fonte sublime, a grande vaca malhada. Pela contínua transformação em energia e substância do mundo, a reserva infinita não sofre a menor perda. Nem a vaca diminui, em substância ou em vigor produtivo, ao dar o leite de uma ordenha.

O antigo hino prossegue assim:

> O Alimento é o alento expirado; o Alimento é o alento de vida inspirado;
> Ao Alimento, eles chamam morte; ao mesmo Alimento, eles chamam vida.
> Ao Alimento, os brâmanes chamam envelhecer [decair];
> Ao Alimento, eles também chamam gerar descendência.

O alimento dirige todos os processos vitais. Proporciona energia ao processo respiratório durante toda a vida. Produz a decadência e a velhice – que findam na morte e na dissolução – mas também incita à concepção da prole e fortalece o corpo da criança que cresce.

> O insensato obtém alimento inútil.
> Declaro a verdade: isto será sua morte.
> Porque ele não alimenta nem amigo nem companheiro.
> Conservando alimento apenas para si, torna-se culpado ao comê-lo.

Eu – o Alimento – sou a nuvem que troveja e chove.
Eles [os seres] alimentam-se de Mim. Eu me alimento de tudo.
Eu sou a essência real do Universo, imortal.
Por minha força todos os sóis do céu estão acesos.

O mesmo leite divino que circula pelas criaturas aqui na terra acende os sóis – todos os sóis da galáxia. Também se condensa nas formas das nuvens. Precipita-se como chuva e alimenta a terra, a vegetação e os animais, que prosperam devido à vegetação. O indivíduo iniciado neste segredo não pode ser avaro com nenhuma parte do alimento abundante que possa chegar a ele. De boa vontade o dividirá com seus companheiros. Não desejará romper o circuito acumulando a substância para si mesmo. Justamente por isso, qualquer um que retenha o alimento, priva a si próprio da animadora passagem da força vital que sustenta o restante do Universo – todas as criaturas da terra, todas as nuvens em seus cursos e o Sol. Tal acúmulo mesquinho separa-o do metabolismo divino do mundo vivo. Seu alimento não lhe é útil para nada: quando come, ingere sua própria morte.

O mandamento deste hino, a proclamação majestosa feita pela substância sagrada por meio de suas estrofes, equivale a um tipo de "Manifesto Comunista" cósmico – ao menos com respeito aos alimentos. O alimento deve ser comum a todos os seres. Solenemente o hino convoca a Verdade como testemunha dizendo: "Declaro a verdade"; com isso uma maldição cósmica é lançada sobre o estúpido individualista que se preocupa unicamente consigo mesmo. "Isto será sua morte", declara o hino; a substância que o alimenta se tornará veneno em sua boca.

Os deuses são muito, muito mais antigos que os homens, mas também tiveram nascimento; não são eternos nem existem por si mesmos. São apenas os primeiros descendentes da força cósmica substancial que é o alimento, a primeira automanifestação do poder transcendente original. E, uma vez que nasceram, também devem morrer. Não pode haver eternidade para formas individualizadas, criadas. Mas, se não há para os deuses, então como poderá haver para seres menores? Inalando e exalando o alento de vida, gerando prole e definhando, os inúmeros organismos de todas as esferas da existência sustentam as fases de um único processo de passagem, rítmico e inevitável. Manifestam e sofrem as metamorfoses daquilo que é – de modo intrínseco e em si mesmo – um eterno frescor e uma incansável imortalidade. Alimentando-se da substância divina na forma dos outros e convertendo-se, por sua vez, em alimento deles, cada um é tão só um momento do formidável jogo universal das transformações, uma animada troca de disfarces, pois o abandono selvagem que caracteriza este jogo de se alimentar pertence à condição de máscara. O que a máscara oculta é sempre o mesmo: "a fonte", "o centro", a força anônima da vida divina que não tem face mas usa as máscaras de todas as faces da vida.

O consolo do indivíduo está em saber que detrás e no interior de sua sina está o Imperecível, que é a sua própria semente e essência. Liberar-se desse destino consiste em sentir-se idêntico não à máscara, mas à substância que tudo penetra e é eterna. Identificar-se com ela por intermédio da sabedoria significa adaptar-se à sua realidade, tendo uma atitude correta em relação ao alimento e aos alimentadores. O mistério da unicidade de tudo no ser divino manifestar-se-á então na prática. Abandonando as noções de diferenciação e discriminação – que separam os indivíduos em luta, onde cada ego adere com avidez a si mesmo isoladamente, dando combate, ao modo dos peixes, por pura e egoísta autopreservação –, não mais nos sentimos limitados pela pele de nossa mortalidade pessoal. Tudo e todas as coisas são vistas como manifestações de uma essência permanente que recebe diversas inflexões, entre as quais nossa própria vida é apenas uma configuração passageira. Tal compreensão transforma, como por mágica, a concepção de que a vida é um processo cruel e, de imediato, sentimos em nós a dádiva da paz.

O Hino do Alimento proclama, desta forma, o mesmo "Sim Universal" que, séculos mais tarde, distinguirá o tantrismo com sua grande fórmula: "Quem busca o *nirvāṇa*?"[11] O reino tangível de *māyā*, que é o véu que encobre a Verdade, é a um só tempo a própria revelação da Verdade. Tudo é uma máscara, um gesto da autorrevelação. Os aspectos sombrios da vida (morte, desolação e pesar) equilibram os claros (satisfação e prazer); os dois lados controlam um ao outro, como as forças celestes e infernais na estrutura do Universo, a bondade dos deuses e as ambições egoístas, desordenadas e cruéis dos demônios. Para serem suportáveis as mudanças caleidoscópicas dos aspectos fugidios do mundo, é necessário aceitar a totalidade, isto é, é necessário destruir a reivindicação muito natural e egoísta de que a vida e o Universo devem adequar-se à constituição míope e asmática de um membro do conjunto centrado em si mesmo, que exclui de sua consideração tudo quanto esteja além do alcance de sua própria e limitada visão pessoal.

Poder-se-ia dizer que a ignorância encurta as pernas do homem – em contraste com as do Homem Cósmico, Viṣṇu, que com três passos gigantescos criou a Terra, a Atmosfera e o Firmamento, simplesmente colocando a planta de seu pé, a cada passada, no que antes era espaço vazio. O dinamismo cósmico, do qual somos uma diminuta manifestação, não pode encaixar-se nas dimensões de nosso cérebro mais que nos cérebros das formigas, porque o Universo é a revelação sagrada de uma essência absolutamente transcendente. Podemos nos dar por satisfeitos entendendo-o, ao menos um pouco, em termos apropriados ao alcance de nossas egocêntricas faculdades mentais e sensoriais. Embora cada momento seja caracterizado pelo perecimento, o turbilhão universal é, em si mesmo, eterno, como o é o poder oculto de onde deriva. Na verdade, perdura indefinidamente através da própria transitoriedade de seus fenômenos, que aparecem e desaparecem sem cessar, em meio a todas estas formas evanescentes. E, justamente porque estas formas se destroem, o processo é eterno. As sombras da morte e da desgraça escurecem a face do mundo a cada instante que passa, atravessando o cenário iluminado pelo brilho do Sol e o clarão da Lua; mas não preponderam sobre a luz, sobre o deleite vital de procriar perpetuamente novas formas. O mundo, apesar de sua dor, está, por assim dizer, extasiado consigo mesmo, e não contam as feridas que acompanham o processo – como os amantes que, em seus arrebatamentos, não se importam se os beijos machucam, ou como a criança que, tomando avidamente um sorvete, não se preocupa se o frio lhe causa um pouco de dor. Tudo depende de onde se coloca a ênfase. A tônica do Hino do Alimento está no aspecto dionisíaco do mundo. Uma contínua mistura e transformação de opostos por meio do implacável dinamismo vital – que até procura a dor para equilibrar e intensificar o prazer – acompanha espontânea, poderosa e alegremente esta espantosa aceitação oriental de toda a dimensão do Universo. Esta afirmação selvagem é, como veremos, muito peculiar ao hinduísmo.

Śiva, o dançarino cósmico, o divino senhor da destruição, é descrito a um tempo como modelo de fervor ascético e como típico amante frenético e esposo fiel.[12] Os gregos alexandrinos reconheciam nele a forma hindu de Dionísio e, seguindo o velho costume ocidental, descreveram seu próprio deus como tendo entrado triunfalmente e conquistado a Índia. Mas sabemos que os brâmanes haviam louvado o aspecto dinâmico, dionisíaco do Universo muito antes que o "Renascido" trácio, coroado de folhas de videira, entrasse nos vales da Grécia com seus companheiros de andanças, para consternação e escândalo das sóbrias personalidades dirigentes do Universo que ocupavam o ortodoxo Olimpo grego.

Pede-se ao devoto de tal deus que adore não os nomes e as formas *(nāmarūpa)*, mas o dinamismo, a corrente cósmica torrencial de evoluções fugazes que continuamente produz e aniquila as existências individuais (este Niágara do qual somos gotas), fervilhando com estrondosa e tremenda espuma. Esta é a atitude que encabeça de modo decisivo o período tântrico do pensamento indiano: o indivíduo identifica sua mente com o princípio que lhe deu existência, que o lançou dentro do processo e irá eliminá-lo; sente a si próprio como parte dessa força suprema, da qual é manifestação, véu e jogo. Submete-se à totalidade. Harmoniza os ouvidos com os sons dissonantes e consonantes da sinfonia cósmica, considera-se uma breve passagem, uma melodia momentânea que agora aumenta, mas logo decairá e não será mais ouvida. Compreendendo assim seu papel e função na eterna canção alegre e pesarosa da vida, o indivíduo não sente melancolia ante a perspectiva das dores da morte e do nascimento, ou pelo fato de suas expectativas pessoais serem frustradas. Já não avalia a vida em termos de dor. Tanto os pesares quanto as alegrias do ciclo são transcendidos no êxtase.

"Quem busca o *nirvāṇa*?" A compreensão dos padrões vitais – que se desdobram em variados graus de intensidade, desde o primordial, uno e único, o mais íntimo Eu e Âmago de todas as existências, o "Poder sagrado", *Brahman-Ātman* – não pode ser alcançada por meio da lógica pois esta rejeita como absurdo e, portanto, impossível, tudo o que se opõe às regras da razão. Por exemplo, 1 + 1 é logicamente 2, nunca 3 ou 5, e jamais pode recuar para 1. Mas as coisas não ocorrem desta maneira no campo dos processos vitais da natureza, em que os desenvolvimentos mais ilógicos acontecem a cada dia por todas as partes, como algo muito normal. As regras da vida não obedecem à lógica mas sim à dialética; os raciocínios da natureza não são como os da mente, mas como os do nosso ventre ilógico, nossa faculdade de procriar, o aspecto vegetativo e animal de nosso microcosmo. Nesta esfera, a esfera da dialética biológica, a esfera ilógica das forças naturais e vitais, 1 + 1 geralmente está muito longe de continuar sendo 2 por muito tempo.

Suponhamos, por exemplo, que um 1 é macho e o outro 1 é fêmea. Quando do primeiro encontro, não são mais que 1 + 1 que é 2; quando se enamoram e unem seus destinos, convertem-se em 1 + 1 que é 1 "para melhor ou pior". O santo sacramento – pelo menos em sua forma mais solene, antiga e mágica, como preservada no ritual católico romano – insiste com ênfase na ideia de que agora os dois "se fizeram uma só carne" *(una caro facta est)*. Na verdade, é exatamente esta união que retira a mácula, a suspeita ou o quê de pecado que acompanha toda forma de relacionamento carnal entre os sexos, segundo a ascética crença cristã. O fato de que os dois tenham se transformado em um por meio da realização do sacramento torna o casal isento de *concupiscentia*, de pecado, consagrando sua união sexual. Assim, por uma transmutação mágica, 1 + 1 significativamente torna-se 1; a fórmula sacramental expressa apenas o que, de fato, é a experiência básica de todos os verdadeiros amantes quando se encontram e se unem com laços que prenunciam a felicidade de uma única perspectiva para suas duas vidas.

A alquimia da natureza, fundindo os dois corações num fogo mútuo, reduz o 1 + 1 a 1 feito de 2. Mas a alquimia da natureza não para aqui. Em lugar da usual tábua de multiplicação que aprendemos na escola e utilizamos nos negócios e em cálculos práticos, a natureza aplica a tábua de multiplicação das bruxas ou feiticeiros – um *Hexeneinmaleins*, como Goethe a chama em seu *Fausto*. Após uma breve espera, quando 1 + 1 tenham se convertido em 1, a dupla casada normalmente se expande numa tríade: nasce a primeira criança. E, se a evolução não for controlada por planos prudentes, desenvolve-se uma série irrefreável. O 1 que foi feito de 1 + 1 cresce para 4, 5, 6 e, de fato, pode chegar a uma sequência virtualmente indefinida; além do mais, o curioso é que cada unidade adicional contém potencialmente e transmite ao futuro a plenitude da herança biológica da primeira unidade fértil, porque mostra os traços que estavam latentes nos dois termos da equação original 1 = 1 + 1.

O pensamento mítico, quando desenvolve um complexo de forças e figuras divinas a partir de uma fonte ou essência única e primordial, procede conforme esse método dialético. E o pensamento bramânico, em suas fórmulas brilhantes de autoanálise psicológica – originadas no período das *Upaniṣad* –, traça o mesmo tipo de evolução dialética na consciência do homem, da seguinte maneira: o sono profundo *(suṣupti)*, quando considerado do ponto de vista da consciência vigílica *(vaiśvānara)* ou da consciência na rede dos sonhos *(taijasa)*, pode parecer que é um estado de puro não ser *(a-sat)*; no entanto, é deste vazio absoluto que os sonhos emergem, como nuvens que se condensam e surgem a partir do vazio do firmamento. Ademais, desta mesma inconsciência irrompe, de súbito, o estado de vigília. Por outro lado, é voltando a este vazio que o pequeno cosmo da consciência humana vigílica se dissolve e desaparece no sono.[13] Assim, pode-se dizer que a emanação dos sonhos e a passagem da consciência do estado onírico ao vigílico são dois estágios, ou duas variantes de uma pequena cosmogonia que se repete diariamente, como um processo de criação do mundo dentro do microcosmo. Do mesmo modo que o Universo colossal evolui a partir de alguma fonte secreta transcendental – a essência que está além dos nomes e das formas e que permanece incólume ante o processo do fluxo torrencial –, assim também o misterioso ego onírico, que desenvolve nos sonhos suas próprias paisagens e aventuras, bem como o indivíduo visível, tangível, que se torna consciente de si mesmo quando desperta, emergem temporariamente da essência secreta mais íntima, chamada Eu, fundamento de toda vida e experiência humana. Em outras palavras, o Eu macrocósmico *(Brahman)* e o microcósmico *(ātman)* produzem efeitos paralelos. Ambos são um e o mesmo, apenas vistos sob dois aspectos diferentes. De forma que, quando o indivíduo contata o Eu que traz em seu interior, toma posse do poder cósmico divino e permanece centrado além de toda ansiedade, luta e mudança. Alcançar esta meta é o propósito único do pensamento védico e vedantino.

Estamos perante uma filosofia da matéria vital e da força vital, mais propriamente uma filosofia do processo vital e do corpo, que da mente e do espírito. Por isso as argumentações da tradição bramânica eram facilmente compatíveis com a mitologia primitiva dos *Veda*, que por sua vez havia sido uma representação vívida dos mesmos princípios e situações. E na medida em que não somos puras mentes, absolutos espíritos desencarnados, é óbvio que este tipo de filosofia nos interessa. Sua tarefa principal consiste em determinar e definir a verdadeira essência de nossa vida aparente, localizar aquele aspecto de nossa totalidade dinâmica com o qual devemos nos identificar se quisermos resolver o problema da existência. Somos idênticos à nossa estrutura corpórea? Ou nossa essência tem de ser buscada, talvez, nas mais puras virtudes emocionais e espirituais daquela entidade intangível a que chamamos nossa alma? Ou, ainda, poderá haver algo além não só do corpo tangível, mas também dos traços percebidos e dos processos da alma intangível, que resida em nós como fonte e força diretriz silenciosa que anime o corpo e a alma? O que somos? Num sentido realista, que esperanças podemos ter?

Estas questões prementes não podem ser resolvidas por meio da análise ontológica. Os argumentos metafísicos não resultam em nenhuma solução. É mister chegar à raiz que alicerça e dá existência à mente analítica e argumentativa, bem como ao corpo que a sustenta. A mente em si mesma é inadequada para esta tarefa (cf. *Crítica da Razão Pura*, de Kant) e devemos deixá-la em paz.

Na antiga idade védica, a tarefa de transcender a mente era realizada pelo "caminho da devoção" *(bhaktimārga)*, ou seja, pela dedicação sincera às personalidades simbólicas dos deuses e aos absorventes ritos de seu perpétuo cultuamento. Durante os séculos seguintes, a atenção dos filósofos introverteu-se e a meta a ser atingida era procurada seguindo um caminho interior. Mas, por uma ou outra via, alcançou-se a dádiva do generoso poder da vida. Uma posição absolutamente firme e arraigada foi conquistada, em que podiam ser experimentados ao mesmo tempo o dinamismo do espetáculo fenomênico e a permanência do princípio animador como um e mesmo grande mistério – mistério daquele Ser beatífico, de todo transcendente, que é imanente e que se manifesta de modo parcial no devir fenomênico do mundo.

2. As Upaniṣad

Os fecundos filósofos do período das *Upaniṣad*, que examinaram o problema do *ātman*, foram os primeiros intelectuais e livres-pensadores de seu tempo. Foram além da concepção tradicional que os sacerdotes tinham acerca do cosmo. Entretanto, fizeram-no sem dissolvê-la ou criticá-la, pois a esfera que investigavam não era a mesma que a monopolizada pelos sacerdotes. Viraram as costas ao universo externo – o domínio interpretado nos mitos e controlado pelos complexos ritos de sacrifício – porque estavam descobrindo algo mais interessante. Haviam-se deparado com o mundo interior, o universo interno do próprio homem e, inserido neste, o mistério do Eu. Tal atitude levou-os para muito longe das numerosas deidades antropomórficas que eram os governadores legítimos, tanto do macrocosmo como das funções sensoriais do organismo microcósmico. Portanto, os filósofos bramânicos da introversão pouparam o choque frontal com os sacerdotes e com o passado, choque que Demócrito, Anaxágoras e outros filósofos-cientistas da Grécia experimentaram, quando suas interpretações científicas dos corpos celestes e de outros fenômenos do Universo conflitaram com as ideias sustentadas pelos sacerdotes e apoiadas pelos deuses. O Sol não podia ser ao mesmo tempo um ente divino, antropomórfico, chamado Hélios, e uma esfera brilhante de matéria incandescente; havia que decidir por uma ou outra concepção. Em contrapartida, não há ocasião nem possibilidade de um confronto aberto entre a teologia e a filosofia, quando o filósofo (como acontecia na Índia) enfoca o mistério, cuja correspondência na teologia tradicional é uma concepção metafísica e anônima, muito acima dos poderes antropomórficos, e reverenciada simplesmente como o indescritível manancial do cosmo, um *ens entis* com o qual os ritos populares, politeístas e mais concretos, não podiam ter relação direta.

Contudo, esta nova orientação do pensamento intelectual provocou uma desvalorização realmente perigosa, tanto para a teologia ritualista como para a do universo visível com o qual lidava aquela teologia; porque, ao invés de dar atenção aos deuses e ao mundo exterior, a nova geração focalizava aquele princípio sobrenatural que a tudo transcende e do qual procediam as forças, os fenômenos e os regentes divinos do mundo natural. Além disso, esses livres-pensadores, muito criativos, estavam realmente descobrindo esse princípio dentro de si mesmos e tomando contato com ele. Em consequência, a energia intelectual, que antes havia sido empregada no estudo e desenvolvimento de um mecanismo para dominar as forças divinas e demoníacas do cosmo – por meio de um sistema elaborado de sacrifícios propiciatórios e encantamentos aplacadores –, era agora dirigida para dentro, onde acabavam de entrar em contato com a força vital suprema. A energia cósmica era captada em sua própria fonte, onde chegava com o máximo de força e abundância. Disto resultou que foram deixadas para trás todas aquelas vias secundárias e derivadas pelas quais circulava a energia, que eram represadas, canalizadas e colocadas a serviço do homem pela estrutura mágica dos ritos sacerdotais. No pensamento indiano, não apenas os deuses mas também todo o mundo exterior ia perdendo sua importância.

Uma das *Upaniṣad* diz:

> Yājñavalkya, o grande sábio, veio um dia ter com Janaka, o magnífico imperador de Videha. E o sábio pensou que não revelaria nada [desejava apenas obter um donativo]. Porém, estes mesmos Janaka e Yājñavalkya haviam conversado anteriormente, e naquela oportunidade o sábio havia-lhe concedido um favor. Janaka pedira a liberdade de perguntar no futuro qualquer questão que lhe aprouvesse, e Yājñavalkya concordara com tal petição. Portanto, quando o sábio veio a sua presença, Janaka imediatamente lhe fez esta pergunta:
>
> Yājñavalkya – disse o imperador – qual é a luz que serve ao homem?
>
> A luz do Sol, Imperador – disse o sábio [ainda decidido a revelar o menos possível] – porque à luz do Sol o homem se senta, sai, trabalha e volta à sua casa.
>
> Muito bem. Mas quando o Sol se põe, ó Yājñavalkya, qual é então a luz que serve ao homem?
>
> O sábio [como para tantalizar seu nobre discípulo] responde: A Lua então se transforma em sua luz; porque então à luz da Lua [o homem] se senta, sai, trabalha e volta à sua casa.
>
> Muito bem – disse Janaka –, mas quando o Sol e a Lua se põem, qual é então, ó Yājñavalkya, a luz que serve ao homem?
>
> O fogo torna-se sua luz – respondeu Yājñavalkya –, porque à luz do fogo [ele] se senta, sai, trabalha e volta à sua casa.
>
> O imperador novamente concordou. Ó Yājñavalkya, isso é verdade; mas quando o Sol e a Lua já se foram e o fogo se apagou, qual é então a luz que serve ao homem?
>
> O sábio continuou sua retirada. O som – respondeu – serve então de luz; porque com a voz como luz [é que ele] se senta, sai, trabalha e volta à sua casa. Imperador, quando a escuridão é tanta que não se pode ver a própria mão em frente ao rosto, se um som é emitido, é possível segui-lo.
>
> De fato, tens razão – disse pacientemente o imperador –, mas, ó Yājñavalkya, quando o Sol e a Lua estão ocultos, quando o fogo se apagou e quando não há som nenhum, qual é então a luz que serve ao homem?
>
> O sábio fora encurralado. O *ātman*, o Eu – respondeu – torna-se a luz; porque à luz do Eu [ele] se senta, sai, trabalha e volta à sua casa.

O imperador ficou satisfeito; mas a discussão ainda não chegara até onde queria. Isto é verdade, ó Yājñavalkya, mas entre os muitos princípios que há dentro do homem, qual é o Eu?

Somente quando o imperador fez esta pergunta o sábio finalmente começou a ensinar-lhe.[14]

O Eu que Yājñavalkya explicou ao rei Janaka era o mesmo que estava sendo ensinado por todos os grandes mestres da nova sabedoria. Podemos ter alguma ideia acerca dele apenas analisando de maneira breve alguns símiles e metáforas tipicamente bramânicas, escolhendo-as ao acaso nas *Upaniṣad* deste período fecundo.

Ghaṭasaṁvṛtam ākāśaṁ nīyamāne ghaṭe yathā,
ghaṭo nīyeta nākāśaṁ tathā jīvo nabhopamaḥ.

O espaço está encerrado em jarras de barro. Assim como o espaço não é levado com a jarra quando é removida [de um lugar para outro], assim o *jīva* [ou seja, o Eu enquanto contido no vaso do corpo grosseiro e sutil], do mesmo modo que o espaço infinito [permanece imóvel e impassível].[15]

Não importa ao espaço estar dentro ou fora da jarra. O Eu, de maneira análoga, não sofre quando o corpo se desfaz:

Ghaṭavad vividhākāraṁ bhidyamānaṁ punaḥ punaḥ,
tad bhagnaṁ na ca jānāti sa jānāti ca nityaśaḥ.

As diversas formas, como jarras de barro, quebram-se repetidas vezes. Porém, Ele não sabe que elas se quebram; e no entanto Ele conhece eternamente.[16]

O Eu não é consciente dos corpos. Podem estar partidos ou inteiros. O Eu conhece sua plenitude própria e indiferenciada, além da forma, do mesmo modo que o elemento éter está além da forma. E assim como o elemento éter, por ser o primogênito dos cinco elementos[17], contém potencialmente todas as qualidades dos outros quatro, bem como tudo que deles pode se originar (todos os objetos e figuras da experiência sensível), igualmente o Eu, por ser a única realidade, é a fonte de tudo.

Yathā nadyaḥ syandamānāḥ samudre
astaṁ gacchanti nāmarūpe vihāya,
tathā vidvān nāmarūpād vimuktaḥ
parātparaṁ puruṣam upaiti divyam.

> Assim como os rios que correm vão descansar no oceano e lá deixam para trás seus nomes e formas, assim também o Conhecedor, liberto do nome e da forma, vai a esse Homem divino *(puruṣa)* que está além do além [*parātparaṁ*: mais alto que o mais alto, transcendendo o transcendente].[18]

As metáforas descritivas multiplicaram-se formando um rosário de imagens clássicas, envolvendo como uma grinalda o mistério do Eu. "Divide o figo"; "Coloca este sal na água"; "Assim como, meu querido, por um pedaço de argila pode-se conhecer tudo o que é feito de argila"; "As diversas formas se rompem, mas Ele não sabe que se rompem"; "Todo o mundo o tem como alma; aquilo é a Realidade, aquilo é *ātman*; tu és Aquilo, Śvetaketu".[19]

"Tu és Aquilo *(tat tvam asi)*, esta frase do velho brâmane Āruṇi ao seu filho, que se transformou na "grande fórmula" *(mahāvākya)* da verdade vedantina, reduzia todo o espetáculo da natureza a sua essência única, universal, sutilíssima, absolutamente intangível e oculta. Esta lição ensinava Śvetaketu a olhar para além do princípio visível celebrado no hino védico do Alimento, pois a ideia de que o alimento, em suas mais variadas manifestações visíveis e tangíveis, é a essência suprema do Universo desde muito tempo havia sido superada. A essência vital devia agora ser concebida como invisível (como o vazio no interior da semente do figo), difusa em todas as partes (como o sal num caldeirão de água), inatingível e, não obstante, substância última de todos os fenômenos. Poderia ser determinada mas não apreendida, como o sal dissolvido, e era extremamente sutil, como a presença que ocupa o interior da semente. Portanto, o homem não deveria considerar a si próprio como sendo o indivíduo grosseiro e tangível, nem mesmo como a personalidade sutil, senão como o princípio do qual estes derivam. Todas as coisas manifestadas, fossem o que fossem, teriam de ser conhecidas como Suas "transformações" *(vikāra)*. As formas eram acidentais e, além disso, frágeis: os vasos quebram, mas a argila permanece. *Tat tvam asi* significa: "deves ser consciente da identidade de tua mais íntima essência com a substância invisível de tudo e de todos", o que representa uma total retirada da esfera diferenciada das aparências individualizadas. De tal sorte, as formas grosseiras e sutis do mundo foram relegadas – na hierarquia dos graus da realidade – a uma posição radicalmente inferior àquela do vazio sem forma.

> *Dve vāva brahmano rūpe mūrtam cāmūrtam ca,*
> *atha yan mūrtan tad asatyam yad amūrtam tat satyam,*
> *tad brahma yad brahma taj jyotiḥ.*

> Há, por certo, duas formas de *Brahman*: o que tem forma e o sem forma. Bem, aquele que tem forma é irreal *(asatyam)*, enquanto o sem forma é real *(satyam)*, é *Brahman*, é luz.
>
> A luz – prossegue o texto – é o Sol, e mesmo este [o Sol] tem a sílaba *OṀ* como o seu Eu.[20]

Foi necessário tempo para que se desenvolvesse e se concluísse o conceito do absolutamente informe. A busca pelo "realmente real" limitou-se, por certo tempo, a fenômenos como o Sol no macrocosmo (como fonte primária de luz), o alento vital *(prāṇa)* no microcosmo (como fonte primária de vida), e a sílaba ritualística *OṀ*. Estes permanecem nos textos e ainda servem como pontos de partida. Mas, finalmente, o passo corajoso foi dado e se alcançou a meta da transcendência absoluta.

Três etapas, ou níveis, foram então reconhecíveis na esfera da consciência humana:

1. O estado de vigília, no qual as faculdades sensoriais estão voltadas para o exterior e o campo de conhecimento é o do corpo grosseiro;
2. O estado de sonhos, cujo campo é o dos corpos sutis, autoluminosos e magicamente fluidos; e
3. O beatífico estado de profundo sono sem sonhos.

O segundo destes três estados era interpretado como uma olhadela nas esferas sutis supra e infraterrenas dos deuses e demônios, que estão tanto fora quanto dentro[21], mas que, não obstante, é um mundo não menos insatisfatório que o da consciência vigílica, pois está igualmente saturado de terror, sofrimento, formas ilusórias e mudanças incessantes. Em consequência, ninguém se sentia inclinado a identificar essa esfera com a do ser perfeito. Em contrapartida, o beatífico estado de sono sem sonho era diferente, porque não estava perturbado pelas vicissitudes da consciência e parecia representar um retorno perfeito da força vital ao seu estado intrínseco de "indiferença e isolamento" *(kaivalya)*, de existência em si e por si. Tal parece haver sido a concepção da meta sustentada pelo Sāṁkhya.[22] Não obstante, surgiram inevitáveis discussões sobre a capacidade de este estado – que implica a diminuição ou até mesmo a completa aniquilação da consciência – de fato representar o ideal último e a condição da vida espiritual.[23]

O sábio Yājñavalkya, em um diálogo famoso com sua querida esposa Maitreyī, afirma que para o conhecedor perfeito e liberado não há consciência após a morte, porque terão desaparecido todos os pares de opostos, todos os estados duais, inclusive aquele que se refere à diferenciação de sujeito e objeto.

> Quando há dualidade, por assim dizer, então se vê o outro; cheira-se o outro; saboreia-se o outro; fala-se com o outro; ouve-se o outro; pensa--se sobre o outro; toca-se o outro; compreende-se o outro. Mas quando tudo se transformou no próprio Eu, como e quem iria ser visto? Como e quem iria ser cheirado? Como e quem seria saboreado? Como e com quem se falaria? Como e quem seria ouvido? Como e sobre quem se pensaria? Como e a quem se tocaria? Como e a quem se compreenderia? Como se entenderia aquele por cujo intermédio se entende o Todo? [...] Vede! Como se poderia compreender aquele que compreende?

> Esse Eu *(ātman)* não é isto, não é aquilo *(neti, neti)*. É inacessível, pois não pode ser apreendido; indestrutível, pois não pode ser destruído; desapegado, porque não se apega; é ilimitado; não vacila, não é ferido.[24]

Não se pode conhecer facilmente o Eu; nem tomar consciência dele, a não ser por meio de um esforço máximo. É preciso que se abandone todo vestígio das atitudes normais da vigília, que são apropriadas e necessárias para a luta diária pela existência *(artha)*, pelo prazer *(kāma)* e pelo êxito na obtenção da conduta correta *(dharma)*. O aspirante realmente sério na busca do Eu tem de tornar-se introvertido e desinteressar-se por todos os interesses mundanos – desinteressar-se mesmo pela continuidade de sua existência individual; pois o Eu está além da esfera dos sentidos e do intelecto e até da profundidade da percepção intuitiva *(buddhi)*, que é fonte dos sonhos e alicerce fundamental da personalidade fenomênica. "O Criador, o Ser divino que existe por si *(svayam-bhū)*, perfurou os orifícios dos sentidos a fim de que pudessem se dirigir para fora em diversas direções; eis a causa pela qual o homem percebe o mundo exterior e não o Eu interior *(antarātman)*. Mas o sábio, que aspira ao estado de imortalidade, voltando seus olhos para dentro e para trás (*pratyag* [para o interior]) contempla o Eu."[25]

A Metáfora da Carruagem

> O Eu *(ātman)* é o dono da carruagem; o corpo *(śarīra)* é a carruagem; a consciência e o discernimento intuitivo *(buddhi)* é o cocheiro; a função pensante *(manas)* são as rédeas; as forças sensoriais *(indriya)* são os cavalos; e os objetos ou esferas de percepção dos sentidos *(viṣaya)* são o campo de pastagem (*gocara* [as trilhas e o pasto do animal]). O indivíduo no qual o Eu, as forças sensoriais e a mente se encontram unidos, é chamado de "aquele que come" ou "aquele que desfruta" *(bhoktṛ)*.[26]

As forças sensoriais da percepção são (a partir da mais sutil e delicada até a mais tangível e grosseira):

1. a audição, que se realiza por meio do ouvido.
2. a visão, que se realiza por meio dos olhos.
3. o olfato, que se realiza por meio do nariz.
4. o paladar, que se realiza por meio da língua.
5. o tato, que se realiza por meio da pele.

Estas são as cinco forças sensoriais do conhecimento *(jñānendriya)*, que nos organismos vivos provocam a atitude daquele que come ou goza *(bhoktṛ)*. O *bhoktṛ* é "quem experimenta sensações e sentimentos agradáveis e desagradáveis por estar dotado de receptividade". Comemos, por assim dizer, nossas percepções sensoriais, e estas são então assimiladas pelo organismo como uma espécie de comida. Os olhos engolem objetos bonitos, os ouvidos se embriagam de música e o nariz, com perfumes delicados. Mas o princípio contrário, o da atividade ou espontaneidade *(kartṛ)*, também atua constantemente. Assim como o *bhoktṛ* funciona por meio dos órgãos receptivos, assim também o *kartṛ* o faz por meio das forças de ação *(karmendriya)*, que proporcionam:

1. a fala, que se realiza por meio dos órgãos da fonação.
2. a apreensão, que se realiza por meio das mãos.
3. a locomoção, que se realiza por meio dos pés.
4. a evacuação, que se realiza por meio do reto.
5. a procriação, que se realiza por meio dos genitais.

O *bhoktṛ* e o *kartṛ*, funcionando juntos, possibilitam que o organismo saudável leve adiante o processo da vida.[27]

> Pois quem carece de verdadeiro conhecimento e quem não tem sua mente domada e controlada de modo adequado e constante [ou seja: para aquele que não disciplinou nem controlou não só sua faculdade mental consciente *(manas)* como a consciência intuitiva *(buddhi)*, que são manifestações do inconsciente irracional], as forças sensoriais se tornam incontroláveis, como os cavalos selvagens, que não obedecem às rédeas de um cocheiro. Mas para quem tenha desenvolvido a percepção intuitiva *(vijñānavant)* e que haja domado e controlado sua mente, estas forças são subjugadas como os cavalos mansos sob as rédeas de um cocheiro.
>
> Quem carece de conhecimento intuitivo adequado, e é imprudente e impuro, não alcança Aquele Lugar (*pada* [o estado de existência transcendental]), cai no torvelinho de morte e renascimento *(saṁsāra)*. Mas quem tenha desenvolvido a consciência intuitiva, é prudente e puro em todos os momentos, alcança Aquele Lugar, de onde não se renasce. O homem que tenha por cocheiro a consciência intuitiva e por rédeas a mente chega ao fim de sua viagem – que está muito distante. Esta meta é a morada suprema de Viṣṇu [o divino Eu cósmico que a tudo penetra].[28]

O paraíso celestial de Viṣṇu, situado na superfície superior da cúpula do firmamento, e conhecido como seu "terceiro passo" porque começou a existir quando o pé do deus deu o terceiro de seus três gigantescos passos cósmicos[29], simboliza o estado daquele que, como um iniciado perfeito, liberou-se da escravidão e se fez divino ao realizar sua própria espiritualidade intrínseca. Tendo atravessado os véus que ocultavam o Eu, por meio da conquista das forças naturais de seu próprio organismo, o condutor da carruagem já não está envolvido nos sofrimentos, prazeres e interesses mundanos; ele se tornou, agora e para sempre, livre.

Ātman: *Aquele que Exerce o Controle Interno*

O Eu – "aquele fio que mantém unidos este mundo, o outro e todas as coisas"[30] – é o reitor interno, desde o início dos tempos. "Ele mora no alento, ele está dentro do alento; o alento, todavia, não o conhece: o alento é seu corpo, ele controla o alento desde dentro. Ele mora na mente, ele está dentro da mente; a mente, contudo, não o conhece: a mente é seu corpo, ele controla a mente desde dentro." Da mesma maneira ele está dentro da fala, do olho, do ouvido, da pele, da compreensão e do sêmen. Além disso, de modo semelhante, está nos elementos do macrocosmo. "Este Eu habita o elemento terra e o controla desde dentro: a terra é o seu corpo"; entretanto, a terra não percebe este princípio inerente a seus átomos. A terra é o mais tangível dos cinco elementos; porém, na água, no fogo, no ar, no éter (o mais sutil dos cinco), o Eu é igualmente desconhecido. "O Eu habita todos os seres, ele está dentro de todos os seres; os seres, no entanto, não o conhecem; todos os seres são o seu corpo, ele os controla desde dentro. Ele não é visto, mas vê; não é ouvido, mas ouve; não é pensado, mas é 'o pensador' *(mantṛ)*. Ele é desconhecido e, contudo, é 'o conhecedor' (*vijñātṛ* [o princípio interior da consciência]). Ninguém vê, exceto ele. Ele é o Eu, o Governante interior, o Imortal."[31] Ou seja, o Eu é o agente real de todo processo sensorial e mental; os órgãos servem-lhe de meros instrumentos.

"Este gigantesco Ser divino é, por natureza, inconcebível. Parece ser mais sutil que o mais sutil, muito mais distante que o mais distante e, contudo, está próximo, bem aqui, na caverna (o mais íntimo recesso do coração) daqueles que veem."[32] A experiência interior do Eu, sua visualização mediante a descida à sua mais íntima morada, é prova suficiente de que ele existe em todas as partes, como o âmago real habitando cada ser. Indestrutível e não susceptível a mudanças, transcende o Universo e ao mesmo tempo é inerente a cada partícula deste; e em ambos os aspectos permanece oculto.

> Não é por causa do esposo que o esposo é amado, é pelo Eu que o esposo é amado. Não é pela esposa que a esposa é amada, mas pelo Eu que a esposa é amada. Não é pelos filhos que os filhos são amados, mas pelo Eu é que os filhos são amados. [...] Não é pelo amor do todo que o todo é amado, mas pelo amor do Eu é que o todo é amado. O Eu é o que deve ser contemplado, ouvido, pensado e meditado com profunda concentração. Na verdade, contemplando, ouvindo, pensando e possuindo o íntimo conhecimento *(vijñāna)* do Eu, todo o universo visível e tangível torna-se conhecido.[33]
>
> O Deus único está oculto no interior de todos os seres. Ele é o Eu interior *(antarātman)* imanente, onipresente, de todos os seres; o supervisor de todas as atividades [tanto externas como internas, voluntárias como involuntárias]; o habitante *(adhivāsa)* de todos os seres. Ele é a testemunha [sempre observando, alheio a tudo o que passa], o guardião *(cetṛ)*, completo e só *(kevala)*[34], além dos *guṇa*.[35]

O único governante existente é o Eu que reside no interior de todas as criaturas transitórias; ele torna múltipla sua forma única. Os sábios o contemplam como presente em seu próprio ser, daí que a paz eterna pertença a eles, e a ninguém mais.

Ele é o que perdura em meio ao não perdurável. Ele é a inteligência do inteligente. Embora Um, ele produz os desejos de muitos. Os sábios o contemplam como presente em seu próprio ser, daí que a paz eterna pertença a eles, e a ninguém mais.[36]

Por temor a ele o vento sopra,
Por temor a ele o Sol se levanta,
Por temor a ele Agni [o deus do fogo],
Indra [que causa a chuva e a tormenta, rei dos deuses],
E a Morte, o quinto, todos se apressam
[em executar suas respectivas tarefas].[37]

Uma plenitude é aquele além [a essência transcendental que é fonte e vida de tudo]; uma plenitude é isto que está aqui [o mundo visível e tangível]. A plenitude provém da plenitude [a abundância do mundo origina-se da abundância do divino] e, ainda que a plenitude seja extraída da plenitude, a plenitude permanece.[38]

Cinco Metáforas

Assim como a aranha extrai de si mesma o fio e o recolhe novamente; assim como a erva cresce na terra e os cabelos, num homem vivo, assim também o Universo cresce a partir do Imperecível.[39]

Assim como saltam milhares de faíscas do fogo flamejante, que parecem fogo, assim também os diversos seres [ou estados: *bhāva*] procedem do Imperecível; e a ele, em verdade, retornam.[40]

Como a manteiga oculta no leite, a Pura Consciência (*vijñānam* [o estado de *ātman* como *Brahman*, pura beatitude]) reside em cada ser. Deve ser constantemente batido, tendo a mente como batedeira.[41]

A Metáfora dos Dois Pássaros em uma Árvore

Dvā suparṇā sayujā sakhāyā samānaṁ vṛkṣaṁ pariṣa-svajāte
tayor anyaḥ pippalaṁ svādv atty anaśnann anyo abhicākaśīti.

Dois pássaros com formosa plumagem, amigos e companheiros íntimos, residiam em estreita camaradagem na mesma árvore. Um deles come o doce fruto da árvore; o outro, sem comer, observa.

A árvore com a dupla de pássaros, a árvore da vida ou da personalidade humana, é um motivo muito conhecido nas tapeçarias e tapetes orientais. A figura é desenvolvida e interpretada nos versos seguintes:

> *Samāne vṛkṣe puruṣo nimagno 'nīśayā śocati muhyamānaḥ*
> *juṣṭaṁ yadā paśyaty anyam īśam asya mahimānam iti vītaśokaḥ.*

> A mônada da vida individual *(puruṣa)*, enganada, lamenta-se, deprimida por uma sensação de desamparo (*anīśāyā* [de não ser um senhor soberano]); mas quando vê o outro na mesma árvore, o Senhor que faz regozijar *(juṣṭaṁ īśam)* os devotos, e compreende Sua grandeza, desaparece seu pesar[42];

porque sabe que entre ela e aquele outro existe uma identidade fundamental.

As Duas Classes de Conhecimento

> Deve-se ter duas classes de conhecimento *(vidyā)*: a do *Brahman*-dos-sons *(śabdabrahman)* e a do *Brahman* Supremo *(parambrahman).*

O *Brahman*-dos-sons é o conjunto de todos os hinos, fórmulas, encantamentos, orações e comentários exegéticos que constituem a revelação védica; porém, este *Brahman* não pode ser o Supremo, pois está dotado de nome e forma; nomes para auxiliar a mente, e as formas sonoras da fala, do canto, da melodia e da prosa *(nāman* e *rūpa).*

> Mas quem quer que se banhe *(niṣṇāta)* em *Śabda-Brahman* ascende ao *Brahman* Supremo. Tendo estudado assiduamente (*abhyāsa* [este é o termo que assinala o esforço constante da prática do *yoga*]) os livros *(grantha)*, os sábios, que têm por meta somente o conhecimento e a plenitude do conhecimento *(vijñāna)*, devem dispensar os livros por completo, assim como quem quer conseguir o arroz atira fora as cascas.[43]
>
> A sabedoria inferior e preliminar é como uma jangada: tem de ser abandonada tão logo o viajante chegue a seu destino. O conhecimento dos sacrifícios e os ritos da vida moral devem ser deixados para trás quando já se está próximo da realização suprema.[44]
>
> A esta se chega unicamente pela veracidade *(satya)* e o ascetismo *(tapas)*, conhecimento verdadeiro *(samyagjñāna)* e ininterrupta continência *(brahmacarya)*. Consistindo de luz divina, resplandecente, ele reside dentro do corpo. Os ascetas, os que aniquilam seus defeitos, o contemplam.[45]

Este Eu não é alcançável por meio do ensinamento, inteligência ou muito saber. Alcança-o apenas aquele que optou por ele. A esse, o Eu revela Sua própria natureza *(tanūm śvām)*.[46]

Em verdade, o Eu que está nos três estados: vigília *(jāgrat)*, sonho *(svapna)* e sono sem sonho *(suṣupti)*, deve ser entendido como um único e mesmo. Para aquele que transcendeu esta tríade de estados, não há renascimento.

Sendo realmente um, o Eu-de-todos-os-seres-e-elementos está presente em cada ser. E contemplado como um e como múltiplo simultaneamente, como a Lua refletida na água.[47]

A União da Mônada Vital com o Eu Espiritual

Assim como um homem completamente abraçado por sua amada esposa não conhece absolutamente nada, nem externo nem interno, assim também este homem (*puruṣa* [a mônada vital individual]), completamente abraçado pelo Eu espiritual *(prajñātman)* de supremo conhecimento, não conhece absolutamente nada, nem externo nem interno. Esta é a sua forma destituída de pesares, na qual todos os desejos estão satisfeitos; na qual seu único desejo é o Eu [que agora alcançou], onde carece de desejo. Neste estado, um pai não é pai, uma mãe não é mãe, os mundos não são mundos, nem os deuses são deuses, [...] um ladrão não é ladrão, um asceta não é asceta. Sem a companhia das boas e más obras, ele cruzou até a outra margem, além dos sofrimentos do coração.[48]

Turīya: *"o Quarto", e o Sentido da Sílaba* OṀ

A brevíssima *Māṇḍūkya-Upaniṣad*, que consiste apenas de doze versos, passou a ser considerada como epítome e essência do ensinamento contido em todo o corpo das cento e oito *Upaniṣad*. Seu tema é a sílaba *OṀ*, que se escreve ओं ou ॐ, e com a qual o mistério de *Brahman* é concentrado em um ponto. O texto, primeiramente, trata do *OṀ* segundo a doutrina das *Upaniṣad* dos três estados (vigília, sonho e sono sem sonhos), mas logo passa ao estado "quarto" *(turīya)*, transportando-nos, assim, além da esfera típica das *Upaniṣad*, para a do clássico Vedānta *advaita*, de data posterior.

Podemos dar uma ótima conclusão a este capítulo, e ao mesmo tempo nos preparar para o desenvolvimento da tradição ortodoxa, que descrevemos a seguir, analisando na íntegra este texto extraordinário.

I – *OṀ* ! Este som imperecível é o todo deste universo visível. Sua explicação é a seguinte: Tudo quanto tem acontecido, acontece e acontecerá, em verdade tudo isso é o som *OṀ*. E o que está além destes três estados do mundo temporal, isso também, em verdade, é o som *OṀ*.

Ou seja, há duas esferas que são idênticas: 1. a esfera visível e a fenomênica (a da mudança, *jagat*, a do fluxo heraclitiano), onde as manifestações do tempo nascem e perecem, e 2. a esfera transcendente, intemporal (a esfera do Ser imperecível), que está além, mas que se identifica com a primeira. Ambas estão presentes e simbolizadas na sílaba sagrada *OṀ*.

> II – Tudo isto [dito com um gesto do braço, assinalando o universo que nos rodeia] é *Brahman*. Este Eu [colocando a mão sobre o coração] também é *Brahman*.

Aqui está uma vez mais a doutrina não dual. A essência dos numerosos fenômenos do macrocosmo é uma e, além disso, é idêntica à essência do microcosmo. Portanto, o mistério do Universo, com todas as suas estratificações do grosseiro ao sutil, a vida em todas as suas formas e a matéria em todas as suas modificações, pode ser abordado tanto de dentro como de fora.

> Este Eu [continua o texto] tem quatro partes (*pāda* [pé, parte, quarto: "como as quatro patas de uma vaca", diz o comentário de Śaṅkara a este verso]).

Estamos por começar um exame da relação que há entre os quatro estados do microcosmo e os do macrocosmo.

> III – A primeira parte é *vaiśvānara* [o comum a todos os homens]. Seu campo é o estado de vigília. Sua consciência está voltada para fora [por meio das portas dos sentidos]. Tem sete membros e dezenove bocas. Desfruta (*bhuj-* [come, se alimenta de]) matéria grosseira *(sthūla)*.

Este é o Eu no estado de vigília, o indivíduo fenomênico que vive e se move no mundo fenomênico. Entretanto, a referência ao número sete é obscura. Śaṅkara, em seu comentário, busca interpretá-la baseando-se na *Chāndogya-Upaniṣad* 5. 12. 2., na qual são descritos os membros do *Ātman* universal desta maneira: 1. a cabeça (o céu), 2. o olho (o sol), 3. o alento (o vento), 4. o torso (o espaço), 5. os rins (a água) e 6. os pés (a terra). No mesmo verso a área dedicada ao sacrifício é como o peito do *Ātman* universal, a erva do sacrifício como seu cabelo e os três fogos do sacrifício *agnihotra* como seu coração, sua mente e sua boca. Para completar seu catálogo de sete instâncias, Śaṅkara seleciona o último destes três fogos, e diz: 7. a boca (o fogo *Āhavanīya*). A explicação pode parecer um pouco forçada, mas fornece vigorosamente a ideia básica: que *Vaiśvānara* manifesta-se por igual no universo físico e no corpo humano.

As dezenove bocas mencionadas no texto são identificadas por Śaṅkara como as cinco faculdades sensoriais *(jñānendriya)*, as cinco faculdades de ação *(karmendriya)*, os cinco alentos vitais *(prāṇa)* e os quatro componentes do órgão interno, isto é: *manas* (a mente), *buddhi* (a faculdade de decidir), *ahaṁkāra* (a função do ego) e *citta* (a substância mental), cujos agentes são as outras dezoito bocas. *Citta* é aquela "substância mental" que o *yoga* tem por finalidade aquietar.[49]

> IV – A segunda parte (do Eu) é *taijasa* (o Resplandecente). Seu campo é o estado de sonhos. Sua consciência está voltada para dentro. Tem sete membros e dezenove bocas. Desfruta de objetos sutis (*pravivikta* [o seleto, o requintado, o que é incomum]).

Este é o Eu quando sonha, contemplando os objetos luminosos, sutis, magicamente fluídicos e estranhamente encantadores, no mundo que fica por detrás das pálpebras dos olhos. *Taijasa* se alimenta das recordações oníricas acumuladas, assim como *vaiśvānara* se nutre dos objetos grosseiros do mundo. Seus "membros" e "bocas" são as contrapartes sutis daqueles que desfrutam o campo da consciência vigílica.

> V – Mas, quando aquele que dorme não aspira a nada desejável nem contempla sonho algum, isso é sono profundo *(suṣupta)*. *Prājña*, (o Conhecedor), que se tornou indiviso neste campo de sono sem sonho, é a terceira parte do eu. Ele é uma massa indiferenciada (*ghana* [massa informe homogênea]) de consciência, que consiste em beatitude e se alimenta de beatitude [como as dos anteriores se alimentavam do grosseiro e do sutil]. Sua [única] boca é o espírito [*cetomukha*].

Este verso atinge o clímax. No seguinte, descreve-se a glória de Prājña, "o Conhecedor", Senhor do campo do sono sem sonhos.

> VI – Este é o Senhor de Tudo *(sarveśvara)*; o Onisciente *(sarvajñā)*; o Governante interior *(antaryāmī)*; a Fonte (*yoni* [a Matriz da geração]) de tudo. Este é o começo e o fim de todos os seres.[50]

Vem agora a culminação suprema de toda a série. O Eu Real, que finalmente tem de se conhecer, é a indescritível "quarta" parte do Eu, que está além da esfera do Senhor do campo do sono sem sonhos, ou seja, além do começo e fim das criaturas.

> VII – O que é conhecido como a quarta parte, a consciência, não está voltada para fora nem para dentro, nem as duas coisas juntas; não é uma massa indiferenciada de consciência adormecida; não conhece nem desconhece porque é invisível, inefável, inatingível, destituída de características, inconcebível, indefinível, sendo sua essência única a segurança de seu próprio Eu *(eka-ātma-pratyaya-sāram)*; a pacificação de toda existência diferenciada e relativa *(prapañca-upaśamam)*; a completa quietude *(śāntam)*; pacífico, bem-aventurado *(śivam)*; sem segundo *(advaitam)*: este é o Eu *(ātman)* que tem de ser compreendido.

Cada uma das quatro partes dissolveram-se uma na outra à medida que o processo de discernimento passava de uma para outra; não obstante, as quatro juntas constituem o conjunto da existência "de quatro pés", "bem afirmada", graduada, solitária, que é o Eu. Cada parte repousa sobre as mesmas bases e direitos que as outras (assim como o *Kaliyuga* – a pior das quatro idades do mundo – é parte do ciclo do tempo tanto quanto a melhor delas, o sagrado *Kṛtayuga*; menor em duração e de maneira menos perfeita, mas, na verdade, uma parte igualmente indispensável do círculo). Durante esta aventura espiritual, esta viagem interna, a ênfase dada ao mundo exterior é deslocada para o interior e, por último, o imanifesto passa a ser mais importante que o manifesto. Aumentam prodigiosamente os poderes obtidos mas, mesmo assim, os estados inferiores, bem como os superiores, permanecem sendo componentes da totalidade. Como disse Śaṇkara, são "como as quatro patas de uma vaca".

Para o hábil praticante de *yoga*, esta mudança de ênfase que transforma o eu torna-se uma experiência bem conhecida e controlável. Ele pode fazer com que os estados e suas respectivas esferas apareçam e desapareçam segundo sua vontade. Como dissemos, isto o leva a um fenomenismo filosófico. Devido à extraordinária potência da força controlada pelo iogue, o aspecto grosseiro da realidade perde valor para ele, pois pode produzir as formas fluidas e sutis do estado de visão interior quantas vezes o deseje, fixá-las e retê-las pelo tempo que precise, e depois, sempre conforme sua vontade, voltar a tomar contato de maneira temporária com o mundo exterior. Tal virtuose não está irremediavelmente sujeito e exposto ao estado de vigília, mas sim nele ingressa quando e como o desejar. Sua verdadeira morada é o estado "quarto", no extremo oposto da série. O *yoga* faz que esta região profunda seja para ele a base e o fundamento da existência, a partir da qual todas as outras experiências e atitudes são reinterpretadas e reavaliadas *in totum*. O que normalmente é a única atitude de vigília possível ao homem torna-se algo opcional, uma miragem cotidiana *(lokayātrā)* onde o senhor da consciência entra, num gesto de condescendência com o curso do mundo (assim como, na representação mitológica, o Ser Supremo transige com o curso do Universo descendo periodicamente numa encarnação "sempre que há declínio de *dharma*"[51]).

Os cinco versos finais da *Māṇḍūkya-Upaniṣad* analisam as quatro partes, pés ou estados do Eu, em conexão com a sílaba *OṀ* que, como foi dito no início, é idêntica ao Eu. Em sânscrito, a vogal *o* é constitutivamente um ditongo composto de *a* + *u*; daí que *OṀ* possa também ser escrito *AUṀ*. O texto prossegue assim:

> VIII – Este idêntico Eu *(Ātman)*, no domínio dos sentidos, é a sílaba *OṀ*; as quatro partes do Eu acima descritas são idênticas aos componentes da sílaba, e os componentes da sílaba são idênticos às quatro partes do Eu. Os componentes da sílaba são *A, U, Ṁ.*[52]
>
> IX – *Vaiśvānara* [o comum a todos os homens], cujo campo é o estado de vigília, é o som *A* porque tudo abarca e é o primeiro.[53] Quem

assim sabe *(ya evaṁ veda)* abarca todos os objetos desejáveis; ele se torna o primeiro.

X – *Taijasa* (o Resplandecente), cujo campo é o estado de sonho, é o segundo som, *U*, porque é um extrato dos outros dois e contém suas qualidades.[54] Quem assim sabe extrai saber do fluxo de conhecimento e se equilibra; em sua família ninguém nascerá ignorante do *Brahman*.

XI – *Prājña* (o Conhecedor), cujo campo é o sono profundo, é o terceiro som, *Ṁ*, porque é a medida, na qual tudo entra.[55] Quem assim sabe pode medir tudo e participar de tudo.

XII – O quarto carece de som; impronunciável, aquietamento de todas as manifestações diferenciadas, pacífico e bem-aventurado, não dual. Portanto, *OṀ* é verdadeiramente *Ātman*. Quem assim sabe funde seu eu com o Eu – sim, quem assim sabe.

A, o estado de vigília; *U*, o sonho; *Ṁ*, o sono profundo e o *Silêncio, turīya*, "o quarto". Todos os quatro formam juntos a totalidade desta manifestação de *Ātman-Brahman* como sílaba. Assim como o som *OṀ* se manifesta, cresce, transforma-se em sua qualidade vocal e finalmente submerge no silêncio que se segue (e que deve ser considerado como parte integrante do som em estado latente e significativo repouso), o mesmo também ocorre com os quatro "estados" ou componentes do ser. Eles são transformações da existência única e, tomados juntos, constituem a totalidade de seus modos, quer sejam considerados de um ponto de vista macrocósmico, quer microcósmico. *A* e *U* são tão essenciais ao som como o *Ṁ*, ou como o *Silêncio*, que é o fundo sobre o qual o som se manifesta. Além disso, seria um erro dizer que *AUṀ* não existia enquanto o Silêncio reinava, porque então existia em potência. A manifestação real da sílaba, por outro lado, é efêmera e fugaz, enquanto o *Silêncio* permanece. Na verdade, o *Silêncio* está presente em outra parte quando num lugar se pronuncia *AUṀ*; ou seja (por analogia), está transcendentalmente presente durante a criação, manifestação e dissolução de um universo.

3. A *BHAGAVADGĪTĀ*

Foi nos grandes paradoxos da célebre *Bhagavadgītā*[56] que o pensamento não bramânico, pré-ária e aborígine da Índia, combinou-se profícua e harmoniosamente com as ideias védicas dos invasores arianos. Em seus dezoito breves capítulos desenrola-se uma caleidoscópica interação das duas tradições que, durante uns dez séculos, estiveram lutando pelo controle e domínio do pensamento indiano.

Como vimos, os sistemas não árias (o jainismo, o ensinamento de Gosāla, o Sāṁkhya e o Yoga) caracterizavam-se por uma dicotomia teórica, decididamente lógica, que insistia numa firme distinção entre duas esferas: a da mônada vital *(jīva, puruṣa)* e a da matéria *(a-jīva, prakṛti)*, a essência imaterial e cristalina do indivíduo puro e o princípio escurecedor e corrupto do mundo material. O processo da vida era entendido como efeito da interpenetração destes princípios opostos: uma interminável mistura de duas forças antagônicas que produz a perpétua criação e desintegração de formas compostas, insubstanciais. Esta união era comparada à mescla do calor e o ferro numa bola de ferro incandescente, resultado da proximidade e da associação, não de algo inerente aos princípios de per si. E os dois podiam ser entendidos em suas naturezas intrínsecas – que são distintas e mutuamente contrárias – somente quando separados e reintegrados a seus estados simples, primordiais. A consequência disso tudo, na prática, foi uma doutrina de ascetismo (ou melhor, uma quantidade de diferentes doutrinas ascéticas) que visava a separação dos princípios incompatíveis. O processo da vida deveria ser detido. A purificação, a esterilização, haveria de ser o grande ideal da virtude humana, e sua meta, a conquista da absoluta imobilidade na pureza cristalina, nunca o dinamismo do incessante processo vital. Porque os processos da natureza (a geração, a digestão, a assimilação, a eliminação, a dissolução do cadáver ao criar enxames de vermes e insetos, o metabolismo e a gestação) são todos sujos. O que se procurava era purgar todas essas impurezas. Tanto na retorta alquímica microcósmica do indivíduo como no laboratório universal do macrocosmo, o processo sujo dos elementos que continuamente se unem e se separam é, do mesmo modo, deplorável, uma espécie de orgia generalizada de indecências, ante a qual o espírito ensimesmado não pode fazer outra coisa que renunciar.

Lembremos, em contrapartida, o vigoroso e tumultuoso hino védico do Alimento com sua jubilosa afirmação da vida.[57] A novidade que os brâmanes trouxeram para a Índia foi a entusiasta ênfase monista que verteram na santidade da vida: uma afirmação poderosa e persistente de que o Um está sempre presente como dois. "Eu sou ambos – afirma o Senhor do Alimento –; sou as duas coisas: a força vital e a matéria vital, os dois ao mesmo tempo." A estéril divisão do mundo em matéria e espírito resulta de uma abstração do intelecto e não deve ser projetada sobre a realidade; porque é da natureza da mente estabelecer diferenças, formular definições e discriminar. Declarar que "há distinções" é apenas constatar a atuação de um intelecto que aprende. Os pares de opostos percebidos refletem não a natureza das coisas, mas a da mente que os percebe. Daí que o pensamento e o próprio intelecto têm de ser transcendidos se o que se quer é alcançar a verdadeira realidade. A lógica pode auxiliar nos esclarecimentos preliminares, mas é um instrumento imperfeito e inadequado para o conhecimento final. É mister superar os conceitos estratificados, as oposições e as relações, caso a mente inquiridora queira ter qualquer apreensão direta da verdade transcendente. O Um que é a primeira, última e única realidade (esta é a tese bramânica fundamental), compreende todos os pares de opostos *(dvandva)* que dele procedem, tanto fisicamente – no curso da evolução da vida, como conceitualmente – no curso das distinções lógicas engendradas pelo intelecto pensante.

Fundamentando-se nesta compreensão de um princípio transcendente e unificador de todas as coisas, o pensamento bramânico no período das *Upaniṣad* estava bem equipado para absorver não apenas as personalidades divinas do panteão védico primitivo, mas também as formulações filosóficas e devocionais, bem mais complexas, da tradição aborígine, não ária. A *Bhagavadgītā* é o documento clássico das primeiras etapas desta adaptação. Seu ensinamento é tido como uma doutrina esotérica; contudo, tornou-se a expressão mais autorizada, popular e memorizada, dos princípios básicos que norteiam a vida religiosa indiana. O texto – um episódio de dezoito breves capítulos inseridos no *Mahābhārata* no momento da epopeia em que os dois grandes exércitos estão prestes a entrar em combate[58] – não é, de modo nenhum, uma só composição. Críticos ocidentais assinalaram numerosas contradições; para a mentalidade indiana, no entanto, são precisamente nestas contradições que se radica o valor do texto. Porque elas representam o começo da grande aproximação e, além do mais, são imediatamente resolvidas pela compreensão de que o Um está presente em tudo.

As filas dos guerreiros que integravam os dois exércitos rivais do *Mahābhārata* estavam postadas uma em frente a outra e tudo estava pronto para que o som do clarim desse início à batalha, quando o líder dos Pāṇḍava, Arjuna, pediu ao seu cocheiro que o levasse ao campo que separava ambos os exércitos para que pudesse, num rápido passar de olhos, medir suas próprias forças e as de seus primos inimigos, os Kaurava. No entanto, assim que ele viu, nos dois lados, seus amigos e mestres, filhos e avós, sobrinhos, tios e irmãos, uma emoção de grande comiseração e pesar o assaltou. Seu espírito foi invadido pelo desânimo e, então, duvidou se deveria permitir o início da batalha.

Nesse momento crítico, seu cocheiro falou transmitindo-lhe coragem. As palavras proferidas nessa circunstância heroica, na iminência da mais extraordinária batalha na história épica da Índia, receberam o nome de *Bhagavadgītā*, "A Canção do Bem-aventurado Senhor", pois o cocheiro não era outro senão o deus Kṛṣṇa, encarnação do Criador, Conservador e Destruidor do mundo. A revelação foi dada por um amigo para outro amigo, pelo jovem deus a seu companheiro, o príncipe Arjuna. Era uma doutrina exclusiva, aristocrática, pois o deus Kṛṣṇa – partícula divina da essência sagrada supramundana que tinha descido à terra para a salvação da humanidade – era, ele próprio, um exterminador de demônios e, portanto, um herói épico, ao passo que o nobre jovem, a quem foram dirigidas as palavras quando do seu desespero por não saber o que fazer (impotente, no momento crucial de sua carreira, em determinar qual seria o seu *dharma*, a conduta correta), era a mais fina flor da cavalaria hindu do período épico. Foi por simpatia a esse jovem rei destronado, que o formoso e escuro Kṛṣṇa se tornou seu conselheiro, assumindo o papel um tanto alegórico de auriga, quando Arjuna estava em vias de entrar na batalha para reconquistar seu trono usurpado e obter a soberania do território da Índia. Kṛṣṇa não quis apenas desempenhar o papel de mentor espiritual de seu amigo; aproveitou este dramático momento para também proclamar a toda a humanidade sua doutrina de salvação do mundo – conhecida como "Yoga da Ação Desinteressada" *(karmayoga)* e tudo o que ela implica como autoentrega e devoção *(bhakti)* ao Senhor, que é idêntico ao Eu que reside no interior de todos. A doutrina é "muito difícil de compreender", esta é uma advertência continuamente enfatizada. Por exemplo: "O princípio mais íntimo da natureza humana [chamado 'possuidor de um organismo': *dehin, śarīrin*] é imanifesto, impensável, imutável. [...] Uma pessoa contempla este Eu como a uma maravilha. Outro fala Dele como de uma maravilha. Um outro ainda ouve-e-aprende a Seu respeito como de uma maravilha [ao ser instruído na sagrada tradição esotérica por um guru]. Porém, embora tenham ouvido e aprendido, ninguém compreende realmente o que Ele é".[59]

As circunstâncias do diálogo são descritas em termos simples e vigorosos.

> Arjuna disse: Coloca minha carruagem, ó Imutável, entre os dois exércitos, de modo que neste momento da batalha iminente possa eu contemplar aqueles que estão ávidos de guerra, com os quais tenho de combater. [...]
>
> [...] Assim solicitado, Kṛṣṇa levou a incomparável carruagem entre os dois exércitos prontos para a batalha, e encarando Bhīṣma, Droṇa e todos os governantes da terra, disse: Veja, filho de Pṛthā, os Kaurava aqui reunidos!
>
> Então Arjuna observou atentamente os dois povos: pais, avós, mestres, tios maternos, irmãos, filhos, netos, companheiros, sogros e amigos. [...]

e se horrorizou ao pensar na terrível loucura fratricida que iria dominar a todos. Por um lado, não estava disposto a precipitar a batalha que aniquilaria "aqueles" – segundo dizia – "que são meu próprio povo" mas, por outro, estava obrigado pelo código de cavalaria a vingar as ofensas que ele e seus irmãos haviam sofrido, auxiliando-os no esforço justo que empreendiam para recuperar seus domínios. Sem saber o que fazer, com a mente perturbada, incapaz de distinguir o certo do errado, Arjuna, em desespero, virou-se para seu amigo e cocheiro, Kṛṣṇa, e, quando as santas palavras do Deus alcançaram seus ouvidos e penetraram seu coração, tranquilizou-se quanto aos mistérios do certo e do errado.[60]

A mensagem de Kṛṣṇa culmina na "revelação suprema" que começa no capítulo X.

> Ouve agora minha revelação suprema. Porque quero teu bem, a proclamarei. Nem as hostes dos deuses nem os grandes videntes conhecem minha origem. Sou mais antigo que eles todos. Quem me conhece como o Não nascido, o Sem princípio, o Grande Senhor do Universo, esse, entre os mortais, livre de ilusão, está liberto de todos os pecados. Somente de Mim procedem os múltiplos estados mentais dos seres criados: faculdade de julgar, conhecimento, pureza de espírito, paciência, percepção verdadeira, disciplina, serenidade, prazer e dor, bem-estar e desgraça, temor e confiança, compaixão, equanimidade, contentamento, autocontrole, benevolência, glória e infâmia. Do mesmo

> modo, os sete grandes Ṛṣi de outrora e os quatro Manu[61] tiveram origem em Mim, emanados do Meu espírito; e deles provêm as criaturas deste mundo. Quem verdadeiramente conhece esta manifestação de Meu poder e de Minha força criadora está armado de persistência inabalável. Sou a origem de tudo, tudo emana de Mim.
>
> Quem quer que o perceba saberá, e o sábio, que o percebe, a Mim se dirige com adoração e sagrado respeito [...].[62]
>
> Sou o Tempo *(kāla)*, o grande e poderoso destruidor, que aqui aparece para varrer todos os homens. Mesmo sem ti [e tua liderança] nenhum destes guerreiros aqui enfileirados permanecerão vivos. Levanta-te pois, conquista a glória, derrota o inimigo, goza com prosperidade tua liderança. Por Mim e só por Mim, desde muito já foram derrotados. *Sê nada mais que meu instrumento.*[63]

Eis um exemplo de *bhakti* aplicada. O *bhakta*, o devoto, realiza no espaço e no tempo, como causa meramente aparente, o que para o Deus que transcende o espaço e o tempo está além das categorias do sucedido e do não sucedido, do "ainda não" e do "já passou". O Eu imperecível, o Possuidor dos corpos perecíveis, é o diretor supremo do angustiante espetáculo do tempo.

> "Finitos" são chamados os corpos Dele, o Eterno, aquele que é o "Possuidor dos corpos" *(śarīrin)*, imperecível, infinito e insondável. [...] Quem pensa que Ele mata e quem pensa que Ele é morto, esses carecem de verdadeiro conhecimento; porque Ele não mata nem é morto. Não nasce nem morre em momento algum. Não chegou a ser no passado nem voltará à existência num momento futuro; Ele é não nascido, eterno, duradouro, chamam-no de o "Antigo" *(Purāṇa)*; Ele não é morto quando morre o corpo. O homem que sabe que Ele é indestrutível, eterno, sem nascimento e imutável, como poderá matar? E a quem? Assim como um homem se desfaz das roupas velhas e usadas e veste outras novas, do mesmo modo o "Possuidor dos corpos" *(dehin)* se desfaz dos corpos usados e entra em outros novos.[64] O que a infância, a juventude e a velhice neste corpo presente são para Aquele que possui o corpo *(dehin)*, assim também o é a aquisição de outro corpo. O sábio não se perturba com isto.[65]

O Eu não é afetado quando sua máscara da infância é mudada pela máscara da juventude e logo pela máscara da velhice. O ego individual, a querida personalidade pode ficar perturbada e ter dificuldades em se ajustar às mudanças e a todas as perdas de oportunidades vitais que essas alterações implicam, mas o Eu não se perturba. E prossegue igualmente imperturbável quando a máscara é abandonada por ocasião da morte, e quando uma nova é assumida no seu próximo nascimento. Para Ele não há morte nem mudança real. Quer se trate da sequência de corpos, quer das idades pelas quais passa o corpo, isso importa a Ele tanto quanto os solstícios das estações ou as fases da Lua. Não há motivo para aflição.

> As armas não O ferem, o fogo não O queima, a água não O molha, o vento não O seca. Ele não pode ser ferido, queimado, molhado ou secado. Ele é imutável *(nitya)*, "onipenetrante" *(sarvagata)*, estável *(sthāṇu)*[66], irremovível *(acala)*[67] e permanente *(sanātana)*.[68]

O Possuidor do corpo está além dos acontecimentos; e uma vez que Ele é a essência verdadeira do indivíduo, não devemos nos compadecer das criaturas perecíveis por serem como são.

> Compadeces-te – diz Kṛṣṇa ao guerreiro confuso – quando não há razão para tal. O sábio não sente piedade nem pelo que morre nem pelo que vive. Nunca houve um tempo em que Eu e tu não existíssemos, assim como todos estes príncipes. Nem chegará o dia em que todos nós deixemos de ser.[69] Não há existência para o nada; não há destruição para aquilo que é. Tem certeza de que a verdadeira urdidura deste Universo é imperecível; o poder do homem não pode destruí-la. Os corpos chegam ao fim, mas "Aquele que está vestido no corpo" *(śarīrin)* é eterno, indestrutível e infinito. Então, luta, ó Bhārata![70]

O *karmayoga*, grande princípio ético contido neste realismo cuja base metafísica é a essência divina encarnada, requer que o indivíduo continue executando suas obrigações costumeiras e atividades cotidianas, mas com uma nova atitude de desapego quanto aos frutos, ou seja, os possíveis ganhos ou perdas que resultem de tais atos. O mundo e seus meios de realização não devem ser abandonados, mas, na ação, a vontade do indivíduo deve unir-se ao fundamento universal, não às vicissitudes do corpo e do sistema nervoso. Este é o ensinamento do Criador e Conservador encarnado. Este é o conselho supremo que dá ao homem e que mantém o equilíbrio do mundo.

> A prática do culto por meio de oferendas *(yajña)*, o dar esmolas *(dāna)* e a austeridade *(tapas)* não devem ser abandonados. Tais obras, na verdade, precisam sempre ser praticadas, porque o culto, a caridade e a austeridade purificam o sábio. Mas ainda estas obras desinteressadas têm de ser praticadas renunciando-se a todo apego a elas e a seus frutos[71]; tal é Minha mais firme e decidida convicção.[72]
>
> Não penses senão na ação, nunca em seus frutos, e não te deixes seduzir pela inação. Pois para aquele que consegue o desapego interior já não existem mais o bem e o mal aqui abaixo.[73] Considera de igual valor o prazer e a dor, a riqueza e a pobreza, a vitória e a derrota. Prepara-te, pois, para o combate. Agindo desta forma não te irás contaminar pela culpa.[74]

O próprio Deus atua, como macrocosmo, por intermédio dos acontecimentos do mundo, e como microcosmo, na forma de sua Encarnação. Este fato, por si só, deve servir de encorajadora lição.

> Não há nada nos três mundos – declara Kṛṣṇa – que eu precise fazer, nem coisa alguma que eu não haja obtido ou não possa obter; contudo, participo na ação. Se assim não o fizesse sem descanso, as pessoas seguiriam o meu exemplo. Estes universos pereceriam se Eu deixasse de ser ativo. Eu iria provocar confusão [pois os homens abandonariam as tarefas e atividades a eles atribuídas pelo nascimento]; Eu seria a ruína de todos esses seres [porque os deuses, os corpos celestes, etc., cessariam suas atividades, seguindo o exemplo dado pelo Altíssimo]. Assim como agem as pessoas ignorantes, apegadas às ações, também deve agir o homem sábio (*vidvās* [aquele que compreende]), porém desapegado com a finalidade de conservar a ordem no mundo.[75]

A infatigável atividade do Ser Divino em controlar o Universo é uma questão rotineira, uma espécie de ritual que não o preocupa profundamente. Do mesmo modo, o homem perfeito deve realizar os deveres de sua vida num espírito de alegre rotina, de maneira a não interromper o desenvolvimento do drama em que está comprometido pelo papel que desempenha, e do qual está profundamente desapegado.

> Porque é impossível – diz Kṛṣṇa – a um ser dotado de corpo deixar de agir; mas aquele que renuncia aos frutos (*phala* [recompensas, resultados]) de seus atos é chamado homem de verdadeira renúncia *(tyāgin)*.[76]

Supor que alguém dotado de corpo possa evitar cair na rede do *karman* é mera ilusão. No entanto, é possível evitar um envolvimento crescente e, até mesmo, é possível desligar a mente, deixando de lado as consequências e promessas aparentes que surgem das inevitáveis tarefas e empreendimentos; isto é, por um absoluto autossacrifício. Não devemos esperar recompensa ao cumprir nosso dever como filho ou como pai, como brâmane ou como guerreiro, ao realizar os ritos ortodoxos, ao fazer obras caridosas ou qualquer outra obra virtuosa.

> Não devemos abandonar a atividade para a qual temos nascido (*sahajaṁ karman* [o dever que nos compete devido ao nosso nascimento, casta ou profissão]) mesmo que seja acompanhada de um infortúnio; pois todos os empreendimentos vão acompanhados de infortúnio, assim como o fogo, de fumaça.[77]

O plano terrestre é o domínio do imperfeito, quase que por definição. A perfeição, a pureza imaculada só se alcança quando nos desligamos do campo manifesto dos *guṇa*[78]. Este é um processo espiritual que dissolve o indivíduo – a máscara da personalidade e todas as formas de ação que a ela pertencem – no absolutamente imutável, indiferenciado, anônimo e impoluto reino do Eu. Mas temos de arcar com os deveres e obrigações da vida para os quais nascemos.

> Melhor é cumprir o próprio dever *(dharma)*, ainda que sem valor nem qualidades *(vi-guṇa)*, que cumprir o dever de outrem, mesmo quando bem realizado. Aquele que executa as atividades *(karman kurvan)* ditadas por sua natureza inata [que são idênticas àquelas que correspondem ao seu lugar na sociedade] não se contamina.[79]

Mesmo uma pessoa nascida numa casta impura (um varredor de ruas, um auxiliar de crematórios, por exemplo) deve permanecer na profissão herdada. Cumprindo sua função o melhor possível e de maneira ordenada, tornar-se-á um membro perfeito e virtuoso da sociedade. Por outro lado, ao interferir nas tarefas de outras pessoas, ele será culpado de perturbar a ordem sagrada. Como temos visto[80], mesmo a prostituta, que dentro da hierarquia da sociedade está muito aquém da virtuosa dona de casa, pode participar – caso ela cumpra com perfeição o código moral de sua desprezível profissão – do supra-humano e transindividual Poder sagrado que se manifesta no cosmo. Ela pode até fazer milagres que desconcertam reis e santos.[81]

Kṛṣṇa, o divino porta-voz da doutrina da *Bhagavadgītā*, não se apresenta apenas como mestre, mas também como um bom exemplo. Representa a participação voluntária da própria divindade suprema na alegria misteriosa e na dor das formas do mundo manifesto que, em última instância, nada mais são que seu próprio reflexo.

> Embora Eu não tenha nascido, embora meu Eu seja imutável, embora seja Eu o Senhor Divino de todos os seres perecíveis, mesmo assim, ao habitar em Minha própria natureza material *(prakṛti)*, torno-Me um ser transitório *(sambhavāmi)* por meio do mágico poder divino do jogo de transformações ilusórias, que produz todos os fenômenos e que pertence ao meu próprio Eu *(ātmamāyayā)*. Sempre que o princípio do dever se debilita ou se relega e a injustiça aumenta, então Eu Me manifesto. Para proteger os justos e destruir os que trabalham pelo mal, para confirmar a virtude e a ordem moral divina do Universo, torno-Me um ser transitório entre as criaturas perecíveis de cada idade do mundo.[82]

De acordo com a concepção hindu, a entrada de Deus na luta do Universo não significa a única e assombrosa entrada da essência transcendental no tumulto das coisas mundanas (tal como no cristianismo, em que se considera que a Encarnação é um sacrifício singular e supremo, sem repetição), mas um evento rítmico, conforme à pulsação das idades do mundo. O salvador desce como contrapeso das forças do mal durante o decurso de cada declínio cíclico dos acontecimentos mundanos. A encarnação periódica do Poder sagrado é uma espécie de solene *leitmotiv* no drama interminável do processo cósmico onde, de tempos em tempos, ressoa como um anúncio majestoso de trombetas celestiais, para silenciar as desarmonias e reeditar os temas triunfais da ordem moral. Tais temas devem predominar sobre as melodias numerosas e as notas dissonantes da complexa partitura, sem contudo erradicá-las. O salvador, o herói divino (o super Lohengrin, Parsifal ou Siegfried), tendo colocado as coisas em seus devidos lugares ao subjugar as forças demoníacas – tanto no aspecto cósmico quanto na vestimenta humana dos tiranos impiedosos e homens malvados –, retira-se da esfera fenomênica, tão calma, solene e voluntariamente como descendeu. Ele nunca se converte na aparente vítima temporária das potências demoníacas (como ocorreu a Cristo cravado na cruz); é, isto sim, triunfante em sua passagem, do início ao fim. A Divindade, em seu absoluto distanciamento, não se importa em assumir temporariamente um papel ativo dentro do plano fenomênico da natureza sempre ativa.

A mitologia indiana representa o descenso como a emanação de uma minúscula partícula *(aṁśa)* da essência infinita supramundana da Divindade, sem que isso acarrete qualquer diminuição nesta essência; porque o fato de produzir um salvador e, ainda, o de produzir a miragem do Universo não diminui a plenitude do *Brahman* transcendente e, em última análise, imanifesto, como um sonho não diminui a substância de nosso inconsciente. Na verdade (e agora que a psicologia ocidental começou a investigar estes temas, o panorama fica cada vez mais claro), pode-se dizer que a concepção e o simbolismo da doutrina hindu referente à *māyā* universal fundamentam-se em milênios de introspecção, o que resulta no reconhecimento de que os processos criativos que se desenvolvem na psique humana são as melhores chaves para interpretar os poderes, atividades e atitudes do Ser supramundano, criador do Universo. O processo pelo qual desenvolvemos um mundo onírico com pessoas e paisagens – que cria também um duplo onírico e heroico de nosso próprio eu para suportar e desfrutar de toda classe de aventuras estranhas – não faz com que nossa substância pessoal seja diminuída, mas, ao contrário, a expande. Forças invisíveis manifestam-se em todas estas imagens e, quando assim o fazem, desfrutam-se e realizam-se. Do mesmo modo é com Deus, quando lança sua força-*māyā* criadora. Tampouco nossa substância psíquica diminui ao projetar as forças sensoriais pelas portas dos órgãos dos sentidos a fim de apreender os objetos sensíveis, tragá-los e apresentá-los à mente. Assim ocorre com a mente: não diminui ao assumir as formas dos modelos oferecidos pelos órgãos dos sentidos, copiando-os exatamente em sua própria substância sutil, que é suave e maleável como a argila.[83] Tais atividades, seja no sonho ou na vigília, são exercícios de expansão e autodeleite da essência vital do homem, que se presta muito bem às autotransformações fáceis. Neste sentido, a obra do homem é a contrapartida microcósmica do princípio criador do Universo. A *māyā* de Deus dá forma ao Universo tomando forma ela mesma, jogando com todas as figuras transitórias e acontecimentos desconcertantes, e com isto não sofre a mínima diminuição, e sim, aumenta e se expande.

O Sāṁkhya caracteriza o campo da manifestação micro e macrocósmica comparando-o a um intercâmbio incessante dos três componentes ou qualidades da *prakṛti*, os chamados *guṇa*.[84] Esta ideia é retomada na *Bhagavadgītā*, mas totalmente assimilada à concepção védico-bramânica do Eu único.

> Quaisquer que sejam os estados das qualidades – claridade *(sāttvika)*, paixão e violência *(rājasa)*, e inércia-obscuridade *(tāmasa)* – saibas que, na verdade, estes estados têm princípio em Mim; ainda que Eu não esteja neles, eles estão em Mim. Todo este universo de seres vivos é iludido por esses estados compostos das três qualidades, e por isso não Me conhecem, pois estou além delas e sou imutável. Porque esta Minha divina ilusão *(māyā)*, constituída pelos *guṇa* (e que atua por causa deles), é muito difícil de superar. Contudo, aqueles que se dedicam exclusivamente a Mim, a superam.[85]

O largo rio da ignorância e da paixão é uma torrente perigosa, mas o salvador, o divino barqueiro, pode levar seus devotos com segurança à outra margem. Esta é uma imagem comum a todas as tradições indianas. Os salvadores jainas são denominados *Tīrthaṁkara*, "Autores da travessia do rio". O Buddha atravessa o rio caminhando sobre suas águas, e sua sabedoria é conhecida como "o Saber que passou à Outra Margem" *(prajñāpāramitā)*. No mesmo espírito, o popular salvador do budismo Mahāyāna, Avalokiteśvara (em chinês: Kwan-yin; em japonês: Kwannon), é representado como um cavalo alado de nome "Nuvem" *(Valāhaka)* que conduz à longínqua margem da liberdade iluminada todos aqueles que queiram ir, margem esta alcançável pela extinção.

Um divertido conto alegórico do *sūtra* budista intitulado *Kāraṇḍavyūha*[86] representa "Nuvem" manifestando-se a um grupo de mercadores que haviam zarpado rumo à ilha das Joias, e que naufragaram. Estes mercadores haviam encontrado algumas mulheres sedutoras em outra ilha, foram muito bem recebidos e até lhes permitiram que fizessem amor livremente com elas; contudo, logo mostraram ser monstros devoradores de homens, que apenas esperavam para comê-los. As hospitaleiras mulheres já haviam devorado muitos mercadores que, como os deste grupo, foram arrastados pelas ondas a suas praias. Ao mesmo tempo sedutoras e devoradoras, elas representam na alegoria budista o caráter atrativo e destrutivo do mundo sensível. Porém, acima da ilha destas criaturas fascinantes – ilha do envolvimento do homem no mundo – costuma aparecer de vez em quando a figura de "Nuvem" *(Valāhaka)*, o salvador pairando nos céus. Então, ele grita: *Kaḥ pāragaḥ*? "Quem vai à outra margem?", que é um grito familiar na Índia, pois é assim que o barqueiro diz quando encosta sua barca. O grito é bem alto, de modo que qualquer viajante que se demore na aldeia pode ouvir; e a voz de "Nuvem" também ressoa bem alto. Ao ouvi-la, os mercadores que decidem abandonar os prazeres perigosos da ilha montam imediatamente no corcel alado e são conduzidos para a "outra margem" de paz. Todos os que ficam encontram, cada um a seu tempo, uma morte horrível. Outrossim, aqueles que, uma vez montados no gigantesco salvador alado, se voltam para um último e apaixonado olhar, caem inadvertidamente no mar implacável, onde um triste desenlace os espera.

O habitante do corpo perecível – a indestrutível mônada vital *(puruṣa)*, que a doutrina Sāṁkhya considera como âmago e semente vital de cada ser vivente –, de acordo com o sistema composto da *Bhagavadgītā* não é mais que uma partícula do Ser divino único e supremo, ao qual é idêntico em essência. Desta maneira, com um só golpe corajoso, o monismo transcendental da doutrina védico-bramânica do Eu fica conciliado com a doutrina pluralista das mônadas vitais sustentada pela filosofia Sāṁkhya, dualista e ateia. Eis a razão pela qual na Índia ambos os ensinamentos são agora considerados descrições da mesma realidade vista sob perspectivas diferentes. O Ātmavāda não dual apresenta a verdade superior, enquanto o Sāṁkhya é uma análise empírica dos princípios da esfera inferior, racional, onde agem os pares de opostos *(dvandva)*. Conforme o Sāṁkhya, nessa esfera atuam os princípios antagônicos que constituem as bases ou términos de toda experiência humana normal e de todo pensamento racional. Todavia, é sinal de ignorância supor que, pelo simples fato de o argumento dualista ser lógico e encontrar correspondência nos acontecimentos da vida, este seja consoante à verdade final. O dualismo pertence à esfera da manifestação, à esfera da diferenciação desconcertante causada pelo interagir dos *guṇa*, sendo, por decorrência, apenas uma parte do grande jogo cósmico de *māyā*.

A única Fonte da Verdade, falando pela boca de Kṛṣṇa, declara:

> Uma parte do Meu próprio Eu, eterna, torna-se uma mônada vital *(jīvabhūta)* no reino das mônadas vitais (*jīvaloka* [isto é, na esfera manifestada da criação, onde fervilham as mônadas vitais]). Esta atrai para si a mente e as cinco forças sensoriais que habitam e estão enraizadas na matéria do Universo. Quando este Senhor divino (Īśvara)[87] obtém deste modo um corpo e quando o abandona, leva consigo estas seis forças ou funções que estavam alojadas no receptáculo [o coração] e segue seu caminho, assim como o vento carrega as fragrâncias dos lugares por onde passa. Governando a audição, a visão, o tato, o paladar, o olfato, bem como a mente, Ele experimenta os objetos dos sentidos. As pessoas iludidas pela ignorância não O percebem quando deixa o corpo ou nele permanece unido aos *guṇa*, experimentando os objetos dos sentidos. Contudo, os que possuem o olho da sabedoria conseguem percebê-Lo.[88]
>
> O Senhor (Īśvara)[89] habita a região do coração de todas as criaturas perecíveis e com seu poder divino de ilusão *(māyā)* faz com que todos os seres girem *(bhrāmayant)* como se estivessem montados numa máquina (*yantrārūḍha* [por exemplo, sobre uma roda-d'água provida de caçambas para irrigar um campo de arroz]).[90]
>
> Este Possuidor do corpo, que habita o corpo de todos os seres, é eternamente indestrutível, portanto, não deves ficar aflito por criatura nenhuma.[91]

Como vimos, a doutrina especial da *Bhagavadgītā* é o *karmayoga*, o cumprimento desinteressado da tarefa terrena que temos de realizar; porém, este não é o único caminho para a liberdade e soberania do Eu divino. Kṛṣṇa, encarnação guerreira do Ser supremo, reconhece muitos caminhos, que correspondem às várias tendências e capacidades dos diferentes tipos humanos.

> Alguns – declara o deus – pela concentração, pela visualização interna, percebem, através de seu eu e nele, o Eu divino;[92] outros [O contemplam ou realizam em si mesmos], por meio das técnicas de *yoga* relativa ao sistema Sāṁkhya do conhecimento enumerativo;[93] e outros ainda, mediante o *yoga* da ação desinteressada.[94] Outros, porém, que desconhecem [estes caminhos esotéricos de autodisciplina interior e de transformação], Me adoram como lhes foi ensinado pela tradição oral ortodoxa, e mesmo estes transcendem a morte, ainda que se dediquem exclusivamente à revelação comunicada nos *Veda*.[95]

As rotinas do sacrifício védico haviam passado já há muito tempo quando surgiu a *Bhagavadgītā*. O cerimonioso estilo sacerdotal, com o qual se rendia culto aos seres divinos, não mais predominava. Entretanto, o valor de tais exercícios para atingir a meta era ainda reconhecido como um caminho secundário. Permanecera santificado pela tradição, mas era uma via incômoda e antiquada. As pessoas não atualizadas em suas ideias filosóficas – os homens do campo, os *pagani* – continuavam a praticar estas rotinas um tanto estranhas e, é claro, experimentaram seus bons efeitos habituais há longo tempo comprovados; mas os verdadeiros heróis e aventureiros da jornada suprema do espírito humano preferiam observar o caminho psicológico e interior da nova revelação esotérica, direto, muito mais intenso, rápido e confiável.

O Ser supremo, de acordo com a concepção hindu, não é ávido por atrair imediatamente cada ser humano à sua esfera supramundana por meio da iluminação, nem mesmo difundir noções idênticas e corretas a respeito da natureza e função de sua divindade. Ele não é um Deus ciumento. Ao contrário, permite e até se deleita com todas as ilusões diferenciadoras que acossam e obscurecem a mente do *Homo sapiens*. Dá boas-vindas e compreende todo tipo de fé e de culto. Embora seja Ele próprio o perfeito amor e se incline a todos os seus devotos não importando quais sejam seus níveis de entendimento, também é, ao mesmo tempo, soberanamente indiferente e absolutamente despreocupado, pois Ele mesmo não possui ego. Não tem a natureza colérica do Jeová do Antigo Testamento. Não tem pretensões totalitárias como as do Alá cunhado por Mohammed. Nem exige que a humanidade pecadora se reconcilie com Ele por meio de um pagamento tão exorbitante como o do sacrifício supremo do Redentor – o próprio filho de Deus, seu *alter ego*, Segunda Pessoa da Santíssima Trindade que, encarnado como a única vítima adequada, vítima expiatória estigmatizada com o sinal dos criminosos, Cordeiro que toma sobre si os pecados do mundo, livra a humanidade impura de sua merecida morte, derramando seu próprio sangue precioso e pendurado na cruz como a vítima mais notável de assassinato jurídico já perpetrado ao longo da história.

> Todo devoto que procure adorar qualquer forma *(rūpa)* divina com fervorosa fé, Eu, em verdade, torno essa fé inabalável. Ele, unido a essa forma por tal fé, conserva-a com adoração em sua mente e deste modo obtém seus desejos, os quais tão só Eu satisfaço. Finito, contudo,

é o fruto daquele de pouco entendimento: os que adoram os deuses vão aos deuses, mas os que a Mim adoram vêm a Mim.[96]

As ideias definidas, as noções e formas bem circunscritas, as várias personalidades do panteão das divindades, todas são consideradas múltiplos aspectos ou reflexos das sombras da ignorância humana. Todas trazem alguma verdade, com diversos matizes de imperfeição e, no entanto, são parte e efeito do jogo cósmico da *māyā*, representando sua atividade na esfera dos órgãos emocionais e intelectuais. Por exemplo, as concepções de divindade mais puras e espirituais se originam onde há uma predominância do *guṇa sattva* (claridade, bondade, pureza); as concepções irascíveis, coléricas e emocionais de Deus (onde a divindade apresenta um excesso de atividade) surgem dos impulsos do *guṇa rajas*; enquanto os seres semidivinos de caráter maléfico – deuses da morte, enfermidade e destruição – nascem do obscuro *guṇa tamas*. Os aspectos e personificações da essência divina variam conforme a ingerência de um ou outro dos *guṇa* na natureza do devoto. Daí acontecer que as divindades das várias raças, culturas e níveis sociais, difiram notavelmente entre si. O Ser supremo, em sua absoluta não participação na interação dos *guṇa* – embora seja Ele a origem destes –, está longe de rebaixar-se a interferir nas propensões particulares dos diferentes tipos humanos, mas antes encoraja e fortalece qualquer inclinação piedosa, pois esta é a força íntima de todo ser humano.

Todo devoto que procure adorar qualquer forma *(rūpa)* divina com fervorosa fé, Eu, em verdade, torno sua fé inabalável.

A "forma" *(rūpa)* é a manifestação fenomênica da essência divina transcendente sob o aspecto de uma personalidade divina, uma individualidade celestial, e é objeto de adoração porque se ajusta exatamente à mente e ao coração do adorador. Pode ser uma divindade da mais antiga ortodoxia (como Agni, Indra, Varuṇa), da religião hindu posterior (Śiva, Viṣṇu, Kālī) ou, ainda, de um dos sistemas mais recentes, de natureza universalizante, que prega sua mensagem por intermédio de missionários (Mohammed e Cristo). Lançando o feitiço da ilusão sobre todas as criaturas, apresentando sua *māyā* universal mediante as ações de todos, o Ser supremo está sempre disposto a permitir que cada homem siga seu próprio e particular caminho de ignorância, mais ou menos obscurecido, que ele e seu círculo confundem com o conhecimento real e a sabedoria. No que diz respeito ao Ser divino, pouco importa se os peixes nas profundezas do mar se agarram a suas duas ou três ideias sobre o mundo e a vida, se os pássaros que sulcam as alturas acariciam outras ideias diferentes e se os habitantes das florestas ou cidades humanas têm seus próprios padrões. O magnífico capítulo décimo da *Bhagavadgītā* diz que o Ser divino existe em todas as coisas.

Seja qual for a semente *(bīja)* de todas as criaturas, esta sou Eu. Não há criatura, móvel ou imóvel, que possa existir sem Mim. Eu sou o jogo do fraudulento, o poder do poderoso. Sou a vitória, o esforço. Sou a pureza dos puros.[97]

É-nos permitido e, até mesmo, somos incentivados a perpetuar nossa ilusão particular enquanto acreditemos que é verdadeira. Contudo, ao percebermos que estamos andando em círculos, mantendo o mundo, tal como o vemos, em movimento por meio de nossa própria atividade, tendo de prosseguir simplesmente porque insistimos em prosseguir e, no entanto, permanecendo sempre no mesmo lugar – exatamente onde estaríamos se nada fizéssemos –, então o feitiço é quebrado. Surge o desejo e a necessidade de liberação; e agora o Ser divino está igualmente disposto a abrir o caminho oculto que leva à esfera além da roda dos renascimentos.

Disse o Bem-aventurado: Tríplice é a fé veemente ou desejo *(śraddhā)*[98] dos encarnados, conforme suas diferentes naturezas: sáttvica, rajásica ou tamásica. Ouve a exposição delas. A *śraddhā* de cada um está de acordo com sua disposição natural, ó Bhārata!, na verdade, o homem consiste em sua *śraddhā*, ele é o que sua *śraddhā* é. Os homens nos quais predomina uma serena lucidez e bondade *(sattva)* adoram deuses; homens em que prevalecem o desejo e as atividades violentas *(rajas)* adoram *yakṣa* e *rākṣasa* [99]; e aqueles em que predominam a obscuridade e a inércia *(tamas)* servem a espíritos malignos, fantasmas e espectros[100]; enquanto esses outros que acumulam energia vital ou calor *(tapas)* por meio de austeridades ardentes e ferozes, consoante procedimentos não prescritos na tradição sagrada, são possuídos de uma determinação demoníaca: estão repletos de hipocrisia e egoísmo[101]; repletos de desejos sensuais incontrolados, apetites, paixões e força animal *(kāma-rāga-bala)*; eles arrancam e dilaceram com violência não apenas os seres e elementos vivos que habitam seus corpos [sob a aparência das funções e órgãos do processo vital], mas também o Eu divino, o princípio divino [Kṛṣṇa diz simplesmente "Eu"] que habita o interior do corpo.[102]

Contudo, os deuses que os homens adoram não são os únicos indicadores de seus *guṇa*.

Também o alimento que a cada um apraz é de três classes.[103]

Por constituírem a substância do mundo que evolui a partir de seu estado primordial de indiferenciação perfeitamente equilibrada, os *guṇa* são inerentes aos alimentos, assim como a tudo mais.

> Os alimentos suaves, suculentos e saborosos, sólidos e agradáveis, são preferidos pelo homem em que *sattva* prevalece. Já as pessoas em que *rajas* predomina preferem alimentos amargos, azedos, ardentes, salgados, fortes, ásperos e demasiadamente quentes (*vidāhin* [como o caril "quente"]). Esta dieta acarreta dor, angústia e doença [enquanto os alimentos "sáttvicos" produzem longevidade, vigor, força, bem-estar, prazer e ausência de doenças]. As pessoas de disposição "tamásica" gostam de comida rançosa, estragada, insípida, sobras [de outras refeições] e ritualmente impuras.[104]

A atitude plena de *sattva* não pede recompensa *(phala)* e executa os rituais conforme as prescrições: o devoto pensa simplesmente que "as oferendas precisam ser feitas". Quando, porém, a cerimônia é feita com vistas a alguma recompensa ou resultado, ou é realizada com arrogância hipócrita *(dambha)* a fim de ser visto como uma pessoa santa e perfeita, a atitude corresponde ao *rajas*. O *rajas* produz egotismo e ambição. Nos casos das cerimônias que não seguem as prescrições ortodoxas (ou seja, que não pertencem à tradição bramânica e são destinadas a demônios malignos ou a seres estranhos ao panteão tradicional), ou quando as comidas oferecidas não são distribuídas, posteriormente, a pessoas dignas (em geral, sacerdotes e brâmanes; em síntese, qualquer rito que ignore os brâmanes e seu dispendioso auxílio), esta atitude, segundo o juízo dos sacerdotes, é aquela em que *tamas* predomina.[105]

As proporções de *sattva*, *rajas* e *tamas* podem determinar-se em todos os detalhes da vida humana. Mesmo nas rigorosas austeridades ascéticas *(tapas)* dos tradicionais bosques de eremitas, as atividades dos três *guṇa* podem facilmente ser distinguidas. De fato, lemos que:

> *Sattva* prevalece quando o *tapas* é feito em função de si mesmo, sem visar a qualquer recompensa. *Rajas* prevalece quando o *tapas* é feito sem devoção a uma deidade, sem objetivo de adoração e motivada pela arrogância hipócrita *(dambha)*. Austeridades deste tipo são inconstantes e instáveis. *Tamas* prevalece quando as práticas são realizadas com alguma ideia tola e errônea, com grande sofrimento para o praticante ou, ainda, quando a prática tem por meta destruir um outro alguém [por exemplo, a serviço das forças destrutivas da morte e das trevas].[106]

De modo semelhante, as atitudes relativas à caridade *(dāna)*, o ato de dar, também apresentam três aspectos. O oferecimento é "sáttvico" quando feito a pessoas dignas que não podem retribuir (pessoas pobres, órfãos, viúvas, mendigos, religiosos mendicantes, santos, etc.), na ocasião e local propícios, tendo em mente apenas que é necessário oferecer dádivas. A caridade é "rajásica" quando feita na expectativa de ser correspondida ou visando a alguma recompensa dos deuses ou do destino conforme a lei do *karman* (*phala*: fruto), ou, ainda, quando o donativo é dado relutantemente, ou está em más condições, gasto ou deteriorado.

A doação "tamásica" é aquela feita em local impróprio e na ocasião inoportuna, por motivos repreensíveis e perversos, ou com desprezo.[107]

> Disse Arjuna: Mas, sob que tipo de coação, ó Kṛṣṇa, um homem comete pecado mesmo contra sua vontade, impelido, por assim dizer, pela força?
>
> O Bem-aventurado Senhor respondeu: O desejo *(kāma)*, esta furiosa e irascível paixão *(krodha)* que brota do *guṇa* da ação violenta, é o grande mal, o grande apetite. Sabe que neste mundo este é o pérfido inimigo.[108]
>
> Assim como o fogo é envolvido pela fumaça, um espelho pela poeira, e o feto no ventre materno pelos tegumentos que rodeiam o embrião, assim também a compreensão é envolvida pelo desejo. A inteligência superior *(jñāna)* do homem – que intrinsicamente é dotado de perfeito discernimento *(jñānin)* – está cercada por este eterno inimigo, o desejo, que assume todas as formas possíveis e que é um fogo insaciável. As forças sensoriais *(indriya)*, a mente *(manas)* e a faculdade de compreensão intuitiva *(buddhi)*, são todas consideradas sua morada. Por meio delas, o desejo atordoa e confunde o Possuidor do corpo, velando sua compreensão superior. Portanto, começa por sujeitar os órgãos dos sentidos e mata este maligno, o destruidor da sabedoria *(jñāna)* e da realização *(vijñāna)*[109]. As forças sensoriais são superiores [ao corpo físico]; a mente é superior aos sentidos; a compreensão intuitiva, por sua vez, é superior à mente; e, superior à compreensão intuitiva, é Ele [*sa*: o Possuidor do corpo, o Eu]. Por isso, tendo despertado para o fato de que Ele é superior e está além da esfera da compreensão intuitiva, aquieta firmemente o eu por meio do Eu [ou, a ti mesmo por meio do Eu], e mata o inimigo que tem a forma do desejo [ou que assume qualquer forma que lhe agrade] e que é difícil vencer.[110]
>
> Ao contemplarmos interiormente os objetos dos sentidos, visualizando-os e ponderando-os, criamos apego a eles; do apego nasce o desejo; do desejo surgem a cólera e as paixões violentas; da paixão violenta, o atordoamento e a confusão; do atordoamento, a perda da memória e do autodomínio consciente; desta perturbação, ou ruína do autocontrole, advém o desaparecimento da compreensão intuitiva; e da ruína da compreensão intuitiva vem a ruína do próprio homem.[111]

A técnica de desapego ensinada pelo Bem-aventurado Kṛṣṇa na *Gītā* é uma espécie de "caminho do meio". Por um lado, o devoto deve evitar o extremo de se apegar à esfera da ação e a seus frutos (a busca egoísta de propósitos pessoais, com avidez de aquisição e posse) e, pelo outro, deve evitar cair, com o mesmo cuidado, no extremo da abstinência vazia de toda espécie de ação. O primeiro erro é aquele proveniente do comportamento normal do ser mundano ingênuo, propenso à atividade e ansioso pelos resultados. Isto leva apenas a uma continuação do inferno da roda dos renascimentos: nossa participação costumeira e inútil no sofrimento inevitável que acompanha o fato de sermos um ego. O erro oposto é o da abstenção neurótica, o erro dos ascetas absolutos – como os monges jainas e *ājīvika*[112] – que se entregam à vã esperança de que é possível livrar-se dos influxos cármicos simplesmente por meio da mortificação da carne, fazendo cessar todos os processos mentais e emocionais e matando de fome o corpo. Contra estas coisas, a *Bhagavadgītā*[113] apresenta uma concepção mais moderna, mais psicológica e espiritual: "Age, não importa como! Mas procura desapegar-se dos frutos. Dissolve assim o amor próprio de teu ego e com isto descobrirás o Eu! O Eu não se preocupa nem com a individualidade interior *(jīva, puruṣa)* nem com o mundo exterior *(a-jīva, prakṛti)*".

Entretanto, esta fórmula do *karmayoga* não é o único meio: pode ser auxiliada e suplementada pelos procedimentos tradicionais da *bhaktiyoga*, o caminho de devoção fervorosa a alguma encarnação, imagem, nome ou personificação do deus preferido. De fato, o desapego dos frutos das ações inevitáveis é conseguido mais facilmente por uma atitude de autoentrega à vontade do deus tutelar, que, por sua vez, nada mais é que um reflexo do Eu que habita o interior de cada ser. "Tudo quanto faças, tudo quanto comas, tudo quanto ofereças em oblação de sacrifício, tudo que deres [como caridade], toda austeridade que praticares, realiza tais ações como uma oferenda a Mim [o Ser divino]"[114], ou seja, renuncia a tudo isso, entrega-o junto com seus frutos. Tudo o que for feito deve ser considerado uma oferenda voluntária ao Senhor.

Assim, parece haver dois tipos de *karmayoga*, conduzindo ambos à mesma meta: 1. uma disciplina predominantemente mental, fundamentada e conduzida pelo Sāṁkhya, por meio da qual se compreende a distinção entre os *guṇa* e o Eu, e 2. uma disciplina emocional e devocional de entrega ao Senhor (Īśvara). Esta última constitui um estágio preliminar, básico e mais popular, que deve se desenvolver até que se consiga compreender o caráter fenomênico do próprio Senhor, bem como do ego que presta o culto. Ambos (O Senhor e o ego), pelo fato de serem dois, são aniquilados no *Brahman-Ātman*, que é destituído de forma, nome, personalidade, ou dos movimentos suaves do coração.

> Deposita mentalmente todas as tuas atividades em Mim. Tomando--Me como meta suprema, recorre à prática do *yoga* da consciência interior *(buddhiyoga)*[115] e mantém a mente sempre fixa em Mim.[116]
>
> Sou o mesmo com todos os seres. Para Mim não há ninguém odioso ou querido. No entanto, os que se dedicam [e se entregam] a Mim com total devoção *(bhakti)*, eles estão em Mim, e Eu estou neles.[117]

A sabedoria confortante e iluminadora ministrada por Kṛṣṇa pode ser bem sintetizada na frase *mattaḥ sarvaṁ pravartate*: "De Mim tudo surge"[118]. Todos os sentimentos, preocupações, alegrias, calamidades e êxitos do homem procedem de Deus. Portanto, entrega-os novamente a Ele em tua mente, por meio da *bhakti*, e alcança a paz! Comparadas à realidade perene do Ser divino, tuas alegrias e calamidades são apenas sombras passageiras. "Então, somente Nele busca refúgio com todo teu ser, e por Sua Graça conseguirás a paz suprema e a morada eterna."[119]

Assim, na *Bhagavadgītā*, a antiga via bramânica do "caminho do sacrifício" *(karmamārga)* védico é deixada para trás. As práticas rotineiras para se ter acesso ao Poder sagrado mediante a magia dos elaborados ritos e oferendas de sacrifício são definitiva e explicitamente relegadas em favor do ritualismo puramente mental e psíquico do "caminho do conhecimento" *(jñānamārga)*. E a força redentora deste conhecimento é exaltada em termos magníficos. "O rito de sacrifício, que consiste no conhecimento, é superior ao sacrifício feito com oferendas materiais[120]; pois toda atividade [como aparece nos complicados ritos do sacrifício tradicional] alcança sua consumação no conhecimento."[121] "Mesmo se fores o maior pecador entre os pecadores, ainda assim poderás transpor toda maldade, apenas com a nave do conhecimento; assim como o fogo reduz o combustível a cinzas, de igual maneira também o fogo do conhecimento reduz a cinzas todas as classes de *karman*. Porque aqui [neste mundo], não existe nada mais purificador que o conhecimento. Quando, a seu devido tempo, se consegue a perfeição no *yoga*, descobre-se esse conhecimento no próprio Eu."[122]

Isto se aproxima em muito à fórmula dos *Yoga-Sūtra* de Patañjali. A característica magistral da *Bhagavadgītā*, como dissemos, consiste em justapor e coordenar *todas* as disciplinas fundamentais da complexa tradição religiosa da Índia. O Sāṁkhya, forma bramanizada do antigo dualismo pré-ária da vida e da matéria, havia sido, em sua essência, algo bem diferente da afirmação universal monista da tradição védica e, no entanto, esta última, ao amadurecer e tornar-se introvertida pelos sábios contemplativos no período das *Upaniṣad*, era também um caminho de *jñāna*. Daí que ambos puderam ser reunidos, conseguindo-se a união na *Bhagavadgītā*: a ideia Sāṁkhya acerca do pluralismo das mônadas vitais é aceita como uma concepção preliminar, que representa o ponto de vista do mundo manifesto. Não obstante, o teísmo dos *Veda* também permanece como suporte útil à mente durante seus primeiros estágios na difícil escalada rumo ao desapego: por conseguinte, ensina-se o caminho da *bhakti*, embora já não necessariamente vinculado aos ritos específicos dos primeiros cultos de sacrifícios materiais, externos. Desenvolve-se, por assim dizer, em sua forma tântrica, pessoal e introvertida, como veremos no último capítulo. Finalmente, uma vez que a meta de todas estas disciplinas é o conhecimento, a via direta do iogue introvertido por completo também é aceita como um caminho efetivo.

> Tendo escolhido seu assento, limpo e firme, nem muito alto nem muito baixo, feito de pano, de pele e de erva *kuśa* [*poa cynosuroides*, verbena] arrumada como se deve, ali, firme em seu assento, concentrando sua mente em um ponto e dominando os sentidos e a ação da faculdade imaginativa, deixa-o praticar o *yoga* para purificar o coração. Que mantenha seu corpo firme, cabeça e pescoço eretos e imóveis, contemplando a ponta de seu nariz e sem olhar ao redor. Com o coração sereno e sem

medo, firme no voto de continência, com a mente dominada e sempre pensando em Mim, que fique sentado, tendo a Mim como sua meta suprema.[123] Assim, tendo sempre a mente constante, o iogue cuja mente foi subjugada alcança a paz que habita em Mim, a paz que culmina no *nirvāṇa*.[124]

E quanto ao estado daquele que se liberou e que se encontra ainda na terra, o texto continua, dizendo:

> Quem é o mesmo com amigos e inimigos, igual frente à honra e à desonra, no calor e no frio, no prazer e na dor, livre de todo apego [em relação à esfera de experiências contraditórias e aos pares de opostos]; para quem a censura e o elogio são iguais, silencioso, satisfeito com aquilo que lhe acontece [bom ou ruim, exatamente como lhe vem], que não tem lar, que conserva a mente firme e está pleno de devota autoentrega, esse homem Me é caro.[125]
>
> Quem está sentado em atitude de absoluta indiferença, não agitado pelos *guṇa*; aquele que, simplesmente, sabe: que "estes *guṇa* agem por si mesmos, movimentam-se em redemoinho", e permanece imóvel, sem vacilar, este foi além dos *guṇa*.[126]
>
> "Assim como uma lamparina protegida do vento não vacila..." Tal é o símile que se utiliza para descrever o iogue que dominou sua mente, subjugando a si mesmo no exercício *yoga* da concentração no Eu.[127] Quem renuncia suas atividades pelo Eu Universal *(Brahman)*, desapegando-se delas e de seus resultados, permanece incólume ante o mal – assim como a folha do lótus permanece incólume ante as águas.[128]

Este é também um símile clássico. Do mesmo modo que as folhas do lótus, devido à sua suave superfície oleosa, não são afetadas pela água na qual crescem e permanecem, assim também o homem estabelecido no Eu não é destruído pelas ondas do mundo em que vive.

> Quem vê o Senhor supremo habitando igualmente em todos os seres transitórios, o Imperecível nas coisas que perecem, esse é quem verdadeiramente vê. E quando ele contempla as múltiplas existências, todas centradas nesse Um, expandindo-se a partir Dele, então torna-se esse *Brahman*.[129]

4. O Vedānta

O Eu da tradição ária-védica, o Ser Universal, habita o indivíduo e é o que lhe dá vida. Transcende tanto o organismo denso de seu corpo como o organismo sutil de sua psique, carece de órgãos sensoriais próprios pelos quais possa atuar e experimentar, e não obstante é exatamente a força vital que o torna capaz de agir. Esta inter-relação paradoxal entre a criatura fenomênica e seu núcleo imperecível anônimo, encoberto pelos envoltórios perecíveis, é expressa em estrofes adivinhatórias e enigmáticas que lembram nossas rimas infantis:

> O cego encontrou a joia;
> o sem-dedos a pegou;
> o sem-pescoço a vestiu;
> e o sem-voz a elogiou.[130]

O Possuidor do corpo não tem olhos, mãos, pescoço e voz, mas realiza tudo por meio do instrumento dos corpos denso e sutil que lhe servem de residência temporária e de veículo. O cego, o sem-dedos, o sem-pescoço e o sem-voz fazem prosseguir o processo vital da criatura autoconsciente que é sua vestimenta. É o verdadeiro ator de todos os atos e, apesar disso, simultaneamente, permanece indiferente a tudo quanto acontece ao indivíduo, tanto no sofrimento como na alegria. O que para o último constitui a realidade da vida – a vida com seus inúmeros e variados traços visíveis e tangíveis – para o superindivíduo anônimo são simplesmente "nomes", palavras insubstanciais.

> Palavras [isto é, nomes], somente palavras, nada além de palavras estão comigo.
> Não sou homem, mas sou homem e mulher;
> estou enraizado no solo, porém me movimento livremente;
> estou agora executando sacrifícios, executei sacrifícios e executarei sacrifícios.
> Os seres vivos, por meu intermédio, executam sacrifícios;
> os seres vivos são meus animais de sacrifício;
> e eu sou o animal de sacrifício, amarrado a uma corda, preenchendo o Universo inteiro.[131]

Isto quer dizer que a força divina que impregna o Universo e habita em cada criatura, a essência anônima sem face por trás das inúmeras máscaras, é nossa única realidade interior. As pedras, as montanhas, as árvores e outras plantas estão "enraizadas no solo", destituídas de movimento; os animais, os homens e os seres sobrenaturais "movimentam-se livremente" no espaço: a força vital divina em forma de mônadas vitais mora dentro deles e vivifica todos simultaneamente. Contudo, quaisquer que sejam as formas que assuma e penetre, permanece sempre indiferente a elas, incólume nelas e sem envolvimento.

Dentro da ortodoxia, o supremo dever religioso do homem com respeito aos deuses e aos ancestrais tem sido sempre o de oferecer sacrifício. O habitante do corpo, que preside as obras do indivíduo, é quem desempenha este sagrado ofício, bem como todas as ações das criaturas, quer sejam presentes, passadas ou futuras. No que concerne a este princípio interior, as três fases do tempo são uma e a mesma; para ele não há tempo; é um ator intemporal. Além disso, ele não é apenas o executor do sacrifício; ele é fundamentalmente inerente a todos os utensílios do rito sagrado, assim como aqueles usados em outras atividades humanas. Também está presente no "animal de sacrifício", a vítima amarrada ao pilar sacrificial que logo será imolada. Esse único Ser é o ofertante, a oferenda e os instrumentos da oferenda; o princípio onipresente que a tudo penetra, o vivificador universal da existência fenomênica.[132]

Para o sacerdote brâmane – cuja sabedoria era aquela do rito dos sacrifícios védicos – o processo do cosmo era uma gigantesca e incessante cerimônia de sacrifício. A própria substância vital divina, qual gigantesca vítima, preenchia – ou melhor, constituía – o corpo do mundo que se autoimola, e se autoconsome. A única essência transcendente residia de modo anônimo dentro de tudo: dentro do sacerdote oficiante, da vítima oferecida e das divindades que aceitavam o sacrifício, bem como dentro dos instrumentos puros por meio dos quais o sacrifício era prestado. Tudo isso nada mais eram que formas fenomênicas assumidas pela força divina. Essa presença única convertia-se nas formas de criaturas viventes e morava nelas como âmago de seu ser, como centro de energia que as incitava a agir, sofrer e participar, alternadamente, dos papéis de sacrificador e de vítima na contínua e interminável oblação que é o processo do mundo. Considerados assim, como meras vestimentas do único anônimo, o sacrificador e sua vítima, o alimentador e seu alimento, o conquistador e sua conquista, eram os mesmos: papéis ou máscaras simultâneas do único ator cósmico.

Tal era a concepção védica ortodoxa da força vital divina e seu jogo infindável – obviamente, uma visão que acarreta a depreciação do indivíduo. Qualquer civilização inspirada sob estes moldes tende a ignorar os traços únicos e personalizantes dos vários homens e mulheres que a compõem; na verdade, achamos que a sabedoria sagrada dos brâmanes descuidou significativamente do desenvolvimento do indivíduo. A autodescoberta e a autoexpressão nunca foram estudadas como meios pelos quais o indivíduo poderia realizar-se e preparar-se a fim de dar sua própria contribuição ao mundo. De fato, todo o pensamento da civilização bramânica era precisamente o contrário. A realização era buscada anulando a própria individualidade: cada um era tudo. A única coisa a ser levada a sério era a essência única que habita as manifestações de coloridos variados, que sobrevive às mudanças, intemporal e sem características. Este, e somente este, o núcleo perene, era o refúgio interior, o lar que sempre nos aguarda, ao qual toda criatura sempre deve empenhar-se por voltar.

Como vimos, a filosofia védica primitiva representava o Eu como o supremo reitor de todos os centros de atividade fenomênica e não obstante, ao mesmo tempo, como a testemunha indiferente de tudo isto. Entre o todo-penetrante estado de ação e o estado oposto de supremo afastamento havia, de algum modo, uma identidade, muito enigmática e difícil de entender. O Eu participava nas ações, contudo não se envolvia com os processos e as consequências. Penetrava em tudo, mas não se enredava. Em outras palavras, era exatamente a correspondência daquele Ser supremo das mitologias populares indianas, o Senhor Criador,

Conservador e Destruidor do mundo que, de sua própria infinita essência transcendente, originava o universo perecível e suas criaturas. Daquele Ser divino e bem-aventurado surgem todas as transfigurações nesta esfera de mudanças. Esse Uno, como Senhor da *Māyā*, está transformando de contínuo uma diminuta partícula de sua própria incomensurabilidade nas multidões pululantes de seres que entram e saem uns dos outros, neste terrível e maravilhoso ciclo de renascimentos e, contudo, sendo *Brahman*, é impassível.

As filosofias pré-arianas da Índia, por outro lado (tal como as refletem o jainismo e as doutrinas afins, e as reinterpretam o Sāṁkhya e o Yoga)[133], atribuíam um papel completamente passivo ao Eu, e além disso descreviam o Eu não como a força e a substância do cosmo, mas como a mônada vital individual. Não havia um Ser divino único que abrangesse a tudo e que emanasse energia e substância a partir de um abismo transcendental. Toda ação pertencia ao mundo da matéria *(ajīva, prakṛti)*. Cada mônada vital *(jīva, puruṣa)* era uma entidade individual e, segundo o jainismo, um estranho solitário habitando as águas de matéria cósmica, ou, conforme o Sāṁkhya, o reflexo do redemoinho daquelas mesmas águas. E estas mônadas flutuavam (ou pareciam flutuar), inumeráveis, como rolhas de cortiça, completamente passivas, no fluente e grande rio do ciclo de nascimentos e mortes. Não eram reflexos do poder de um mágico divino universal, onipotente e ubíquo, faíscas de sua chama eterna, substancialmente idênticas a ele e entre si. Tampouco era o alvo dos iogues, não árias e não bramânicos, extinguirem-se em algum ser único – ou em qualquer outra coisa; eles procuravam realizar seu próprio e intrínseco isolamento. A preocupação de cada um era desembaraçar-se da matéria na qual se via inserido e flutuando, e assim obter a liberação, o que constitui uma finalidade bem diferente daquela dos hinos védicos, das *Upaniṣad* e dos ensinamentos da canção cósmica da *Bhagavadgītā*.

Apesar disso (e isto é o mais notável), ao final do período de desenvolvimento védico e bramânico – aquele dos ensinamentos pós-budistas do Vedānta – vemos que, embora a linguagem da filosofia indiana ortodoxa seja ainda a da tradição não dual, paradoxal, ária-bramânica, a disposição, os ideais e o ponto de vista tornaram-se os daqueles que renunciam ao mundo e proclamam o retiro. O entusiasmo primitivo, animador e exultante, que afirmava o mundo – característico das épocas védicas e das *Upaniṣad* –, havia desaparecido e um frio ascetismo monástico domina então o período, porque a desalentadora teoria que pregava a inatividade última e absoluta do Eu chegou a prevalecer – só que agora, em vez de mônada individual *(jīva, puruṣa)*, o princípio inativo é o Eu universal *(Ātman-Brahman)*.

O nome mais importante neste surpreendente desenvolvimento é o do brilhante Śaṅkara, fundador da escola de filosofia vedantina chamada "não dualista" *(advaita)*. Conhece-se pouco de sua trajetória, que atualmente se supõe ter durado apenas trinta e dois anos, por volta de 800 d.C. As lendas atribuem sua concepção a um milagre do deus Śiva e afirmam que, ainda em tenra idade, era ele um mestre de todas as ciências; diz-se que aproximou o curso de um rio à porta de sua mãe para lhe poupar o trabalho de ir buscar água. Ainda muito jovem retirou-se para a floresta, onde encontrou o sábio Govinda, e tornou-se seu discípulo. Depois disso, peregrinou por toda a Índia travando, em todas as partes, discussões vitoriosas com os filósofos de sua época. Os comentários de Śaṅkara aos *Brahma-Sūtra*, à *Bhagavadgītā* e às *Upaniṣad*, e suas obras filosóficas originais, como o *Vivekacūḍāmaṇi*, "A joia máxima da discriminação", exerceram incalculável influência na história da filosofia por todo o Médio e Extremo Oriente.

Fundamentando seu raciocínio na fórmula védica *tat tvam asi*, "tu és Aquilo"[134], desenvolveu com firme coerência uma doutrina sistemática que tomava o Eu *(ātman)* como única realidade, considerando tudo o mais como produto fantasmagórico da ignorância *(avidyā)*. O cosmo é feito da ignorância, como também o é o ego interior *(ahaṁkāra)*, que em todo lugar é confundido com o Eu. A *māyā*, a ilusão, zomba a cada instante das faculdades perceptivas, pensantes e intuitivas. O Eu está profundamente oculto. Mas quando o Eu é conhecido não há ignorância, não há *māyā*, não há *avidyā*, isto é, não há macrocosmo nem microcosmo: não há mundo.

De acordo com um sumário introdutório desta doutrina, convenientemente exposto no *Vedāntasāra*, escrito pelo monge Sadānanda[135] no século 15, o Eu está oculto por cinco envoltórios, cinco camadas psicossomáticas superpostas. A primeira e mais substancial é chamada *anna-maya-kośa*, "o envoltório *(kośa)* feito *(māyā)* de alimento *(anna)*" que, logicamente, é o corpo denso e seu mundo de matéria densa. Isto corresponde ao plano da consciência vigílica, como descrito na *Maṇḍukya-Upaniṣad*[136]. O segundo envoltório, *prāṇa-maya-kośa*, "o envoltório feito de forças vitais *(prāṇa)*"[137], e o terceiro, *mano-maya-kośa*, "o envoltório feito de mente [e sentidos] *(manas)*", junto com o quarto, *vijñāna-maya-kośa*, "o envoltório feito de entendimento [compreensão] *(vijñāna)*", compõem o corpo sutil, que corresponde ao plano da consciência durante os sonhos; ao passo que o quinto, *ānanda-maya-kośa*, "o envoltório feito de beatitude *(ānanda)*", que corresponde ao plano do sono profundo tal como o descreve a *Maṇḍukya-Upaniṣad*, é o que se conhece com o nome de corpo causal. É um envoltório de ignorância *(avidyā)*, muito escuro e grosso, que é a capa interior, fundamental, de todo o mundo criado. Somente quando houver sido arrancado este último envoltório poderá ser conhecido o Eu – aquele tranquilo Silêncio além da sílaba *AUṀ*, que do ponto de vista do Vedānta "não dualista" de Śaṅkara é a única atualidade, o único verdadeiramente real. "Revestido pelos cinco envoltórios – escreve Śaṅkara em seu *Vivekacūḍāmaṇi* – produzidos por seu próprio poder, o Eu não brilha, como a água num tanque coberto por grossas massas de junco [produzidos por seu próprio poder]. Mas, quando o junco é removido completamente, a água clara torna-se visível ao homem, acalma o tormento da sede e concede felicidade no mais alto grau."[138]

A ignorância *(avidyā)*, "autora" *(māyā)* da massa de juncos, não é simplesmente a falta de intuição, um princípio apenas negativo, mas também um poder positivo *(śakti)*[139] que projeta ou origina a ilusão do mundo e dos cinco envoltórios. Em sua função negativa, a ignorância oculta o Eu, "assim como uma pequena nuvem encobre o sol"[140]; porém, em seu caráter positivo dá origem à multiplicidade do cosmo, engolfando toda nossa capacidade de julgamento, agitando nossos sentidos e faculdades mentais, excitando nossas paixões de desejo e ódio, medo, realização e desespero, causando sofrimento e fascinando nossa confusa e fátua consciência com irrealidades transitórias de prazer.

Como no Sāṁkhya, no Vedānta, somente a sabedoria *(vidyā)* consegue atingir a liberação *(mokṣa)* dos envoltórios e cadeias da ignorância; além do mais, esta sabedoria não é algo a ser obtido, mas já está presente no interior como cerne e suporte de nossa existência. A água só está encoberta pelos juncos; a água sempre está lá, sempre clara e pura; não temos de trocá-la, temos apenas de remover a obstrução. Ou, como no conto do "filho do rei"[141], a liberação é unicamente a realização de nossa verdadeira natureza. Esta realização pode ser obtida pelo pensamento crítico, como no Sāṁkhya, por meio de práticas de *yoga* que alargam a mente (aqui aplicadas ao monismo ilusionista, como nos *Yoga-Sūtra* eram aplicadas à concepção dualista), ou mediante qualquer dos outros "caminhos" da tradição ortodoxa; mas no final, quando se chega a ela, equivale a um milagre de autolembrança, pelo qual a aparente criação do mundo é imediatamente desfeita e as estruturas que envolviam o corpo e a alma desaparecem.

Nesse meio tempo, contudo, insiste-se na prática das virtudes morais ortodoxas como disciplina preparatória do exercício de transposição final. As boas obras, mesmo as simplesmente cerimoniais, se executadas por motivos puros e adequados, sem apego aos frutos, aos objetivos e às vantagens, e sem desejo de recompensa, constituem uma excelente preparação para a empresa definitiva de obter a suprema iluminação. Os exercícios de *yoga* de concentração intensa são o principal instrumento para adquirir consciência da verdade comunicada pelo guru; mas estes não podem ser empreendidos por ninguém que já não se tenha preparado mediante austeridades purificadoras e conduta impecável, com espírito de virtuosa abnegação. Portanto, o candidato a ser instruído no Vedānta tem de haver cumprido com todos os deveres religiosos normais (ou seja, sociais) da forma de vida hindu *(dharma)*. Ele deve estar qualificado por nascimento, haver estudado os quatro *Veda* e seus "membros", ser capaz de discriminar entre as coisas permanentes e as transitórias, possuir as chamadas "seis joias", ter fé perfeita e haver ganho a assistência de um instrutor espiritual qualificado.[142] "Isto sempre deve ser ensinado" – diz Śaṅkara – "àquele de índole tranquila, que tenha subjugado as forças de seus sentidos, que seja livre de erros, obediente, dotado de virtudes, sempre submisso e ávido pela liberação."[143]

Lemos no *Vedāntasāra*: "O grande tema de todo ensinamento vedantino é a identidade da mônada vital individual com *Brahman*, cuja natureza é pura consciência ou espiritualidade".[144] Esta tomada de consciência representa um estado de homogeneidade onde todos os atributos qualificantes são transcendidos, um estado de inteligência que está além dos pares de opostos e onde todas as ideias de separatividade e variação se extinguem. Em outras palavras, o "caminho da devoção" *(bhaktimārga)* tem de ser transcendido pelo estudante do Vedānta. Não é suficiente a união amorosa do coração com sua altíssima divindade pessoal. A experiência sublime do devoto que contempla a visão interior do seu Deus em absorção concentrada é apenas um prelúdio do inefável momento final da completa iluminação, além até mesmo das esferas da forma divina. Para chegar a esta meta suprema, deve desarraigar-se até o último traço, até o próprio germe da "ignorância" *(avidyā)*, com o que a beatitude do *Brahman* não dual apresenta-se automaticamente. Experimentar esta beatitude é a única prova direta que existe no mundo do *fato* da identidade transcendental.

Por meio do pensamento e de métodos racionais, é possível estabelecer indiretamente, ou sugerir algo, acerca do estado último não dual; contudo, o propósito único do Vedānta não é sugerir e sim fazer conhecer. Esta meta expressa-se no seguinte aforismo védico e das *Upaniṣad*, que é citado com frequência: *brahmavid brahmaiva bhavati*, "aquele que realiza *Brahman* por meio do conhecimento torna-se *Brahman*"[145].

O paradoxo básico de toda esta doutrina é que, embora a identidade do *jīva* e o *Brahman* – única realidade permanente – esteja além da mudança, deve ser conscientizada e restabelecida por meio de um laborioso processo de esforço humano temporal. Esta situação é comparável à do homem que se esqueceu da preciosa joia que traz ao redor de seu pescoço, e assim sofre pesar e ansiedade, acreditando-a perdida. Quando encontra alguém que a aponta, nada muda, exceto sua ignorância; mas isto (ao menos para ele) significa muito.

O caminho direto para a realização se dá pela absorção no estado transcendental além das qualificações. Para tanto, os textos e os ensinamentos do guru preparam o candidato pelo caminho indireto, preliminar, negativo, da "máxima ou método *(nyāya)* da refutação *(apavāda)* das imputações ou 'sobreposições'[146] *(adhyāropa)*"[147]. O verbo *adhy-ā-ruh-*, "colocar uma coisa sobre outra", ou também "causar, produzir, efetuar", resulta no substantivo *adhyāropa*: "o ato de atribuir algum estado ou qualidade a uma coisa, falsamente ou por erro; conhecimento errôneo". O termo *āropa* é usado amiúde para descrever a linguagem figurativa e lisonjeira dos elogios que os poetas da corte endereçavam aos seus reis, e os amantes a suas amadas. Por exemplo, o poeta, ao louvar um rei por haver conquistado seus inimigos, descreve como os vizinhos subjugados inclinam suas cabeças ante os pés do rei: "Os reis" – diz a lisonja – "levam sobre suas cabeças a flor de lótus que é teu pé. A fileira de pétalas está composta pelos rosados dedos de teu pé, os filamentos são os raios de tuas polidas unhas".[148]

Aqui o poeta emprega o esquema da "sobreposição" *(āropa)* como técnica de metáfora, comparando os reis prostrados ante os degraus do trono do Rei de reis com devotos que colocam sobre suas cabeças o lótus sagrado – símbolo de seu deus (Brahmā, Viṣṇu, Lakṣmī ou o Buddha) – como sinal de absoluta submissão e serviço ao Senhor. O que o poeta faz intencionalmente para dar encanto e vida à descrição, a humanidade em geral o faz sem intenção. A mente, em sua ignorância *(avidyā)*, "sobrepõe" um mundo de dualidade e pluralidade à identidade única, não dual, de *jīva* e *Brahman*, fazendo assim aparecer, como miragem maravilhosa, uma multidão de seres, interesses e coisas em conflito. Como uma corda vista ao crepúsculo pode assemelhar-se a uma cobra (apenas uma inofensiva corda, que não obstante é tomada por uma cobra e, ainda por cima, inspira medo!), ou como um pedaço de madrepérola, comparativamente sem valor, ante um olhar rápido pode converter-se na desejada prata, assim também é possível fazer com que o mundo, que inspira medo e desejo, desapareça tornando-se um substrato neutro. "Por infinita compaixão, o guru dá instruções ao discípulo seguindo o método da refutação *(apavāda)* da 'sobreposição' *(adhyāropa)*[149]." "A 'sobreposição' *(adhyāropa)* consiste em atribuir algo irreal a algo real."[150]

Tendo-se "tornado *Brahman* por conhecer o *Brahman*", o guru compreende que, na realidade, não há dualidade de discípulo e guru; portanto, em seu ensinamento vive uma vida dupla. Mas condescende com isto, conformando-se à esfera ilusória do múltiplo que o rodeia como um reflexo, por compaixão, aceitando novamente a atitude da dualidade por causa do intenso desejo de instrução que sente o discípulo que veio até ele. O instrutor iluminado desce do estado transcendental de ser a nosso plano inferior de pseudorrealidade empírica para beneficiar os não iluminados. Isto é comparável ao ato amoroso de uma Encarnação – no contexto da mitologia do hinduísmo – quando o Deus supremo desce em forma de manifestação ilusória (Viṣṇu, por exemplo, como Kṛṣṇa), com o propósito de liberar os devotos; ou na mitologia do budismo Mahāyāna, onde também vemos a encarnação de um Buddha supramundano com objetivos idênticos. Por este ato o guru ajusta-se à máxima da estrofe védica: "Àquele discípulo que se aproximou dele com a devida cortesia, cuja mente se tornou perfeitamente calma, e que tem controle sobre seus sentidos, o sábio mestre deverá ministrar, em realidade, o conhecimento do *Brahman* pelo qual se conhece o Homem *(puruṣa)* imperecível, que é verdadeiro e eternamente existente".[151]

A simples mas paradoxal verdade transmitida nos ensinamentos do Vedānta é que o *Brahman*, que é eterno ser *(sat)*, consciência *(cit)* e beatitude *(ānanda)*, é absolutamente "sem-segundo" *(advaya)*, o que de maneira literal significa que todos os objetos de experiência, bem como a ignorância criadora que os origina, fundamentalmente não têm substancialidade, como a cobra percebida na corda ou a prata, na madrepérola. A realidade, em um sentido absoluto, é negada em todo o tocado e visto, ouvido, cheirado, saboreado, pensado, reconhecido ou definido na esfera do espaço e do tempo. Esta é uma verdade contrária ao senso comum e à experiência humana empírica e, por consequência, quando é representada e interpretada como pensamento e linguagem racionais, não pode deixar de parecer cheia de contradições. Não obstante, pode ser captada pelo iogue vedantino. Além disso, entendê-la significa participar da consciência pura, anônima, neutra e isenta de qualificações e, portanto, estar além da personalidade individualizada de toda, por assim dizer, "divindade suprema" manifestada com atributos tais como a onipotência e a onisciência. O *Brahman*, o Eu, é a consciência absolutamente livre de qualificações. Porém, esta é uma verdade que só pode ser conhecida por meio da experiência.

Contudo, a mente pode aproximar-se da verdade raciocinando, por exemplo, que, a menos que o Eu seja consciência, tal percepção como "eu sou o conhecedor" não poderia surgir em uma mente fenomênica. Pode-se dizer que a consciência aparente dos seres fenomênicos é como um reflexo ou uma especificação da consciência pura e primária do *Brahman* – semelhante aos reflexos da Lua em diferentes superfícies de água, os quais, parecendo limitá-la, derivam no entanto de uma única Lua "sem segunda". Entretanto, a realidade de tais seres fenomênicos é indefinível. Não pode ser descrita por nenhum dos dois termos contrários: "existência" e "inexistência". Isto porque não é cabível dizer que a ignorância humana seja um puro "nada"; se assim fosse não perceberíamos fenômeno algum. A ignorância e os fenômenos materiais que ela contempla baseiam-se, na verdade, no *Brahman*, que é real (exatamente como a cobra ilusória é baseada na corda real); todavia, como acontece (ou aquilo que é esta magia), nem mesmo os Conhecedores sabem.

A verdade sobre a ignorância não pode ser conhecida porque, enquanto se permanecer dentro dos limites da ignorância, a própria ignorância constitui o horizonte limitado do pensamento. E os Conhecedores não podem conhecer a verdade acerca da ignorância porque, tão logo suas consciências se identificam com o *Brahman*, a ignorância (ao menos para eles) não mais existe. Por isso a ignorância – junto com seu mundo – de algum modo é e não é, ou, talvez melhor, nem é nem não é. De qualquer modo, é um enigma ainda maior que o *Brahman*.

A ignorância *(avidyā)*, pela qual a aparente realidade de nossa experiência empírica se "sobrepõe" à realidade última do *Brahman* é, assim, absolutamente inexplicável por sua própria natureza. Não pode ser demonstrada pelo raciocínio, uma vez que o próprio raciocínio não pode subsistir separado da ignorância. Analisar a ignorância por meio do raciocínio é como examinar a escuridão com o auxílio das trevas. Tampouco pode ser demonstrada pelo saber, porque com o despertar do saber desaparece todo traço de ignorância. Analisar a ignorância mediante a sabedoria é como estudar a escuridão com uma luz ofuscante. "A característica própria da ignorância" – declara o filósofo vedantino Sureśvara – "é mera ininteligibilidade. Não pode proporcionar prova alguma; se pudesse, seria algo real".[152] Ao contrário, ela é uma falsa impressão *(bhrānti)*. "Esta falsa impressão carece de uma base real e contradiz todo o raciocínio", afirma o mesmo autor em outro texto. "Não pode resistir frente ao raciocínio mais do que a escuridão frente ao sol."[153]

A existência da ignorância, portanto, tem de ser aceita, ainda quando em si mesma seja inexplicável; de outra forma, teríamos de refutar o fato inegável de que experimentamos o mundo fenomênico. O *Brahman* é experimentado, e esta experiência é a prova que o sábio tem sobre o *Brahman*; mas, se a experiência vale em um contexto, deve-se permitir que valha também em outro. Daí a ignorância ser descrita como "algo" que diz ter "a forma ou aparência de uma realidade flutuante ou transitória" *(bhāvarūpa)*[154]. Em comum com os seres e experiências nele enraizados, este "algo" tem a "forma do devir" (também *bhāvarūpa)*: é transitório, perecível, conquistável. Tendo vindo à existência no início do tempo, como a própria base da experiência do mundo e da consciência do ego, também pode deixar de existir. Caso fosse realmente existente (*sat*, "real além das mudanças"), jamais poderia ser dissipado, e não haveria experiência do

Ātman-Brahman como a única realidade; não haveria Vedānta. Mas, por outro lado, se a ignorância fosse inexistente, ela não manifestaria todos estes efeitos. A única coisa que se pode visualizar a respeito, portanto, é que esse "algo" é "antagônico ao conhecimento, incompatível com a sabedoria"[155], porque desaparece, com todas as suas modificações, à luz do saber; e também, que os *guṇa* são inerentes a ele[156], porque não podem ser separados dele mais do que uma substância, de seus atributos. Finalmente, a prova de sua existência é a simples conscientização de que "eu sou ignorante".

Como todos os fenômenos, a ignorância pode ser considerada de duas maneiras: 1. integralmente *(sam-aṣṭy-abhiprāyena)*, como um todo, ou 2. analiticamente *(vy-aṣṭy-abhiprāyena)*, como composta de numerosas unidades distintas.[157] A palavra *samaṣṭi* significa "um agregado feito de partes que constituem uma unidade coletiva", enquanto *vyaṣṭi* especifica as unidades de um agregado. Por exemplo, quando um certo número de árvores é considerado como um agregado *(samaṣṭi)*, são indicados como uma unidade, isto é, como "uma floresta"; assim, dependendo do tamanho e da natureza da agregação, um certo número de gotas de água pode ser chamado de "lagoa", "lago" ou "reservatório". Entretanto, quando tomadas como unidades *(vyaṣṭi)*, são muitas árvores ou gotas (ou litros).[158] Do mesmo modo pode-se considerar a ignorância *(avidyā)* como um agregado universal que a tudo abarca, ou como uma multidão de ocorrências separadas. Isto quer dizer que a diversidade evidente da ignorância em diferentes indivíduos pode ser observada ela própria como um mero aspecto da ignorância (que é como dizer: "Não há árvores, existe apenas uma floresta"); ou, ao contrário, pode-se igualmente afirmar que a ignorância só existe no múltiplo (que é como declarar que não existe uma floresta, senão muitas árvores). Entretanto, em cada exemplo, o fim é a ignorância que, segundo a forma de observação, é experimentada como múltipla ou como uma.

Nos mitos, o aspecto integral, coletivo *(samaṣṭi)*, da ignorância é atribuído a um ser pessoal e divino, reverenciado como criador, governante e conservador do cosmo. É a consciência suprema, o *Brahman*, visto sob o feitiço de um papel pessoal e, como tal, é uma manifestação do nível ou aspecto mais belo, supremo, sutilíssimo e sublime da ignorância e da autoilusão.[159] Este deus-criador-conservador-e-destruidor, este Senhor supremo (Īśvara), é o aspecto todo "oniabrangente" da força vital (que é a ignorância) em sua evolução e penetração do Universo. É comparável a uma floresta ou a um mar que a tudo contém.

Viṣṇu, por exemplo, que por sua encarnação em Kṛṣṇa tornou-se o revelador da *Bhagavadgītā*, é representado no mito hindu como o Oceano Lácteo da Vida Imortal, do qual surge o universo transitório e no qual volta a se dissolver. Este oceano é personificado como Ādi-śeṣa, a serpente gigante primordial dos abismos, que traz o Universo desenrolado sobre sua cabeça e é o dragão doador de vida, nas profundezas do espaço. Em outra ocasião, Viṣṇu é descrito em forma antropomórfica, deitado sobre essa serpente. Ela é, ao mesmo tempo, seu leito vivente, que o mantém na superfície do Oceano Lácteo e, em sua forma de elemento, é o próprio Oceano Lácteo. Com efeito, este ser divino é a seiva vital ou substância primordial que origina e alimenta todas as formas de todas as criaturas animadas do Universo. O deus sonha. De seu umbigo, como da água universal, cresce o cálice do lótus sobre o qual Brahmā está sentado – o primogênito do Universo – pronto para supervisionar o processo cósmico da criação. O brilhante lótus é a flor do mundo, que é o sonho de Viṣṇu; e o deus que está nele, Brahmā, o "Criador", constitui uma emanação do útero universal que é o sonho cósmico de Viṣṇu.

O significado de tudo isto é que, quando a essência *(Brahman)* metafísica, pura e transcendental, que está além de todos os atributos e das máscaras pessoais, única e singular, pura beatitude, pura sensibilidade e consciência, submerge num estado no qual, debaixo de uma máscara pessoal, imagina ser o Deus universal, então o esplendor do límpido ser espiritual é obscurecido, e esta nuvem é uma autoilusão em escala cósmica: a consciência universal, esquecida de seu verdadeiro estado e natureza de *Brahman*, imagina a si própria possuindo uma personalidade divina; este é o mistério crucial da criação. O supremo Senhor, sob esta ilusão, adquire a consciência de ser o supremo Senhor; imagina e sente-se dotado de onisciência, onipotência, soberania universal e todas as outras virtudes supremas de igual magnitude. Porém, a posse de tais atributos (e geralmente são imputados ao Ser supremo em todas as partes do mundo, no islamismo e no cristianismo, bem como nos cultos populares da Índia) não passa de um reflexo da ilusão. Impessoal, anônimo e inativo, o *Brahman* permanece intacto, além dessas populares nuvens veladoras, além desse supremo eclipse. Somente na aparência a substância universal está implicada nesta suprema figura pessoal que nasceu, como magnífico superego, de um sublime estado de consciência divina ignorante.

O adepto vedantino chega a um ponto, ao longo de seu progresso no caminho do *yoga*, em que se identifica com este criador pessoal da ilusão cósmica. Sente-se unido ao supremo Senhor, participando de suas virtudes de onisciência e onipotência. Esta, contudo, é uma fase perigosa, pois se quiser chegar a *Brahman*, a meta, deve conscientizar-se de que esta pretensão é apenas uma forma sutil de autoilusão. O aspirante tem de vencê-la, ir além dela, de modo que o anonimato do Ser *(sat)*, Consciência *(cit)* e Beatitude *(ānanda)*, possa surgir nele como a essência transpessoal do seu Eu verdadeiro. A personalidade fascinante da divindade suprema se dissolverá então e desaparecerá, como a última, mais tênue e persistente ilusão cósmica. O criador do mundo terá sido transposto e, com ele, toda a ilusão da existência do mundo.

Todavia, para o iniciante ou para o religioso que principia a caminhada, o superego divino, comumente chamado "Deus", é exatamente o centro intencional dos piedosos exercícios devocionais de autoentrega *(bhakti)*. Tendo a este "Deus" como foco de atenção e centro de consciência, o devoto consegue livrar-se do seu ego individual. Isto lhe possibilita elevar-se acima da posição do indivíduo que vê muitas árvores mas não a floresta, e imagina ser uma árvore. Reconhece o caráter abrangente da floresta, ou seja, a identidade coletiva de todos os seres em "Deus". Este é um passo em direção à superação do dualismo do "eu" e "tu", do conflito entre criaturas semelhantes. Tudo é experimentado como uma só coisa, concebido na personalidade divina única. Todas as criaturas, de todos os lugares e tempos, são "suas" manifestações continuamente mutáveis.

Mas agora, o problema do próprio Ser supremo, como "Deus", imaginando ser o que os teólogos dizem que é: autoilusão, ignorância, *avidyā* – a própria base da consciência errônea da existência de Deus –, é de um caráter mais sutil em seu espírito amplo e onisciente do que nas esferas pequenas, estreitamente limitadas e densas da consciência mortal. O agregado da ignorância em Deus – uma vez que está diretamente associado com a pura espiritualidade do *Brahman* – tem uma preponderância do *guṇa sattva* (a claridade mais pura); está livre do *rajas* (a atividade passional incontrolada), bem como do *tamas* (inércia, embotamento), que preponderam nas esferas dos animais, minerais, vegetais e seres humanos comuns. O Ego de Deus, a última entidade pessoal, é fundamentalmente tão irreal quanto o ego humano, tão ilusório como o Universo, não menos insubstancial que todos os outros nomes e formas *(nāmarūpa)* do mundo manifestado; porque "Deus" é somente a mais sutil, magnífica, a mais agradável impressão falsa de todas, neste espetáculo geral de autoilusões errôneas. Como as demais formas desta realidade flutuante e transitória, "Deus" existe apenas quando associado ao poder *(śakti, māyā)* da falsa representação de si. Daí "Deus" não ser real. Além disso, está associado a seu próprio autoengano tão só em aparência, ou seja, no que concerne a nós. Em resumo, sendo *Brahman* – a única essência existente – não pode perder-se realmente nessa ignorância que, por sua vez, não é nem "irreal" nem "real".

Logo, só para as mentes não iluminadas Deus parece ser real, dotado de atributos como a onisciência, a onipotência, a autoridade universal, e disposto a atitudes de benevolência ou de cólera. As preocupações piedosas centradas ao redor de Deus, os ritos das várias comunidades religiosas e as reflexões dos seus teólogos pertencem e sustentam a atmosfera do mais sutil e respeitável autoengano. Logicamente, têm um valor inestimável como meios preliminares. Proporcionam uma espécie de escada pela qual o indivíduo, totalmente egoísta, pode subir a partir da prisão escura de seu próprio ego. Mas, quando alcança o último degrau e, por fim, está capacitado para transcender a verdade conveniente do monoteísmo pessoal, a escada deve ser abandonada.

O Ser supremo, como "Deus", é fenomênico; é uma face nobre e majestosa pintada sobre o vazio sublime do *Brahman*, o verdadeiro Ser que carece de fisionomia e de todos os demais atributos e definições. O *Brahman* não está de fato envolvido na ignorância, apenas aparentemente o está; e só no estado de ignorância menos escuro, menos ativo e mais sereno, que é brilhante claridade *(sattva)*. Não se pode dizer que "Deus" é enganado por sua própria atitude ilusória de soberano Superegoísmo, grande em sua onisciência, onipotência e autoridade senhoril. Quando o Senhor parece estar representando seu papel cósmico, não está envolvido na rede de ilusão que ele cria; a pantomima do papel divino não ilude o ator. Por isso, se "Deus" há de ser concebido como desdobrando, conservando e penetrando o Universo todo, dirigindo as propensões mentais dos seres finitos, por seu poder universal que a tudo controla, deve-se entender que está representando uma espécie de peça teatral para a qual não há espectador – como o faria uma criança. "Deus" é o dançarino cósmico solitário, cujos gestos são todos os seres e todos os mundos que surgem continuamente de seu infatigável e incessante fluxo de energia cósmica, enquanto executa os gestos rítmicos, indefinidamente repetidos. Śiva, o deus que dança, não está enfeitiçado por sua dança; e aqui está a principal diferença entre o Senhor (Īśvara) e as mônadas vitais *(jīva)* que também dançam neste drama universal.

Nós, pequenos seres, estamos presos na armadilha da ilusão de todas estas formas fantasmagóricas. Na verdade, pensamos que somos seres humanos, que nosso ego individual é uma realidade e, assim, nos agarramos a nós mesmos e à falsa realidade dos outros fenômenos atrativos e repulsivos que pululam ao nosso redor. Ao passo que "Deus" sabe que sua personalidade divina é uma máscara, uma falsa impressão que Ele sempre pode remover simplesmente voltando a sua substância indiferenciada; para nós, nossas próprias personalidades são tão densas e duráveis quanto nossa própria ignorância, e Deus, em sua personalidade, é o grande desconhecido. Sua natureza, para nós, imersos que estamos no estado de ignorância, é insondável. Não obstante o chamamos, com toda propriedade, de "Guia interior", pois pode tornar-se a luz de toda a nossa ignorância. Assim como o Sol ilumina o mundo e dissipa a escuridão, assim também o Ser divino, uma vez conhecido, ilumina a ignorância e dissipa seu produto: esta esfera fenomênica e todos os seus indivíduos fenomênicos. O Sol jamais é contaminado pela escuridão, o Ser divino tampouco o é por este mundo de ignorância no qual sua graça atua tão miraculosamente.

O Eu puro – única entidade real existente, consciência absoluta não limitada por nenhum conteúdo ou qualidade, e beatitude plena – cosmicamente associado à ignorância, que é inconsciente da sua verdadeira natureza, não real nem irreal, condescende em aceitar a personalidade e a consciência do Senhor do Universo, o Único Supremo, onipotente, onipresente, inerente a cada partícula da criação. Mas, embora associado à ilusão, não está verdadeiramente sujeito a ela; a ignorância nele é totalmente "sáttvica". Está sempre impregnado pela beatitude do *Brahman*, o Eu, mas se delicia no curioso e inocente jogo de ser consciente do caráter ilusório de sua própria augusta personalidade e do Universo, mesmo quando neste jogo a produza, a sustente e lhe permita desaparecer. Este é o ângulo da ignorância em sua inconsciência coletiva, total – a grandiosa ignorância da floresta.

Por outro lado, nós, árvores individuais egocêntricas, estamos circunscritos pelo aspecto individual da nossa ignorância. Nós nos imaginamos ser o senhor X ou a senhorita Z; imaginamos que *isso* é um cachorro e *aquilo* um gato, distintos e separados entre si e de nós mesmos. Enquanto o Senhor experimenta a ignorância em conjunto, como um todo, para nós o Eu está partido em pedaços e, não bastando, associado a uma ignorância que é complexa, que não consiste apenas em serenidade *(sattva)*, mas composta de claridade *(sattva)*, atividade violenta *(rajas)* e inércia obtusa, muda e escura *(tamas)*. Sob o predomínio dos dois últimos *guṇa*, o poder do *sattva* é eclipsado e a consciência do indivíduo – seja homem, árvore, pássaro ou peixe – é um pálido reflexo da consciência do Eu. Não é onisciente e onipotente, mas de pouco conhecimento e nobreza; ainda assim pode ser chamada *prājña*, "inteligência"[160], uma vez que ilumina uma massa de ignorância individual, uma árvore da floresta. Tal como é, a consciência individual serve de luz. Não pode dissipar a escuridão que obscurece por completo o indivíduo – como o Sol dissipa a escuridão do mundo – mas serve, contudo, como chama de uma vela em uma casa que, de outra forma, estaria totalmente às escuras.

Esta escuridão dentro de nós por via de regra permanece irredutível devido à sua natureza mista ou impura. Está "cercada de aderências opacas, escuras e limitantes; carece de luminosidade espontânea e verdadeiramente brilhante".[161] Apesar disso, a consciência do supremo Senhor do Universo, todo-abrangente e todo-penetrante, é, em essência, idêntica à soma total da consciência das muitas individualidades, assim como o espaço *(ākāśa)* cercado por uma floresta é precisamente o mesmo daquele cercado pela circunferência das copas de todas as árvores individuais, ou, como o único e mesmo céu refletido pela unidade coletiva dos lagos e lagoas de uma região se espelha em cada lago ou lagoa em separado.[162] O supremo Senhor é absoluta luminosidade, como o puro Eu, apesar do fato de ser refletido por uma translúcida ignorância *(sattva-avidyā)*. O jogo da ignorância é para ele pouco mais que um fino véu; percebe através dele e representa seu papel nele, como um adulto num jogo de crianças. Assim, não se identifica com a ignorância (as aderências limitantes que nos mantêm separados uns dos outros e constituem toda a diferença entre a Presença suprema, onipotente, onisciente, e nossos conturbados egos terrenos), mas com a consciência, a beatitude e o ser puro, o espaço espiritual *(ākāśa)* brilhante que habita nosso interior.

Dissemos que a ignorância *(avidyā, ajñāna)* possui dois poderes: 1. o de ocultar e 2. o de projetar ou expandir[163]. Pela primeira operação ela oculta a verdadeira realidade do *Brahman* – existência intemporal, consciência pura e beatitude ilimitada *(sat-cit-ānanda)* –, ou seja, oculta de nós mesmos nosso próprio Eu, o âmago de nossa natureza, ao passo que, simultaneamente, pelo segundo poder, produz um espetáculo de entidades fenomênicas ilusórias, que é tomado por real, uma miragem de nome e forma *(nāmarūpa)*, que nos desvia na busca da entidade realmente existente do Eu.

Vemo-nos inclinados a resistir a todo tipo de argumento de demonstração vedantina acerca da situação difícil na qual nos encontramos; porque de início parece inacreditável que a ignorância *(avidyā)*, que em si mesma não é real nem irreal, seja capaz de ocultar o real absoluto. Por isso, até que se realize uma apreensão direta da espiritualidade em sua forma pura, indica-se a prática de exercícios que gradativamente conduzam o aspirante sincero através de uma série de estados preparatórios e preliminares de entendimento.

1. O primeiro destes estados é conhecido por *śravaṇa*: estudar, escutar o mestre e aprender a fundo os textos revelados, prestando cuidadosa atenção ao que dizem. As seis características e chaves para a compreensão de um texto religioso indiano levam os nomes de: a) *upakrama* (início) e *upasaṁhāra* (conclusão): o assunto de cada texto é estabelecido no começo e reiterado no

final; b) *abhyāsa* (repetição): no decurso do texto o tema é frisado constantemente por meio de variações e repetições; c) *apūrvatā* (originalidade): ou seja, o tema não pode ser estudado em nenhuma outra parte; d) *phala* (resultado): o resultado do estudo do tema está indicado no texto (o resultado é o conhecimento do *Brahman*); e) *arthavāda* (elogio): assinala-se o valor do estudo; e f) *upapatti* (demonstração): demonstra-se a veracidade do ensinamento com argumentos lógicos.[164]

2. O segundo estado de progresso espiritual é chamado *manana*, "reflexão, meditação, pensamento"[165]. Consiste em uma contínua e ininterrupta ponderação sobre o *Brahman*, o único e singular, do qual o mestre já tem falado com argumentos afins ao objetivo do Vedānta. Por meio de uma mente firme e centrada de maneira resoluta no ensinamento e sua meta – absolutamente imperturbável por assuntos estranhos ou conceitos divergentes do pensamento vedantino –, o discípulo imbui-se do espírito daquilo que lhe foi ensinado. Deste modo, satura seu ser com as atitudes e ideias requeridas para a obtenção e realização do Eu.

3. O estado seguinte é *nididhyāsana*: uma focalização intensa da visão interior num único ponto, focalização esta de longa duração, uma concentração fervorosa. Este passo conduz além da esfera da argumentação e do pensamento. A agitação mental se acalma porque todas as suas energias estão dirigidas a um único ponto estável. *Nididhyāsana* é definido como "um fluxo ou corrente de ideias, sendo todas da mesma espécie que as do Um-sem-segundo; um fluxo de ideias isento de pensamentos tais como os de corpo, mente, ego, dualidade de sujeito-objeto, etc."[166] Havendo-se saturado, no segundo estado, com as ideias e atitudes do Vedānta até a completa exclusão de tudo o mais, incita-se agora o intelecto a permanecer na verdade do Vedānta e concentrar suas próprias atividades espontâneas em centros que conduzem à meta. A meta, o Um-sem-segundo, já não é abordada de maneira ativa, mediante argumento e pensamentos, mas como se fosse as águas de um rio que fluem naturalmente por si mesmas. A consciência toma de modo espontâneo a forma do *Brahman* mergulhando Nele.

4. O estado final está tipificado na clássica imagem do sal na água. "Assim como, quando o sal que foi dissolvido na água já não pode ser percebido separadamente e apenas permanece a água, assim também o estado mental que tomou a forma do *Brahman*, o Um-sem-segundo, já não se percebe, e apenas o Eu permanece."[167] Neste estado, a distinção entre o observador e a coisa observada (sujeito e objeto) desaparece. A consciência do devoto transforma-se na substância do Eu. O estado parecerá ser idêntico ou, ao menos, muito semelhante ao do sono profundo sem sonhos, no qual se perde a consciência, porque em ambos os estados não há aparentemente "oscilação da consciência". Contudo, há de fato uma diferença singular: ao passo que no sono profundo realmente não há oscilação, no estado de união da consciência com o ser do Eu *(samādhi)* está presente uma intensa oscilação. A consciência, embora não percebida, ainda existe; tomou a forma do Eu *(Brahman)*; está aguçadamente viva, fixa num estado de vigília transcendente, tão desperta e plena como separada da semiconsciência do corpo, da mente, do ego e da faculdade de discernimento intuitivo. Nesta experiência

(que corresponde ao estado "quarto" da *Māṇḍūkya-Upaniṣad*)[168] está presente o significado da fórmula *tat-tvam-asi*[169].

O candidato vedantino que aspira seriamente passar pelos três estados de absorção (*samādhi*, "união, conclusão") tem de levar uma vida ascética, estritamente monástica. Deve submeter-se a numerosas disciplinas, que foram classificadas da seguinte maneira:[170]

1. *Yama*, a "disciplina geral", compreende um corpo de mandamentos destinados a infundir um hábito de comportamento altruísta, autocontrolado e não mundano. Assemelham-se àqueles das ordens budistas e outras de teor ascético dedicadas à liberação do ciclo de nascimento e morte. O *Vedāntasāra* descreve-os deste modo: a) *ahiṁsā*, não violência: renúncia à intenção de prejudicar outros seres pelo pensamento, palavra ou ação (enfatiza-se, particularmente, a proibição de matar qualquer criatura vivente); b) *satya*, veracidade, honestidade, sinceridade: a firmeza de identidade entre pensamento, palavra e ação; c) *asteya*, não roubar; d) *brahmacharya*, vida em celibato, como aquela que se exige do aluno no primeiro dos quatro *āśrama* de sua vida *(brahmacārin)* quando, em criança, morava com seu instrutor imbuindo-se da mágica substância sagrada *(brahman)* da tradição revelada dos *Veda*[171]; e e) *aparigraha*, não aceitação, rejeição, renúncia a todas as posses que prendem ao mundo e ao ego, as quais constituem um obstáculo no caminho da meditação.

2. *Niyama*, a "disciplina particular", que consiste em uma prática constante de: a) *śauca*, limpeza do corpo e pureza da mente; b) *santoṣa*, contentamento, satisfação com o que lhe acontece, equanimidade ante o conforto e o desconforto e frente a toda espécie de acontecimentos; c) *tapas*, austeridade, indiferença com respeito aos extremos de calor e frio, prazer e dor, fome e sede; as necessidades, desejos e sofrimentos do corpo devem ser dominados, para que não distraiam a mente introvertida em sua difícil tarefa de alcançar o Eu; d) *svādhyāya*, estudo, memorização dos textos sagrados que transmitem os princípios do Vedānta, mantendo-os na mente pela constante recitação interior e meditando incansavelmente acerca do significado das fórmulas e preces religiosas, como, por exemplo, a mística sílaba *OṀ*[172]; e) *īśvarapraṇidhāna*, entregar-se ao Senhor, isto é, a prática da *bhakti*, a devoção ao aspecto pessoal do Ser divino como governante onipresente do Universo e "testemunha" que habita o interior de cada criatura, reitor interno que controla *(antaryāmin)* cada ação, a quem se devem oferecer os frutos *(phala)* de todas as ações.

3. *Āsana*, as posturas específicas do corpo, das mãos e dos pés, prescritas para todas as práticas espirituais e analisadas em detalhe nos textos de *yoga*; por exemplo, a "postura de lótus" *(padmāsana)*, a "postura da suástica" *(svastikāsana)*. As posturas corretas são fundamentais para cada exercício de *yoga*; são consideradas pré-requisitos físicos elementares a toda meditação, contemplação e absorção.

4. *Prāṇāyāma*, o controle e a expansão ordenada da respiração. Esta é uma técnica muito avançada na Índia, destinada a dominar e conter o alento vital *(prāṇa)* em seus três estados primários de: a) "preenchimento" *(pūraka)*, b) "acumulação ou retenção, como se o corpo fosse uma panela" *(kumbhaka)*,

e c) "esvaziamento" *(recaka)*, segundo diferentes ritmos e quantidades. Também isto é ensinado nos textos de *yoga*.

5. *Pratyāhāra*, a retirada das funções sensoriais do campo dos objetos externos para o interior, de modo que possam ficar em repouso.[173]

6. *Dhāraṇā*, concentração, fixando firmemente a faculdade sensorial interna *(antarindriya)* no Um-sem-segundo.

7. *Dhyāna*, meditação, uma atividade intermitente *(vṛtti)* do sentido interno após ter se fixado no Um-sem-segundo; é uma oscilação que procede como uma corrente *(pravāha)* que cessa temporariamente e volta a fluir. O Eu é visualizado e, em seguida, perdido outra vez, apesar da concentração do sentido interno. Esta realização preliminar do Eu é seguida pela façanha suprema.

8. *Samādhi*, a absorção, que é de dois tipos: a) *savikalpa* ou *samprajñāta*, que é a absorção, com plena consciência, da dualidade daquele que percebe e da coisa percebida, o sujeito e o objeto, o sentido interno que contempla e o Eu contemplado; e b) *nirvikalpa* ou *asamprajñāta*, que é a absorção não dual, absolutamente vazia de qualquer consciência de distinção entre o percebedor e a coisa percebida.

No *samādhi* do primeiro tipo o processo mental ou vitalidade oscilante da consciência *(cittavṛtti)* assume a forma do *Brahman*, o Um-sem-segundo – exatamente como o estado de vigília comum entre os mortais assume a forma dos objetos apreendidos pelas faculdades sensoriais[174] –, e assim chega a descansar no *Brahman*, mas continua consciente de si mesmo, ciente de sua própria atividade e da realização da presença, bem como do beatífico contato e união. Tendo assumido a forma do *Brahman* em virtude de sua força multiforme de transformação, ainda sente ser distinto de seu objeto, o abismo entre ambos permanece, embora o sujeito desfrute o êxtase supremo de sua visão bem-aventurada. Na escola vedantina encontramos numerosas expressões de lirismo jubiloso que patentizam o enlevo deste momento. Lemos, por exemplo: "Eu sou Aquele, cuja verdadeira natureza é ser a testemunha impassível, o Ser supremo, comparável ao éter sem forma, puro, intangível, que penetra o Universo, brilhando e revelando-se, a uma só vez, o Não nascido, o Único, o Imperecível, o Imaculado e o Onipresente, Sem-segundo e Eternamente-livre-e-liberado".[175] Pela própria forma da frase – o eu identificando-se com o Aquilo – traça uma linha entre o sujeito e todos os nomes do extenso predicado. O que vemos de modo explícito é uma primorosa consciência da união de ambos, um estado plenamente consciente, de absorção, fundamentado numa identificação extática de duas entidades que ainda são experimentadas como distintas.

O *nirvikalpasamādhi*, por outro lado, a absorção sem autoconsciência, é a fusão da atividade mental *(cittavṛtti)* no Eu, a tal grau, ou de tal maneira, que a distinção *(vikalpa)* entre o conhecedor, o ato de conhecer e o objeto conhecido, dissolve-se como as ondas na água e a espuma no mar. Na realidade, o *savikalpasamādhi* tem de se aprofundar até tornar-se *nirvikalpa*. A consciência de ser um sujeito com certos predicados sublimes deve dissolver-se. Então, ambos os termos da visão fundem-se um no outro, convertendo-se no Um-sem-segundo, sem predicados, sem atributos, inefável. A única gramática capaz de traduzir a experiência e a beatitude deste grau de *samādhi* é o silêncio.

Quatro estados mentais constituem verdadeiros obstáculos para atingir o *nirvikalpasamādhi*. O primeiro é *laya*, a obstrução do sono profundo, sem sonhos. Ao invés de passar ao *turīya*, o "quarto" estado, a mente cai na inconsciência e o candidato confunde esta fusão *(laya)* com a imersão no Eu. O sono profundo sobrevém quando a atividade espontânea da mente introvertida *(cittavṛtti)* não consegue agarrar-se e permanecer firme no imutável Uno total.[176]

O segundo obstáculo, oposto ao anterior, é o *vikṣepa*, a distração. Não é possível dirigir a oscilação mental ao ponto único que, no final, conduz ao *samādhi*. A mente persiste em sua vigília normal, fica entretida nas impressões sensórias; por conseguinte, está dispersa. As imagens, ideias e reminiscências tomam forma nela devido à sua inclinação primária de se transformar em tudo o que for oferecido pelos sentidos, pela memória e pela intuição. Permanecendo assim, como receptáculo de flutuantes conteúdos transitórios, pode-se dizer que o candidato está "disperso" *(vikṣipta)*. *Vikṣepa* é a atitude da mente na vida diária. Ainda que se insista na concentração, as faculdades não conseguem acalmar-se.[177] De acordo com os *Yoga-Sūtra*, este estado involuntário tem de ser vencido por um esforço de concentração deliberado e inabalável, antes que qualquer progresso possa ser alcançado ao longo do caminho da prática do *yoga*.

O terceiro obstáculo que bloqueia o caminho em direção ao imutável Objeto total, depois que os dois impedimentos elementares *(laya* e *vikṣepa)* foram superados, é chamado *kaṣāya*[178]. Esta palavra exprime "goma, resina, extrato ou exsudação de uma árvore"; usada como adjetivo, indica "vermelho, vermelho escuro ou marrom" e, também, "fragrante, adstringente; impróprio, sujo". *Kaṣāya*, novamente como substantivo, significa "sabor ou gosto adstringente"; e, ainda, "emplastro, untura, unção; ato de perfumar o corpo com unguentos (sendo as resinas extraídas de certas árvores o material básico dos unguentos); sujeira, impureza". Com referência à psique, seu sentido é "apego aos objetos mundanos; paixão, emoção, embotamento, estupidez". E assim se pode dizer que *kaṣāya* denota algo pegajoso, dotado de forte aroma e sabor, que escurece a claridade.

Esta palavra é usada no Vedānta para expressar metaforicamente um estado de ânimo rígido ou endurecido. O candidato não é capaz de apreender o Eu e nele repousar, porque a atividade de sua mente *(cittavṛtti)* tornou-se enrijecida, endurecida, paralisada ou entorpecida pelas predisposições ou propensões latentes (literalmente: "fragrâncias, perfumes", *kaṣāya*) de suas próprias inclinações, paixões, gostos e desgostos, segregados como resina pelo reservatório oculto de experiências inconscientes tidas em vidas anteriores, que justificam todas as reações pessoais peculiares do indivíduo ante as impressões e os acontecimentos. As propensões – nossa herança cármica de existências anteriores – manifestam-se como desejos furtivos que aspiram ser novamente satisfeitos. Tingem a atmosfera interior como a fragrante fumaça da resina queimada ou o perfume que lembra coisas de um passado distante, obstruindo, deste modo, o caminho. Incitam apegos, pensamentos de coisas mundanas que deveriam ter sido deixados para trás.

Anuviam o campo da visão interior como unguentos escuros. Assim, o foco da concentração mental se enfraquece, o propósito de se aproximar ao Eu mais íntimo desvia seu rumo e o intelecto fica enfeitiçado por reminiscências tentadoras e pungentes, lembranças sedutoras da vida, absorto em profunda nostalgia. O candidato é incapaz de se tornar insensível e realizar os esforços necessários à liberação.

O quarto e último obstáculo no caminho do *nirvikalpasamādhi* é o do estado beatífico que imediatamente o precede: o gozo do *savikalpasamādhi*. O iogue não quer renunciar a si próprio e a seu êxtase, dissolvendo-se no Eu com o qual agora, finalmente, está face a face. Permanece engajado na visão beatífica, sem vontade de abandonar a dualidade daquele que vê e daquilo que é visto. Este entrave é chamado *rasa-āśvāda*: "o saborear ou gozar *(āśvāda)* a seiva ou sabor *(rasa)* substancial do Eu". É como se alguém, saboreando a comida mais apetitosa, quisesse prolongar indefinidamente o ato de retê-la na língua. O espírito é apanhado pelo ato de gozar o sabor deste estado sublime onde o Eu está dividido, por assim dizer, em si mesmo, e na consciência de gozá-lo "saboreando o suco" *(rasa-āśvāda)*, negando-se a prosseguir até a assimilação última daquele que vê e daquilo que é visto, no estado do Uno total imutável.[179] Este obstáculo surge quando a mente não tem forças para abandonar a felicidade de identificar--se com o Eu, sua visão suprema, e, consequentemente, extinguir-se deglutindo esse sabor num processo de inconsciente submersão, assimilação e unificação.

O *nirvikalpasamādhi* acontece quando a mente foi além dos quatro obstáculos. Então fica imóvel, como a chama de um candeeiro protegida do vento.[180] Imóvel e sem eventos, permanece na "espiritualidade ou consciência" *(caitanya)* que é "total" *(akhaṇḍa)*. Deixa de oscilar, como a chama de uma lamparina que nenhum vento agita. A ansiedade normal da matéria sutil da mente, por assumir a forma de cada nome, reminiscência ou sensação que chega a ela, diminui e se acalma; agora repousa, ao tomar finalmente a forma do Todo imóvel, transformação que, por sua própria natureza, é irreversível. A mente tornou-se o Eu, tendo ultrapassado as esferas das formas transitórias e mutáveis que tinham sido, outrora, sua morada. "Como um candil protegido do vento, que não tremula, assim é a mente controlada do iogue."[181] A felicidade que precedeu o momento final foi a última tentação de permanecer na esfera das formas duais, o reino dos pares de opostos *(dvandva)* fenomênicos. Foi a última e mais refinada armadilha, a nuança mais sutil da ilusão geral que é a *māyā*. Pois, ao encarar o Todo imutável sem se fundir nele (mesmo tendo compreendido de modo pleno a identidade de ambos), o candidato deixa de perceber que, em verdade, este único Todo é o Um-sem-segundo; que aquele que o contempla, pelo fato de contemplá-lo, mantém a si próprio como uma sobreposição ilusória nessa substância única.[182]

Para superar tais obstáculos aconselha-se o seguinte: "Quando a atividade da mente desvanece, dissolvendo-se na inconsciência do sono profundo, o iogue deve provocá-la e despertá-la; quando está dispersiva, agitada, deve aquietá-la; quando é penetrada pela fragrância e a impureza das propensões herdadas (*sa-kaṣāya* [os gostos e desgostos que surgem da acumulação cármica de predisposições herdadas pelo indivíduo de suas vidas anteriores]), tem de estar perfeitamente consciente do que acontece em seu interior; quando sua mente adquire calma ou constância, deve ser cuidadoso para não agitá-la, dispersando-a novamente; e não deve demorar-se na felicidade de saborear o suco; ao contrário, indo além dela, estará livre de qualquer apego, iluminado em absoluta consciência".[183]

As características do homem liberado, o "liberado em vida" *(jīvanmukta)*, estão expressas em muitos textos da escola vedantina. Representam o ideal supremo do "homem divino sobre a terra", tal como foi visualizado nos bosques penitenciais – uma imagem de majestade e serenidade humanas que tem inspirado a Índia durante séculos. Pode-se compará-lo e contrastá-lo com os vários ideais do homem que, noutras terras, serviram para modelar a matéria-prima da vida: o patriarca hebreu, o filósofo atleta grego, o estoico soldado romano, o cavaleiro da corte medieval, o fidalgo do século 18, o objetivo homem de ciência, o monge, o guerreiro, o rei, ou o erudito sábio confuciano.

Aquele que tiver experimentado o Eu universal *(Brahman)* como cerne e substância *(ātman)* de sua própria natureza ficaria imediatamente liberado das esferas da fenomenalidade – tecidas de ignorância que encobrem o Eu com véus superpostos – não fosse a inércia advinda de suas ações anteriores (tanto de sua vida atual como de vidas passadas) que o faz prosseguir, mantendo por um tempo sua aparência fenomênica de corpo e de "indivíduo". Este impulso cármico vai desaparecendo gradualmente ao longo dos últimos anos do sujeito, e suas sementes transformam-se em frutos, vindo a ser as experiências e acontecimentos que afetam o que resta de indivíduo fenomênico; mas a consciência própria do liberado, tendo sua morada no Eu, permanece inabalável. Embora continue associado a um corpo e a suas faculdades, não é perturbado pelas sombras da ignorância. Prossegue movendo-se entre as formas e as situações temporais; contudo, reside para sempre na paz. Quando chega o momento de sua liberação final – seu supremo isolamento *(kaivalya)*, sua "liberação sem corpo" *(videhamukti)* – e cai a casca residual de sua antiga falsa impressão de si mesmo, nada acontece na esfera da eternidade na qual ele realmente mora, e na qual, se o soubéssemos, todos nós moraríamos de fato.

O Vedānta distingue três tipos de *karman*, a saber: 1. *sañcitakarman*: as sementes do destino já acumuladas como resultado de ações anteriores, mas que ainda não começaram a germinar. Deixadas ao léu, estas sementes gerariamcom o tempo um conjunto de disposições latentes que produziriam uma biografia; entretanto, ainda estão em estado germinal: não começaram a brotar, amadurecer e transformar-se na colheita de uma vida. 2. *Āgāmikarman*: as sementes que normalmente seriam colhidas e estocadas caso continuássemos pelo caminho da ignorância inerente à nossa biografia atual, isto é, o destino que ainda não temos assumido. 3. *Prārabdhakarman*: as sementes recolhidas e acumuladas no passado, que realmente começaram a germinar, ou seja, o *karman* que produz frutos em forma de acontecimentos atuais. Tais acontecimentos são os incidentes e os elementos de nossa biografia presente, bem como os traços e as disposições produzidas e suportadas pela personalidade; eles continuarão modelando a presente existência até seu fim.

Ora, a realização do Eu destrói de imediato a força latente de todo *sañcitakarman*, enquanto o desapego que se segue torna impossível a acumulação de *āgāmikarman*. Embora o sábio perfeito "liberado em vida" possa parecer ativo na esfera fenomênica, ele não mais se entrega às suas ações; radicalmente está inativo, e assim os dois primeiros tipos de *karman* já não o afetam. Contudo, o *prārabdhakarman*, os germes do destino individual, que vêm produzindo a colheita de sua biografia atual, não podem ser abolidos. Produzem o impulso que continua a vida fenomênica do "homem liberado em vida", porém, como não se renovam, logo irão morrer e o homem desaparecerá.[184]

Entretanto, o sábio liberado em vida, que alcançou o conhecimento de que o Eu imutável universal é a verdadeira forma de seu próprio ser, sabe e sente que seu ego e os conteúdos de sua mente e de seus sentidos são apenas sobreposições ilusórias que devem ser deixadas de lado. Somente a primitiva ignorância acerca de sua própria natureza e da natureza de seus conteúdos é que fizeram com que estivesse enredado e identificado com eles, que constituem simplesmente o reino dos pensamentos transitórios e das dores, sem outra substancialidade que a fenomênica.

> Dissipando essa ignorância do verdadeiro Eu, ele realizou o Eu imutável universal como sua própria forma real e, mediante esta realização, destruiu sua ignorância, junto com seus produtos ou efeitos, seus erros e equívocos.[185]

Jamais voltará a se enganar acerca da distinção entre a natureza real de si mesmo e de sua fenomenalidade. Extintas suas dúvidas concernentes à essência do Universo e esterilizadas suas sementes de *sañcitakarman* e *āgāmikarman*, ele não tem futuro, embora ainda viaje sobre o último impulso do passado. O *prārabdhakarman* continua gerando seus efeitos, porém sua mente, inabalavelmente identificada com o Eu, não é afetada.

> Livre de todas as amarras da escravidão [na qual todavia parece mover-se], ele está firmemente fixo no Eu universal. Seu estado é aquele declarado nas palavras da *Upaniṣad*: "O nó do coração está desfeito; todas as dúvidas estão dissipadas; os *karman* desaparecem quando Aquele que é, a um mesmo tempo, alto e baixo [Aquele que é causa e efeito, transcendente e imanente] tem sido contemplado".[186]
>
> Tal homem liberado – continua o *Vedāntasāra* –, quando sua mente não está absorvida no Eu, mas funcionando no estado usual da consciência cotidiana do corpo e do mundo externo, percebe, mediante o corpo, que é um mero receptáculo de carne e sangue que contém as impurezas dos intestinos; pela "aldeia das faculdades sensórias", percebe que é um mero receptáculo de cegueira, fraqueza, torpor, incapacidade e outras deficiências; e, por meio do órgão interno, percebe que é um mero receptáculo de fome e sede, de dor e ilusão; os frutos, que são

> *karman* de diferentes classes, são produzidos por predisposições derivadas de um passado muitíssimo remoto. Ele tem de suportar estes frutos na medida em que são produtos do *karman* que começou a transformar-se em frutos de acontecimentos reais, pois tal *karman* não é detido pelo conhecimento iluminador; não obstante contemple estes efeitos do *karman* que têm lugar em sua própria vida e no mundo ao seu redor, basicamente ele não vê nada acontecendo, porque para ele não têm significado, carecem de consequências. Ele se comporta como um homem que assiste a uma representação mágica [onde o prestidigitador, por meio de vários artifícios, cria a ilusão de um incêndio ou de uma inundação, ou de animais selvagens prontos para atacar o auditório], sabendo que tudo é uma ilusão dos sentidos, forjada pela arte da magia. Ainda que veja algo, não o considera real.[187]

No fundo, tal vidente não vê o que ocorre, pois sabe que não há nada para ser visto. O homem liberado em vida percebe sua estrutura individual perambulando pelo mundo aparentemente real, mas de fato não vê seu corpo nem seu mundo, pois é consciente de que ambos são ilusórios, jogos fenomênicos do espelho mágico da mente. Ele experimenta, como uma testemunha indiferente, tanto sua personalidade como tudo o que está em contato com ela, sem jamais se identificar consigo mesmo nem com nada daquilo que parece perceber.

> Ainda que tenha olhos, é como se não os tivesse; ainda que tenha ouvidos, é como se não os tivesse.[188]
>
> Como já foi dito – declara o *Vedāntasāra* – Aquele que nada vê no estado de vigília, como se estivesse no estado de sono sem sonhos; aquele que, tendo percebido a dualidade, a experimenta como não dual; aquele que, embora engajado na ação, permanece inativo; esse, e ninguém mais, conhece o Eu. Esta é a verdade![189]
>
> Para esse ser, as únicas tendências ocultas que ainda ficam, conforme o hábito adquirido, até que se eliminem por desgaste, são as que conduzem a ações virtuosas, assim como os hábitos de comer, dormir e mover-se permanecem como eram antes da aurora do conhecimento. Ou, também, esse ser pode tornar-se inteiramente indiferente a todas as ações, sejam elas boas ou más.[190]
>
> Após a realização do Eu como a única essência verdadeiramente real, as qualidades que eram requeridas como meios para obter esse conhecimento (a humildade, a ausência de ódio, a não violência etc.) são conservadas, como outros tantos ornamentos[191];

entretanto o próprio ser, o puro Eu do iluminado, está além das virtudes e das qualidades. Os desejos nocivos foram destruídos pelas práticas ascéticas como passo preliminar à obtenção do conhecimento, mas o bem que guiou o iluminado a sua meta pode permanecer visível, como joias de sua forma fenomênica, ante os olhos do mundo. Na realidade não formam parte dele, assim como as joias não são parte do corpo. Então, lemos:

> Virtudes tais como ausência de ódio nascem e permanecem naquele em que o despertar do Eu aconteceu. Neste caso, a natureza delas não é como a dos requisitos ou instrumentos necessários para realizar qualquer tarefa.[192]

O homem liberado em vida experimenta, desta maneira, somente os frutos do *karman* que já começou a produzir efeitos; estes últimos vestígios da ilusão do mundo são os únicos obstáculos para sua imediata desaparição. Ele as experimenta como um capítulo final de sua biografia fenomênica – a ser vivida até o final – mas sem se identificar com o corpo, a mente e os sentimentos que os sustentam. Observa sua própria história insubstancial como uma testemunha impassível ante o que acontece na esfera da personalidade, do mesmo modo que deixamos que nossos cabelos sejam agitados pelo vento. Sua atitude também pode ser comparada a uma lâmpada: o resplandescente Eu ilumina todo o sistema psicossomático, pois ilumina o órgão interno e este, por sua vez, envia a luz refletida aos envoltórios externos da personalidade psicofísica; mas, exatamente como a lâmpada que ilumina um aposento permanece indiferente pelo que acontece dentro do recinto, de igual modo ocorre com a testemunha da biografia remanescente da casa, do indivíduo, da máscara sobrevivente. Seu Eu representa o papel de iluminar a ex-personalidade fenomênica com o único propósito de manter o corpo, não para a busca de algum bem, algum prazer sensorial ou algum objetivo temporal, mas simplesmente para permitir que o processo continue até que, pelo esgotamento, o *prārabdha-karman* desapareça. Iluminado em vida, move-se por meio dos efeitos remanescentes do *karman* – o *karman* gerado voluntariamente em tempos anteriores, ou pela vontade de algum outro, e até mesmo contra sua própria vontade –, sabendo que estes efeitos não são inerentes à própria essência.

> Por fim, quando o remanescente de *prārabdha-karman* esgota-se [em virtude das aparências decisivas do prazer físico e do sofrimento], o alento vital *(prāṇa)* dissolve-se no *Brahman* supremo que é a Beatitude interna.[193]

A ignorância, junto com todos os seus produtos – que constituem uma espécie de capa exterior de nosso ser –, foi destruída pois, uma vez que já não há ignorância, não pode haver um corpo fenomênico ou uma mente para tecer a ilusão. A base para um ego não mais existe. As funções sensoriais, que transmitem as impressões dos objetos externos do mundo ao redor, cessam de produzir a miragem de uma pseudoentidade dotada da ilusão de sua consciência interna e de fabricar seu mundo patético de visões e de sonhos, porque já não trazem as impressões dos objetos exteriores. Esgotou-se a possibilidade de que algo aconteça na esfera que se costumava chamar "externa", ou naquela do "reino interior". A fenomenalidade acabou. O Eu permanece totalmente no Eu. Encontrou seu "isolamento supremo e integração" *(paramakaivalya)*, cujo gosto ou seiva é a bem-aventurança perfeita, que é destituída da aparência ilusória do dualismo, visto que é o todo. O Eu permanece para sempre neste último estado.[194]

A condição daquele que chegou a esta meta, meta do *turīya*, o "quarto"[195], está expressa ou sugerida em numerosas declarações diretas de adeptos realizados, nas *Upaniṣad* mais recentes, em algumas das chamadas *Vedāntagītā* (canções, hinos ou rapsódias vedantinas) e em muitos versos de Śaṅkara.

> De mim tudo nasce; sobre mim tudo se sustenta; em mim tudo se dissolve novamente (*layaṁ yāti* [funde-se em mim como a neve, na água]). Eu sou este *Brahman*, o Um-sem-segundo.
>
> Sou menor que o mais diminuto átomo, e também o maior entre os maiores. Eu sou o todo, o Universo diversificado-multicolorido-amável--estranho *(vicitra)*. Sou o Antigo. Sou o Homem (*puruṣa* [o primeiro, único e Ser cósmico primordial]), o Senhor. Sou o Ser-de-Ouro (*hiraṇmaya* [a semente dourada da qual se expande o Universo]). Sou o próprio estado de divina beatitude.
>
> Não tenho mãos nem pés; inconcebível é o meu poder; sem olhos, vejo; sem ouvidos, ouço; conheço tudo com uma sabedoria que a tudo penetra. Por natureza, desapegado de tudo Eu sou, e não há ninguém que me conheça. Pura essência espiritual sou, para sempre.[196]

Isto soa como uma espécie de megalomania sagrada, uma soberba esquizofrenia na qual a consciência racional do indivíduo foi completamente consumida por um Superego divino. Entretanto, estas fórmulas têm um propósito bem mais simples: estão destinadas a servir como objeto de meditação. Representam o estado perfeito a ser alcançado e ensinam ao aspirante como antecipar essa atitude. Recitando, memorizando e meditando sobre estas expressões exaltadas, contemplando o que nelas está expresso e identificando-se com o que dão a entender, o aspirante à imortalidade liberta-se de seu eu fenomênico. Estas *Vedāntagītā* celebram a glória perfeita daquele que alcançou a autodivinização ao recordar sua identidade com o Eu. Em magníficas expressões de um tipo de êxtase lírico transcendental, anunciam em versos aforísticos a experiência soberana do espírito que atingiu sua morada.

> Eu nunca nasço nem morro; em mim não há atividade, nem santa nem pecaminosa. Sou a puríssima essência divina *(Brahman)*, livre de todas as qualidades *(guṇa)* diferenciadoras, limitantes e em conflito recíproco. Então, como poderia haver em mim algo como escravidão ou libertação?[197]

Isto significa que aquele que adere a noções polarizantes de "escravidão e libertação" ainda tem de ir além da esfera de *māyā* dos pares de opostos *(dvandva)*. Sua mente contém ainda ideias diferenciadoras, nascidas dos *guṇa*, em colisão entre si. Em verdade, não sente que o Um-sem-segundo, o *Brahman advaita*, é a única realidade. Sua consciência equilibrada ainda não se transfigurou no ser puro, espiritual e beatífico do Eu.

Por isso, enquanto puder ser vista alguma diferença entre a escravidão e a libertação, não terá transposto o horizonte que separa a esfera fenomênica (tecida por meio da manifestação e do jogo mútuo dos *guṇa*), daquela sem qualidades (além dos *guṇa*). Na filosofia budista Mahāyāna também se insiste incansavelmente neste ponto afirmando que, enquanto puder ser percebida alguma distinção entre o *nirvāṇa* e a esfera de nascimento e morte, ainda se está num estado onde são feitas distinções, portanto, não se é um *Bodhisattva*, ou seja, ainda não se é um ser "cuja natureza é a iluminação". O caráter aparentemente absurdo e paradoxal das palavras de um santo perfeito é a prova (e a única prova possível ao alcance da linguagem) de sua experiência da realidade além de toda forma e nome. A função pensante do homem deleita-se em particularidades; daí que todas as suas ideias e demandas racionais sejam, em última instância, incompatíveis com a verdade da essência divina, a realidade do Eu interior. Tudo quanto possa ser dito acerca desta essência deve, por natureza, colidir com as concepções da mente *(manas)* e as intuições do entendimento *(buddhi)*. Por conseguinte, os santos utilizam palavras e figuras singulares – que ultrapassam os poderes da imaginação – para expressar a realidade que está além do alcance das palavras.

> No que é a noite para todos os seres transitórios, o iogue em perfeito controle de si mesmo permanece desperto. E aquilo onde os outros seres se sentem despertos é noite para o santo que realmente vê.[198]

A verdade com referência àquilo que o sábio, "o mudo" *(muni)*, realmente vê pode expressar-se apenas por meio de declarações pomposas monótonas, que parecem contrárias à razão, afrontam a lógica e chocam a consciência vulgar tirando-a de sua complacência. Estas declarações tencionam, por um lado, despertar o indivíduo da falsa segurança de sua inconsciência na *māyā*, onde se deita satisfeito consigo mesmo e com sua mente racional e, por outro lado, dirigem-se ao iniciado que faz progressos em seu caminho até a meta do Eu transcendente (o verdadeiro adepto do Vedānta), para servir de prognose do estado que se está esforçando por alcançar. Estas expressões ilógicas e grandiloquentes têm o propósito, neste caso, de modelar e aguçar a consciência dirigindo-a rumo à pura e translúcida espiritualidade do Eu. Purificam o espírito preparado, afastando as deficiências da razão (a qual sempre se vangloria de sua rápida percepção das contradições) e, assim, curam a lesão do conhecimento do bem e do mal, sujeito e objeto, real e falso – aquelas imperfeições do intelectualismo, que são os efeitos naturais do composto usual de *sattva* e *rajas*.[199]

> Estou livre de paixão e nódoas semelhantes. O sofrimento, o corpo e as outras peculiaridades limitantes não me pertencem. Sou o Eu, Único--e-solitário *(eka)*, comparável ao céu infinito.[200]

Caso tivesse que buscar sua própria natureza, o liberado em vida teria de se perguntar em vão:

> Onde está o que sempre foi? Onde está o que sempre será? Onde está o que está sendo no momento presente? Onde está o espaço-posição *(deśa)*, onde está realmente a Essência Eterna *(nitya)*, quando eu moro na glória de minha própria grandeza?[201]

O passado, presente e futuro pertencem aos seres transitórios. O tempo é um devir e um desvanecer-se, a base e o elemento do transitório, a verdadeira forma e o conteúdo dos processos flutuantes da psique e de seus objetos de experiência, mutáveis e perecíveis. Em seus três aspectos – passado, presente e futuro, que se excluem e se contradizem mutuamente – o tempo pertence à esfera dos pares de opostos *(dvandva)* tecida pelo jogo dos *guṇa*; portanto não pode ser considerado como da natureza da Eternidade. Conforme diz Kant em sua *Crítica da Razão Pura*, o tempo é visto aqui como pertencente à esfera fenomênica e é atribuído a esta esfera, reino de nossas experiências humanas subjetivas, não das "coisas tais como são em si e por si". Este foi o ponto de partida de Schopenhauer em sua obra *O Mundo como Vontade e Representação*, quando procurou combinar o criticismo teórico de Kant com a sabedoria transcendental da metafísica indiana.

O mesmo caráter secundário deve ser atribuído ao princípio de localização espacial *(deśa)*, uma vez que este também é um campo de noções contraditórias. O espaço, para Kant, também é um dos princípios fundamentais da fenomenalidade[202]. O espaço é a inspiração básica de nossa lógica habitual de afirmações mutuamente excludentes, que sustenta a paixão ou frenesi do pensamento puro, o poder limitado do *sattva*. Há sempre um "aqui" e um "não aqui"; um "aqui" e um "lá".

Mas, no estado transcendente, as diferenciações conhecidas pelo pensamento se desvanecem, de modo que, nem mesmo a noção de uma Essência eterna imóvel, sem qualidades e sem dinamismo, pode subsistir. Esta ideia grandiosa apenas tinha por objetivo inspirar o iniciante e guiar o discípulo adiantado no caminho rumo à verdadeira experiência aniquiladora de conceitos. Em si mesma, afinal, demonstra ser um obstáculo. O iniciado para onde está, e assim permanece dentro do reino dos pares de opostos contraditórios, porque a noção de Eternidade pede sua oposta, a do mundo transitório, fenomênico e ilusório. Deste modo, o iniciado que encontrou a "Eternidade" ainda está preso na intrincada rede da *māyā*. O fato de possuir tais ideias prova que ainda lhe resta certa distância a percorrer. Se aquele que está finalmente iluminado utiliza semelhante expressão, é apenas para se adaptar às necessidades da mente – parcialmente iluminada, mais ou menos obscurecida – do discípulo que veio a ele em busca de auxílio. O guru usa o termo com um misto de indiferença e de sublime compaixão, sendo que sua atitude própria e preferida é o silêncio, o silêncio do Eu.[203]

O iluminado em vida pergunta:

> Onde está o Eu, ou onde o não Eu; onde o belo, auspicioso e virtuoso, e onde o infame, desfavorável e pecaminoso? Onde o pensamento com a reflexão e a angústia, e onde o não pensar e o não estar angustiado, para mim que permaneço em minha própria bem-aventurada grandeza?[204]

O sentimento prodigioso de conforto que advém ao se livrar do pesadelo obsessivo do ego fenomênico, junto com o mundo de ansiedades pungentes e dolorosas, também tem de ser transcendido. Ainda pertence à esfera dos estados condicionantes qualificados, pois vincula novamente ao fardo que se acabou de largar. A emoção de liberar-se é infinitamente inferior à imóvel e imutável serenidade do Eu que permanece consigo mesmo – uma calma profunda como o mar que não é agitado por nenhuma brisa de pensamentos ou sentimentos.

> Onde está o sonho *(svapna)*, onde o sono sem sonhos *(suṣupti)*, ou onde o estado de vigília *(jāgaraṇa)*, e onde está o "quarto" *(turīya)*; onde está o próprio medo, para mim, que permaneço em minha própria bem-aventurada grandeza?[205]

A análise e a experiência dos "quatro estados de consciência" – vigília, sonho, sono sem sonhos e o "quarto" – formavam a principal linha, o eixo da psicologia experimental e da autoanálise do período das *Upaniṣad*. Delineando o caminho da prática introspectiva iogue, "o caminho do conhecimento" *(jñānamārga)*, que havia substituído o caminho védico anterior, aquele do ritualismo mágico *(karmamārga)*, a doutrina dos quatro estados serviu como uma espécie de escada pela qual deveria ser transcendido o ego fenomênico e seu horizonte de experiências ilusórias, falsas, e dissolvida a própria personalidade. Contudo, no momento em que a meta é alcançada, a escada, o instrumento, o veículo, torna-se sem sentido e, portanto, dispensável, ou melhor, na realidade, deixa de existir.[206] Não há por que temer que todos estes estados, ou qualquer um deles, possam jamais voltar a enfeitiçar aquele que sabe.

> Onde é longe, onde é perto, onde é fora, onde é dentro, e onde há algo denso *(sthūla)*, onde há algo sutil *(sūkṣma)*, para mim, que permaneço em minha própria bem-aventurada grandeza?[207]

O horizonte da experiência sensorial *(sthūla)* e o domínio da situação espiritual interna *(sūkṣma)* foram ambos superados. O santo perfeito sente-se possuidor de uma intuição ilimitada, interminável e onipresente, que na realidade equivale a uma faculdade de onisciência; de fato é uma onisciência potencial, não um saber literal, incômodo, enciclopédico, sobre cada detalhe teórico, pretensamente científico, próprio de um sistema do mundo, classificado como é, por exemplo, o dos jainas e *ājīvika*, mas uma intuição infalível acerca das coisas que acontecem em situações cotidianas ou que se apresentam à atenção do santo, o mestre iluminado, em questões e problemas a ele propostos pelos filhos do mundo. Esta maravilhosa certeza é a mais preclara manifestação mundana de que o sábio, de fato, está em perfeita harmonia com seu próprio Eu, imutável ante as tormentas passionais, livre das qualificações limitantes usuais, emancipado dos esquemas de reação particular que caracterizam os diferentes tipos humanos, de acordo com a preponderância de um ou outro *guṇa*. Ele não usa óculos "manchados" ou "coloridos", como outras criaturas; ou seja, "manchados" por suas próprias afeições e imperfeições. Tornou-se a testemunha perfeita, o Conhecedor do Campo, o próprio Eu *(ātman)* que observa tudo com olhar firme porque está desapegado, enquanto o mundo gira à sua volta numa agitação contínua de fenômenos mutáveis.

> Onde está a morte; onde está a vida; onde estão os mundos[208]; ou, onde está o reino das confusões e obrigações terrenas? Onde está a dissolução, a absorção, a fusão[209]; ou, onde está a suprema absorção[210], para mim, que permaneço em minha própria bem-aventurada grandeza?
>
> Chega de falar sobre as três metas da vida[211]! Chega de falar sobre o *yoga*! Chega de falar de sabedoria oniabrangente, para mim, que estou repousando no Eu![212]
>
> Onde estão os cinco elementos; onde está o corpo[213]; onde estão as faculdades sensoriais[214]; e onde, a mente? Onde está o supremo Vazio transcendente; onde está o estado além de toda expectativa, carente de esperança e de desejo[215]; onde, realmente, quando meu verdadeiro ser não está manchado nem tingido por pigmento algum?[216]
>
> Onde está o desdobramento e a dispersão[217]; onde está a concentração de minha consciência num ponto[218]; onde está o despertar para a realidade transcendental, e onde o estado de ser um tolo não iluminado; onde está a exultação, onde o desânimo, para mim, que estou sempre inativo?
>
> Onde está a instrução; onde o texto sagrado baseado na revelação? Onde está o discípulo, onde o mestre[219]; onde está o supremo objetivo dos homens, para mim, que careço de características distintivas[220] e estou pleno de beatitude?[221]

Swāmī Brahmānanda, em sua obra *Ensinamentos Espirituais*[222], analisa sucintamente os estágios do caminho do Vedānta *advaita* até a realização do *Brahman*. O início é *pūjā* (o culto, tanto exterior como mental): o aspirante devota-se à sua "divindade escolhida e amada" *(iṣṭa-devatā)* por meio do pensamento e também por meio de flores, incenso e *pādya* (água para lavar os pés). Então, segue a meditação e o *japa* mental (repetição do nome sagrado sem mover os lábios). "Na meditação" – escreve ele – "deves pensar que teu *iṣṭa* é uma forma resplandescente. Imagina que tudo brilha em virtude do seu resplendor. Pensa nesse fulgor como imaterial e possuidor de inteligência. Este tipo de meditação, com o passar do tempo, irá se convertendo em uma meditação sobre o aspecto informe e infinito de Deus. No início, o aspirante tem de se ajudar com a imaginação; mais tarde, quando houver desenvolvido seu sentido espiritual, sentirá a presença do divino. Depois, uma vez atingida a mais alta visão espiritual, encontrar-se-á face a face com a Verdade. Então será transportado para um reino completamente diferente, ante o qual este mundo da matéria parece ser uma mera sombra e, por conseguinte, algo irreal. Deste modo, a mente se perde no *savikalpasamādhi* (a visão supraconsciente com pensamento). A seguir vem o *nirvikalpasamādhi* (a visão supraconsciente sem pensamento), onde acontece a realização do que está além do pensamento e da fala. Neste estado nada há para ser visto, nada a ser ouvido. Tudo está perdido no Infinito."

O pensamento básico do Vedānta *advaita* é que a mônada vital ou alma encarnada *(jīva)* é, em essência, o Eu *(ātman)*, o qual, estando acima das aparições fenomênicas, transitórias e mutáveis de nossa experiência empírica, não é outro senão o *Brahman*, a Realidade eterna única e universal, que está além de toda e qualquer mudança, que é autoluminosa e sempre livre, definida como o "Um-sem-segundo" *(advitīya)*, "realmente existente" *(sat)*, "puramente espiritual" *(cit)* e "absoluta beatitude" *(ānanda)*. A mônada vital está enganada sobre seu próprio e verdadeiro caráter: considera-se cativa. Mas este erro se dissipa com o raiar da realização. A mônada vital *(jīva)* descobre então que ela mesma é o Eu *(ātman)*, e a escravidão deixa de existir. Em verdade, quanto ao que é sempre livre, os termos "escravidão" e "liberação" são impróprios. Parecem ter significado tão só durante os estágios iniciais do aprendizado espiritual, quando o discípulo ainda deve fazer a descoberta crítica. O termo "liberação" é usado pelo guru apenas com intenção preliminar e destinado a alguém que imaginariamente se acredita escravizado.

O antigo Gauḍapāda, em seu célebre comentário *Māṇḍūkya-Upaniṣad*, aborda esta questão da seguinte maneira: "Não há dissolução, não há princípio, não há escravidão e não há aspirante; tampouco há alguém ávido de liberação ou alma liberada. Esta é a verdade última".[223]

"Somente aquele que abandonou a ideia de que realizou o *Brahman*" – declara Śaṅkara na sua obra *Upadeśasahasrī* – "é conhecedor do Eu, e nenhum outro."[224]

Afirmar o *Brahman* implica sustentar a experiência da liberação; afirmar a liberação implica automaticamente confirmar a escravidão; e, quando este par de opostos é afirmado, também o são todos os outros pares de opostos. Logo, a ilusão, a ignorância e o mundo do nascimento e morte ficam restabelecidos e nada foi alcançado. A mente especulativa enreda-se, outra vez, em sua trama de pensamentos própria e sutil. Porém, pela força do paradoxo, a lógica desta tênue rede mental pode ser quebrada, e, em consequência, desaparece a grande e fascinante tradição das demonstrações cuidadosas, como desaparece o esplendor de um arco-íris na pureza de um firmamento translúcido. As fórmulas finais, paradoxais e autodestrutivas, do Vedānta *advaita* se harmonizam perfeitamente com aquelas da transcendental "Sabedoria da outra Margem" dos textos e meditações pertencentes ao budismo Mahāyāna[225]. Todos concordam que são puramente fenomênicas as aventuras, conquistas, iniciações e experiências espirituais encontradas pelo aspirante no caminho que conduz à meta da liberação.

Assim, pelo paradoxo, o pensamento indiano superou finalmente sua própria paixão obsessiva pela metafísica e a filosofia. O impacto da verdadeira experiência obtida mediante a absorção iogue venceu a batalha contra os arranjos lógicos do caminho do conhecimento especulativo *(jñānamārga)*. O pensamento, espelho da realidade, foi quebrado pela força da própria realidade quando a verdade foi realizada, ao final da senda da introspecção. Reconheceu-se, então, que o pensamento – com todas as suas refinadas distinções – era apenas um horizonte mais sutil da ignorância, de fato o mais sutil de todos os artifícios ilusórios da *māyā*. Porque a tentação do pensamento é um outro convite para ceder à fascinação da diversidade (agora representada por ideias individuais que tendem a se reunir em pares de opostos), ao invés de cruzar a esfera brilhante e dinâmica da lógica e penetrar no Um-sem-segundo.

A força das concepções e dos paradoxos do Vedānta *advaita* na vida e na história da consciência hindu, e mesmo hoje na civilização da Índia moderna, é simplesmente incomensurável. Como disse Richard Garbe: "Quase todos os hindus educados na Índia moderna, exceto os que abraçaram ideias europeias, são adeptos do Vedānta; e 75% deles aceitam a interpretação de Śaṅkara sobre os *Brahma-Sūtra*, ao passo que os outros 25% estão divididos segundo as diferentes explicações do sistema, oferecidas por um ou outro dos demais comentaristas"[226].

"Entre os comentaristas que divergem da interpretação do Vedānta dada por Śaṅkara" – continua a dizer Garbe – "e que representam alguns dos pontos de vista filosóficos e religiosos de várias seitas, o mais renomado é Rāmānuja, que viveu no século 11 d.C. Rāmānuja, em sua exposição [...], apresenta [...] concepções intimamente relacionadas com a concepção cristã, porém estranhas à verdadeira doutrina vedantina. Em sua opinião, as almas individuais não são idênticas à alma suprema – isto é, Deus, tal como ele a representa – mas separadas e distintas como no Sāṁkhya-Yoga[227]. A causa de sua existência terrena não é a 'ignorância' senão a descrença; e a libertação é a união com Deus, que não se obtém pelo 'conhecimento' mas por intermédio do amor convicto *(bhakti)* em Deus."[228] Garbe assinala que esse ponto de vista se aproxima ao do conhecimento inferior e ao entendimento preliminar descritos no Vedānta *advaita* de Śaṅkara. E acrescenta que é também o modo de ver de muitas formas populares de culto e crença budistas.

É interessante notar que Garbe compara o Vedānta modificado de Rāmānuja com a visão de mundo pluralista e dualista dos sistemas Sāṁkhya e Yoga; porque, noutro sentido, o Vedānta *advaita* de Śaṅkara também é comparável ao Sāṁkhya e ao Yoga. O estado ilimitado e incondicionado além do reino dos opostos, como o descrito por Śaṅkara em sua "teoria da manifestação ilusória" *(vivartavada)*, reflete, ainda que de maneira superlativamente espiritualizada, o estado do antigo *kevalin* jaina bem como o do desapegado *puruṣa* da visão Sāṁkhya. Como nos diz o poeta da *Aṣṭāvākra Gītā*[229]: "Onde está a exultação, onde o desânimo, para mim, que estou sempre inativo *(niṣkriya)*?" Um epíteto como *niṣkriya* (além de todas as atividades) revive todo o significado do ideal antigo, não ária, não bramânico, não védico, indiano aborígine, ainda que agora como uma formulação não dual.

E assim, somos levados a perguntar: Será que o poder da terra triunfou a tal ponto, que aquilo que recuperou seus direitos nessa mesma doutrina – que supõe representar com máxima autoridade "o cerne do sentido total dos *Veda* (Vedānta)" – não é o sentimento cósmico dos poetas védicos, mas sim o sentimento do povo submetido, povo que sempre foi menosprezado e até excluído da sociedade dos "duas vezes nascidos"?

A passividade do Eu na forma como foi abordada no Vedānta resulta de uma influência da concepção jaina-sāṁkhya do *jīva-puruṣa* absolutamente passivo? Se assim for, isto assinala um capítulo oculto, muito interessante e irônico, na história da filosofia e da civilização indiana.

Também sugere outras tantas questões a serem investigadas. Por exemplo, dever-se-ia rever até que ponto o Eu como "reitor interno" *(antaryāmin)* é realmente ativo, conforme a *Bhagavadgītā* e a concepção védica primitiva. Até que ponto o *ātman* é o indiferente e isolado espectador do processo vital do indivíduo, e até onde é um supervisor ativo que a tudo controla. Até que ponto o *ātman* é comparável ao Grande Eu do Universo (Īśvara) que, embora não participe de sofrimento algum, mantém juntas todas as coisas e intervém periodicamente no dinamismo cósmico descendo nele, agindo, então, como um tipo de inconsciente universal, um *buddhimahānt*[230] cósmico, que não é apenas uma testemunha do processo vital mas também dele participa. Ou seja, teria tido o Eu, em tempos remotos, uma função mais próxima à da *buddhi* e, por isso, seu perfeito isolamento e purificação efetuavam-se mediante uma comparação sistemática com a concepção jaina-sāṁkhya? A *Bhagavadgītā* deveria ser o ponto de partida para outra investigação do conceito mais antigo, mais ativo e ambivalente do Eu, no qual a participação combina miraculosamente com a indiferença.[231]

O brilhante Śaṅkara, a quem devemos o Vedānta *advaita* – ao menos na forma em que se manteve durante os últimos mil anos, e na qual prevalece hoje como a filosofia típica e mais bem conhecida da Índia – não foi apenas um pensador escolástico de primeira grandeza senão também um poeta notável. Suas estrofes em louvor à Deusa (Śakti-Māyā-Devī)[232] estão entre os mais célebres exemplos da poesia religiosa indiana. Revela um aspecto surpreendente de sua espiritualidade pois, embora em seus escritos filosóficos rejeite a *māyā* e passe de maneira inflexível à transcendência inefável do *Brahman*, o "Um-sem-segundo", aqui louva devotadamente o "segundo" – Māyā, Mãe do Mundo – e com toda sinceridade expressa o modo da experiência divina dualista no plano da *bhakti*, em que o devoto considera e compreende a si próprio como criatura e servidor da divindade em forma humana:

Tu que portas o mundo múltiplo do visível e do invisível;
que tens o Universo em Teu ventre!
Que cortas o fio da comédia que representamos nesta terra!
Que iluminas a lâmpada da sabedoria; que trazes gozo ao
coração de teu Senhor, Śiva!
Ó Tu, Rainha Imperatriz da santa Benares! Divina Doadora do
Alimento Inesgotável!
Dá-me tua graça e concede-me esmolas![233]

Entretanto, outros poemas de Śaṅkara transportam o espírito para além da esfera do Nome Sagrado e da Abençoada Forma até o umbral da experiência do *nirguṇa Brahman*. Estes versos foram compostos para servirem de suporte nas meditações e para compelir ou arrastar a mente através da última barreira do pensamento. A coleção *Meditações Matinais (prātaḥsmaraṇamstotram)* abre-se com estas linhas:

Ao amanhecer evoco a essência do Eu que resplandece autoiluminado em meu coração, o "quarto" *(turīya)*, que é a existência eterna, a pura consciência espiritual e beatitude, a meta e salvação dos "Cisnes Supremos"[234]. O ser que considera os estados de sonho, vigília e sono profundo: a suprema essência *(Brahman)*, esse sou Eu. É indivisível, sem partes; não sou uma combinação dos cinco elementos perecíveis. Não sou nem o corpo, nem os sentidos, nem o que há no corpo (*antaraṅga* [ou seja, a mente]). Não sou a função do ego; não sou o conjunto das forças do alento vital; não sou a inteligência intuitiva *(buddhi)*. Distante de esposa e filho estou, distante da terra, da riqueza e de outras ideias desta classe. Sou a Testemunha, o Eterno, o Eu interno, o Beatificado (*Śivo 'ham* [que também sugere que "Eu sou Śiva"]).[235]

Por desconhecer a corda, esta parece ser uma serpente; por desconhecer o Eu, surgem os estados transitórios do aspecto individualizado, limitado, fenomênico do Eu. A corda torna-se uma corda quando a falsa impressão desaparece em virtude do pronunciamento de algumas pessoas dignas de crédito; em virtude do pronunciamento do meu guru eu não sou uma mônada vital individual *(jīvo nāham)*, eu sou o Beatífico *(Śivo 'ham)*.[236]

Eu não sou nascido; como pode haver nascimento ou morte para
mim?
Eu não sou o alento vital; como pode haver fome ou sede para
mim?
Eu não sou a mente, o órgão do pensamento e do sentimento;
como pode haver tristeza ou ilusão para mim?
Eu não sou o agente; como pode haver escravidão ou liberação
para mim?[237]

> Nem ódio nem aversão, nem apego apaixonado tenho eu; nem cobiça nem ilusão. Não possuo nem egotismo nem fatuidade. Não me é pertinente nenhuma exigência do código ritualista dos deveres da vida *(dharma)*, nenhum propósito mundano *(artha)*, nenhum desejo de qualquer espécie de prazer *(kāma)*, nenhuma liberação obtida ou renunciada *(mokṣa)*[238]. Eu sou Śiva, cujo ser é a espiritualidade e a beatitude. Eu sou Śiva, o ser sempre pacífico e perfeito.
>
> Para mim não há morte, não há temor, nem distinção de casta. Não tenho pai, mãe, nascimento, parentes, nem amigos. Para mim não há nem mestre nem discípulo. Eu sou Śiva [o Pacífico], cuja forma *(rūpa)* é a espiritualidade e a beatitude.[239]
>
> Não sou homem nem mulher, nem assexuado. Sou o Pacífico, cuja forma brilha com fulgor próprio e poderoso esplendor. Não sou criança, nem jovem, nem velho; não sou de casta alguma. Não pertenço a nenhuma das quatro etapas da vida[240]. Sou o Pacífico-Abençoado, que é a única Causa da origem e dissolução do mundo.[241]

A grandiosa monotonia destas estrofes (que devem ser repetidas silenciosa e inexoravelmente nas horas solitárias de meditação, como auxílio à séria intenção de romper as barreiras do julgamento, e não para serem lidas ternamente como numa antologia) funciona como um desafio intencional e consciente dirigido contra o ceticismo e a lógica mundana. Tal megalomania sagrada ultrapassa os limites dos sentidos. Com Śaṅkara, a grandeza da suprema experiência humana intelectualiza-se e revela sua inumana esterilidade. As estrofes devem ser memorizadas e meditadas; é mister imbuir-se da atitude que elas infundem. Seus paradoxos destruidores da mente, afirmados de maneira arrojada, repetidos sem descanso, são um instrumento que orienta no caminho para a distante margem da paz transcendental.

NOTAS

1. Ou ainda: "cada modificação é somente um esforço da fala, um nome, e a argila, a única realidade" *(vācārambhanam vikāro nāmadheyam-mṛttik-ety eva satyam).*

2. *Chāndogya-Upaniṣad* 6. 1; 6. 12, 13. (Traduzido por Robert Ernest Hume, *The Thirteen Principal Upanishads*, Oxford, 1921, p. 240, 241, 247, 248)

3. Cf. supra, p. 48 nota 14.

4. Estas equações podem ser comparadas facilmente na tradução das *Upaniṣad* feita por Hume (*op. cit.*, p. 520), consultando no Índice os temas: *"correlation, or correspondence of things cosmic and personal; – of the sacrifice and the liturgy with life and the world; – of the existential and the intelligential elements".*

5. *Taittirīya-Upaniṣad* 1. 7. (Cf. Hume, *op. cit.*, p. 279; cf. supra, p. 24)

6. Esta é a grande fórmula de Yājñavalkya, o supremo pensador da tradição das *Upaniṣad.* Para suas numerosas aparições nos textos, cf. o Índice de Hume sobre o tema *"neti, neti"* (*op. cit.*, p. 511).

7. *Taittirīya-Upaniṣad* 2. 4. (Cf. Hume, *op. cit.*, p. 285; cf. supra, p. 63-68)

8. Este conceito persiste como tema central no período mais recente das *Upaniṣad.* Para exemplos, cf. no Índice de Hume, *"food"* (*op. cit.*, p. 523).

9. *Taittirīya-Brāhmaṇa* 2. 8. 8.

10. Cf. supra, p. 39 e 96.

11. Cf. infra, p. 399 e segs., também supra, p. 67, nota 27 e Apêndice B.

12. Cf. Zimmer, *A conquista psicológica do mal*, p. 177 a 210.

13. Cf. infra, p. 261, 262 e 268 e segs.

14. *Bṛhadāraṇyaka-Upaniṣad* 4. 3. 1-7.

15. *Amṛtabindu-Upaniṣad* 13.

16. *Ib.* 14.

17. Considera-se que o ar, o fogo, a água e a terra tenham emanado, nesta ordem, do éter.

18. *Muṇḍaka-Upaniṣad* 3. 2. 8.

19. *Chāndogya-Upaniṣad* 6. Cf. supra, p. 245, 246.

20. *Maitrī-Upaniṣad* 6. 3. Para *satya* e *asatya*, cf. supra, p. 130, 131.

21. Os céus e os infernos eram considerados a contraparte macrocósmica do reino ao qual se ingressa nos sonhos.

22. Cf . supra, p. 238.

23. Cf. Índice de Hume, em *"sleep"* (*op. cit.*, p. 534).

24. *Bṛhadāraṇyaka-Upaniṣad* 4. 5. 15 (Hume, *op. cit.*, p. 147).

25. *Kaṭha-Upaniṣad* 4. 1.

26. *Ib.* 3. 3, 4.

27. Cf. supra, p. 230.

28. *Kaṭha-Upaniṣad* 3. 5-9. Compare com a descrição que Platão faz da carruagem no *Fedro*.

29. Supra, p. 254, cf. também Zimmer, *Mitos e símbolos na arte e civilização da Índia*, p. 109, 110.

30. *Bṛhadāraṇyaka-Upaniṣad* 3. 7. 1.

31. *Ib.* 3. 7 (cf . Hume, *op. cit.*, p. 114-117) .

32. *Muṇḍaka-Upaniṣad* 3. 1. 7.

33. *Bṛhadāraṇyaka-Upaniṣad* 2. 4. 5. Aqui novamente o sábio Yājñavalkya fala com sua esposa Maitreyī (cf. supra, p. 262, 263). A lição da última estrofe é que, quando a essência íntima e única de tudo é compreendida interiormente – isto é, em nosso coração –, as diversas máscaras por ela assumidas se tornam translúcidas. Toda compreensão bem como toda simpatia e amor são baseados na identidade intrínseca do conhecedor e do conhecido. O ódio surge somente de uma ilusão de diversidade.

34. Cf. supra, p. 223-228.

35. *Śvetāśvatara-Upaniṣad* 6. 11 (cf. Hume, *op. cit.*, p. 409). Quanto aos *guṇa*, cf. supra, p. 217, 218.

36. *Kaṭha-Upaniṣad* 5. 12-13 (cf. Hume, *op. cit.*, p. 357, 358).

37. *Taittirīya-Upaniṣad* 2. 8 (cf. Hume, *op. cit.*, p. 288). O sentido é que pelo seu próprio ser o Eu faz prosseguir todas as coisas.

38. *Bṛhadāraṇyaka-Upaniṣad* 5. 1.

39. *Ib.* 1. 1. 7 (cf. Hume, *op. cit.*, p. 367). Aqui a ênfase é dada no contraste entre o eterno *(nitya)* e o transitório *(anitya)*. Existe uma transformação real da essência transcendental eterna em suas manifestações transitórias. O Imperecível é a única essência verdadeiramente permanente, ao contrário de suas transformações transitórias, que formam a esfera fenomênica.

40. *Muṇḍaka-Upaniṣad* 2. 1. 1 (cf. Hume, *op. cit.*, p. 370).

41. *Amṛtabindu-Upaniṣad* 20.

42. *Muṇḍaka-Upaniṣad* 3. 1. 1, 2 (cf. Hume, *op. cit.*, p. 374).

43. *Amṛtabindu-Upaniṣad* 17, 18. *Vijñāna* (a plenitude do conhecimento): aqui *vi-* refere-se ao Infinito, que a tudo abarca e não deixa margem onde pudesse existir alguma segunda

entidade não incluída. *Vijñāna* é, portanto, o conhecimento *(jñāna)* não dual *(advaita)*, e como tal é sinônimo do que em Vedānta é conhecido como *turīya*, o "quarto". Este estado se encontra além dos três planos da consciência desperta, da consciência dos sonhos e do sono profundo (cf. supra, p. 268-272). Tal parece ser o significado do termo *vijñāna* na *Bhagavadgītā*.

44. Em todos os períodos mais recentes da tradição hindu, o termo "sabedoria inferior" *(aparavidyā)* foi considerado como relativo à sabedoria escrita: o saber livresco deve ser, ao final, descartado. O mandato assemelha-se ao dos alquimistas europeus, *rumpite libros ne corda vestra rumpantur*, mas não tem a conotação de crítica polêmica.

45. *Muṇḍaka-Upaniṣad* 3. 1. 5 (cf. Hume, *op. cit.*, p. 374).

46. *Ib.* 3. 2. 3 (cf. Hume, *op. cit.*, p. 376). Compare com a doutrina cristã da graça.

47. *Amṛtabindu-Upaniṣad* 11, 12. Há apenas uma Lua no firmamento noturno e, no entanto, ela é refletida por inúmeras jarras de água expostas à sua luz. As jarras – barro perecível – são comparadas aos indivíduos.

48. *Bṛhadāranyaka-Upaniṣad* 4. 3. 21, 22 (cf. Hume, *op. cit.*, p. 136, 137).

49. Cf. supra, p. 210, 211.

50. Compare isto com a visão de Īśvara, o Senhor, no capítulo XI da *Bhagavadgītā*, onde, tendo dirigido a palavra a seu devoto Arjuna, Kṛṣṇa, a encarnação divina, se revela em sua "forma universal" como Viṣṇu, o onisciente reitor do macrocosmo, a fonte, suporte e fim de todos os seres.

51. *Bhagavadgītā* 4. 7.

52. Como se verá em seguida, o silêncio que segue e envolve a sílaba é o quarto componente. A identificação destas três letras e o silêncio com os quatro estados ou partes do Eu deve tomar-se com a maior seriedade literal; porque todas as coisas – som e silêncio, bem como os estados da consciência humana – são *Brahman-Ātman*.

53. *A* é considerado o som primordial comum a todos os demais. É produzido no fundo da boca aberta, e portanto se diz que inclui todos os outros sons produzidos pelos órgãos vocais humanos que, por sua vez, o incluem. A é a primeira letra do alfabeto sânscrito.

54. A boca, aberta para pronunciar o *A*, move-se em direção à posição fechada do *Ṁ*. No meio está o *U*, formado pela abertura de *A* mas configurada com os lábios fechados. Assim, o estado de sonho é um componente da consciência da vigília configurada pela inconsciência do sono.

55. Tudo começa a partir da posição da boca fechada; a boca se abre para produzir o *A*, e de uma outra maneira para produzir o *U*. A boca fechada é, desse modo, o fundamento a partir do qual todo som da fala toma sua medida, bem como o ponto ao qual regressa.

56. Seu título completo é *Śrīmad-bhagavadgītā-upaniṣadaḥ*, "Os ensinamentos proferidos na canção do Exaltado Sublime".

57. Cf. supra, p. 251-253.

58. *Mahābhārata*, livro 6, Bhīṣmaparvan, seção 6.

59. *Bhagavadgītā* 2. 25 e 29.

60. *Ib.* 1. 21-47.

61. *Ṛṣi*: sábio religioso, inspirado poeta dos hinos védicos. *Manu*: o primeiro homem no começo de cada nova raça de seres.

62. *Bhagavadgītā* 10. 1-8.

63. *Ib.* 11. 32, 33.

64. *Ib.* 2. 18-22.

65. *Ib.* 2. 13.

66. Permanecendo de pé, imóvel, como uma coluna, como uma rocha, ou como Śiva, o iogue perfeito em sua meditação.

67. Como uma montanha firmemente alicerçada.

68. *Bhagavadgītā* 2. 23, 24.

69. *Ib.* 2. 11, 12.

70. *Ib.* 2. 16-18.

71. Neste caso, os frutos são as prometidas recompensas celestiais ou as vantagens a se desfrutar em épocas e nascimentos vindouros.

72. *Bhagavadgītā* 18. 5, 6.

73. *Ib.* 2. 47.

74. *Ib.* 2. 38.

75. *Ib.* 3. 22-25.

76. *Ib.* 18. 11.

77. *Ib.* 18. 48.

78. Para os *guṇa*, cf. supra, p. 216-218.

79. *Bhagavadgītā* 18. 47.

80. Supra, p. 127, 128.

81. "Que as escrituras sejam tua autoridade para determinar o que deve e o que não deve ser feito. Sabendo o que diz o mandamento das escrituras, deves atuar aqui" *(Bhagavadgītā)*. Em outra parte, no entanto, lê-se: "Para o brâmane que obteve o conhecimento supremo *(vijānant)*, todos os *Veda* têm tanta utilidade como um reservatório quando há inundação por todas as partes" (*ib.* 2. 46). As tradições da escritura contêm a verdade suprema, mas a experiência desta verdade as torna supérfluas. Aquele que conhece ingressa na esfera

da realidade transcendental e não precisa mais de guia. Antes de atingir o conhecimento, as escrituras e o âmbito dos deveres sociais servem de guia; após atingir o conhecimento, afirmam-se voluntariamente com espírito de sublime boa vontade.

82. *Ib.* 4. 6-8.

83. Cf. supra, p. 210, 211 e 213, 214.

84. Supra, p. 217, 218.

85. *Bhagavadgītā* 7. 12-14.

86. O título completo deste importante *sūtra* budista Mahāyāna é *Avalokiteśvara-guṇakāraṇḍavyūha*, "Descrição completa do cesto de características de Avalokiteśvara". Aparece em duas versões, a mais antiga em prosa e uma posterior em verso. Veja M. Winternitz, *Geschichte der indischen Litteratur*, vol. II, p. 238-240, e L. de la Vallée Poussin. *Avalokiteśvara*, em Hastings, *Encyclopaedia of Religion and Ethics*, vol. II, p. 259, 260.

87. A mônada vital é assim denominada porque é uma centelha da pura luz divina transcendente. Īśvara significa "o potente, todo-poderoso e soberano"; fundamentalmente, a mônada vital participa da onipotência da Essência Divina.

88. *Bhagavadgītā* 15. 7-10.

89. Aqui se enfatiza o aspecto universal.

90. *Ib.* 18. 61.

91. *Ib.* 2. 30.

92. Este é o caminho do *dhyāna* ou "contemplação".

93. O Yoga de Patañjali; cf. supra, p. 210 e segs.

94. Caminho específico da *Bhagavadgītā*.

95. *Bhagavadgītā* 13. 24, 25.

96. *Ib.* 7. 21-23.

97. *Ib.* 10. 39 e 36.

98. *Śraddhā* significa tanto "fé" como "desejo". Cf. supra, p. 50.

99. Os *yakṣa* são semideuses da riqueza e da fertilidade. Associados, na mitologia, às colinas e ao solo do lugar; os *rākṣasa* são duendes ou diabinhos, monstros devoradores que saem à noite, demônios que perturbam e desvirtuam a eficácia dos sacrifícios ortodoxos oferecidos aos deuses. É desnecessário dizer que alguém pode estar adorando um deus quando, na verdade, está servindo a algum *yakṣa* ou *rākṣasa.* São muitos os exemplos na vida moderna.

100. Os *preta* e os *bhūta* são membros das hostes de seres demoníacos menores presididos por Śiva, o deus do terror demoníaco e da destruição cósmica. Eles representam as forças da noite, da morte, da violência e da aniquilação. Segundo a concepção da *Bhagavadgītā*, um deus petulante e ciumento que tenha pretensões de exclusivismo totalitário, ou um deus

de total compaixão e misericórdia com suas ovelhas perdidas, não representaria a essência divina em sua imperturbável pureza e isolamento. Tais formas são apenas imagens nubladas e distorcidas, espelhadas nas mentes dos devotos, que imaginam Deus semelhante a eles. Um deus agressivo e vingativo revela uma mistura de *rajas* e *tamas*, enquanto um ser divino que se sacrifica por uma abundância de compaixão reflete uma mistura de *sattva* e *rajas*. A qualidade do deus não fala sobre a natureza da Realidade, mas sim da natureza do devoto.

101. Exibindo-se como santos desapegados, porém, na verdade, cheios de exigente arrogância.

102. *Bhagavadgītā* 17. 2-6.
A prática do *tapas* é uma herança pré-ária, não védica, do ascetismo indiano arcaico. Está entre os elementos não bramânicos mais antigos do milenar *yoga* indiano. Trata-se de uma técnica para obter o domínio total sobre si mesmo mediante uma série de sofrimentos autoinfligidos, que são realizados até o limite máximo de intensidade e tempo. Também é um meio de conquistar os poderes do Universo, o macrocosmo, submetendo completamente seu reflexo no microcosmo: o próprio organismo. Expressa uma vontade extrema de poder, um desejo de conjurar as ilimitadas energias ocultas armazenadas na parte vital inconsciente da natureza humana.
Diz-se que esta prática é demoníaca porque obedece ao caminho dos antideuses ou titãs. Na mitologia hindu os titãs são representados, repetidas vezes, praticando austeridades deste tipo com o objetivo de obter poder suficiente para destronar os deuses e substituí-los no comando do Universo. *Tapas* desta natureza demonstram ambição, egoísmo e egotismo em escala gigantesca. Está prenhe de atividade violenta *(rajas)* e da obscuridade da ignorância *(tamas)*, que agrilhoam, com extrema tenacidade, à esfera fenomênica do ego. Esta classe de austeridade é criticada e rejeitada pelo jainismo (cf. supra, p. 151-153), bem como pela *Bhagavadgītā*. A queixa de que estes homens "arrancam e dilaceram com violência os seres e elementos vivos que habitam seus organismos" reflete o temor jaina de ferir os átomos dos elementos (cf. supra, p. 197, 198). Ambas as tradições consideram uma falta grave o excesso de *tapas*.

103. *Bhagavadgītā* 17. 7.

104. *Ib.* 17. 8-10.

105. *Ib.* 17. 11-13.

106. *Ib.* 17. 17-19.

107. *Ib.* 17. 20-22.

108. *Kāma*, o Desejo, no papel do espírito maligno, o Mal, apresenta-se exatamente com o mesmo sentido da lenda do Buddha. Um belo rapaz, levando um alaúde, aparece como o tentador, "o Pior" *(pāpīyās)*, para seduzir o futuro Buddha, primeiro com o encanto sedutor de suas três filhas e depois pela violência (cf. supra, p. 156, 157).

109. *Vijñāna*: a suprema compreensão discriminadora que percebe o Eu como completamente distinto da personalidade, possuidora de anseios, sofrimentos e apegos.

110. *Bhagavadgītā* 3. 36-43.

111. *Ib.* 2. 62, 63.

112. Cf. supra, p. 144-156. Embora os jainistas rejeitassem as dolorosas austeridades atribuídas – na lenda já mencionada – aos titânicos adversários de Pārśvanātha, seu próprio ascetismo, como vimos, tinha por finalidade eliminar todo processo vital e, assim, culminar na morte.

113. Como também no budismo; cf. infra, p. 339 e segs.

114. *Bhagavadgītā* 9. 27.
O procedimento de oferecer a Deus todos os nossos atos é familiar à Igreja Católica Romana, onde os exercícios ascéticos e de amor espiritual *(karmayoga* e *bhaktiyoga)* desempenham um papel importante.

115. Em lugar do *yoga* da penitência corporal, próprio do jainismo, ou das demoníacas concentrações de energia para obter o poder universal tratadas supra, p. 286.

116. *Bhagavadgītā* 18. 57.

117. *Ib.* 9. 29.

118. *Ib.* 10. 8.

119. *Ib.* 18. 62.

120. A oferenda de doces, manteiga, bebidas misturadas *(mantha)*, licores embriagantes *(soma)*, etc.

121. *Bhagavadgītā* 4. 33.

122. *Ib.* 4. 36-38.

123. Comparemos com o que diz Patañjali: "Sacrificando tudo a Īśvara vem o *samādhi*" (*Yoga-Sūtra* 2. 44). Uma meta primordial do *yoga*, como vimos, é serenar a mente retirando os sentidos da esfera externa e, assim, fazendo que repousem. A mente pode concentrar-se num objeto interno – por exemplo, uma fórmula ou uma visão, e então manter-se fixa nele até que este objeto se torne mais ou menos permanente e se mantenha por si só.

124. *Bhagavadgītā* 6. 11-15.
"A mente governada pelo fluxo e refluxo dos sentidos em busca de seus objetos priva o homem da consciência ou intuição *(prajñā)* discriminativas, assim como o barco à deriva segue ao sabor dos ventos." (*ib.* 2. 67)

125. *Ib.* 12. 18, 19.

126. *Ib.* 14. 23-25.

127. *Ib.* 6. 19.

128. *Ib.* 5. 10.

129. *Ib.* 13. 27 e 30.

130. *Taittirīya-Āraṇyaka* 1. 11. 5.

131. *Ib.* 1. 11. 3, 4.

132. Cf. *Bhagavadgītā* 4. 24: "O ato de oferecer é o *Brahman*. A oferenda é o *Brahman*. O fogo é o *Brahman*. É pelo *Brahman* que a oferenda é feita. Em verdade, chega ao *Brahman* quem contempla o *Brahman* em cada ato".

133. Cf. supra, p. 143-239.

134. Supra, p. 245-247.

135. Cf. supra, p. 52-54.

136. Supra, p. 268-272.

137. Supra, p. 230, 231.

138. Śaṅkara, *Vivekacūḍāmaṇi* 149, 150.

139. *Śakti*, da raiz verbal *śak-*: "ser capaz ou ter o poder de fazer algo"; cf. supra, p. 65, 66, e Zimmer, *Mitos e símbolos na arte e civilização da Índia*, p. 30.

140. *Vedāntasāra* 52.

141. Cf. supra, p. 225, 226.

142. Todos estes requisitos são tratados e explicados supra, p. 52-54.

143. Śaṅkara, *Upadeśasāhasrī* 324.

144. *Vedāntasāra* 27.

145. *Muṇḍaka-Upaniṣad* 3. 2. 9; citado no *Vedāntasāra* 29.

146. Cf. supra, p. 138, nota 7.

147. *Vedāntasāra* 31.

148. Este exemplo é dado na obra de Daṇḍin, *Kāvyādarśa* (*Espelho da Poesia*) 2. 69, 70. Daṇḍin explica: "O poeta 'sobrepõe' ou atribui aos dedos dos pés, etc., a natureza das pétalas, etc.; e ao pé, a natureza da flor de lótus".

149. *Vedāntasāra* 31.

150. *Ib.* 31.

151. *Muṇḍaka-Upaniṣad* 1. 2. 13, citado no *Vedāntasāra* 31.

152. *Bṛhadāraṇyaka-Vārtikā* 181. Sureśvara foi discípulo direto de Śaṅkara.

153. *Naiṣkarmyasiddhi* 3. 66.

154. *Vedāntasāra* 34.

155. *Ibidem*.

156. *Ib.* Com respeito aos *guṇa*, cf. supra, p. 217, 218 e 285, 286.

157. *Vedāntasāra* 35.

158. *Ib.* 36.

159. *Ib.* 37, 38.

160. *Māṇḍūkya-Upaniṣad* 5; citado no *Vedāntasāra* 46.

161. *Vedāntasāra* 44.

162. *Ib.* 47, 48.

163. Supra, p. 294, 295; *Vedāntasāra* 51.

164. *Ib.* *Vedāntasāra* 182-190.

165. *Ib.* 191.

166. *Ib.* 192.

167. *Ib.* 198.

168. Supra, p. 268-272.

169. *Tat* (aquilo) *tvam* (tu) *asi* (és). Cf. supra, p. 245-247. *Tat* denota o *Brahman*, absoluto e ilimitado; *tvam*, o indivíduo, finito e limitado de várias formas; *asi* põe ambos em oposição; mas igualar os dois termos seria incompatível com suas conotações diretas; a identidade entre "tu" e "aquilo" não é possível a menos que a incompatibilidade entre os dois termos seja excluída e que se conserve o que têm de compatível. O incompatível é, em primeiro lugar, a distinção existente entre ambos e, em segundo lugar, todas as diferenciações tais como "absoluto e ilimitado" *versus* "finito e variadamente limitado". Por outro lado, o compatível é a "espiritualidade ou inteligência" *(caitanya)*. Portanto, "tu" e "aquilo" são idênticos porque o *caitanya*, a essência do "tu", é, simultaneamente, a essência de "aquilo". O mais não é a essência, é mera ilusão.

170. *Vedāntasāra* 200-208.

171. Cf. supra, p. 123, 124.
Se o processo mágico de converter um jovem em sacerdote, mago e conhecedor da essência dos deuses requer estrita castidade e abstinência, o que dizer da requerida para a realização do Eu interno transcendental! A vida sexual libera os ares vitais *(prāṇa)* e anima as faculdades sensoriais e as forças físicas do corpo. Nutre-se dos envoltórios externos do organismo estratificado (e por sua vez os fortalece); o corpo denso *(anna--maya-kośa)*, o envoltório do alento vital *(prāṇa-maya-kośa)* e o envoltório dos sentidos e da mente *(mano-maya-kośa)*, ou seja, as próprias zonas das quais o aspirante procura retirar sua consciência. Na Índia, esta proibição da vida sexual não está baseada na ideia de que uma vida sexual normal seja má, mas na crença de que, se as energias têm de mover-se em uma direção, não se deve fazer com que fluam em outra direção ao mesmo tempo.

172. Cf. supra, p. 268-272.

173. "Quando, como a tartaruga que recolhe seus membros, os sentidos puderem ser completamente retirados dos seus objetos, então o conhecimento *(prajñā)* adquire firmeza" (*Bhagavadgītā* 2. 58).

174. Cf. supra, p. 210, 211.

175. *Upadeśasāhasrī* 73.

176. *Vedāntasāra* 210.

177. *Ib.* 211.

178. *Ib.* 212.

179. *Ib.* 213.

180. *Ib.* 214.

181. *Bhagavadgītā* 6. 19; citada no *Vedāntasāra* 215.

182. Embora no *savikalpasamādhi* o Eu seja experimentado como um ser anônimo, sem face, idêntico a si mesmo, a atitude ainda tem traços semelhantes àqueles do estado preliminar do devoto no estágio da *bhakti*. Este último adora um Deus do Universo (Īśvara), que a tudo penetra, e considera o Senhor como idêntico ao seu Eu, mas ainda distinto dele próprio. O *savikalpasamādhi* também é comparável à ideia cristã de céu; cf. supra, p. 214-216, onde o iogue é tentado por "Aqueles que ocupam altas posições".

183. *Gauḍapāda-Kārikā* 3. 44, 45; citado no *Vedāntasāra* 215.

184. "A obra que este corpo construiu antes da aurora do conhecimento não é destruída por esse conhecimento até que produza seus frutos; assim como uma flecha lançada contra um alvo que se tomou por um tigre não para, embora se perceba que o objeto é uma vaca, ela segue e perfura o objeto com toda sua força". (Śaṅkara, *Vivekacūḍāmaṇi* 451, 452)

185. *Vedāntasāra* 217.

186. *Muṇḍaka-Upaniṣad* 2. 2. 8; citada no *Vedāntasāra* 217, 218.

187. *Vedāntasāra* 219.

188. *Ib.* 220.

189. *Upadeśasāhasrī* 5; citado no *Vedāntasāra* 221.

190. *Vedāntasāra* 222.

191. *Ib.* 224.

192. *Naiṣkarmyasiddhi* 4. 69; citado no *Vedāntasāra* 225.

193. *Vedāntasāra* 226.

194. *Ibidem.*

195. Cf. supra, p. 268-272.

196. *Kaivalya-Upaniṣad* 19, 20.

197. *Avadhūtagītā* 1. 59. "A canção *(gītā)* daquele que se livrou de tudo [como o pó, dos pés, ou da roupa] *(avadhūta).*"

198. *Bhagavadgītā* 2. 69.

199. Considerando que a atitude intelectual, o prazer do raciocínio, torna-se uma paixão entre os intelectuais – filósofos, cientistas, escritores, etc. –, a verdade deles é sempre tendenciosa. Sobre o *sattva* e o *rajas*, cf. supra, p. 217, 218 e 285, 286.

200. *Avadhūtagītā* 1. 67.

201. *Aṣṭāvakra-Saṁhitā* 19. 3.

202. Cf. Kant, *Crítica da Razão Pura*, 1ª parte, "Estética Transcendental".

203. *Mauna* (silêncio), a qualidade do *muni* (santo).

204. *Aṣṭāvakra-Saṁhitā* 19. 4.

205. *Ib.* 19. 5.

206. Compare com a experiência budista da irrealidade da "balsa" ou "barco" da doutrina para o Iluminado que desembarcou na "outra margem da Sabedoria transcendental" (infra, p. 344, 345).

207. *Aṣṭāvakra-Saṁhitā* 19. 6.

208. *Lokā*: indica tanto os mundos celestes superiores – presididos pelas divindades fenomênicas que, em si mesmas, são apenas "sobreposições" antropomórficas velando a essência divina, neutra, sem face e impassível – quanto os mundos subterrâneos, povoados por pecadores que sofrem e sequazes aterrorizantes do rei Morte. Todos têm origem no pensamento de desejos e temores da própria consciência iludida. São as projeções involuntárias do seu dinamismo passional e obscurecido.

209. *Laya* é o fim total do universo de muitos andares, com planos inferiores e superiores, junto com o plano da Terra, que está no meio; é o desaparecimento de todos eles, como ilusão fenomênica, na essência do ser sem qualidades, inalterável, quando experimentada em si mesma como o Eu. Onde está a fusão do Universo, como a da neve no mar?

210. *Samādhi*: é o passo e a experiência final do *yoga*; o ego, e tudo o que ele contém dissolvem-se na infinita pureza do Eu, como a luz de uma vela se incorpora na brilhante e triunfante luz do dia, depois do amanhecer.

211. *Trivarga*, "a Tríade das Províncias Mundanas": 1. *artha*: a busca das posses materiais, riqueza, sucesso na política e poder; 2. *kāma*: a busca da felicidade pessoal por meio do prazer sensorial; e 3. *dharma*: o cumprimento das obrigações religiosas e sociais estabelecidas pelo sistema revelado, tradicional, da ordem e da lei. Cf. supra, p. 77-107.

212. *Aṣṭāvakra-Saṁhitā* 19. 7, 8.

213. Que consiste dos cinco elementos.

214. *Indriya*: que estão compostos da matéria sutil dos cinco elementos e que apreendem as manifestações destes no mundo exterior.

215. *Nairāśya*: o estado que transcende os pares de opostos que assaltam a alma; estado a ser devotadamente buscado.

216. *Nirañjana*: não manchado por tinta nehuma, sem laivo de impureza que obscureça sua claridade intrínseca e autorrefulgente.

217. *Vikṣepa*: a dispersão da consciência pelos cinco campos das experiências sensoriais, ou pelo fluxo dos processos mentais internos.

218. *Ekāgryam*: o estado de concentração do iogue, firmemente focado e fixo num único objeto interno de meditação.

219. *Śiṣya-guru*: o mais óbvio par de opostos *(dvandva)* ao longo do processo de iluminação.

220. *Nir-upādhi*, além do *upādhi*: "atributo, condição, limitação, peculiaridade", além do tempo, do espaço, da causalidade, das formas mascaradas, etc.

221. *Aṣṭāvakra-Saṁhitā* 20.1, 9, 13.

222. *Spiritual Teachings of Swāmī Brahmānanda*, traduzido das *Conversations and Letters in Bengali*, Mylapore, Madras, 1932, p. 11, 12.

223. *Gauḍapāda-Kārikā* 2. 32. Supõe-se que Gauḍapāda tenha sido o mestre de Govinda que, por sua vez, foi mestre de Śaṅkara. Uma tradução de seu comentário *(kārikā)*, junto com o de Śaṅkara, sobre esse comentário e sobre a mesma *Upaniṣad*, encontra-se em Swāmī Nikhilānanda, *The Māṇḍūkyopanishad with Gauḍapāda-Kārikā and Śaṅkara's Commentary*, Mysore, 1936, em que a citação acima, *kārikā* 2. 32, aparece na p. 136.

224. Śaṅkara, *Upadeśasāhasrī* 115.

225. Cf. infra, p. 344 e segs.

226. Richard Garbe, *"Vedānta"*, em Hastings, *Encyclopaedia of Religion and Ethics*, vol. XII, p. 597.

227. Para uma exposição dos sistemas Sāṁkhya e do Yoga, cf. supra, p. 208-239.

228. Garbe, *loc. cit.*, p. 598.

229. Supra, p. 317.

230. Cf. supra, p. 231-233.

231. Nota do compilador: Estas questões aparecem nas notas do Dr. Zimmer junto com uma breve referência a Rāmānuja (cuja teoria da efetiva "transformação" *[pariṇāma]* do *Brahman* na realidade do mundo, ainda que formulada posteriormente à teoria de Śaṅkara sobre a "manifestação ilusória" *[vivarta]*, está fundamentada, como observa o Dr. Zimmer, em trabalhos de mestres anteriores – Taṅka, Dramiḍa, Guhadeva, Kapardin e Bhāruci – e pode representar um ponto de vista pré-*advaita*). Zimmer tencionava que estas notas servissem de sugestões para projetos posteriores de investigação; a presente seção sobre o Vedānta e as que se seguem sobre o budismo e o Tantra foram deixadas por ele em rascunhos preliminares.

232. Para um estudo sobre a Deusa, cf. Zimmer, *Mitos e símbolos na arte e civilização da Índia*, p. 153-172.

233. Estrofe do Hino a Annapūrṇa (a que transborda alimentos), traduzido por Swāmī Nikhilananda, *Self-Knowledge (Ātmabodha)*, New York, 1946, p. 185.

234. *Paramahaṁsa*: os ascetas vedantinos, que vagam pelo mundo em liberdade e sem morada, são comparados aos cisnes ou gansos selvagens, porque estes se sentem em casa tanto nas alturas do céu aberto como nas águas dos lagos; assim como os santos estão à vontade tanto na esfera informe, carentes de atributos, quanto na veste do indivíduo humano que, aparentemente, se move entre nós na esfera da escravidão fenomênica.

235. Da "Meditação" dirigida ao *ātman*.

236. Śaṅkara, *Ātmapañcaka* 2.

237. *Ib.*, conclusão.

238. Isto é: "As três finalidades da vida secular *(trivarga)* nada significam para mim; mas o ideal supremo, a liberação *(mokṣa)*, que destrói o significado daquelas, é igualmente sem sentido para mim. Se assim não fosse, eu ainda estaria enredado no dinamismo do processo que conduz à meta, ainda distante do estado de repouso estático, perfeito".

239. Śaṅkara, *Nirvāṇaśatka* 3 e 5.
Como dissemos, enquanto instrui o discípulo, o mestre assume temporariamente o estado de consciência que ainda está no campo dos pares de opostos. Quando todos os outros opostos deixam de influir, ainda resta este de mestre e discípulo. Este é o último a desaparecer.

240. Discípulo, dono da casa, ermitão, sábio errante; cf. supra, p. 123-127.

241. Śaṅkara, *Nirvāṇamañjarī*.

CAPÍTULO IV

O BUDISMO

1. O CONHECIMENTO BÚDICO

O budismo é a única mensagem religiosa e filosófica da Índia que se difundiu para além das fronteiras de sua origem. Conquistando a Ásia ao norte e ao leste, tornou-se, naquelas vastas regiões, o credo das massas e moldou a civilização durante séculos. Este fato tende a ocultar que, em sua essência, o budismo destina-se apenas a uma minoria de privilegiados. A doutrina filosófica que alicerça manifestações populares tão numerosas e fascinantes não é o tipo de ensinamento que se poderia esperar ver prontamente acessível a todos. Dentre as muitas respostas que têm sido oferecidas há milênios, nos quatro cantos do mundo, para soluções aos enigmas da vida, a do budismo deve ser considerada como a mais inflexível, obscura e paradoxal.

Os monges budistas do Ceilão* contam-nos – segundo sua tradição – como foi fundada a Ordem do Buddha, o "Iluminado"[1]. O grande príncipe iogue Gautama Śākyamuni deixou secretamente o palácio e o reino de seu pai e devotou-se a austeridades por muitos anos, até alcançar o limiar da iluminação absoluta. Estando sentado, então, sob a árvore Bo, dele se aproximou o mestre dos magos da ilusão cósmica[2], o deus Kāma-Māra (Desejo e Morte), com o propósito de tentá-lo. Havendo triunfado sobre a tentação, o príncipe, imóvel em sua interiorização, experimentou o Grande Despertar e, desde aquele instante, ficou conhecido como o "Desperto", o Iluminado, o Buddha. Absorto na grandiosidade da experiência, permaneceu imóvel e intocável, sob a árvore Bo, durante sete

* Atual Sri Lanka.

dias e sete noites, "vivenciando a beatitude do Despertar". Depois, levantou-se como se fosse partir, mas não pôde fazê-lo. Sentou-se sob uma segunda árvore e, novamente, permaneceu por sete dias e sete noites, imerso na beatitude do despertar. Pela terceira vez, sob uma terceira árvore, um encanto de sete dias e noites uma vez mais o arrebatou. E assim fez de uma árvore a outra durante sete semanas; na quinta, porém, foi protegido pelo capuz do rei serpente Mucalinda[3]. Após o bem-aventurado período de quarenta e nove dias, seu olhar glorioso voltou-se para o mundo. Compreendeu, então, que a experiência vivenciada estava além da palavra. Toda tentativa de falar a respeito seria vã. Decidiu, portanto, não a revelar.

Porém Brahmā, o Senhor Universal dos processos transitórios da vida[4], em sua eterna morada nas alturas do cosmo ovoide, olhando para baixo viu o Iluminado e reparou que este decidira manter para si o que lhe havia sido revelado. Brahmā – ele mesmo uma criatura, ainda que a mais excelente de todas – perturbou-se ao compreender que o conhecimento sublime (que ele próprio desconhecia) não iria ser desvelado. Desceu do zênite e com preces implorou a Buddha que se tornasse mestre da humanidade, mestre dos deuses, mestre do mundo criado. Todos se encontravam envolvidos nas tramas do sono, sonhando um sonho conhecido como a vida dos seres criados, em estado de vigília. Brahmā suplicou ao verdadeiramente Desperto que abrisse seu caminho a todos, pois poderia haver, salientou o deus, alguns poucos felizardos dentre estes seres iludidos, cuja visão não estivesse obstruída pela poeira da paixão, e estes poderiam entender. Como as flores de lótus emergem das águas escuras de um lago em vários estágios de maturidade – algumas ainda com os botões nas águas profundas, outras próximas à superfície, outras já abertas e prontas para sorver os raios de Sol – exatamente assim, poderia haver entre os homens e entre os deuses alguns poucos preparados para ouvi-lo.

Deste modo, o Buddha foi persuadido a ensinar seu caminho. Surgiram discípulos, uma ordem tomou corpo e a tradição budista passou a existir. Não obstante, desde o princípio e devido à natureza do problema, a doutrina destinava-se apenas àqueles preparados para ouvir; não tinha por meta interferir quer na vida e nos hábitos do povo, quer no curso da civilização. Com o tempo, poderia até mesmo ter-se desvanecido, tornando-se incompreensível e sem sentido pela ausência de alguém capaz de trilhar o caminho da compreensão; e isto também seria legítimo. Ou seja, em contraste com outros grandes mestres da humanidade (Zaratustra pregando a lei religiosa da Pérsia (atual Irã); Confúcio discursando sobre o sistema restaurado do pensamento antigo chinês; Jesus anunciando a Salvação do mundo), Gautama, o príncipe do clã real Śākya, recebe com propriedade o nome de Śākyamuni: o "sábio silencioso *(muni)* dos Śākya"[5]; pois, apesar de tudo o que tem sido dito e ensinado a seu respeito, o Buddha continua sendo o símbolo de algo além do que possa ser dito e ensinado.

Nos textos budistas não há palavra que possa ser atribuída, com absoluta autoridade, a Gautama Śākyamuni. Temos apenas uma vaga ideia da imagem iluminada de sua personalidade e já é o suficiente para sermos dominados por uma atmosfera espiritual singular. Embora a Índia de seu tempo, meio milênio a.C., fosse um genuíno tesouro de saber religioso e mágico – a nossos olhos, uma selva de crenças e tradições mitológicas –, o ensinamento do Iluminado não oferecia uma visão mitológica nem do mundo presente, nem de um mundo do além, tampouco um credo definido. Foi apresentado como uma terapêutica, um tratamento, um processo de cura espiritual para aqueles que tivessem vontade suficiente para segui-lo. Tudo indica que, pelo menos em sua terminologia, Gautama rompeu com todos os hábitos e costumes populares e com os métodos de instrução religiosa e filosófica então vigentes. Tal qual um médico, dava seu conselho de maneira prática como se, por intermédio dele, a arte da medicina indiana estivesse ingressando na esfera dos problemas espirituais – magnífica e antiga arena onde, durante séculos, magos de toda classe haviam obtido poderes em virtude dos quais se fizeram elevar, juntamente com seus discípulos, às alturas da divindade.

Seguindo a mesma norma de um médico de sua época, Buddha enunciou quatro diagnósticos ou axiomas a respeito da problemática humana. Estes axiomas são chamados "As Quatro Nobres Verdades" e constituem o âmago de sua doutrina. A primeira, *Toda vida é dolorosa*, declara que nós, membros da raça humana, somos espiritualmente doentes, e o sintoma disto é o fato de que carregamos sobre nossos ombros o peso da dor; e que a doença é endêmica. Este diagnóstico não é acompanhado de algum questionamento acerca da culpa, pois o Buddha não fazia dissertações metafísicas ou mitológicas. No entanto, perguntou-se a respeito da causa no plano prático, psicológico e, por isso, temos como a segunda das "Quatro Nobres Verdades": *A causa do sofrimento é o desejo ignorante (tṛṣṇā).*

Como no ensinamento do Sāṁkhya, aqui também se diz que a raiz da enfermidade cósmica é um estado mental involuntário comum a todas as criaturas. O desejo originado da necedade, o "não conhecer melhor" *(avidyā)*, é nem mais nem menos o problema. Tal ignorância é uma função natural do processo vital, ainda que não necessariamente impossível de ser erradicada, como não o é a inocência de uma criança. Simplesmente, não nos apercebemos de que vivemos num mundo de meras convenções e que estas determinam nossos sentimentos, pensamentos e atos. Imaginamos que nossas ideias sobre as coisas representam sua realidade última e, por isso, somos presos por elas como pelos fios de uma rede. Enraízam-se em nossa própria consciência, assim como em nossas atitudes; são puras criações da mente, padrões convencionais e involuntários de ver as coisas, de julgar e de agir; entretanto, nossa ignorância os aceita em cada detalhe, sem questionamentos, considerando-os, e também a seus conteúdos, fatos da existência. Isto – o erro sobre a verdadeira essência da realidade – é a causa de todos os sofrimentos que constituem nossas vidas.

A análise budista vai mais adiante e afirma que nossos outros sintomas (as situações e incidentes comuns, próprios de nossa condição universal de desassossego) são derivados da mesma falta original. As tragédias e comédias nas quais nos vemos envolvidos, que trazemos à tona de nosso interior e nas quais atuamos, desenvolvem-se espontaneamente a partir do ímpeto de nossa condição mais íntima de ignorância, e nos lança ao mundo com concepções e percepções restritas. Desejos e expectativas inconscientes, emanados de nós na forma de decisões e atitudes estabelecidas subjetivamente, transcendem os limites do presente, precipitam nosso futuro e estão determinados pelo passado. Herdados de nascimentos anteriores, ocasionam futuros nascimentos; a infinita corrente de vida que nos transporta é bem maior que as fronteiras dos nascimentos e mortes individuais. Em outras palavras, os males do indivíduo não podem ser compreendidos apenas em relação aos seus erros; eles estão arraigados em nosso modo humano de viver e todo o conteúdo deste modo de vida é uma combinação patológica de desejos não satisfeitos, anseios contrariados, medos, arrependimentos e pesares. Diante de tal estado de sofrimento, o mais sensato é curar-se.

Esta afirmação radical sobre os problemas que a maioria de nós aceita como condição inerente e natural da existência, e que simplesmente decidimos suportar, é sustentada na doutrina do Buddha pela terceira e quarta das "Quatro Nobres Verdades". Depois de haver diagnosticado a doença e determinado sua causa, o médico investiga se a doença pode ser curada. O prognóstico budista declara que a cura é realmente possível, por isso nos diz: *A dor pode ser eliminada*; e a última das Quatro Verdades prescreve o caminho, *O Nobre Óctuplo Caminho*, que compreende: reta concepção, reto pensamento, retas palavras, reta conduta, reto meio de vida, reto esforço, reta atenção e reta meditação.

Este tratamento completo, ministrado pelo Buddha, garante a erradicação da causa do feitiço mórbido e do sonho da ignorância e, assim, torna possível a aquisição de uma perfeição lúcida e serena. Nenhuma explicação filosófica a respeito do homem ou do Universo é necessária, mas apenas o programa de dietética psicológica desta medicina espiritual. Porém, a doutrina dificilmente pode resultar atraente à multidão, porque a maioria não está convencida de que sua vida é tão doentia como de fato é. Unicamente aqueles poucos, que não só gostassem de tentar, mas que sentissem de modo sincero e intenso a necessidade vital de se submeter a algum tipo de tratamento completo, apenas estes teriam vontade e energia suficientes para levar até o fim disciplina tão árdua e exigente quanto a da cura budista.

O caminho de Gautama Śākyamuni é chamado de "caminho do meio", pois evita extremos. Um desses pares de extremos é, de um lado, a busca desenfreada de prazeres mundanos, de outro, a disciplina severa, ascética, corporal, como a de alguns contemporâneos do Buddha, os jainistas por exemplo, cuja austeridade tinha por objetivo culminante a aniquilação do corpo físico. Outro par de extremos é o do ceticismo, que nega a possibilidade do conhecimento transcendental e a sustentação dialética de doutrinas metafísicas não demonstráveis. O budismo evita a encruzilhada desses extremos e conduz a uma atitude que, por si mesma, leva à experiência transcendental. Rejeita explicitamente toda fórmula controvertida do intelecto, considerando-a inadequada tanto para conduzir, como para expressar a verdade paradoxal que repousa além, muito além do domínio das concepções mentais. Em um dos *Diálogos Maiores*, onde se conservam alguns dos colóquios do Buddha, enumera-se uma extensa lista de disciplinas teóricas e práticas, por meio das quais se pode dominar diversas artes, ofícios e profissões, ou pelas quais as pessoas procuram entender sua própria natureza ou o significado do Universo. Todas são descritas e, mais tarde, refutadas sem nenhuma crítica, mas com a seguinte fórmula: "Tal conhecimento e tais opiniões, se completamente dominados, inevitavelmente levarão a determinados fins e produzirão certos resultados na vida do indivíduo. O Iluminado é consciente de todas essas possíveis consequências e também do que existe além delas. Mas ele não dá muita importância a este conhecimento porque, em si mesmo, nutre outro – o conhecimento da cessação, da descontinuidade da existência mundana, do repouso absoluto obtido pela emancipação. Possui um discernimento perfeito acerca da maneira como nossas sensações e sentimentos passam a existir, de como se esvanecem logo com toda sua doçura e amargor, de como escapar deles por completo e do modo como, desapegando-se deles mediante o reto conhecimento de suas naturezas, ele [o Buddha] conseguiu liberar-se de seus feitiços".[6]

O budismo não dá nenhuma importância a um conhecimento tal que torne o homem ainda mais emaranhado na rede da vida, conhecimento que acrescente à existência confortáveis e interessantes muletas, quer materiais quer espirituais, contribuindo, assim, com mais elementos para a preservação da personalidade. O budismo prega que o valor atribuído a algo é determinado pelo tipo particular de vida a partir do que é considerado, e que diz respeito tão só à personalidade. O mérito de um fato ou ideia varia de acordo com o grau de discernimento do observador, isto é, com seu comprometimento espontâneo com determinadas áreas de fenômenos e domínios dos valores humanos. O ambiente e até o mundo que o circunda e controla são continuamente produzidos pela sua própria natureza inconsciente, afetando-o na medida de seu engajamento nas próprias imperfeições. As características desse ambiente e desse mundo são as projeções fenomênicas de seu estado interior de ignorância enviadas para o reino da percepção sensorial, onde parecem ser descobertas por um ato de experiência empírica. Por isso, o budismo nega a força e a validade de tudo o que possa ser conhecido.

De autor tibetano – um Dalai Lama budista – nos vem a seguinte colocação: a substância única, fundamentalmente destituída de qualidades, parece ter vários sabores bem diferentes, segundo a espécie de ser que a experimente. A mesma bebida, que para os deuses em seu reino celestial é uma deliciosa poção de imortalidade, para os homens na terra será simples água e, para os atormentados habitantes do inferno, um líquido repugnante e intragável que recusarão beber, mesmo quando torturados por insuportáveis acessos de sede.[7] As três qualidades da substância única, ou as três maneiras de experimentá-la, são nada mais que os efeitos normais de três ordens de *karman*. Mesmo os sentidos estão condicionados por forças subjetivas que os fazem existir e que os conservam sob severo controle. O mundo externo não é mera ilusão, não deve ser considerado inexistente; entretanto, seus traços encantadores ou repulsivos derivam da atitude interior involuntária daquele que o vê. As nuanças sedutoras e as sombras assustadoras que constituem sua textura são reflexos projetados pelas tendências da psique.

Em outras palavras, vivemos envolvidos pelos impulsos dos vários estratos de nossa própria natureza, emaranhados no feitiço de sua atmosfera específica à qual nos submetemos como se fosse um mundo exterior. O objetivo das técnicas da terapêutica budista é pôr um fim a este processo de autoenvolvimento. O processo vital assemelha-se a um fogo ardente. A vida, da forma que a conhecemos, prossegue incessantemente pela atividade involuntária de nossa própria natureza em contato com o mundo externo. O tratamento consiste na extinção *(nirvāṇa)* do fogo, e o Buddha, o Desperto, é aquele que já não está em chamas. O Buddha está muito longe de se haver dissolvido no não ser; não é ele que se extinguiu, mas a ilusão da vida: as paixões, os desejos e os dinamismos normais do físico e do psíquico. Dado que já não é cego, tampouco se sente condicionado pelas falsas ideias e constantes desejos que normalmente continuam configurando-os e as suas esferas, vida após vida. O Buddha percebe-se liberto das características que determinam um indivíduo sujeito a um destino. Emancipado, assim, do *karman*, a lei universal, permanece fora do alcance da sina, não mais subjugado às consequências de limitações pessoais. O que as outras pessoas contemplam ao observarem sua presença física é uma espécie de miragem, porque ele não possui, intrinsecamente, os atributos que elas veneram e que lutam por conseguir.

A arte budista tentou expressar esta experiência paradoxal do Iluminado em certas esculturas curiosas que representam a cena da tentação do Buddha. As violentas hostes de Kāma-Māra, o Tentador, investem contra a meditação daquele que está prestes a iluminar-se, sentado sob a árvore sagrada. Empunham armas, jogam-lhe árvores arrancadas pela raiz e enormes pedras e procuram de todas as maneiras possíveis quebrar a calma de sua meditação. Com ameaças, tentam fazer-lhe sentir o medo da morte, provocar ao menos um sinal do impulso de autopreservação, um desejo de apegar-se à forma perecível de seu corpo, corpo este que ameaçam destruir. Simultaneamente, aparecem à sua frente os encantos da vida – toda sua doçura – representados por mulheres divinas, a fim de que o fascínio dos sentidos o comova – não para tirá-lo do lugar, literalmente falando, mas para provocar um mínimo impulso de vontade de gozo, que equivaleria a retroceder e cair na escravidão da vida. Porém, as tentações falham. As forças trabalham em vão, não conseguem descobrir em sua natureza alguma falha, algum remanescente último de medo e desejo. As ameaças e os gestos instigadores também fracassam; não o atingem porque ele desapareceu da esfera dos fluxos e refluxos do prazer e da dor que constituem a trama da vida. Nas esculturas em questão, este inexpugnável estado "daquele que já não pode ser alcançado" é expresso omitindo o rosto do Buddha. Entre o tumulto das hostes armadas e as atitudes provocativas das filhas do Tentador, o lugar sagrado sob a árvore Bo está vazio; o Buddha é invisível.

O *Expirado*[8], nos primeiros monumentos budistas, jamais é representado com traços visíveis ou tangíveis, pois qualquer coisa visível ou tangível equivaleria a uma descrição, seja como homem ou como deus. Portanto, estaria dotado de características concernentes a seres modelados pelas influências de vidas anteriores, seres que, impelidos pela lei do *karman*, assumiram formas humanas ou celestiais. Por sua natureza, qualquer forma daria uma noção errônea de sua essência, que está em um plano não representável. Uma forma, um perfil, o mostraria preso pelos laços sutis do *karman* à esfera de algumas qualificações limitantes e transitórias, ao passo que todo o sentido de seu ser repousa no fato de que ele está liberto de sintomas tais como ignorância e desejo. Ao observarmos essas primeiras esculturas budistas, devemos pensar que o Buddha está realmente ali, no trono da Iluminação, mas como se fosse uma bolha de vazio. As marcas de suas pegadas e uma leve depressão na almofada traem a sua presença; contudo nenhum traço visível seria capaz de traduzir a essência de sua natureza. Características visíveis (beleza e grandiosidade, por exemplo, ou o encanto deslumbrante de uma divindade) são sinais de seres comuns e revelam seu *karman*. Mas o Buddha não possui *karman* e, por isso, deve ser representado sem forma determinada. Esta não é só a maneira mais coerente, senão a única perfeitamente adequada de mostrar sua absoluta emancipação da lei que faz com que tudo continue e assuma as indumentárias variadas e transitórias de novas existências.

A doutrina do Buddha chama-se *yāna*, que quer dizer "veículo" ou, mais precisamente, "barca". A barca é a principal imagem utilizada no budismo para representar o significado e a função da doutrina. A ideia persiste através de todos os ensinamentos divergentes e antagônicos das numerosas seitas budistas que se desenvolveram em muitos países durante o longo curso da magnífica história desta filosofia que, diga-se de passagem, foi amplamente difundida. Cada seita descreve o veículo à sua maneira, mas, não importa como se o descreva, sempre será uma barca.

A fim de apreciarmos a força desta imagem e entendermos a razão pela qual se perpetuou, é mister considerarmos que, na vida cotidiana hindu, a barca tem um papel extremamente importante. Em um continente recortado por rios caudalosos e onde as pontes são quase inexistentes, a barca é um meio de transporte indispensável. Para se chegar ao destino de qualquer viagem, torna-se necessário o uso da barca; frequentemente, a única maneira possível de se atravessar largos rios com fortes correntezas é de barca ou pelo vau. Os jainistas chamaram vau *(tīrtha)* a seu caminho de salvação, e os supremos mestres jainas foram, como vimos, os *Tīrthaṁkara*, "aqueles que produzem ou proporcionam um vau". No mesmo sentido o budismo, por meio de sua doutrina, oferece uma barca para atravessar o impetuoso rio do *saṁsāra* até a margem distante da liberação. O indivíduo é transportado pela iluminação *(bodhi)*.

A essência do budismo pode ser compreendida mais rápida e adequadamente se nos aprofundarmos nas principais metáforas – por meio das quais nossa intuição é estimulada – em vez de realizarmos um estudo sistemático das sofisticadas superestruturas e detalhes minuciosos dos ensinamentos desenvolvidos. Por exemplo, basta pensar por um momento na experiência real e cotidiana do processo de cruzar um rio numa barca, para se chegar à simples ideia que inspira e embasa as diversas sistematizações racionais da doutrina. Entrar no veículo budista – a barca da disciplina – significa começar a cruzar o rio da vida, desde a margem da experiência comum de não iluminação, da ignorância espiritual *(avidyā)*, do desejo *(kāma)* e da morte *(māra)*, até a longínqua margem da sabedoria transcendental *(vidyā)*, que é a liberação *(mokṣa)* desta escravidão geral. Vamos, rapidamente, considerar as etapas reais que integram qualquer travessia de um rio, e ver se podemos vivenciar essa passagem como uma espécie de iniciação, por analogia, nas etapas do progresso que o peregrino budista realiza rumo a sua meta.

Junto à margem de cá, esperando que chegue a barca, somos parte da vida desta margem, tendo em comum os mesmos riscos, oportunidades e tudo o que possa acontecer nela. Sentimos o calor ou o frescor de suas brisas, ouvimos o farfalhar da folhagem de suas árvores, conhecemos o caráter de seu povo e sabemos que a terra está sob nossos pés. Entretanto, a outra margem, a margem distante, está fora de nosso alcance, é uma mera imagem ótica do outro lado das águas vastas e incessantes que nos separam de seu desconhecido mundo de formas. Não temos a menor ideia do que seja permanecer naquela terra afastada. Não podemos imaginar como este mesmo cenário do rio e suas duas margens parecerão do outro lado. Quantas destas casas entre as árvores serão visíveis? Que acontecimentos irão se desenrolar rio acima e rio abaixo? Tudo quanto está aqui, tão real e concreto para nós neste momento – estes objetos sólidos e tangíveis, estas formas concretas – não serão mais que remotos e pálidos contornos visuais, efeitos óticos inconsequentes, sem poder nos atingir, quer para nos ajudar, quer para nos prejudicar. Esta mesma terra sólida tornar-se-á uma linha horizontal vista de longe, um detalhe de uma imensa paisagem, além de nossa experiência e sem mais força do que uma miragem.

A barca chega e, enquanto aporta, a observamos com interesse; ela traz consigo algo do ar daquela terra distante que dentro em breve será nosso porto de chegada. Porém, ao entrar na barca, nos sentimos parte do mundo que logo deixaremos, e permanece ainda aquela sensação de irrealidade acerca do local para onde estamos indo. Ao tirarmos os olhos da barca e do barqueiro, a margem longínqua continua sendo uma imagem distante, não mais consistente do que antes.

Suavemente, a barca começa a deslizar nas águas ondulantes. Nesse momento percebemos que acabamos de transpor uma linha invisível, além da qual a margem deixada vai pouco a pouco assumindo a insubstancialidade de uma mera impressão visual, uma espécie de miragem, enquanto a margem de lá vai ficando mais próxima, mais real. O que anteriormente era distância obscura torna-se a nova realidade e, em breve, solo firme, rangendo sob nossos passos – areia e pedra que pisamos ao desembarcar –, e ao mesmo tempo o mundo deixado para trás, recentemente tão concreto, transforma-se num reflexo ótico destituído de substância, fora de alcance e sem significado, que já perdeu o encanto que exercia sobre nós anteriormente – com todas as suas características, pessoas e eventos – quando caminhávamos por ele e éramos parte de sua vida. Além do mais, a nova realidade que agora nos domina proporciona uma visão totalmente nova do rio, do vale e das duas margens, uma visão muito diferente da outra e de todo imprevista.

Enquanto estávamos no processo de atravessar o rio, com a margem deixada para trás cada vez mais vaga e insignificante – as ruas e casas, os perigos e prazeres ficando mais e mais longe – houve um período em que nosso porto de destino estava igualmente distante; durante aquele tempo, a única realidade concreta ao nosso redor era a barca, lutando com bravura contra a correnteza e rasgando as águas em condições precárias. Os únicos detalhes da vida que então pareciam substanciais e que provocavam nosso interesse eram os vários elementos e acessórios da própria barca: os contornos do casco e da amurada, o leme e as velas, os cabos e, talvez, o cheiro do alcatrão. O resto do existente, seja o que estava à nossa frente, seja o deixado para trás, não significava outra coisa que uma perspectiva esperançosa e uma recordação evanescente – dois polos de associação sentimental ilusória vinculados a certos efeitos óticos já fora de alcance.

Nos textos budistas, esta situação das pessoas em uma barca é comparada àquela dos poucos que fizeram sua travessia no veículo da doutrina. A barca é o ensinamento do Buddha e seus implementos são os vários aspectos da disciplina budista: meditação, exercícios de *yoga*, regras da vida ascética e prática da autoabnegação. Estas são as únicas coisas das quais os discípulos podem ter profunda convicção; tais pessoas se unem em uma forte crença no Buddha, como barqueiro, na Ordem, como amurada (que sustenta, protege e define suas vidas ascéticas perfeitas), e no poder orientador da doutrina. A margem do mundo já foi deixada e a outra que está distante, a da liberação, ainda não foi atingida. Enquanto isso, as pessoas na barca estão envolvidas num tipo peculiar de perspectiva intermédia, muito própria delas. Em um dos *Diálogos Médios* aparece um discurso sobre o valor do veículo da doutrina. Primeiramente, o Buddha descreve um homem que, como ele mesmo ou qualquer um de seus seguidores, detesta os riscos e encantos da existência secular. Tal homem decide renunciar ao mundo e cruzar o rio da vida em direção à longínqua terra da segurança espiritual. Recolhendo madeira e juncos, constrói uma canoa e, utilizando-se desta, consegue alcançar a outra margem. O Buddha questiona, então, seus monges com a seguinte pergunta:

> "Qual seria vossa opinião sobre este homem? Seria um homem inteligente se, por gratidão à canoa que lhe permitiu atravessar o rio com segurança, tendo alcançado já a outra margem, se agarrasse à canoa, a carregasse sobre suas costas e caminhasse sob seu peso?"
>
> Os monges respondem: "Não, certamente o homem que fizesse isso não seria inteligente".
>
> O Buddha prossegue: "O homem inteligente não seria aquele que abandonasse a canoa (não mais útil para ele) ao fluxo do rio e continuasse seu caminho sem olhar para trás? A canoa não é um simples instrumento a ser descartado e abandonado uma vez que tenha cumprido o propósito para o qual foi construída?"
>
> Os discípulos concordam que esta é a atitude apropriada a tomar em relação ao veículo, uma vez que desempenhou sua função.

O Buddha conclui então: "Da mesma maneira, o veículo da doutrina deve ser descartado e abandonado quando se alcança a margem da Iluminação *(nirvāṇa)*".[9]

As regras da doutrina destinam-se aos principiantes e aos discípulos avançados, mas se tornam insignificantes para os perfeitos. Carecem de utilidade para o verdadeiro iluminado, exceto quando, em seu papel de mestre, faz uso delas como meio de sugerir a verdade que alcançou. Foi por esta doutrina que o Buddha procurou expressar o que havia conhecido como inefável quando estava sob a árvore. Pôde comunicar-se com o mundo mediante sua doutrina e, assim, ajudar seus discípulos despreparados, quando estavam no início ou em algum ponto intermediário do caminho. Tornando-se acessível à ignorância relativa ou total, a doutrina pode atingir a mente ainda imperfeita, embora ardente; contudo não tem mais nada a dizer para aquele cuja mente se liberou da escuridão. Como a canoa, a doutrina precisa ser deixada para trás tão logo o objetivo tenha sido alcançado, pois a partir daí nada mais será que uma carga inútil.

Além do que, não só a canoa torna-se vazia de realidade, como também o rio, para aquele que alcançou a outra margem. Tal homem, quando olha para trás e vê novamente a terra que deixou, o que vê? O que se pode ver quando se cruzou o horizonte além do qual não há dualidade? Olha, e não há "outra margem", não há rio que separe, não há canoa, não há barqueiro, não pode haver travessia de um rio inexistente. Todo o cenário das margens e do rio entre elas simplesmente desapareceu. Tais coisas não podem existir para a visão e a mente iluminadas, porque ver ou pensar algo como "outro" (uma realidade distinta, diferente de seu próprio ser) significaria que a Iluminação total ainda não foi alcançada. Pode haver uma "outra margem" apenas para as pessoas que estão nas esferas da percepção dualista, para aqueles que estão deste lado do rio ou para aqueles que estão dentro da barca, dirigindo-se à "outra margem", os que ainda não desembarcaram e não abandonaram a canoa. A iluminação significa que a distinção enganosa entre as duas margens, como se uma tivesse existência mundana e a outra, existência transcendental, é absolutamente insustentável. Não há um rio de renascimentos que flua entre as duas margens separadas: não há *saṁsāra* e não há *nirvāṇa*.

Assim, a longa peregrinação rumo à perfeição através de inúmeras existências, motivada pelas virtudes da autorrenúncia e realizada a custo de enormes sacrifícios do ego, desaparece como uma paisagem de sonhos, ao se acordar. A prolongada história de uma trajetória heroica, as muitas vidas de autopurificação progressiva, a infindável saga do desapego obtido por meio de uma grande paixão, a santa epopeia de como se tornar um salvador – iluminado e iluminador – se desvanece como um arco-íris. Tudo se esvazia, ao passo que, quando o sonho se desenrolava gradativamente, com crises e decisões recorrentes, a série interminável de sacrifícios dramáticos aprisionava a alma sob seu feitiço. O significado íntimo da iluminação é que este esforço titânico de pura energia anímica, esta luta ardente para alcançar o objetivo mediante ações sempre renovadas de admirável abnegação, esta suprema e longa batalha através de encarnações para se chegar à liberação da lei universal da causalidade moral *(karman)* – tudo isto carece de realidade. No limiar de sua própria realização se dissolve, juntamente com seus antecedentes de vida, emaranhada em seus próprios fios, como um pesadelo na aurora do dia.

Para o Buddha, por conseguinte, até a noção de *nirvāṇa* não tem significado, pois está vinculada aos pares de opostos e só pode ser empregada em oposição a *saṁsāra*: o vórtice onde a força vital é enfeitiçada na ignorância pelas suas próprias paixões polarizadas de medo e desejo.

O método budista de treinamento ascético destina-se a fazer compreender que não há um ego substancial – nem qualquer coisa em lugar algum – que dure, mas apenas processos espirituais que nascem e se extinguem, sensações, sentimentos, visões que podem ser superadas ou estimuladas e observadas à vontade. A ideia da extinção do fogo da paixão, a má vontade e a ignorância perdem sentido quando for alcançado este poder psicológico e este ponto de vista, pois o processo vital não é mais vivenciado como um fogo ardente. Então, falar seriamente do *nirvāṇa* como um objetivo a ser alcançado significa apenas revelar a atitude daquele que ainda se lembra ou experimenta o processo como um fogo ardente. O próprio Buddha adota tal atitude tão só para ensinar aqueles que ainda sofrem e almejam extinguir as chamas. Seu famoso "Sermão do Fogo" é uma espécie de adaptação e, de maneira nenhuma, a palavra final do sábio, cuja expressão definitiva é o silêncio. Da perspectiva do Desperto, do Iluminado, verbalizações opostas como *nirvāṇa* e *saṁsāra*, iluminação e ignorância, liberdade e escravidão, não têm referência, carecem de conteúdo. Essa é a razão pela qual o Buddha recusou-se a discutir acerca do *nirvāṇa*. A falta de objetividade das conotações, que inevitavelmente pareceria deduzir-se de suas palavras, iria confundir aqueles que procurassem seguir seu caminho misterioso. Estando ainda na barca constituída destas concepções e necessitando delas como instrumento de transporte para atingir a margem da compreensão, o mestre não negará a função prática de tais termos convenientes; mas também não dará importância aos termos quando das discussões. Palavras como "iluminação", "ignorância", "liberdade" e "apego" são auxílios preliminares que não se referem a uma realidade última; são meros sinais indicadores para o viajante, e servem para direcioná-lo ao objetivo de uma atitude que está além da duplicidade que elas próprias sugerem. Uma vez que a canoa tenha sido abandonada e que não mais se tenha a visão das duas margens e do rio que as separa, então, na verdade, o reino da vida e da morte deixa de existir, e também o da liberação. Ainda mais, não há budismo, não há barca, visto que não existem as margens nem as águas entre elas. Não existe barca nem barqueiro; não há Buddha.

Por isso, o grande paradoxo do budismo é que Buddha algum jamais existiu para iluminar o mundo com ensinamentos budistas. A vida e a missão de Gautama Śākyamuni são apenas uma incompreensão geral por parte do mundo não iluminado, útil e necessário para guiar o candidato rumo à iluminação, mas a ser descartado quando – e se – a iluminação for alcançada. O monge que falha em se livrar de tais ideias apega-se (por aderir a elas) à ilusão geral e mundana que ele acredita estar tentando abandonar. Porque, em poucas palavras, ao passo que o *nirvāṇa* é encarado como algo diferente do *saṁsāra*, o erro mais elementar sobre a existência ainda deve ser superado. Estas duas ideias refletem atitudes contrárias do indivíduo semiconsciente em relação a si mesmo e à esfera exterior na qual vive; contudo, além deste campo subjetivo, elas são improcedentes.

O budismo, crença popular reverenciada em toda a Ásia Oriental, traz em sua própria raiz este paradoxo audaz – a mais surpreendente interpretação da realidade jamais sussurrada aos ouvidos humanos. Todos os bons budistas procuram evitar, por isso, afirmações acerca da existência e da não existência. Seu "caminho do meio" simplesmente declara que a validade de uma concepção é sempre relativa à posição que ocupa uma pessoa no caminho do progresso que conduz da ignorância ao conhecimento búdico. Atitudes de afirmação e negação pertencem a seres mundanos que estão na margem de cá da ignorância e a criaturas devotas que navegam na barca – lotada – da doutrina. Conceitos tais como o de Vacuidade *(śūnyatā)* só podem ter significado para um ego que se agarra à realidade das coisas; aquele que perdeu a sensação de que essas coisas são reais não pode encontrar sentido em semelhante palavra. No entanto, palavras desse tipo estão em todos os textos e ensinamentos. Na verdade, o grande milagre prático do budismo é que termos desta natureza, usados eficazmente como trampolim, não se convertem em estacas sobre as quais se funda e se constrói um credo.

A maior parte da literatura budista, que se tornou acessível e familiar a nós por meio de traduções, ajusta-se desta maneira, pedagogicamente, à atitude humana comum de ignorância parcial. Destina-se ao ensinamento e direcionamento dos discípulos. Esboça e assinala as etapas do caminho dos *Buddha (buddhamārga)*, descrevendo a vida do herói "rumo à iluminação" *(bodhicaryā)*. Assim, sua posição compara-se àquela do barqueiro que convida as pessoas de nossa margem a entrar em sua barca e cruzar as águas, ou que orienta a tripulação sobre as manobras da embarcação durante a travessia. A margem distante só é apresentada de forma esboçada e preliminar, apenas aludida e atraentemente sugerida a fim de atrair e inspirar aqueles que ainda estão enfeitiçados pelas noções desta margem dualista – homens e mulheres tentando tomar a decisão de abandoná-las, ou que se encontram naquelas etapas cruciais em que se procura adquirir um ponto de vista absolutamente contrário, que muito em breve perceberão ser de todo incompatível com o que esperavam encontrar.

Este interesse pedagógico do budismo acarreta, inevitavelmente, um ocultamento da essência última da doutrina. As afirmações introdutórias, graduadas como estão, levam diretamente ao objetivo, porém, mais tarde, têm de ser abandonadas, ou o próprio objetivo jamais será alcançado. Qualquer um que deseje ter alguma ideia da transformação de perspectiva que se busca terá de se afastar dos grandes volumes das conversas iniciais, questionários, análises e codificações, para um ramo especial das escrituras budistas um tanto menos notável e curioso, no qual se procura realmente dizer algo a respeito da experiência suprema.

Podemos muito bem nos maravilhar com a corajosa experiência, com este esforço por representar a essência máxima de uma intuição incomunicável por meio de palavras e concepções familiares à filosofia comum e à compreensão piedosa. Entretanto, o assombroso é que este corpo singular de textos esotéricos consegue transmitir, de fato, um vívido sentimento da inefável realidade conhecida na "extinção" *(nirvāṇa)*. Tais textos são chamados *Prajñāpāramitā*: "A Consumação da Sabedoria Transcendental" ou "A Sabedoria *(prajñā)* que passou à outra margem *(pāramitā)*". Constituem os mais curiosos diálogos conduzidos em uma espécie de ciclos de conversas entre os *Buddha* e os *Bodhisattva*, em sua maioria seres lendários, salvadores sobre-humanos, onde não figura sequer um aspirante à iluminação ainda desorientado.

Os iluminados comportam-se de uma maneira bastante chocante e confusa para qualquer pensador lúcido que, por hábito e firme determinação, decidisse conservar seus pés no chão. Em uma espécie de conversa zombeteira, estes *Buddha* e *Bodhisattva* se entretêm com proposições enigmáticas acerca da verdade inefável. Regozijam-se ao declarar, repetidas vezes, que não existe algo como o budismo, a Iluminação, nada que vagamente se assemelhe à extinção do *nirvāṇa*; cada um prepara armadilhas e tenta confundir os outros obrigando-os a proferir juízos que possam sugerir, ainda que remotamente, a realidade de tais concepções. Logo, com espírito matreiro, esquivam-se dos perigos colocados com grande inteligência, e todos se unem numa gargalhada transolímpica de felicidade, pois a mais simples alusão ao *nirvāṇa* denunciaria o vestígio da atitude oposta, o *saṁsāra*, e do apego à existência.

Em um dos textos, por exemplo, o Buddha faz a seguinte declaração a seu discípulo Subhūti:

> Qualquer um que esteja na barca dos salvadores-que-conduzem-à-outra-margem deve ter em mente a salvação de todos os seres vivos, conduzindo-os à liberação-e-extinção no puro e perfeito *nirvāṇa*; e quando, devido a esta atitude, houver salvo todos os seres vivos, então nenhum ser, qualquer que seja, foi conduzido em direção ao *nirvāṇa*.

Seguindo esta afirmação paradoxal, o Buddha completa sua exposição:

> Por que, ó Subhūti, isto é assim? Porque se este salvador tivesse a ideia da existência real de qualquer ser, não poderia ser chamado de Iluminado perfeito. Se pudesse pensar em algo semelhante a um ser vivo exibindo sucessivamente a vestimenta de vários corpos e migrando por incontáveis existências, ou a ideia de uma personalidade individual, então não poderia ser chamado de Bodhisattva, um "ser cuja essência é a Iluminação". E por que é assim? Porque não há nada nem ninguém no veículo dos Iluminados.[10]

Em um certo dia, diz outro texto, quando milhares de deuses se reuniram para celebrar com uma grande festa a ocasião solene da pregação de um sermão do Buddha, todos diziam alegremente:

> Deveras, esta é a segunda vez que a roda da verdadeira lei foi posta em movimento em solo indiano; vamos observá-la!

Porém o Buddha, virando-se furtivamente para Subhūti, murmurou algo que não podia contar aos deuses, pois estava além de suas capacidades de compreensão:

> Esta não é a segunda vez que a roda da verdadeira lei foi posta em movimento, nada se põe em movimento, e nenhum movimento é detido. A perfeição da sabedoria *(prajñāpāramitā)* consiste apenas neste conhecimento, característico dos seres cuja essência é a Iluminação.[11]

Estes textos desconcertantes, com seu ensinamento explícito da Sabedoria da Outra Margem *(prajñāpāramitā)*, pertencem a um período posterior da tradição budista, a etapa chamada "Grande Barca" ou Mahāyāna, que prega que o significado secreto e objetivo da doutrina é o estado búdico universal de *todos* os seres. Isso ocorre em oposição à doutrina mais antiga chamada "Pequena Barca" ou Hīnayāna, onde, embora se revele uma maneira eficaz de se obter a *liberação individual*, o estado búdico é considerado um objetivo alcançado por apenas alguns poucos através do ciclo das eras. Os textos da *Prajñāpāramitā* do Mahāyāna destinavam-se a compensar o que seus autores consideravam um entendimento errôneo por parte do Hīnayāna, entendimento este acerca da essência pura da sabedoria do Buddha, que se havia originado por considerar que o ensinamento preliminar fosse uma expressão da realização transcendental do Buddha. A ênfase outorgada aos meios, ao caminho, às regras da ordem e às disciplinas éticas da travessia na barca estavam sufocando a essência da tradição no próprio interior do budismo. O caminho do Mahāyāna, por outro lado, reafirmava esta essência por meio de um corajoso e surpreendente paradoxo.

> O Iluminado – dizem os textos – parte na Grande Barca; mas não há lugar de onde esteja partindo. O Universo é o seu ponto de partida, mas na verdade não parte de lugar nenhum. Sua barca é tripulada por todas as perfeições; e não é tripulada por ninguém. Não encontrará apoio absolutamente em coisa alguma e encontrará apoio no estado de onisciência, que lhe servirá de não apoio. E mais, ninguém jamais partiu na Grande Barca; ninguém jamais partirá e ninguém está partindo agora. E por que é assim? Porque não há alguém que parta nem meta para onde partir; portanto, quem deveria estar partindo e para onde?[12]

As concepções que constituem a doutrina a ser comunicada não têm, do ponto de vista do Iluminado, realidades últimas correspondentes. São partes da canoa, adequada e útil para a travessia de um rio de ignorância e indispensável para discípulos que estão no caminho, porém carece de significado para o mestre que já atravessou para a outra margem. Refletem formas dos processos transitórios da vida e, por isso, não possuem substância duradoura. Levam à iluminação, contudo são reflexos fragmentados, enganosos, de sua verdade. Na realidade, são diferentes do que é conhecido pelo iluminado, tal qual a barca, ou canoa, é diferente da margem. Estes conceitos úteis emergem, junto com todas as demais coisas visíveis e pensáveis que estão ao nosso redor, de uma realidade infinitamente pura, que está além das concepções, vazia de qualidades limitadoras, indiferenciada e intocável pela dialética dos pares de opostos, da qual é alicerce, exatamente como os céus e a atmosfera – que são visíveis – são meras aparências no vazio fundamentalmente puro do éter.

> Assim como na vasta esfera celeste, estrelas e escuridão, luz e miragem, orvalho, espuma, nuvens e relâmpagos surgem, tornam-se visíveis e, em seguida, desaparecem como personagens de um sonho, do mesmo modo se deve considerar tudo o que está dotado de uma forma individual.

É o que se lê em um dos textos mais célebres de meditação Mahāyāna.[13] Da matéria intangível que impregna o Universo emergem formas tangíveis como transformações efêmeras dela. Mas o fato de existirem e depois desaparecerem não afeta a serenidade límpida e profunda do elemento básico, o espaço que ocupam no breve encanto de sua existência. Analogamente, os Iluminados, com imperturbável compostura, observam suas próprias sensações, sentimentos e outras experiências do mundo exterior e de sua vida interior, permanecendo inabaláveis ante elas, além das mudanças que ocorrem de contínuo, assim como o calmo éter está além das mudanças das formas processadas em seu espaço infinito.

A noção do "despertar", no que diz respeito ao Iluminado, é, no fundo, tão destituída de significado quanto a noção de que há um estado onírico que o precede (o estado da vida comum, nossas próprias atitudes e ambiente). É irreal, não existe; é a vela de uma canoa inexistente. Por meio de disciplinas se instrui o iogue budista a conceber interiormente aquela paz que se percebe ao observar o vasto reino etéreo com suas formas passageiras; e, ainda, olhando para dentro de si, aprende a vivenciar – por sucessivos estágios de autocontrole e meditação – sua própria essência etérea: o simples vazio, não maculado pelos processos da mente e imutável ante qualquer efeito dos sentidos no seu contato com o mundo exterior. Completamente imbuído de um total desinteresse, comparável ao da atmosfera celestial em relação aos vários fenômenos de luz e escuridão que nela acontecem, ele compreende o verdadeiro significado da sabedoria transcendental budista, a natureza da visão desde a margem longínqua. Toma conhecimento de que fundamentalmente nada, seja o que for, está acontecendo à verdadeira essência de sua natureza, nada que possa ser causa de regozijo.

O discípulo Subhūti disse: "Profunda, ó Venerável, é a perfeita Sabedoria Transcendental".

Respondeu o Venerável: "Insondavelmente profunda, como o espaço do Universo, ó Subhūti, é a perfeita Sabedoria Transcendental".

O discípulo Subhūti disse ainda: "Difícil de ser alcançada pelo Despertar é a perfeita Sabedoria Transcendental, ó Venerável".

Afirmou, então, o Venerável: "Esta é a razão, ó Subhūti, por que ninguém jamais a alcança pelo Despertar".[14]

E ambos, podemos imaginar, riram às gargalhadas. Eis aqui a metafísica como o jogo máximo do intelecto.

2. Os grandes reis budistas

Sem dúvida, as marcas mais originais e ousadas do budismo são as negativas, isto é, aquilo que se conseguiu omitir. Não encontramos aqui o saber enciclopédico que vimos nos sistemas dos jainistas e dos *ājīvika*. Não há doutrina de um Eu substancial no homem ou de um Eu cósmico como realidade última do mundo, como se podem encontrar de diversas maneiras no Sāṁkhya, no *Veda*, no Vedānta e nas disciplinas da *bhakti*. Não há descrição ou definição nenhuma acerca de qualquer estado de bem-aventurança depois da liberação e da morte, em contraste com os ricos delineamentos das *Upaniṣad*. Tampouco observamos inferências metafísicas ou conclusões ontológicas, pois o método do Buddha era estritamente psicológico. O Iluminado ignorou os sistemas tradicionais de comparação micro e macrocósmica (em que se vincula a estrutura do Universo com a do organismo humano como manifestações paralelas de forças cósmicas divinas), acreditando que não conduziam à iluminação; igualmente deixou para trás toda a carga, ou tesouro, de intuições preciosas e complexas. Em um país onde, por séculos, o único passatempo das classes eruditas eram os debates e intermináveis discussões sobre detalhes insignificantes, disputas intelectuais e demonstrações metafísicas; onde os heróis, mesmo os populares, eram os sábios, os doutores em teologia e metafísica (que, na verdade, eram tão altamente gratificados que chegavam a se corromper e a se encher de vaidade); onde um confronto de eruditos, no palco da retórica, frente a uma plateia, era um deleite tanto para as pessoas da corte quanto para as do povo (e que, diga-se de passagem, acarretava considerável ganho material ao vencedor); Gautama Śākyamuni – quando finalmente decidiu anunciar o que havia descoberto aos poucos felizardos, maduros o suficiente para o compreenderem – recusou-se a discutir qualquer uma das questões clássicas que todo mestre, supostamente, deveria resolver.

No entanto, sua atitude era tão marcante e os ensinamentos tão inspiradores que não só escapou do desprezo e da obscuridade, como também atraiu uma sempre crescente multidão de seguidores voluntários, de todas as classes e profissões. Mesmo no início, brâmanes das mais antigas famílias encontravam-se entre os membros da Ordem e, séculos mais tarde, ricos comerciantes (os capitalistas pós-feudais do fim do período medieval indiano), bem como príncipes e reis, rivalizavam-se para auxiliar a comunidade budista com generosos donativos.[15]

Afinal, saber muitas coisas não é tão importante; é melhor conhecer e praticar a única coisa necessária: devemos abandonar tudo aquilo a que estamos apegados. No budismo encontramos descrita em detalhes uma via para se alcançar essa liberação: o Nobre Óctuplo Caminho. Além do mais, assegura-se que, a seu devido tempo, o avanço neste caminho proporcionará, de per si, as respostas a todas as questões abordadas pelos retóricos populares.

No decorrer dos vinte e cinco séculos que se passaram desde que o Buddha ensinou nos parques e vilarejos do nordeste da Índia, muitas tentativas têm sido feitas a fim de conciliar sua atitude negativa com a insaciável sede de filosofar metafísico, tão próprio da mentalidade hindu. Em linhas gerais podemos dizer que este objetivo foi conseguido, extraindo e desenvolvendo os princípios metafísicos implícitos nos ensinamentos e métodos psicológicos. Mas embora os pensadores posteriores achassem imperativo converter os conselhos práticos e diretos de Gautama em um completo sistema teórico, não conseguiram eliminar o mistério central, que permanece além do alcance de seus argumentos laboriosos. Deste modo, sempre que analisamos suas tentativas sérias, chegamos a um ponto onde a teorização racional se torna altamente paradoxal, ou onde uma corajosa fórmula enigmática dispensa, de repente, tudo quanto se poderia esperar de uma mente racional; tais exemplos devem nos fazer lembrar da atitude fundamental do Buddha com respeito à possibilidade de se convencer alguém, mediante o diálogo e o ensino, da verdade que ele próprio alcançou unicamente por meio da Iluminação.

A metafísica budista e a hostilidade verbal das seitas incipientes começaram a perturbar a concentração dos discípulos mesmo antes da morte, ou *parinirvāṇa* (o *nirvāṇa* final ou perfeito), do Mestre. Era inevitável que os adeptos ainda não iluminados discutissem entre si questões que o Iluminado se recusava a elucidar; os Diálogos canônicos estão repletos dessas meticulosas indagações. Houve problemas, também, quanto aos detalhes da vida monástica. Diz-se que o Buddha proclamou:

> Monges, há no mundo só uma coisa que, ao passar a existir, existe para desvantagem e infelicidade de muitas pessoas, tanto deuses como homens. "O que é isso?", perguntaram. "Dissensão dentro da Ordem", respondeu o Buddha. "Pois em uma Ordem que foi cindida existem lutas recíprocas e igualmente abusos recíprocos, desentendimentos e discórdias recíprocas e, numa tal Ordem, os monges estão insatisfeitos e não desfrutam do contentamento e há diversidade de opinião até entre aqueles que estão satisfeitos."[16]

Diz-se que um dia chegou aos ouvidos do Buddha este relato complexo:

> Senhor, um certo monge cometeu uma ofensa que considerou ser de fato uma ofensa, ao passo que outros monges consideraram aquela ofensa como não ofensa. Depois, ele passou a considerar aquela ofensa como não ofensa, enquanto os outros monges começaram a tomá-la como ofensa. [...] Então aqueles monges expulsaram o monge por sua recusa em reconhecer a ofensa. [...] O monge, então, reuniu seus companheiros e amigos entre os monges que estavam a favor e enviou um mensageiro a seus companheiros e amigos entre os monges de todo o país. [...] E os partidários do monge expulso permaneceram a seu favor e o seguiram.
>
> O Buddha exclamou pesaroso: "A Ordem está dividida! A Ordem está dividida!" e dirigiu palavras de rigorosa reprovação àqueles que se atribuíram o poder de expulsar o companheiro. "Não pensem, ó monges" – declarou – "que têm o direito de expulsar este ou aquele monge, dizendo: 'Resolvemos expulsar este monge'."[17]

Quando o fundador desapareceu deste mundo, as divergências sectárias aumentaram, ainda que, em geral, na história budista encontremos uma forte tendência a tolerar pequenas diferenças, e até mesmo grandes, de prática e opinião – talvez como resultado das advertências do próprio Gautama contra as dissensões. O Cânone páli do Sri Lanka registra que imediatamente após sua morte um certo monge chamado Subhaddha disse a seus companheiros:

> Não se aflijam! Não se lamentem! Felizmente estamos livres do Grande Asceta. Já estávamos fartos de ouvi-lo dizer: "Isso é adequado a vocês, isto não é adequado a vocês"; mas agora poderemos fazer o que bem quisermos, e não teremos de fazer o que não quisermos.[18]

Ao ouvir estas palavras infelizes, o grande monge Kāśyapa propôs que se organizasse um concílio de irmãos com o propósito de reiterar e restabelecer os preceitos do Mestre. Quinhentos *arhat*[19] reuniram-se em Rājagṛha (a antiga capital de Magadha) e, no decorrer de uma seção que durou sete meses, estabeleceram o *Vinaya* (disciplina) e o *Dhamma* (em sânscrito: *dharma*, lei). Porém quando, concluindo, proclamaram a obra realizada, aproximou-se um monge célebre chamado Purāṇa (o Ancião), com quinhentos seguidores, que se recusou a aderir às resoluções do Concílio. "A doutrina e a regra disciplinar foram muito bem formuladas pelos Anciãos" – admitiu polidamente –, "mesmo assim, da maneira como foram por mim ouvidas e recebidas da própria boca do Abençoado, desta mesma maneira as conservarei na minha memória." E nem os Anciãos, nem aqueles que presenciaram o episódio, pronunciaram uma só palavra de protesto contra esta manifestação de independência.[20]

Supõe-se que um segundo concílio budista registrado no Cânone páli reuniu-se cem (ou cento e dez) anos depois do *parinirvāṇa* do Buddha, em Vaiśālī (moderna Basarth, na subdivisão de Hajipur, pertencente ao distrito de Muzaffarpur da província de Bihar)[21], com a finalidade de condenar dez práticas heréticas dos monges daquela vizinhança. A natureza precisa das práticas não pode ser determinada pelas breves notas que aparecem no registro, onde figuram sob designações tais como: "dois dedos", "outro vilarejo", "residência", etc.[22]; contudo, parece haverem tido importância suficiente para dividir a comunidade em duas. O *Dīpavaṁsa* do Sri Lanka relata que, após serem condenados por heresia, os monges censurados retiraram-se e fizeram um concílio por conta própria, que recebeu o significativo nome – mesmo nos textos ortodoxos do grupo contra o qual estava dirigido – de Mahāsaṅgīti, o "Grande Concílio".

> Os monges do Grande Concílio distorceram o ensinamento.
> Romperam as escrituras tradicionais e fizeram uma nova revisão,
> Um capítulo colocado num lugar foi posto em outro,
> E deturparam o sentido e a doutrina dos cinco *Nikāya*.
> Estes monges – que não conheciam nem o que havia sido falado por extenso
> Nem o que havia sido falado em resumo, nem
> O que era o sentido óbvio, nem o que era o sentido elevado –
> Fizeram com que coisas que se referiam a um assunto se referissem a outro,
> E destruíram muito do espírito ao se apegarem à sombra da letra.
> Rejeitaram parcialmente o *Sutta* e o *Vinaya* tão profundo,
> E fizeram outro *Sutta* e outro *Vinaya* duais, de sua própria safra.
> O compêndio *Parivāra* e o livro do *Abhidhamma*,
> O *Paṭisambhidā*, o *Niddesa* e uma parte do *Jātaka*
> Foram deixados de lado e introduziram outros em seu lugar.
> Rejeitaram também as conhecidas regras dos nomes e dos gêneros,
> Da composição e da arte literária, e colocaram outras em seu lugar.[23]

Evidentemente, conforme T. W. Rhys Davids assinalou, esta descrição provém de um grupo que se considera superior, embora seja levado a chamar de "Grande Concílio" à assembleia de seus oponentes "o que parece mostrar que o número de seus adeptos não era nada desprezível".[24] Cada grupo sectário possuía sua própria versão dos livros comumente aceitos e, também, ao que tudo indica, suas próprias noções a respeito da essência da doutrina. "O ponto central da discrepância" – escreve o Dr. Radhakrishnan – "entre os ortodoxos e os progressistas parece ser a questão da obtenção do estado búdico. Os *sthavira* (os Anciãos, isto é, aqueles que convocaram o Concílio de Vaiśālī) defendiam que o estado búdico era uma qualidade que podia ser alcançada por uma severa observância das regras do *Vinaya* (a lei canônica tradicional). Os progressistas sustentavam que era uma qualidade inata de todo ser humano e que, com um desenvolvimento adequado, seu possuidor seria capaz de se elevar à condição de um *tathāgata*."[25] Porém, toda a questão acerca dos primeiros concílios permanece em grande parte obscura. Chegou-se a pretender que seriam invenções de cronistas posteriores, destinadas a conferir um aspecto de antiguidade apostólica aos textos ortodoxos do Cânone páli, como se estes tivessem sido estabelecidos imediatamente após a morte do Buddha e, um século mais tarde, confirmados em concílio solene.[26] No entanto, se tivessem sido totalmente inventados, a assembleia opositora teria sido agraciada com o título de "Grande Concílio"? E o detalhe da intransigência de Purāṇa e seu grupo de quinhentos dissidentes, após a exposição em Rājagṛha, teria sido inventado e inserido a fim de fazer com que o leitor ficasse imaginando até que ponto a preciosa herança do Mestre não poderia ter sido lembrada defeituosamente?

Pisamos em terra mais firme no período do rei Aśoka, neto de Candragupta, o Maurya, cuja tomada da dinastia Nanda (322 a.C.) e organização dos estados da planície do Ganges deveu-se, em parte, como já vimos,[27] ao brilhante gênio de Caṇakya Kauṭilya, autor do *Artha-Śāstra*. Candragupta, o Maurya, tomou o poder cinco anos depois da invasão de Alexandre, o Grande, às províncias do noroeste do subcontinente indiano. Estabelecendo sua capital em Pāṭaliputra (atual Patna), obteve tanto sucesso em sua consolidação dos estados destruídos pelo romântico macedônio que, quando Seleuco I (o velho general de Alexandre que fundou a dinastia selêucida da Pérsia, logo após a morte de Alexandre em 323) tentou recuperar os territórios da Índia outrora conquistados, os exércitos nativos reagiram de tal maneira que o invasor, implorando paz e amizade, cedeu o Punjab e o vale do Kābul em troca de quinhentos elefantes, deu sua filha em casamento a Candragupta e, em 302 a.C., enviou Megástenes como embaixador à corte dos Mauryas.

Bindusāra, filho de Candragupta, sucedeu-o em 297 a.C., e acredita-se que tenha expandido o império em direção ao sul, até Madras. Afora isso, seu reinado foi pacífico e, do ponto de vista histórico, sem grandes acontecimentos. No entanto, seu filho, o rei Aśoka (264-227 a.C.), foi um dos maiores conquistadores e mestres religiosos de todos os tempos.

A conversão do rei Aśoka à fé budista equipara-se em importância, para o Oriente, à conversão de Constantino, o Grande, ao cristianismo, para o Ocidente. Devido à sua proteção real, o que começara como uma doutrina de severos exercícios espirituais passou a ser uma religião amplamente propagada, próspera e popular. Conta-se que quando o rei Aśoka instituiu, no lugar das caçadas reais, o costume piedoso de peregrinações de Estado aos lugares sagrados descritos na lenda do Buddha, solicitou a presença do santo que o convertera à fé, para servir como guia. "O Grande abade Upagupta saiu de seu retiro na floresta perto de Mathura, viajando de barco pelo Jumna e pelo Ganges, acompanhado por dezoito mil membros da Ordem. Em Pāṭaliputra, juntaram-se à comitiva do Imperador e, com uma esplêndida escolta militar, a procissão imperial partiu para o Jardim de Lumbīnī. Ali, conforme ainda está registrado na inscrição da coluna erguida por Aśoka, Upagupta apontou o lugar de nascimento do Buddha dizendo: 'Aqui, Grande Rei, o Venerável nasceu. Aqui estava o primeiro monumento consagrado ao Iluminado; e aqui, imediatamente após seu nascimento, o Santo deu sete passos'. Aśoka, então, reverenciou o lugar sagrado, ordenou que se erguesse ali uma coluna imperial, distribuiu presentes de ouro e isentou de impostos a aldeia para sempre. Kapilavāstu, o local da Grande Renunciação, foi o próximo lugar visitado; seguiu-se a árvore Bo, em Gayā, sob a qual o príncipe Śākya alcançou o *nirvāṇa*. Ali, Aśoka construiu um santuário, provavelmente semelhante ao que existe hoje naquele local e deu esmolas generosas à multidão de mendicantes – cem mil pedaços de ouro, assim conta a história. A grande procissão passou, depois, pelo Parque dos Veados, em Sarnāth, bosque no qual Buddha proclamou, pela primeira vez, o *Dharma*, ou 'fez girar a Roda da Lei'; em seguida foram a Śrāvastī, o mosteiro onde o Buddha viveu e ensinou e, mais tarde, a Kuśināgara, onde faleceu ou alcançou o objetivo do *parinirvāṇa*. Em Śrāvastī, Aśoka reverenciou as *stūpa* (santuários de relicários) dos discípulos do Buddha. Na *stūpa* de Ānanda, o mais devoto e amado, diz-se que deu em doação um milhão de peças de ouro, mas na de Vakkula, apenas uma moeda de cobre, porque Vakkula não se havia esforçado o bastante por observar o Óctuplo Caminho, nem tampouco feito muito para auxiliar seus semelhantes."[28]

Conta-se que o rei Aśoka sustentou sessenta e quatro mil monges budistas, e oitenta mil *stūpa* foram a ele creditadas, como também inúmeros mosteiros. Ergueu colunas monumentais por todo o império, e fez gravar nelas editos didáticos. Missionários eram enviados "até as mais longínquas fronteiras dos países bárbaros", a "misturar-se entre os descrentes" tanto nos domínios do reino como "nos países estrangeiros, a fim de ensinar coisas melhores". Aproveitando-se das conexões com o Ocidente, que se mantiveram desde a chegada de Megástenes à corte de Candragupta, Aśoka enviou mestres do *Dharma* búdico a Antíoco II da Síria, Ptolomeu II do Egito, Magas de Cirene, Antígono Gonatas da Macedônia e Alexandre II de Épiro.[29] É difícil estimar a importância deste gesto budista em direção ao Ocidente[30], mas, no Oriente, as missões de Aśoka marcam uma época de mudança espiritual decisiva.

O rei tampouco limitou seus benefícios à comunidade budista. "Sua Sagrada e Benevolente Majestade" – lê-se em um de seus editos dedicados à tolerância – "presta reverência a homens de todas as seitas, quer ascetas, quer chefes de família, mediante presentes e diversas honrarias. No entanto, Sua Sagrada Majestade importa-se menos com os presentes ou cultos exteriores e mais com o desenvolvimento do essencial em todas as seitas. O desenvolvimento do essencial assume várias formas, mas sua raiz está em conter a palavra, isto é, um homem não deve reverenciar sua própria seita denegrindo a de outros sem razão. O desprezo só é aceitável em ocasiões específicas, porque as seitas dos demais merecem reverência por uma ou outra razão. [...] Portanto, a concórdia é meritória, ou seja, ouvir e ouvir de boa vontade a lei da piedade tal como aceita pelas outras pessoas. Porque esse é o desejo de Sua Sagrada Majestade: adeptos de todas as seitas devem ouvir muitos ensinamentos e ater-se à doutrina sadia."[31]

O rei deu exemplo prático de sua piedade pelos seres vivos, providenciando a seus súditos um reino de paz que se aproximou do ideal do *Cakravartin* regente do mundo[32]. Seus domínios compreendiam grande parte da Índia, bem como do

Afeganistão, ao sul do Hindu Kush, Beluchistão, Sind, o vale de Caxemira, o Nepal e o baixo Himalaia. Por todas as partes mantinham-se estradas com hospedagens e poços protegidos a intervalos regulares. Lê-se também sobre pomares e avenidas arborizadas, celeiros públicos, auxílio médico tanto para seres humanos quanto para animais, funcionários especiais a fim de evitar prisões e punições injustas, de ajudar os pais com prole numerosa e dar atenção aos idosos, e cortes de justiça abertas a todos. Diz-se igualmente que o Imperador em pessoa acudia, seja qual fosse a ocasião ou lugar, para atender aos interesses do povo, "ainda que eu esteja jantando ou nos aposentos das damas, ou no meu quarto ou no gabinete, na minha carruagem ou nos jardins do palácio".[33] Numerosos editais endereçados à população inculcavam devoção, amor parental e filial, caridade, pureza de pensamento, autocontrole, generosidade com amigos, conhecidos e parentes, e aos brâmanes, bem como aos monges e monjas budistas. Instituíram-se regulamentos para a proteção de animais e pássaros; as florestas não deviam ser queimadas nem as árvores podadas caso nelas habitassem seres vivos. À mesa do rei não se servia alimento de origem animal, e o próprio Aśoka, mesmo governando o maior império de seu tempo, assumiu os votos monásticos e, realmente, os observou com fidelidade.[34]

A missão mais importante de Aśoka foi a que levou o ensinamento budista à grande ilha do sul, o reino do Sri Lanka. A expedição com objetivos proselitistas estava liderada por Mahendra, irmão mais novo do rei (filho, segundo outra versão), seguido logo pela monja e princesa Saṅghamittā, filha do rei, que levou consigo um ramo da árvore sagrada Bo que, ao ser plantado, cresceu e cresce até hoje em Anurādhapura.

No Sri Lanka, por volta de 80 d.C., escreveu-se o primeiro Cânone budista. O *Mahāvaṁsa* cingalês diz que "nos primeiros tempos os monges mais sábios transmitiam oralmente o texto e o comentário dos três *Piṭaka*, mas, quando perceberam que as pessoas estavam se afastando do ensinamento ortodoxo, reuniram-se para trocar ideias; e, a fim de que as verdadeiras doutrinas pudessem ser preservadas, escreveram-nas em livros"[35]. O corpo desta literatura sagrada – frequentemente citado como Cânone páli – conserva-se provavelmente sem muita alteração até hoje. Comparando-o com as citações que encontramos nos monumentos gravados em pedra pelo rei Aśoka, vemos que pelo menos uma parte considerável desse corpo permanece igual ao que era naquele século. Mas isso não é suficiente para apoiar a reivindicação ortodoxa de que o cânone foi instituído na sua forma atual no "Primeiro Concílio", em Rājagṛha, logo após a morte do Buddha. "Alguns trechos dos textos" – escreveu o Dr. Ananda K. Coomaraswamy – "quase com certeza remontam ao período anterior e registram as palavras e a doutrina de Gautama conforme lembradas por seus discípulos imediatos. [...] Não obstante [...], a Bíblia budista, como a cristã, consiste em livros compostos em épocas diferentes e muitos, ou a maioria, são compilações de materiais provenientes de muitos autores e de vários períodos."[36]

Contudo, pelo seu espírito, os livros do Cânone páli certamente precedem o grande movimento popular que vemos em pleno desenvolvimento nos tempos de Aśoka, com sua proteção imperial, peregrinações, veneração de relíquias e monumentos religiosos esculpidos com profusão. Um fato interessante, revelador da transformação gradual da religiosidade budista durante o período praticamente desconhecido que se desenrola entre a morte do Iluminado e a conversão do rei Aśoka, é que nas descrições dos editais gravados em rocha – editais estes que, já vimos, foram realizados a pedido do rei Aśoka – a ênfase não está colocada no ideal de *nirvāṇa* e sim no de *svarga*: a salvação divina como recompensa pelo bom comportamento no mundo presente. Com referência a isto o rei afirma: "Que todo júbilo esteja no esforço, pois o esforço tem valor tanto neste mundo como no próximo"[37]. "O cerimonial religioso não é temporal pois, mesmo que falhe em alcançar o fim desejado neste mundo, certamente gera mérito eterno no outro."[38] "E para que tanto me esforço? Para nenhum outro fim senão este: poder saldar minha dívida com os seres animados e, fazendo com que alguns sejam felizes aqui, possam eles ganhar o céu no outro mundo."[39] "Até mesmo o homem egoísta pode, se quiser e pelo esforço, obter uma grandiosa beatitude celestial."[40] E novamente: "Sua Majestade não considera importante o que não é pertinente ao outro mundo"[41].

Esta é a atitude da *bhakti* e indica uma profunda mudança, ao menos no estilo, do ensinamento da doutrina. A arte budista, que surge repentinamente na época de Aśoka, apresenta multidões de divindades da terra, deuses e deusas, reis e rainhas serpentes, ninfas das árvores e animais piedosos que prestam reverência aos vários e consagrados santuários da comunidade budista, protegendo-os, regozijando-se pela Iluminação do Buddha e manifestando-se ante os fiéis com atitudes de devoção. *Stūpa*, altares, árvores sagradas, eventos milagrosos, episódios das "vidas anteriores" do Buddha, procissões de clérigos, e toda a clássica parafernália do culto popular estão representadas vividamente nas esculturas e nos retratos dos doadores ricos e suas esposas, que observam com reverência suas próprias doações. O Iluminado nunca é representado nestes monumentos; como já observamos[42], o lugar de sua presença é representado pelo vazio, ou pode ser simbolizado pelas pegadas de seus passos, a Roda da Doutrina, a própria árvore Bo ou algum outro sinal familiar. Obviamente, a atitude que veio a prevalecer é, de fato, difícil de se deduzir com base nos ensinamentos do Mestre, do modo como registrados no Cânone. Em outra das inscrições em rocha lemos: "No lugar do som de tambores de guerra, ouve-se o som do tambor do *Dharma*, enquanto se apresentam ante o povo espetáculos maravilhosos de carros alegóricos, elefantes, luzes e similares"[43].

Ainda nos foi dito que o rei Aśoka, sob cuja proteção estes modelos de devoção secular prosperaram, tomou medidas para suprimir a heresia e as disputas sectárias. Conforme está registrado no *Mahāvaṁsa*: "Os hereges adotaram o manto amarelo a fim de partilhar de suas vantagens; sempre que tinham opiniões próprias, manifestavam-nas como doutrinas do Buddha; agiam de acordo com sua própria vontade e não segundo o que era justo"[44]. Aśoka decretou a expulsão de certos monges e monjas[45] "fazendo-lhes vestir roupas brancas [isto é, de leigos]" e, de acordo com uma tradição budista a respeito, convocou um concílio geral da Ordem em Pāṭaliputra, no décimo oitavo ano de seu reinado, com o propósito de esclarecer pontos controvertidos da doutrina, reforçar as regras monásticas de disciplina e defender a fé contra os ataques da heresia. Aparentemente, não podemos concluir que, devido à suplementação do caminho de *jñāna* (a via dos monges) pelo caminho de *bhakti* (a via da comunidade leiga), se estava permitindo que os princípios budistas fundamentais desaparecessem do horizonte daqueles que estavam preparados para aceitá-los e entendê-los.

Nos próprios sermões do Buddha existem precedentes do crescimento e desenvolvimento de uma comunidade budista leiga, dedicada às disciplinas da religião secular; conta-se neles que o Iluminado, em vidas anteriores, lutou no mundo como um homem leigo e alcançou, com trabalhos de caridade, as tradicionais recompensas celestiais. "Agora, na verdade, ó monges" – disse o Abençoado – "tornei-me um *Sakkra* [Indra], Senhor dos deuses, trinta e seis vezes; centenas de vezes fui rei, Monarca Universal *(Cakravartin)*, rei justo, vitorioso nos quatro cantos, mantendo a segurança de meus domínios, possuidor das sete joias. Muito bem, e qual foi a doutrina daquela região e reino? Eis aqui o que pensei a esse respeito, ó monges: 'De que ato meu isto é o fruto? De que feito meu este é o resultado, pelo qual me tornei agora tão próspero e poderoso? Na verdade, é o fruto de três ações minhas; é o resultado de três obras minhas, pelas quais sou, neste momento, tão próspero e poderoso. São elas: Caridade *(dāna)*, Autodeterminação *(dama)* e Autocontrole *(saññama)*."

> Para este efeito falou o Abençoado e, depois, disse o seguinte:
>
> "Devemos aprender a virtude que é uma elevada meta
> E que possui a faculdade da Felicidade,
> Devemos nos dedicar à Caridade,
> Ao comportamento sereno e a pensamentos de Amizade.
>
> Tendo se dedicado a essas três virtudes,
> Que são a causa da felicidade,
> Um sábio alcança o mundo da felicidade,
> Um mundo isento de angústia."
>
> Assim falou o Abençoado para tal efeito, e assim escutei.[46]

Durante os primeiros anos de seu reinado, antes de sua conversão à fé, o rei Aśoka havia dirigido uma campanha de conquista militar contra o poderoso reino vizinho de Kaliṅga. Cem mil inimigos foram mortos, cinquenta mil presos e inúmeros morreram de fome e doenças. Em outras palavras, o rei era exatamente igual àqueles sobre os quais estamos acostumados a ler nos anais da cristandade e do paganismo – por meio do qual o *matsyanyāya*, a lei dos peixes[47], opera sem cessar. No entanto, logo após se haver convertido à nova fé, gravou um edito em pedra, único na história da humanidade, único não pelo que diz (pois muitos reis divulgaram proclamações pias), mas porque no decorrer da vida deste rei os tambores de guerra não voltaram a ser ouvidos.

> Após a anexação de Kaliṅga – declara a inscrição –, Sua Sagrada Majestade passou a proteger com zelo o *Dhamma*, a amar esse *Dhamma* e a ensiná-lo. Assim, o remorso nasceu em Sua Sagrada Majestade por ter conquistado os Kaliṅga, pois a conquista de um país independente e livre envolve matança, morte e captura de pessoas. Assim, de todas as criaturas que foram assassinadas, levadas à morte ou capturadas então em Kaliṅga, ainda que uma centésima ou milésima parte viesse agora a sofrer o mesmo, seria motivo de pesar para Sua Sagrada Majestade. E mais, se alguém lhe fizer algum mal, Sua Sagrada Majestade acredita que deve suportá-lo até onde seja suportável. [...] Sua Sagrada Majestade deseja que todos os seres animados tenham segurança, autocontrole, paz de espírito e contentamento. [...] E, para este propósito, foi escrito este pio edito, a fim de que os filhos e netos que puder ter não considerem como missão o empreendimento de novas conquistas. Se, por acaso, empreenderem uma conquista pelas armas, devem satisfazer-se com a paciência e a gentileza, e considerar que a única conquista verdadeira é a que se obtém mediante a piedade. Isto é válido tanto para este mundo quanto para o outro. Que todo júbilo esteja no esforço, pois tem valor neste mundo bem como no outro.[48]

No entanto, as leis gerais da história ainda não estavam abolidas; o império de Aśoka desintegrou-se logo depois de sua morte. Aproximadamente cinquenta anos após seu falecimento, o último de seus sucessores, Bṛhadratha, foi assassinado por seu próprio comandante em chefe na ocasião em que fazia uma revista das tropas[49] e assumiu o trono uma nova família, não budista, originária da região de Ujjain (que havia sido, precisamente, um dos domínios dos Maurya). O assassino de Bṛhadratha e fundador da nova dinastia hindu Śuṅga, Pusyamitra, soltou um cavalo – preparando-se para um clássico sacrifício védico – e o deixou vagar livremente pelo reino, acompanhado por cem jovens príncipes guerreiros. Mas, em algum lugar, a caminho do Punjab, o desafio do simbólico cavalo andarilho foi aceito por uma companhia de cavalaria grega.[50] Os europeus foram derrotados e o sacrifício imperial hindu foi realizado; porém, a presença de tropas gregas foi o suficiente para indicar o que estava acontecendo a oeste. As regiões reconquistadas por Candragupta e entregues ao fundador da dinastia helênica selêucida da Pérsia foram novamente invadidas, desta vez por governantes provinciais gregos pós-alexandrinos da Báctria, governantes estes – Demetrius, Eucrátides e suas dinastias – que agora estavam lutando entre si. As moedas por eles cunhadas conservam seus retratos de vigorosas cabeças mediterrâneas, até nossos dias. Aparentemente, eram generosos com sua pátria adotiva, pois se fala que um embaixador grego ante a corte de Śuṅga em Vidiśā, de nome Heliodoro, era um devoto de Viṣṇu[51], ao passo que nas moedas de Demetrius (um jovem rei e conquistador cujo império indiano, por um período, foi mais extenso que o de Alexandre) vemos seu forte semblante coroado por um elmo real com o formato de cabeça de elefante. Os invasores identificaram Indra com seu próprio Zeus, Śiva com Dionísio, Kṛṣṇa com Héracles e a deusa Padmā (lótus) com Ártemis. E ainda, uma das mais célebres escrituras budistas em páli, não canônicas, é chamada *As questões de Milinda*[52], e conta os diálogos religiosos de um rei grego chamado "Milinda" (Menandre, aprox. 125-95 a.C.) com o monge budista Nāgasena. Algumas das moedas de Menandre (hoje em museus) ostentam a Roda da Lei budista; e o relato de Plutarco sobre a distribuição de suas cinzas após sua morte evoca a lenda da distribuição das cinzas do Buddha, o que parece indicar que, se o rei grego não era, de fato, um membro da Ordem budista, no mínimo era um benfeitor tão grande que a comunidade o considerou um de seus integrantes.

Porém, este idílio matrimonial promissor entre Oriente e Ocidente não estava destinado a durar, pois já no seu início, quando Demetrius estava invadindo a Índia, eventos remotos já estavam preparando as condições de seu término. Um grupo de hunos, percorrendo o país entre as regiões meridionais da Grande Muralha da China e as montanhas de Nan Shan, expulsou o povo dos yueh-chi, nome pelo qual são conhecidos na história chinesa. Tal expulsão provocou uma grande migração em direção ao oeste, que durou aproximadamente quarenta anos (aprox. 165-125 a.C.), causando mudanças na população em toda a vizinhança de Sinkiang; novas pressões ocorreram contra as fronteiras da província grega da Báctria; as defesas sucumbiram e as tribos selvagens dos citas, empurradas por trás pelos yueh-chi, as atravessaram. Primeiro vieram os citas (em sânscrito, *śaka*), depois os próprios yueh-chi tomaram, uma por uma, as províncias gregas da Báctria, Afeganistão, Beluchistão, o baixo Indo e o Punjab. Durante a pequena pausa na Báctria, os kuṣāna, a mais poderosa das cinco tribos yueh-chi, assumiram a liderança e, com esse nome, invadiram a Índia. O domínio dos kuṣāna não demorou a pressionar as fronteiras do leste, além dos limites da Índia helenística, atravessando toda a planície do Ganges e expandindo-se ao sul em direção às montanhas de Vindhya.

Kaniṣka (aprox. 78-123 d.C.), o maior dos reis kuṣāna, era originariamente seguidor de alguma tradição não budista (talvez do bramanismo ou do zoroastrismo), porém, como Aśoka, converteu-se à doutrina budista. Como Aśoka, também foi um generoso patrono da Ordem e se preocupou em regulamentar os textos. É traço evidente do caráter generoso de seu reinado o fato de que, sob sua proteção, surgiu e atingiu um alto nível uma das primeiras escolas de arte budista (a escola Gandhāra), cujos artesãos eram de proveniência grega; contudo, os sátrapas de suas províncias meridionais eram descendentes daqueles mesmos príncipes citas *(śaka)*, cujos domínios haviam sido tomados pelos kuṣāna.[53] As conquistas de Kaniṣka abriram de novo as rotas terrestres para o Império Romano; uma embaixada da Índia visitou Trajano depois de sua entrada em Roma no ano 99 de nossa era. As estradas ao norte, que conduziam à China (as rotas das caravanas através do Turquestão), foram também abertas ao comércio indiano. O império budista dos monarcas kuṣāna, ponto fundamental para todo o mundo civilizado em um dos períodos mais poderosos da história – a China dos Ham a leste e a Roma imperial a oeste – prosperou durante um período equivalente ao que avaliamos no Ocidente desde que César cruzou o Rubicão até o começo do declínio de Roma sob os tiranos militares (Maximinus e outros). Os kuṣāna foram derrotados em 236 d.C.

No decurso de um século, uma brilhante dinastia nativa surgiu em Magadha (a dinastia Gupta, 230-aprox. 530 d.C.)[54], e assim nasceu a chamada Idade de Ouro da arte religiosa indiana, tanto budista quanto hindu (inspirada pelas profundas conquistas psicológicas do Tantra), em um fabuloso mundo de paz, sofisticação civilizada, tolerância universal e prosperidade geral. Mais uma vez, o ideal de *Cakravartin* parecia ter sido quase alcançado.

3. Hīnayāna e Mahāyāna

A vida nas aldeias indianas não sofria grandes alterações com a ascensão e queda das dinastias. Os conquistadores – até mesmo os gregos, tão arrogantes – logo reconheceram as virtudes da maneira nativa dessa civilização. Alexandre adotou como guru o santo jaina Kalanos, que foi convidado a preencher a vaga do velho tutor de sua infância, Aristóteles; e sob o poder dos reis guerreiros kuṣāna, a arte e a filosofia budistas entraram em novo e rico período, muito bem documentado. A escultura búdico-helenística de Gandhāra, bem como a arte nativa jaino-budista de Mathurā, contemporânea da anterior porém mais espiritual e vigorosa, dão ampla evidência de que os sistemas religiosos indianos continuavam evoluindo sob a proteção de seus senhores estrangeiros. Temos o testemunho da tradição para afirmar que no grande concílio budista reunido por Kaniṣka (o "Quarto Concílio Budista" ocorrido, conforme algumas fontes, em Jalandhār ao leste do Punjab, segundo outras em Juṇḍalavana, na Caxemira), estiveram presentes não menos de dezoito seitas budistas. A autenticidade dos informes deste concílio tem sido questionada.[55] Não obstante, uma série de evidências dão conta de que uma mudança crítica e de peso ocorreu nos ensinamentos budistas naquele tempo. As práticas religiosas da *bhakti*, que já eram notórias na arte popular e nos editais imperiais do reinado de Aśoka, começaram a receber o apoio deliberado dos filósofos budistas. Uma literatura canônica budista em sânscrito (não mais em páli, a língua do Cânone anterior guardado como tesouro no Sri Lanka), que data do período de Kaniṣka, defende a ideia (já representada na arte popular budista) de que o Buddha deve ser reverenciado como um ser divino e que muitos *Buddha* (do passado e do futuro) assistem ao devoto em suas tentativas para alcançar o estado búdico latente dentro dele. Pois, enquanto a concepção ortodoxa precedente havia representado como objetivo a iluminação individual (o estado de *arhat*), que só seria possível imitando-se literalmente a rigorosa renúncia do mundo feita pelo histórico monge e príncipe Gautama Śākyamuni, o novo ensinamento pregava que o estado búdico (o estado de um Redentor do mundo) é a finalidade própria do homem, e que, *desde que todas as coisas são em realidade seres búdicos, todas as coisas são potencial e verdadeiramente Salvadores do Mundo.*

"É como se um certo homem abandonasse seu pai e se transferisse para algum outro lugar. Vive ali, em terras estrangeiras, durante muitos anos – vinte, trinta, quarenta ou cinquenta. No decorrer do tempo, o pai torna-se um homem influente, mas seu filho é pobre e, buscando com que sobreviver, vagueia em todas as direções." O pai é infeliz, pois não tem filho, mas um dia, sentado na entrada de seu palácio tratando assuntos importantes, vê seu filho, pobre e maltrapilho. O filho, então, pensa: "inesperadamente vim aqui deparar-me com um rei ou um nobre. Pessoas como eu não têm nada a fazer aqui. Vou-me embora. Na rua dos pobres provavelmente encontrarei comida e roupas com muito menos dificuldade. Não vou mais ficar neste lugar, pois corro o risco de ser pego para fazer trabalhos forçados ou sofrer algum outro ultraje". O pai ordena que seu filho seja levado até ele; contudo, antes de lhe revelar seu nascimento, emprega-o durante alguns anos em todos os tipos de serviço, primeiro nos mais insignificantes, depois nos de maior importância. O pai trata seu filho com carinho paternal, mas o filho, embora tomando conta de toda a propriedade de seu pai, vive em uma pequena casa de sapé e considera-se pobre. No final, quando sua educação se completa, fica sabendo a verdade.

Da mesma maneira, somos filhos do Buddha e o Buddha nos diz hoje: "Vós sois meus filhos". Mas, como o pobre, não temos ideia de nossa dignidade, de nossa missão como futuros *Buddha*. Assim, o Buddha nos fez refletir sobre doutrinas inferiores. A elas nos temos dedicado, buscando tão só o *nirvāna* como pagamento por nossos dias de trabalho, e descobrimos que já é nosso. Entretanto, o Buddha nos fez transmissores do conhecimento dos *Buddha* e o temos apregoado, sem o desejar, para nós mesmos. Finalmente, o Buddha nos revelou que este conhecimento é nosso e que somos *Buddha* como ele.[56]

Esta é a doutrina que tem sido designada, de maneira algo complacente, de "Grande Veículo" (Mahāyāna), a barca na qual todos podem navegar. Em contraposição está o "Pequeno Veículo" (Hīnayāna), o caminho dos solitários, "luzes para si mesmos", que navegam pelo difícil istmo da liberação individual. O Grande Veículo, com seu panteão de múltiplos *Buddha* e *Bodhisattva*, pequenos moinhos de preces, incenso, gongos e imagens esculpidas, os terços e as sílabas murmuradas, geralmente foi depreciado pelos críticos ocidentais modernos, que consideraram tudo isso uma popularização vulgar da doutrina do Buddha promovida pelo advento de povos bárbaros (certamente não eram os gregos, mas os śaka e os yueh-chi) às províncias do noroeste indiano. Se algo está claro é o fato de que o Grande Veículo manifesta com toda sua significação o paradoxo implícito na ideia do estado búdico. Nāgārjuna (aprox. 200 d.C.), fundador da escola de filosofia budista Mādhyamika, expressão suprema da via Mahāyāna, não foi de maneira nenhuma um vulgarizador, mas um dos mais sutis metafísicos que a espécie humana já produziu. Asaṅga e seu irmão Vasubandhu (aprox. 300 d.C.), que desenvolveram a escola Yogācāra do Mahāyāna, merecem igualmente o respeito de qualquer pensador que se proponha a compreender realmente a racionalização que fizeram da doutrina do Vazio elaborada por Nāgārjuna. E Aśvaghoṣa, o altivo contemporâneo de Kaniṣka (aprox. 100 d.C.), não pode haver sido um bajulador de bárbaros, ainda que sua epopeia da vida do Buddha, o *Buddhacarita*, apresente características muito pouco monásticas.

Fa Hsien (aprox. 400 d.C.), peregrino budista chinês a quem devemos muito do nosso conhecimento sobre o período clássico Gupta, afirma que encontrou na Índia quatro sistemas filosóficos budistas inteiramente desenvolvidos. Dois deles, o Mādhyamika e o Yogācāra, representavam o Mahāyāna, ao passo que os outros – Vaibhāṣika e Sautrāntika[57] – pertenciam à escola Hīnayāna, mais antiga. Fa Hsien declara que em Pāṭaliputra, a antiga capital do rei Aśoka, os "mahayanistas" possuíam um mosteiro e os "hinayanistas" outro, com aproximadamente seiscentos ou setecentos monges entre ambos. Seus comentários sobre as cidades longínquas do Oeste revelam que em Mathurā os *Bodhisattva* Manjusrī e Avalokiteśvara eram adorados como divindades, o que é um traço Mahāyāna. Os textos que levou consigo permitem ambas as interpretações. Um segundo peregrino chinês, Yüan Chuang (629-640), nos ensina que dois séculos depois estas duas escolas ainda estavam em conflito. As relações entre o budismo e o hinduísmo eram pacíficas, porém, entre o Mahāyāna e o Hīnayāna, os debates escolásticos e os insultos mútuos, no nível verbal, eram de um tal teor que o próprio Buddha, se houvesse retornado, certamente seria obrigado a exclamar piedosamente, da mesma forma que o tinha feito onze séculos antes: "A Ordem está dividida! A Ordem está dividida!"[58]

As sementes do conflito se encontram nas palavras do Buddha, conforme registradas no Cânone. As implicações epistemológicas, metafísicas e psicológicas – não sistematizadas, implícitas no programa de terapia espiritual prescrito por aquele cujo próprio direcionamento tinha conduzido para além da simples esfera da racionalização – irritavam as mentes ainda presas nas malhas do pensamento, ou, talvez se possa dizer, a mente daqueles que originariamente haviam sido brâmanes (e não *kṣatriya*, como Gautama) e, por conseguinte, estavam mais dispostos que ele a aderir às formas de pensamento, às vias do *jñāna*, aos processos pelos quais se pensam os problemas. É claro que muitos alcançaram a Iluminação; suas fórmulas não são bibelôs de intelectos inquietos, senão traduções originais profundamente inspiradas e verdadeiras, em termos filosóficos, da realização prometida pela cura do Buddha. Com efeito, percebemos de que maneira a doutrina, quando interpretada pela via de um *bhakta*, resultou em uma arte budista de grande atrativo popular e, quando apreendida pelo intelecto bramânico, suas implicações ampliaram-se nos sistemas maravilhosamente sutis da filosofia metafísica. A Roda da Lei estava em movimento agitando toda a natureza do homem, dando-lhe uma nova consistência. O Mahāyāna – o Grande Veículo, e o Hīnayāna – o Pequeno, seja lado a lado ou separados, conduziram juntos milhares de orientais durante séculos de transformação, seguros na compreensão de que o Buddha, de alguma forma, na maneira mais íntima e confiável era seu Refúgio indestrutível e que a tudo envolve – não importando qual sua via de aproximação.

> O oceano de lágrimas derramadas pelo ser, peregrinando de vida em vida, sem começo – diz um texto – é mais vasto que os Quatro Oceanos juntos.
>
> Os ossos do corpo que um homem usou em infinitos nascimentos, se fossem amontoados, formariam uma montanha bem maior que os elevados cumes das montanhas que enchem seus olhos de admiração.[59]

Este é o princípio da sabedoria da liberação. A vida é dor, e a dor não tem começo nem fim neste vale de lágrimas; mas, quão substancial, quão profunda, real, é esta dor universal?

Nas *Estrofes das Antigas Monjas*, em páli, encontramos esta parábola: uma mãe havia perdido seis filhos; um sobreviveu – uma filha. Pouco depois esta criança também morreu e a mãe ficou desconsolada. Buddha veio até ela e disse: "Centenas de crianças já enterramos, tu e eu, incontáveis familiares, em tempos idos. Não lamentes por esta querida filhinha; oitenta e quatro mil, com o mesmo nome, já foram antes queimadas na pira funerária por ti. Qual dentre elas é aquela por quem lamentas agora?"[60]

Obviamente, está implícito aqui um problema ontológico, pois em que sentido se pode afirmar que a mulher com todos os seus filhos, o homem com todos os seus ossos ou o ser com todas as lágrimas viveram por várias vidas, se aceitarmos como verdadeiro o ensinamento fundamental do Buddha: "Todas as coisas são destituídas de eu *(an-attā)*"?

Os filósofos das escolas do Hīnayāna procuraram solucionar a dificuldade, afirmando que o processo do ego consiste de uma série *(santāna, santati)* de momentos *(kṣaṇa)* de entidades transitórias *(dharma)*. Nada existe que permaneça. São perecíveis não só todas as partículas do ser *(anitya)*, mas sua duração é também infinitamente pequena. "Todas as coisas são tão breves quanto um piscar de olhos" *(yat sat tat kṣaṇikam)*. Seu desabrochar à existência é quase sua cessação de existir. Não obstante, sucedem-se em cadeias de causa e efeito, que não possuem um início e continuam pela eternidade. Estas correntes, constituídas de *dharma* momentâneos, são o que aos outros e, em alguns casos, a eles próprios, parecem ser indivíduos – deuses, animais, oceanos, homens, pedras, árvores. Todo ser fenomênico deve ser considerado como fluxo de partículas efêmeras. Pelas transformações de nascimento, crescimento, velhice, morte e a infinita corrente de renascimentos, o chamado indivíduo não é mais que o vórtice dessa sequência causal, que nunca é igual ao que era um instante atrás ou ao que está prestes a ser e, no entanto, tampouco é diferente. É comparada à chama de uma lâmpada. Durante o início, meio e fim da noite, a chama não é a mesma, porém, tampouco é diferente.

Outro símile é dado pela noiva que foi comprada de seu pai pagando-se seu preço quando a noiva era ainda uma criança. O comprador imaginou que quando a menina crescesse tornar-se-ia sua esposa, mas ele partiu em viagem de negócios e se ausentou por muitos anos. A menina, de fato, cresceu, atingiu a idade de se casar e, conforme o costume indiano, deveria ser desposada. O pai, tomando uma difícil decisão, determinou-se a aceitar um segundo dote de um segundo candidato, e este chegou a ser, então, o verdadeiro esposo da menina. Neste ínterim, o primeiro pretendente retornou e exigiu que a esposa, agora uma mulher madura, voltasse para ele. O marido retrucou: "Esta mulher que desposei não é sua noiva. A menina de tempos atrás não é a mesma mulher adulta que hoje é minha esposa".[61] E isto é, verdadeiramente, assim. Através de toda a série de nossas existências, rodeados de morte e nascimento, como mediante as diferentes etapas de nossa biografia atual, somos e não somos idênticos a nós mesmos. O problema foi resolvido nas escolas do Hīnayāna pela seguinte afirmação: o que é tido como entidades permanentes não existe. Tudo o que pode ser considerado como realmente existente são os *dharma*: pequenas e fugazes realidades que, quando agrupadas em cadeias e conjuntos de causa e efeito, criam a impressão de ser pseudoindivíduos. Não há pensador, apenas pensamentos, ninguém que sinta, apenas sentimentos; não há agente, mas ações visíveis. Esta é a doutrina fenomenista que prega a não existência das substâncias e indivíduos e insiste na realidade das unidades infinitesimais que, acredita-se, compõem o mundo da ilusão. A alma, o indivíduo, não é mais que um complexo de entidades momentâneas que são a única realidade. O *nirvāṇa*, a obtenção da liberação, consiste tão só na cessação do ato de pensar que todos estes efeitos fenomênicos que observamos e sentimos constituem a realidade que aparentam constituir. A extinção dessa ideia errônea – principal pensamento e erro de nossas vidas – evita o embarque em esperanças e anseios, planos de vida, desejos e ressentimentos falsamente fundamentados. O *arhat*, o Iluminado, é simplesmente um vórtice não mais iludido sobre si mesmo ou sobre a fenomenalidade dos outros nomes e formas: nele, o conhecimento a respeito das condições da fenomenalidade liberou aquilo que, um dia, o fez considerar-se uma entidade, e já não deixa lugar para consequências da ilusão total. Contudo, o que mais poderia ser dito acerca do *nirvāṇa* é uma tentativa que o filósofo do Hīnayāna não se atreve a encarar. O termo *nirvāṇa* é por ele tratado sempre como uma negação, pois como algo positivo seria imediatamente enquadrado na interdição de sua fórmula básica, *yat sat tat kṣaṇikam*: tudo quanto existe, existe de modo momentâneo como um piscar de olhos.

O grupo do Hīnayāna conhecido como Sarvāstivādin ou "realista" (*sarva*, "tudo"; *asti*, "existir"; *vāda*, "doutrina"), extremamente difundido em uma época, distingue setenta e cinco *dharma* ou "categorias", sob as quais, conforme declaram, pode apreender-se todo pensamento e forma de ser. Todos estes são "reais de acordo com sua substância" *(dravyato santi)*, ou seja, todas as coisas existem como substâncias, embora estejam em constante mutação e sejam completamente perecíveis como manifestações efêmeras. Existem em uma contínua série de nascimentos, durações e destruições, que terminam quando o verdadeiro conhecimento coloca um fim ao movimento incessante deste processo contingente, dissolvendo-o na quietude da extinção *(nirvāṇa)*. Esta teoria marca o ápice do primitivo Hīnayāna e provê as bases para as especulações das escolas "hinayanistas" posteriores.

A questão do modo como a dor pode ser experimentada neste mundo, quando não existe um ego no qual a dor ocorre, é respondida de maneiras diferentes por pensadores de escolas mais recentes. Os *sautrāntika*, por exemplo, tentam explicar a situação embasados em sua tese fundamental de que nossos processos de pensamento não representam uma imagem direta da realidade exterior, mas sucedem-se uns aos outros numa série própria de pensamentos, sob pressão do exterior, mas, por outro lado, de maneira autônoma. A existência de objetos externos é inferida com base em nossas experiências internas, porém isto não significa que aqueles objetos correspondam, em seus caracteres, aos pensamentos internos gerados sob sua influência. Não existe uma cadeia causal do exterior para o interior, pela qual a dor seja produzida e interiormente sentida. As dores do inferno, os deleites do céu e as sensações mistas deste mundo, são de igual modo pensamentos trazidos à tona por causas mentais precedentes e não por fatos exteriores, e cada cadeia de pensamento representa a força – mais ou menos duradoura – de um tipo particular de ignorância ou escravidão. O que se imagina ser um ego que sofre é apenas a continuidade do próprio sofrimento. A sequência contínua de *dharma* mentais semelhantes prossegue simplesmente como um reflexo de sua própria imperfeição.

Os *vaibhāṣika*, por outro lado, refutam esta doutrina dizendo que é um "palavreado contraditório" *(viruddhābhāṣā)*.[62] Consideram um absurdo falar de inferências sobre o mundo externo com base numa série de pensamentos que não estão em contato com ele. Para esta escola, o mundo está aberto à percepção direta. Ocasionalmente, por inferência, pode-se conhecer a existência dos objetos externos mas, via de regra, é a percepção que nos revela a sua existência. Assim sendo, os objetos de experiência são de duas classes: 1. sensíveis ou perceptíveis, e 2. pensáveis ou inferidos. As leis que regem as sequências causais destas duas esferas são diferentes, embora interajam entre si. A dor, por exemplo, representa uma verdadeira influência do mundo exterior no mundo interior, embora a inferência normal de que é um indivíduo que experimenta a dor seja uma ideia carente de fundamento real, pois tudo o que a corrente mental apresenta como exterior existe realmente fora, apesar de não existir na forma de substâncias e entidades duradouras como geralmente se infere.

De acordo com estas duas escolas filosóficas do Hīnayāna tardio, os agregados de experiência – sejam internos ou externos – são efêmeros ainda que reais. No Mahāyāna, em contrapartida, não são nem ao menos reais. Admite-se um substrato metafísico de toda fenomenalidade, mas se considera que toda a esfera da própria fenomenalidade (seja mental ou física, inferida ou percebida, de longa ou curta duração) carece de substância. Os filósofos do Mahāyāna comparam o Universo a um espetáculo mágico, a uma miragem, a um relâmpago ou ao encrespar das ondas do mar. O mar em si – a realidade que está além e contida nas formas ondulantes – não pode ser dimensionado como as ondas da água. Analogamente, os objetos no mundo são de uma realidade e, por isso, são uma só coisa; contudo, esta realidade está além do que possa ser descrito em termos fenomênicos. Esta realidade única, em seu aspecto ontológico, só pode ser designada *bhūtatathatā*, "o fato de os entes serem tais, ou a essência da existência". Em relação ao conhecimento, é conhecida como *bodhi* (sabedoria) e *nirvāṇa*.

Ao tratar de maneira positiva o termo e o problema que os filósofos Hīnayāna abordavam apenas com uma descrição negativa, as escolas Mahāyāna transcenderam o positivismo comparativamente ingênuo daqueles e aproximaram-se do não dualismo do Vedānta contemporâneo. Em resumo, os pensadores Hīnayāna nunca encararam realmente a questão do grau ou natureza de sua chamada "realidade". Em que preciso sentido se declarava a "existência" de seus *dharma* e cadeias de causa e efeito? Afinal, para que insistir no fato de que os *dharma* em última análise eram "reais"? Os filósofos do Mahāyāna, voltando sua atenção para este ponto, distinguiram três aspectos segundo os quais a realidade de qualquer objeto poderia ser considerada. São eles: 1. quintessência, 2. atributos, 3. atividades. A *quintessência* de uma jarra é a terra ou a argila; seus *atributos* são os caracteres grosseiros ou delicados, fragilidade ou resistência, beleza ou feiúra, etc., de sua forma, e suas *atividades* são o fato de receber, conter e despejar água. Os atributos e as atividades estão sujeitos às leis da mudança, mas a quintessência é absolutamente indestrutível. As ondas do mar podem ser altas ou baixas, mas a água mesma não aumenta nem decresce. E assim, embora todas as coisas nasçam para morrer – sejam indivíduos com vidas longas ou partículas momentâneas infinitesimais – a quintessência delas permanece imutável. O Universo, o mundo inteiro de nomes e formas, possui seu aspecto fenomênico e seu aspecto duradouro; mas somente o último, este substrato de todas as coisas, é o que pode ser conhecido como *bhūtatathātā* "o fato de os entes serem tais, ou a essência da existência".

De acordo com o argumento básico desta filosofia metafísica (que tem como fundamento, por assim dizer, o *nirvāṇa*), todo *dharma* é *pratītya-samutpanna*, "dependente de outros". Não pode ser explicado por referência a si mesmo ou a algo mais, ou relacionando os dois conjuntos de referências. Todo sistema de noções resulta em contradições e é, por isso, simplesmente vazio. No entanto, tampouco seria apropriado afirmar que tudo é "não existente" *(abhāva)*, porque seria outro ato de racionalização dialética, enquanto a verdadeira sabedoria não é nem uma afirmação nem uma negação. "Nada é abandonado, nada é aniquilado" *(na kasyacit prahāṇam, nāpi kasyacin nirodhaḥ)*[63].

A única verdade final, portanto, é o vazio, entidade inefável, estado de "ser assim" *(tathātā)*, que é compreendido como oposto à miragem mutante de noções eventuais. Isto e somente isto é o absoluto, que persiste por todo o espaço e por todo o tempo como essência das coisas. As coisas em sua natureza fundamental não podem ser nominadas nem explicadas; não podem ser objeto de discussão; estão além do alcance da percepção; possuem mesmice absoluta; não possuem traços distintivos; não estão sujeitas nem à transformação nem à destruição. O reino de sua realidade é o da "verdade absoluta" *(paramārthatattva)*, não o da "verdade relativa" (*saṁvṛtitattva*); em outras palavras, precisamente o que nas *Upaniṣad* é conhecido como *brahman* – embora aqui a formulação negativa seja oposta à positiva – no budismo, conduz a uma atitude e a um estilo diferentes de pensamento e de ensinamento.

Nāgārjuna (século 2º ou 3º d.C.) é considerado o grande mestre desta doutrina. Descrevem-no (em uma biografia que um sábio hindu chamado Kumārajīva traduziu para o chinês por volta de 405 d.C.) como um brâmane do sul da Índia que, ainda garoto, estudou os quatro *Veda* e se tornou douto em todas as ciências, inclusive a magia. Na sua juventude, junto com três amigos, fizeram-se invisíveis para poder entrar no harém real; entretanto, mal haviam começado a tirar vantagens da situação, os quatro foram apanhados. Seus amigos foram condenados à morte, mas permitiu-se que Nāgārjuna elegesse a outra morte, isto é, aquela do voto monástico.

Em noventa dias, estudou e dominou todo o Cânone páli budista. Logo seguiu em direção ao norte, à procura de novos conhecimentos, até que chegou ao Himalaia, onde um monge muito idoso ensinou-lhe os *sūtra* do Mahāyāna, após o que, um rei serpente (nāgarāja) revelou-lhe um comentário autêntico sobre aquelas páginas. Todos estes escritos sagrados foram preservados em segredo por séculos – assim narra a história. Na verdade, eram revelações autênticas da doutrina, que o próprio Buddha havia considerado demasiado profundas para seus contemporâneos e que, por isso, deixara sob a proteção de competentes guardiães. Literalmente, exigiu-se da humanidade centenas de anos de treinamento preliminar (o treinamento do Hīnayāna) a fim de estar à altura desta lei maior. Mas agora que o mundo estava pronto, permitiu-se que Nāgārjuna difundisse o ensinamento budista final do "Grande Veículo" por toda a Índia. Diz a lenda que assim o fez durante trezentos anos.

Deste modo, a lenda atribui a Nāgārjuna a fundação do Mahāyāna. Os documentos, no entanto, agora parecem mostrar que os princípios fundamentais haviam sido formulados bem antes de sua época. Embora se lhe atribua praticamente toda a literatura *Prajñāpāramitā*, parece que alguns destes textos são anteriores a seu tempo, e outros, posteriores. Contudo, é certo que Nāgārjuna, apesar dos detalhes fabulosos de sua biografia, foi um personagem real e, mais, um espírito filosófico vigoroso, brilhante e cristalino. Por todo o norte da Índia ainda se fala dele como "o Buddha sem suas marcas características". E as obras a ele atribuídas são respeitadas tanto quanto os "*sūtra* procedentes dos lábios do Buddha".[64]

No décimo quarto capítulo do *Mādhyamika-Śāstra* (O Manual da Escola do Caminho do Meio), de Nāgārjuna, lemos: "O ensinamento do Buddha se refere a dois tipos de verdade: a verdade relativa, condicional, e a verdade transcendente, absoluta"[65]; o sentido deste pronunciamento fundamental fica claro à luz do que já sabemos a respeito do mistério da Iluminação, conforme vivenciado e elucidado nas escolas tradicionais da Índia. Não é, de maneira nenhuma, um novo pronunciamento; tampouco deve surpreender-nos a descrição de Nāgārjuna sobre a natureza inefável da experiência suprema: "O olho não vê e a mente não pensa; esta é a verdade suprema, onde os homens não entram. O lugar onde a visão plena de todos os objetos é obtida imediatamente foi designada pelo Buddha como a meta suprema *(pāramartha)*, o absoluto, a verdade que não pode ser proclamada com palavras".[66] Isto, como já dissemos, não constitui novidade. Entretanto, nos versos a seguir, aparece a chave mestra da visão característica de Nāgārjuna:

śūnyam iti na vaktavyam
aśūnyam iti vā bhavet,
ubhayaṁ nobhayaṁ ceti;
prajñāptyarthaṁ tu kathyate.

Não pode ser chamado vazio nem não vazio, nem ambos nem nenhum deles; contudo, para indicá-lo, é chamado o Vazio.[67]

Esta designação negativa da "meta suprema" transcendente, em contraste com a positiva que predomina na tradição védica, é o que dá força e qualidade peculiares a todo o complexo da doutrina, associada ao nome e à obra de Nāgārjuna. A firmeza corajosa com a qual esta maneira de falar foi sustentada por todas as fases de pensamento e sentimento, até o limite máximo, oferece um maravilhoso, realmente sublime, ar de desapego por todos os discursos do Mahāyāna.

Por exemplo, o *Prajñāpāramitā-Sūtra* intitulado "O lapidador de diamantes" *(Vajracchedikā)* diz:

Um *Bodhisattva* não deve conceder dons enquanto acreditar nos objetos. Um dom não deve ser concedido por ele enquanto acreditar em algo. Um dom não deve ser por ele concedido enquanto acreditar na forma; um dom não deve ser concedido por ele enquanto acreditar nas qualidades especiais da audição, do olfato, do paladar e do tato. Porque, ó Subhūti!, um *Bodhisattva* deve conceder dons unicamente quando não acreditar nem sequer na ideia de causa. E por quê? Porque não é fácil conhecer, ó Subhūti, a medida do mérito acumulado por aquele *Bodhisattva* que concede um dom sem acreditar em nada.[68]

O Dr. Radhakrishnan, em sua explanação da doutrina do Vazio conforme o Mādhyamika, diz: "Há uma realidade fundamental, sem a qual as coisas não seriam o que são. A *śūnyatā* é um princípio positivo. Kumārajīva, ao comentar Nāgārjuna, observa: 'É devido à *śūnyatā* (o Vazio) que tudo se torna possível; sem o que nada no mundo seria possível. É a base de tudo. Ó Subhūti!, todos os *dharma* possuem *śūnyatā* como refúgio; e não mudam esse refúgio *(Prajñāpāramitā).* Śūnyatā é sinônimo daquilo que não tem causa, daquilo que está além do pensamento ou da concepção, daquilo que não é produzido, daquilo que não nasce, daquilo que carece de medida' *(Aṣṭasāhasrika Prajñāpāramitā* 18). [...] 'O absoluto não é existente nem inexistente; nem ao mesmo tempo existente e não existente, nem diferente do existente e do não existente' (Mādhava, *Sarvadarśanasaṅgraha*). Transferir as categorias finitas para o infinito seria como tentar medir o calor do Sol com um termômetro comum. O absoluto é nada, sob o nosso ponto de vista. *Śūnyam tattvam.* Nós o chamamos *śūnya* uma vez que nenhuma categoria usada em relação às condições do mundo é adequada. Chamá-lo de 'ser' é errado porque só as coisas concretas existem. Chamá-lo de 'não ser' é igualmente errado *(tatra astitā vā nāstitā vā nā vidayate nopalabhyate).* É melhor evitar todas as denominações".[69]

Então, tu pensas, ó Subhūti! – disse o Abençoado –, que o *Tathāgata* pensa desta maneira: Eu ensinei a Lei?

Subhūti disse: Verdadeiramente não, ó Abençoado! O *Tathāgata* não pensa: Eu ensinei a Lei.

O Abençoado declarou: Se um homem dissesse que a Lei foi ensinada pelo *Tathāgata*, diria algo que não é verdadeiro, iria me caluniar com alguma não verdade que aprendeu. E por quê? Porque, ó Subhūti! tem sido dito: O ensinamento da Lei, de fato, o ensinamento da Lei! Ó Subhūti! Nada há que possa ser compreendido pelo nome de ensinamento da Lei.

Então, ó Subhūti! O que pensas? Há alguma coisa que foi conhecida pelo *Tathāgata* na forma do supremo conhecimento perfeito?

O venerável Subhūti respondeu: Na verdade não, ó Abençoado! Não há nada, ó Abençoado!, que tenha sido conhecido pelo *Tathāgata* na forma do conhecimento supremo.

Assim é, Subhūti – disse o Abençoado – assim é.[70]

O termo *śūnyatā*, quando aplicado à realidade metafísica, salienta o fato de que a razão e a linguagem se aplicam apenas ao mundo finito; nada pode ser dito sobre o infinito. Porém, o termo é aplicado também a coisas da esfera fenomênica e aí reside a grande proeza de *śūnyavāda*. "Quando aplicada ao mundo da experiência" – escreve o Dr. Radhakrishnan – *"śūnyatā* significa o estado de constante mudança do mundo fenomênico. Interminavelmente consumido pela solidão o homem perde toda esperança, mas, no momento em que reconhece sua irrealidade, transcende-a e procura o princípio permanente. Sabe que tudo é um sonho passageiro, onde pode descansar sem se atribular pelas vicissitudes, certo da vitória."[71]

Em outras palavras, o conceito de vazio e de vacuidade foi empregado na doutrina Mādhyamika como um instrumento pedagógico conveniente e eficaz para conduzir a mente além do sentido da dualidade, que infesta todos os sistemas nos quais o absoluto e o mundo da relatividade são descritos por termos opostos ou antagônicos. Nas *Vedāntagītā*, como já vimos[72], os rapsodos declaravam e celebravam a não dualidade de *nirvāṇa* e *saṁsāra*, liberação e escravidão; contudo, nesta fórmula budista, uma palavra, *śūnyatā*, contém toda a mensagem e projeta simultaneamente a totalidade da mente para além de qualquer tentativa de conceber uma síntese. Filosoficamente, como uma doutrina metafísica, a fórmula conduz a um docetismo absoluto; o mundo, o Buddha e o próprio *nirvāṇa*, tornam-se não mais que imaginações de um sonho vazio por completo. (Este é o ponto que sempre sofreu contra-argumentações e, é claro, é fácil fazê-lo parecer absurdo quando o submetemos às categorias normais da razão.) Mas a circunstância a ter em mente é que a filosofia budista não é, em sua base, um instrumento da razão, e sim um meio de converter a razão em compreensão. Um passo além é entender o que isto realmente significa.[73] Como instrumento de transformação do conhecimento, esta filosofia situa-se primeiro entre as oposições de "mundo" e "libertação do mundo", e depois entre o momento da compreensão preliminar e o instante em que a iluminação é compreendida. Seria difícil, na verdade, encontrar uma explicação mais apropriada e eficiente. Por isso a doutrina é chamada Mādhyamika, o "caminho do meio". E, de fato, na medida do possível apresenta com uma afirmação filosófica sistemática toda a conclusão da "Doutrina do Meio" do próprio Buddha. Por isso lemos no texto ortodoxo páli *A cesta (piṭaka) dos discursos do Buddha*: "Ó Kaccāna, um extremo da doutrina afirma que as coisas possuem ser, o outro extremo diz que não possuem ser. Estes extremos, ó Kaccāna, foram evitados pelo *Tathāgata*, e o que ele ensina é a doutrina do meio".[74] O Buddha sempre afastava a mente de sua tendência natural de colocar uma essência permanente além ou subjacente ao dinamismo – interminável e absurdo – da concatenação de causas. E este também é o resultado da doutrina metafísica de Nāgārjuna acerca do vazio.

A mente ainda terá sua voz; e a teve nas escolas do Mahāyāna, como em todos os outros círculos de todo o mundo, onde os homens procuraram deixar claro para si mesmos o enigma da existência. Os eruditos estão indecisos a respeito da escola Yogācāra do Mahāyāna ser anterior ou posterior à formulação do vazio da teoria do Mādhyamika, mas em ambos os casos a relação lógica entre as duas escolas Mahāyāna é evidente.[75] O Yogācāra conserva um ponto de apoio para o pensamento – um último apoio, mas um apoio firme – pois o vazio *(śūnyatā)* é aqui identificado com a consciência pura, o pensamento puro, a verdadeira sabedoria *(prajñā)*, como no Vedānta, e a partir deste posicionamento se desenvolve um sistema de raciocínio.

Formula-se a questão, por exemplo, da forma como este mundo fenomênico pode ter sido criado a partir do vazio. Se o pensamento puro cria os fantasmas chamados seres e coisas revestidos pelas categorias *(dharma)*, e se o pensamento puro (como acontece na experiência dos sábios) também percebe sua vacuidade e os reduz a nada, de que maneira o faz? Os pensadores do Yogācāra dedicaram-se profundamente a essa questão.

Sua filosofia foi designada *nir-ālambana-vāda*, a "doutrina" *(vāda)* do "nenhum" *(nir)* "apoio" *(ālambana)*, uma vez que nega a existência de qualquer objeto externo – à parte de nossos processos mentais – que dê apoio externo às construções da mente. Esta doutrina também foi chamada *Vijñānavāda*, a "doutrina" *(vāda)* da "ideação" *(vijñāna)*, pois considera como existentes apenas as meras representações mentais. Insiste na superioridade lógica não da multiplicidade criada, mas na do princípio criativo, do pensamento puro; trata como algo positivo o pensamento, não o mundo. Partindo do pensamento como substância fundamental, os filósofos dirigem seu raciocínio rumo à variedade efêmera das coisas; deste modo, levam a uma conclusão lógica a tendência idealista do raciocínio budista, conforme iniciada pelos *sautrāntika*[76] do Hīnayāna; além do mais, justificam dogmaticamente seu próprio movimento, ao dar ênfase a fórmulas tomadas do Cânone páli, como aquela que diz: "A consciência é luminosa, mas é maculada por nódoas vindas do exterior".[77]

De acordo com o Yogācāra, a raiz do *santāna* (extensão: o panorama fluídico de sucessivos estados mentais que constituem o que parece ser um indivíduo e se sente como tal), em constante movimento, é a "ideação" *(vijñāna)*. Tudo o que parece existir é resultado do *parikalpa*, a "criação a partir de dentro", ou seja, a "imaginação". Todavia, esse pensamento magicamente criativo só é possível porque existe um tipo de repositório eterno (*ālaya*, morada), do qual se pode retirar a substância de toda imagem e ideia. É o que se chama *ālayavijñāna*, "consciência-repositório", que é o pensamento em si e por si; pensamento sem a coisa pensada; pensamento que, por esta razão, é vazio *(śūnya)*, chamado *tathātā*, "o fato de ser o que é" sendo o aspecto positivo do vazio.[78]

O *ālayavijñāna* está além de todo conceito e imagem mas, ao mesmo tempo, é a potencialidade de todo pensamento possível. Toda coisa passível de descoberta e observação, todo o assim chamado "indivíduo", todos os traços do mundo fenomênico, são produtos da corrente contínua dos atos da imaginação (os *parikalpa*, criações a partir de dentro) que surgem como ondas deste oceano apenas para desaparecerem uma vez mais, em sua infinitude. O indivíduo deixa de existir ao entrar em contato com esta "consciência-repositório", pois os estados mentais ondulantes que constituem a autoconsciência do ego nela se dissolvem. Assim, o termo é praticamente sinônimo de *nirvāṇa*, como também de *śūnya*, embora sugira sempre um estado positivo. O *ālayavijñāna* é uma espécie de *Brahman* budista, que tem de ser alcançado pelo puro *yoga* mental, por uma consciência absolutamente pura. Na verdade, a consciência pura é idêntica ao *ālayavijñāna*. E, uma vez que tudo o mais é consciência contingente, esta consciência pura é a realidade última, a quintessência abstrata de tudo quanto existe.

"Quando os *Bodhisattva* estão imbuídos das quatro qualidades, então praticam o Grande *Yoga*" – lemos no *Laṅkāvatāra-Sūtra*, um dos textos principais do Yogācāra.[79] "Estas quatro qualidades são as seguintes: 1. conhecimento de que tudo não passa de uma manifestação de nosso espírito; 2. liberação da falsa ideia de que existe algo que se possa chamar de crescimento, duração ou sucessão das coisas; 3. compreensão de que a característica única dos objetos externos é a não existência; 4. compreensão de que o Conhecimento sagrado deve ser realizado em nós mesmos." Este quádruplo *yoga* mental salva o praticante do doloroso redemoinho do *saṁsāra* que, de outro modo, seria infindável. *Prajñā*, a "sabedoria", dissolve o véu que carrega as imagens ilusórias, dissipa o desenrolar incessante das formas e, assim, conduz à "potencial consciência universal em repouso, que a tudo contém e nada manifesta" *(ālayavijñāna)*, que é inefável. O *yoga* atinge este fim por um processo gradual, passo a passo. Remontando o curso pelo qual o pensamento se expande *(santāna)* por meio do contínuo fluir dos estados mentais e chegando deste modo às suas origens, conduz a mente ao repositório inesgotável de onde o processo expansivo está fluindo perpetuamente. Isto, enfim, esta abundância absoluta que está além das contingências da ilusão universal, é o *nirvāṇa*.

Mas subsiste a questão – um problema clássico da metafísica – acerca de como o processo transitório diversificado pode surgir da paz imperturbável de um único reservatório inativo do Ser. Como pode um "contínuo fluir de estados mentais" *(pravṛtti)* provir do pensamento puro, que permanece absolutamente em si mesmo? Esta questão envolve, qual corolário, o eterno problema da origem do mal. Como o puro, absolutamente puro "repositório da consciência" é movido a extrair da quietude, que é a sua natureza e essência, um mundo fenomênico causado e caracterizado pela imperfeição (o *karman*, o pecado) e, além disso, manchado por toda classe e graus de sofrimento?

O enigma é enfrentado por todo iogue que retorna do seu estado de perfeita absorção *(samādhi)* à consciência normal, com seu pensar racional, sua consciência do ego e suas sensações do mundo exterior. Então, toda a miragem da fenomenalidade fecha-se novamente em torno à consciência do iogue e, até, surge do seu interior. De onde é que vem tudo isto?

Supor que a *avidyā* (ignorância) e as *vāsanā* (tendências inconscientes enraizadas) existem *ab aeterno* como nódoas do *ālaya*, e que são a causa última do devir universal, seria introduzir um princípio dualista, como o admitido no sistema Sāṁkhya, o que significaria que se deve reconhecer dois princípios independentes, ambos sem início nem fim, o *ālaya* e o *avidyā*, o primeiro passivo, o último ativo, um inativo em sua essência, ao passo que o outro é causa do movimento perpétuo e inquietante . O Sāṁkhya, como vimos, não dá explicação sobre a atração que as mônadas vitais *(puruṣa)* sentem pela natureza *(prakṛti)*; tudo quanto diz é que as mônadas vitais são consciência absoluta e que a *prakṛti* é simples matéria e, assim, o problema é deixado de lado, sem solução. No Yogācāra a dificuldade continua sendo a mesma. Não se propõe nenhuma explicação verdadeiramente satisfatória sobre a relação entre os dois princípios. A doutrina Yogācāra original carregava consigo, como um dualismo implícito e velado, as sementes de sua própria contestação. Logo, porém, o impasse filosófico foi habilmente evitado pelos mestres clássicos da doutrina, os célebres irmãos Asaṅga e Vasubandhu (século 5º d.C.).[80] Representaram o *ālaya* tanto como repositório do mal *(kleśita)*, "o desgraçado e funesto", quanto do bem *(kuśala)*, "o alegre e auspicioso", colocando assim a metafísica budista na mesma via das principais concepções da mitologia e da teologia indianas, pois, no hinduísmo, o Ser supremo (seja sob a máscara de Śiva, Viṣṇu ou da Deusa) é sempre representado como o criador dos demônios e dos deuses. Ele é a fonte de tudo o que existe no cosmo, seja maléfico ou benigno, visível ou invisível, e ele mesmo desempenha, por meio deles, os papéis e atitudes que representam. Como substância primordial da qual as criaturas se originam, o Ser universal é ambivalente ou, melhor, polivalente. Como criador e destruidor, confortador e opressor, mestre e trapaceiro – e ainda, a um só tempo, transcendente, pacífico e eternamente não envolvido –, reúne em sua única presença todos os pares de opostos, reúne-os e os supera infinitamente. O mesmo princípio aparece agora, novamente, na interpretação do *ālaya* dos mestres clássicos da escola Yogācāra. Daí que a metafísica budista não representa nenhuma alteração verdadeiramente fundamental dos grandes princípios e problemas do pensamento ortodoxo da Índia.[81]

O Budha iniciou sua trajetória como hindu. Além do mais, os deuses hindus o auxiliaram (conforme conta a lenda budista) em cada etapa de seu progresso. Em outras palavras, permaneceu dentro da esfera da filosofia tradicional da Índia, considerando apenas a questão clássica da liberação *(mokṣa)* sob um ponto de vista novo e reanimador. A soma de seus interesses e esforços correspondia precisamente àquela dos pensadores brâmanes contemporâneos. Assim, com o tempo, os dois sistemas caminharam praticamente juntos. Compartilhando ideias, problemas e métodos, seus protagonistas discutiam as mesmas questões nas mesmas cidades, parques, jardins da corte, até que, finalmente, as diferenças práticas entre ambas as correntes desapareceram. Embora um adorasse Viṣṇu e o outro, o *Bodhisattva*, um a Śiva e o outro, o Buddha, ainda que um procurasse a liberação no *Brahman* enquanto o outro, no *ālaya* que a tudo contém, os métodos a serem seguidos eram quase idênticos, as atitudes em relação ao divino guru mal podiam distinguir-se e resultava impossível encontrar motivos verdadeiros para uma controvérsia fundamental.

A "consciência-repositório" universal – o pensamento puro, em si e por si – é a fonte de toda possível ideia criadora e, daí, das infinitas séries de pensamentos transitórios pelos quais se realiza tanto o processo vital de cada indivíduo como o panorama de todo o mundo fenomênico. O dinamismo dos processos mentais é gerado pelas impurezas, pelos germes inerentes ao *ālaya*; entretanto, fundamentalmente, *ālaya* transcende tais impurezas. Esta verdade é realizada e compreendida mediante a sabedoria *(prajñā)* obtida na experiência da iluminação. *laya* é *tathātā*, o ser puro – o absoluto, que está além de qualquer e de toda impureza –, e, como tal, é comparável a uma joia. Uma joia pode ser enterrada na lama, mas quando é recuperada, limpa e polida, brilha novamente com seu esplendor original. A partir do momento em que o *Bodhisattva*-iogue realiza "a limpeza ou purificação" (como consequência de haver atingido a sabedoria transcendental), é possível contemplar o esplendor brilhante de sua pureza imóvel, absolutamente intacta. Aquilo que se contemplava como impureza era apenas um efeito do conhecimento incompleto, não mais que um reflexo das condições de toda cogitação terrena, que agora desapareceu por completo.

É evidente que o problema ainda não foi elucidado: o argumento vem se desenrolando em círculos. A "impureza" *(kleśa)* é um efeito da "impureza ou ignorância" *(avidyā)*. A "purificação" *(vyavadāna)* que revela o brilho da joia é consequência da descoberta do brilho da joia. Embora o brilho seja absolutamente puro, é experimentado com impureza; a impureza é, de alguma forma, efeito da pureza, um resultado da essência brilhante, um reflexo do próprio brilho. A argumentação está crivada de paradoxos. No entanto, sua função principal é bastante clara: elevar a mente da esfera física e racional e transferi-la, em sua contemplação, à esfera metafísica.

À luz da ênfase metafísica, todos os termos em comum com o Hīnayāna transformam-se. *Karman*, por exemplo, já não pode ser considerado apenas ou primordialmente como uma função de ignorância vital do indivíduo, representando a continuidade de uma corrente causal específica, um *santāna*: uma série individual sem início mas suscetível de término, pois o *karman* agora assumiu um aspecto cósmico. Uma ação não é mais uma "semente" *(bīja)* destinada a dar frutos; ao invés disso, ela, a "semente", é o próprio fruto de uma "semente" *(bīja)* que está na "consciência-repositório". O *karman* é esta "semente" universal da qual toda ação é fruto; uma semente imaginária, fertilizando o puro e imaculado útero do *ālayavijñāna*, e fazendo com que este produza indivíduos imaginários, universos imaginários – fantasmas fenomênicos, como personagens de um sonho. Estes indivíduos vivem e sofrem sob a ilusão de que estão vivendo, sofrendo e gerando *karman* no decorrer do tempo, ao passo que, verdadeiramente, são reflexos de ideias universais imaginárias, semeadas na eternidade. O *karman*, agente real de tudo o que vemos, sentimos, experimentamos e ouvimos, é o criador aparente do mundo fenomênico. Seus germes desdobram-se em infinitas colheitas de consciências individuais que brotam constantemente como a grama, da semente. As cadeias de consciência, separadas apenas na aparência, constituem a variedade deste mundo e do sistema de mundos; entretanto, todos estão enraizados no repositório único. Daí a razão de a vida ser regida por leis comuns. Existem muitas lâmpadas, porém sua luz é uma só; muitas "correntes de consciência" *(vijñāna)* fluindo a partir do *ālaya* e retornando (pela liberação); contudo, a totalidade da existência fenomênica – embora múltipla em suas manifestações – em sua constituição e processo de contínuo devir é uma.

O mundo em sua vida é um; no entanto, uma vez que os "fatos" nunca são vivenciados em sua realidade, mas apenas registrados nos variados e limitados sistemas individuais de consciência, o caráter da existência é vivenciado de maneira diversa nas diferentes esferas do ser. Um dos comentadores de Vasubandhu escreve: "Um rio aparenta ser, para um homem, uma massa de água corrente; para as criaturas infernais condenadas a sofrer as tormentas do inferno, parece uma corrente de metal fundido incandescente; para os deuses, que gozam dos deleites celestiais, observando-o de cima, parece um colar de pérolas no colo da deusa Terra".[82] Cada visão está condicionada pelo sujeito, como função da nuança particular de *avidyā* de cada variedade de ser, pois o que nos faz sentir que o mundo existe é simplesmente a magia da "ignorância", e seus efeitos diferem em cada um. Assim, tudo o que vemos é um reflexo apropriado de nós mesmos, ao passo que na verdade todo o contexto carece de existência. O inferno não é nada mais que a ideia de inferno imposta a nós por nosso estilo peculiar de imaginação. Não existem ministros do inferno, como mostra Vasubandhu em seu *Vijñaptimātratā-viṁśatikā*: "embora os pecadores, devido a seus pecados, imaginem que veem ministros infernais e surja neles o pensamento de: 'Isto é o inferno, este é o local do inferno; esta é a hora do inferno. [...] Este é um ministro do inferno. Sou um pecador. [...]' Como consequência de seu mau *karman*, imaginam que veem e experimentam as várias torturas infernais".[83] O *karman* negativo está enraizado no puro *ālaya* e se manifesta como a impureza – onde se autoperpetua – de um indivíduo irreal, fustigado por irrealidades correlativas, não menos irreais que ele mesmo. Tal é a verdade paradoxal expressa nos termos racionalizados do Yogācāra.[84]

4. O CAMINHO DO *BODHISATTVA*

Avalokiteśvara, o Grande *Bodhisattva* do Mahāyāna, é a personificação do ideal supremo do budismo Mahāyāna. A lenda a seu respeito conta que, após uma série de encarnações eminentemente virtuosas, quando estava por entrar na cessação do *nirvāṇa*, ecoou um clamor parecido ao som de um trovão, em todos os mundos. O Grande Ser sabia que era um grito de lamentação lançado por todas as coisas criadas – rochas e pedras, bem como árvores, insetos, deuses, animais, demônios e seres humanos de todas as esferas do Universo – ante a perspectiva de sua iminente partida dos reinos do nascimento. Assim, por compaixão, renunciou à bem-aventurança do *nirvāṇa* até que todas as criaturas, sem exceção, estivessem preparadas para entrar no *nirvāṇa* antes dele, como o bom pastor que permite que seu rebanho passe primeiro pela porteira, e só depois passa ele, fechando-a atrás de si.

Enquanto no Hīnayāna o termo *Bodhisattva* denota aquele que muito em breve alcançará o estado búdico (por exemplo, Gautama foi um *Bodhisattva* antes de seu Despertar sob a árvore Bo), na tradição Mahāyāna o termo designa aqueles seres compassivos, de sublime indiferença, que permanecem no limiar do *nirvāṇa* para consolo e salvação do mundo. Pela perfeita indiferença (isto é, ausência de egoísmo) e perfeita compaixão (que é outra falta de egoísmo), o *Bodhisattva* do Mahāyāna não experimenta a "verdadeira ou real iluminação" *(samyaksambodhi)* do Buddha nem passa à extinção final *(parinirvāṇa)*, mas para na iminência – na fronteira do tempo e da eternidade – e assim transcende esse par de opostos, porque o mundo nunca terá fim; a roda das eras cósmicas prosseguirá sem descanso; o voto do *Bodhisattva*, voto de permanecer no limiar até que todos tenham entrado antes dele, significa um voto de continuar sendo como é, para sempre. E esta é a razão pela qual seu voto redime o mundo. Simboliza a verdade pela qual tempo e eternidade, *saṁsāra* e *nirvāṇa*, não existem como pares de opostos, porém são igualmente "vacuidade" *(śūnyatā)*, o vazio.

No culto de adoração popular, invoca-se o *Bodhisattva* porque ele possui um inextinguível poder de salvação. Sua perfeição potencial está sendo emanada a todo momento, em um ato perene de salvação universal, e ele aparece em formas auxiliadoras, por exemplo, como o lendário cavalo alado de liberação[85], "Nuvem", que liberta as criaturas da escuridão de suas penosas vidas de ignorância. Possui um ilimitado "tesouro de virtudes" *(guṇasambhāra)*, acumulado por meio de uma prática prolongada e absolutamente isenta de falhas, através de muitas vidas de "máxima retidão" *(pāramitā)*. Durante eras, o candidato a *Bodhisattva* trilhou o caminho sublime das austeridades psicológicas mais especiais e refinadas, cancelando sempre toda ideia e emoção de ego. Deste modo, ganhou aquele "tesouro" inesgotável que, no final, como resultado de sua atitude suprema de renúncia intemporal, tornou-se disponível para toda criatura que sofre e luta no mundo.

O caminho peculiar e especial do *Bodhisattva* do Mahāyāna representa o último refinamento espiritual – a parte misericordiosa, por assim dizer – da disciplina indiana primordial, o *tapas*. Este, como vimos, era uma técnica destinada a cultivar no indivíduo um estado de ardente calor psicológico. As energias internas, sistematicamente controladas e retidas, armazenadas dentro do corpo, geravam uma condição de alta temperatura, comparável a uma febre, e conferiam certa soberania sobre as forças do macrocosmo em virtude da conquista das forças paralelas do microcosmo; porque é um fato, que toda forma de ascetismo resulta em um tipo próprio de libertação das necessidades comuns e das consequentes leis da natureza e, por isso, proporciona sua própria bênção de independência. O asceta, em seu florescer, não pode ser reprimido ou frustrado pelas forças do meio ambiente: a natureza, o clima, os animais, a sociedade. Afirmando sua força superior, ele as desafia. Não tem medo e não pode ser intimidado; controla suas próprias reações e emoções.

O único perigo que pode ameaçar esta autossuficiência é que seja surpreendido ou enganado por alguma reação involuntária, o que poderia precipitar uma explosão não premeditada do concentrado caudal de sentimentos tiranicamente reprimidos. As epopeias e novelas indianas contêm inúmeros relatos de santos que ficam coléricos ante uma pequena perturbação. (Na verdade é um recurso usado com frequência pelos narradores orientais a fim de complicar os enredos.) Os velhos ascetas praguejam impetuosamente contra qualquer pobre inocente que, por acaso, os perturbe em seus exercícios espirituais, deixando escapar a força total de seu extraordinário poder e perdendo, assim, em um só instante, o equilíbrio conquistado a tanto custo. Esta é uma enorme catástrofe, tanto para o homem santo quanto para sua abalada, infeliz, inconsciente – e amiúde encantadora – vítima. Também conta a tradição que sempre que Indra, o ciumento rei dos deuses, sente que sua soberania cósmica está sendo ameaçada pelo aumento do poder espiritual de algum asceta, envia uma donzela celestial incrivelmente formosa, com a missão de embriagar os sentidos do atleta espiritual. Se ela obtém sucesso, o santo, em uma noite sublime (ou até numa era) de paixão, despeja toda a carga da força psicológica que havia procurado acumular durante a vida inteira. A consequência para o mundo é o nascimento de uma criança com dotes fabulosos e, para o homem santo, a destruição de seus projetos de poder.

No caso de um *Bodhisattva*, as exigências de sua atitude espiritual peculiar são, humanamente falando, tão severas que, se ele não estivesse perfeitamente estabelecido em seu conhecimento e seu modo de ser, o perigo de sua subversão seria quase universal. A tentação está oculta em todos os acontecimentos da vida, mesmo nos mínimos detalhes; todavia, para o *Bodhisattva* realizado, a possibilidade de recair não existe. Sendo o único ser verdadeiramente desprovido de ego, não sente tentação alguma em afirmar o valor de sua personalidade fenomênica, nem ao menos a ponto de fazer uma breve pausa em seu pensamento quando confrontado com uma decisão difícil. As lendas sobre os *Bodhisattva* os mostram sacrificando seus membros, sua vida e ainda suas esposas e filhos, por algo que a qualquer intelecto normal pareceria uma das pretensões menos justificáveis. As posses que um homem comum *(pṛthagjana)* consideraria as mais preciosas e sagradas do mundo, o *Bodhisattva* as entrega imediatamente ante qualquer pedido, ainda que inconsequente ou caprichoso, como, por exemplo, o pedido de um passarinho assustado, de um filhote de tigre ou a demanda de algum velho brâmane maldoso, ganancioso e concupiscente.

Conta a lenda, na história popular de "Os filhos do rei Vessantara"[86], que este pio monarca, que era uma das antigas encarnações de Buddha, fez o voto de jamais recusar qualquer coisa que lhe fosse pedida: "Meu coração e olhos, minha carne e sangue, meu corpo inteiro – se alguém me pedisse, eu os daria". Sem hesitar, deu um maravilhoso elefante do qual dependia o bem-estar de seu reino e, por consequência, foi exilado por seu povo indignado, juntamente com sua leal rainha e os dois filhos. Já na selva, aproximou-se dele um brâmane velho e feio que pediu as crianças como escravos; estes lhe foram entregues sem hesitação; então, foi pedida a rainha, e esta também foi entregue. Mas, no fim, o brâmane revelou que era Indra, o rei dos deuses, que descera para testar o santo rei humano e, assim, tudo terminou bem. Neste caso, tendo falhado a tentação de Indra, o deus foi benevolente na sua derrota.

Mesmo a mente mais elementar e insensível não pode deixar de sentir-se espantada e ultrajada por tamanhas demonstrações de indiferença santa ante os valores normais do bem-estar humano, principalmente porque nada se obtém delas. Mas o que realmente importa se uma simples pomba é salva das garras de um falcão?[87] Se uma ninhada recém-nascida de tigres é salva de morrer de fome?[88] Ou se um velho e rabugento brâmane satisfaz sua cobiça e concupiscência com a escravidão de um pequeno príncipe e de uma princesa? A marcha cruel da natureza não se altera. Na verdade, os absurdos sacrifícios do *Bodhisattva* amiúde apoiam e corroboram voluntariamente as leis brutais que prevalecem onde a luta pela vida se cumpre de maneira desapiedada, rigorosa, animal e demoníaca; o caso do brâmane e dos jovens príncipes parece violar a primeira norma da moralidade humana.

Entretanto, no que concerne ao problema fundamental e à missão do *Bodhisattva*, precisamente a aparente falta de sentido e mesmo a indecência do seu sacrifício é o que constitui a diferença. Porque, recusar-se a realizar um sacrifício, por paradoxal que seja, seria favorecer (ainda que apenas negativamente) os padrões e visões de mundo do indivíduo comum – limitado pela paixão, dominado pelo ego – que tenha feito a petição. A provocação suprema e especial do *Bodhisattva* consiste na sua aptidão e facilidade de se expandir cada vez mais em um dar ilimitado *(dāna)*. Isto requer dele uma abdicação contínua, ou melhor, a não experiência do ego. Qualquer reação de retrocesso, mesmo ante um sacrifício absurdo, confirmaria e fortaleceria um núcleo de consciência do ego, uma vez que todo o sentido do estado "bodhisáttvico" se radica no fato de evaporar o ego limitado e limitador. Supor que um *Bodhisattva* hesitaria ante uma solicitação disparatada, ou ficaria relutante em abandonar o corpo, vida, família e posses, seria pedir-lhe que se revelasse como alguém que sustenta o valor intrínseco e a substancialidade das coisas ao mesmo tempo. Isto implicaria admitir que, no plano transcendental por ele representado, algo da terra tivesse um valor – corpo ou posses, linhagem real, rainha, filhos ou honra – ao passo que, naquele plano, sabe-se que todas as coisas são efêmeras, fenomênicas e, por isso, em realidade, não existentes. A recusa ou resistência faria com que o aspirante ao estado de *Bodhisattva* voltasse à esfera do não essencial e, imediatamente, seu contato com a realidade ficaria interrompido. Já não seria um aspirante à iluminação, aquele "cuja essência *(sattva)* é (virtualmente) iluminação *(bodhi)*", mas, como o iogue pasmo ante o encanto da sedutora dama celestial, teria sido tentado, iludido, e haveria de retornar ao reino e à multidão dos "seres comuns" *(pṛthagjana)*.

O aspirante a *Bodhisattva* deve procurar comportar-se como se já estivesse livre do ego, exatamente como um discípulo de qualquer arte (a dança, por exemplo) deve tentar atuar como se já fosse um mestre de sua arte. A não existência de todos os valores fenomênicos no plano transcendental deve ser antecipada de maneira incessante, tanto no pensamento quanto na conduta, e o ponto de vista da sabedoria absoluta tem de ser exercitado em suas atividades por várias vidas. Deste modo, a sabedoria vai se incorporando gradativamente ao aspirante. Primeiro, torna-se parte integrante da sua personalidade e, depois, absorve toda a sua essência e estado único de ser. Uma "fonte superabundante de forças ou virtudes" *(guṇasambhāra)* é o corolário natural desta suprema conquista da indiferença. Não lhe importando coisa nenhuma e, por isso, transcendendo a si próprio como homem, o ser absoluto não condicionado eleva-se e se estabelece numa esfera espiritual de onipotência universal, e esta força, de ora em diante, emana dele para sempre, brilhando para benefício de todos os que pedem.

A vontade feroz, a luta pelo poder sobre-humano dos velhos ascetas dos bosques-ermidas, com o ideal do *Bodhisattva*, converte-se em grandiosa benevolência. O poderosíssimo estado de salvação é a contrapartida purificada e aperfeiçoada, não egoísta, daquele primeiro esforço de suprema autoafirmação. Agora, toda a disciplina é dedicada ao benefício universal e não mais em favor do indivíduo. Em cada etapa, crise e realização, ao longo do caminho rumo à perfeição de Avalokiteśvara, Kṣitigarbha (em chinês, Ti-Tsang; em japonês, Jizo), Amitābha e muitos outros *Bodhisattva* do culto e da lenda sagrada do Mahāyāna, deparamos com a lição desse estado de realização absolutamente sublime e de abnegação total.

O breve texto Mahāyāna extraordinariamente sucinto, conhecido como *Prajñāpāramitā-hṛdaya-Sūtra*, "O Manual do Coração (isto é, secreto) da Perfeição da Sabedoria da Outra Margem"[89], afirma que quando um *Bodhisattva*, engajado na profunda prática da Sabedoria da Outra Margem, reflete dizendo: "Há cinco elementos-da-existência", imediatamente observa que são "vazios em sua própria natureza"[90]. "Aqui a forma – declara-se – é vazio e o vazio, na verdade, é forma. O vazio não difere da forma, a forma não difere do vazio. O que é forma é vazio, o que é vazio é forma."

Isto é o que o *Bodhisattva* percebe a respeito da forma. Suas percepções então, sobre cada um dos outros elementos da existência – sensações, noções, predisposições e conhecimento – são as mesmas. "Todas as coisas sustentam a marca característica do vazio. Não se tornam ser, não cessam de ser; não são imaculadas, não são maculadas; não se tornam imperfeitas, não se tornam perfeitas.

Portanto aqui, nesta vacuidade, não há forma, nem sensações, nem noções, nem tendências mentais; não há consciência; não há olho, nariz, língua, corpo, nem mente; não há cor, som, odor, sabor, nem objeto tangível. Não há elemento constitutivo da visão ou dos outros processos sensórios, nem elemento constitutivo dos processos mentais. Não existe conhecimento nem ignorância; não há destruição de conhecimento nem destruição de ignorância. Não existe a duodecimal concatenação de causa e efeito que finalize na velhice e na morte.[91] Não há destruição da velhice e da morte, não há tampouco o vir à existência, nem o cessar da dor; não há caminho para a destruição da dor. Não há iluminação, apego, realização, pois a iluminação não existe."

Não se oferece argumento algum de apoio a estas observações fantásticas. São apresentadas apenas como afirmações do *Bodhisattva* Avalokiteśvara, obviamente para mostrar que a verdade paradoxal da Sabedoria da Outra Margem está além do alcance da visão da margem de cá. A natureza de tamanha verdade pode ser sugerida verbalmente, mas resiste à análise e à argumentação da razão. Após esta sugestão sobre o que deve ser conhecido, segue-se uma descrição do estado perfeito em si mesmo, que constitui a chave do curioso "caminho de ação" do aspirante ao estado de *Bodhisattva*:

"Não existem obstáculos mentais para o *Bodhisattva* que se consagra à Sabedoria da Outra Margem. Por não existirem obstáculos mentais, ele não tem medo; transcendeu todas as ideias errôneas, reside no perene *nirvāṇa*. Todos os *Buddha* do passado, do presente e do futuro[92], consagrando-se à Sabedoria da Outra Margem, acordaram para a Vigília suprema, perfeita e total."

O texto logo expressa sua afirmação culminante, a mais sutil e misteriosa: "Por isso se deve saber que a Sabedoria da Outra Margem é a grande fórmula mágica *(mantra)*, a fórmula mágica de sabedoria suprema, a fórmula mágica mais excelente, a inigualável fórmula mágica capaz de aplacar toda dor. É verdade porque não é falsidade. A fórmula mágica foi extraída da Sabedoria da Outra Margem. Diz o seguinte:

"Ó Tu que partiste, que foste, que foste para a Outra Margem, que chegaste à Outra Margem, ó Iluminação, salve!"

"Assim termina o 'Manual do Coração da Sabedoria da Outra Margem'."

A primeira exigência que se faz a um discípulo espiritual na Índia, como temos visto, é a grande virtude da fé *(śraddhā)*, confiança no mestre e em suas palavras. A fé será corroborada pela própria experiência do discípulo no decorrer do seu progresso espiritual, mas, nesse ínterim, não pode pretender discutir com seu guru, criticando os paradoxos da doutrina. Primeiro, precisa passar por uma transformação; e tal transformação, nunca a crítica, servir-lhe-á para atingir o entendimento. Por um processo evolutivo, o discípulo é elevado a um nível espiritual no qual vivencia o significado do enigmático ensinamento. Enquanto isso, o processo de sua sublimação será facilitado pela meditação na fórmula mágica que é o "Coração da Sabedoria da Outra Margem", a qual deve considerar como expressão de sua própria e suprema crença, destinada a concentrar e intensificar sua fé. Embora temporariamente ininteligível a ele é, no entanto, seu credo, e tem de recitá-la de modo constante, como uma invocação com a qual solicita à Sabedoria da Outra Margem que venha até ele. A maravilha é que esta fórmula mágica pode realmente funcionar como um encantamento alquímico eficaz, facilitando a transmutação que, a seu devido tempo, revela, por si mesma, a riqueza da Iluminação.

A meditação sobre esta curiosa sequência de palavras não é o único meio pelo qual o neófito, repleto de fé, deve procurar fazer com que aconteça a transformação vital de seu entendimento. Exige-se também a realização de certos atos que, juntamente com a experiência de seus resultados e com o passar do tempo, tornam a fórmula mais significativa. *Pari passu*, a fórmula que se tem constantemente presente serve para extrair e aplicar a lição da realização fiel dos atos necessários.

As retraduções do Mahāyāna de certas lendas do Jātaka, que encontramos na coleção do século 6º conhecida como *Jātakamālā*, "A grinalda de relatos das vidas anteriores do Buddha"[93], assinalam que é mister adotar atitudes peculiares, mostrar reações incomuns em situações cruciais e executar proezas especiais se, de fato, se pretende chegar a uma nova perspectiva da vida e de si mesmo. A prática precede o discernimento; o conhecimento é a recompensa da ação: por isso, tente! Tal é a ideia. Pois é agindo que alguém se transforma. Executando um gesto simbólico e vivendo de maneira total, até o limite, um papel particular, chega-se a compreender a verdade inerente ao papel. Sofrendo suas consequências, compreende-se e esgota-se seu conteúdo. Em outras palavras, o conhecimento deve ser alcançado não por meio da inação (como nas disciplinas do jainismo e do Yoga clássico), mas sim vivendo a própria vida com vigilância e ousadia.

Por suas implicações, esta é uma ideia radicalmente diferente daquela que os ascetas acalentaram nos bosques penitenciais, embora seja completamente compatível com o antigo conceito hindu de *karman*.[94] Sacrificando-nos sinceramente com espírito de humildade e autoabnegação, realizando atos virtuosos que eliminem todo impulso de autoengrandecimento e de ostentação, atraímos a substância cármica brilhante que limpa e substitui o *tamas*.[95] O aspirante a *Buddha* gradualmente se imbui de luminosidade cármica cultivando, na ação, as "virtudes supremas ou perfeições" *(pāramitā)*, até que, finalmente, não haja espaço dentro dele para qualquer força cármica obscura e adversa. As pessoas que se apegam ao seu ego instintivamente favorecem os enganos da ilusão fenomênica, e assim se prendem mais, em cada ato, às forças passionais do instinto vital que se apega tão só a si mesmo; contudo, o aspirante à Sabedoria da Outra Margem se conduz de maneira coerente, como se já houvesse deixado para trás a ilusão das manifestações cósmicas. Em cada ato de sua vida diária decide a favor da alternativa de autotranscendência, até que no fim, como resultado das inúmeras experiências neste nível, ele consegue transpor os enganos de sua psicologia fenomênica. Daí em diante comporta-se instintivamente como se seu ego, com suas falsas impressões, não mais existisse. Esta mutação é a essência e a razão de ser da Sabedoria da Outra Margem.

As ações, portanto, são a única coisa que nos pode libertar. Atos virtuosos e sem egoísmo liberam a mente da escravidão de suas atitudes e tendências comuns, que se baseiam na ignorância. Mas tais atitudes altruístas, aparentemente perigosas, requerem fé no ainda desconhecido, uma coragem humilde e uma disposição generosa de dar um pulo às cegas na escuridão. Logo, como recompensa, elas nos abrem uma nova perspectiva. Produz-se uma mágica mudança de cenário, uma nova ordem de valores emerge. Pois é um fato: transformamo-nos por nossas atitudes, tanto para melhor quanto para pior. A ignorância e o conhecimento não passam de aspectos intelectuais das mudanças que nossa maneira de viver produz em nós. O modo de vida do *Bodhisattva* está bem resumido na fórmula: "Desejaria ser um guarda daqueles que não têm proteção, um guia para o viajante; um navio, um manancial, uma fonte, uma ponte para quem busca a Outra Margem".[96]

Perceber o estado potencial de *Buddha* em todas as coisas, no criminoso e no animal, bem como no virtuoso e no humano, é a maneira mais justa possível de tratar os seres do mundo. Todas as criaturas, todos os homens, virtuosos ou fracos, bem como as criaturas inferiores, mesmo as formigas, têm de ser consideradas, respeitadas e tratadas como *Buddha* em potencial. Esta concepção é, ao mesmo tempo, democrática e aristocrática, basicamente a mesma visão do antigo sistema jaina e da doutrina de Gosāla. Na realidade, esta ideia se reflete em todas as disciplinas filosóficas indianas tardias, dedicadas à realização da verdade oculta, por meio da conquista da perfeição individual. Seu princípio medular sustenta que a perfeição não é algo acrescentado ou adquirido a partir do exterior, mas algo que já está potencialmente dentro, como realidade básica do indivíduo. Por isso, a metáfora apropriada para a concepção indiana do processo de realização não é a de progresso, crescimento, evolução ou expansão em maiores esferas externas, mas a de retorno ao Eu, a de recolhimento. O esforço do discípulo está em trazer à consciência o que já repousa em um estado oculto, quieto e dormente, como a realidade intemporal de seu ser.

Este é o conceito indiano fundamental do caminho; uma visão essencialmente estática da "marcha rumo à iluminação" *(bodhicaryā)*. Nos *Yoga-Sūtra* o objetivo é representado como a obtenção do "isolamento e integração" *(kaivalya)*; no Sāṁkhya, como a conquista do "discernimento discriminador" *(viveka)*; no Vedānta, como a realização do "Eu transcendental" *(Ātma-Brahman)* e, no budismo, como "Iluminação" *(boddhi)*; mas, em essência, estes objetivos são idênticos. Algo que estava manchado, deteriorado, temporariamente inativo e desconectado, poluído, obscuro, sem o brilho de sua luz suprema, sem as manifestações de sua força ilimitada e faculdades prodigiosas, readquire sua condição, fica restaurado em sua glória original, limpo, desperto e puro. O processo é comparado ao polimento de um cristal, ou à limpeza de um espelho que estava sujo e manchado.[97]

A purificação do corpo grosseiro é, propriamente, o primeiro passo e se efetua principalmente pelos exercícios e processos físicos do *haṭhayoga*: uma lavagem do canal intestinal pelas práticas chamadas *basti* e *neti*, e os canais que contêm e conduzem o alento vital *(prāṇa)* mediante os exercícios clássicos de controle da respiração *(prāṇāyāma)*. Estas disciplinas limpam e restauram os sistemas nervoso e glandular.[98]

Nesse ínterim, empreende-se também a purificação do corpo sutil. Conforme o método *yoga* de Patañjali, isto se leva a efeito por uma transformação gradual das qualidades e forças "tamásicas" e "rajásicas" em qualidades e forças "sáttvicas"[99], ao passo que, segundo a perspectiva jaina, mais antiga, menos psicológica e mais materialista, esta transformação se produz inibindo o influxo físico da cor cármica que obscurece o cristal da mônada. Em ambos os casos, porém, a essência do ensinamento é a mesma: não só estamos destinados a ser cristais puros e perfeitos, mas ainda, de fato, já o somos em essência. O sistema psicofísico está contaminado, obscurecido e desordenado por alguma espécie de matéria que o obstrui, que bloqueia os canais e vasos da vida e da consciência em todos os níveis. O *mala*, "sujeira, lixo, impureza" nos preenche; estamos "manchados"; em contrapartida, o estado mais alto e verdadeiro é *nir-añjana*: "sem sujeira". *Brahman* é *nirañjana*. O Buddha é *nirañjana*. Nós mesmos nos tornamos totalmente *Brahman*, totalmente Iluminados, totalmente o que somos, apenas nos libertando da matéria *(prakṛti)* que macula e nos aflige do exterior, purificando tanto a psique quanto o físico por meio de uma disciplina contínua e radical de limpeza.

Isto quer dizer: ao invés de um conceito de crescimento, expansão, evolução e aquisição, o pensamento indiano assinala uma drenagem, limpeza e purificação direcionadas à *restitutio in integrum*, ou seja, a uma restituição integral do estado primordial, tal como era antes do momento enigmático ou movimento que pôs em marcha o Universo e sua microcósmica contrapartida, a obscura inteligência do homem. O Eu, quando purificado, irradia por si mesmo e, nesse momento, nossa Iluminação deixa de ser potencial e se converte num fato. O procedimento semelhante na medicina hindu é o do regime de purgantes, enemas e eméticos, seguido por uma dieta leve e sadia, restauradora e "sáttvica"[100].

A teoria filosófica, a crença religiosa e a experiência intuitiva apoiam-se entre si na concepção indiana básica de que tudo, no fundo, está bem. Um otimismo supremo prevalece em todo lugar, apesar do reconhecimento pouco romântico de que o universo dos assuntos humanos está no estado mais imperfeito imaginável, e que equivale praticamente a um caos. A raiz universal, a realidade velada e secreta, é de uma dureza diamantina indestrutível embora nós – nossos sentimentos, mentes e sentidos – possamos estar errados e, na verdade, a maioria está. Mental, física e moralmente estamos longe da perfeição, por isso somos incapazes de espelhar a verdade e de nos tornar conscientes de nossa serenidade fundamental. Contudo, essa mesma verdade, a realidade suprema, está sempre e universalmente presente, tenhamos ou não consciência disto. Ademais, embora no reino do perecível, na passagem entre nascimento e morte, na esfera da dor e do prazer, tudo mude, acima e além de todas essas alterações perturbadoras resta a possibilidade dessa única mudança suprema e conciliadora, em tudo *sui generis*: a mudança de nossa própria natureza, que põe um fim à desordem provocada pelas modificações, fim este que se conquista mediante o conhecimento do Imutável, que é o fundamento de nosso próprio ser intrínseco, imóvel.

Aquela presença permanente é comparada ao Sol, oculto a nós pela nuvem da ignorância da nossa mente. O sofrimento, a dor e as desordens do mundo não representam o verdadeiro estado das coisas – eles são os reflexos de nossa perspectiva errônea – entretanto, nos parecem muito reais; mas chega o momento em que a obstrução desaparece e a mente contempla a fonte de sua própria luz. Embora a nuvem que se interpõe seja pequena, sua forma fugaz encobre a presença luminosa. Dissipada a nuvem, de súbito se contempla a luz transcendente com sua própria potência; e mesmo enquanto esteve encoberta – não revelada, não compreendida, não observada – ela sempre esteve lá em seu esplendor perene. E não só esteve sempre lá, mas é a fonte e sustentáculo de tudo o que está aqui.

Como já afirmamos muitas vezes, os jainistas representavam o cristal da mônada vital *(jīva)* como maculada por uma substância física de coloração cármica *(leśyā)* que, ao penetrá-la, escurecia sua luz intrínseca. Este sutil afluxo físico *(āśrava)* tinha de ser literalmente interrompido e logo evaporar ou queimar a matéria obscurecedora, convertendo-a em experiência, biografia, sofrimento e destino; isto era uma interpretação materialista, bastante simplista, da questão. A visão indiana posterior, representada pelos sistemas clássicos, semimaterialistas, do Sāṁkhya, do Yoga e das *Upaniṣad*, consideraram então a mônada vital (no Sāṁkhya e no Yoga: *puruṣa*) ou o Eu (nas *Upaniṣad*: *ātman*) como algo sempre imaculado, como o sol; apenas as faculdades da alma, que se agrupam à sua volta, estavam em trevas, e tais trevas eram bem mais próprias da ignorância do que originadas por um envolvimento real. A matéria cármica já não se derramava no íntimo do nosso ser, como na fórmula dos jainistas; agora, o que se interpunha entre a luz e nós era o véu da ignorância. Simplesmente tínhamos de dissolver esta nuvem, fazendo surgir o poder de seu oposto: *viveka* (discernimento), *vidyā* (sabedoria). No entanto, a questão sobre a natureza da nuvem não havia sido resolvida e permaneceu dando lugar a debates inesgotáveis. De uma maneira ou de outra, não importando como os filósofos contornassem o problema, uma *segunda* esfera de forças (pouco interessa como fosse definida, racionalizada e até depreciada) tinha de ser admitida no sistema a fim de equilibrar a esfera de "aquilo que verdadeiramente é". E logo ambas deviam ser coordenadas em algum tipo de relação não muito satisfatória.

A mente, por exemplo, é parte do sistema corpóreo, embora reflita – geralmente de maneira imperfeita – a luz do espírito. A mente está envolvida; não é um visitante de um reino superior, indiferente ante toda situação; ao contrário, grande parte dela está colorida, tingida e condicionada, limitada e sustentada pela natureza e material do corpo individual, no qual e sobre o qual cresce e, no entanto, destinada a dirigi-lo e segui-lo. A faculdade mental em todas as suas operações é apenas uma função deste todo corpóreo, condicionada pela qualidade peculiar da substância física grosseira que a envolve, como também pela substância sutil que a constitui. A mente é um espelho, velado por sua própria escuridão, um lago agitado pelo vendaval de suas próprias paixões, pelos ventos das emoções transitórias, pela inquietação "daquele que sopra". Se não fosse mais que um agradável lago de montanha, protegido da ventania por montanhas circundantes, cristalino, livre dos afluentes turbulentos que mancham sua claridade e encrespam sua superfície, alimentado apenas por uma fonte subterrânea em suas próprias profundezas, então seria capaz de refletir, sem distorção, a forma da verdade. Mesmo assim, restaria o problema dualista (pelo menos no que concerne aos argumentos e explicações metafísicas) do duplo contexto do espelho e da luz.

A abordagem budista frente a esta dificuldade fundamenta-se em uma fórmula que nega, mais do que afirma, uma essência permanente além ou abaixo da nuvem obscurecedora. O próprio Buddha iniciou esta atitude com seu axioma fundamental: "Tudo carece de Eu" e, embora seus seguidores – apesar da recusa reiterada do seu Mestre em participar de raciocínios metafísicos – logo se envolvessem em discussões, tanto entre eles como com os brâmanes, retornando praticamente à tradição hindu[101] de outrora, no entanto, sua tendência básica de negação alcançou sua maravilhosa perfeição teórica com a "doutrina do Vazio", no período clássico e de apogeu do Mahāyāna. O princípio do paradoxo proveniente dos bosques de meditação foi introduzido aqui no próprio campo da razão, na academia da verbalização filosófica, onde a mente logo se autodesmembra sistematicamente em uma série de demonstrações minuciosas que dissolvem, um a um, seus próprios sustentáculos e deixam a consciência no vazio, sozinha, livre, além das atividades cerebrais. No mesmo espírito de confiança do transcendente, desenvolveu-se o caminho do *Bodhisattva* como aplicação ética do princípio de fé absoluta na Doutrina do Buddha metafisicamente embasada. Em franca oposição ao caminho do "Autor da Travessia" jaina, cuja passagem espiritual à Outra Margem era alcançada por uma extremada técnica de imobilização, o *Bodhisattva*, inspirado pela imanência da margem de cá e deduzindo a partir dela a transcendência da outra, estabeleceu a si próprio e a seu mundo em uma concepção não dualista, pela via de atos reveladores da verdade. A doutrina do vazio não dual foi corajosamente aplicada ao vazio da vida. Todas as coisas, os *Buddha* e os *arhat*, bem como as "partículas momentâneas" *(dharma)*, são vazios, são como "o nada" *(abhāvadhātu)*.

5. O Grande Júbilo

No Mahāyāna da época clássica, o mistério da criação é interpretado por meio da ideia do *Bodhisattva*. Quando Avalokiteśvara recusou o *nirvāṇa* com o propósito de continuar sendo o salvador de todas as coisas criadas, teve a totalidade de seu ser cumulada por *karuṇā*, a divina "compaixão". Esta compaixão pura é da essência do *Bodhisattva* e é idêntica à sua percepção correta do vazio; melhor ainda, é o reflexo primário do vazio. Devido à compaixão *(karuṇā)*, o *Bodhisattva* assume diferentes formas nas quais aparece para salvar as criaturas do reino fenomênico. Assume, por exemplo, as formas divinas de Viṣṇu para aqueles que adoram Viṣṇu, e as formas de Śiva para aqueles que adoram Śiva. Também é em virtude da compaixão do *Bodhisattva* que os Buddha vêm ao mundo, e esta crença representa uma importante mudança e transformação do ponto de vista budista. No *Tattvasaṅgraha* de Śāntarakṣita, lemos: "No excelente céu Akaniṣṭha, que fica além do céu Śuddhāvāsa, o *Bodhisattva* obtém a onisciência e [sob sua influência] um Buddha nasce neste mundo".[102]

No coração de todas as criaturas, a compaixão está presente como o sinal de seu estado potencial de *Bodhisattva*; porque todas as coisas são *śūnyatā*, o vazio, e o puro reflexo deste vazio (que é seu ser essencial) é a compaixão. A compaixão *(karuṇā)*, na realidade, é a força que mantém os seres em sua manifestação e, ainda, é aquilo que faz com que o *Bodhisattva* renuncie ao *nirvāṇa*. Portanto, todo o Universo é *karuṇā*, compaixão, também conhecida como *śūnyatā*, o vazio.

Até certo ponto, a condescendência do *Bodhisattva* em sustentar o mundo é comparável à de Kṛṣṇa, conforme representada na *Bhagavadgītā*[103], e à do Senhor da Criação, que figura no *Vedāntasāra*[104]. É um ato voluntário de ignorância; uma descida por amor ou "sacrifício espiritual" *(ātma-yajñā)*, tal qual é celebrado na tradição cristã no mistério da Encarnação. No entanto, em espírito e prática, leva-nos um passo adiante, uma vez que requer *uma incondicional afirmação da "ignorância"* (avidyā) *como essencialmente idêntica à iluminação* (bodhi), o que torna arcaicos os antigos modos do Sāṁkhya, do Vedānta e do Hīnayāna de rejeição ou aceitação monástica que estivemos abordando em centenas de páginas. "Ignorância" *(avidyā)* é ainda o que o Buddha declarou ser a causa da dor, a causa da escravidão de todos os seres dentro do vórtice de nascimento, velhice e morte. Ademais, é a aflição retrógrada daqueles que vivem em desejo e medo, em esperança, desespero, angústia e sofrimento. Mas aquele cuja mente foi purificada, cuja personalidade e ego aniquilaram-se no vazio, é idêntico ao vazio, e está consciente de um maravilhamento inebriante, como um sonho ou um espetáculo de magia. Os seres que, em sua ignorância, vivenciam a si mesmos como engolfados em um mar de dor, em Verdade são não seres, vazios e imutáveis; apenas sua ignorância os faz sentir que eles sofrem. Assim, a compaixão do *Bodhisattva* vem acompanhada de uma qualidade de "grande júbilo" *(mahā-sukha)*, pois onde outros veem dor, desastre, mudança, pobreza, vício ou, por outro lado, honra, prazer, vitória, luxo ou virtude, o "conhecimento supremo" *(prajñā)* revela o vazio: inominável, absoluto, imutável, imaculado, sem princípio nem fim, como o céu. Eis a razão por que o *Bodhisattva* caminha por todas as partes, corajosamente, sem medo, como um leão, proferindo o "rugido do estado bodhisáttvico". Estes três mundos foram criados, por assim dizer, pelo gozo e do gozo imortal: são seu *līlā*, seu "jogo".

Uma vez que o candidato a este conhecimento deve se comportar como alguém que já o alcançou, certas escolas do Mahāyāna determinaram cuidadosamente um corte, programado e sacramental, das fronteiras que normalmente limitam as virtudes. Num dos célebres textos podemos ler: "O iogue libera-se mediante atos idênticos àqueles pelos quais os mortais apodrecem no inferno durante numerosíssimos *kaṛoṛ* de ciclos[105]". Apesar do escândalo que tem sido espalhado acerca deste aspecto do culto budista, a maioria das transgressões sacramentais (em uma sociedade cercada por todos os lados pelos mais meticulosos tabus) não foram profundas o bastante para provocar a menor inquietação em um cavalheiro ou uma dama cristãos de nosso tempo. Consistiam em se alimentar de comidas proibidas, tais como peixe, carne, pratos muito temperados e vinho, e praticar o ato sexual. A única inovação era que esses atos não se deviam realizar motivados pelo sensualismo ou pelo fastio; não, eles tinham de ser praticados com absoluta isenção de ego e sob a direção de um mestre religioso, pois eram considerados concomitantes a um exercício espiritual difícil e perigoso, contudo absolutamente indispensável. O *Bodhisattva* está além do desejo e do medo; além do mais, todas as coisas são búdicas e vazias.

Na relação sexual é possível reconhecer uma versão notável e uma vivência humana profunda do mistério metafísico da entidade não dual que se manifesta como dualidade. O abraço dos princípios masculino e feminino e o prazer que resulta disso denotam sua unidade intrínseca, sua identidade metafísica. Considerados sob o ponto de vista da lógica no mundo do espaço e do tempo, o homem e a mulher são dois. Todavia, na intuição de sua identidade (que é o germe do amor), a ideia de dualidade é transcendida e, do mistério de sua união física (realização e vivência temporal de sua não dualidade real e secreta) surge um novo ser, como se a imitação corporal da Verdade além-corpo e não dual houvesse tocado magicamente a fonte inesgotável de onde brotam os fenômenos do cosmo. Ou seja, por meio da relação sexual, as criaturas do mundo visível realmente entram em contato, em experiência, com a esfera metafísica da fonte não dual. Esta última não está em absoluto separada, à parte. É, antes, sua própria essência, que eles vivenciam com cada impulso de compaixão – mas num grau superlativo, na suprema compreensão humana do ato misericordioso, que é conhecido como realização do misterioso jogo dos sexos.

> *śūnyatābodhito bījam bījāt bimbam prajāyate*
> *bimbe ca nyāsavinyāsas tasmāt sarvam pratītyajam*
>
> Da correta percepção da *śūnyatā* [o vazio] advém *bīja* [a semente]. De *bīja* surge a concepção do ícone e desta concepção deriva a representação externa do ícone.[106]

"Assim, toda a iconografia budista" – comenta o Dr. Benoytosh Bhattacharyya – "provém de um entendimento perfeito da doutrina de *śūnyatā*."[107] Outrossim, pode-se acrescentar que esta criação de um ícone é um ato da mesma ordem que a criação do Universo: *ars imitatur naturam in sua operatione*[108].

Pela contemplação de um ícone, a mente de um indivíduo une-se à "semente" *(bīja)* e, por esta semente, retorna ao vazio. A representação externa, que é simplesmente o apoio preliminar da realização, pode ser de pedra, madeira, bronze ou qualquer outra substância inanimada, mas também pode ser um ser vivo, por exemplo, o guru, ou até o próprio devoto em algum papel simbólico. O símbolo mais adequadamente associado à doutrina Mahāyāna do *mahāsukha*, "o grande júbilo", é o casal divino (em tibetano: *Yab-Yum*) abraçado.

A ideia primitiva atrás deste ícone é a do feminino como princípio ativo. Com seu encanto, excita o elemento masculino dormente retirando-o de sua quietude; com seu abraço integra a energia masculina. Na Índia, como temos visto[109], com base na experiência do Yoga, a sempre renovada cosmogonia do nascimento do Universo e seu reiterado desaparecimento é interpretada como uma grandiosa psicogênese: o iogue, ao voltar da compreensão transcendental do *samādhi*, entra novamente no mundo das formas apresentadas à sua consciência por seus sentidos externos e internos, sendo tais formas fenomênicas apenas funções dos próprios órgãos sensoriais ativados. Na escola Mahāyāna do Grande Júbilo *(mahāsukha)* este processo de meditação concentrada sobre o aparecimento e desaparecimento das representações mentais é facilitado e dirigido por uma forma feminina, e o ritual da relação sexual torna-se um tipo de *Via crucis* pelo qual o indivíduo experimenta o mistério da manifestação cosmogônica da compaixão. Sua percepção correta da *śūnyatā* permite-lhe identificar-se de maneira plena com ela: "o conhecedor e o conhecido, o observador e o observado, encontram-se em um ato que transcende as distinções"; assim, o iniciado torna-se anjo: o anjo com duas costas – homem-mulher –, a forma antropomórfica do vazio misericordioso.

Este ícone *Yab-Yum* tem de ser interpretado de duas maneiras. Por um lado, o aspirante deve meditar sobre a parte feminina como a *śakti* ou aspecto dinâmico da eternidade, e sobre o elemento masculino, como aspecto estático porém ativado. Pelo outro, o elemento masculino deve ser considerado como o princípio do caminho, a via, o método *(upāya)*, e o feminino, com o qual se funde, como a meta transcendente; ela é, então, a fonte à qual retorna o dinamismo da iluminação em seu estado de total e permanente exaltação. Finalmente, o próprio fato de que o símbolo dual do casal unido deva ser interpretado de duas maneiras (tanto o masculino quanto o feminino representando a verdade transcendente) significa que os dois aspectos ou funções da realidade têm a mesma hierarquia: não há diferença entre *saṁsāra* e *nirvāṇa*, quer pela sua dignidade, quer pela sua substância. A *tathātā*, o puro "fato de ser o que é", manifesta-se em ambas as maneiras e, para a verdadeira iluminação, a distinção aparente não existe.

Deste modo, o simbolismo do *Yab-Yum* insiste na dignidade do universo fenomênico. Seu genial reconhecimento das implicações metafísicas da espiritualidade corporal inerente à totalidade sexual (onde as tensões e impulsos opostos estão em repouso, equilibrando-se, preenchendo-se e anulando-se reciprocamente) é bem diferente, em espírito, da arrogância dos sábios das montanhas – jainistas, vedantinos ou budistas do Hīnayāna – que menosprezavam as mulheres e o mundo. Tudo indica que este método de guia espiritual que afirma o mundo foi uma contribuição da aristocrática casta *kṣatriya*; talvez advenha daquele saber erótico antigo profundamente místico, do qual ficaram apenas vestígios tênues no clássico *Kāma-Sūtra*[110] bramânico posterior. As origens do movimento são obscuras; contudo, há uma tradição que as coloca no círculo da corte de um certo Indrabhūti, rei de Uḍḍiyāna, no século 7º ou 8º d.C. Atribui-se a este rei a autoria da *Jñānasiddhi*, uma obra fundamental onde se descreve a iniciação *Yab-Yum*.[111] A localização exata deste reinado, no entanto, é assunto de numerosas discrepâncias; alguns o situam no Vale do Svat (na Província da Fronteira Noroeste), outros em Oṛissā, não muito distante da terra natal do Buddha. Diz-se que a bem dotada filha de Indrabhūti, a princesa Lakṣmīṅkarā Devī, foi a *alma mater* deste culto cortesão do amor.[112]

Tudo isto nos faz pensar em Eleonora de Aquitânia e nas cortes provençais de amor, quatro séculos atrás, quando os círculos aristocráticos do Ocidente começaram a receber o afluxo da magia do Oriente, na época das Cruzadas. *Pari passu*, no Japão budista "mahayânico", os cavaleiros e as damas da corte imperial do Micado representavam seu romance poético "Os Galãs-Nuvens" e "As Donzelas-Flores", enquanto os persas cantavam as canções de Omar, Nizami e os poetas sufis. Um verso de Hāfiz pode ser tomado como lema deste movimento: "Sou escravo do amor e livre de ambos os mundos"[113]. Dos castelos de Portugal ao Japão, o mundo civilizado, durante aproximadamente cinco séculos, vibrou com esta canção; e os ecos ainda podem ser ouvidos nos mosteiros do Tibete. A doutrina indiana fundamental – a doutrina do monismo transcendental, que funde princípios opostos em uma união intemporal – não encontra simbolização mais notável que a do culto lamaísta do ícone da sagrada beatitude *(mahāsukha)* do casal unido.

NOTAS

1. Uma tradução acessível dos textos pertinentes pode ser encontrada em Henry Clarke Warren, *Buddhism in Translations*, Harvard Oriental Series, vol. III, Cambridge, Mass., 1922.

2. Cf. supra, p. 156, 157.

3. Cf. supra, p. 156, 157.

4. Não o *Brahman*, o transcendente inefável, mas Brahmā, o supremo ser criador que rege o processo do desabrochar da flor do mundo; cf. supra, p. 299, 300, e Zimmer, *Mitos e símbolos na arte e civilização da Índia*, índice remissivo: Brahmā.

5. Cf. supra, p. 323, nota 203.

6. *Dīgha-Nikya* 1.

7. Nota do compilador: Não pude localizar a fonte desta passagem. No entanto, compare com Candrakīrti, *Prasannapadā* 1. 50-54, em Th. Stcherbatsky, *The Conception of Buddhist Nirvana*, Leningrado, 1927, p. 131-133.

8. Este é um termo criado pelo Dr. Ananda K. Coomaraswamy, uma tradução literal de *nirvāṇa (expirado)* ou "apagado com um sopro".

9. *Majjhima-Nikāya* 3. 2. 22, 135.

10. *Vajracchedikā* 17.

11. *Aṣṭasāhasrikā Prajñāpāramitā* 9.

12. *Ib.* 1.

13. *Vajracchedikā* 32.

14. *Aṣṭasāhasrikā Prajñāpāramitā* 8.

15. De acordo com uma reação ortodoxa de descontentamento, quando os deuses foram derrotados em uma de suas inúmeras batalhas cósmicas contra os titãs, procuraram a proteção de Viṣṇu e este, em resposta a suas preces, nasceu sob forma ilusória de Buddha, pela qual os titãs foram enganados ao serem induzidos a abandonar a religião dos *Veda* e, deste modo, perderam todas as suas forças de guerreiros. Daí em diante, a doutrina do Buddha se expandiu e muitos, infelizmente, são os heréticos que renegaram as normas sagradas dos *Veda*. Cf. Ten. Cel. Vans Kennedy, *Researches into the Nature and Affinity of Ancient and Hindu Mythology*, London, 1831, p. 251.

16. *Iti-vuttaka* 18. Traduzido por Justin Harthey Moore, *Sayings of the Buddha, the Iti-vuttaka*, New York, 1908, p. 31.

17. *Mahāvagga* 10. 1.

18. *Cullavagga* 11. 1. Conforme foi resumido por H. Kern em seu *Manual of Indian Buddhism*, 1896, p. 101, 102.

19. Um *arhat* é um monge budista que alcançou a iluminação.

20. *Cullavagga* 11. 11; conforme citado por L. de la Vallée Poussin, "Councils and Synods (Buddhist)", em Hastings, *Encyclopaedia of Religion and Ethics*, vol. IV, p. 181.

21. Esta é a antiga cidade próxima à qual, acredita-se, nasceu Vardhamāna Mahāvīra, o último dos *Tīrthaṁkara* jainas (cf. supra, p. 164, 165).

22. *Cullavagga* 12.

23. *Dīpavaṁsa* 5. 32 e segs., traduzido e citado por T. W. Rhys Davids, *Buddhism, its History and Literature*, New York/London, 1896, p. 193. Os vários textos mencionados são parte do Cânone ortodoxo páli conforme foram preservados pela comunidade budista do Ceilão (atual Sri Lanka).

24. *Ib.* p. 193, 194.

25. Radhakrishnan, *Indian Philosophy*, London, 1923, vol. I, p. 582. Sobre *Tathāgata*, cf. supra, p. 112, nota 50.

26. R. O. Franke, "The Buddhist Councils of Rājagṛaha and Veśālī", *Journal of the Pali Text Society*, 1908, p. 1-80.

27. Supra, p. 39.

28. Cf. E. B. Havell, *The History of Aryan Rule in India from the Earliest Times to the Death of Akbar*, New York, sem data, p. 97.

29. Registrado no XIII Edital em rocha de Aśoka. Cf. Vincent A. Smith, *The Edicts of Aśoka*, London, 1909, p. 20. Este é um livro extremamente raro, do qual se imprimiram 100 cópias. Apresenta uma revisão das traduções feitas pelo autor em seu volume anterior, *Aśoka, The Buddhist Emperor of India*, Oxford, 1901.

30. Cf. J. Kennedy, "Buddhist Gnosticism, the System of Basilides", *Journal of the Royal Asiatic Society*, 1902, p. 377-415.

31. Edito em rocha do rei Aśoka, nº XII; cf. Smith, *op. cit.*, p. 17. O santuário dos *ājīvika*, escavado na rocha, e que já tivemos oportunidade de citar, supra, p. 189, possui uma inscrição dedicatória de Aśoka.

32. Cf. supra, p. 101-104.

33. Edito gravado em rocha, nº VI; cf. Smith, *op. cit.*, p. 12.

34. Cf. Havell, *op. cit.*, p. 89-103, e Smith, *op. cit.*, integral.

35. *Mahāvaṃsa* 33.

36. Ananda K. Coomaraswamy, *Buddha and the Gospel of Buddhism*. New York, 1916, p. 262.

37. Edito gravado em rocha, nº XIII: cf. Smith, *op. cit.*, p. 21.

38. Edito gravado em rocha, nº IX; cf. Smith, *op. cit.*, p. 15.

39. Edito em rocha, nº VI; cf. *op. cit.*, p. 12.

40. Edito em rocha menor, nº I (texto de Rūpnāth); cf. Smith, *op. cit.*, p. 3.

41. Edito gravado em rocha, nº XIII; cf. Smith, *op. cit.*, p. 20, 21.

42. Cf. supra, p. 341, 342.

43. Edito gravado em rocha, nº IV; cf. Smith, *op. cit.*, p. 9.

44. *Mahāvaṃsa* 38, 39.

45. Louis de la Vallée Poussin, "Councils and Synods (Buddhist)", *Encyclopaedia of Religion and Ethics*, em Hastings, vol. IV, p. 184.

46. *Iti-vuttaka* 22 (traduzido por Justin Henry Moore, *op. cit.*, p. 35, 36).

47. Cf. supra, p. 39 e 96.

48. Edito gravado em rocha, nº XIII; conforme citado por Coomaraswamy, *op. cit.*, p. 183.

49. *Harṣacarita*; citado in *Cambridge History of India*, vol. I, p. 518.

50. Kālidāsa, *Mālavikāgnimitra*; citado in *Cambridge History of India*, vol. I, p. 520. Sobre o sacrifício do cavalo, cf. supra, p. 104.

51. *Cambridge History of India*, vol. I, p. 558.

52. *Milindapañha* (*Sacred Books of the East*, vols. XXXV-XXXVI).

53. *Cambridge History of India*, vol. I, p. 585.

54. A penetração dos hunos nas províncias do noroeste, aprox. 480, rompeu o encanto pacífico do reino Gupta. A dinastia manteve o trono até o início do século 8º, mas depois da morte de Bālāditya, cerca de 530, não exerceu mais influência geral. O centro cultural indiano transferiu-se por um tempo para o sul, onde se seguiram os grandes períodos dos Cāḷuyka do Deccan (550-753) e dos Pallava de Conjeeveram (aprox. 400-825).

55. Cf. Louis de la Vallée Poussin, *loc. cit.*, p. 184.

56. *Saddharmapuṇḍarīka* (O Lótus da Verdadeira Lei) 4. (*Sacred Books of the East*, vol. XXI, p. 98 e segs.)

57. Os *sautrāntika* declaram ensinar o *sūtra-anta*, isto é, o "fim, essência, significado secreto *(anta)* dos sermões originais e dos diálogos do Buddha *(sūtra)*".

58. Nota do compilador: As seções acima, da p. 353 até aqui, foram desenvolvidas a partir de uma simples página das anotações do Dr. Zimmer, contendo a linha que se segue: "Os conselhos de Aśoka e Kaniṣka". O tratamento é baseado nas minhas lembranças das conversas com Zimmer e nas autoridades no assunto, que tomei o cuidado de citar em notas. Os apontamentos do Dr. Zimmer, a partir deste ponto, são apenas esboços, muitos deles rascunhos de trechos e estudos críticos; tenho-os ampliado (o mais resumidamente possível) consultando os textos, e cito todas as autoridades por meio de notas. Onde não ocorrerem estas citações, o trecho é baseado nos apontamentos de Zimmer.

59. *Saṁyutta-Nikāya* 15. 1. 3; 15. 2. 10, cf. Mrs. Rhys Davids, *The Book of the Kindred Sayings*, Pāli Text Society, 5 vols., Oxford, 1917(?)-1930, 2ª parte, p. 120-125.

60. *Therigāthā* 314.
Compare com a ideia registrada por Luciano de Samosata (aprox. 125-180 d.C.) em seu ensaio bibliográfico sobre o filósofo cipriota contemporâneo, Demonax de Atenas. "Ele foi até um homem que estava lamentando a morte de um filho e, por isso, havia se fechado na escuridão. Disse-lhe que era um feiticeiro e que poderia ressuscitar o menino se ele fosse capaz de mencionar três homens que nunca houvessem lamentado a morte de alguém. O homem, perplexo, hesitou por um momento – imagino que não pôde citar ao menos um nome; então, Demonax disse: 'Escuta, homem ridículo, acreditas que apenas tu sofres além do suportável, quando vês que não há quem desconheça lamentar um morto?' " Luciano de Samosata, traduzido por A. M. Harmon, Loeb Classical Library, vol. I, "Demonax", p. 159.

61. *Milindapañha* (The Questions of King Milinda) 2. 2. 6. (*Sacred Books of the East*, vol. XXXV, p. 74)

62. O nome *Vaibhāṣika* é atribuído, de maneira fantasiosa, a seu hábito de denunciar a doutrina dos *sautrāntika* de mera inferência do mundo externo como *"viruddhābhāṣā"*.

63. Cf. Candrakīrti, *Prasannapadā* 1, em Stcherbatsky, *op. cit.*, p. 83 e segs. A *Prasannapadā* é um comentário sobre a *Akutobhayā* de Nāgārjuna, escrito aparentemente no séc. 6º ou 7º de nossa era.

64. Bunyiu Nanjio, *A Short History of the Twelve Japanese Buddhist Sects*, Tokyo, 1886, p. 48.

65. *Mādhyamita-Śāstra* 14; citado por Radhakrishnan, *op. cit.*, vol. I, p. 658.

66. *Ib.* 3, Radhakrishnan, *op. cit.*, p. 662, 663.

67. *Ib.* 15. 3, cf. *Mūlamadhyamakakārikās* de Nāgārjuna, "Biblioteca Buddhica IV", St. Petersburg, 1913, p. 264, 11. 9, 10; Radhakrishnan, p. 663.

68. *Vajracchedikā* 4. (*Sacred Books of the East*, vol. XLIX, 2ª parte, p. 114)

69. Radhakrishnan, *op. cit.*, p. 663, 664.

70. *Vajracchedikā* 21, 22. (*Sacred Books of the East*, vol. XLIX, 2ª parte, p. 137, 138)

71. Radhakrishnan, *op. cit.*, p. 663.

72. Supra, p. 313-318.

73. "A metafísica do Mahāyāna, na incoerência de seus sistemas, revela claramente o interesse secundário que ele tem ante os monges, cujo principal interesse concentrava-se na obtenção da liberação; o Mahāyāna, bem como o Hīnayāna, preocupa-se vitalmente com o fim prático, e sua filosofia só é válida na medida em que auxilia os homens a atingirem seus objetivos" (Arthur Berriedale Keith, *Buddhist Philosophy in India and Ceylon*, Oxford, 1923, p. 273).

74. *Saṁyutta-Nikāya* 22. 90. 17 (Warren, *op. cit.*, p. 166).

75. Cf. infra, nota 78. "Em geral, considera-se a doutrina Śūnyavāda anterior à Vijñānavāda [= Yogācāra], embora jamais se possa ter certeza. Talvez as duas tenham se desenvolvido paralelamente" (Radhakrishnan, *op. cit.*, p. 645).

76. Cf. supra, p. 366, 367.

77. *Aṅguttara-Nikāya* 1. 10.

78. Escreve o Dr. Radhakrishnan: "Se a concepção *yogācāra* for posterior à Mādhyamika, podemos facilmente entender a lógica do desenvolvimento. Uma consideração intelectual do absoluto de Nāgārjuna nos levará à teoria do *ālayavijñāna*. [...] O *ālayavijñāna* é espiritualidade, *vijñāna*, objetivando ou expressando a si mesma no mundo objetivo. A via suprema na qual o pensamento pode vislumbrar o absoluto é considerá-lo como consciência, *cit*, *vijñāna*". (Radhakrishnan, *op. cit.*, p. 665, 666)

79. *Laṅkāvatāra-Sūtra* 2. 30. Conforme o uso do Mahāyāna, os adeptos são chamados *Bodhisattva* (cf. infra, p. 377 e segs.).

80. Asaṅga e Vasubandhu foram o primeiro e segundo de três irmãos; do mais jovem dentre eles, Viriñcivatsa, nada se sabe. (De acordo com outra versão, Vasubandhu era o mais jovem e Viriñcivatsa, o segundo.) Descendentes de uma família brâmane em Gandhāra, ordenaram-se na escola Sarvāstivāda do Hīnayāna (cf. supra, p. 366). Asaṅga foi o primeiro a se voltar para o Mahāyāna. Converteu seu irmão, e ambos se tornaram destacados representantes de sua comunidade. Estavam vinculados estreitamente à corte dos Gupta de Ayodhyā (atual Oudh), e foram contemporâneos do rei Bālāditya e de seu pai, Vikramāditya (= Candragupta II?). Atribui-se a Vasubandhu umas vinte obras bastante peculiares; as duas mais célebres de maior influência são o *Abhidharmakośa* (Compêndio da Verdade Suprema), datada de seu período Hīnayāna, e a *Vijñāptimātratātriṁśikā* (Tratado em trinta estrofes sobre o mundo como mera representação), obra escrita nos seus últimos anos. As obras mais importantes de Asaṅga são: *Yogācāryabhumi* (Etapas do Yogācāra) e *Mahāyānasamparigraha* (Manual do Mahāyāna).

81. Nota do compilador: A doutrina Mahāyāna do *Trikāya*, os "três corpos" do Buddha, deve ser mencionada neste ponto como uma aproximação ao tríplice conceito hindu (cf. supra, p. 272-290): 1. o princípio transcendente *(Brahman-Ātman)*; 2. o Senhor do Universo Criado *(Īśvara)* e 3. a encarnação histórica *(avatāra)*. Os três corpos do Buddha são: 1. *Dharmakāya* (corpo essencial), que é idêntico ao vazio *(śūnya)*, ao fato de ser o que é *(tathātā)*, ao conhecimento divino *(prajñā)* e à sabedoria *(bodhi)*; 2. *Sambhogakāya* (corpo de beatitude), que é a Essência tornada manifesta no céu (ou nos vários céus, os "campos do Buddha"), "determinada por nome e forma, mas onisciente, onipresente e dentro da lei da casualidade, onipotente" (Coomaraswamy, *Buddha and the Gospel of Buddhism*, p. 246); e 3. *Nirmāṇakāya* (corpo de transformação), que é a Essência tornada manifesta na terra como um Buddha histórico, emanado ou projetado pelo *Sambhogakāya*.
Neste ponto, também podemos notar que em algumas das últimas fases do Mahāyāna, o *Dharmakāya* é personificado como Ādi-Buddha (o Buddha Supremo), cuja consorte ou *śakti* é *Prajñāpāramitā* (a Sabedoria da Margem Longínqua), cf. Coomaraswamy, *op. cit.*, p. 239-241, 249 e Zimmer, *Mitos e símbolos na arte e civilização da Índia*, p. 82-85, 119. O simbolismo desta figura e sua consorte abraçados (*Yab-Yum*; cf. supra, p. 386-390) é a contrapartida budista do Śiva-Śakti tântrico (infra, p. 412-420).
Para um estudo da doutrina Trikāya, conforme interpretada pelas várias escolas Mahāyāna da China e do Japão, cf. Junjiro Takakusu, *The Essentials of Buddhist Philosophy*, publicado por W. T. Chan e Charles A. Moore, 2ª edição, Honolulu, T. H., 1949, p. 47, 48, 52, 79, 82, 127, 141, 147, 172, 194.

82. Nota do compilador: Possivelmente Agotra, comentando a *Vijñaptimātratāviṁśatikā* 3-5. Cf. supra, p. 340. Não foi possível localizar as fontes do Dr. Zimmer sobre estas citações.

83. Vasubandhu, *Vijñāptimātratāviṁśatikā* 4.

84. Nota do compilador: As notas do Dr. Zimmer sobre este assunto terminam aqui. Para mais informações a respeito das doutrinas das escolas Hīnayāna e Mahāyāna, veja em Takakusu, *op. cit.*, p. 57-73 (Sarvāstivāda), 74-79 (Sautrantikā), 80-95 (Yogācāra) e 96-107 (Madhyāmika). Veja também Daisetz Teitaro Suzuki, *Essays in Zen Buddhism*, 1ª série, London, sem data, p. 116-160.

85. Cf. supra, p. 281, 282.

86. *Jātaka* 547. (Também *Jātakamālā* 9; J. S. Speyer, *The Jātakamālā*, em *Sacred Books of the Buddhist*, vol. I, London, 1895, p. 71-93; cf. infra, nota 93)

87. Aśvaghoṣa, *Sutrālaṅkāra* 64 (uma bela tradução será encontrada em E. W. Burlingame, *Buddhist Parables*, New Haven, 1922, p. 314-324).

88. *Jātakamālā* 1 (Speyer, *op. cit.*, p. 1-8).

89. *Sacred Books of the East*, vol. XLIX, 2ª parte, p. 147-149.

90. Os cinco elementos da existência são: 1. *rūpa* (forma), que compreende os quatro elementos: terra, água, fogo e ar, bem como toda forma que surge deles, ou seja, todo fenômeno físico; 2. *vedanā* (sensações, percepções sensoriais, sentimentos); 3. *sañjñā* (todas as noções que constituem a intelecção autoconsciente); 4. *saṁskāra* (predisposições, inclinações, padrões mentais) e 5. *vijñāna* (consciência, discriminação, conhecimento). O grupo 2-5 compõe a esfera do *naman* (nome) ou fenômenos mentais.

91. A concatenação de doze causas e efeitos *(pratītya-samutpāda)* é representada no budismo da seguinte maneira: 1. ignorância; 2. ação; 3. consciência; 4. nome e forma; 5. os sentidos; 6. contato; 7. sensação; 8. desejo; 9. apego; 10. devir; 11. nascimento; 12. velhice, doença e morte. Cf. Takakusu, *op. cit.*, p. 29-36.

92. De acordo com a doutrina Mahāyāna houve, há e haverá inumeráveis Buddha; cf. supra, p. 362.

93. *Jātakamālā*, obra em sânscrito atribuída a certo Āryasūra (sobre sua tradução veja supra, nota 86), que contém 34 *jātaka* ou lendas elucidativas a respeito das vidas anteriores do Buddha. A maior parte delas foi adaptada de um compêndio páli bem anterior, onde constam mais de 500 *jātaka*. Este compêndio constitui uma das partes mais extensas do cânone ortodoxo Hīnayāna (cf. *The Jātaka, or Stories of the Buddha's Former Births*, vertido do páli por vários tradutores sob a direção de E. B. Cowell, 6 vols., Cambridge, Inglaterra, 1895-1907).

94. Nota do compilador: O objetivo final e aquilo ao qual se outorga maior importância – como sempre acontece na Índia – é o conhecimento, não a obra; mas a obra ou ação é indicada como meio. Os manuscritos de Zimmer contêm uma breve nota indicando sua intenção de comparar esta visão com a do *karmayoga* ensinado na *Bhagavadgītā*. Contudo, o parágrafo parece não ter sido redigido.

95. O *guṇa tamas*; para informação sobre os *guṇa*, cf. supra, p. 217, 218 e 285, 286.

96. Cf. Louis de la Vallée Poussin, *Bouddhisme*, 3ª edição, Paris, 1925, p. 303, e Keith, *op. cit.*, p. 290.

97. Nota do compilador: A doutrina do vazio de Nāgārjuna tornou esta imagem arcaica; no entanto, continuou servindo como metáfora respeitável até que Hui-neng (638-713 d.C.) escreveu seus célebres versos no muro do Mosteiro da Ameixeira Amarela:

> Não existe nem árvore Bo
> Nem espelho brilhante;
> Uma vez que a *śūnyatā* é tudo,
> onde poderá pousar aquela poeira?

Hui-neng chegou a ser o sexto patriarca da escola Ch'an (em japonês: zen) do budismo do Extremo Oriente (cf. Suzuki, *op. cit.*, p. 205; Alan W. Watts, *The Spirit of Zen*, "The Wisdom of the East Series", London, 1936, p. 40; e Sokei-an, "The Transmission of the Lamp", em *Cat's Yawn*, publicado por "The First Zen Institute of America", New York, 1947, p. 26).

98. Nota do compilador: Segue-se a este parágrafo, nos originais do Dr. Zimmer, uma breve nota indicando sua intenção de desenvolvê-lo. O *haṭhayoga* é um sistema de exercícios físicos visando cultivar uma saúde perfeita e poderes corporais paranormais. A bem dizer, é uma disciplina preliminar às outras do *yoga*, mas pode ser também praticada como um fim em si mesma.

99. Sobre os *guṇa (tamas, rajas, sattva)*, cf. supra, p. 217, 218 e 285, 286.

100. Nota do compilador: "A diferença de método entre os [mestres budistas] indianos e chineses frequentemente levantou a questão da diferença, se existe [alguma], entre o *Tathāgata Dhyāna* e o *Dhyāna Patriarcal*. Por exemplo, quando Hsiang-yen mostrou sua canção sobre a pobreza a Yang-shan, este último disse: 'Tu entendes o *Tathāgata Dhyāna*, mas ainda não o *Dhyāna Patriarcal*'. Quando questionado sobre a diferença, Mu-chou respondeu: 'As montanhas verdes são montanhas verdes, e as nuvens brancas são nuvens brancas'." (Suzuki, *op. cit.*, p. 224, 225) A diferença de método aqui observada não significa que a meta budista do Extremo Oriente não seja a mesma que a indiana, a saber, uma *restitutio in integrum*. "Quando o monge Ming acudiu a Hui-neng e pediu instruções, Hui-neng disse: 'Mostra-me tua face original, antes de ter nascido'." (*ib.* p. 224) O *Tathāgata Dhyāna*, ao qual o Dr. Suzuki alude, era o modo de "contemplação" (em sânscrito, *dhyāna*; em chinês, *ch'an*; em japonês, *zen*) ensinado por Gautama Śākyamuni (o *Tathāgata*); o *Dhyāna Patriarcal* foi aquele introduzido na China em 520 d.C. pelo patriarca budista Bodhidharma e desenvolvido por Hui-neng; continua até hoje nas escolas zen do Japão. O leitor poderá encontrar uma exposição desta técnica de restituição em Takakusu, *op. cit.*, p. 153-165, e nos volumes citados supra, nota 97.

101. Cf. supra, p. 374, 375.

102. Śantarakṣita, *Tattvasaṅgraha*, conforme citado por Benoytosh Bhattacharyya, *An Introduction to Buddhist Esoterism*, Oxford, 1932, p. 99.

103. Supra, p. 279-281.

104. Supra, p. 299-302.

105. *Jñānasiddhi* 1 (em *Two Vajrayāna Works*, editado, com uma introdução, por Benoytosh Bhattacharyya, *Gaekwad's Oriental Series*, nº XLIV, Baroda, 1929, p. XIX). Um *karoṛ* equivale a dez milhões.

106. Outra versão: "O vazio produz a semente; esta se converte na representação mental, que se concretiza exteriormente e dela brota tudo quanto está condicionado na existência". *Mahāsukhaprakāśa* (A exposição da doutrina do grande júbilo), fólio 32. Esta é uma obra do século 12 escrita por um comentador bengali, Advayavajra.

107. Benoytosh Bhattacharyya, *The Indian Buddhist Iconography*, Oxford, 1924, p. XIII.

108. Para o Oriente, como para S. Tomás de Aquino, *ars imitatur naturam in sua operatione* (Ananda K. Coomaraswamy, *The Transformation of Nature in Art*, Cambridge, Mass., 1934, p. 15).

109. Supra, p. 238.

110. Cf. supra, p. 113-119.

111. O texto sânscrito está publicado na *Gaekwad's Oriental Series*, nº XLIV (cf. supra, nota 105); um resumo do seu conteúdo poderá ser encontrado em *Introduction to Buddhist Esoterism*, Bhattacharyya, p. 38 e segs.

112. Cf. Bhattacharyya, *The Indian Buddhist Iconography*, p. XXVI, nota.

113. Hāfiz, *Ghazel* (Odas) 455.

CAPÍTULO V

O TANTRA

1. QUEM BUSCA O *NIRVĀṆA*?

A mudança de atitudes do budismo tardio em relação à meta final encontra seu correspondente exato no desenvolvimento contemporâneo do pensamento hindu. Como vimos[1], no Hīnayāna o termo *Bodhisattva* designava um espírito elevado a ponto de tornar-se um *Buddha* e, deste modo, passar da esfera do temporal ao *nirvāṇa*: um arquétipo do iniciado budista leigo que escapa do mundo; no Mahāyāna, o conceito se transformou num símbolo que representava a salvação universal e que reafirmava o tempo. Renunciando ao estado búdico, o *Bodhisattva* deixava claro que a tarefa do *mokṣa*, "liberação, redenção das vicissitudes do tempo", não era o bem supremo; de fato, *mokṣa*, afinal de contas, carece de sentido, pois o *saṁsāra* e o *nirvāṇa* participam igualmente da natureza da *śūnyatā*, "a vacuidade, o vazio". Com o mesmo espírito, o iniciado tântrico exclama: Quem busca o *nirvāṇa*? O que se ganha com o *mokṣa*? A água se mistura com a água!

Este ponto de vista é sustentado em muitos dos diálogos de Śrī Rāmakrishna com seus discípulos leigos.

> "Certa feita" – disse-lhes uma noite – "um *sannyāsin* entrou no templo de Jagganāth. Contemplando a imagem sagrada, ele ponderava silenciosamente se Deus tinha forma ou era sem forma. Assim, fez com que seu báculo passasse da esquerda para a direita para saber se tocaria a imagem. O báculo em nada tocou. Ele concluiu, então, que Deus era sem forma. Em seguida, cruzou o báculo da direita para a esquerda, e o báculo tocou a imagem. O *sannyāsin* entendeu que Deus tinha forma. Deste modo, compreendeu que Deus tem forma e, ainda, é sem forma."[2]
>
> "O que é *vijñāna*?" – disse em outra ocasião. "É conhecer a Deus de modo especial. O conhecimento e a convicção de que o fogo existe

na madeira é *jñāna*, conhecimento. Entretanto, cozinhar o arroz sobre esse fogo, comê-lo e dele nutrir-se, é *vijñāna*. Saber pela própria experiência interior que Deus existe é *jñāna*. Mas falar-lhe, gozá-lo como Criança, como Amigo, Mestre, Amante, é *vijñāna*. A compreensão de que Deus tornou-se o Universo e todos os seres vivos é *vijñāna*."[3]

No que diz respeito ao ideal de se aniquilar no *Brahman*, ele dizia às vezes, citando o poeta Rāmprasād: "Gosto de comer açúcar, mas não quero tornar-me açúcar".[4]

O *Bodhisattva* do Mahāyāna saboreia a essência ilimitada do salvador dedicando-se com absoluto desinteresse à tarefa de ensinar no vórtice do mundo; com espírito idêntico, o iniciado tântrico hindu, ao perseverar em sua atitude dualista de devoção *(bhakti)*, desfruta sem cessar da beatitude do conhecimento e da onipresença da deusa.

> "A Mãe Divina revelou-me no templo de Kālī que era ela quem se tinha tornado todas as coisas" – disse Śrī Rāmakrishna a seus amigos. "Ela mostrou-me que tudo estava pleno de Consciência. A imagem era Consciência. O altar era Consciência, as vasilhas de água eram Consciência, o umbral da porta era Consciência, o piso de mármore era Consciência, tudo era Consciência. Encontrei tudo dentro da sala embebido, por assim dizer, em Beatitude – a Beatitude de *Saccidānanda*[5]. Vi um homem perverso em frente ao templo de Kālī, mas também nele vi o poder da Mãe Divina vibrar. Foi por isso que alimentei um gato com o alimento que seria oferecido à Mãe Divina.[6]
>
> O *jñānin*, engajado no caminho do conhecimento" – prossegue Rāmakrishna – "sempre raciocina sobre a Realidade dizendo: 'Não é isto, não é isto'. O Brahman não é 'isto' nem 'aquilo'. Não é o Universo nem seus seres vivos. Raciocinando assim, a mente torna-se firme. Logo desaparece e o aspirante entra em *samādhi*. Este é o Conhecimento do *Brahman*. E a convicção inabalável do *jñānin* de que apenas o *Brahman* é real e de que o mundo é ilusório como um sonho. O que *Brahman* é não pode ser descrito, nem sequer se pode dizer que é uma Pessoa. Esta é a opinião dos *jñānin*, os adeptos da filosofia do Vedānta.
>
> Os *bhakta*, porém, aceitam todos os estados de consciência. Consideram que o estado de vigília também é real. Não tomam o mundo como ilusório, como um sonho. Dizem que o Universo é uma manifestação do poder e da glória de Deus. Deus criou tudo isto: o céu, as estrelas, a Lua, o Sol, as montanhas, o oceano, os homens e os animais. Eles todos constituem Sua glória. Ele está dentro de nós, em nossos corações, estando também no exterior. Os devotos mais adiantados dizem que Ele próprio se transformou em todas as coisas: os vinte e quatro princípios cósmicos, o Universo e todos os seres vivos. O devoto de Deus quer comer açúcar e não tornar-se açúcar. (Todos riem.)

Sabem como sente o amante de Deus?" – continuou Rāmakrishna. "Sua atitude é a de quem fala: 'Ó Deus, Tu és o Amo e eu sou Teu servo. Tu és a Mãe e eu sou Teu filho!' Ou ainda: 'Tu és meu Pai e minha Mãe. Tu és o Todo e eu sou a parte'. Ele não gosta de dizer: 'Eu sou *Brahman*'.

O iogue busca realizar o *Paramātman*, a Alma Suprema. Sua meta é a união da alma encarnada com a Alma Suprema. Ele afasta sua mente dos objetos sensoriais e tenta concentrá-la no *Paramātman*. Portanto, durante a primeira etapa de sua disciplina espiritual, ele se retira para a solidão e, com a atenção não dividida, pratica a meditação em uma postura imóvel.

Contudo, a realidade é uma e a mesma. A diferença está apenas no nome. Quem é *Brahman* é, em verdade, *Ātman* e também é *Bhagavant*, o Senhor Bem-aventurado. Ele é *Brahman* para os seguidores do caminho do conhecimento, *Paramātman* para os iogues, e *Bhagavant* para os amantes de Deus.

Os *jñānin*, que aderem à filosofia não dualista do Vedānta, dizem que os atos de criação, preservação e destruição, o próprio Universo e todas as suas criaturas vivas são as manifestações de *Śakti*, o Poder Divino[7]. Se raciocinarmos profundamente, perceberemos que todas as coisas são ilusórias como um sonho. Unicamente o *Brahman* é a realidade, tudo o mais é irreal. Mesmo a própria *Śakti* carece de substância, como um sonho.

Muito embora raciocinemos por toda a vida, a menos que nos estabeleçamos no *samādhi*, não iremos além da jurisdição da *Śakti*. Mesmo quando dissermos 'Estou meditando' ou 'Estou contemplando', ainda estaremos nos movimentando no reino da *Śakti*, dentro de Seu poder.

Assim, o *Brahman* e a *Śakti* são idênticos. Se aceitamos um, temos de aceitar o outro. É como o fogo e seu poder de queimar. Se vemos o fogo, temos de reconhecer também seu poder de queimar. Não podemos pensar no fogo sem o seu poder de queimar nem pensarmos no poder de queimar sem o fogo. Não podemos conceber os raios de sol sem Sol, nem o Sol sem seus raios.

Como é o leite? 'Oh, – dizemos – é algo branco'. Não podemos pensar no leite sem a brancura e, por outro lado, não podemos pensar na brancura sem o leite.

Assim, não podemos pensar no *Brahman* sem a *Śakti*, ou na *Śakti* sem o *Brahman*. Não podemos pensar no Absoluto sem o Relativo, nem no Relativo sem o Absoluto.

O Poder Primordial está sempre jogando.[8] Cria, preserva e destrói jogando, por assim dizer. Este Poder é chamado Kālī. Kālī é verdadeiramente *Brahman*, e *Brahman* é verdadeiramente Kālī. Trata-se da única e mesma Realidade. Quando pensamos nela como inativa, ou seja, como não engajada nos atos de criação, preservação e destruição, a denominamos *Brahman*. Porém, quando ela participa destas atividades, então a chamamos Kālī ou Śakti. A Realidade é uma e a mesma; a diferença está no nome e na forma."[9]

Esta exposição introdutória à concepção tântrica foi dada na cobertura de um pequeno barco de excursão que subia e descia o Ganges, numa bela tarde do outono de 1882. Keshab Chandra Sen (1838-1884), o distinto líder do Brāhmo Samāj[10], semi-hindu e semicristão, foi com alguns membros de seu séquito visitar Śrī Rāmakrishna em Dakshineswar, um subúrbio da moderna cidade de Calcutá, onde o santo mestre oficiava como sacerdote no templo dedicado à Deusa Negra, Kālī. Keshab era um moderno e ocidentalizado cavalheiro hindu, de aparência cosmopolita, imbuído de uma filosofia religiosa progressista, humanista e "sáttvica" – em nada diferente daquela de seu contemporâneo da Nova Inglaterra, o transcendentalista (e estudioso da *Bhagavadgītā*), Ralph Waldo Emerson. Rāmakrishna, por outro lado, era inteiramente hindu: ignorava, de propósito, o inglês; nutria-se das tradições de sua terra natal; com longa prática nas técnicas da contemplação introvertida e pleno de experiências do divino. O diálogo entre ambos os líderes religiosos foi o encontro da Índia moderna, temporal, e a Índia intemporal; entre a moderna consciência indiana e os símbolos divinos semiesquecidos de seu próprio inconsciente. Além disso, merece destaque o fato de que, nesta ocasião, o mestre não era o cavalheiro bem vestido e tradicionalmente educado no Ocidente – recebido em Londres pela própria rainha – mas sim o iogue em seus farrapos, falando dos deuses indianos com base em sua própria e direta experiência.

> Keshab (sorrindo): "Descreva-nos, Senhor, de quantas maneiras Kālī, a Mãe Divina, joga neste mundo".
>
> Śrī Rāmakrishna (também sorrindo): "Oh! Ela joga de maneiras diferentes. Unicamente Ela é conhecida por Mahā-Kālī [a Grande Negra], Nitya-Kālī [a Sempre Negra], Śmaśāna-Kālī [Kālī, a do crematório], Rakṣā-Kālī [Kālī, a Duende] e Śyāmā-Kālī [Kālī, a Escura]. Mahā-Kālī e Nitya-Kālī são mencionadas na filosofia tântrica. Quando não existia criação, Sol, Lua, planetas ou Terra, e quando a escuridão estava envolvida pela escuridão, então a Mãe, a Sem-Forma, Mahā-Kālī, a Grande Potência, era una com Mahā-Kāla [esta é a forma masculina do mesmo nome], o Absoluto.
>
> Śyāmā-Kālī tem um aspecto um tanto mais suave e preside os cultos domésticos indianos. É a Dispensadora de benefícios e a Dispensadora do temor. As pessoas adoram Rakṣā-Kālī, a Protetora, em tempos de epidemia, fome, terremoto, seca e enchentes. Śmaśāna-Kālī é a encarnação do poder da destruição. Reside no crematório cercada por cadáveres, chacais e terríveis espíritos femininos. De sua boca emana uma torrente de sangue, de seu pescoço pende uma grinalda de caveiras e, cingindo sua cintura, leva uma tira feita de mãos humanas.
>
> Após a destruição do Universo, ao fim do Grande Ciclo, a Mãe Divina armazena as sementes para a próxima criação. Ela é como a velha

dona de casa que tem um baú onde guarda os mais diferentes artigos de uso doméstico. (Todos riem.) Ó, sim! As donas de casa têm lugares deste tipo onde guardam espuma de mar, pílulas azuis, pequenos feixes com sementes de pepino, abóbora e assim por diante. Elas utilizam tudo isso quando necessitam. Do mesmo modo, após a destruição do Universo, minha Mãe Divina, a encarnação do *Brahman*, recolhe todas as sementes para a próxima criação. Após a criação, o Poder Primordial reside no próprio Universo. Ela faz surgir este mundo fenomênico e nele penetra. Nos *Veda*, a criação é comparada à aranha e sua teia. A aranha tira a teia de si mesma. Deus é o continente do Universo e também seu conteúdo.

Kālī, minha Mãe Divina, tem pele escura? Ela parece ser negra porque é vista à distância; mas deixa de parecer assim quando a conhecemos em sua intimidade. O céu parece azul à distância mas, quando se observa o ar em volta, percebe-se que não tem cor. A água do oceano parece azul à distância mas, quando nos aproximamos e a colhemos em nossas mãos, vemos que ela é incolor".

Śrī Rāmakrishna, arrebatado de amor pela deusa, cantou em seu louvor duas canções do devoto iogue bengali Rāmprasād, após o que continuou a conversa.

"A Mãe Divina é sempre alegre e jocosa. Este Universo é seu jogo. Ela é obstinada e faz sempre o que quer. Está repleta de beatitude. Concede a liberdade a um entre cem mil."

Um devoto do Brāhmo perguntou: "Mas, senhor, se Ela quiser, pode conceder a liberdade a todos. Por que, então, nos mantém acorrentados ao mundo?"

Śrī Rāmakrishna disse: "Esta é a sua vontade. Ela quer continuar jogando com seus seres criados. Num jogo de esconde-esconde a correria logo para se, já no começo, todos acham a 'vovó'. Se todos a encontram, como pode o jogo prosseguir? Isto a deixaria descontente. Sua satisfação está em continuar o jogo.

É como se a Mãe Divina dissesse à mente humana em segredo, com um sinal d'olhos: 'Vá e goza o mundo!' Como podemos culpar a mente? A mente pode se livrar do mundano apenas se, por meio de Sua graça, Ela a direciona para Si mesma".

Cantando uma vez mais as canções de Rāmprasād, Śrī Rāmakrishna interrompeu seu discurso para continuar em seguida:

"A escravidão pertence à mente, assim como a liberdade. Um homem é livre se ele pensa constantemente: 'Sou uma alma livre, como posso estar escravizado, quer viva no mundo quer na floresta? Sou um filho de Deus, o Rei dos reis. Quem pode agrilhoar-me? Quando picado por uma cobra, um homem pode livrar-se de seu veneno dizendo enfaticamente: 'Em mim não há veneno'. Do mesmo modo, repetindo com firmeza e determinação: 'não estou escravizado, sou livre', ele realmente torna-se livre.

Certa vez alguém me deu um livro dos cristãos. Pedi-lhe que o lesse para mim. Não falava de outra coisa senão do pecado. E dirigindo-se a Keshab Chandra Sen, acrescentou: E também em teu Brāhmo Samāj, o pecado é a única coisa de que se ouve falar. O infeliz que diz constantemente: 'estou escravizado, estou escravizado', só consegue estar escravizado. Aquele que repete noite e dia: 'sou um pecador, sou um pecador' realmente torna-se um pecador.

Deveríamos ter uma fé tão fervorosa em Deus a ponto de poder dizer: 'O quê? Como pode o pecado estar em mim se tenho repetido o nome de Deus? Como posso ainda ser pecador? Como posso ainda estar escravizado?'

Se um homem repete o nome de Deus, seu corpo, sua mente e tudo mais se purificam. Por que deveríamos falar sobre pecado, inferno e coisas tais? Digamos somente: 'Ó Senhor, sem dúvida realizei más ações, porém não as repetirei'. E tenhamos fé em Seu nome."

Śrī Rāmakrishna cantou:

Se apenas pudesse eu falecer cantando o nome de Durgā,
Como poderias Tu, então, ó Bem-aventurado,
Negar-me a liberação
Por miserável que eu fosse? [...]

Disse logo: "Orei à minha Mãe Divina pedindo tão só amor puro, ofereci flores a Seus pés de lótus e roguei-Lhe: 'Mãe, aqui está Tua virtude, aqui está Teu vício. Toma ambos e concede-me apenas amor puro por Ti. Aqui está Teu conhecimento, aqui está Tua ignorância. Toma ambos e concede-me apenas amor puro por Ti. Aqui está Tua pureza, aqui está Tua impureza. Toma ambas e concede-me apenas amor puro por Ti. Aqui está Teu *dharma*, aqui está Teu *adharma*. Toma ambos, Mãe, e concede-me apenas amor puro por Ti.' "[11]

No Tantra, a atitude teísta praticamente oblitera o ideal abstrato do *Brahman* sem-forma *(nirguṇa brahman)* em favor do *Brahman*-nos-*guṇa (saguṇa brahman)*, o Senhor (Īśvara), o Deus pessoal. Os tântricos representam este último, de preferência, em seu aspecto feminino por ser o que afirma a natureza da Māyā-Śakti de maneira mais imediata.[12] O desenvolvimento do tantrismo favoreceu a volta, ao hinduísmo popular, da figura da Deusa Mãe com seus diversos nomes: Devī, Durgā, Kālī, Pārvatī, Umā, Satī, Padmā, Candī, Tripura-sundarī etc., cujo culto, enraizado no passado neolítico, havia sido eclipsado durante quase mil anos pelas divindades masculinas do panteão patriarcal ariano. A Deusa principiou sua hegemonia no período das últimas *Upaniṣad*.[13] Hoje, é novamente a principal divindade. Todas as esposas dos vários deuses são manifestações dela, e, como *śakti* ou "poder" de seus maridos, representam a energia que os tornaram manifestos. Além disso, como Mahāmāyā, a Deusa personifica a Ilusão Cósmica, em cujos limites de escravidão existem todas as formas, tanto as grosseiras quanto as sutis, terrestres ou angélicas, e até mesmo as dos mais elevados deuses. Ela é a encarnação primordial do princípio transcendente e, como tal, é mãe de todos os nomes e formas. "Deus mesmo" – afirma Rāmakrishna – "é Mahāmāyā, a que engana o mundo com Sua ilusão e conjura a magia da criação, preservação e destruição. Ela estendeu este véu de ignorância ante nossos olhos. Podemos entrar na câmara interior somente quando Ela nos deixa passar pela porta".[14] É perfeitamente possível que esta restauração da Deusa – tanto nos cultos populares como na profunda filosofia do Tantra – seja um outro sinal do ressurgimento da religiosidade da tradição matriarcal, não ariana e pré-ariana, dos tempos dravídicos.

Apesar disso, o movimento tântrico difere do jainismo e do budismo porque admite a autoridade dos *Veda*, procurando, antes, assimilar e se ajustar à tradição ortodoxa do que excluí-la e refutá-la. Neste aspecto, assemelha-se ao sistema do hinduísmo popular. De fato, a mistura de características tântricas e vedantinas na vida moderna dos hindus, no seu modo de pensar e nos seus ritos, é tão homogênea que se apresenta como um todo orgânico. Os tântricos chamam seus textos de "o quinto *Veda*", "O *Veda* para esta Idade do Ferro". "Para a primeira das quatro idades do mundo, foi dada a Śruti [O Veda]; para a segunda, a *Smṛti* [os ensinamentos dos sábios, o *Dharma-Śāstra*, etc.]; para a terceira, os *Purāṇa* [as epopeias] e para a quarta, os *Āgama* [os textos tântricos]."[15]

Como foi assinalado por Sir John Woodroffe, cujos estudos sobre o Tantra são os mais importantes já publicados nos tempos modernos: "Os adeptos *śakta* do *Āgama* pretendem que seus *tantra* [isto é, seus "livros"] contenham a suma essência do *Veda*. [...] Como os homens não têm mais a capacidade, a longevidade nem a força moral necessária para realizar o Karma-Kāṇḍa Vaidika [a parte ritualista do *Veda*], o *Tantra-Śāstra* prescreve uma *sādhanā* [disciplina religiosa] própria pela qual seja possível atingir o fim comum a todos os *śāstra*, ou seja, uma vida feliz sobre a terra, o Céu depois e, finalmente, a Liberação".[16]

O Tantra e o hinduísmo popular aceitam a verdade do Vedānta *advaita*; todavia, dão ênfase ao aspecto positivo da *māyā*. O mundo é a manifestação interminável do aspecto dinâmico do divino e, como tal, não deve ser menosprezado ou descartado como sofrimento e imperfeição, mas celebrado, penetrado e iluminado pela intuição e vivenciado com compreensão. Enlouquecida por sua própria dança frenética, que produz a miragem do *saṁsāra*, a deusa baila com os cabelos emaranhados, mas o devoto perfeito não se espanta com isto. "Ainda que a mãe lhe bata" – diz Rāmprasād – "a criança grita: 'Mãe! Ó, mãe!' e se agarra com mais força ao seu vestido."[17] O iogue vedantino não se cansa de afirmar que o *kaivalya*, "isolamento-integração", só pode ser obtido afastando-se das atrações do mundo – fonte de nossas distrações – e adorando com atenção concentrada o *Brahman-Ātman* sem-forma; em contrapartida, para o tântrico – como para os filhos normais do mundo – esta noção resulta patológica, como efeito distorcido de certa enfermidade do intelecto. O verdadeiro amante da Deusa não deseja buscar a liberação nem tampouco obtê-la. Pois de que serve a salvação se ela significa absorção? "Gosto de comer açúcar" – como diz Rāmprasād – "mas não quero, de modo algum, tornar-me açúcar".[18] Que procurem a liberação aqueles que sofrem as contingências do *saṁsra*: o devoto perfeito não sofre, pois ele pode experimentar a vida e o Universo como revelação daquela suprema Força Divina *(śakti)* da qual está enamorado, o Ser Divino que a tudo abarca em seu aspecto cósmico de jogo *(līlā)* sem finalidade, que precipita tanto a dor quanto a alegria, mas que em sua bem-aventurança transcende ambos. Ele está repleto da loucura sagrada desse "amor extático" *(preman)* que transmuta o Universo.

> Este mundo é uma morada de alegria;
> Aqui posso comer, beber e divertir-me.[19]

Artha (a prosperidade), *kāma* (a satisfação dos desejos sensuais), *dharma* (o cumprimento dos rituais morais e religiosos da vida cotidiana, aceitando a responsabilidade de todos os deveres) e *mokṣa* (a liberação de todos estes) são apenas um. A polaridade do *mokṣa* e o trivarga[20] é transcendida e dissolvida não apenas pela realização introvertida, mas também pelo sentimento vivo. Em virtude de sua aptidão em amar a Deusa compassiva, o verdadeiro devoto descobre que o quádruplo fruto de *artha*, *kāma*, *dharma* e *mokṣa* cai na palma de sua mão.

> "Ó mente, vem, vamos dar um passeio até Kālī, a Árvore que satisfaz os desejos!" – escreveu Rāmprasād. "E lá, sob sua copa, recolhamos os quatro frutos da vida."[21] E logo acrescenta: "A mente sempre busca a Formosa Escura. Faze o que quiseres. Quem deseja o *nirvāṇa*?"

O tantrismo, de fato, insiste na santidade e pureza de todas as coisas. Por isso, as cinco coisas proibidas (denominadas "os cinco emes") constituem a substância das exigências sacramentais de certos ritos tântricos: vinho *(madya)*, carne *(māṁsa)*, peixe *(matsya)*, grãos tostados *(mudrā)*[22] e ato sexual *(maithuna)*. Como nas iniciações paralelas do Mahāyāna[23], a realização não dualista unifica o mundo, torna-o um, santo e puro. Todas as coisas e todas as criaturas são membros de uma única "família" *(kula)* mística. Portanto, não há ideias tais como as de casta nos sagrados "círculos" *(cakra)* tântricos; quer sejam *śūdra*, quer sejam os destituídos de casta, quer sejam brâmanes, todos são igualmente aptos para a iniciação, se estiverem capacitados espiritualmente. O aspirante precisa apenas ser inteligente, controlar seus sentidos, abster-se de prejudicar qualquer ser, fazer sempre o bem para todos, ser puro, acreditar no *Veda*, ser um não dualista cuja fé e refúgio estão em *Brahman*: "Alguém assim está qualificado para esta Escritura; do contrário, não é adepto"[24].

A posição social secular que ocupamos não tem consequência nenhuma na esfera da verdadeira hierarquia espiritual. Além do mais, tanto as mulheres quanto os homens podem ser escolhidos não apenas para receber a mais alta iniciação, mas também para ministrá-la no papel de guru. Lemos no *Yoginī Tantra*[25] que "ser iniciado por uma mulher é eficaz, sê-lo pela mãe é oito vezes mais". Em claro contraste com os textos védicos, onde um *śūdra* é proibido até de ouvir um texto védico e onde as mulheres são relegadas a uma esfera secundária (embora altamente elogiada e sentimentalizada), naquilo que concerne à sua capacidade e aspiração espirituais, os *tantra* transcendem os limites da diferenciação social e biológica.

Contudo, não se deve concluir que esta indiferença às regras de casta implique alguma ideia de revolução dentro dos limites do campo social, como algo distinto da esfera do progresso espiritual. O iniciado retorna ao seu lugar na sociedade, porque lá também se encontra a manifestação da *śakti*. Afirma-se o mundo tal qual é: não se renuncia a ele, como fazem os ascetas, nem se tenta transformá-lo, como fazem os reformadores sociais. O pré-requisito para a iniciação é a superação real dos medos e desejos, e o rito, em si mesmo, confirma a concepção de que tudo é divino. Assim sendo, o verdadeiro amante da Deusa fica contente com o que Ela lhe concedeu, e não critica as propriedades tradicionais relativas ao espaço e ao tempo; pelo contrário, contempla a Potência divina, com a qual é idêntico em essência, em todas as circunstâncias.

Com efeito, a ideia de *dharma* é intrínseca ao pensamento indiano. O sacramento das "cinco coisas proibidas" não dá lugar à libertinagem nem à revolução. No plano da consciência do ego, onde atuamos como membros individuais da sociedade, ainda prevalece o *dharma* da própria casta e do próprio *āśrama*[26]. Só ascende às alturas além do *dharma* e do *adharma* aquele cuja mente foi transcendida, onde já não existe o problema de querer desfrutar os benefícios das práticas ilegais. O ritual tântrico do vinho, carne, peixe, grãos tostados e ato sexual não se realiza como um divertimento onde se transgridem as leis, mas sob a cuidadosa supervisão de um guru, num estado controlado de realização "não dualista" *(advaita)* e com ensejo de uma longa série de disciplinas espirituais, através de muitas vidas. A emoção espiritual do adepto é o *preman*: o êxtase, o estado sem ego, a beatífica bem-aventurança daquele que realizou a identidade transcendente.

Saindo novamente desta altura sublime do conhecimento que aniquila qualquer forma e descendo ao reino da fenomenalidade, a diferenciação é percebida mas não há alienação; não há tendência para pedir perdão, pois não há culpa nem houve queda. O mundo não precisa ser reformado, nem suas leis devem ser relegadas. Os vários planos de manifestação do Absoluto podem ser contemplados com espírito desapaixonado. Aceita-se sem preferência moral ou emocional os estados sólido, líquido e gasoso de uma única substância que, sob diferentes condições, produz diferentes efeitos. Porque todo o espetáculo do Universo, sem exceção, é gerado pelo dinamismo da Māyā-Śakti, a potência da dança cósmica *(līlā)* da obscura, terrível e sublime Mãe do Mundo, que a tudo alimenta e tudo consome. Os seres do mundo e todos os níveis de experiência não são mais que ondas e estratos de uma única corrente universal de vida, que flui sem cessar.

Esta é uma concepção com a qual já nos deparamos muitas vezes em nosso exame das filosofias da Índia. O hino do *Taittirīya-Brāhmaṇa*, celebrando a substância e energia do mundo como alimento[27], fundamentava-se em um não dualismo idêntico a este. O renascido liberado celebra a si mesmo como alimento e como aquele que se alimenta, porque embora o grosseiro envoltório exterior do organismo – o "envoltório do alimento" *(anna-maya-kośa)* – não seja a totalidade da manifestação divina (existindo, na esfera sutil dos vários envoltórios interiores, outras encarnações e formações mais sutis da Essência Suprema), "o alimento não deve ser desprezado". A tradição bramânica védica ortodoxa foi, pouco a pouco, ganhando consciência da realidade do *Brahman*, sob diferentes manifestações: como a matéria vital do mundo material, no Hino do Alimento; ou como o Sol, "aquele que brilha além", em inúmeros outros cantos bramânicos de celebração; ou, ainda, como o macrocósmico alento vital *(vāyu)*, "aquele que sopra", que é a contraparte do *prāṇa* microcósmico.

Por toda a história do pensamento bramânico tem havido uma reiterada afirmação – às vezes violenta e apaixonada, outras com grande autodomínio – de que o "Um é ambos a um só tempo", e neste aspecto o tantrismo segue a linha védica ortodoxa. Tudo procede da mesma fonte sublime. Todos os seres são membros de uma única família sagrada, tendo origem na única e mesma substância divina. Como já temos visto, esta concepção implica, por um lado, uma desvalorização das nuanças pessoais da individualidade, mas, por outro, uma ousada afirmação de tudo que possa acontecer. *Māyā*, a ilusão universal, não deve ser rejeitada, e sim abraçada. O lirismo das *Vedāntagītā*[28] expressava este sentimento de afirmação do mundo. O Tantra o faz novamente; e hoje se reflete em toda a gama de teologias populares hindus.

Todavia, existe um traço peculiar e essencial na afirmação tântrica, que a distingue das filosofias precedentes, ou pelo menos daquelas que aparecem nos textos e comentários ortodoxos; porque o ideal do tantrismo é alcançar a iluminação exatamente por meio daqueles objetos que os sábios anteriores procuravam afastar de suas consciências. O antigo culto védico afirmava o mundo, mas seus ritos eram principalmente aqueles das grandes cerimônias reais e populares em honra dos deuses do macrocosmo; eles não nos convidavam a penetrar nas profundezas do microcosmo. Por outro lado, os filósofos da floresta – dedicados às técnicas de introversão do jainismo, do Yoga, do Sāṁkhya, do Vedānta e do Hīnayāna – esforçavam-se por reprimir seus impulsos biológicos, submetendo-se a uma dieta espiritual de purificação com o intuito de vencer o *rajas*, o *tamas* e as *vāsanā* (os receptáculos da memória e do desejo); e quando isto, finalmente, os conduzia a um plano além do pecado e da virtude, continuavam sendo virtuosos para sempre. De fato, eles tinham de esgotar a capacidade de pecar logo no início, como o primeiro pré-requisito necessário para se aproximarem de um guru.[29] Mas no Tantra, ainda que a meta seja aquela do iogue meditativo (não o poder mundano, como buscavam os antigos sacerdotes bramânicos que conjuravam as forças do Universo, mas sim a iluminação, a consciência absoluta, e a beatitude do ser transcendental), a maneira de aproximar-se não é a da negação, é a da afirmação. Ou seja, a atitude perante o mundo é afirmativa, como nos *Veda*, mas os deuses são reverenciados como residindo no microcosmo.

Assim, pode-se dizer que, se o Vedānta parece representar a aquisição da herança monista bramânica-ária por meio da ideologia dualista dos pré-árias, que procuravam a integração e o isolamento *(kaivalya)*[30], é possível dizer que no Tantra estamos diante da influência oposta: uma transposição do problema pré-ariano da transubstanciação psicofísica ao plano da filosofia bramânica não dualista e afirmativa. Neste caso, o candidato à sabedoria não busca atalhos para evitar a esfera das paixões – reprimindo-as em seu interior e fechando seus olhos para suas manifestações exteriores, até que, purificado como um anjo, possa abrir os olhos com segurança e observar o ciclone do *saṁsāra* com o olhar imperturbável de um fantasma desencarnado. Muito ao contrário, o herói *(vīra)* tântrico passa diretamente *através* da esfera de maior perigo.

Um princípio essencial da concepção tântrica é que o homem, em geral, tem de ascender através e por meio da natureza, sem rejeitá-la. "Quando caímos no chão" – diz o *Kulārṇava Tantra* –, "temos de nos levantar com a ajuda do mesmo chão."[31] O prazer do amor, o prazer do sentimento humano, são a glória da Deusa em sua dança que produz o mundo, a felicidade de Śiva e sua *śakti* em sua eterna realização da identidade, mas conhecidas apenas do modo inferior da consciência do ego. A criatura passional deve dissipar seu senso de ego; então, o mesmo ato que antes era uma obstrução, torna-se agora a maré que o leva à realização da beatitude absoluta *(ānanda)*. Além disso, esta maré de paixão pode ser a água batismal que lava e faz desaparecer a mancha da consciência de ego. Seguindo o método tântrico, o herói *(vīra)* flutua além de si mesmo na corrente agitada mas canalizada. Isto é o que desacreditou tal método aos olhos da comunidade. Sua aceitação heroica, sem sofismas, de todo o impacto e implicação da celebração não dual do mundo como *Brahman*, parecia muito audaciosa e por demais sensacional para aqueles cuja concepção de santidade inclui o repouso transcendente do Senhor, porém omite o detalhe de seu misterioso jogo *(līlā)* da criação contínua.

Um método correto não pode excluir o corpo, pois o corpo é *devatā*, a forma visível do *Brahman* como *jīva*. Sir John Woodroffe escreve: "Ensina-se ao *sādhaka* [o estudante tântrico] a não pensar que somos um com o Divino apenas na Liberação, mas que o somos aqui e agora, em cada ato que realizamos. Porque em verdade tudo isso é *śakti*. É Śiva que, como *śakti*, age dentro e por meio do *sādhaka*. [...] Quando isto é compreendido em cada função natural, então cada exercício deixa de ser um mero ato animal e torna-se um rito religioso, um *yajña*. Toda função é parte da Ação divina *(śakti)* na natureza. Assim, ao tomar uma bebida na forma de vinho, o *vīra* sabe que este é Tārā Dravamayī, ou seja, 'a própria Salvadora em forma líquida'. Como é possível – diz-se – que tal forma faça algum mal àquele que verdadeiramente vê aí a Mãe Salvadora? [...] Quando o *vīra* come, bebe ou realiza o ato sexual, nada disto faz com a ideia de ser um indivíduo que está satisfazendo suas próprias necessidades limitadas, como um animal que furta da natureza – por assim dizer – o prazer que sente, mas pensando nesse prazer ele é Śiva, e afirmando: *'Śivo 'ham, Bhairavo 'ham'* (Eu sou Śiva)."[32]

O sexo, no tantrismo, tem um papel altamente simbólico. O sagrado temor das forças incontroláveis da natureza humana e a consequente resistência estrita aos instintos e energias animais, que caracterizam a história comum do homem desde o tabu mais primitivo até o mais recente tratado moral, podem ser explicados como o resultado e o resíduo de experiências devastadoras sofridas pela raça humana em tempos passados, e como subproduto da luta histórica triunfante pela independência de um princípio espiritual superior e "mais puro". As forças primitivas – de cujas profundezas surgiu este princípio, como o Sol Vitorioso, *Sol Invictus*, subindo aos céus e deixando o mar tempestuoso (a morada turbulenta dos monstros do abismo) – tinham de ser contidas, controladas e subjugadas como os titãs gregos aprisionados sob o vulcão Etna, ou como o grande Dragão do *Apocalipse* de São João. O perigo muito real de uma sublevação destas forças levaram a criar sistemas de dicotomias protetoras, não apenas como as do jainismo e do Sāṁkhya, mas também como a da religião ética do zoroastrismo persa, a gnose do Oriente Próximo, o cristianismo, o maniqueísmo e os numerosos códigos de costumes da humanidade primitiva e civilizada. Na Índia, no mundo antigo e entre a maioria dos povos conhecidos pelos historiadores e antropólogos, houve, contudo, um sistema institucionalizado de festivais – festivais de deuses e gênios da vegetação – mediante o qual, sem perigo para a comunidade, podia interromper-se por um momento a ficção convencional do bem e do mal e permitir-se uma experiência dos incomensuráveis poderes titânicos das profundezas. O carnaval, o dia das máscaras, revelando todas as formas estranhas que habitam o fundo da alma, exibe seus símbolos e, durante um dia sagrado de sonhos e pesadelos, a tímida e ordenada consciência se diverte livremente em uma experiência, sacramentalmente canalizada, de sua própria destruição.

As máscaras são como um sonho. Como um sonho são também os eventos do carnaval. Na realidade, o mundo de sonhos no qual mergulhamos todas as noites – quando relaxadas as tensões da consciência – é o mundo de onde procedem os demônios, duendes, figuras divinas e demoníacas das mitologias universais. Todos os deuses residem em nosso interior, querem ajudar-nos e são capazes de fazê-lo; contudo, exigem a submissão da consciência, uma abdicação da soberania por parte da vontade consciente. Entretanto, na medida em que o pequeno ego considera seus próprios planos os melhores, resiste rigorosamente às forças de seu substrato divino. Os deuses, por conseguinte, tornam-se perigosos para o ego, e o indivíduo converte-se em seu próprio inferno. Os povos antigos faziam as pazes com as forças excluídas, prestando-lhes culto e permitindo-lhes seu carnaval demoníaco, mesmo que cultivassem simultaneamente, em forma de sacrifícios aos deuses superiores, uma relação frutífera com as forças envolvidas no sistema social. Deste modo, obtiveram a permissão, por assim dizer, de seu próprio inconsciente, para continuar na convencional atitude consciente de virtude proveitosa.

O *sādhaka* tântrico, porém, não está interessado na sobrevivência convencional, tanto quanto em sondar a vida e descobrir seu segredo intemporal. Daí que o recurso do carnaval não lhe seja suficiente, pois apenas serve para alimentar a ilusão geral. Sua meta é integrar as forças excluídas àquelas em geral aceitas, e experimentar dessa maneira a inexistência essencial da polaridade antagônica: seu desvanecimento, seu *nirvāṇa*, isto é, a pureza e a inocência intrínseca da esfera aparentemente obscura e perigosa. Assim ele rompe dentro de si mesmo a tensão do "proibido" e resolve tudo à luz, reconhecendo em cada coisa a *śakti* única que é o sustentáculo geral do Universo, tanto no macrocosmo como no microcosmo, a mãe dos deuses e dos duendes, a tecelã do sonho lunático da história. Com isso nos liberamos da ilusão cósmica, desfrutando-a ou realizando-a plenamente.

Portanto, a grande fórmula tântrica (tão diferente daquelas utilizadas nas primeiras disciplinas do Yoga hindu), o *yoga* (a união da consciência empírica com a consciência transcendental) e o *bhoga* (o "gozo", a experiência do prazer e do sofrimento da vida), são o mesmo. O próprio *bhoga* pode tornar-se um caminho do *yoga*.

Mas é necessário um herói *(vīra)* para confrontar e assimilar, com perfeita equanimidade, toda a maravilha da Criadora do Mundo – para fazer amor, sem reações histéricas, com a Força vital, que é a *śakti* de sua própria natureza integral. As "cinco coisas boas" *(pañcatattva)*, que são as "coisas proibidas" dos homens e mulheres comuns do rebanho, servem de via sacramental para aquele que não apenas sabe, mas que também sente que a Força Universal *(śakti)* é, em essência, ele mesmo. No Tantra, é possível adorar a Criadora do Mundo utilizando seus próprios procedimentos, pois o ato sexual *(maithuna)*, que constitui seu rito sagrado mais alto, não se realiza com o espírito do *paśu* (o "gado", o animal humano do rebanho, que deseja, teme e goza da maneira animal e humana vulgar), mas com o de *vīra* (herói) que sabe ser idêntico a Śiva. *"OṀ"* – ele ora (e sabe) – "no Fogo que é o Espírito *(ātman)* esclarecido pela aspersão do *ghī*[33] do mérito e do demérito, eu, pelo caminho do *yoga* (*suṣumṇā*), sempre sacrifico as funções dos sentidos, usando a mente como cálice de oferendas. Aleluia!"[34]

Como fruto do rito, liberamo-nos da ilusão, e esta liberação é a maior dádiva de Kālī, a formosa e obscura Deusa Dançarina do Crematório.

2. O Cordeiro, o Herói e o Homem-Deus

> Ninguém que em si mesmo não seja divino pode [com êxito] adorar a divindade *(Nādevo devam arcayet)*.[35] Tendo-se convertido na divindade, deve-se oferecer-lhe sacrifício *(Devam bhūtvā devam yajet)*.[36]

A identidade entre a natureza oculta do adorador com o deus adorado é o primeiro princípio da filosofia tântrica da devoção. Os deuses refletem no espaço (que é obra de Māyā-Śakti) a única realidade, o *Brahman*, que é a *śakti* do devoto. Sabendo, então, que seu próprio Eu é o objeto da devoção, o *sādhaka* tântrico aproxima-se da Deusa com espírito devoto *(pūjā)*, por meio do murmúrio meditativo de orações (*japa*: a recitação da litania de seus nomes), a incessante repetição verbal (também *japa*) das fórmulas sagradas (*mantra*: sons-palavras que contêm a essência da Deusa), atos de oferenda *(homa)* mental e externa, e meditação centrada na visão interna da Deusa *(dhyāna)*. O *sādhaka* nunca poderia experimentar a identidade final se ele já não estivesse convencido e consciente de tal identidade desde o princípio. Mas, neste ínterim, para sustentar sua aproximação preliminar, ele coloca ante seus olhos e ante sua mente uma imagem *(pratīka, pratimā)* da divindade, que pode ser uma estátua, uma pintura, um símbolo qualquer, um *yantra* [37] e, em casos especiais, um ser vivo, por exemplo, uma virgem *(kumārīpūjā)* ou a esposa do adorador.

O primeiro ato de devoção consiste em contemplar interiormente a imagem mental da divindade e então projetar a energia espiritual *(tejas)* daquela forma sutil interna na imagem grosseira exterior. Esta consagração é denominada *prāṇapratiṣṭhā*, "o ato de consagrar *(pratiṣṭhā)* o alento vital *(prāṇa)*". Ao se concluir o período de culto, é mister desfazê-lo por meio de um ato de "despedida" *(visarjana)* da presença sagrada, após o que a imagem já não é a sede da divindade *(pīṭha)* e pode ser dispensada. O adorador emite e recolhe novamente a forma brilhante, assim como o Criador emite e recolhe outra vez em sua substância infinita a multiplicidade do cosmo, e isto em virtude da mesma infinitude *(Brahman-Ātman)* interior, bem como pelo mesmo milagre da *māyā*. Mais tarde, quando o iniciado aprende a reconhecer e a responder espontaneamente à presença da divindade em toda parte, em todas as coisas, não mais precisará do auxílio pedagógico deste rito; contudo, nesse meio tempo, sua mente e sentimentos devem ser ajudados. Não obstante, o pequeno milagre da transubstanciação é mais uma crise microcósmica que macrocósmica. Não se pode dizer que a divindade em si mesma tenha sido chamada e logo dispensada, mas sim que este processo facilitou a *realização* da divindade, pois, enquanto o adepto na condição de perfeita realização contempla e reverencia todo o mundo como um ícone ou assento *(pīṭha)* da Presença universal, o membro do rebanho humano *(paśu)* necessita de todo o auxílio da religião para elevar sua mente do modo comum, animal, econômico-político, de considerar as coisas, para a atitude contemplativa de uma intuição luminosa.

Os ritos executados na presença de uma imagem consagrada são as contrapartidas dos ritos seculares da vida cotidiana. O deus é saudado como um hóspede; são-lhe oferecidas flores, obediência, lavam-se-lhe os pés, dá-se-lhe comida, água para banho, tecido para roupas, joias, perfumes, incenso, oferendas de vários tipos, louvor e diálogo.[38] Isto, por sua vez, resulta na santificação da vida cotidiana, pois os hóspedes são recebidos com o mesmo cerimonial; os pais são honrados como deuses e as crianças recebem os mesmos cuidados que os deuses. Assim, a santidade da Presença penetra perceptivelmente a esfera social. Os gestos *(mudrā)* rituais também são usados no culto e estes, como as palavras, são expressão e auxílio da resolução espiritual. Tais gestos, ou *mudrā*, são idênticos aos representados nas imagens indianas e usados na arte da dança. Constituem uma verdadeira linguagem das mãos, possibilitando as mais sutis ampliações da expressão. Por exemplo, quando se apresenta em oferenda o recipiente de água, faz-se o gesto do peixe *(matsyamudrā)*; "este gesto expressa o desejo e a intenção de que o recipiente com água possa ser considerado um oceano com peixes e todos os outros animais aquáticos. O *sādhaka* diz à *devatā* de seu culto: 'Na verdade isto é apenas uma pequena oferenda de água, mas se depender de meu desejo de honrá-la, considere como se estivesse lhe oferecendo um oceano'."[39] Ou, ainda, quando a Deusa é convidada a tomar seu lugar, antes do momento do culto, faz-se a *yonimudrā*, pois a *yoni*, o órgão feminino, é seu *pīṭha* ou *yantra*. O adepto tântrico não pode considerar a *yoni* de outra forma a não ser como um altar. Portanto, quando o *sādhaka* alcança a perfeição nesta disciplina, ele pode passar à forma mais apropriada e conveniente de prestar homenagem à Deusa, por meio do *maithuna*.

Bhūtaśuddhi, ou "a purificação *(śuddhi)* dos (cinco) elementos *(bhūta)* que compõem o corpo", é um passo preliminar indispensável a qualquer rito tântrico. O devoto imagina que o poder divino *(śakti)* está adormecido em seu interior, retraído de sua atividade no corpo grosseiro, enrolado como uma serpente dormente *(kuṇḍalinī)* na base da coluna vertebral, no lugar profundo conhecido como *mūlādhāra*, "a base *(ādhāra)* da raiz *(mūla)*". O *sādhaka* pronuncia, então, os *mantra* para despertá-la, enquanto controla cuidadosamente suas inalações, respirando primeiro profundamente por uma narina e depois pela outra *(prāṇāyāma)*, a fim de limpar o caminho para ela através do canal espiritual *(suṣumṇā)* que se supõe correr pelo interior da coluna vertebral. Logo, deve pensar que acaba de acordá-la. Ela ergue a cabeça e começa a subir pela *suṣumṇā*, tocando em sua passagem um certo número de "centros" ou "lótus" *(cakra, padma)*, que são considerados sedes dos elementos do corpo. O *mūlādhāra* é a sede da "terra", é representado por um lótus carmesim de quatro pétalas. O próximo centro acima, chamado *svādhiṣṭhāna* (a "própria morada" da *śakti*), está ao nível dos órgãos genitais e é a sede do elemento "água"; a forma de sua representação é a de um lótus rubro-escarlate de seis pétalas. O seguinte, à altura do umbigo, é conhecido por *maṇipūra*, "a cidade *(pūra)* da joia brilhante *(maṇi)*", assim denominada por ser a sede do elemento "fogo". Um lótus azul-escuro de dez pétalas o representa. Segundo a psicologia deste sistema de lótus, o *mūlādhāra*, o *svādhiṣṭhāna* e o *maṇipūra* são os centros a partir dos quais a vida da maioria das pessoas é governada, enquanto que os centros acima destes reproduzem modos superiores de experiência. O quarto, à altura do coração, é o lótus no qual a primeira compreensão da divindade do mundo é vivenciada. Diz-se que, aqui, o deus desce para tocar seu devoto. Ou ainda, é aqui que os sábios ouvem o som *(śabda)* do *Brahman*. Os sons percebidos pelo ouvido externo são o resultado de "duas coisas que se chocam", ao passo que o som do *Brahman* é *anāhataśabda*, "o som *(śabda)* que surge sem que duas coisas se choquem *(anāhata)*".[40] Este som é *OṀ*; não o *OṀ* produzido pelos lábios, que é apenas uma sugestão mnemônica criada pelo choque da corrente de ar proveniente dos pulmões com os órgãos da fala, mas o *OṀ* fundamental da criação, que é a própria Deusa como som. Por ser ouvido no lótus do coração, este centro é chamado *anāhata*, e representado por um lótus róseo de doze pétalas; é sede do elemento "ar".

"Éter", o quinto e último elemento, está centrado no *cakra* de dezesseis pétalas, de matiz púrpuro esfumaçado, com sede na região da garganta. Este é o *viśuddhacakra*, "o *cakra* completamente purificado". Além, no ponto entre as sobrancelhas, está o "lótus do comando" *(ājñā)*, branco como a Lua, de duas pétalas, reluzindo com a glória da meditação perfeita, de onde a mente, além das esferas veladas pelos cinco elementos e de tudo livre das limitações dos sentidos, contempla imediatamente a forma germinal dos *Veda*. Esta é a sede da forma das formas, a partir da qual o devoto contempla o Senhor, como acontece no Céu dos cristãos. Acima encontra-se o centro além da dualidade, o *sahasrāra*, o lótus multicolorido de mil pétalas, no topo da cabeça. Aqui a *śakti* – que deve ser pensada como tendo ascendido por todos os lótus da *suṣumṇā*, despertando, ao passar, cada um dos lótus e fazendo-os florescer de maneira plena – une-se a Śiva numa união que simultaneamente realiza e dissolve os mundos do som, da forma e da contemplação.

O adorador tântrico tem de imaginar a si mesmo como havendo purificado seu corpo, impregnando, assim, todos os lótus com a *śakti* desperta. (Somente um iogue perfeito é capaz de despertar, de fato, a *kuṇḍalinī*.) A meditação *(dhyāna)*, a recitação de fórmulas de encantamento saturadas com o poder da Deusa em forma de som *(mantra)*, as eloquentes posturas das mãos e do corpo *(mudrā)* e a colocação meditativa das pontas dos dedos e da palma da mão direita em diferentes partes do corpo *(nyāsa)*[41], tudo isto acompanhado com a recitação de *mantra*, serve de auxílio neste processo, bem como no de dar as boas-vindas ao deus que entra na imagem ou no *yantra*. Os dois processos são recíprocos e constituem todo o mistério da transubstanciação ritual. Daí lermos no *Gandharva Tantra*: "Um homem deve adorar uma divindade *(devatā)* tornando-se ele mesmo divindade. Não se deve adorar uma divindade sem se tornar a própria divindade. Se uma pessoa adora uma divindade sem se tornar ela própria a divindade, ela não colherá os frutos da oração".[42] E novamente, no *Vāśiṣṭha Rāmāyana*: "Se um homem adora Viṣṇu, sem se tornar ele mesmo Viṣṇu, não colherá os frutos da adoração. Se adora Viṣṇu tornando-se ele mesmo Viṣṇu, o iniciado *(sādhaka)* tornar-se-á o Grande Viṣṇu (Mahāviṣṇu, [ou seja, o Ser que está além do aspecto pessoal do deus])".[43] E, uma vez mais, agora no *Bhaviṣya-Purāṇa*: "Um homem não deve meditar sobre Rudra sem se tornar ele mesmo Rudra[44], nem tomar o nome de Rudra [murmurando a 'grinalda' dos nomes do deus] sem se tornar Rudra; nem alcançará Rudra sem se tornar Rudra".[45]

O ato de adoração tem por finalidade propiciar uma experiência direta e imediata daquilo que o *sādhaka* já sabe teoricamente, ou seja: que *jīva* e Īśvara (este último, de preferência, na forma feminina de *śakti)* são essencialmente um, pois são formas complementares pelas quais o *Brahman* se manifesta na esfera dos pares de opostos, no mundo criado. O *sādhaka* defronta sua *devatā*, que é representada na forma de imagem externa ou de visão interna, no plano e na condição do dualismo; porém, ele sabe que o que parece ser dois é, na realidade, uma só coisa. A atividade da autoentrega conduz então à absoluta compreensão deste mistério. A própria entrega da ilusória natureza soberana do indivíduo transforma-o em servo *(dāsa)* da divindade, e este estado, quando chega à perfeição, revela que o *sādhaka* possui uma autoridade fundamental semelhante à da divindade cultuada. O fervor do culto diário por meio do *bhaktiyoga* acorda, deste modo, a natureza divina que reside no homem, e a divina beatitude extática *(preman)* lhe advém após o momento de participação perfeita. Analogamente, o filho daquele homem rico – na parábola já citada, do *Saddharmapuṇḍarīka* do budismo Mahāyāna, – sem o saber, serviu a seu pai como criado, fez progressos e finalmente chegou a compreender que era filho e herdeiro de seu dono, com direito a todas as suas posses, sendo ele próprio, na verdade, um homem rico, o *alter ego* de seu senhor.[46]

Entretanto, os ritos e graus do serviço estão governados pelo caráter espiritual do devoto. Uma personalidade dotada de *rajas* (a qualidade de vigor e ação) necessitará de uma *sādhanā* diferente à daquele em quem predomina o *tamas*, enquanto o homem divino de brilhante *sattva* adaptar-se-á a um outro método. No vocabulário tântrico estes três tipos são conhecidos, respectivamente, como *vīra*, o herói; *paśu*, o torpe animal do rebanho; e *divya*, o santo luminoso divino.

Digno de notar – e talvez seja um sintoma de origem *kṣatriya* – é a ênfase dada nos *Āgama* clássicos do Tantra ao *vīra*, o homem de disposição "rajásica". Conforme o ideal e o método do Vedānta, o *rajas* devia ser subjugado pelo *sattva*, pois todas as disciplinas fundamentavam-se no princípio do espelho perfeito do lago; todavia, na realização tântrica clássica, a vitória é alcançada por meio das próprias paixões: são desafiadas, encaradas diretamente e domadas como um cavaleiro doma um garanhão impetuoso. As "cinco coisas boas", que para o *paśu*, o andarilho, o homem do rebanho, representam apenas perigo, convertem-se nos veículos principais da realização. "Os cinco elementos essenciais no culto da Śakti" – afirma o *Mahānirvāṇa Tantra* – "são, segundo foi prescrito, o vinho, a carne, o peixe, o grão tostado e a união do homem com a mulher. O culto da Śakti sem estes cinco elementos é apenas a prática de magia maligna (*abhicāra* [ritual que danifica ou destrói]); deste modo, nunca se consegue o poder que é o objetivo da disciplina, e os obstáculos surgem a cada passo. Assim como as sementes semeadas na rocha não germinam, também o culto *(pūjā)* sem estes cinco elementos é infrutífero."[47] Estas frases aparecem no texto como palavras de Śiva a sua *śakti*, pronunciadas na câmara interior de sua morada divinamente gloriosa, no cume da montanha sagrada, Kailāsa.

Entretanto, nem os religiosos nem os leigos da Índia de hoje apoiam a ousadia desta concepção heroica. Ao contrário, a atitude anteriormente atribuída ao *paśu* é recomendada para todos, ou seja, a de render culto à força vital *(śakti)*, não como Noiva, mas como Mãe, submetendo-se, desta maneira, como um filho, a uma espécie de castração sacramental. Certa feita, Rāmakrishna disse a um de seus devotos mais mundanos, Girish Chandra Ghosh, um dramaturgo bem-sucedido e diretor do Star Theatre de Calcutá: "A atitude do 'herói' não é boa. Algumas pessoas a preferem. Consideram a si mesmos como *Puruṣa* e às mulheres como *Prakṛti*; e querem beneficiar a mulher por meio do ato sexual com ela. Mas este método frequentemente causa desastres".

> Girish: "Em outros tempos, eu também fui a favor desta ideia".
>
> Śrī Rāmakrishna olhou Girish pensativamente, em silêncio.
>
> Girish: "E ainda tenho esta inclinação em minha mente. Dize-me o que devo fazer".
>
> Rāmakrishna (após refletir um momento): "Deixa que Deus se encarregue de ti. Deixa que Ele faça o que quiser".
>
> Repentinamente, a conversa voltou-se para os adeptos mais jovens de Rāmakrishna.
>
> Rāmakrishna (a Girish e a todos os outros): "Na meditação vejo as características íntimas destes jovens. Não pensam em adquirir casa ou propriedades. Não almejam o prazer sexual. Os jovens casados não dormem com suas esposas. A verdade é que, a menos que um homem se tenha libertado do *rajas* e haja adquirido o *sattva*, ele não pode residir firmemente em Deus; não pode amá-Lo nem realizá-Lo".
>
> Girish: "Tu acabas de me abençoar".
>
> Rāmakrishna: "Mas como? Disse que terias êxito se fosses sincero".
>
> Antes que Girish pudesse responder, Śrī Rāmakrishna deu um grito de gozo: "*Ānandamayī*!" E o grupo o viu – como havia feito muitas vezes antes – passar, repentinamente, da consciência normal ao estado extático de absorção divina *(samādhi)*. Permaneceu ausente por algum tempo. Logo se moveu e não demorou muito em voltar a participar vivamente da conversa.[48]
>
> Um de seus adeptos mais jovens havia perguntado certa vez: "Não é verdade que o Tantra prescreve a disciplina espiritual em companhia de mulheres?"
>
> "Isto não é desejável" – respondeu o Mestre. "É um caminho muito difícil e com frequência provoca a queda do aspirante. Há três disciplinas dessa natureza. Pode-se considerar a mulher como amante, ou considerar a si próprio como criado dela ou como seu filho. Eu con-

sidero a mulher como minha mãe. Considerar a si próprio como servo dela é bom; mas é extremamente difícil praticar a disciplina espiritual considerando-a como amante. Considerar-se como filho dela é uma atitude muito pura."[49]

Diz em outra ocasião: "Apenas *Śakti* é a raiz do Universo. Esta energia primordial tem dois aspectos: *vidyā* e *avidyā*. A *avidyā* engana. A *avidyā* conjura 'a mulher e o ouro', que produzem o feitiço. A *vidyā* engendra devoção, gentileza, sabedoria e amor, que nos levam a Deus. Esta *vidyā* deve ser favorecida e esta é a finalidade dos ritos do culto a *Śakti*.

O devoto assume várias atitudes em relação a *Śakti* com o objetivo de favorecê-la: a atitude de servo, de herói ou de filho. A atitude do herói é a de agradá-la como um homem agrada a uma mulher na relação sexual.

O culto a *Śakti* é extremamente difícil. Não é brincadeira. Passei dois anos como servo e companheiro da Mãe Divina. Porém, a minha atitude natural sempre foi a de um filho com a sua mãe. Considero os seios de qualquer mulher como os seios de minha própria mãe. As mulheres são, todas elas, verdadeiras imagens de *Śakti*".[50]

Nos *Āgama* clássicos do tantrismo são prescritas três variedades de *sādhanā* para os diferentes tipos de temperamento. Aquele das "cinco coisas boas", tal como o temos denominado, é para o *vīra*. Mas para o *paśu* isso constitui "as cinco coisas proibidas". E assim o termo "vinho" *(madya)* é interpretado neste caso como água de coco, leite ou alguma outra "substância substituta" *(anukalpatattva)*. De modo similar, no lugar de "carne" *(māṁsa)*, come grãos de trigo, gengibre, gergelim, sal ou alho e, ao invés de "peixe" *(matsya)*, rabanetes, gergelim vermelho, *masur* (um tipo de grão), beringela branca e *paniphala* (uma planta aquática). O "grão tostado" *(mudrā)*, na forma de arroz, trigo e arroz com casca, etc., é permitido; contudo, em lugar do *maithuna*, recomenda-se uma submissão infantil ante os Pés de Lótus da Mãe Divina.[51]

O *divya*, o homem-deus do mais puro *sattva*, está além, muito além, tanto da *sādhanā* substituta e segura do cordeiro piedoso, como também das intrépidas e cavalheirescas experiências do herói. Nenhum sacramento ou imagens exteriores são necessárias para ele. Daí que, ao reavaliar as "cinco coisas boas" conforme prescritas para o *divya*, "o 'vinho' *(madya)* não é nenhum líquido, mas aquele conhecimento embriagador obtido pelo *yoga* do *Parabrahman*, que torna o adorador insensível com respeito ao mundo exterior. A 'carne' *(māṁsa)* não é algo que tenha polpa, mas o ato pelo qual o *sādhaka* dedica todas as suas ações a 'Mim' *(mān)*, ou seja, ao Senhor (trata-se, evidentemente, de um jogo de palavras). O 'peixe' *(matsya)* é aquele conhecimento sáttvico em que, por meio do sentido de o 'meu' (jogo de palavras em torno da *matsya*), o adorador simpatiza com o prazer e a dor de todos os seres. *Mudrā* é o ato de renunciar a toda associação com o mal, associação esta que resulta em escravidão, ao passo que o 'coito' *(maithuna)* é a união da *śakti kuṇḍalinī*, a 'mulher interior' e a força cósmica que reside no centro inferior *(mūlādhāra cakra)* do corpo do *sādhaka*, com o supremo Śiva que habita o centro superior *(sahasrāra)*, no alto da cabeça".[52]

Então, enquanto o devoto *paśu* ou *vīra*, ao praticar *bhūtaśuddhi* (a purificação ritual e preliminar dos elementos do corpo para consumar um ato de adoração dualista)[53], tem de imaginar a ascenção purificadora da *kuṇḍalinī* através dos centros ou lótus *(cakra, padma)* da *suṣumṇā*, o *divya*, adepto dos exercícios do *kuṇḍalinīyoga* tântrico, faz com que este milagre psicossomático realmente aconteça. O *āsana* (assento e postura adequada), as *mudrā*, o *prāṇāyāma* (controle da respiração), o *dhyāna* e os mantra (visualização interior, e a recitação concentrada de certas fórmulas e sons "germinais"), após um longo e severo treinamento preliminar de autopurificação física e emocional, resultam verdadeiramente em um efeito físico descrito como a canalização de todas as energias do corpo através do canal sutil *(suṣumṇā)* que sobe pelo interior da coluna vertebral. Neste caso, a ascenção do "Poder Serpentino" *(kuṇḍalinī)* e o despertar dos lótus *(padma)* não precisam ser imaginados, ocorrem de fato. E quando se alcança o sexto centro, o "lótus de comando" *(ājñā)* – situado entre as sobrancelhas – o Senhor (Īśvara) já não é mais imaginado, mas visto realmente, e quem o contempla se perde por completo no *savikalpasamādhi*, a comunhão com o *Brahman* "com limitações" *(savikalpa)*, onde a distinção entre o sujeito e o Deus pessoal ainda subsiste.[54] Porém, no momento em que esta força ascencional atinge o último lótus de mil pétalas, no topo da cabeça (o *sahasrāra*), onde Śiva e sua *śakti* são um, a experiência pura transcende o conhecimento da dualidade e o estado do iogue é o de *nirvikalpasamādhi*: a realização da identidade de *ātman* com *Brahman* "além de todas as limitações" *(nirvikalpa)*, onde são aniquilados tanto o sujeito quanto seu objeto supremo.[55]

"Há um meio simples de verificar se a *śakti (= kuṇḍalinī)* foi realmente acordada" – escreve Sir John Woodroffe. "Se ela foi despertada, sente-se um calor intenso no local; mas, ao deixar um centro particular, este se torna frio e, em aparência, sem vida, como um cadáver. A ascenção pode, desta maneira, ser exteriormente verificada por outros. Quando a *śakti* (poder) atinge a parte superior da cabeça *(sahasrāra)* todo o corpo se esfria, exceto a parte superior do crânio, onde se sente algum calor, pois é aí que se unem os aspectos estáticos e cinéticos da Consciência."[56]

Rāmakrishna, rodeado por um grupo de amigos íntimos, dizia que:

> Às vezes, a Corrente Espiritual sobe pela coluna vertebral, arrastando-se como uma formiga. Às vezes, em *samādhi*, a alma nada alegremente como um peixe no oceano do êxtase divino. Às vezes, quando me deito de lado, sinto a Corrente Espiritual empurrar-me como um macaco e comigo brincar alegremente. Permaneço quieto. Esta Corrente, como um macaco, de súbito alcança, com um salto, o *sahasrāra*. Eis por que, vez por outra, me veem dar um salto repentino.

Às vezes, também, a Corrente Espiritual sobe como um pássaro saltando de galho em galho. O lugar em que pousa sente-se como fogo. Pode saltar do *mūlādhāra* ao *svādhiṣṭhāna*, do *svādhiṣṭhāna* para o coração e dali, por via de regra, até a cabeça. Às vezes a Corrente Espiritual move-se como uma serpente. Sobe em ziguezague, chega finalmente à cabeça e eu entro em *samādhi*.

A consciência espiritual de um homem não é despertada, a menos que a *kuṇḍalinī* o seja. A *kuṇḍalinī* habita o *mūlādhāra*. Quando despertada, sobe pelo nervo *suṣumṇā*, passa pelos centros do *svādhiṣṭhāna*, *maṇipūra* e os seguintes, atingindo, por último, a cabeça. Isto é chamado o movimento do *Mahāvāyu*, a Corrente Espiritual. Culmina no *samādhi*.

Nossa consciência espiritual não é despertada pela simples leitura de livros. Devemos orar a Deus. A *kuṇḍalinī* acorda se o aspirante sente inquietação com respeito a Deus. De que serve falar do conhecimento fundamentando-se apenas no estudo e em conversas?

Justamente antes de eu alcançar este estado mental, foi-me revelado como a *kuṇḍalinī* é despertada, como os lótus dos diferentes centros florescem e como tudo isto culmina em *samādhi*. Esta é uma experiência muito secreta. Vi um jovem de vinte e dois ou vinte e três anos, bem parecido comigo, entrar no nervo *suṣumṇā* e se comunicar com os lótus, tocando-os com sua língua. Começou com o centro correspondente ao ânus, passou pelo centro dos órgãos sexuais, do umbigo, e assim por diante. Os diferentes lótus destes centros – com quatro, seis pétalas, etc. – estavam caídos. Ao seu toque, erguiam-se.

Quando o jovem alcançou o coração – lembro-me disto particularmente – e comunicou-se com aquele lótus, tocando-o com sua língua, o lótus de doze pétalas, até então caído, ergueu-se e abriu suas pétalas. Foi logo para o lótus de dezesseis pétalas que está na garganta, e para o de duas, na testa. Por último floresceu o de mil pétalas, que está na cabeça. A partir de então encontro-me neste estado.[57]

"Desperta, ó Mãe!" – escreveu Rāmprasād. "Ó *kuṇḍalinī*, cuja natureza é a Beatitude Eterna! Tu és a Serpente enroscada no sono, no lótus do *mūlādhāra*!"[58]

"Na profunda escuridão, ó Mãe, Tua beleza sem forma resplandece", assim diz outro canto maravilhoso:

> Na profunda escuridão, ó Mãe, Tua beleza sem forma resplandece;
> por isso os iogues meditam numa escura caverna montanhosa.
> No regaço das trevas sem limites, apoiada pelas ondas do
> *Mahānirvāṇa*,
> A paz flui serena e inesgotável.
> Tomando a forma do Vazio, vestida com o manto das trevas,
> Quem és Tu, Mãe, sentada sozinha no santuário do *samādhi*?

Do Lótus de Teus Pés, onde os temores se desvanecem, cintilam
os raios do Teu amor;
Tua Face-Espírito brilha com um riso terrível e sonoro.[59]

3. Todos os deuses estão em nós

No jainismo e doutrinas semelhantes, a matéria é de caráter inerte e sem vida *(ajīva)*. O duro ascetismo dos "filósofos nus" (os "gimnosofistas" que deixaram atônitos os gregos de Alexandre) era uma consequência lógica de sua decisão de se desprender deste material morto para, assim, atingir um estado em que fossem puros, luminosos, perfeitos. Como balões que sobem deixando a terra – a terra, sua atmosfera e mesmo o último envoltório estratosférico –, suas mônadas vitais deixavam para trás, uma por uma, as cadeias universais da "vida" inanimada. Como vimos, a força daquela concepção pré-ariana, dualista e inerente ao Yoga, era tão grande na Índia que até mesmo o exuberante monismo dos brâmanes acabou por se submeter à sua influência. Passo a passo, a vigorosa afirmação do mundo, característica do período védico, sofreu uma mudança estranhamente contraditória, até que, no cerne daquilo que se considera a suprema designação não dualista do *Brahman* como *sat, cit, ānanda* (puro ser, consciência e beatitude, livre de toda escravidão, ignorância e miséria da ilusão cósmica), o princípio do Yoga obteve seu triunfo mais impressionante. Porque, embora seja verdadeiro dizer que em lugar do ideal pré-ariano, jainista e iogue da "isolamento-integração" *(kaivalya)* das mônadas vitais separadas *(jīva, puruṣa)*, a nova meta era a da religação com o único *Brahman Saccidānanda*, "Um-sem-segundo"; não obstante, esta religação não dual, este reconhecimento de uma identidade – que na verdade nunca havia sido perdida – foi entendido como uma refutação da falsa ideia da existência de um cosmo: uma dissolução da "sobreposição" devido à "ignorância". "O que não é tocado pela sonda sêxtupla [do declínio e morte, fome e sede, dor e ilusão], o que é meditado pelo coração do iogue mas não é apreendido pelos seus órgãos sensoriais, o que a faculdade de intuir *(buddhi)* não pode conhecer, e o que é irrepreensível *(anavadya)*: esse *Brahman* és tu; medita sobre isto em tua mente."[60] A mesma e fundamental atitude ascética de rejeição, que no passado pré-ária havia dividido a experiência humana nas esferas de *ajīva* e *jīva*, agora discriminava entre *saṁsāra* e *nirvāṇa*, procurando identificar-se (sem reminiscência) com o elemento desapegado.

No entanto, por outro lado, floresce na Índia, lado a lado com esta atitude de negação, uma vigorosa afirmação da esfera do fluxo e do tempo, que é tão destemida e absoluta – à sua maneira – como a inabalável autotranscendência dos iogues. Nestas terras, o grande esforço humano, em uma outra direção, parece haver sido sempre o de quebrar as limitações demasiado humanas da mente por meio de técnicas "inumanas". Os ideais e disciplinas das castas são "inumanos" – a partir de uma perspectiva humanista – e, em certo sentido, todo indiano de algum modo é um iogue, pois a *bhakti*, o "caminho da devoção" popular hindu, é também *yoga*: um "subjugar" o espírito ao princípio divino. Sempre que a *bhakti* é levada a sua última expressão, como por exemplo, na *Bhagavadgītā* e nos sacramentos das "cinco coisas boas" *(pañcatattva)* tântricas, o iniciado secular é levado a encarar e assimilar o aspecto imanente do Ser absoluto, de modo não menos audacioso que o esforço requerido, no bosque penitencial, para assimilar o transcendente.

Em outras palavras, a mentalidade bramânica não capitulou incondicionalmente ante o princípio de rejeição do mundo. Os problemas físico-psíquicos colocados pela filosofia monista védica, que amadureceu durante o período das *Upaniṣad*, estão abertos tanto para respostas que afirmam quanto para as que negam o mundo. A tendência filosófica indiana mais amplamente documentada, e a primeira encontrada pelos investigadores ocidentais, era a representada pelas escolas do Vedānta e do Hīnayāna; contudo, nos últimos anos começou-se a apreciar o poder e a profundidade do sistema tântrico, e assim se facilitou uma nova compreensão da vida e da arte da Índia. De fato, seria espantoso que, na mais duradoura das civilizações conhecidas ao longo da história, a única resposta intelectual ao axioma "Tudo é *Brahman*" fosse a renúncia monástica do aspecto manifesto em favor do não manifesto da questão metafísica. Caso não soubéssemos o que temos aprendido da filosofia dos *Āgama* tântricos, teríamos de supor tal tradição, pois, à medida que a história da Índia nos revela seus segredos, tornamo-nos mais e mais conscientes do poder de algo bem diferente da sublimada melancolia dos monges, na apaixonada contemplação hindu dos encantos do mundo do nome e da forma. Na majestosa versão escultural de Śiva Trimūrti em Elefanta[61], nas esculturas de bronze que representam Śiva dançando[62], provenientes do sul da Índia e agora mais conhecidas, no fantasmagórico estilo "névoa e espuma" das grandes obras-primas de Bhājā, Māmallapuram e Elūrā[63], bem como no fenômeno estético indiano que em outra parte já descrevemos como "forma expansiva"[64], traduz-se uma estupenda afirmação dionisíaca do dinamismo do espetáculo fenomênico, que a um só tempo afirma e transcende as características apreendidas do indivíduo e de seu cosmo. A própria *prakṛti* (*natura naturans*, não apenas a superfície visível das coisas) é aqui retratada – sem resistir a seus encantos – quando gera os oceanos dos mundos. Os indivíduos – meras ondas, simples momentos da incessante correnteza de formas efêmeras que flui veloz – estão tangivelmente presentes, mas sua própria tangibilidade é tão só um gesto, um afetuoso lampejo de expressão da Deusa Mãe – que é invisível – cujo jogo *(līlā)* é o universo de sua própria beleza. Nesta concepção dionisíaca o indivíduo é a um tempo desvalorizado e divinizado, é majestoso com a majestade da Natureza e fica protegido misticamente no meio do redemoinho do mundo.

E óbvio que tal perspectiva não é adequada a todos. Pode atrair apenas certos tipos e gostos: o aristocrático, por exemplo, ou o artístico e o extático. Um temperamento intelectual, embora talvez aprecie a magnitude torrencial desta concepção, permanecerá, necessariamente, um tanto frio, recusando-se a lhe responder com toda sua personalidade. Porque esta concepção – ainda que certamente perene na Índia – não está tão bem documentada na literatura, na teologia e na filosofia, quanto nas obras de arte. Os textos saem das mãos de intelectuais, dotados por natureza para as realizações abstratas do caminho do pensamento desencarnado *(jñānayoga)*; mas as obras de arte brotam das mãos de artesãos contratados por ricos comerciantes e aristocratas – todos os filhos, os servos ou os heróis voluntários da Deusa que, talvez, respeite profundamente seus filhos mais dedicados, mas que no íntimo é consciente de que há riquezas, favores e intuições maravilhosamente paradoxais que Ela reserva apenas para os que estão de fato apaixonados por Ela, e que os discriminadores arrogantes, dedicados ao transcendental Um-sem-segundo, jamais poderão compartilhar.

Através de toda a história da Índia que conhecemos, estes dois pontos de vista atuaram em um processo dialético de cooperação antagônica, produzindo a majestosa evolução da arte, da filosofia, dos ritos, da religião e das formas políticas, sociais, econômicas e literárias, que hoje constituem o milagre da civilização indiana. Em geral, pode-se dizer que a afirmação não dualista do mundo – sustentada pelos brâmanes védicos – mais ampla e profunda, foi o fator dominante e vitorioso neste desenvolvimento. Ao dualismo realista, pluralista e idealista do jainismo e do sistema Sāṁkhya, só podemos atribuir um papel preliminar e provocador. Em virtude de uma técnica ousada e vigorosa de filosofar por meio de paradoxos, que continuamente estabelece a unidade essencial de termos e esferas que por vias lógicas pareceriam antagônicos, o fértil pensamento bramânico reuniu, fundiu e transcendeu, de modo infalível, os pares de opostos que, logo, puderam dissociar-se novamente em um brilhante jogo dialético; porque o pensamento bramânico é a expressão e a contrapartida filosófica do próprio processo vital e reflete, em termos conceituais, o paradoxo do incessante dinamismo da vida.

O alimento, a carne e o sangue se transformam num corpo vivo, em impulsos, emoções, sentimentos, pensamento e inspiração. Estes, por sua vez, condicionam e movem a estrutura corporal. Logo, a decomposição deste mesmo corpo após a morte o transforma na fervilhante vida de vermes e vegetação, os quais, por sua vez, são alimento. Há um circuito contínuo de metabolismo, uma interminável transformação dos opostos, uns nos outros. E esta realidade do vir a ser reflete-se na concepção monista bramânica da *māyā*. O movimento perpétuo das coisas transformando-se umas nas outras é a realidade simbolizada pela imagem da Deusa. A fêmea concebe por meio do macho e transforma a semente dele no fruto comum aos dois, uma nova formação da substância de ambos. Tal é o milagre do enigma, a Māyā-Śakti, possuidora, portanto, de uma filosofia vital erótica, o complemento exato e oposto do pensamento esterilizador, severo, sublime e ascético das escolas Jaina e Sāṁkhya.

A preocupação destes últimos é dividir, purificar e finalmente separar para sempre o princípio vital, que é incorpóreo, e o princípio da matéria grosseira e da matéria sutil, que condiciona, mancha e obscurece a vida. No longo curso do pensamento indiano, esta rígida atitude ascética pôde celebrar seus momentos de vitória, e tais momentos contribuíram incomensuravelmente para renovar e dar um novo colorido à vida indiana. Mas esta mesma vida, de acordo com seu próprio e inato princípio dialético de transformação, produziu de modo inevitável um novo milagre de absorção, assimilação e reafirmação: por vezes seguidas, a grande e vigorosa Índia tropical adotou o caminho sublime da esterilização, caminho cuja máxima expressão se encontra nos ensinamentos do Buddha e no Vedānta de Śaṅkara; entretanto, o poder e a sabedoria do erótico e paradoxal monismo da vida – e da compreensão bramânica – sempre conseguiu reafirmar com êxito sua força.

Brahman, *Śakti*, a substância e vitalidade da filosofia indiana não dual, é o princípio que invade, penetra e anima o panorama e as evoluções da natureza; porém, ao mesmo tempo, é o campo ou matéria da própria natureza *(prakṛti; natura naturans)*, animado, invadido, penetrado por ele. Desta maneira, simultaneamente *habita* e *é* o Universo manifesto e todas as suas formas. Como o dinamismo incessante da esfera transitória do devir e do falecer, vive em todas as mudanças do nascimento, crescimento e dissolução.

Mas, a um só tempo, está longe desta esfera de mudanças, pois em seu aspecto transcendente, de repouso, desconhece fases e não se apega nem aos vivos, nem aos mortos. Os nomes a ele atribuídos são concessões à mente humana. Esta mente, no entanto, sendo da mesma essência do inefável, pode ser induzida a se lembrar de si própria, caso ouça adequadamente um dos nomes que por fim são inadequados. O nome do *Brahman*, *Saccidānanda Brahman*, é errôneo, pois sugere que o transcendente é. O nome Vacuidade, *Śūnyatā*, o vazio, também é errôneo, pois sugere que o transcendente não é. Não obstante, talvez este último seja o menos errôneo e, por isso, o melhor, pois sugere mais a transcendência do que uma existência definível. Contudo, não vale a pena discutir sobre a diferença. Como chave, qualquer dos termos serve, mas se não forem adequadamente entendidos de nada servirão.

A filosofia bramânica produziu sua última afirmação sintetizadora no heroico esoterismo dos *tantra* e no Mahāyāna tântrico (este último sobrevive hoje nos picos nevados e altos vales do Tibete), onde o antigo frenesi ariano em favor do não dualismo e do paradoxo, proclamando sempre a unidade dos incompatíveis, combinou-se de modo fecundo com o que lhe era incompatível: o antigo sentimento cósmico matrilinear da civilização indiana aborígine. O que os sábios védicos reconheceram nos céus do macrocosmo, o adepto tântrico sentia habitar corporalmente dentro de si mesmo, no microcosmo, chamando-o também de "Deus". De tal sorte que, enquanto os membros da casta dos brâmanes dos tempos védicos conjuravam o poder sagrado *(brahman)* mediante sacrifícios públicos, o devoto tântrico de qualquer casta, por meio de ritos simples e essencialmente pessoais dos círculos de iniciados tântricos, sacrificava seu próprio ego e assim conjurava o poder sagrado *(śakti)* de sua própria fenomenalidade para que se manifestasse em sua vida. Os deuses servidos pelos brâmanes haviam sido os da comunidade; o deus adorado pelo devoto tântrico era o seu próprio, seu *iṣṭa-devatā*, seu amado escolhido que, mesmo assim, era essencialmente idêntico a qualquer outra divindade adorada em qualquer outra parte, pois "Apenas um tolo" – afirma o *Sammohana Tantra* – "vê qualquer diferença entre Rāma e Śiva".[65] O brâmane era escolhido para servir e conjurar os deuses da comunidade porque ocupava uma alta posição no sistema de castas daquela comunidade, ao passo que o devoto tântrico era escolhido com base no amadurecimento de sua mente e no poder de sua experiência. "O brâmane que descenda de um Ṛṣi [sábio santo] é todos os deuses" – diz o *Śatapatha-Brāhmaṇa*[66]. O devoto tântrico pensa: "Sou a Devī e ninguém mais. Sou *Brahman* que está além de todo pesar. Sou uma forma de *Saccidānanda*, cuja verdadeira natureza é a eterna Liberação".[67]

A ideia de divindade do indivíduo democratiza-se no tantrismo, pois é entendida de modo psicológico e não sociopolítico. Resulta daí uma nova interpretação de todo o contexto da religião popular indiana. Os ritos e o sentimento do sagrado na Índia contemporânea mostram em cada traço a profunda influência desta concepção tântrica; na verdade, durante séculos foram mais tântricos que védicos. Apesar dos vestígios residuais do esnobismo arcaico de casta, a vida nativa indiana irradia o esplendor da realização da divindade universal. Em contraste com a atitude de Jó, que clamava a Yahveh: "O que é o homem, para que tu o magnifiques?", o indiano, aniquilando seu ego, iguala-se a Deus, transcende a Deus e permanece em paz, em seu conhecimento de si mesmo como *Brahman*. "A Mãe está presente em cada casa" – escreve Rāmprasād. "Devo ficar gritando esta notícia como quem quebra uma vasilha de barro no chão?

NOTAS

1. Supra, p. 377, 378.

2. *The Gospel of Śrī Rāmakrishna*, tradução e introdução do Swāmī Nikhilānanda, New York, 1942, p. 858.

3. *Ib.*, p. 288.

4. Veja em contraste, supra, p. 308.

5. O *Brahman* como Ser *(sat)*, Consciência *(cit)* e Beatitude *(ānanda)*. Cf. supra, p. 300.

6. *The Gospel of Śrī Rāmakrishna*.

7. Conhecido por *māyā* no Vedānta; cf. supra, p. 300, 301. A *śakti* é o *Yum* do ícone *Yab-Yum*; cf. supra, p. 389, 390.

8. Esta ideia de jogo *(līlā)* da divindade nas formas do mundo é fundamental à concepção tântrica, e é a contraparte hindu do *mahāsukha* do budismo Mahāyāna (supra, p. 387).

9. *The Gospel of Śrī Rāmakrishna*, p. 133-135.

10. Uma exposição sobre a história e os ideais do Brāhmo Samāj (fundado em 1828 por Rājā Rammohan Roy) encontra-se na introdução de Swāmī Nikhilānanda em *The Gospel of Śrī Rāmakrishna*, p. 40-42. Uma figura de destaque no movimento foi Devendranath Tagore (1817-1905), pai do poeta, Prêmio Nobel, Rabindranath (1861-1941).

11. *Ib.*, p. 135-139 (com algumas breves omissões).

12. Os *Āgama* (escritos tântricos) são divididos em cinco grupos principais conforme as personificações que celebram: Sūrya (o deus sol), Gaṇeśa ("Senhor dos exércitos", filho de Śiva, com cabeça de elefante, contraparte indiana de Hermes, aquele que abre caminho e guia a alma), Śakti, Śiva e Viṣṇu. Estas três divindades são hoje muito mais importantes que as outras. Os princípios e as práticas tântricas também foram aplicadas ao culto dos *Buddha* e dos *Bodhisattva* do Mahāyāna; o simbolismo do *Yab-Yum* é tântrico.

13. Para uma exposição mais completa deste desenvolvimento e do simbolismo da deusa, cf. Zimmer, *Mitos e símbolos na arte e civilização da Índia*, p. 77-85 e 153 e segs.; também, *A conquista psicológica do mal*, parte II, "Quatro episódios do romance da Deusa".

14. *The Gospel of Śrī Rāmakrishna*, p. 116.

15. *Kulārṇava Tantra*, citado por Sir John Woodroffe, *Shakti and Shākta*, Madras/London, 1929, p. 7.

16. *Ib.*, p. 8. Sobre o termo *śāstra*, cf. supra, p. 39.

17. Dinesh Chandra Sen, *History of Bengali Language and Literature*, Calcutta, 1911, p. 714.

18. Supra, p. 400; cf. E. J. Thompson, "A Poet of People", *The London Quartely Review*, CXXX, quinta série, XVI (julho-outubro, 1918), p. 71.

19. *The Gospel of Śrī Rāmakrishna*, p. 139.

20. Cf. supra, p. 41.

21. *The Gospel of Śrī Rāmakrishna*, p. 139.

22. *Mudrā* também denota as posturas místicas das mãos, que desempenham um papel muito importante na arte e nos ritos indianos. Este é o único significado encontrado nos dicionários sânscritos. No entanto, lemos no *Yoginī Tantra* (cap. VI): "O arroz frito e similares – na verdade, todos os cereais que se mastigam – são chamados *mudrā*". (Citado em Woodroffe, *op. cit.*, p. 571)

23. Cf. supra, p. 387-390.

24. *Gandharva Tantra* 2; Woodroffe, *op. cit.*, p. 538.

25. *Yoginī Tantra* 1, Woodroffe, *op. cit.*, p. 493.

26. Sobre o termo *āśrama*, cf. supra, p. 123-127.

27. *Taittirīya-Brāhmaṇa* 2. 8. 8; cf. supra, p. 251-253.

28. Cf. supra, p. 313-317.

29. Cf. supra, p. 52.

30. Cf. supra, p. 309.

31. Citado por Woodroffe, *op. cit.*, p. 593.

32. Woodroffe, *op. cit.*, p. 587, 588.

33. Nota do tradutor: Na Índia, *ghī* é a manteiga líquida remanescente da manteiga tirada do leite de vaca ou búfala após ela ter sido derretida, fervida e coada; manteiga clarificada.

34. *Dharmādharma-havirdīpte ātmāgnan manasā srucā Suṣumṇāvartmanānityam akṣavṛttīr juhomyaham: Svāhā. (Tantrasāra* 698; Woodroffe, *op. cit.*, p. 559)

35. *Gandharva Tantra.*

36. *Ib.*
Nota do compilador: Não consegui obter os exemplares de alguns dos textos tântricos citados neste capítulo, por isso não posso fornecer referências precisas.

37. Um *yantra* é um diagrama geométrico. Sobre sua preparação e uso, cf. Zimmer, *Mitos e símbolos na arte e civilização da Índia*, p. 115-120.

38. Segundo Woodroffe (*op. cit.*, p. 511), os materiais usados e as coisas feitas são chamadas *upacāra* (de *upa-car*, "aproximar-se; aproximar-se com a intenção de servir; ajudar,

servir, atender, cuidar de um paciente; empreender, começar"). Por via de regra, o número de *upsāra* é dezesseis: 1. *āsana* (colocação da imagem); 2. *svāgata* (saudação de boas-vindas à divindade); 3. *pādya* (água para lavar os pés); 4. *arghya* (oferendas), apresentadas no; 5. o recipiente; 6. *ācamana* (água para beber e limpar os lábios, água que deve ser oferecida duas vezes); 7. *madhuparka* (mel, manteiga clarificada, leite e coalhada); 8. *snāna* (água para o banho); 9. *vasana* (tecido para roupas); 10. *ābharaṇa* (joias); 11. *gandha* (perfume); 12. *puṣpa* (flores); 13. *dhūpa* (incenso); 14. *dīpa* (luzes); 15. *naivedya* (comida), e 16. *vadana* ou *namaskriyā* (oração).

39. *Ib.*, p. 515.

40. Cf. Arthur Avalon (Sir John Woodroffe), *The Serpent Power*, 3ª edição revista, Madras/London, 1931, p. 120.

41. Um exemplo de *nyāsa* no culto cristão é o ato de fazer o sinal da cruz, tocando primeiro a testa ("em nome do Pai"), depois o peito ("do Filho"), o ombro esquerdo ("e do Espírito"), o direito ("Santo"), e finalmente unindo as palmas das mãos na posição de saudação, conhecida pelos hindus como *añjali*, que é o clássico *mudrā* cristão da oração ("Amém"). Os autores de *The Principles of Tantra* (compilado por Arthur Avalon, 2 vols., London, 1914-1916), citaram oportunamente (p. LXXI-LXXII) a segunda declaração do Concílio de Trento: "A Igreja Católica, enriquecida com a experiência das idades e revestida com seu esplendor, introduziu a bênção mística *(mantra)*, o incenso *(dhūpa)*, a água (*ācamana*, *pādya*, etc.), as luzes *(dīpa)*, os sinos *ghaṇṭā)*, as flores *(puṣpa)*, as vestimentas e toda a magnificência de seus cerimoniais a fim de incitar o espirito religioso à contemplação dos profundos mistérios que eles revelam. Como seus fiéis, a Igreja é formada do corpo *(deha)* e da alma *(ātman)*. Portanto, presta ao Senhor (Īśvara) um culto duplo: exterior *(vākya-pūjā)* e interior *(mānasa-pūjā)*, sendo este último a oração *(vadana)* dos fiéis, o breviário do sacerdote, e a voz d'Aquele que sempre intercede em nosso favor; e o primeiro está constituído pelos movimentos exteriores da liturgia". (As expressões em sânscrito, intercaladas, são dos autores de *The Principles of Tantra*.)
A relação histórica entre o culto cristão e o tântrico é assunto delicado, ainda a ser investigado.

42. Citado por Arthur Avalon, *The Great Liberation*, Madras, 1927, p. 109, nota.

43. *Vāśiṣṭha Rāmāyaṇa (Yoga-vāśiṣṭha*, citado *ib.*).

44. Rudra é o aspecto violento de Śiva, como destruidor do mundo.

45. *Bhaviṣya-Purāṇa*. (Avalon cita de modo quase literal o *Agni-Purāṇa*, em *The Great Liberation*.)

46. *Saddharmapuṇḍarīka* 4; cf. supra, p. 362, 363.

47. *Mahānirvāṇa Tantra* 5. 22-24 (traduzido por Avalon, *The Great Liberation*, p. 89, 90).

48. *The Gospel of Śrī Rāmakrishna*, p. 682.

49. *Ib.*, p. 123.

50. *Ib.*, p. 116.

51. Woodroffe, *Shakti and Shākta*, p. 569, 570.

52. Nīlamaṇi Mukhyopadhyāya, *Pañcatattvavicāra*, p. 85; Woodroffe, *Shakti and Shākta*, p. 567. Outras leituras elevadas do *Pañcatattva* aparecem em outros textos; cf. Woodroffe, p. 495-500, 568, 569.

53. Cf. supra, p. 413, 414.

54. Cf. supra, p. 305, 306.

55. Cf. supra, p. 306, 307.

56. Avalon, *The Serpent Power*, p. 21, 22.

57. *The Gospel of Śrī Rāmakrishna*, p. 829, 830.

58. *Ib.*, p. 363.

59. *Ib.*, p. 692.

60. Śaṅkara, *Vivekacūḍāmaṇi* 256.

61. Cf. Zimmer, *Mitos e símbolos na arte e civilização da Índia*, p. 120-122 e figura 33.

62. *Ib.*, p. 122-138 e figura 38.

63. *Ib.*, p. 48, 49, 94-98, 145 e figuras 1, 27, 28, 55, 59 e 60.

64. *Ib.*, p. 109-113.

65. *Sammohana Tantra* 9; Woodroffe, *Shakti and Shākta*, p. 53.

66. *Śatapatha-Brāhmaṇa* 12. 4.4.6

67. Woodroffe, *Shakti and Shākta*, p. 81.

Apêndices

APÊNDICE A

Os seis sistemas

O Sāṁkhya e o Yoga, a Mīmāṁsā e o Vedānta, o Vaiśeṣika e o Nyāya, os seis sistemas clássicos, filosofias ou, literalmente, "pontos de vista" (*darśana*; da raiz *dṛś-*, ver), são considerados os seis aspectos de uma única tradição ortodoxa. Embora em aparência e até mesmo abertamente contraditórios, são tidos como projeções complementares da verdade única em vários planos de consciência, intuições válidas a partir de diferentes pontos de vista, como as experiências dos sete cegos que tocavam o elefante, na popular fábula budista.[1] Os fundadores, reais ou supostos – Kapila, Patañjali, Jaimini, Vyāsa, Gautama e Kaṇāda –, deveriam ser considerados mais como escolas que como indivíduos. Deles nada se conhece exceto os nomes. Seus *sūtra* encontram-se no início de uma literatura abundante de comentadores e, no entanto, são os termos finais de um longo período de discussões prévias, tendo, cada um deles, argumentos contra todos os demais. Por outro lado, sem os comentários os textos seriam ininteligíveis: não são as obras autossuficientes de pensadores independentes, mas "fios" *(sūtra)* mnemônicos para orientação do ensinamento oral conforme o antigo estilo indiano do guru e seu *adhikārin*[2].

O Sāṁkhya e o Yoga foram discutidos acima (p. 208-239). Tratam da hierarquia dos princípios *(tattva)* procedentes dos efeitos do *puruṣa* na *prakṛti* e que sustentam as experiências da consciência no sonho e na vigília.

A Mīmāṁsā e o Vedānta também guardam mútua correspondência, pois ambos representam o ponto de vista do estado "quarto" *(turīya)*, o princípio transcendente não dual *(Brahman)* que está além da esfera da díade sustentadora do mundo *(puruṣa-prakṛti)*. O Vedānta foi abordado acima (p. 290-322) como a verdade final ou "fim" *(anta)* dos *Veda*; a Mīmāṁsā preocupou-se em esclarecer o aspecto litúrgico destes mesmos livros sagrados. Na verdade, o termo *mīmāṁsā* – que significa, literalmente, "pensamento profundo, considerações, reflexão, exposição" e, quando aplicado à filosofia, "reflexão ou exposição sobre os *Veda*" – aplica-se a estas duas filosofias: 1. Pūrva-Mīmāṁsā (a primeira reflexão; exposição da primeira parte [dos *Veda*]) ou Karma-Mīmāṁsā (o estudo da ação [ritual]), e 2. Uttara-Mīmāṁsā (a segunda reflexão; exposição da segunda parte [dos *Veda*]) ou Brahma-Mīmāṁsā (a contemplação do *Brahman*).

A Pūrva-Mīmāṁsā, Karma-Mīmāṁsā, ou simplesmente a Mīmāṁsā, é uma espécie de ciência escolástica, sacerdotal, que define os cânones ortodoxos da vida litúrgica bramânica. Estes cânones tradicionais nem sempre estão claramente designados nos *Veda*; por isso, já nos *Brāhmaṇā*[3] recentes aparece o termo *mīmāṁsā* denotando uma discussão acerca de algum aspecto concernente à prática ritual. Durante os séculos seguintes, com a proliferação de interpretações sacerdotais divergentes, a solicitação desta ciência do raciocínio definitivo deve ter aumentado. Em alguma data entre 200 e 450 d.C. – ou seja, quando da cristalização do Vedānta – suas descobertas foram sumarizadas no *Pūrvamīmāṁsā-Sūtra* de Jaimini; mas este manual básico pressupõe uma longa história de argumentações. "Há evidências" – afirma A. B. Keith – "de que a ciência estava muito em voga já em meados do terceiro século a.C.".[4]

O método do *Pūrvamīmāṁsā-Sūtra* assemelha-se um tanto ao da escolástica *Suma Teológica* de Santo Tomás de Aquino. Sua unidade ou subdivisão elementar é o *adhikaraṇa* (encabeçamento), que se divide em cinco partes: 1. formula-se uma proposição; 2. as dúvidas são refutadas quanto a sua legitimidade; 3. os métodos errôneos de tratá-la são expostos; 4. estes são refutados; e, finalmente, 5. apresenta-se a solução verdadeira como conclusão inevitável de toda a discussão.[5] Por exemplo, no primeiro *sūtra* são apresentadas duas proposições: 1. que o estudo dos *Veda* é obrigatório para as castas superiores; e 2. que o *dharma* é um tema adequado de estudo. A primeira proposição é evidente por si mesma nos preceitos védicos; "Deve-se estudar o *Veda*" e "Deve-se executar o rito do banho final após estudar o *Veda*". Surge uma dúvida, entretanto, com relação à segunda proposição, uma vez que se pode questionar se há de se realizar o rito do banho imediatamente após o aprendizado dos *Veda*, e assim terminar o período de estudo. A primeira concepção que surge é a de que o banho deveria seguir-se imediatamente ao aprendizado do *Veda*. A contra-argumentação é que um verdadeiro estudo do *Veda* não é feito apenas pela simples leitura do texto. A verdadeira conclusão, em consequência, é a de que o banho final deve ser adiado até que o estudo do *dharma* tenha levado o estudante a compreender perfeitamente o *Veda*. A obra de Jaimini contém cerca de novecentos e quinze destes *adhikaraṇa*, organizados em doze livros.[6]

O Mīmāṁsā-*darśana* sustenta uma teoria sobre a infalibilidade dos *Veda* e uma outra sobre o significado como algo inerente ao som: o sânscrito, a linguagem sagrada dos *Veda*, por assim dizer, não é uma língua histórica baseada em convenções, mas uma emanação do Ser *(sat)* no som *(śabda)*; daí o poder dos *mantra* sagrados e dos hinos védicos em tocar o âmago da verdade e, desta maneira, operar feitos mágicos. É desta força que provêm os efeitos do sacrifício, e não da intervenção divina, pois, embora as oferendas sejam dirigidas às divindades, as próprias divindades são sustentadas pelo poder do sacrifício. "A Mīmāṁsā" – escreve Garbe – "não reconhece a existência de Deus. Não obstante, como acontece no Sāṁkhya e nos outros sistemas, este fato não se opõe à crença nos seres sobrenaturais da religião indiana popular."[7] Também é rejeitada a ideia da criação e dissolução periódica de todas as coisas. Há um processo constante de vir a ser e de fenecer, porém não há base para sistematizar este processo na forma de ciclos de evolução e involução.[8] Além disso, argumentando especificamente contra o Śūnyavāda do Mahāyāna, a gnoseologia da Mīmāṁsā afirma que o mundo é real.[9] Este *darśana* guarda uma relação íntima com o Direito indiano, uma vez que seu objetivo principal é "determinar os mandamentos que são diferentes dos da lei civil, principalmente porque lidam mais com obrigações sacrificiais do que civis, e são sancionadas mais por penalidades espirituais que temporais".[10]

O Vaiśeṣika e o Nyāya, a cosmologia e a lógica, último par destas seis filosofias, tratam dos dados da consciência desperta a partir do ponto de vista da própria consciência desperta, e, em consequência, por seu espírito e caráter, estão mais próximos da tradição acadêmica ocidental que os outros *darśana* indianos. Supõe-se que o lendário fundador do Vaiśeṣika, Kaṇāda (também conhecido como Kaṇabhakṣa e Kaṇabhuj, sendo que os três nomes significam "comedor de átomos"), tenha nascido entre os anos 200 e 400 de nossa era.[11] Seu manual, os *Vaiśeṣika-Sūtra* (os *sūtra*, ou preceitos, que mostram as diferenças, traços distintivos ou natureza manifesta das coisas individuais), distingue na natureza seis categorias *(padārtha)*, a saber: substância *(dravya)*, compreendendo a terra, a água, o fogo, o ar, o éter, o tempo, o espaço, a alma *(ātman)*[12] e a mente *(manas)*; 2. qualidade *(guṇa)*, que abrange a cor, o paladar, o olfato, o tato (com a temperatura), o número, a extensão, a individualidade, a conexão, a separação, a prioridade, a posterioridade, o conhecimento, o prazer, a dor, o desejo, a aversão e a vontade[13]; 3. movimento e ação *(karman)*; 4. associação *(sāmānya)*; 5. diferença *(viśeṣa)* e 6. inerência *(samavāya)*[14]. O Vaiśeṣika retira seu nome da categoria 5, *viśeṣa*, "diferença", pois é uma doutrina atomista (daí a origem dos sobrenomes de seu lendário fundador). Os átomos das várias substâncias carecem de extensão mas, ao se combinarem, adquirem extensão e visibilidade. Durante os períodos de dissolução cósmica, entre os ciclos cosmogônicos, eles não se combinam, por isso não há mundo visível. Não obstante, as almas conservam seus méritos e deméritos e, em consequência, se unem logo aos diversos átomos. Isto renova o movimento dos átomos e começa um novo ciclo de criação. As contínuas migrações e atividades das almas no mundo manifesto terminam por fatigá-las, e assim se torna necessária uma noite – uma noite cósmica de dissolução – a fim de recompô-las. As uniões dos átomos se dissolvem e o Universo desaparece.

"Tanto as almas como o órgão do pensamento são substâncias eternas" – escreve Garbe, descrevendo a psicologia peculiar a este sistema – "mas a alma tudo penetra, ou seja, não está presa ao tempo e ao espaço, e, por outro lado, o órgão do pensamento é um átomo. Este último é intermediário entre a alma e os sentidos, uma vez que, incitado pela alma, dirige-se em cada ocasião ao sentido por meio do qual a alma deseja perceber ou agir. [...] Se permanece imóvel na alma, a união desta última com os sentidos termina, e nenhuma percepção ou ato de experiência é possível. [...] Se o órgão do pensamento fosse onipresente como a alma, ou se a alma pudesse entrar em relação imediata com os objetos do conhecimento, todos os objetos seriam percebidos simultaneamente. Enquanto o órgão do pensamento, por um lado, outorga à alma o poder estimulante, por outro lado, seus atos são uma espécie de freio para impedir que a alma exerça mais de uma função por vez."[15]

O Nyāya, a lógica, o sexto entre estes sistemas clássicos, é atribuído a um personagem muito vago, Gautama – apelidado Akṣapāda, "o de olhos nos pés", isto é, "com os olhos fixos nos seus pés" – cujo manual, o *Nyāya-Sūtra*, composto talvez já em 150 a.C.[16], porém mais provavelmente que tenha sido entre 200 e 450 d.C.[17], mostra um paralelo com o Vaiśeṣika em sua doutrina atômica, sua cosmologia e sua psicologia; contudo, dedica-se principalmente à ciência da lógica. Reconhecem-se quatro fontes de verdadeiro conhecimento: 1. percepção *(pratyakṣa)*; 2. inferência *(anumāna)*; 3. analogia *(upamāna)*; e 4. o testemunho fidedigno *(śabda)*. A inferência, único meio seguro para o conhecimento filosófico, é de três tipos: a) inferência da causa para o efeito *(pūrvavat)*; b) inferência do efeito para a causa *(śeṣavat)*; e c) raciocínio que vai da percepção ao princípio abstrato *(sāmānyato dṛṣṭa)*. Reconhecem-se três tipos de causas: a) a material, ou causa inerente *(upādāna-kāraṇa, samavāyikāraṇa)*, por exemplo, no caso do tapete, seus fios; b) a causa formal, ou não inerente *(asamavāyikāraṇa)*, no caso do tapete, a disposição e o entrelaçamento de seus fios; e c) a causa instrumental, ou eficiente *(nimittakāraṇa)*, as ferramentas do tecelão. O silogismo do Nyāya-*-darśana* compreende cinco membros: 1. a proposição *(pratijñā)*, por exemplo, "há fogo na montanha"; 2. a causa *(hetu)*, "porque sai fumaça da montanha"; 3. a exemplificação *(dṛṣṭānta)*, "onde quer que haja fumaça há fogo", como, por exemplo, na lareira da cozinha; 4. a recapitulação da causa *(upanaya)* "sai fumaça da montanha"; e 5. a conclusão *(nigamana)*, "portanto há fogo na montanha". Segundo escreve Garbe: "A concepção sobre a qual a teoria do silogismo do sistema Nyāya repousa tem o nome de 'associação invariável' *(vyāpti)*. Ao invés de começar, como nós fazemos, com uma proposição afirmativa, universalmente válida – 'Toda fumaça pressupõe a existência de fogo' –, a filosofia do Nyāya afirma a 'associação invariável' da fumaça com o fogo. O sinal observado *(liṅga)* – neste caso, a fumaça – está 'invariavelmente associado' *(vyāpya)*; o veículo do sinal que deve ser inferido *(liṅgin)* – neste caso, o fogo – é o 'invariável associado' *(vyāpaka)*".[18] René Guénon assinala, não obstante, que se usam formas resumidas deste silogismo, nas quais podem aparecer tão só os três primeiros termos ou os três últimos, e esta última forma abreviada assemelha-se ao silogismo de Aristóteles.[19]

O livro I do *Nyāya-Sūtra* define os tópicos ou categorias a serem discutidas na obra; o livro II trata da dúvida, os quatro meios da prova e sua validade, e mostra que não há outros meios válidos de demonstração; o livro III discute o eu, o corpo, os sentidos e seus objetos, a cognição e a mente; o livro IV aborda a vontade, o erro, a transmigração, os frutos bons e maus das ações humanas, a dor e a liberação final; logo, aborda uma teoria do erro e sobre o todo e suas partes; o livro V descreve as objeções irreais *(jāti)* e os meios de refutar um oponente *(nigrahasthāna)*.[20]

"Quando os sistemas Vaiśeṣika e Nyāya vieram a se combinar" – observa Garbe –, "a escola unificada adotou concepções teístas, porém nunca viram o Deus pessoal, que adotaram, como o criador da matéria. Sua teologia é exposta no *Kusumāñjali* de Udayana [aprox. 950 d.C.][21] e em várias obras posteriores que discutem os dois sistemas em conjunto. Conforme a concepção que eles sustentam em harmonia com a doutrina do Yoga, Deus é uma alma distinta, como todas as outras almas individuais, e estas, assim como Ele, são eternas. Ele, contudo, distingue-se delas pelo fato de apenas Ele possuir o atributo da onisciência e onipotência, que O qualificam para reger o Universo, e que, por outro lado, O destitui daqueles atributos que resultam no aprisionamento de todas as outras almas no ciclo de existência."[22]

O ideal de liberação apresentado nos *Nyāya-Sūtra* de Gautama, livro IV, é o de desapego ascético que culmina em um estado de absoluta inconsciência, similar ao do Sāṁkhya conforme descrito supra, p. 237, 238. Isto sugere que nestas doutrinas, aparentemente recentes, podemos encontrar um outro vestígio da ciência antiga dos pré-árias, representada no jainismo e na doutrina de Gosāla (supra, p. 189-198). De fato, em um texto jaina posterior (o *Āvaśyaka)*, o Vaiśeṣika é atribuído a um cismático jaina chamado Rahagutta.[23]

Os "seis sistemas" são considerados ortodoxos porque reconhecem a autoridade dos *Veda*; mas a coordenação entre eles não é muito antiga. Vācaspati-miśra (aprox. 841 d.C.) compôs comentários sobre os sistemas Sāṁkhya, Yoga, Mīmāṁsā, Vedānta e Nyāya, enquanto Udayana, cerca de um século depois, combinou as concepções do Nyāya e do Vaiśeṣika em sua prova da existência de Deus. A culminância da tendência sincrética ocorre com Śivāditya (de data incerta, mas provavelmente posterior a Udayana) que, embora talvez não tivesse sido o primeiro a amalgamar os *darśana* em uma exposição, deve entretanto ser reconhecido como a primeira das autoridades da escola unificada.[24]

Apesar disto, os "seis sistemas" nunca alcançaram a posição de uma ortodoxia exclusiva e dogmática. O *Sarvadarśanasiddhāntasaṅgraha* (Epítome das doutrinas de todos os *darśana*), um manual do século 10º ou 11 da escola de Śaṅkara, delineia, com objetividade adequada, as concepções dos *lokāyātika* (materialistas)[25], dos jainistas, dos budistas (Mādhyamika, Yogacāra, Sautrāntika e Vaibhāṣika), do Vaiśeṣika, do Nyāya, da Pūrva-Mīmāṁsā (em duas escolas: a de Prabhākara e a de Kumārila)[26], do Sāṁkhya e do Yoga, da filosofia de Vedavyāsa[27] e do Vedānta de Śaṅkara[28]. Madhava, um eminente vedantino do século 14, da escola de Śaṅkara, esquematiza igualmente, em seu *Sarvadarśanasaṅgraha* (Epítome de todos os sistemas)[29], dezesseis filosofias, acrescentando às anteriores o Vedānta de Rāmānuja, as doutrinas de um certo número de seitas dedicadas a Śiva e o tratado de gramática sânscrita de Pāṇini, com suas apreciações acerca das leis da linguagem metafísica, eterna e mágica dos *Veda*.[30]

Em última análise, a ortodoxia da Índia nunca se fundamentou em um colégio ou academia. Tampouco pode ser definida enumerando-se as várias concepções, porque sua vida reside no *mokṣa* dos verdadeiros sábios, como, por exemplo, Rāmakrishna (1836-1886) no século 19, e Rāmaṇa (1879-1950) no nosso (século 20)[31]. Estes "gansos selvagens" *(haṁsa)*, ensinando generosamente em todos os recantos da terra dos Bhārata, renovaram de modo perene a mensagem inefável, com termos variáveis que os filósofos classificam e os *adhikārin* transcendem.

JOSEPH CAMPBELL

NOTAS

1. *Udāna* VI. 4 (*Jaccandha-Vagga*: divisão dos "Cegos-de-Nascença").

2. Cf. supra, p. 50, 51.

3. Cf. supra, p. 44, nota 4.

4. Arthur Berriedale Keith, *The Karma-Mīmāṁsā*, em *The Heritage of India Series*, London/ Calcutta, 1921, p. 2, 3.

5. R. Garbe, "Mīmāṁsā", em Hastings, *Encyclopaedia of Religion and Ethics*, vol. VIII, p. 648.

6. Keith, *op. cit.*, p. 4, 5.

7. Garbe, *loc. cit.*

8. Keith, *op. cit.*, p. 61. Esta doutrina se opõe à concepção do Vaiśeṣika e do Nyāya. Cf. infra.

9. *Ib.*, capítulos II e III.

10. *Ib.*, p. 97.

11. R. Garbe, "Vaiśeṣika", em Hastings, *op. cit.*, vol. XII, p. 569.

12. Sirvo-me do termo "alma" na tradução para concordar com as citações (infra) de Garbe. Contudo, veja a nota de Zimmer, supra, p. 242, nota 48. O termo *ātman* aí denota a mônada vital (como *jīva*, no jainismo, e *puruṣa*, no Sāṁkhya) e não deve ser confundido com o termo *ātman* das *Upaniṣad*, da *Bhagavadgītā* e do Vedānta.

13. Compare com o uso do termo *guṇa* no Sāṁkhya e na *Bhagavadgītā*.

14. *Samavāya*: "a íntima relação que une a substância com seus atributos e é ela mesma um atributo da substância". (René Guénon, *Introduction Générale à l'Étude des Doutrines Hindous*, Paris, 1930, p. 237).

15. Garbe, "Vaiśeṣika ", p. 570.

16. Garbe, "Nyāya", em Hastings, *op. cit.*, vol. IX, p. 423.

17. Keith, *Indian Logic and Atomism*, Oxford, 1921, p. 24.

18. Garbe, "Nyāya", p. 423.

19. Guénon, *op. cit.*, p. 226, 227.

20. Keith, *Indian Logic and Atomism*, p. 19.

21. Segundo R. Garbe é 1.300 d.C. Entretanto, esta data é, sem dúvida, por demais tardia, já que uma das obras de Udayana é datada de 984 d.C. Cf. Winternitz, *Geschichte der indischen Litteratur*, vol. III, p. 466.

22. Garbe, "Nyāya", p. 424.

23. Keith, *Indian Logic and Atomism*, p. 14.

24. *Ib.*, p. 29, 31, 37.

25. *Lokāyata*, literalmente: "pertence ao mundo do sentido", é o nome dado a um sistema materialista, cujo fundador se diz ser o sofista Cārvāka (a data, é óbvio, é ignorada). Garbe afirma que: "Há claras indicações da presença de mestres de um puro materialismo na Índia já em tempos pré-budistas; sem dúvida, estas teorias tiveram numerosos seguidores na Índia desde aquela época até os dias de hoje. [...] O Lokāyata só admite a percepção como meio de conhecimento e rejeita a inferência. Reconhece como realidade única os quatro elementos, ou seja, a matéria, e ensina que, quando um corpo é formado pela combinação dos elementos, o espírito também passa a existir, assim como a qualidade embriagadora passa a existir pela mistura de certos ingredientes. Com a destruição do corpo o espírito retorna novamente ao nada. [...] A força pós-operativa do mérito e do demérito que, conforme todas as outras escolas indianas, determina o destino de cada indivíduo até os mínimos detalhes, não tem existência para os *lokāyātika*, porque esta concepção é alcançada apenas pela inferência. [...] Do ponto de vista prático, este sistema se manifesta como o mais grosseiro eudemonismo, pois sustenta a gratificação dos sentidos como o único bem desejável. [...] Declara-se que os *Veda* não passam de tagarelice de velhacos, e que se caracterizam por três erros: falta de veracidade, contradição interna e repetição inútil. [...] Os rituais dos brâmanes são uma fraude, e os custosos e laboriosos sacrifícios servem apenas para sustentar os astutos indivíduos que os realizam". (Garbe, "Lokāyata", em Hastings, *op. cit.*, vol. VIII p. 138). Não resta nenhum escrito desta escola. Tudo quanto dela sabemos procede dos escritos de seus adversários. Cf. F. Max Müller, *Six Systems of Indian Philosophy*, London, 1899, p. 86, 94 e segs.

26. Uma diferença aguda na unidade do Mīmāṁsā-*darśana* começa com a aparição destes dois escolásticos, aprox. 700 d.C. Cf. Keith, *The Karma-Mīmāṁsā*, p. 9.

27. Ou seja, a filosofia do *Mahābhārata*.

28. Winternitz, *op. cit.*, vol. III, p. 419, 420.

29. Traduzido por E. B. Cowell e A. E. Gough, 2ª edição, Calcutta, 1894.

30. Winternitz, *op. cit.*, p. 420.

31. Śrī Rāmaṇa Mahāṛsi (o grande *Ṛṣi*) de Tiruvannamalai (uma antiga cidade santa no sul da Índia) não ensinava nenhuma doutrina formal, mas, utilizando-se da penetrante questão "Quem é você?", conduzia seus discípulos ao Eu. Cf. Zimmer, *Der Weg zum Selbst; Lehre und Leben des indischen Heiligen Shri Ramana Maharshi aus Tiruvannamalai*, editado por C. G. Jung, Zurich, 1944. Cf. também B. V. Narasimha Swamī, *Self-Realization, Life and Teaching of Ramana Maharshi*, Tiruvannamalai, 1936, e Śrī Rāmaṇa Mahāṛsi, *Who am I?* (traduzido por Ramana Dasa S. Seshu Iyer), Tiruvannamalai, 1937.

APÊNDICE B

Sumário Histórico

a.C.*		a.C.		a.C.	
aprox. 3500-1450	Civilização minoica (Creta)			aprox. 3500-1500	Civilizações dravídicas (ruínas do Vale do Indo)
aprox. 2000-1000	Invasões helênicas da Grécia	aprox. 2000-1000	Invasões arianas no norte da Índia	?	Salvadores jainas pré-históricos
aprox. 1300 ?	Moisés	aprox. 1500-800	Os *Veda*		
aprox. 950	Salomão		Os *Brāhmaṇa*	aprox. 872-772	Pārśva (23º Salvador Jaina)
800 e depois	Os profetas Homero	800 e depois	As *Upaniṣad* Primeiras epopeias heroicas (perdidas)	?	Kapila (Sāṁkhya)
aprox. 775	Hesíodo				
aprox. 640-546	Tales de Mileto			d.C. 526	Mahāvīra (24º Salvador Jaina)
611 ? -547 ?	Anaximandro			?	Gosāla
aprox. 582-aprox. 500	Pitágoras			aprox. 563-483	Buddha
após o séc. 6º	Parmênides				

* Nesta coluna, datas paralelas no mundo ocidental para comparações.

a.C.		a.C.		a.C.	
aprox. 500-430	Empédocles				
aprox. 500	Heráclito	aprox. 500 a.C - 500 d.C.	*Os Sūtra*		
469-369	Sócrates				
427 ? - 347	Platão				
384-322	Aristóteles		*Leis de Manu*	?	Patañjali (Yoga)
356-323	Alexandre, o Grande	325	Alexandre entra na Índia		
?-287 ?	Teofrasto				
342 ? - 270	Epicuro			aprox. 321-297	Candragupta, o Maurya Cánakya Kauṭilya *(Artha-Śastra)*
336 ? - 264 ?	Zenão				
276 ? - 195 ?	Eratóstenes				
aprox. 600 a.C. ? 200 d.C.	Estabelecimento do *Cânone do Velho Testamento*	aprox. 400 a.C. - 200 d.C.	*Rāmāyaṇa* (em sua forma atual)	aprox. 274-237	Aśoka
264-146	Guerras Púnicas	aprox. 400 a.C. - 400 d.C.	*Mahābhārata* (em sua forma atual, com a *Bhagavadgītā*)		
100-44	Júlio César			aprox. 80	*Cânone pâli*

a.C.		a.C.		a.C.	
70-19	Virgílio				Budismo Hīnayāna
d.C.		d.C.		d.C.	
? - ?	Jesus Cristo				
53-117	Trajano			aprox.78-123	Kaniṣka
121-180	Marco Aurélio		Hinduísmo Medieval ←	Tantra	→ Budismo Mahāyāna
205 ? - 270 ?	Plotino	aprox. 200/450?	Jaimini *(Pūrvamīmaṁsā -Sūtra)*	aprox. 200	Nāgārjuna (Mādhyamika)
272-337	Constantino				
354-430	Santo Agostinho	aprox. 300-500	*Pañcatantra*		*Prajñāpāramitā*
476	Queda de Roma	?	*Os Purāṇa*	aprox. 350	Asaṅga (Yogācāra)
aprox. 500	Monasticismo beneditino (Monte Cassino)	?	Os *Tantra*	d.C. 527	Morte de Bodhidharma *(dhyāna = zen)*
570 ?-632	Mohammed	séculos 4º a 13	Apogeu da arte india-na (estilos Gupta, Cālukya, Rāṣṭrakūta, Pallava, Pāla, Cola, Rājputāna, Hoyśala)	aprox. 650/750 ?	Lakṣmīṅkarā Devī (Mahāsukha)
742-814	Carlos Magno	aprox. 788-820/50 ?	Śaṅkara (Vedānta Advaita)		
		?	"Os seis sistemas"	aprox. 983	Cāmāuṇḍarāya (ima-gem de Gommaṭa)

d.C.		d.C.		d.C.	
1097	Primeira Cruzada				
1225 ?-1274	Santo Tomás de Aquino	1175-1250	Rāmānuja	?	Fim do budismo na Índia
1260 ?-1327 ?	Mestre Eckhart				
1469-1527	Maquiavel	1440-1500	*Vedāntasāra*		
1596-1650	Descartes				
1712-1778	Rousseau	1718-1775	Rāmprasād		
1770-1831	Hegel				
1809-1882	Darwin	1836-1886	Rāmakrishna		
1879-1955	Einstein	1879-1950	Rāmaṇa		

Bibliografia

BIBLIOGRAFIA*

GERAL

COOMARASWAMY, Ananda K. *History of Indian and Indonesian Art*. New York, 1927.

DASGUPTA, Surendra Nath. *A History of Indian Philosophy*. Çambridge, 1922-1973. 4 vols.

DUNBAR, Sir George. *A History of India, from the earliest times to the present*. 2ª edição. London, 1939.

FARQUHAR, J. N. *An Outline of the Religious Literature of India*. Oxford, 1920.

HASTINGS, James (compilador). *Encyclopaedia of Religion and Ethics*. New York, 1928. 13 vols.

HAVELL, E. B. *The History of Aryan Rule in India, from the earliest times to the death of Akbar*. New York, sem data.

KRAMRISCH, Stella. *The Hindu Temple*. Fotografias de Raymond Burnier. Calcutta, 1946. 2 vols.

MACKAY, Ernest. *The Indus Civilization*. London, 1935.

MARSHALL, Sir John. *Mohenjo-daro and the Indus Civilization*. London, 1931. 3 vols.

MUIR, J. *Original Sanskrit Texts on the Origin and History of the People of India, Their Religion and Institutions*. London, 1868-1874. 5 vols.

PIGGOT, Stuart. *Prehistoric India*. Harmondsworth: Penguin Books, 1950.

RADHAKRISHNAN, S. *Indian Philosophy*. London, 1923 e 1927. 2 vols.

RAFSON, E. J. (compilador). *The Cambridge History of India*. Cambridge e New York, 1922.

SMITH, Vincent A. *Aśoka, The Buddhist Emperor of India*. Oxford, 1901.

WINTERNITZ, Moriz. *Geschichte der indischen Litteratur*. Leipzig, 1905-1922. 3 vols. (Tradução inglesa de Mrs. S. Ketkar e H. Kohn. Calcutta, 1927-1933. 2 vols.)

* Baseada nas obras citadas no texto, mas com alguns títulos adicionais. Mais detalhes em J. N. Farquhar, *An Outline of the Religious Literature in India*, Oxford, 1920; em C. H. Hamilton, *Buddhism in India, Ceylon, China, and Japan: a Guide to Reading*, Chicago, 1931; e nas bibliografias dos livros citados.

Quando possível, a edição brasileira indica, entre colchetes, outras versões em português ou espanhol.

TRIVARGA

BHATTACHARYA, J. N. *Hindu Castes and Sects*. Calcutta, 1896.

BÜHLER, G. (tradutor). *The Laws of Manu*. (Sacred Books of the East, Vol. XXV). Oxford, 1886.

__________. *The Sacred Laws of the Āryas*. (Sacred Books of the East, Vols. II e XIV). Oxford, 1879 e 1882.

COOMARASWAMY, Ananda K. *The Dance of Siva*. New York, 1918.

__________. *The Transformation of Nature in Art*. Cambridge, Mass., 1934.

__________. *Spiritual Authority and Temporal Power in the Indian Theory of Government*. New Haven, 1942.

__________. *Why Exhibit Works of Art?* London, 1943.

__________. *Figures of Speech or Figures of Thought*. London, 1946.

__________. *Religious Basis of the Forms of Indian Society*. New York, 1946.

DANIÉLOU, Alain. *Introduction to the Study of Musical Scales*. London, 1943.

DUTT, Manmatha Nath (tradutor). *Kāmandakiya Nītisāra*. (Wealth of India Series). Calcutta, 1896.

GANDHI, M. K. *The Story of My Experiments with Truth*. Ahmedabad, 1927-1929.

[__________. *Autobiografia – Minha Vida e Minhas Experiências com a Verdade*. São Paulo, Palas Athena Editora, 2014.]

HAAS, George C. O. (tradutor). *The Daśarūpa of Dhanamjaya, a treatise on Hindu Dramaturgy*. (Columbia University Indo-Iranian Series). New York, 1912.

SHAMASASTRY, R. (tradutor). *Kauṭilya Artha-Śāstra*. Bangalore, 1915; 2ª edição, 1923.

STEVENSON, Mrs. S. *The Rites of the Twice-born*. Oxford, 1920.

__________. *Without the Pale. The Life Story of an Outcaste*. Calcutta, 1930.

THOMAS, Frederick William (compilação e tradução). *Brihaspati-Sūtra*. (Punjab Sanskrit Series). Lahore, 1921.

VĀTSYĀYANA. *Kāma-Sūtra*. Editado (em sânscrito) por Pandit Durgāprasāda, Bombaim – atual Mumbai, 1891; tradução inglesa, Benares, 1883 ("impresso para a *Hindoo Kama Shastra Society*": fonte incerta); francesa (traduzido do inglês), por E. Lamairesse, Paris, 1891; alemã, por R. Schmidt, com o comentário de Yaśodhara, Leipzig, 1897; 5ª edição, 1915.

[__________. *Kama sutra: manual de erotologia hindu*. Versão integral e direta do original. Tradução de Artur de Miranda Lemos. Lisboa, Portugal Press, 1975.]

[__________. *Kama sutra: manual indiano de relações sexuais*. Tradução de Carlos Maio. Lisboa, SARL, 1975.]

JAINISMO

BLOOMFIELD, Maurice. *The Life and Stories of the Jaina Savior Pārçvanātha*. Baltimore, 1919.

BROWN, W. Norman. *The Story of Kālaka. Texts, History, Legends, and Miniature Paintings of the Śvetāmbara Jain Hagiographical Work; The Kālakācāryakathā*. Washington, 1933.

BROWN, W. Norman. *Miniature Paintings of the Jaina Kalpasūtra, as Executed in the Early Western Indian Style*. Washington, 1934.

__________. *Manuscript Illustrations of the Uttarādhyayana-Sūtra*. New Haven, 1941.

CHAKRAVARTI, Appāsvāmī (compilação e tradução). *Kundakundācārya's Pañcāstikāyasāra*. (Sacred Books of the Jainas). Allahabad, 1920.

FADDEGON, Barend (tradutor). *The Pravacana-sāra of Kundakunda Ācārya*. (Jain Literature Society Series). Cambridge, 1935.

GLASENAPP, Helmuth Von. *Der Jainismus, Eine indische Erlösungsreligion*. Berlin, 1925.

GUÉRINOT, Armand Albert. *La religion djaina*. Paris, 1926.

JACOBI, Hermann. "Jainism", em Hastings, *Encyclopaedia of Religion and Ethics*. Vol. VII, p. 465-474.

__________. *Jaina Sūtras*. (Sacred Books of the East, Vols. XXII and XLV). Oxford, 1884 e 1895.

JAINI, Jagmandar Lal. *Outlines of Jainism*. Cambridge, 1916.

__________. (compilação e tradução). *Tattvārthādhigama Sūtra*. (Sacred Books of the Jainas). Arrah, sem data.

STEVENSON, Mrs. S. *The Heart of Jainism*. Cambridge, 1916.

SĀṀKHYA E YOGA

COLEBROOKE, H. T., e WILSON, H. H. (compiladores e tradutores). *Sāṁkhya Kārikā*. Oxford, 1837; Bombaim – atual Mumbai, 1887.

DANIÉLOU, Alain. *Yoga: the Method of Re-integration*. London, 1949.

DASGUPTA, Surendra Nath. *Yoga as Philosophy and Religion*. London, 1924.

__________. *Yoga Philosophy in Relation to Other Systems of Indian Thought*. Calcutta, 1930.

GARBE, Richard. "Sāṁkhya", em Hastings, *Encyclopaedia of Religion and Ethics*. Vol. XI, p. 189-192.

__________. *Die Sāṁkhya Philosophie*. Leipzig, 1894.

__________. *Sāṁkhya und Yoga*. Strassburg, 1896.

__________. "Yoga", em Hastings, *Encyclopaedia of Religion and Ethics*. Vol. XII, p. 831-833.

KEITH, Arthur Berriedale. *The Sāṁkhya System*. New York, 1918.

SINHA, Nandalal (texto sânscrito e tradução). *The Sāṁkhya-pravacanasūtram*. (Sacred Books of the Hindus, Vol. XI). Allahabad, 1915.

WOODS, James Houghton (tradutor). *The Yoga-System of Patañjali*. (Harvard Oriental Series). Cambridge, Mass., 1927.

BRAMANISMO

BESANT, Annie (texto sânscrito e tradução). *The Bhagavadgītā*. 4ª edição revista. London, 1912.

BLOOMFIELD, Maurice (tradutor). *Hymns of the Atharva Veda*. (Sacred Books of the East, Vol. XLII). Oxford, 1897.

COOMARASWAMY, Ananda K. *A New Approach to the Vedas. An Essay in Translation and Exegesis*. London, 1933.

____________. *The Ṛg Veda as Land-nāma-bók*. London, 1935.

____________. *Recollection, Indian and Platonic and The One and Only Transmigrant*. New Haven, 1944.

DEUSSEN, Paul (tradutor). *Sechzig Upanishads des Veda*. Leipzig, 1897.

____________. *Philosophy of the Upanishads*. Traduzido pelo Rev. A. S. Geden. Edinburgh, 1906.

____________. *The System of the Vedānta*. Traduzido por C. Johnston. Chicago, 1912.

EGGELING, J. (tradutor). *Śatapatha-Brāhmaṇa*. (Sacred Books of the East, Vols. XII, XXVI, XLI, XLIII, XLIV). Oxford, 1882-1900.

GARBE, Richard. "Vedānta", em Hastings, *Encyclopaedia of Religion and Ethics*. Vol. XII, p. 597, 598.

GRIFFITH, R. T. H. (tradutor). *Ṛgveda, Samaveda, White Yajurveda, Atharvaveda*. Benares, 1895-1907.

HUME, Robert Ernest (tradutor). *The Thirteen Principal Upanishads*. Oxford, 1921.

KEITH, Arthur Berriedale (tradutor). *The Rigveda-Brāhmaṇas*. (Harvard Oriental Series, Vol. XXV). Cambridge, Mass., 1920.

____________. *The Religion and Philosophy of the Veda and Upaniṣads*. Cambridge, Mass., 1925.

MACDONELL, A. A. (tradutor). *Hymns from the Rigveda*. London, 1922.

____________. *Vedic Mythology*. Strassburg, 1897.

____________. "Vedic Religion", em Hastings, *Encyclopaedia of Religion and Ethics*. Vol. XII, p. 601-618.

MĀDHAVĀNANDA, Swāmī (texto sânscrito e tradução). *The Vivekacuḍamaṇi of Śankarācārya*. 3ª edição, Mayavati, Almora, 1932.

____________. (texto sânscrito e tradução). *The Bṛhadāraṇyaka-Upaniṣad. With the commentary of Śaṅkarācārya*. Mayavati, Almora, sem data.

MUKERJI, D. G. (tradutor). *The Song of God (Bhagavadgītā)*. New York, 1931.

MÜLLER, F. Max, e OLDENBERG, H. (tradutores). *Ṛg Veda Hymns*. (Sacred Books of the East, Vols. XXXII e XLVI). Oxford, 1891 e 1897.

NIKHILĀNANDA, Swāmī (tradutor). *The Bhagavadgītā*. New York, 1944.

____________. (texto sânscrito e tradução). *The Māṇḍukyopanisad. With Gauḍapada's Kārikā and Śaṅkara's Commentary*. Mysore, 1936.

____________. (tradução). *The Upanishads*. Vol. I (Katha, Iśa, Kena, Muṇḍaka). New York, 1949.

____________. (tradutor). *Self-Knowledge* (The Atmabodha of Śaṅkara). New York, 1946.

____________. (Texto sânscrito e tradução). *The Vedāntasāra of Sadānanda*. Mayavati, Almora, 1931.

NITYASWARŪPĀNANDA, Swāmī (texto sânscrito e tradução). *Aṣṭavakra-Saṁhitā*. Mayavati, Almora, 1940.

OLDENBERG, H. *Religion der Vedas*. Berlin, 1884.

RADHAKRISHNAN, S. *The Philosophy of the Upanishads*. London, 1924.

SHARVĀNANDA, Swāmī (texto sânscrito e tradução). *The Upanishad Series: Īśa, Kena, Katha, Prasna, Muṇḍaka, Māṇḍūkya, Aitareya, Taittīrīya*. Mylapore, Madras, sem data.

THIBAUT, G. (tradutor). *The Vedānta Sūtra. With Śaṅkara's Commentary*. (Sacred Books of the East, Vols. XXXIV e XXXVIII). Oxford, 1890 e 1896. 2 vols.

__________. *The Vedānta Sūtra. With Rāmānuja's Commentary*. (Sacred Books of the East, Vol. XLVIII). Oxford, 1904.

VIREŚWARĀNANDA, Swāmī (texto sânscrito e tradução). *Brahma-Sūtras*. Mayavati, Almora, 1936.

WHITNEY, William Dwight, e LANMAN, Charles Rockwell (tradutores). *Atharva Veda*. (Harvard Oriental Series, Vols. VII e VIII). Cambridge, Mass., 1905.

BUDISMO

BHATTACHARYYA, Benoytosh. *The Indian Buddhist Iconography*. Oxford, 1924.

__________. *An Introduction to Buddhist Esoterism*. Oxford, 1932.

BLYTH, R. H. *Zen in English Literature and Oriental Classics*. Tokyo, 1948.

BURLINGAME, E. W. *Buddhist Parables*. New Haven, 1922.

[COHEN, Nissim (tradutor). *Dhammapada – A Senda da Virtude*. Edição bilíngue: páli-português. São Paulo, Palas Athena Editora, 2000.]

COOMARASWAMY, Ananda K. *Yakṣas*. Washington, 1928-1931.

__________. *Buddha and the Gospel of Buddhism*. New York, 1916.

__________. *Hinduism and Buddhism*. New York, sem data.

__________. *Elements of Buddhist Iconography*. Cambridge, Mass., 1935.

COWELL, E. B. (edição e tradução). *The Jātaka, or Stories of the Buddha's Former Births*. Cambridge, 1895-1907. 6 vols.

COWELL, E. B., MÜLLER, F. Max, e TAKAKUSU, Junjiro (tradutores). *Buddhist Mahāyāna Sūtras* (Buddha-carita of Aśvaghośa; Sukhāvatī-vyūhas maiores e menores; Prajñā-pāramitā Sūtras maiores e menores; Amitāyurdhyāna-Sūtra). (Sacred Books of the East, Vol. XLIX). Oxford, 1894.

DAVIDS, T. W. Rhys. *Buddhism, Its History and Literature*. New York/London, 1896.

__________. (tradutor). *Buddhist Suttas*. (Sacred Books of the East, Vol. XI). Oxford, 1881.

__________. (tradutor). *The Questions of King Milinda*. (Sacred Books of the East, Vols. XXXV e XXXVI). Oxford, 1890 e 1894.

[__________. Versão brasileira de Raul Xavier: *Milinda Panha – As Perguntas do Rei Milinda*. Livros do Mundo Inteiro, Rio de Janeiro, 1973.]

__________ e C. A. F. RHYS (tradutores). *Dialogues of the Buddha*. (Sacred Books of the Buddhists, Vols. II, III, IV). London, 1899, 1910, 1921.

__________. (tradutores). *Buddhist Birth Stories*. London, 1925.

EVANS-WENTZ, W. Y. (tradutor). *Tibetan Yoga and Secret Doctrines*. London, 1935.

EVANS-WENTZ, W. Y. (tradutor). Versão brasileira de Alberto Feltre e Hugo Mader: *Yoga tibetana e as doutrinas secretas*. São Paulo, Editora Pensamento, 1987.]

___________. (tradutor). *Tibet's Great Yogī, Milarepa. A Biography from the Tibetan*. London, 1928.

[___________. Versão brasileira de Mario Muniz Ferreira: *Milarepa – História de um iogue tibetano*. São Paulo, Editora Pensamento, 1994.]

FAUSBÖLL, V. (tradutor). *The Sutta-Nipāta*. (Sacred Books of the East, Vol. X, Part II). Oxford, 1881.

HAMILTON, C. H. *Buddhism in India, Ceylon, China, and Japan; a Guide to Reading*. Chicago, 1931.

KEITH, Arthur Berriedale. *Buddhist Philosophy in India and Ceylon*. Oxford, 1923.

KERN, H. *Manual of Indian Buddhism*. Strassburg, 1896.

___________. (tradutor). *The Saddharma Puṇḍarīka, or The Lotus of the True Law*. (Sacred Books of the East, Vol. XXI). Oxford, 1909.

LA VALLÉE POUSSIN, Louis de. *The Way to Nirvāṇa*. Cambridge, 1917.

___________. *Bouddhisme*. 3ª edição, Paris, 1925.

McGOVERN, William. *Introduction to Mahāyāna Buddhism*. London, 1922.

MOORE, Justin Hartley (tradutor). *Sayings of the Buddha, the Iti-vuttaka*. New York, 1908.

MÜLLER, F. Max (tradutor). *The Dhammapada*. (Sacred Books of the East, Vol. X, Part I). Oxford, 1881.

NANJIO, Bunyiu. *A Short History of the Twelve Japanese Buddhist Sects*. Tokyo, 1886.

PALLIS, Marco. *Peaks and Lamas*. New York, 1949.

PRATT, James Bissett. *The Pilgrimage of Buddhism*. New York, 1928.

SOKEI-AN. *Cat's Yawn*. New York (First Zen Institute of America), 1947.

SPEYER, J. S. (tradutor). *The Jātakamālā*. (Sacred Books of the Buddhists, Vol. I). London, 1895.

STCHERBATSKY, Th. *The Conception of Buddhist Nirvāṇa*. Leningrado, 1927.

SUZUKI, Daisetz Teitaro. *Outlines of Mahāyāna Buddhism*. Chicago, 1908.

___________. *Essays in Zen Buddhism*. Kyoto/London, 1927, 1933, 1934. 3 vols.

[___________. Versão espanhola de Hector V. Morel: *Ensayos sobre Budismo Zen*. 2ª edição. Buenos Aires, Editorial Kier, 1975.]

___________. *Studies in the Lankavatara Sutra*. London, 1930.

___________. *Introduction to Zen Buddhism*. Kyoto, 1934; New York, 1949.

[___________. Versão brasileira de Murillo Nunes de Azevedo: *Introdução ao Zen Budismo*. São Paulo, Editora Pensamento, 1973.]

___________. *The Zen Doctrine of No-Mind*. London, 1949.

___________. *Living by Zen*. Tokyo, 1949.

[___________. Versão brasileira de Maria Inês B. Lobo Vieira e Ana Maria de Gouveia: *Viver através do Zen*. Rio de Janeiro, Zahar Editores, 1977.]

___________. (tradutor). *The Manual of Zen Buddhism*. Kyoto, 1935; London, 1950.

TAKAKUSU, Junjiro. *The Essentials of Buddhist Philosophy*. 2ª edição. Honolulu, 1949.

THOMAS, E. J. *The Life of Buddha as Legend and History*. New York, 1927.

WARREN, Henry Clarke (tradutor). *Buddhism in Translations*. (Harvard Oriental Series, Vol. III). Cambridge, Mass., 1922.

WATTS, Alan W. *The Spirit of Zen*. (The Wisdom of the East Series). London, 1936.

____________. *Zen*. Stanford, Calif., 1948.

WOODWARD, F. L., e HARE, E. M. *The Book of the Gradual Saying (Anguttara-Nikāya)*. London, 1932-1936. 5 vols.

TANTRA E O HINDUÍSMO MODERNO

AVALON, Arthur (Sir John Woodroffe em colaboração com outros). *The Principles of Tantra*. London, 1914-1916. 2 vols.

[____________. Versão espanhola de Hector V. Morel: *Principios del Tantra*. Buenos Aires, Editorial Kier, 1981.]

____________. (tradutor). *The Great Liberation (Mahānirvāṇa Tantra)*. 2ª edição. Madras, 1927.

____________. (tradutor). *The Serpent Power (Ṣaṭ-cakra-nirūpaṇa and Pādukāpañcaka)*. 3ª edição revista. Madras/London, 1931.

[____________. Versão espanhola de Hector V. Morel: *El Poder Serpentino*. Buenos Aires, Editorial Kier, 1979.]

GLASENAPP, H. Von. *Der Hinduismus, Religion und Gesellschaft im heutigen Indien*. Munich, 1922.

NIKHILĀNANDA, Swāmī (tradutor). *The Gospel of Śrī Rāmakrishna*. New York, 1942.

ROLLAND, Romain. *Prophets of the New India*. New York, 1930.

WOODROFFE, Sir John. *Shakti and Shākta*. 3ª edição. Madras/London, 1929.

[____________. Versão espanhola de Hector V. Morel: *Sakti y Sakta*. Buenos Aires, Editorial Kier, 1978.]

____________. (tradutor). *The Garland of Letters (Varnamālā). Studies in the Mantra--Shāstra*. Madras/London, 1922.

ZIMMER, Heinrich. *Kunstform und Yoga im indischen Kultbild*. Berlin, 1926.

____________. *Der Weg zum Selbst; Lehre und Leben des indischen Heiligen Shri Ramana Maharshi aus Tiruvannamalai*. Compilado por C. G. Jung. Zurique, 1944. Para introdução a Jung veja: *The Holy men of India, Psychology and Religion: West and East*, coleção de trabalhos de C. G. Jung, vol. 11.

OS SEIS SISTEMAS

COWELL, E. B., e GOUGH, A. E. (tradutores). *Sarvadarśanasaṅgraha*. 2ª edição. Calcutta, 1894.

FADDEGON, Barend. *The Vaiçeṣika-System*. Amsterdam, 1918.

GARBE, Richard. "Lokāyata", em Hastings, *Encyclopaedia of Religion and Ethics*, Vol. VIII, p. 138.

GARBE, Richard. "Mīmāṁsā", *ib.*, Vol. VIII, p. 648.

___________. "Nyāya", *ib.*, Vol. IX, p. 422-424.

___________. "Vaiśeṣika", *ib.*, Vol. XII, p. 568-570.

GUÉNON, René. *Introduction to the Study of the Hindu Doctrines*. Traduzido por Marco Pallis. London, 1945.

___________. *Man and His Becoming According to the Vedānta*. Traduzido por Richard C. Nicholson. London, 1945.

___________. *La Métaphysique orientale*. Paris, 1946.

KEITH, Arthur Berriedale. *Indian Logic and Atomism*. Oxford, 1921.

___________. *The Karma-Mīmāṁsā*. (The Heritage of India Series). London/Calcutta, 1921.

MÜLLER, F. Max. *Six Systems of Indian Philosophy*. London, 1899.

Ilustrações

1. Capitel dos Leões, originalmente encimado por uma Roda do Dharma (*dharmacakra*) em coluna construída pelo rei Aśoka, em Sārnāth, para comemorar os ensinamentos dados por Buddha durante o Primeiro Sermão proferido naquela localidade. Em arenito polido de Chunar, mede 2,13 m por 3,14 m. Dinastia Maurya, entre 242 e 232 a.C. (Museu de Sārnāth. Foto: Archeological Survey of India.)

2. Um *Cakravartin*, com a Cobertura de Domínio e os Sete Tesouros. Das ruínas de uma *stūpa* budista em Jagayyapeta. Início da dinastia Āndhra, século 2º a.C. (Museu de Madras. Foto: India Office.)

3. O rei Nāga, sua consorte e a acompanhante, em nicho externo de uma rocha cortada no lado exterior da Caverna XIX em Ajaṇṭā. Final da dinastia Gupta, século 6º. (Foto: Johnston and Hoffman, Calcutá.)

4. Cabeça de Gautama Buddha, protegida pela serpente *nāga* Mucalinda. Pedra dos arredores de Angkor Wat, Camboja. Khmer, século 11. (Cortesia do Museu Metropolitano de Arte, Nova York.)

5. O Tīrthaṁkara jaino Pārśvanātha protegido pela serpente *nāga* Dharanendra. Do Kaṅkālī Ṭīlā, Mathurā. Arenito vermelho malhado, com 1,92 m por 2,96 m por 3,70 m. Fim do século 1º ou início do século 2º. (Museu de Lucknow. Foto: Archeological Survey of India.)

6a

6b

6c

6a. O Tīrthaṁkara jaino Pārśvanātha com serpentes levantando-se de seus ombros. Um antigo trabalho, provavelmente do oeste da Índia, século 16 ou 17.

6b. Ḍaḥḥāk, "tirano da Babilônia e Arábia", de cujos ombros cresceram serpentes. Detalhe da iluminura de um manuscrito persa do poema *Shāhnāmah* de Firdaus , datado de 1602. (Cortesia do Museu Metropolitano de Arte, Nova York.)

6c. Herói de barba, nu, com duas correntes que fluem de seus ombros, flanqueado por dois leões-demoníacos e com uma estrela de cada lado de sua cabeça. Sinete cilíndrico de hematita. Síria, *c.* 1450 a.C. (De Edith Porada, *Corpus of Ancient Near Eastern Seals in North American Collections*, The Bollingen Series XIV, New York, 1948, Vol. I, fig. 979[E]. Reproduzido com a cortesia do Trustees of the Pierpont Morgan Library, Nova York.)

7. O Tīrthaṁkara jaino Ṛṣabhanātha. Relevo em estela de mármore semelhante ao alabastro, do Monte Ābū, dinastia Rājputāna, do século 11 ao 13. Altura da figura central, 2,81 m. Pequenas figuras ajoelhadas de ambos os lados, sendo homens à direita e mulheres à esquerda, aparentemente em doação; altura de 1,40 a 1,60 m. Atrás delas figuras masculinas e femininas em pé, com 1,25 m de altura; os homens com farpas voadoras, a mulher, à direita, com um *cackra-discus* e conchas, e à esquerda serpentes *nāga* em suas mãos; provavelmente são deidades. Acima estão músicos, adoradores e dois elefantes, assim como pequenas imagens em pé dos Tīrthaṁkaras Neminātha, Pārśvanātha e Mahāvīra. *Nāgyas* (os *nāga* fêmeas) e *yakṣas* também aparecem. O pequeno boi-zebu na face do pedestal indica que o tema principal é Ṛṣabhanātha. (Foto de Karl With, *Bildwerke Ost-und Sudasiens aus der Sammlung Yi Yuan*, Basileia, 1924.)

8. O santo jaino Gommata (também conhecido como Bāhubalī, "braços fortes"), filho do Tīrthaṁkara Ṛṣabhanātha. Colosso monolítico com 17,22 m de altura e 4 m de circunferência na altura dos quadris, em Śravaṇa Beḷgoḷa, distrito de Hāsan, Mysore; *c.* 983. (Foto cortesia do Dr. W. Norman Brown.)

9. O ataque de Māra. Relevo da ruína da *stūpa* budista de Amarāvatī. Dinastia Āndhra, século 2º. (Museu de Madras. Foto: Archeological Survey of India.)

10. Gautama Buddha, da cadeia de montanhas de Jamālpur, Mathurā. Arenito vermelho com 2,64 m. Dinastia Gupta, século 5º. (Museu de Mathurā. Foto: Johnston and Hoffman, Calcutá.)

11. Maithuna (Vīra e Śakti) na parede externa do templo de Kālī Devī em Khajurāho, Bundelkhand. Fim do século 10º. (Foto: cortesia do Dr. Stella Kramrisch.)

12. *Apsaras* (dançarinas sagradas) em pose técnica de dança com as mãos em *mudrā mayūra* (pavão). Figura sobre console de um templo em Palampet, Mysore, século 12 ou 13. (Foto: Archeological Survey of Mysore.)

Índices

ÍNDICE ANALÍTICO

As referências cruzadas, que se dão como ajuda ao leitor, não indicam necessariamente as correspondências exatas. Os critérios para uso do itálico são os mesmos adotados no texto da obra. Esse índice completa-se com o índice sânscrito.

A

Abel e Caim, lenda de, 200 n. 7.
Abelhas, na ciência natural hindu, 242 n. 47.
Abhidharmakośa (Vasubandhu), 395 n. 80.
Abhinandana, 4º salvador jaina, 160.
abhiniveśa, ver: instinto vital.
absorção *(samādhi)*: dual *(savikalpa)*, 306, 307, 332 n. 182, 418; não dual *(nirvikalpa)*, 306, 307, 308: obstáculos, 307; no Tantra, 400, 418, 419; no Yoga, 329 n. 123.
Ābū, monte, templos jainas no, 202 n. 30.
ação, faculdades de (usualmente: *karmendriya)*, 53, 168, 169; no bramanismo, 264, 269. no Sāṁkhya-Yoga, 168, 169, 230, 236; no Vedānta, 168, 169.
ações, ver: *karman* (ações: bramanismo).
Acrísio, rei de Argos, 227.
açúcar, epigrama de Ramprasad sobre o, 400, 401, 406.
Adão, primeiro homem, 70 n. 27, 176.
adhikārin, ver: discípulo.
Aditi, deusa védica, 47 n. 5.
advaita, ver: Śaṅkara; Vedānta.
Advayavajra, mestre budista, 398 n. 106.
Afeganistão, 103, 357, 361; arte de, 111 n. 48; ver também: Gandhāra.
afirmação: do bramanismo védico, 251, 252, 253-256, 273, 293, 294; do budismo Mahāyāna, 388-390; do Tantra, 408, 420.
afluxos *(āsrava)*: no jainismo, 170, 180-182, 385; no swedenborgianismo, 179, 180.
Āgama, 405, 417; divisões, 425 n. 12; nos *sādhanā*, 417; ver também: Tantra.
Agni, deus védico, 23, 24, 61, 156, 251, 266, 284; Vaiśvānara, 248.
Agnihotra (sacrifício chamado), 269.
Agostinho, S., 21, 34, 441.
Agotra, mestre budista, 395 n. 82.
agressão *(daṇḍa)* na política, 97, 101.
ahaṁkāra, ver: ego.
Ahi, deus védico, 201 n. 24.
ahiṁsā, ver: não violência.
Ahura-Mazda, deus persa, 83, 201 n. 24.
Aitareya-Brāhmaṇa, (O morrer em torno ao Poder sagrado), 60-63.
Aitareya-Upaniṣad, 47 n. 8.
Ajataśatru, príncipe de Magadha, 226.
Ajita, 2º salvador jaina, 160.
Ājīvika, Gosāla e sua doutrina, 189-192, 383, 435, 439; analogia com o Sāṁkhya, 238; ascetismo, 189-192, 288, 317; cosmologia, 189-191, 197, 238, 239, 313, 314; dualismo, 246, 272, 273; como "vestido de cânhamo" (Buddha), 190; a personalidade, 191-193.
Akṣapāda, ver: Gautama.
Akutobhayā (Nāgārjuna); 394 n. 63.
Alá, 283, 284; ver também: muçulmanos.
alabastro, preferido para estátuas jainas, 158, 159.
alentos vitais *(prāṇa)*: no jainismo, 169, 176, 177, 205 n. 61; no bramanismo, 262, 269, 305; no Sāṁkhya-Yoga, 231; no budismo, 384; no Tantra, 408; ver também: respiração, técnica de.
Alexandre Magno, 81, 244, 440; na Índia, 39, 201 n. 26, 355.
Alexandria, filósofos de, 36.
alianças do tipo *maṇḍala*, 92, 93.
alimento: dos salvadores jainas, 158; sacrifício de, 329 n. 29; hino védico ao, 251-253, 261, 273, 408; proibido, repartição

ritual (no budismo), 387, 388; no Tantra, 406, 407, 417; ver também: jejum; dieta; vegetarianismo.
alma, conceito ocidental de, 66, 67, 237, 247 n. 48.
alquimia, 67; "da natureza", 256, 325 n. 44, 382.
Amarāvatī, arte de, 103, 111 n. 48.
Amaterasu, deusa japonesa, 109 n. 13.
Amitābha, 380.
amor, 113-119; no *Atharva-Veda*, 116-118; cortês, 390; como exemplo dialético, 255, 256; nos *Kāma-Śūtra*, 40, 117, 119; ver também: Kāma; casamento; sexo.
Amṛtabindu-Upaniṣad, ver: *Upaniṣad*.
Ānanda, discípulo de Buddha, 103.
Ānandakumāra, encarnação de Pārśva, 149, 150, 162.
Anaṅgaraṅga, 119.
Ananta, 14º salvador jaina, 160, 167.
Anaxágoras, 35.
Anaximandro, 34, 439.
Aṅgiras, família védica, 64.
Aṅguttara-Nikāya, 206 n. 89, 395 n. 77.
Aṇojjā, filha de Mahāvīra, 165.
Anurādhapura, 357.
anusvāra, pronúncia de, 15.
Āpastamba, mestre bramânico, 41.
Apolo, 47 n. 5.
apsaras (ninfa celeste), 114.
aquemênidas, 92; ver também: Dario I.
aqueus, 46 n. 4.
Aquiles, herói homérico, 172.
Ara, 18º salvador jaina, 160, 167.
aranha, metáfora da, nas *Upaniṣad*, 266.
Aravinda, rei dravídico jaina, 145, 146, 147.
arco e flecha de Kāma, 113.
arhat búdicos, 353, 362, 386.
arianos (ārya), 46 n. 4, 55, 56, 63, 70 n. 27, 71 n. 30, 87, 88, 99, 104, 167, 183, 196, 199 n. 5, 202 n. 29, 209, 244; invasão da Índia, 44 n. 4, 56, 70 n. 27, 71 n. 30, 104, 163, 164, 439; na Pérsia, 199 n. 5; ver também: *Brāhmaṇa*; bramanismo e hinduísmo; casta; *Purāṇa*; *Veda*; sobre o fator pré-ário e não ário ver: drávidas; Indo, civilização do vale do.
ário-dravídica, síntese, 70 n. 27, 71 n. 30, 111 n. 45, 164, 177, 199 n. 5, 182, 183, 192, 203 n. 47, 209, 228, 272-274, 289, 290, 293, 320, 405, 409, 420-423, 435.
Ariṣṭanemi, Bhagavant (Neminātha), 22º salvador jaina, 144, 160, 162, 166, 167, 202 n. 29; conexões indo-árias, 163, 164, 167; data suposta, 167.
Aristóteles, 30, 35-37, 40, 46 n. 4, 48 n. 18, 58, 249, 434, 440.
Arjuna, herói hindu, 84; na *Bhagavadgītā*, 274, 275, 287, 325 n. 50.
Armênia, 201 n. 24.
arquétipos sociais na Índia, 134.
arte: afirmativo, 421; budista, 111 n. 48, 341, 358, 361; budista e jainista em paralelo, 156-159; forma expansiva, 421; da Índia em sua Idade de Ouro, 362; grega, 161; helenística, 111 n. 48, 361, 362; hindu e jainista em contraste, 161; indo-ária, 111 n. 48; jaina, 111 n. 48, 156-162, 167, 187, 362; nudez, 161; motivo da serpente, 156-158, 199 n. 6; *stūpa*, 103, 111 n. 48, 356; tântrica, 362, 421; motivo da árvore da vida, 267; motivo dos pássaros gêmeos, 267.
arte, por regiões e dinastias: Afeganistão, 111 n. 48, 361; Amarāvatī, 103, 111 n. 48; Behistun, 83; Bhājā, 421; Elefanta, 421; Elūrā, 161, 421; Gandhāra, 111 n. 48, 361, 362; Gaṅga, 202 n. 30; Gujarāt, 201 n. 28; Gupta, 441; Jaggayapeṭa, 103, 111 n. 48; Kārkala, 202n.; Magadha, 362; Māmallapuram, 421; Mathurā, 111 n. 48, 362; Maurya, 82; mesopotâmica, 158; ocidental, 96, 161; Oṛīsā, 202 n. 30; Pālitāna, 202 n. 30; persa, 158, 199 n. 6, 201 n. 24; Punjab, 111 n. 48; Rājputāna, 71 n. 30, 202 n. 30, 441; Rāṣṭrakūṭa, 71 n. 30, 441; Śikhara, 202 n. 30; Śravaṇa Beḷgoḷa, 160; Tejaḥpāla, 202 n. 30; Vakkula, 356.
Ártemis, deusa grega, 361.
artha, conceito do êxito material, 38, 39, 68, 125, 406; ver também: *Artha-Śāstra*; Lokāyata.
Artha-Śāstra, doutrina do, 34, 39, 40, 77-107, 252; "O morrer em torno ao Poder sagrado", 60-63; na política indiana, 92, 105, 106, 109 n. 21 e 23; fábula do leão, do rato e do gato, 89, 90; na política persa, 81-83, 92; na política ocidental, 77, 79, 85-87, 90-98, 105-107; parábola do rato e do gato montês, 77, 78; ver também: Kauṭilya.
Artha-Śāstra (Kauṭilya), 34, 40, 49 n. 21, 82, 99, 101, 109 n. 21 e 23, 110 n. 38, 133, 138 n. 16, 226, 355, 446; síntese descritiva, 39; no Ocidente, 80, 105, 106.
Artur, lenda de, 67.
Aruṇeya, ver: Śvetaketu.
Āruṇi (Uddālaka-), mestre brâmane, 119, 183; lição sobre o *ātman*, 245, 246, 261.
Arūpaloka, reino sobrenatural búdico, 115.

Árvore da Vida na arte oriental, 267.
árvore e a selva, metáfora bramânica da, 299.
Aryasūra, 396 n. 93.
Asaṅga, mestre budista, 363, 374, 395 n. 80, 441.
ascetismo (geralmente *tapas*), 52, 53, 59, 174, 175, 185, 189, 191, 328 n. 102, 335 n. 234; *ājīvika*, 189, 190, 288; arquétipo, 114; bramânico, 267, 285-288, 295, 305; búdico, 346, 378, 379; cristão, 256; feminino (na *sat*), 130, 131; forma extrema de, 151, 152, 155, 239, 285, 288, 328 n. 102, 329 n. 114, 339, 380, 422; jaina, 146, 158, 159, 182, 184, 185, 195-198, 339, 420, 422; longevidade e, 199 n. 4; Nyāya, 434, 435; Sāṁkhya-Yoga, 221, 237, 238, 435; segundo os *guṇa*, 286.
Aśoka, rei Maurya, 82, 226, 440; budismo sob o reinado de, 355-360, 362; e o *dharma* da cortesã, 127, 128; editos rupestres de, 104, 206 n. 88, 392 ns. 29, 31, 33, 34, 37, 38 e 39, 393 ns. 40, 41, 43, 44, 45, 48 e 55; façanhas militares de, 359.
Aśokavadāna, 241 n. 33.
āśrama, ver: vida, etapas da.
associação invariável, no Nyāya, 434.
Aṣṭasāhasrika Prajñāpāramitā, 391 n. 11, 370.
Aṣṭāvakra-Saṁhitā (gītā), 47 n. 9, 139 n. 21, 333 ns. 201, 204, 207 e 212, 334 n. 221; 320, 449.
astrologia, 102, 108 n. 11.
Aśvaghoṣa, mestre budista, 364, 396 n. 87, 449.
aśvamedha, ver: sacrifício do cavalo.
Aśvapati, rei, lenda do, 123.
Aśvasena, rei, na lenda jaina, 144, 150.
Ātar, deus persa, 201 n. 24.
Atatürk, Kemal, estadista, 92.
ateísmo: jainismo (transteísmo), 143; Lokāyata, 438 n. 25; Sāṁkhya, 209, 239, 240 n. 10, 282; ver também: deuses (prestígio abalado dos).
Atharva-Veda, ver: *Veda*
ātman, ver: mônada vital, Eu.
Ātmapañcaka (Śaṅkara), 335 n. 236.
ato de verdade *(satya)*, 127, 132: parábolas (a cortesã), 127, 128; (a rainha e o sábio), 129, 130; (Yaññadata), 131, 132.
átomos: *ājīvika*, 190; jainas, 193, 195-198; Vaiśeṣika, 433; ver também: elementos; mônada.
Augustos, 110 n. 42.
Aum, ver: *Oṁ*.
Aurangzeb, imperador mogol, 226.
austeridades, ver: ascetismo.
Avadhūtagītā, 332 n. 197, 333 n. 200.
Avalokiteśvara, salvador budista, 281, 364, 377, 380, 381, 386; manifestação em forma do cavalo Nuvem, 281, 377.
Avalon, Arthur, 427 ns. 40, 41, 42, 45 e 47, 428 n. 56, 451; ver também: Woodroffe, Sir John.
Āvaśyaka, 435.
avidyā, ver: nesciência.
Ayodhyā (Oudh), 149.
Azhdahak, deus armênio, 201 n. 24.
Azhi Dahāka, deus persa, 199 n. 6, 201 n. 24.

B

Bacon, Francis, 37.
Báctria, 111 n. 48, 360, 361.
Bādāmi, escultura de, 161.
Bahūbali, ver: Gommata.
Bālāditya, rei de Ayodhyā, 393n.54, 395n. 80.
Bali, hinduísmo em, 71 n. 30
banyan, iluminação de Buddha sob um, 157.
Barābar, cavernas de, 206 n. 88.
barca, metáfora budista da, 28, 281, 333 n. 206, 342-350, 363, 381, 386.
Bārhaspatya Artha-Śāstra, 39, 49 n. 22.
Basāṛh, ver: Vaiśālī.
bastão dos monges, 189.
batismo cristão, 242 n. 49.
Baudelaire, Pierre Charles, 27.
Baudhāyana, mestre bramânico, 41.
Bayazid II, sultão do império otomano, 95.
bebidas: embriagadoras, 329 n. 120; ver também: leite divino; vinho.
Bechardas, Shravak Pandit, 199 n. 1.
Behistun, 83.
Beluchistão, 357, 361.
Benares, 150, 151.
Bhadrabāhu, mestre jaina, 201 n. 26.
Bhadrasena, rei hindu, 100.
Bhagavadgītā, 47 n. 10, 72 n. 30, 73 n. 36, 136, 138 n. 8, 163, 176, 202 n. 29, 272-290, 293, 294, 299, 320, 324 n. 43, 325-333 ns. várias, 387, 402, 440, 448; *bhakti* no, 275, 276, 288, 289, 420, 421; conteúdo, 273, 274; exame, 272-290; extratos, 274-290; *guṇa*, 204 n. 50, 280, 281, 284-287, 290; *karmayoga* no, 69 n. 12, 274, 277, 282, 288, 289, 396 n. 94; traço principal, 289, 290; Sāṁkhya-Yoga no, 208, 209, 221, 228, 242 n. 39.
Bhagavānt, ver: Ariṣṭanemi.
Bhagavānt no Tantra, 401.

Bhājā, arte de, 421.
bhakti, ver: devoção.
bhaktiyoga, 288, 329 n. 114.
Bharata, rei mítico da Índia, 201 ns. 27, 28.
Bharuci, mestre bramânico, 334 n. 231.
Bhāttācharya, Benoytosh, 388, 397 ns. 102 e 105, 398 n. 107, 450.
Bhāvadevasūri, 199 n., 200n.
bheda, ver: dissensão.
bhikṣu, ver: mendicante (estágio de vida).
bhil, povoação da Índia, 146, 149.
Bhīṣma, guru lendário, 109 n. 28, 275.
bhūtaśuddhi, ritual tântrico, 413, 418.
Bíblia, 70 n. 27, 138 ns. 3 e 18, 139 ns. 20, 22 e 24, 158, 177, 199 n. 6, 200 n. 7, 204 n. 52, 283, 424, 440.
Bihār, 165, 354.
bīja, ver: semente.
Bimbisara, rei de Magadha, 226.
Bindumatī, cortesã, história de, 127-128, 279.
Bindusāra, rei Maurya, 355.
Birmânia (atual Myanmar), budismo em, 47 n. 13.
Bizâncio, 88, 92; ver também: Turquia.
Blake, William, 135.
Bloomfield, Maurice, 47 n. 5, 199 n. 1, 200 n. 17, 447, 448.
Bo, árvore, Buddha sob a, 115, 156, 157, 336, 341, 356, 357, 358, 377.
Bodhidharma, patriarca budista, 397 n. 100, 441.
Bodhisattva, 348, 363, 375, 377, 386, 399, 425 n. 12; como salvador (ao renunciar ao *nirvāṇa)*, 139 n. 23, 377, 386, 399; quatro qualidades, 373; ver também: Avalokiteśvara; Kṣitigarbha.
Boehme, Jacob, 21.
bolha, metáfora jaina da, 186, 187.
bosque, estágio de vida no *(vanaprastha)*, 43, 125.
Brahmā, deus hindu, 97, 123, 296, 300; e Buddha, 337.
brahmacārin, ver: discípulo.
brahmacarya, ver: celibato.
Brahmajālsuttanta, 243 n. 54.
Brahmaloka, reino sobrenatural, 114.
Brahman, ver: mônada vital; Poder sagrado; Uno-sem-segundo; Eu.
Brāhmaṇa, 46 n. 4, 60, 71 n. 30, 73 n. 36, 104, 432, 439, 448; *Aitareya-* (O morrer em torno ao Poder sagrado), 60-62; *Śatapatha-*, 109 n. 27, 204 n. 60, 241 n. 23; *Taittirīya-* (Hino ao alimento), 251-253, 323 n. 9, 408.
Brahmānanda, Swāmī, 317.
Brahmā-Savitṛ, 123.
Brahmā-Sūtra, 294, 319, 449.
Brāhmo-Samāj, movimento hindu-cristão, 402, 404.
brâmanes, 41, 56, 64, 80, 87, 114, 133, 353.
bramanismo e hinduísmo (exceto Tantra e Vedānta), 23-25, 38-42, 54-57, 59-68, 244-290; afirmação, 251-255, 273, 274, 293, 294, 408; alentos vitais *(prāṇa)*, 176, 177, 262, 269; alimento, 285, 286, 329 n. 120; alimento, hino do, 251-253, 261, 273, 408; arte, 112 n. 48, 161; ascetismo, 59, 267, 273, 285-288; budismo, paralelos com o, 163, 164, 225, 314, 319, 329 n. 113, 374, 375, 399; budismo, relações com o, 364, 391 n. 15; caminho do meio, 287; caridade, 277; casta, 41, 56, 64, 87, 121, 122, 242 n. 49, 406, 407, 420, 424, 432; consciência, estados de, 238, 262, 266, 268-272, 316, 324 n. 43; conhecimento *(jñāna)*, 63, 247, 249, 251, 287, 289, 324 n. 43; *(vidyā)*, 343; cordão sagrado, 124, 242 n. 49; correlação, 24, 25, 249-251; cosmologia, 176, 177, 196, 210, 219, 220, 244, 249, 252, 253, 258, 269, 292, 333 ns. 208 e 209, 337; cristianismo (Brāhmo-Samāj), 402, 404; culto da família, 116-118; culto do pai, 183; devoção *(bhakti)*, 69 n. 7; 221, 242 n. 39, 250, 257, 275, 284-286, 288, 289; distinção entre bramanismo e hinduísmo, 73 n. 36; divindades, veja: deuses; dualismo, 220; elementos, 260, 317; estágios da vida *(āśrama)*, 43, 88, 109 n. 15, 121-127, 135; Eu *(ātman)*, ver sob este título; façanhas supremas e características, 20; faculdades *(indriya)*, 263, 264, 269; faculdades de ação *(karmendriya)*, 53, 264, 269; faculdades sensoriais *(jñānendriya)*, 263, 269, 282, 287; fenomenalidade *(nāmarūpa)*, 31, 32, 64, 255, 267, 283, 284, 301, 303; intuição, 263, 264, 287; jainismo, paralelos e relações com o, 177; jogo cósmico, 206 n. 96; *karman* (ações), 53, 59, 60, 64, 278, 289, 382; *karmayoga*, 274, 277, 282, 288; liberação *(mokṣa)*, 41, 43, 68, 82, 137; livros sagrados, 46 n. 4, 70 n. 27; magia, 46 n. 4, 55, 59-66, 116-118, 248, 249; *māyā* (ilusão), 28, 29, 33, 248, 254, 280, 282, 284, 294, 301, 308, 319; mente *(manas)*, faculdade de, 263-265, 269, 287; meta (fim), 257, 273; mônada vital *(Īśvara)*, 282, 288; *(puruṣa)*, 176, 267, 268, 313; monasticismo, 125, 126, 189; monismo, 177, 247, 262, 263, 265,

266, 273, 282, 289, 297, 324 n. 43, 325 n. 47, 374, 408-410, 420-423; "O morrer em torno ao Poder sagrado", 59-63, 164; morte, 60-63, 183; mundos do além *(loka)*, 114, 115, 174, 262, 333 n. 208; oferenda e sacrifício, 61, 62, 248, 283, 289, 291, 292, 327 n. 99; *Oṁ (Auṁ)*, 261, 262, 268, 269; opostos, pares de, 273; ortodoxia, 47 n. 13, 70 ns. 24 e 27, 73 n. 36, 163, 164, 183, 205 n. 83, 209, 228, 244, 245, 291-293, 391 n. 15, 405, 408, 431; pecado, 256, 283; pedagogia, 56, 57, 245-247, 261, 431, 432; poder sagrado *(Brahman)*, 63-66, 125, 127, 130, 133, 245-247, 255; Quarto *(turīya)*, 238, 268, 272, 307, 313, 316, 324 n. 43; *saṁsāra*, 264; Sāṁkhya, em relação com o, 71 n. 30, 209, 228, 229, 280, 281, 283; secreto, 56, 57, 183; Senhor (Īśvara), 282, 288, 299, 302, 320, 327 n. 87, 329 n. 123, 332 n. 182; Ser primordial *(Brahman)*, 293, 330 n. 132; *(puruṣa)*, 177, 196, 313; transmigração, 183; "Tu és Aquilo" *(tat tvam asi)*, 119, 225, 246, 261, 294; védico, 23, 24, 55, 56, 59-68, 183, 184, 199 n. 5, 244-258, 272-274, 289, 290, 292-294, 408, 421-423; *yoga*, 69 n. 12, 267, 270, 271, 274, 277, 282, 283, 288-290, 307, 329 ns. 115 e 123; ver também: arianos; *Bhagavadgītā*; *Brāhmaṇa*; Tantra; *trivarga*; *Upaniṣad*; *Veda*; Vedānta.

Breughel, Pieter, e o *matsyanyāya*, 96.

Bṛhadāraṇyaka-Upaniṣad, ver: *Upaniṣad*.

Bṛhadāraṇyaka-Vārtikā, 330 n. 152.

Bṛhadratha, rei Maurya, 360.

Bṛhaspati, deus védico, 23, 39, 64, 67, 124.

Brünnhilde, deusa wagneriana, 171.

Bruno, Giordano, 35.

Buddha, Gautama (Śākyamuni, Siddharta; *Tathāgata)*, 23, 46 n. 4, 70 n. 24, 71 n. 30, 145, 281, 362, 386, 439; na arte, 358; como *Bodhisattva*, 377; como *Cakravartin*, 101-103; como *Tathāgata*, 103, 112 n. 50, 397 n. 100; contemporâneo de Mahāvīra, 70 n. 24, 144, 165, 166, 183, (e de Gosāla) 189; doutrina dos Três Corpos *(Trikāya)*, 395 n. 81; encarnações (como Indra), 359, (como leigo), 359, (como rei Vessantara), 379, (como Viṣṇu), 391 n. 15; ensinamento inspirador, 351, 423; *Expirado*, 341; fundador da Ordem, 336-338, 351-353; multiplicidade dos Buddha, 297, 348, 363, 383, 396 n. 93, 425 n. 12; origem hindu *(kṣatriya)* de, 364; palavras e ditos (discurso sobre o veículo), 344, 345, (a mãe cujo filho havia morrido), 365, (sermão do fogo), 346, (sobre Gosāla, a camisa de cânhamo), 190, (sobre homens dignos de *stūpa)*, 103; paradoxo de sua não existência, 346; paralelo com os salvadores jainas, 156-158, 164-166; rechaço do *Veda*, 47 n. 13, 70 n. 24; Śākyamuni (significado desta expressão), 337; símbolos, 296, 358; e Kāma-Mara (árvore Bo), 115, 116, 156, 157, 328 n. 108, 336, 341, 377; e Mucalinda, 157, 158.

Buddhacarita (Aśvaghoṣa), 364, 449.

buddhi, ver: intelecto.

budismo, 79, 82, 336-390, 435, 439-442; arte, 111 ns. 47 e 48, 156, 157, 341, 358, 361, 362; ascetismo, 339, 346, 378, 379; barca, metáfora da, 28, 281, 333 n. 206, 342-351, 363; bramanismo, paralelos com o, 163, 164, 225, 314, 319, 374, 375, 400; bramanismo, relações com o, 364, 391 n. 15; *Cakravartin*, 101-103; caridade, 356, 357, 359, 360, 379; causação *(karman)*, 340-342, 346, 374-376; Ch'an, escola, 397 n. 97; concílios, 353-355, 362; conhecimento, 340, 373-375, 380-382, 387, 395 n. 81; consciência *(ālayavijñāna)*, 373-376, 381, 396 ns. 90 e 91; cosmologia, 367, 368; despertar, 341, 350, 351; deuses hindus no, 115, 116, 156, 157, 199 n. 5, 359, 391 n. 15, 375, 386; devoção, 358; *dhyāna*, 327 n. 92, 397 n. 100, 441; difusão, 47 n. 13, 336; discussão, 352; dissensão, 352, 353; dor, caráter endêmico da, 338, 339; dualismo, 163, 374; ego, 346, 365, 374, 379; entidades transitórias *(dharma)*, 365, 366, 368, 386; escravidão, 371; existência, os cinco elementos da, 380; faculdades: faculdades de ação, 396 n. 91; faculdades sensoriais, 380, 381; fenomenalidade, 365-368, 371, 374-376, 380, 396 n. 90 e 91; fogo e vida, analogia entre, 341, 346; fundação do, 336-338, 351, 352, 362; os *guṇa*, 377; helenístico, 362, (ver também: Gandhāra); heresia, 352-354, 358, 359; heterodoxias, 47 n. 13, 56 n. 61, 70 n. 24, 111 n. 45, 156, 157, 163, 183, 192, 193, 205 n. 78, 405; iconografia, 341, 358, (Buddha) 357, *(Yab-Yum)* 388, 389, 390; iluminação *(nirvāṇa)*, 314, 341, 345,

346-348, 358, 366, 371, 373, 377, 386, 387, 389, 391 n. 8, 399; impurezas, 375; intelecção *(sañjñā)*, 396 n. 90; jainismo, paralelo com o, 156-158, 165, 166, 189, 191; lei *(dharma)*, 353, 356, 358, 360; liberação, 343, 371, 372, 375, 399; morte, 314, 396 n. 91; mundos do além, 115, 174, 387, 395 n. 81; mundos póstumos, 347; Mādhyamika, escola, 363, 370-372, 396 n. 84, 435, 441; Mahāsukha, escola, 386-390, 441; mente, 379, 385, 386; missões, 356; monges, 125, 126, 175, 184, 189, 344, 352-359; nesciência/ignorância *(avidyā)*, 338, 342, 346, 347, 374-376, 381, 387; Nobre Óctuplo Caminho, 339, 352; não violência, 356; obras como meio de conhecimento, 358, 396 n. 94; opostos, pares de, 346, 374; paradoxo, 346, 352; pecado, 374, 376; preces, 363; preparação para o, 345-347, 350, 358, 371, 381-383, 387, 388; psicologia, 382; restituição, método de, 384, 397 n. 100; Quatro Nobres Verdades, 338, 339; reis (Aśoka, etc.), 104, 355-362; saṁsāra, 345, 346, 348, 371, 373, 377, 389, 399; Sāṁkhya, paralelo com o, 239; Sāṁkhya, visão do, 243 n. 54; Sautrāntika, escola, 364, 367, 372, 393 n. 57, 396 n. 84, 435; Śūnyavāda, escola, 394 n. 75, 433; terapia, 338, 339, 364; tradição oral, 394 n. 69; veículos, os dois, 363, 391 n. 19, 397 n. 100; via do meio, 287, 339, 347; Vijñānavāda, escola, 394 n. 75; *Vinaya*, fixação do, 353, 354; Yaññadatta, ato de verdade de, 131, 132; Yoga, 115, 185, 209, 210, 373, 382-384, 389, 435; Yogācāra, escola, 363, 364, 372-376, 396 n. 84, 435, 441; Zen, escola, 396 n. 84, 397 ns. 97 e 100, 441; ver também: *Bodhisattva*; Buddha; Hīnayāna; Mahāyāna; páli, textos budistas em.

Bühler, C., 49 ns. 23 e 24, 206 n. 88.

Burckhardt, Jacob, 106.

Burlingame, Eugene Watson, 138 ns. 10, 12 e 14, 396 n. 87.

C

cabelos, metáfora bramânica dos, 266.

Caim e Abel, lenda de, 199 n. 6, 200 n. 7.

cakra, ver: roda.

Cakravartin, 82, 101-107, 196, 361; Aśoka como, 104, 357; Bharata como, 160; Buddha como, 102, 103, 359; no mito de Kapila, 209; marcas e símbolos do, 102, 149; Pārśva (Vajranābha) como, 148-150, 156, 162.

Calcutá, Star Theatre de, 416.

Calderón de la Barca, Pedro, 241 n. 27.

Cālukya, dinastias, 71 n. 30, 393 n. 54.

Cambises II, 81.

Camboja, 71 n. 30.

camisa de cânhamo, metáfora de Buddha sobre os *ājīvika*, 190.

Cāmundarāya, estadista dos Gaṅga, 160, 202 n. 28, 441.

Caṇḍi, deusa no aspecto de, 404.

Candragupta Maurya, fundador do império Maurya, 39, 80, 87, 108 n. 5, 163, 355, 360, 440.

Candragupta II, rei Maurya, 395 n. 80.

Candrakirti, mestre budista, 391 n. 7, 394 n. 63.

Candraprabha, 8º salvador jaina, 160.

caridade (habitualmente *dāna)*, 102; segundo os *guṇa*, 286; no bramanismo, 277; no budismo, 355-357, 359, 379; no jainismo, 198, 200 n. 14; ver também: esmola; suborno.

caril, caráter "rajásico" do, 285, 286.

Carlos Magno, 441.

carnaval, fenômeno da natureza humana, 410.

carne, ver: vegetarianismo.

carruagem, metáfora das *Upaniṣad*, 263, 264.

casamento, 116-118, 122; no *Atharva-Veda*, 116-118; cósmico e sagrado, 119, 196; como exemplo dialético, 255, 256; etapa da vida *(gṛhastha)*, 124; no *Kāma-Śūtra*, 40; ver também: celibato; coito; amor.

casta, 41, 56, 64, 87, 121, 122, 159, 242 n. 49, 364, 406, 407, 415, 420, 424, 432; ausência de restrição nas religiões não védicas, 56, 70 n. 24, 155, 420, 424; ausência de restrição no Tantra, 70 n. 27, 406; *karman* jaina, 194, 195; ver também: vida, etapas da.

castidade no jainismo, 200 n. 14; ver também: celibato.

categorias *(padārtha)*, no Vaiśeṣika, 433.

catolicismo, 51, 58, 86, 94, 95, 256; analogia com o ritual hindu, 329 n. 114, 427 n. 41; ver também: Agostinho, S.

causa, no Nyāya, 434; causação, ver: *karman*.

causas e efeitos, concatenação no budismo, 396 n. 91.

cavalo, tesouro do *Cakravartin*, 102; ver também: Avalokiteśvara; sacrifício do cavalo.

Ceilão (atual Sri Lanka), 166; budismo no, 47 n. 13, 111 n. 45, 336, 353, 357; ver também: páli, textos budistas em.

celibato *(brahmacarya)*, 124, 305, 416; ruptura ritual do, ver: coito.
César, Júlio, 362, 440.
céu e inferno, 146, 168, 172-174; no bramanismo *(loka)*, 114, 323 n. 21, 333 n. 208; no budismo, 115, 174, 395 n. 81, 387; no jainismo, 146-156, 186-188, 193; gregos e cristãos, 172-174, 332 n. 182, 414; análogos ao sonho, 262, 323 n. 21; multiplicidade, 199 n. 5; e *samādhi*, 332 n. 182.
Chamfort, Sebastien R. N., 40.
Chan, W. T., 395 n. 81.
Ch'an, escola budista, 397 n. 97; ver também: Zen.
Chāndogya-Upaniṣad, ver: *Upaniṣad*.
Charpentier, Jarl, 200, 201 n. 18.
China, 34, 35, 58, 67, 83, 87, 113, 164, 361, 362; budismo na, 47 n. 13, 362, 364, 380, 395 n. 81, 397 ns. 97 e 100; confucionismo da, 337; moderna, 79.
chispas, metáfora das, 266, 267.
ciência: indiana, 55, 69 n. 5, 193-198, 238, 248, 249, 252, 253, 257, 317, 435; ocidental, 25-28, 48 n. 14, 33-38, 44, 45, 51, 55, 57, 68, 113, 135, 244, 249; política, ver: política; ver também: alquimia; cosmologia; magia; medicina; psicanálise e psicologia.
cinco coisas proibidas/boas, no Tantra, 406, 411, 415, 417, 421.
Cinco Fogos, penitência dos, 151, 152.
Cirene, budismo em, 356.
Ciro, o Grande, 81.
cisnes *(haṁsa)*, apelido dos ascetas hindus, 125, 189, 335 n. 234, 436.
citas *(śaka)*, 111 n. 48, 361.
citta, ver: pensamento.
Claudio I, imperador romano, 110 n. 42.
coito, como ruptura ritual de tabu, no budismo, 387-390; no Tantra *(maithuna)*, 406, 409, 410, 415-418; ver também: amor; celibato; casamento; sexo; *Yab-Yum*.
Cola, dinastia, 71 n. 30, 441.
coluna vertebral, "canais espirituais" *(suṣumṇā)* da, no Tantra, 413, 418, 419.
compaixão *(karuṇā)* do *Bodhisattva*, 387.
Comte, Auguste, 36.
conciliação *(sāman)* em política, 97.
Confúcio, 34, 58, 309, 337.
conhecimento, 25; no bramanismo: *jñāna*, 63, 247-249, 287, 289, 324 n. 43; *vidyā*, 267, 384, 385; no budismo: *jñāna*, 359; *prajñā*, 373, 375, 387, 395 n. 81; *vidyā*, 343; (desvalorização), 340, 358, 381-383; no Nyāya, 434; no Sāṁkhya: *prajñā*, 232; *viveka*, 212, 222, 223, 226, 233, 383, 385; no Tantra: *jñāna*, 390, 400; *vidyā*, 417; no Vedānta: *jñāna*, 316, 319, 401; *vidyā*, 32, 54, 295, 385.
consciência, 20, 28, 29, 256, 257; no budismo *(ālayavijñāna)*, 373, 375, 396 ns. 90 e 91; "pura" (no bramanismo; *vijñāna*), 266, 324, 325 n. 43, 328 n. 109, 372; no Tantra, 399, 400; no Vaiśeṣika-Nyāya, 433; no Vedānta, 294, 303, 304, 317; estados de (no bramanismo: fases do Eu), 238, 262, 268-272, 316, 324 n. 43, 433.
Constantino, o Grande, 355, 441.
"contemplação branca" de Pārśva, 155.
contemporâneas, implicações com o mundo, 19-21, 26, 36-38, 44, 45, 57-59, 67, 68, 77, 79, 81, 82, 90, 91, 95, 98, 105-107, 132-137, 175, 176, 283-285, 302, 303, 410, 421, 422, 424; ver também: Ocidente; política (ocidental); psicanálise e psicologia (analítica moderna).
Coomaraswamy, Ananda K., 111, 112 n. 48, 202 ns. 30 e 36, 357, 391 n. 8, 392 n. 36, 393 n. 48, 395 n. 81, 398 n. 108.
cordão sagrado bramânico, 124, 242 n. 49.
Coreia, budismo na, 164.
cores cármicas *(leśyā)*, no jainismo, 169, 170, 176, 181, 182, 185, 186, 385.
corpo, aceito no Tantra, 409.
correlação no bramanismo védico, 23, 24, 248, 249, 251.
cortesã(s): história do cadáver da, 162; história do *dharma* da, 127, 128, 279; divindade tutelar das, 123; ver também: *Kāma-Sūtra*.
cosmogonias, 23, 24, 67, 68 n. 27, 97, 176, 177, 195-197, 235, 238, 239, 254, 256, 257, 264, 292, 293, 299, 300, 313, 400, 401; ver também: *Purāna*.
cosmologia: budista, 368; bramânica, 176, 177, 196, 210, 220, 244, 249, 253, 258, 259, 269, 291, 333 n. 209, 337; jaina, 168-170, 182, 187, 193-198; Nyāya, 434; Sāṁkhya-Yoga, 208, 223, 224, 229, 233; segundo Swedenborg, 178-180; Vaiśeṣika, 435; ver também: átomos; elementos; matéria.
Cowell, E. B., 396 n. 93, 438 n. 29.
Creta, 439.
cristianismo, 84, 94, 95, 101, 105, 106, 108 n. 11, 172, 173, 177, 201 n. 24, 242 n. 49, 300, 325 n. 46, 355, 387, 410, 441; analogia com o ritual hindu, 427 n. 41; Brāhmo-Samāj, 402, 404; concepção da existência póstuma, 146, 172, 173, 192,

332 n. 182; deflação, 25, 26, 57; divinização do homem, 171; filosofia, 35, 173, 204 n. 54; Rāmānuja, comparação com, 319; ver também: Bíblia; catolicismo; Jesus Cristo; Swendenborg.
Cristo, ver: Jesus Cristo.
Cronos, 227.
cruz, sinal da, como *nyāsa*, 427 n. 41.
Cruzadas, 442.
Cullavagga, 391 n. 18, 392 n. 20.
Cupido, 40.

D

Dabhoi, templo de, 202 n. 30.
Ḍaḥḥāk, deidade persa, 199 n. 6, 201 n. 24.
Dakṣa, deidade védica, 131.
Dakshineswar, 402.
dāna, ver: caridade; esmola; suborno.
Danae, 227.
dança hindu, 40, 206 n. 96; cósmica, 408; ver também: jogo cósmico.
daṇḍa, ver: agressão.
Daṇḍin, mestre vedantino, 330 n. 148.
Dante, 172, 174.
Dario I, rei da Pérsia, 81, 83.
Dario III, rei da Pérsia, 81.
Darwin, Charles Robert, 442.
Dasaratha, rei Maurya, 206 n. 88.
Davids, Caroline Augusta Foley (Sra. Rhys Davids), 111 n. 45, 112 n. 49, 393 n. 59.
Délhi, 226.
Demétrio, rei de Báctria, 360.
Demócrito, 249, 258.
Demonax, 394 n. 60.
demônios, 285, 286, 327 ns. 99 e 100, 328 n. 102; ver também: titãs, *yakṣa*.
Descartes, René, 35, 36, 442.
despertar, concepção budista do, 350, 351.
despotismo, 38, 39, 81, 83, 85-92, 99, 100, 105; ver também: *Cakravartin*.
Deus, ver: Eu; Ser supremo.
Deusa, 196, 320, 374; na época neolítica, 187, 404; negra, forma de Kālī, 402; como Pārvatī, 114, 404; como Prakṛti, 416, 421-423; como Śakti-Māyā-Devī, 320; como Satī, 130, 131, 404; no Tantra, 400-414, 416-419, 421-424; ver também: Kālī; Mãe.
deuses: antideuses (titãs), 64, 84, 98, 114, 171, 218, 328 n. 102, 391 n. 15; armênios, 201 n. 24; budismo, deuses védico-hindus no, 114, 115, 199 n. 5, 200 n. 16, 243 n. 54, 359, 374, 387, 391 n. 15; concepção dravídica oposta à ariana, 199 n. 5; germânicos, 67, 171, 280; graduações dos, 251; gregos em paralelo com os hindus, 46 n. 4, 47 n. 5, 55, 67, 113, 164, 173, 199 n. 5, 226, 227, 249, 250, 361; hindus: ver "védico-hindus" abaixo; jainismo, védico-hindus no, 143, 144, 149, 150, 152-155, 161, 163, 186, 188, 224; origem dos (no "alimento"), 253; persas, 83, 199 n. 6, 201 n. 24; polinésios, 67, 68; da primavera, 113; prestígio abalado dos, 25, 33, 35, 250, 251; reis descendentes de, 109 n. 3; romanos em paralelo com os hindus, 40, 47 n. 5; Sāṁkhya-Yoga, deuses védico-hindus (aqueles que ocupam postos elevados) no, 214, 215, 217, 223, 332 n. 182; tutelares, 61, 69 n. 7, 114, 123, 157, 158, 188, 285, 317; védico-hindus, 23, 24, 39, 46 n. 4, 47 n. 5, 61, 64, 66, 84, 98, 113-115, 123, 124, 156, 161, 184, 199 n. 5, 209, 244, 245, 248, 249, 250, 251, 253-255, 258, 284, 285, 359, 374, 375, 386, 387, 391 n. 15, 400, 401, 414, 423; (ver também: Aditi; Agni; Ahi; Brahmā; Bṛhaspati; Dakṣa; Deusa; Dyaus; Gaṇeśa; Himālaya; Indra; Indrāṇī; Kāma; Kṛṣṇa; Kubera; Māra; Marut; Mitra; *nāga*; Namuci; Sāvitri; serpente; Śiva; Soma; Sūrya; Varuṇa; Vasanta; Viṣṇu; Viśvakarman; Vṛtra; *yakṣa*); ver também: cristianismo, mitologia.
Devendra, mestre jaina, 200 n. 18.
dever, filosofia de, 121-137; ver também: *dharma* (conceito do dever) *Dharma-Śāstra*.
Devī, a deusa como, 320, 404, 424.
devoção *(bhakti)*, 221, 242 n. 39, 358, 359, 362; segundo os *guṇa*, 284-286; bramanismo, 250, 257, 275, 276, 288, 289, 295, 305, 319, 320, 332 n. 182; budismo, 358, 359, 362; de imagens, 69 n. 7, 317, 318, 412, 426 n. 31; Tantra, 400, 412-420.
Dharana, Dharaṇendra, ver: serpente cósmica.
dharma, conceito de dever e ordem: bramanismo, 41, 68, 69 n. 12, 88, 101, 105, 122, 125, 127, 128, 131, 137, 279, 295, 406, 432, (ver também: *Dharma-Śāstra*); conceito de lei, no budismo (em páli: *dhamma*), 353, 356, 358, 360; conceito de entidade transitória (budismo), 365-368, 386; conceito de meio do movimento (jainismo), 193.
Dharma, 15º salvador jaina, 160, 167.
Dharma-Śāstra, doutrina do, 41, 68, 121-137; na *Bhagavadgītā*, 278, 279; *dharma* da

cortesã, história do, 127, 128, 279; etapas da vida e casta, segundo o, 43, 121-125; *satī*, 130, 131; *satyāgraha* de Gandhi, 132-134; ver também: casta; *dharma* (conceito de dever); vida, etapas da.
Dharma-Sūtra, 41.
Dhyāna, ver: meditação.
Dhyāna, escola budista do, 327 n. 92, 397 n. 100, 441; ver também: Zen.
dialética do pensamento bramânico, 256, 257; ver também: ário-dravídica, síntese; dualismo; opostos, pares de.
dieta, 69 n. 6, 384; segundo o *guṇa* pessoal 285, 286; de monges e sábios, 184, 189; do dono de casa jaina, 200 n. 14; ver também: alimento; vegetarianismo.
Digambara (vestidos de espaço, nus), seita jaina, 125, 159, 161, 165, 201 n. 26, 202 n. 41.
Digha-nikāya, 111 n. 45, 112 n. 49, 243 n. 54, 391 n. 6.
Dilthey, Wilhelm, 34, 48 n. 17, 58.
Dinesh Chandra Sen, 425 n. 17.
Dionísio identificado com Śiva, 255, 361.
Dipavaṁsa, 392 n. 23.
Dirac, Paul Adrlen Maurice, 37.
discernimento *(viveka)* no Sāṁkhya, 212, 222, 223, 226, 233, 383, 385.
discípulo da filosofia indiana *(adhikārin)*, 21, 24, 54, 381, 382, 436; bramânico, 56, 245, 246; budista, 344; e o elefante, história do, 29, 30; etapa da vida do, 43, 123-125, 305; requisitos para ser, 28, 50-54; tântrico *(sādhaka)*, 409, 411; na tradição não ariana, 56; vedantino, 52-54, 295-297, 300, 303-306, 313, 335 n. 239; ver também: guru; pedagogia.
dissensão: na ordem, advertência de Buddha contra ela, 352, 353; na política *(bheda)*, 98; ver também: heresia.
"dividir para reinar", em política, 98.
divya, santo tântrico, 415, 417.
docetismo budista, 371.
Doni, Anton Francesco, 108 n. 4.
dono de casa, etapa de vida *(gṛhastha)*, 43, 124; ver também: casamento.
dor, caráter endêmico da, segundo o budismo, 338, 339.
"Doze meditações" do salvador jaina, 153.
drama: greco-romano, 40, 173 *(persona)*, 244; hindu, 41, 206 n. 96.
Dramiḍa, mestre bramânico, 334 n. 231.
drávidas (pré-árias), 56, 70 ns. 24 e 27, 88, 102, 109 n. 13, 111 ns. 45 e 48, 163, 164, 176, 182, 183, 187, 192, 199 ns. 5 e 6, 200 n. 13, 203 n. 47, 205 n. 83, 209, 223, 229, 238, 272, 274, 289, 293, 320, 328 n. 102, 405, 409, 420, 435, 439; ver também: ário-dravídica, síntese; budismo; heterodoxia; Indo, civilização do vale do; jainismo; Sāṁkhya-Yoga.
Dṛdhanemi, herói lendário do budismo, 111 n. 45.
Droṇa, lendário soberano hindu, 275.
dualismo, *ājīvika*, 246, 273; na *Bhagavadgītā*, 163, 289; no budismo, 163, 374; "os irmãos inimigos", 145, 146, 199, 200 ns. 6 e 7; no jainismo, 158, 163, 176, 199 n. 6, 238, 246, 272, 409, 410, 420, 422; judeu-cristão, 177, 178, 410; no Sāṁkhya-Yoga, 163, 176, 208, 211, 224, 228, 235, 238, 246, 247, 272, 282, 289, 295, 374, 409, 410, 422; no zoroastrismo, 158, 199 n. 6, 410; ver também: heterodoxia; monismo; opostos, pares de.
Dunbar, Sir George, 108 n. 5, 112 n. 52.
dvandva, ver: opostos, pares de.
Dyaus, deus pré-védico, 251.

E

Eckhart, Mestre, 21, 34, 38, 442.
Eddington, Sir Arthur Stanley, 37.
Édipo, 226.
Egito antigo, 87, 109 n. 13, 199 n. 6, 200 n. 7; budismo no, 356; moderno, 92.
ego (geralmente *ahaṁkāra*), 53, 66, 169, 302; no bramanismo, 270, 288; no budismo, 346, 365, 367, 374, 380; no Sāṁkhya-Yoga, 169, 230-233, 236, 238; no Vedānta, 169, 294, 316.
Einsten, Albert, 37, 442.
Eleanor, duquesa de Aquitânia, 390.
Elefanta, arte de, 421.
elefante: em moedas, 360; Divino Elefante Branco do *Cakravartin*, 102; encarnação de Pārśva, 147, 148; e o discípulo, história do, 29, 30; uma história de Śaṅkara, 28, 29; ver também: Gaṇeśa.
elementos: no bramanismo; 260, 317; no jainismo, 197; no Sāṁkhya-Yoga, 242 n. 51; ver também: átomos; matéria.
Elūrā, arte de, 161, 421.
Emerson, Ralph Waldo, 402.
Empédocles, 21, 31, 38, 440.
encantamentos, 97, 113-116; ver também: magia.
encarnação, ver: Kṛṣṇa; reencarnação; *saṁsāra*.
energia, ver: *śakti*.
engano, ver: *māyā* (ilusão).

entendimento, ver: intelecto.
envenenamento de reis, 100.
envolturas *(kośa)* do Eu, 294, 331 n. 171.
épica, ver: homérica (idade e epopeia); *Mahābhārata*, *Rāmāyaṇa*.
Epicuro, 21, 440.
Épiro, budismo em, 356.
Erastótenes, 36.
Erígena, João Escoto, 38.
ermitão, estágio de vida de, ver: bosque, estágio de vida no.
Eros, deus grego, 113.
erótico, elemento, ver: amor; *Kāma-Sūtra*; *śakti*; sexo.
ervas, metáfora bramânica das, 266.
Esaú e Jacó, lenda de, 200 n. 7.
escravidão: segundo o budismo, 371; segundo o jainismo, 180-182, 195; segundo Rāmakrishna, 403; segundo o Sāṁkhya, 208, 211, 229; segundo o Vedānta, 318; ver também: *karman*.
esmola, *karman* contrário à, entre os jainas, 195.
espaço, segundo o Vedānta, 315.
esposa: *dharma* da, 122, 123; encantamentos védicos sobre a, 117, 118; como imagem venerada no Tantra, 412; a *śakti* como, 415, 416; ver também: casamento.
Estado (policial), 87-92.
estoicos, 21.
estratégia *(indrajāla)* em política, 98.
estrelas em astrologia, 108 n. 11.
éter: primeiro elemento, no bramanismo, 260; no Sāṁkhya-Yoga, 242 n. 51.
eternidade: e Kāma, 115; Śiva, como, 70 n. 27; no Vedānta, 315.
ética, ver: *dharma* (conceito de dever); *Dharma-Śāstra*.
Eu (cósmico, eterno, transcendente, Deus, divina essência): a "alma" conceito ocidental, em contraste com o, 66; busca do, 294, 313, 314, 332 n. 182; como alimento, 251-253; como Criador, 24, 25; conceito primitivo no pensamento indiano, 20, 21, 23, 25, 184, 245; devoção por meio da *iṣṭadevatā*, 69 n. 7; no bramanismo da *Bhagavadgītā*, 275, 276, 278, 282, 283, 287-290; no bramanismo das *Upaniṣad*, 260, 261, 263-266, (metáfora da carruagem) 263, 264, (regente interno) 266, (cinco metáforas) 266, (os dois pássaros) 266, 267, (duas espécies de conhecimento do) 267, 268, (união com a mônada vital) 268, (a sílaba *Oṁ* e o "Quarto") 268-272; no bramanismo védico, 245, 246, 251-253, 257; nas filosofias pré-árias, 293; nos ensinamentos de Rāmana, 438 n. 31; no Vedānta, 53, 176, 211, 290, 293, 294, 300, 302-304, 309-318, 351, 383; suas envolturas *(kośa)*, 294; sua inatividade segundo o Vedānta, 294; sua imutabilidade, 276, 285; suas quatro fases (vigília, sono, sono sem sonhos, "quarto"), 238, 262, 268-272, 294, 304, 316; ver também: mônada vital; Ser supremo.
Eu, na terminologia sânscrita: *ātman*; bramanismo, 20, 24, 25, 32, 53, 66, 69 n. 12, 125, 126, 176, 184, 211, 245, 246, 255, 257, 259, 263-268, (metáforas das *Upaniṣad*, etc.) 266, 269, 288, 294, 309, 317, 318, 383, 385, 401, 437 n. 12; *brahman*: bramanismo, 53, 63, 66, 69 n. 7, 177, 225, 251, 257, 266, (*Brahman*-dos-sons e *Brahman* Supremo) 267, 290, 293, 295-303, 306, 312, 318, 330 n. 132, 384; *jīva*: bramanismo, 260, 282; *puruṣa*: bramanismo, 126 (Homem Absoluto), 261, 297.
Eucrátides, soberano de Báctria, 360.
eudemonismo no Lokāyata, 438 n. 25.
Eurídice, 67.
Eva, primeira mulher, 70 n. 27.
existência, os cinco elementos da, no budismo, 380, 396 n. 90.
extinção, ver: *nirvāṇa*.

F

fábula, Índia como local de origem da, 20; de animais, 22, 23, 39, 77, 78, 80, 89, 90, 431; ver também: fábulas; Jātaka; *Mahābhārata*; *Rāmāyaṇa*.
fábulas, mitos, parábolas, etc.: Aśoka e o *dharma* da cortesã, 127, 128; Buddha e a mãe que havia perdido seu filho, 365; Buddha debaixo da árvore Bo, 115, 156, 157; o cadáver da cortesã, 162; a criação a partir do Oceano de Leite, 299, 300; o discípulo e o elefante, 29, 30; o gato e o rato, 77, 78; o figo e o sal, parábolas de Āruṇi, 245, 246, 261; o filho do rei, 225, 363; os filhos do rei Vessantara, 379; Kāma e Śiva, 114; o leão, o rato e o gato, 89; a nuvem e os mercadores náufragos, 281; Pārśva, vidas de, 144-156; Prajāpati, 220; o preço da noiva, 365, 366; a rainha, o sábio e o rei, 129-131; Sāṅkara e o elefante, 29; o *sannyāsin* e o templo de Jagganāth, 399, 400; o tigre criado entre cabras, 22, 23; Yājñavalka e Janaka, 259, 260; Yaññadatta, mordido pela serpente, 131, 132.

faculdades (geralmente *indriya*), 21, 53, 66; no bramanismo, 264, 269; no jainismo, 168, 169, 197; no Sāṁkhya-Yoga (de ação externa: *bāhyendriya*), 230, 233; ver também: ação; pensamento; sensoriais (percepção), faculdades.
família, culto védico da, 116-118.
família, livros de, no *Ṛg-Veda*, 55.
fatalismo, 83-87; de Gosāla, 191.
fé (*śraddha*), 50-52, 124, 284, 285; no budismo, 381.
Febo (Apolo), identificado com Sūrya, 47 n. 5.
Fedra, 227.
feminino, órgão (*yoni*), no Tantra, 413; princípio, ver: Deusa; Mãe; *śakti*.
fenomenalidade (geralmente *nāmarūpa*), 25, 28, 29, 31, 32, 63, 64, 176, 194, 255, 267, 284, 303, 316; no budismo, 365-368, 371, 374, 376, 380, 396 n. 90; ver também: matéria; *māyā*.
fertilidade, peixe como símbolo da, 103, 115; deuses (*yakṣa*) da, 114, 157, 327 n. 99; encantamentos védicos para a, 117.
festas de estação, 410.
filhas, atitude védica para com as, 116.
filho de rei, parábola e metáfora do, 225-227, 295, 363, 415.
filhos, traição dos, 226, 227; encantamentos védicos para engendrar, 116, 117.
filosofia da história, 27, 83-87.
filosofia ocidental, 31, 34, 42, 57, 58, 105, 106, 227, 439-442; comparada com a indiana, 21, 30-38, 42-45, 51, 57-59, 197, 198, 309, 315, 432; secularizada, 21, 35, 44, 45, 57, 135; tradição hegeliana, 56; ver também: ciência; cristianismo; Ocidente.
finalidades da vida hindu (ver metas).
finanças, ministro ideal de, 102; desonestidade nas, 100.
Firdaus , 158.
Flaubert, Gustave, 51.
flechas, de Kāma, 113-114; metáfora de Śaṅkara, 332 n. 184.
Fleet, D. J. F., 110 n. 38.
flores no culto, 317, 427 n. 41.
fogo, 156, 266; no lar védico, 61, 62, 248; analogia budista com a vida, 341; ver também: Agni; "Cinco Fogos".
folclore, 21, 22, 71 n. 30, 199 n. 6; utilização filosófica do, 33; ver também: fábula; Jātaka; mitologia; *Pañcatantra*.
forma, ver: fenomenalidade.
forma expansiva na arte indiana, 421.
fortuna, ver: fatalismo; sorte.
Franke, R. O., 392 n. 26.
Frederico, o Grande, 92.

G

gado das tribos árias, 55, 104, 164.
Galileu, 35, 36.
Gandhāra, 103, 395 n. 80; arte de, 111 n. 48, 362.
Gandhi, Mahatma, 59; e o *satyāgraha*, 132-134.
Gaṇeśa, deus hindu, 425 n. 12.
Gaṅga, dinastia, 160, 202 n. 30.
Garbe, Richard, 240 n. 4, 242 n. 48, 319, 334 ns. 226 e 228, 433, 434, 437 ns. 5, 7, 11, 12, 15, 16, 18 e 21, 438 ns. 22 e 25.
Gaudapāda, mestre vedantino, 318, 334 n. 223.
Gaudapāda-Kārikā, 332 n. 183, 334 n. 223.
Gautama (Akṣapāda), mestre do Nyāya, 41, 70 n. 23, 431, 434.
gestos (*mudrā*), no Tantra, 413, 414, 426 n. 22; ver também: posturas.
Gibbon, Edward, 92, 227.
gigantes no jainismo primitivo, 167, 168.
Gilgamesh, 67.
gimnosofistas, 201 n. 26, 420.
Girish, Chandra Ghosh, dramaturgo hindu, 416.
Glasenapp, Helmuth von, 201 ns. 25 e 28.
gnosticismo, 410.
Goethe, Johann Wolfgang von, 86, 256.
Gommaṭa (Bahūbali), santo jaina, 160, 201 n. 28, 441.
Gosāla, Maskarin, ver: *ājīvika*.
Gough, A. E., 438 n. 29.
Govardhan, monte, 163.
Govinda, mestre bramânico, 294, 334 n. 223.
Graal, Santo, 67, 171.
graça, doutrina cristã da, 325 n. 46.
Grande Deleite, ver: *Mahāsukha*.
Grande Homem, de Swedenborg, 177-180.
grão tostado, partilha ritual de, 406, 415, 417.
gregos: aqueus, suas migrações à Grécia antiga, 46 n. 4, 439; arte, nudez na, 161, (ver também: arte helenística); ciência natural, 35-37; conquistas na Índia e Afeganistão, 103, 111 n. 48, 201 n. 26, 355, 360-362, 420; drama, 244; filosofia, 21, 31, 33, 46 n. 4, 48 n. 17, (em paralelo com a indiana: Misch), 34-38, 48 n. 17, (comparação com o *Artha-Śāstra*), 45, 57, 58, 171, 192, 198, 227, 244, 249, 258, 309, 394 n. 60; Grécia moderna, 91, 92; herói épico, personalidade do, 172; mitologia em decadência, 33, 35, 171, 244, 249, 250, 258; Mitologia,

comparada com a hindu, 46 n. 4, 47 n. 5, 55, 67, 113, 164, 174, 199 n. 5, 226, 227, 244, 255, 361, 425 n. 12; rivalidade entre pai e filho, 227.
gṛhastha, ver: dono de casa.
Guénon, René, 434, 437 n. 14 e 19.
Guhadeva, mestre bramânico, 334 n. 231.
Gujarāt, templo de, 202 n. 30.
guṇa (sattva, rajas, tamas), qualidades naturais: descrição, 217, 218; e a dieta, 285, 286; em equilíbrio, 235; e os tipos de faculdades, 230-233; correspondências no jainismo, 169; e os tipos religiosos, 204 n. 50, 284-286, 301, 302; no budismo, 382, 384; no Sāṁkhya e no bramanismo, 204 n. 50, 208, 221, 229, 240 n. 14, 278, 280, 281, 284-287, 290; no Tantra, 404, 415; no Vaiśeṣika, 433.
Gupta, dinastia, 71 n. 30, 104, 105, 362, 364, 395 n. 80; arte, 441.
guru, 28-30, 43, 52, 54, 124, 245, 246; como sacerdote doméstico, 64, 124; do sexo feminino, no Tantra, 407; no Vedānta, 295-297; qualificações, 21, 52; ver também: discípulo; pedagogia.

H

Hāfiz, poeta persa, 390, 398 n. 113.
Hajipur, 353; ver também: Vaiśālī.
halo, antecedente arcaico do, 204 n. 51.
Hamlet (Shakespeare), 106.
haṁsa, ver: cisnes.
Han, dinastia chinesa, 362.
hara-kiri, 135.
Hargovinddas, Shravak Paṇḍit, 199 n. 1.
Hari, clã dos, 163, 164.
Hariṣena, poeta dos Gupta, 104.
Harmon, A. M., 394 n. 60.
Harṣacarita, 393 n. 49.
Haṭhayoga, 205 n. 83, 383.
Havell, E. B., 392 ns. 28 e 34.
hebreus, 56; religião dos, ver: judaísmo.
Hegel, George Wilhelm Friedrich, 31, 35, 58, 442.
Heisenberg, Werner, 37.
helenístico, arte: de Gandhāra, 111 n. 48, 362; da Índia, 111 n. 48; budismo, 360-362; ver também: Gandhāra; *Milindapañha*.
Heliodoro, 360.
Heráclito, 30, 34, 38, 440.
Hércules, 67; identificação com Kṛṣṇa, 361.
heresia: budista, 352-354, 358; cristã, 171; no Lokāyata 438 n. 25.
Hermes, identificado com Gaṇeśa, 425 n. 12.
herói, 67, 68, 108 n. 11, 172, 280, 309; no Tantra *(vira)*, 409, 411, 415-417; ver também: *Bodhisattva*; *Cakravartin*; Kṛṣṇa; salvador; *Tīrthaṁkara*.
Hesíodo, 113, 120 n. 1, 439.
heterodoxia na filosofia indiana, 47 n. 13, 56, 70 ns. 24 e 27, 111 n. 45, 163, 176, 182-184, 192, 228, 229, 286, 289, 293, 319, 320, 420, 422; ver também: budismo; drávidas; dualismo; jainismo; Sāṁkhya-Yoga.
Himālaya, deus védico, 114.
Hīnayāna, ramo do budismo, 369, 372, 395 n. 80, 396 ns. 84 e 93, 421, 441; difusão, 47 n. 13; dualismo, 163, 374; essência, 47 n. 13, 349, 363-368; negação, 387, 389, 408; o *Bodhisattva*; no, 377, 399; ver também: budismo.
hinduísmo, nos Estados Unidos, 46 n. 3; ver também: bramanismo e hinduísmo; *Bhagavadgītā*; Tantra, Vedānta.
Hine-nui-te-po, deidade polinésia, 68.
Hino do alimento, ver: alimento.
Hipólito, 227.
Hitopadeśa, 39, 89, 90.
Hobbes, Thomas, 34, 40.
homérica, idade e epopeia, 46 n. 4, 55, 172, 439; ver também: gregos.
Hoyśala, dinastia, 71 n. 30, 441.
Hsiang-yen, mestre budista, 397 n. 100.
Hui-neng, patriarca budista chinês, 397 n. 100.
Hume, Robert Ernest, 47 n. 8, 241 n. 35, 323 ns. 4, 5, 6, 7 e 8, 324 ns. 23, 24, 31, 35, 36, 37, 40 e 42, 325 ns. 45, 46 e 48.
hunos, 361, 393 n. 54.
hybris, 171.

I

Ibn Baṭṭūṭa, 109 n. 19, 226, 241 n. 31.
ícone, no budismo, 388-390.
iconografia: budista, 341, 358; (Buddha) 388, 389, *(Yab-Yum)* 389; jaina, 157-162; ver também: arte.
idades do mundo, teoria indiana das, 109 n. 14.
ideal do homem, no Oriente e Ocidente, 309; ver também: herói.
ignorância, ver: nesciência.
Ikṣvāku, família, 149, 163.
Ilíada, 71 n. 30.
iluminação, ver: *nirvāṇa*.
ilusão, ver: *māyā*.
ilusão do mundo, a Deusa como, 405.

imagens: jainas, 156-162, 164; culto das *(iṣṭadevatā)*, 69 n. 7, 317, 412, 423, 426 n. 38; ver também: iconografia.
incenso no culto, 317, 363, 427 ns. 38 e 41.
Índia, história e política (em ordem cronológica): civilização do vale do Indo, 70 n. 24, 111 n. 48; drávidas, 56, 87, 88, 109 n. 13, 163, 164, 199 n. 5, 272; invasão ariana, 46 n. 4, 56, 71 n. 30, 103, 163, 164; idade védica, 46 n. 4, 56, 57, 63, 71 n. 30, 82, 87, 88, 113, 244, 272; feudalismo, 39, 81, 87, 88, 113, (ver também: *Mahābhārata)*; Buddha, 23, 46 n. 4, 47 n. 13, 336, 337; conquista grega, 103, 111 n. 48, 201 n. 26, 360-362; dinastia Maurya, 39, 80, 82, 104, 108 n. 5, 111 n. 48, 127, 133, 163, 355-360; dinastia Kuṣāna, 111 n. 48, 361, 362; dinastia Gupta, 71 n. 30, 104, 362, 364, 395 n. 80; invasão muçulmana, 71 n. 30, 113, 201 n. 26, 202 n. 30, 226; dinastia mogol, 226; época moderna (ingleses e Gandhi), 59, 92, 93, 132-134, 424; ver também: *Artha-Śāstra*; Sumário Histórico, 439-442.
Indo, civilização do vale do (Mohenjo-Daro), 70 n. 24, 111 n. 48, 439.
Indochina, ver: Camboja.
Indo-europeia, família linguística, 46 n. 4, 55.
Indra, deus védico, 23, 24, 39, 64, 65, 98, 114, 124, 153-155, 163, 186, 251, 266, 284, 379: Buddha como, 359; identificação com Zeus, 199 n. 5, 361; Pārśva como, 144, 149, 150.
Indrabhūti, rei de Uḍḍiyāna, 389.
Indrāṇī, deusa védica, 65.
indriya, ver faculdades.
inferência, no Nyāya, 434.
inferno, ver: céu e inferno.
inflação psicológica, 134, 410; no Tantra, 410, 415
influxo, ver afluxos.
inimigo: encantamento contra, 59-63; meios de aproximação *(upāya)*, 96-98; ver também: *Artha-Śāstra*.
instinto vital, 217, 219, 220.
integração-isolamento *(kaivalya)*: no bramanismo, 262, 309, 313, 406, 409; no jainismo, 165, 183, 186, 192, 239, 320, 409, 420; no Sāṁkhya-Yoga, 208, 212, 216, 223, 224, 227, 238, 262, 383, 420; quem o experimenta *(kevala, kevalin)*, 143, 165, 194, 196, 197, 212, 223, 227, 238, 320; ver também: liberação.
intelecto (comumente *buddhi*), 53, 169; no bramanismo (intuição), 264, 269, 287, (faculdade determinante), 287, 288, 420; no budismo (intelecção: *sañjñā)*, 396 n. 90; no Vedānta, 169; ver também: consciência; mente; pensamento.
intelectuais e a distorção da verdade, os, 333 n. 199.
intuição, ver: intelecto.
Irã, ver: Pérsia.
irmão obscuro, motivo do, 145, 146, 158, 199 n. 6.
irmãos inimigos, motivo dos, 145, 146, 158.
isolamento, ver: integração-isolamento.
Israel, ver: hebreus.
iṣṭadevatā, ver: imagens.
Īśvarakṛṣṇa, mestre do Sāṁkhya, 209, 325 n. 50.
Iti-vuttaka, 391 n. 16, 393 n. 46.
Iyer, Ramana Dasa S. Seshu, 438 n. 31.

J

Jacó e Esaú, lenda de, 199 n. 6.
Jacobi, Hermann, 201 n. 26, 202 n. 39, 203 n. 44.
Jaggayapeta, *stūpa* de, 103, 111 n. 48.
Jahān, Shah, imperador mogol, 226.
Jaimini, mestre da Mīmāṁsā, 431, 432, 441.
Jaini, Jagmandar Lal, 200 n. 14.
jainismo, 143-171, 176-188, 192-198; antiguidade do, 70 n. 24, 82, 163, 187; arte, 111 n. 48, 156-162, 166, 167, 187, 362; ascetismo, 143, 144, 199 n. 4; ascetismo e longevidade, 145, 146, 158, 159, 182-185, 196, 198, 199 n. 4, 239, 287, 329 n. 114, 339, 420, 422; ascetismo extremo, condenado, 151-153, 155, 239, 328 n. 102, 329 n. 112: átomos, 193, 197; barca, metáfora da, 281, 342, 386, (ver também: *Tīrthaṁkara)*; bramanismo em relação com o, 177; budismo, em paralelo com o, 156-158, 165, 166, 191; budistas, sua opinião sobre o, 166; *Cakravartin*, 101-105, 107, 148-150, 156, 162; caridade, 198, 200 n. 14; castas, 56, 70 n. 24, 155, 159, 194, 195; castidade, 200 n. 14; ciclos temporais, 167, 168, 203 n. 43; cosmologia, 168-170, 178, 182, 187, 193-197, 317, 350; *dharma* (meio do movimento), 193; deuses hindus no, 143, 144, 149, 150, 153-156, 161, 163, 186, 188, 199 n. 5; dieta, 158, 184, 200 n. 14; dualismo, 158, 163, 176, 199 n. 6, 238, 246, 273, 409, 410, 420, 422; elementos, 197; escravidão, 180-182, 195; faculdades, 168,

169, 197; faculdades sensoriais, 168, 187, 197; Gosāla *(ājīvika)* e o, 189-193, 197, 238; gregos (guru jainista de Alexandre), 201 n. 26, 362; heterodoxia, 56, 70 n. 24, 111 n. 45, 163, 182, 183, 192, 209, 223, 224, 238, 246, 272, 273, 293, 405, 435; homem cósmico, 176-180, 187, 193, 196; homem e personalidade, 170, 182, 192, 193, 383; iconografia, 157-162; imagens, 156, 162, 164; influxo *(āsrava)*, 170, 181, 182, 385; integração-isolamento *(kaivalya)*, 143, 165, 183, 186, 187, 192, 194, 196, 197, 223, 238, 320, 409, 420; jejum, 147, 149, 154, 200 n. 14; *karman* (ações), 155, 169, 170, 199 n. 4; (cores), 176, 181, 182, (escravidão), 185-187, 194-196, (tipos), 224, 229, 384; liberação, 155, 183-188, 196; longevidade, ideal de, 199 n. 4; matéria *(ajīva)*, 176, 193, 195, 211, 219, 229, 241, 273, 288, 293, 384, 385, 420; mente, 168, 169; mônada vital *(jīva)*, 168-179, 176, 181, 182, 183-188, 193, 195-197, 211, 219, 224, 229, 246, 247, 272, 273, 288, 293, 320, 384, 385, 420, 437 n. 12; monasticismo, 125, 175, 184, 185, 189, 198, 206 n. 87, 288; monismo, elementos de, 176, 177; morte, tipo ideal de, 149, 150, 152, 155, 156, 162, 165, 186, 288; mundos póstumos, 358; não violência, 181, 184, 198; negação, 389, 409; *nirvāṇa*, 144, 162; nome, 194; os *guṇa*, 169; pecado, 136; pessimismo, 168, 180; posturas, 158, 159, 161, 164; princípios *(tattva)*, 195; reencarnação, 145-156; salvadores, ver: *Tīrthaṁkara*; Sāṁkhya, em paralelo com o, 168, 169, 182, 206 n. 92, 209, 211, 219, 223, 238; Swedenborg, em paralelo com o, 177-180, 205 n. 81; templos, 202 n. 30; tempo, 193; tradição clássica pré-figurada no, 203 ns. 47 e 49; Vedānta, em paralelo com o, 319, 320; vegetarianismo, 182, 184, 198; vestimenta monástica *(digambara)*, 125, 159, 165, 201 n. 26, 203 n. 41, *(śvetāmbara)*, 138 n. 6, 159, 165, 201 n. 26, 203 n. 41; votos do dono de casa, os doze, 200 n. 14; Yoga, em relação com o, 158, 159, 163, 329 n. 115.

Jalandhara, tradição de um concílio budista em, 362.

Jalutha, rei hindu, 99.

Janaka, imperador de Videha, 259.

Japão, 135; budismo no, 47 n. 13, 380, 395 n. 81, 396 n. 84, 397 ns. 97 e 100, 390; Micado, 87, 88, 109 n. 13, 164, 390; moderno, 79, 90-94, 98.

Jasão, 67.

Jātaka, 72 n. 32, 131, 132, 138 n. 14, 201 n. 21, 378, 379, 382, 396 ns. 86 e 93.

Jātakamālā, 382, 396 ns. 86, 88 e 93.

Java, 71 n. 30.

jejum, 69 n. 6, 130; no jainismo, 147, 149, 154, 200 n. 14; ver também: vegetarianismo.

Jeová (Yahveh), 176, 283; ver também: judaísmo.

jesuítas, 58, 86.

Jesus Cristo, 137, 201 n. 24, 280, 283, 284, 337, 441; irmão de Judas, 146, 200 n. 8; "segundo homem", 176; ver também: cristianismo.

Jina, ver: Mahāvīra.

jīva, ver: mônada vital.

jīvanmukta, ver: liberado em vida.

Jizo, ver: Kṣitigarbha.

jñāna, ver: conhecimento.

Jñānasiddhi (Indrabhūti), 390, 397 n. 105.

jñānendriya, ver: sensoriais, faculdades.

Jñāta, clã dos, 165.

Jñātaputra, ver: Mahāvīra.

Jó, 424.

João de Cápua, 108 n. 4.

jogo cósmico *(līlā)*, 206 n. 96, 387, 406, 409, 421; ver também: dança.

joia do *Cakravartin*, 102.

judaísmo, 158, 176, 177, 283, 309.

Judas, como irmão de Jesus, 146, 200 n. 8.

juízo, ver: intelecto.

Jung, Carl Gustav, 438 n. 31.

Júpiter, 47 n. 5; ver também: Zeus.

Justino, S., 204 n. 54.

K

Kailāsa, monte, 416.

kaivalya, ver: integração-isolamento.

Kaivalya-Upaniṣad, 332 n. 196.

Kalanos, santo jaina, 362.

Kālī, 284, 400-404, 411; -Durgā-Satī, 114; Rāmakrishna sobre os aspectos de, 402, 403; ver também: Deusa; Mãe.

Kālidāsa, dramaturgo hindu, 201 n. 27, 393, n. 50.

Kaliṅga, 360.

Kaliyuga, idade atual do mundo, 70 n. 27, 88, 271.

kalyāṇa, celebrados pelo *Tīrthaṁkara*, 151, 153, 155.
kāma, conceito de prazer, 40, 68, 116-119, 124, 125, 287, 343, 406; ver também: Kāma (deus); *Kāma-Śāstra*.
Kāma (-deva), deus hindu, 40, 113-115, 118, 123; (-Māra) e Buddha, 115, 156, 328 n. 108, 336, 341; como Namuci, 115, 116; e Śiva, 114.
Kāmaloka, reino sobrenatural, 114, 115.
Kamandaki, escritor hindu, 39.
Kama-Śāstra, doutrina do, 68, 113-119, 123.
Kāma-Sūtra (Vatsyāyana), 40, 117, 119, 389.
Kamaṭha, lendário adversário do jainismo, 145-147.
Kaṇabhakṣa, Kaṇabhuj, ver: Kaṇāda.
Kaṇāda, mestre do Vaiśeṣika, 431, 433.
Kanauj, reino de, 71 n. 30.
Kaniṣka, imperador Kuṣāna, 111 n. 48, 361, 362, 441.
Kañjīveram (Conjeeveram), 393 n. 54.
Kant, Emanuel, 36, 48 n. 14, 257, 315.
Kapardin, mestre bramânico, 334 n. 231.
Kapila, lendário fundador do Sāṁkhya, 70 n. 24, 208, 209, 228, 243 n. 54, 431, 439.
Kapilavastu, 70 n. 24, 356.
Kāraṇḍavyūha, 281, 327 n. 86.
Karika (Gauḍapāda), ver: Gauḍapāda-Kārikā.
Karkala, estátua jaina em, 201, 202 n. 28.
karmamārga (via do ritual), 60, 289.
Karma-Mīmāṁsā, 432.
karman; ação: Sāṁkhya-Yoga, 230, 234; ações: bramanismo, 53, 59, 60, 64, 278, 289, 309, (tipos de) 310-312, (e o liberado) 382; fator de escravidão: jainismo, 155, 170, (cores) 169, 178, 180-182, (doutrina da escravidão) 185, 186, 193-195, (tipos) 224, 229, 384, 385; budismo, 340, 342, 346, 374-376; movimento e ação: Vaiśeṣika, 433.
karmayoga, 69 n. 12; analogia com o catolicismo, 329 n. 115; analogia sugerida pelo budismo, 396 n. 94; dos tipos de, 288; na *Bhagavadgītā*, 274, 277-279, 282, 288.
karmendriya, ver: ação, faculdades de.
karoṛ (= 10 milhões; inglês: *crore*), 387.
karuṇā, ver: compaixão.
Karūśa, rei hindu, 100.
Kashmīr (Caxemira), 71 n. 30, 357, 362.
Kāśirāja, rei hindu, 100.
Kaṭha-Upaniṣad, ver: *Upaniṣad*.
Kātyāyana, gramático hindu, 210.
Kaurava, 274.
Kauṭilya, Cāṇakya, teorizador político hindu dos Maurya, 39, 72 n. 32, 80, 82, 99, 106, 108 n. 5, 110 n. 38, 133, 226, 355, 440.
Kautiṭya-Artha-Śāstra, ver: *Artha-Śāstra* (Kauṭilya).
Kāvyādarśa (Daṇḍin), 330 n. 148.
Keith, Arthur Berriedale, 64, 65, 72 n. 31, 394 n. 73, 396 n. 96, 432, 437 ns. 4, 6, 8, 17 e 20, 438 ns. 23 e 26.
Kemal Atatürk, 92.
Kennedy, J., 392 n. 30.
Kennedy, tenente-coronel Vans, 391 n. 15.
Kern, H., 112 n. 49, 391 n. 18.
Keshab Chandra Sen, dirigente do Brāhmo-Samāj, 402-404.
Keśi, mestre jaina, 165.
kevala, *kevalin*, ver: integração-isolamento.
Khajurāho, templos de, 202 n. 30.
kleśa, ver: obstáculos.
kośa, ver: envolturas do Eu.
Kṛṣṇa, avatar hindu, 84, 202 n. 29, 297; identificado com Héracles, 361; na *Bhagavadgītā*, 70, 71 n. 30, 274-279, 282-290, 299, 325 n. 50, 387; vinculações não ortodoxas, 163, 164, 167, 202 n. 29; ver também: Viṣṇu.
Kṛtayuga, idade do mundo, 271.
kṣatriya, casta dos, 41, 56, 87, 163, 165, 364, 389, 415.
Kṣemaṅkara, ermitão jaina, 149.
Kṣitigarbha (Ti-tsang; Jizo), salvador budista, 189, 380.
Kubera, deus védico, 114, 150.
Kumārajīva, sábio hindu, 369, 370.
Kumārila, sua escola de Mīmāmsā, 435.
Kunāla, príncipe Maurya, 227.
Kuṇḍagrāma, 165.
Kuṇḍalavana, concílio budista de, 362.
Kuṇḍalinīyoga, no Tantra, 205 n. 83, 413, 414, 418, 419.
Kunthu, 17º salvador jaina, 160, 167.
Kurukṣetra, 71 n. 30.
Kuṣāṇa, dinastia, 103, 111 n. 48, 361.
Kuṣmaṇḍī, deidade hindu-jaina, 160.
Kusumāñjali (Udayana), 435.
Kwan-non, Kwan-yin, 281; ver também: Avalokiteśvara.

L

La Bruyère, Jean de, 40.
La Fontaine, Jean de, 80.
La Rochefoucauld, François de, 40.
la Vallée Poussin, Luis de, 327 n. 86, 392 n. 20, 393 ns. 45 e 55, 396 n. 96.
Lakṣmī, deusa hindu, 83, 296; como Padmāvatī, 152.
Lakṣmīṅkarā Devī, dirigente do *Mahāsukha*, 390, 441.
Lakṣmīvatī, rainha na lenda jaina, 149.
lamaísmo, ver: Tibete.
lâmpada, metáfora bramânica da, 290.

Laṅkāvatāra-Sūtra, 395 n. 79.
Lanman, Charles Rockwell, 120 n. 7.
Lao-Tsé, 34.
lei, textos hindus sobre a, 41, 137; ver também: *dharma* (conceito de lei).
Leibniz, Gottfried Wilhelm von, 36.
leite divino, no bramanismo, 253.
Lenin, Vladimir Ilisch, 58.
leśyā, ver: cores cármicas.
liberação *(mokṣa)*: no budismo, 342, 372, 375, 399, 404; no jainismo, 155, 156, 183-188, 196; no Nyāya, 435; no Sāṁkhya-Yoga, 208; no Vedānta, 52-54, 295, 322, 335 n. 238; principal das quatro metas, 41, 43, 44, 68, 82, 116, 126, 137, 144, 406, 436; ver também: integração-isolamento; *nirvāṇa*.
liberado em vida *(jīvanmukta)*, 139 n. 23, 309.
līlā, ver: jogo cósmico.
língua(s), linguagem: da filosofia clássica, 42, 43; deusa da linguagem, 177; (linguagem) e águas, 123; família indo-europeia de línguas, 46 n. 4.; limitações filosóficas da linguagem, 31-33; natureza da língua védica, 63-65; nota sobre pronúncia do sânscrito; ver também: páli; sânscrito e o índice sânscrito que analisa algumas palavras.
liturgia, Mīmāṁsā: 431-432.
Locke, John, 86.
lógica: inadequação filosófica da, 31-33, 273; no Nyāya, 433, 434.
logos, 177.
Lohengrin, herói wagneriano, 280.
loka, reinos sobrenaturais, 114, 115, 333 n. 208.
Lokāyata, 438 n. 25.
longevidade, ideal jaina da, 199 n. 4.
lótus, personificado *(Padma)*, 361; (postura), 164, 305; símbolo, 167, 196, 290, 296, 300, 337; no Tantra, 413, 414, 418, 419.
lua: metáfora da, nas *Upaniṣad*, 268; no encantamento bramânico, 61, 62; reis como descendentes da, 109 n. 13.
Luciano, 394 n. 60.
Lúcifer (Satã),179.
Lucrésio, 37.

M

Macedônia, budismo na, 356.
Mackay, Ernest, 70 n. 24.
Mādhava, mestre vedantino, 370; discussão sobre, 435.
Madhyagraiveyaka, céu dos jainistas, 149.
Mādhyamika, escola budista, 363, 370, 371-372, 396 n. 84, 435, 441.
Mādhyamika-Śāstra (Nāgārjuna), 394 n. 65.
Madras, 201, 202 n. 28.
Mãe Universal, 122, 187, 196, 320, 321, 400, 402-405, 408, 410, 416, 417, 419, 421; ver também: Deusa; Kālī.
Magadha, 182, 353, 362.
Magas de Cirene, 356.
magia, 127, 194, 198, 259, 338, 415, 433; erótica, 116-118; védica, 46 n. 4, 55, 59-66, 117, 118, 249, 316.
Mahābhārata, 39, 63, 83, 87, 109 ns. 17, 20, 23, 25 e 28, 138 n. 17, 163, 167, 201 n. 27, 202 n. 29, 209, 210, 274, 440; fábulas de animais no, 77, 78; história literária do, 71 n. 30; máximas do, 90, 91, 97, 99, 109 n. 25, 110 n. 44, 133; ver também: *Bhagavadgītā*.
Mahāmāyā, a Deusa como, 405.
Mahāparinibbāṇasuttanta, 202 n. 38.
Mahāpuruṣa, ver: super-homem.
Mahāsaṅgiti, concílio budista de, 354.
Mahāsukha (Grande Deleite), escola budista, 386-390, 441.
Mahāsukhaprakāśa (Advayavajra), 398 n. 106.
Mahāvagga, 201 n. 22, 391 n. 17.
Mahāvaṁsa, 357, 358.
Mahāvīra, Vardhamāna, 24º e último salvador jaina, 70 n. 24, 144, 159, 164, 165, 183, 209, 439; emblema, 160, 203 n. 44; ensinamentos e reformas, 166, 193, 198; e Gosāla, 189; opinião dos budistas sobre, 166.
Mahāyāna, ramo do budismo, 28, 32, 139 n. 23, 281, 319, 367-376, 386-390, 399, 441; afirmação, 389; *Bodhisattva*, 373, 377-383, 386-390; difusão, 47 n. 13; docetismo, 371; essência, 47 n. 13, 349, 363, 364; fundação, 369; ser tal qual é *(tathātā)*, 112 n. 50, 368, 373, 375, 389, 395 n. 81; ícones, 388, 389; mitologia (os *Buddha*), 297, 363, 383, 387, 396 n. 92, 425 n. 12; monismo, 367, 368, 371, 386, 388, 390; Nāgārjuna e o, 369; *Prajñāpāramitā* e literatura conexa, 47 n. 13, 348-351, 369-370, 380, 441; realidade, aspectos da, 368; "Sabedoria da outra margem", 28, 281, 319, 348-351, 380-382, (ver também: *Prajñāpāramitā*); Tantra, em paralelo com o, 70 n. 27, 399, 406, 415, 423, 425 n. 12; transgressões sacramentais, 387-389; *Trikāya*, doutrina do, 395 n. 81;

vacuidade *(śūnyatā)*, doutrina da, 347, 364, 368, 370-373, 377, 386-389, 395 n. 81, 397 n. 97, 399, 423; Vedānta, em paralelo com o, 368; *Yab-Yum*, conceito de, 389, 390, 425 n. 7; ver também: budismo.
Mahāyānasamparigraha (Asaṅga), 395 n. 80.
Mahendra, missionário budista, 357.
Mahīpāla, adversário lendário dos jainistas, 151-154.
maithuna, ver: coito.
Maitreyī, matrona bramânica, 262, 324 n. 33.
Maitri-Upaniṣad, 70 n. 26, 323 n. 20.
Majjhima-Nikāya, 391 n. 9.
Mālavikāgnimitra (Kālidāsa), 393 n. 50.
Malli, 19º salvador jaina, 160, 167.
manas, ver: mente.
Mānavadharma-Śāstra (Leis de Manu), 49 n. 27, 69 n. 6, 109 n. 26, 440.
maṇḍala, alianças britânicas do tipo, 92, 93; conceito político do, 92-95; figura, 93, 109 n. 21.
mandamentos de Kāma, 113, 114.
Māṇḍukya-Upaniṣad, ver: *Upaniṣad*.
maniqueísmo, 410.
Mañjuśrī, *Bodhisattva*, 364.
manteiga, estátua jaina untada com, 158; metáfora da, nas *Upaniṣad*, 266.
mantra (fórmulas sagradas), 413, 414, 432.
Manu, 41, 97; leis de, ver: *Mānavadharma-Śāstra*.
Maomé, ver Mohammed.
Maquiavel, Nicolas, 34, 40, 106, 442.
Māra, deus hindu-budista da morte, 115, 343; sua investida contra Buddha, 156, 336, 341; ver também: Kāma.
Marabhūti, Pārśva como, 145-147.
marcas e símbolos do *Cakravartin*, 102, 103, 149.
Marco Aurélio, 441.
Maria, a Virgem, 201 n. 24.
Marut, deuses védicos do vento, 251.
Marx, Karl, 58.
máscara da personalidade, ver: *persona*.
masculino, princípio, 70 n. 27, 123, 130, 131; ver também: Śiva (-Śakti); *Yab-Yum*.
Maspero, Sir Gaston, 199 n. 6.
matéria: bramanismo *(prakṛti)*, 176, 203 n. 49, 416, 421, 423; jainismo *(ajīva)*, 176, 177, 193, 195, 211, 219, 246, 273, 288, 293, 420; *(pudgala)*, 193; Sāṁkhya-Yoga, 176, 206 n. 92, 208, 211, 212, 222-224, 229, 233-236, 288, 431; ver também: *karman* (fator de escravidão: jainismo).
materialismo no Lokāyata, 438 n. 25; ver também: *artha*.
Mathurā, 103, 355, 364; arte de, 111 n. 48, 362.
matrimônio, ver: casamento.
matsyanyāya, ver: peixe, lei dos peixes.
Maui, herói polinésio, 67, 68.
Maurya, dinastia, 39, 80, 82, 104, 108 n. 5, 111 n. 48, 127, 133, 163; arte da, 82; reis budistas da, 355-360; ver também: Candragupta.
Maximinus, imperador de Roma, 362.
māyā, como ilusão, 28, 33, 91, 92, 98, 238, 280-282, 284, 293, 294, 301, 308, 315, 319, 320, 405, 412, 422; em política, 91, 92, 98; Māyā-Śakti, 404, 408, 412, 422; no Tantra, 404, 405, 408, 412, 422; no Vedānta, 28, 48 n. 14, 294, 301, 308, 315, 319, 320, 425 n. 7; personificada (a Deusa), 320; transmutação de si mesma, 248, 254.
medicina: clássica hindu, 64, 65, 118, 124, 131, 132, 384; o budismo como, 338, 339, 364; ocidental, 68; sob Aśoka, 357; ver também: magia; psicanálise e psicologia; Yoga.
meditação *(dhyāna)*: no Tantra, 412; no Vedānta, 306, 313, 317.
Megástenes, diplomata selêucida, 355.
Meghamālin, ver: Saṁvara.
memória, ver: pensamento.
Menandro, ver: Milinda.
mendicante *(bhikṣu)*, estágio de vida, 43, 125; ver também: monasticismo.
mente (geralmente: *manas*), 53, 168, 210, 211; no bramanismo, 263-265, 269, 287; no budismo, 385, 386; no jainismo, 168; no Sāṁkhya-Yoga, 168, 213, 214, 230-233, 236, 238; no Vedānta, 168, 317; ver também: consciência, intelecto; pensamento.
Mesopotâmia, 67; arte de, 158; ver também: Suméria.
mestre, ver: discípulo; guru; pedagogia.
metas da vida hindu, 38-42.
metempsicose, ver: reencarnação; *saṁsāra*.
Micado, 390.
Milinda (Menandro, rei grego de Báctria), 361; ver também: *Milindapañha*.
Milindapañha, 138 n. 10, 393 n. 52, 394 n. 61.
Mill, John Stuart, 36.
Mīmāṁsā, sistema da, 431-433.
Ming, monge budista, 397 n. 100.
minoica, civilização, 439.
Misch, Georg, 48 n. 17.
missionários: cristãos, 204 n. 54; budistas, 356.

misticismo ocidental, 21.
mitologia: budista (inumeráveis *Buddha* deificados), 297, 362, 363, 383, 387, 396 n. 92, 425 n. 2; decadência da, 33, 35, 244, 249, 258; utilidade filosófica da, 32, 33, 248, 249; ver também: cosmogonia; deuses; fábulas, mitos, etc.; folclore.
Mitra, deus védico, 23.
moedas helenísticas, período pós-alexandrino, 360,361.
Mohammed, 283-441; ver também: muçulmanos.
Mohenjo-Daro, ver: Indo, civilização do vale do.
Moisés, 439.
mokṣa, ver: liberação.
mônada vital: *ātman*, no Sāṁkhya-Yoga, 211, 225; *Īśvara,* no bramanismo, 282; *jīva*, nos *ājīvika*, 189, 190; no bramanismo, 176, 302, 318, 409; no jainismo, 168-170, 176, 180-182, 185-187, 193, 195-197, 211, 219, 224, 229, 246, 272, 288, 293, 384, 385, 420, 437 n. 12; *puruṣa*, no bramanismo, 176, 267, 320, 385, 420, 437 n. 12; no Sāṁkhya-Yoga, 176, 206 n. 92, 208, 211-213, 222-225, 229, 233, 235, 237, 247, 273, 281, 288, 293, 320, 374, 385, 437 n. 12.
monasticismo, 126, 421; bramânico, 125, 189; budista, 125, 175, 184, 189; cristão, 441; jaina, 175, 184, 185, 189; ver também: ascetismo; celibato; cisnes; vestes dos monges jainas.
monges, ver: monasticismo.
mongóis, 111 n. 48; dinastia dos, 226; ver também: Kuṣāna, dinastia.
monismo (não dualismo): no bramanismo, 176, 177, 247, 262, 265, 273, 282, 289, 297, 324 ns. 33, 39 e 43, 374, 408, 409, 420, 423; no jainismo, 176, 177; no Mahāyāna, 367, 371, 386, 388, 390; no Tantra, 408, 409; no Vedānta, 164, 176, 224, 225, 228, 238, 293, 295, 296, 306, 321, 322, 324 n. 43, 368, 371, 401, 431; ver também: dualismo; ortodoxia.
Monte Cassino, 441.
Moore, Charles, 395 n. 81.
Moore, Justin Hartley, 391 n. 15, 393 n. 46.
"Morrer em torno ao Poder sagrado", 59-63, 164.
morte: a *persona* na, 172, 173; ideal entre os jainistas, 149, 150, 152, 155, 156, 162, 165, 186, 288; no bramanismo védico, 60-63, (encantamento para fazer morrer), 183; no budismo, 314, 396 n. 91; ver também: Māra; *nirvāṇa*.
Mucalinda, rei das serpentes, e Buddha, 157, 158, 337.
Mu-chou, mestre budista, 397 n. 100.
muçulmanos: na Índia, 71 n. 30, 113, 201 n. 26, 202 n. 30, 226; no Oriente Próximo, 92, 94, 95; ver também: Alá.
Mudrārākṣasa (Viśakhadatta), 108 n. 5, 109 n. 25.
Mukhyopadhyāya, Nilamaṇi, 428 n. 52;
mulher: atitude tântrica com a, 407, 416; condição na época védica, 407; encantamentos védicos para conquistar, 117, 118; ver também: celibato; Deusa; esposa; filhas; Mãe Universal.
Müller, F. Max, 438 n. 25.
Muṇḍaka-Upaniṣad, ver: *Upaniṣad*.
música: e *kāma*, 118; no bramanismo, 97.
Mussolini, Benito, 98.
Muttra, 111 n. 48; ver também: Mathurā.
Muzzafarpur, 353.
Mysore, 71 n. 30, 170, 201 n. 28.

N

nāga (deuses em forma de serpente aquática), 114, 157, 201 n. 23, 369.
Nāgārjuna, mestre budista, 363, 364, 369, 370, 372, 395 n. 78, 397 n. 97, 441.
Nāgārjuna, cavernas do monte de, 190.
Nāgasena, monge budista, 361.
Naiṣkarmyasiddhi (Sureśvara), 330 n. 153, 332 n. 192.
nāmarūpa, ver: fenomenalidade.
Nami, 21º salvador jaina, 160, 167.
Namuci, demônio védico, 115, 116.
Naṇḍa, dinastia, 39, 82, 108 n. 5, 355.
Nandivardhana, príncipe lendário jaina, 165.
Nanjio, Bunyu, 394 n. 64.
não ariano, fator, ver: drávidas; dualismo; heterodoxia.
não dualismo, ver: monismo.
não violência (geralmente: *ahiṁsā*), 133, 134; no budismo (Aśoka), 357; no jainismo, 181, 184, 198, 328 n. 102; no *satyāgraha* de Gandhi, 132-134; no Vedānta, 305.
Narasimha Swāmī, 438 n. 31.
natureza: aceitação no Tantra, 410, 411; considerada impura na perspectiva não ária, 273.
Nāṭya-Śāstra, 40.
negação, 420; ver também: ascetismo; integração-isolamento.
Neminātha, ver: Ariṣṭanemi.
neolítico, 187, 405.
neoplatonismo, 21, 31; ver também: Plotino.
Nepal, 357.

nesciência *(avidyā)*: no budismo, 338, 342, 346, 347, 374-376, 381, 387; (afirmação de) no Sāṁkhya, 217-219, 222, 230, 294; no Tantra, 417; no Vedānta, 32, 224, 294-296, 298, 299, 303, 318.
Newton, Isaac, 36.
Nietzsche, Friedrich Wilhelm, 26, 106.
Nikhilānanda, Swāmī, 46 n. 3, 69 n. 2, 334 n. 223, 335 n. 233, 425 n. 2.
nirvāṇa (iluminação-extinção): na *Bhagavadgītā*, 290; no budismo, 314, 341, 345-348, 358, 391 n. 8; (menor ênfase do ideal em Aśoka), 366, 371, 372; no jainismo, 144, 165; refutado pelo *Bodhisattva*, 377, 386, 389, 399; ver também: liberação.
Nirvāṇamanjar (Sāṅkara), 335 n. 241.
Nirvāṇaṣaṭka (Śanikava), 335 n. 239.
nirvikalpasamādhi, ver: absorção.
nīti, ver: política.
Nītisāra (Kāmandaki), 39, 49 n. 23.
Nityawarūpānanda, Swāmī, 47 n. 9.
Niveditā, Irmã, 202 n. 36.
Nizami, poeta persa, 390.
Noble, Reverendo Samuel, 205 n. 63.
"Nobre Óctuplo Caminho" do budismo, 339, 352.
noiva, *śakti* como, 416; veja também: casamento e esposa.
North, Thomas, 108 n. 4.
notas do tradutor, 46 n. 1, 47 n. 7, 69 n. 9, 108 n. 10, 138 n. 7.
nudez na arte, 161.
Nyāya, sistema do, 419, 431, 433-435.
Nyāya-Sūtra (Gautama), 434, 435.

O

obras: como meio de alcançar o conhecimento, 396 n. 94; edito de Aśoka sobre as, 358; no budismo, 396 n. 94.
obstáculos *(kleśa)*, no Sāṁkhya-Yoga, 215-224.
Oceano *(Cakravartin)*, 209.
Oceano de leite da vida imortal, mito hindu, 154, 299.
Ocidente, 19-45, 55, 68, 135; atitude com a filosofia, 26-28, 42-45; amor cortês, 390; astrologia, 108 n. 11; budismo no, 356; hinduísmo no, 46 n. 3; história, em paralelo com a do Oriente (sumário cronológico), 439-444; indianismo no, 26, 33-35, 48 n. 17, 79, 80 *(Pañcatantra)*, 39, 80; ver também: Bibliografia, 445-452; política, 58, 77, 79, 82, 85-88, 91-95, 98, 104-106, 132-134; "psicologia do coração", literatura sobre, 40; situação filosófica, 19-21, 25, 26, 105-107; ver também: contemporâneo (confrontações com o mundo); cristianismo; filosofia ocidental; gregos; psicanálise e psicologia; romanos.
Oṁ (Aum), sílaba ritual bramânica, 261, 262, 268, 269, 294, 305, 411; análise (a-u-m), 268-272; no Tantra, 414.
Omar Khayyām, poeta persa, 390.
opostos, pares de (geralmente *dvandva*), no bramanismo, 54, 273, 308, 314, 315, 318, 374; no budismo, 346; no Sāṁkhya-Yoga, 228, 230.
ordem, ver: *dharma*.
Orfeu, 67.
Orígenes, 204 n. 54.
Oṛissā, 390.
ortodoxia na filosofia indiana, 46 n. 3, 47 n. 13, 56, 70 n. 27, 73 n. 36, 163-165, 176, 182, 183, 205, 206 n. 83, 209, 224, 229, 244, 290, 291, 293, 391 n. 15, 405, 408, 431, 432, 436.
otimismo na filosofia indiana, 384; ver também: afirmação.
Oudh, ver: Ayodhā.
outono, na Índia e América do Norte, 241 n. 19.
ovo cósmico, 97, 196, 238, 337.
Owein, herói do ciclo de Artur, 67.

P

padārtha, ver: categorias.
Padmaprabha, 6º salvador jaina, 160.
Padmā (vati), 154; a Deusa como, 404; identificada com Ártemis, 361; Lakṣmī como, 152.
pai: rivalidade com os filhos, 226, 227; culto védico ao, 183.
Países Baixos, 92.
Pāla, arte dos, 441.
paleolítico, 187.
páli, textos budistas em: canônicos (Cânone páli), 111 n. 45, 243 n. 54, 353, 369, 372, 392 n. 23, 396 n. 93, 440; descrição, 47 n. 13, 357; não canônicos, ver: Milinda *(Milindapañha)*.
Pālitāna, templos de, 202 n. 30.
Pallava, dinastia, 71 n. 30, 393 n. 54, 441.
Pañcadaśi, 242 n. 51.
Pañcasāyaka, 119.
Pañcatantra, 39, 80, 441.
pañcatattva, ver: cinco coisas proibidas/boas.
Pañcatattvavicāra (Mukhyopadhyāya), 428 n. 52.
Pāṇḍava, família de heróis, 274.
Pāṇini, gramático hindu, 210, 435.

Pareto, Vilfredo, 58.
Parjanya, manifestação de Indra, 24.
Parlamento Mundial de Religiões, 46 n. 3.
Parmênides, 38, 439.
parricídio, 91, 226, 227.
Parsifal, herói wagneriano, 67, 171, 280.
Pārśva (nātha), 23º salvador jaina, 143, 156, 165, 171, 202 n. 29, 329 n. 112; Buddha em paralelo com, 156-158; encarnações, 145, 147, (Marubhūti) 145-147, (Vajraghoṣa) 147, 148, (Śaśi-prabha e Agrivega) 147, 148, (Vajranabha) 149, (Ānandakumāra) 149, 150, 162, (Aham-Indra) 149, (Indra) 144, 150; estátuas de, 156, 158, 160-162, 164; e o motivo do "irmão obscuro", 145, 146; historicidade, 144, 149, 150, 164, 166, 167; serpente como seu emblema, 156, 158, 160; *Tīrthaṁkara*, sua provável carreira como, 144, 145, 150-156.
Pārśvanāthacaritra (Bhāvadevasūri), 138 n. 12, 199 n. 1, 200 n. 17.
Pārvatī, a Deusa como, 114, 404.
Pascal, Blaise, 34.
pássaros, metáfora bramânica dos, 266.
paśu, ver: rebanho.
Pāṭaliputra, 355, 364; concílio budista de, 359.
Patañjali, gramático hindu, 210.
Patañjali, mestre do Yoga, 192, 210, 214, 240 ns. 5, 8 e 12, 289, 327 n. 93, 329 n. 123, 384, 431, 440; análise de sua obra, 209, 210, 216-221; ver também: *Yoga-Sūtra*.
pecado, 52, 136, 256, 283, 287, 404; no budismo, 374, 376; e Pārśva, 136; palavras de Rāmakrishna sobre o, 404; ver também: cores cármicas; *karman*.
pedagogia, na filosofia indiana, 21-23, 28, 29, 50, 51, 52-54, 56, 57; no budismo, 344, 346, 347, 350, 358, 371, 387, 388; na tradição não ária, 56; no Sāṁkhya-Yoga, 220, 221; no Tantra, 409, 410; tigre criado entre cabras, fábula do, 22, 23; no Vedānta, 295-297, 300, 301, 303-306, 317, 318, 335 n. 239; no bramanismo védico, 56, 245, 246, 261, 432; ver também: discípulo; guru.
peixe, emblema de Kāma, 116; gesto tântrico do, 413; lei dos peixes *(matsyanyāya)*, 39, 96, 101, (no Ocidente) 105-107, 359; partilha, ritual dos peixes (no budismo), 387, (no Tantra) 406, 410, 415, 417; símbolo de fertilidade, no budismo, 103.
pelasgos, 227.
pensamento (geralmente *citta)*, 53, 168, 210; no bramanismo (textura mental), 263, 264, 270, 287; no Sāṁkhya-Yoga, 168, 213, 214, 230-233, 236; no Vedānta, 168, 317, 319; ver também: consciência; intelecto; mente.
percepção, ver: sensoriais.
percevejos, respeito dos jainistas pelos, 198.
Pérsia antiga: arte da, 158, 199 n. 6; despotismo na, 81-83, 92; os gregos na, 355, 360; ver também: zoroastrismo.
persona (máscara da personalidade), 124, 172-176, 182, 192, 201, 219, 226, 234, 235, 250.
pessimismo, 163; dos *ājīvika*, 190-192; do jainismo, 168, 180.
Pilsudski, Jozef, 91, 92.
Pitágoras, 21, 31, 38, 45, 439.
Platão, 21, 30, 31, 37, 45, 46 n. 4, 48 n. 17, 58, 113, 227, 324 n. 28, 440.
plenitude do conhecimento, 267, 324 n. 43; ver também: "Quarto".
Plotino, 21, 31, 34, 38, 441.
pluralismo, ver: dualismo.
Plutarco, 31, 361.
poder, ver: *śakti*.
Poder sagrado *(brahman)*, no bramanismo, 63-67, 125, 127, 130, 133, 245, 246, 255.
polícia secreta, 90.
política, 68, 77-107; Gandhi, 132-134; literatura hindu sobre, 39, 60, 79, 80, 89: *maṇḍala* das alianças, 92-95, 101; meios e ardis, 96-100; nītī, 39, 49 n. 23, 96-100, 105; ocidental, 58, 77, 79, 82, 85-87, 91-95, 105-107, 132-134; persa, 81-82; ver também: Índia, história e política.
pólvora, invenção da, 113.
posturas: no jainismo, 158, 159, 161, 164; no Tantra, 418; no Vedānta, 305; ver também: gestos.
Potanapura, 201 n. 28.
Prabhākara, escola da Mīmāṁsā, 435.
prácrito, 234.
Prajāpati, Criador hindu, 220.
prajñā, fase do Eu, 270, 272; ver também: sono.
Prajñāpāramitā e literatura conexa, 47 n. 13, 348-351, 369, 370, 380, 441; ver também: "Sabedoria da outra margem".
prakṛti, ver: matéria.
prāṇa: "poder corporal", no jainismo, 203 n. 47; ver também: alentos vitais.

Prasannapadā (Candrakīrti), 391 n. 7, 394 n. 63.
Pratyeka-Buddha, 103.
prazer, ver: *kāma*, *Kāma-Śāstra*.
pré-árias na Índia, ver: drávidas.
prece: no bramanismo, 267; no budismo, 363; no Tantra, 412, 427 n. 41; ver também: devoção.
princípios *(tattva)*, no jainismo, 195; no Sāṁkhya-Yoga, 235-237.
Pṛtha, rei lendário hindu, 275.
Przyluski, J., 241 n. 33.
psicanálise e psicologia, 21, 50, 124, 132, 134, 424; do amor, ver: *kāma*; no budismo 382; no hinduísmo clássico, 53, 169; no jainismo, 169, 176; psicologia analítica moderna (psicanálise), 44, 66, 70 n. 27, 118, 132, 226, 227, 280; no Sāṁkhya, 168, 192, 228-239; (diagrama) 236; no Vaiśeṣika, 432; ver também: consciência; mente; *persona*.
Ptolomeu II, 356.
Púnicas, guerras, 440.
Punjab, 361, 362; arte de, 111 n. 48.
Purāṇa, monge budista, 353, 355.
Purāṇa, os, 70 ns. 27, 71 n. 30, 73 n. 36, 102, 405, 441; *Agni-Purāṇa*, 427 n. 45; *Bhaviṣya-Purāṇa*, 427 n. 45; ver também: *Mahābhārata*; *Rāmāyaṇa*.
purgativo na medicina hindu, 384.
puruṣa, ver: mônada vital; Ser primordial; Eu.
Pūrvamīmāṁsā-Śūtra (Jaimini), 432, 441.
Puṣyamitra, rei da dinastia Śuṅga, 360.

Q

qualidades, ver: *guṇa*.
"Quarto" *(Turīya)*, 238, 268, 272, 305, 307, 313, 316, 324 n. 43; na Mīmāṁsā, 431; ver também: silêncio.
quatro estados, doutrina vedantina dos, 268, 269; ver também: consciência; "Quarto".
"Quatro Nobres Verdades" do budismo, 338, 339.

R

Radhakrishnan, S., 355, 370, 371, 392 n. 25, 394 ns. 65, 66, 71 e 75, 395 n. 78.
Rahagutta, cismático jaina, 435.
rainha ideal, esposa do *Cakravartin*, 102.
Rājagṛha, concílio budista de, 353, 355, 357.
Rājamalla, rei da dinastia Gaṅga, 160.
rajas, ver: *guṇa*.
Rājputāna, 71 n. 30, 202 n. 30; arte de, 441; ver também: Ābū, monte.
rākṣasa, ver: demônios.
Rāma, avatar hindu, 163, 164.
Rāmakrishna, Śrī, mestre do Tantra, 436, 442; em *samādhi*, 416; e Girish Chandra Ghosh, 416; e Keshab Chandra Sen, 402-404; doutrina: sobre a *bhakti* e o *jñāna*, 400, 401; sobre o *Brahman* e a *śakti*, 401; sobre Deus e as formas, 399, 400; sobre a Deusa, 400, 402-405; sobre *kuṇḍalinī*, 418, 419; sobre Mahāmāyā, 405; sobre a *māyā* (história do discípulo e o elefante) 29, 30; sobre o pecado, 404; sobre o *samādhi*, 418, 419; sobre a transformação (história do filhote de tigre) 22, 23; sobre o *vijñāna*, 399; seus ensinamentos nos Estados Unidos, 46 n. 4.
Rāmaṇa Mahārṣi, Śrī, mestre hindu contemporâneo, 436, 442.
Rāmānuja, mestre vedantino, 34, 319, 435, 442.
Rāmāyaṇa, 70 n. 30, 163, 440.
Rammohan Roy, Rājā, fundador do Brāhmo Samāj, 425 n. 10.
Rāmprasād, poeta tântrico, 400, 403, 405, 406, 419, 424, 442.
Rank, Otto, 241 n. 34.
Raṣṭrakūta, dinastia, 71 n. 30; arte em, 441.
Ratī, deusa hindu, 113, 114.
Ratirahasya, 119.
Rāvaṇa, demônio do jainismo, 160.
Rāya, dinastia, 71 n. 30.
realidade, ver: fenomenalidade.
rebanho, e membro do *(paśu)*, no Tantra, 411, 412, 415-417.
redenção, ver: liberação.
reencarnação, 20, 114, 145, 174, 183, 188 199 n. 5, 219, 234, 377, 379; segundo os *ājīvika*, 189; segundo o jainismo, 145-153, 162; ver também: saṁsāra.
Reia, deusa grega, 47 n. 5.
reis: sua decadência no *Kaliyuga*, 87, 88; o destino e os, 85-87; grandes reis budistas, 351-362; ver também: *Cakravartin*; despotismo.
respiração, técnica de, 231, 305, 384.
restituição, no budismo, 384.
retórica, complacência dos indianos na, 351.
revolução na política, 37.
Rhys, Davids, ver: Davids.
Riehl, Alois, 58.
rio, Autores da travessia do, ver: *Tīrthaṁkara*.

roda (geralmente: *cakra*): epíteto jaina, 167; da Lei, no budismo, 349, 356, 358, 361; sagrada do mundo, 101, 102, 104, 149, (ver também: *Cakravartin*); do tempo, 114, 166, 167, 203 n. 43.
ronda do ser, ver: reencarnação; *saṁsāra*.
Rousseau, Jean Jacques, 86, 442.
Ṛṣabha (nātha), 1º salvador jaina, 153, 159, 160; na arte, 158, 159.
ṛṣi, santos videntes, 205 n. 61, 276.
Rudra, Śiva como, 415.

S

"Sabedoria da outra margem" *(Prajñāparāmitā)*, no budismo, 28, 281, 319, 348-351, 380-382; personificada, 395 n. 81; ver também: *Prajñāparāmitā* e literatura conexa.
saber livresco, 267, 326.
Saccidānanda (sat-cit-ānanda) Brahman, 300, 303, 318, 400, 420, 423, 424.
sacrifício (e oferendas), 61, 278, 291, 292; abolição de sacrifícios humanos, 72 n. 31; analogia entre o catolicismo e o Tantra, 427 n. 41; de alimentos, 286, 329 n. 120, 400, 426 n. 38; do cavalo *(aśvamedha)*, 104, 196, 209, 360; no Tantra, 400, 411, 413; védico, referente ao fogo, 62, 248, 283, 289, 291, 292, 327 n. 99; ver também: *karmamārga*.
Sadānanda, mestre vedantino, 69 n. 2, 294; ver também: *Vedāntasāra*.
Saddharmapuṇḍarīka, 393 n. 56.
sādhaka, ver: discípulo.
sādhanā, no Tantra, 405.
Sāgaradatta, sábio jaina, 149.
śaka, ver: citas.
Sakkra, Buddha como, 359; ver também: Indra.
śakti (energia), 57, 65, 70 n. 27, 176, 294, 301, 389, 409, 413-418, 423; de Brahmā- Savitṛ, 123; a esposa como, 123, 131, 405; -Māyā-Devī, 320; personificada (como a Deusa), 70 n. 27, 407, 416, 417, 425 n. 12; no Tantra, 401, 402, 406, 407, 409, 413, 414, 416-418, 423; ver também: Māyā-Sākti; Śiva-*śakti*.
Śakuntalā (Kālidāsa), 201 n. 27.
Śakyamuni, ver: Buddha.
sal na água, metáfora bramânica do, 246, 304.
salvador, 137, 279-281, 337, 345-348, 399; ver também: *Bodhisattva*; herói; Jesus Cristo; *Tīrthaṁkara*.
samādhi, ver: absorção.
sāman, ver: conciliação.
Sambhava, 3º salvador jaina, 160.
Sāṁkhya (-Yoga), 208-239; alento vital *(prāṇa)*, 169, 231, 384; antiguidade do, 209; bramanismo em relação com o, 71 n. 27, 209, 228, 229, 281-283; budismo, paralelo com o, 239, 338; budistas, opiniões dos, sobre o, 243 n. 54; castas, 56, 70 n. 24; céu, 214; ciência, 238; consciência, 238; conhecimento *(prajña)*, 232; cosmologia, 25, 208, 224, 229, 234; data do, 209, 210; definição do, 208; deuses ("aqueles que ocupam postos elevados"), 209, 214, 215, 219, 223; discernimento *(viveka)*, 212, 222, 226, 233, 237, 383, 385; dualismo, 163, 176, 208, 211, 224, 228, 235, 238, 247, 272, 282, 289, 295, 374, 409, 410, 420, 422; ego, 169, 230-233, 236, 238; elementos, 242 n. 51; escravidão, 208, 209, 211, 225, 229; éter, 242 n. 51; evolução dos *tattva* (diagrama), 236, 237; faculdades, 168; faculdades de ação, 168, 230, 236; faculdades de ação externa *(bāhyendriya)*, 230; faculdades sensoriais, 168, 230, 236; os *guṅa*, 169, 204 n. 50, 208, 217, 218, 240 n. 14, (descrição), 217, 218, 220, 229, 231, (e as faculdades do tipo), 231, 233, 280; heterodoxia, 56, 70 n. 24, 111 n. 45, 163, 192, 205 n. 83, 209, 223, 228, 238, 246, 272, 289, 293; filho do rei, símile do, 225-227; integração-isolamento *(kaivalya)*, 208, 212, 216, 223-227, 239, 262, 383, 420; intuição *(buddhi)*, 169, 230-233, 236, 238; jainismo em relação com o, 168, 169, 182, 206 n. 92, 209, 211, 219, 223, 238, 239; *karman*, 230, 234; liberação *(mokṣa)*, 208; matéria *(prakṛti)*, 176, 206 n. 92, 208, 211, 212, 222-224, 229, 233-235, 246, 273, 280, 288, 293; mente *(manas)*, 230-233, 236, 238, (suas atividades espontâneas), 168, 213, 214; metempsicose, 234; mônada vital *(ātman)*, 211, 225, *(puruṣa)*, 177, 206 n. 92, 208, 211, 212, 216, 222-225, 229, 233, 235, 237, 238, 246, 247, 273, 281, 288, 293, 320, 374, 385, 420, 437 n. 12, 431; nesciência *(avidyā)*, 217, 218, 222, 230, 294; obstáculos *(kleśa)*, 215-220, 222, 224; opostos, pares de, 228, 230, 282; ortodoxia, 228, 229, 431; palácio real, símile do, 230; pensamento *(citta)*, 232; princípios *(tattva)*, 235-237; psicologia, 169, 192, 228-232, 238; (estrutura psíquica), 232-235, 238;

(diagrama), 236; sacrifício e oferenda, indiferença a, 239; *saṁsāra*, 208; seis sistemas, sua posição dentro dos, 431, 435; Ser primordial *(ādipuruṣa)*, 225; sono, 213, 214, 238; Swedenborg, em paralelo com o, 240 n. 6, 242 n. 42; unidade do Sāṁkhya-Yoga, 208, 211, 230, 282, 295; Vedānta em relação com o, 228, 229, 238, 240 n. 10, 293, 319.
Sāṁkhya-Kārikā (Iśvarakṛṣṇa), 209.
Sāṁkhya pravacana-bhāsya (Vijñanabhikṣu), 240 n. 10.
Sāṁkhyasāra (Vijñabhikṣu), 240 n. 10.
Sāṁkhya-Sūtra (Kapila), 209, 241 n. 26.
Sammeda, colina de, 155, 156.
saṁsāra, 53, 135, 136; no bramanismo, 264; no budismo, 345, 346, 348, 371, 373, 377, 389, 399; no Sāṁkhya-Yoga, 208; no Tantra, 405, 409, 420; ver também: reencarnação.
Samudragupta, rei da dinastia Maurya, 104.
Samudravijaya, rei lendário jaina, 167.
Saṁvara (Meghamālin), adversário lendário dos jaina, 154-156.
Saṁyutta-Nikāya, 393 n. 59, 354 n. 74.
Sandracotto, ver: Candragupta Maurya.
Saṅghamittā, monja budista, 357.
Sanguinetti, B. R., 109 n. 19.
Śaṅkara, mestre vedantino, 28, 29, 34, 47 n. 13, 138 n. 3, 293, 294, 313, 318-322, 332 n. 184, 334 n. 224, 423, 435, 441; conto do elefante, 29; sobre a *Māṇḍukya-Upaniṣad*, 269, 271; vida de, 293, 294.
sannyāsin no templo de Jagganāth, o (parábola de Rāmakrishna), 399, 400.
sânscrito, 46 n. 4, 72 n. 33, 73 n. 34, 210; como língua clássica, 42, 43, 47 n. 13, 63-65, 234, 362; pronúncia, 15, 16; teoria da Mīmāṁsā sobre o, 432; ver também: Índice Sânscrito.
Śāntarakṣita, 397 n. 102.
Śanti, 16º salvador jaina, 160.
Sarasvati Vāc, deusa hindu, 123.
Sarvadarśanasaṅgraha (Mādhava), 370, 435.
Sarvadarśanasiddhāntasaṅgraha (escola de Śaṅkara), 435.
Sarvastivādin, escola do budismo, 366, 396 n. 84.
Śaśiprabhā, Pārśva como, 147.
Satā, 158, 180, 201 n. 24.
Śatapatha-Brāhmaṇa, ver: *Brāhmaṇa*.
Sat-cit-ānanda, ver: *Saccidānanda*.
satī (forma inglesa: *suttee*), 130, 131.
Satī, a Deusa como, 130, 131, 404.
sattva, ver: *guṇa*.
satya, ver: ato de verdade.
satyāgraha como programa de Gandhi, 132-134.
Satyavān, príncipe lendário hindu, 123.
Sautrāntika, escola do budismo, 364, 367, 372, 393 n. 57, 396 n. 84, 435.
Sauvīra, rei hindu, 100.
savikalpasamādhi, ver: absorção.
Savitṛ, ver: Brahmā-Savitṛ.
Sāvitrī, deusa védica, 123.
Schopenhauer, Arthur, 21, 34, 106.
segurança social sob Aśoka, 356, 357.
"Seis Sistemas", os, 203 n. 47, 431-436, 441.
"Seis Tesouros": (ou Joias), disciplina vedantina, 53, 54, 295.
Seleuco Nicator, 355, 360.
semente *(bīja)*: na *Bhagavadgītā*, 285; no budismo, 376, 388.
senda do meio: no bramanismo *(Bhagavadgītā)*, 287; no budismo, 339, 347, 372.
Senhor, *(Īśvara)*, no hinduísmo, 282, 288, 300, 302, 329 n. 123, 332 n. 182.
sensoriais (percepção), faculdades (geralmente: *jñanendriya)*, 25, 53, 66, 168; no *ājīvika*, 190; no bramanismo, 287; no jainismo, 168, 187, 197; no Lokāyata, 438 n. 25; no Nyāya, 434; no Sāṁkhya-Yoga, 168, 230, 236; no Tantra, 420; no Vedānta, 168, 306, 312, 317.
ser assim, ver: ser tal qual é.
ser humano, sua valorização na Índia e no Ocidente, 170, 171.
Ser primordial: *ādipuruṣa* (no Sāṁkhya-Yoga), 225; *brahman* (no bramanismo), 292, 293, 330 n. 132; *puruṣa* (no bramanismo), 176, 177, 196, 313.
Ser supremo (Deus): antropomórfico (em Swedenborg), 177-180; no bramanismo e hinduísmo, 279, 280, 284, 285, 288, 292, 293, 299-303, 327 n. 87, 374, 423; no cristianismo, 20, 280, 283, 300; no Tantra, 399-406, 418, 423, 424; Viṣṇu como, 20, 188, 196, 414, 415; ver também: Deusa; monismo; Senhor; Eu.
ser tal qual é, ser assim *(tathātā)*, no budismo, 112 n. 50, 368, 373, 375, 389, 395 n. 81.
serpente(s): cósmica (Dharana, Dharaṇendra, Śeṣa), 152, 157, 158, 201 n. 23, 210, 299; na arte, 156-158; no jainismo e budismo, 156-158; nos ciclos temporais do jainismo, 203 n. 43.; no Jardim do Éden, 201 n. 24; metáfora vedantina da serpente e da corda, 296, 297, 321; na iconografia

de Pārśva, 147, 148, 152, 154, 160; no mito de Pārśva, 158, 199 n. 6; ver também: *Kuṇḍalinī*; Mucalinda; *nāga*.
Śeṣa, ver: serpente (cósmica).
sexo, 115; no *Atharva-Veda*, 116-118; no *Kāma-Sūtra*, 40, 119; no Tantra, 410; ver também: amor; celibato; coito; *kāma*.
Shāhnāmah (Firdausī), 158.
Shamasastry, R., 49 n. 21, 110 n. 38.
Shih Huang, herói chinês, 67.
Sião, budismo no, 47 n. 13.
Siddhārtha, ver: Buddha.
Siddhārtha, rei jaina, 165.
Siddha-śilā, reino sobrenatural do jainismo, 155, 156.
Siegfried, herói wagneriano, 280.
śikhara, templos jainas, 202 n. 30.
silêncio, fase do Eu segundo as *Upaniṣad*, 272, 294, 316; ver também: "Quarto".
silogismo no Nyāya, 434.
Simão, o Mago, 204 n. 54.
Sind, Aśoka em, 357; ver também: Indo, civilização do vale do.
Sinkiang, 361.
síntese de elementos arianos e pré-ários, ver: ário-dravídica, síntese.
Síria, no budismo, 356.
Śītala, 10º salvador jaina, 160.
Śiva, 114, 284, 293, 321, 322, 326 n. 66, 327 n. 100, 374, 375, 386, 409, 410, 435; dança ou jogo cósmico de, 206 n. 96, 255, 302; identificado com Dionísio, 361; identificado com Hermes, 425 n. 12; e Kāma, 114; e Pārvāti, 114; -*śakti*, 57, 130, 395 n. 81, 409, 412-420; Trimūrti, 421.
Śivaditya, mestre do Nyāya-Vaiśeṣika, 435.
Smerdis, pseudo, usurpador persa, 83.
Smith, Vincent A., 241 n. 33, 392 ns. 29, 33, 34, 37 e 38, 393 ns. 40, 41 e 43.
Smṛti, 70 n. 27; ver também: *Dharma-Śāstra*.
sobreposição, doutrina vedantina da, 296, 297.
sobriedade, qualidade do *kevalin*, 194.
Sócrates, 33, 35, 244, 440.
sofistas, 33, 244, 249.
Sokei-an, 397 n. 97.
Sol, 101, 104, 104, 261; como Agni, 248; Ariṣṭanemi designado como, 167; dinastia originária do, 109 n. 13, 163, 164; no encantamento védico, 62; no nome de Kapila, 209; em relação com o sacrifício do cavalo, 104; como Sūrya, 24; como símbolo de Viṣṇu, 104.
som *(śabda)*, na Mīmāṁsā, 432.
Soma, deus védico, 251.
soma, bebida ritual, 329 n. 120.
sonho, fase do Eu, no bramanismo, 238, 256, 262, 270, 272, 294, 316.
sono, 256, 410; fase do Eu, nas *Upaniṣad*, 238, 262, 270, 272, 294, 304, 316; obstáculo para o *samādhi*, 307; no Sāṁkhya-Yoga, 213, 214, 238.
sorte, conceito de, 86; ver também: fatalismo.
Spencer, Herbert, 36.
Speyer, J. S., 396 ns. 86, 88 e 93.
Spinoza, Baruch, 31, 36.
śraddhā, ver: fé.
Śrauta-Sūtra (Śruti), 70 n. 27, 112 n. 51, 405.
Śravaṇa Beḷgoḷa, imagem jaina em, 160.
Śreyāṃsa, 11º salvador jaina, 160.
Śruti, ver: *Śrauta-Sūtra*.
Star Theatre, de Calcutá, 416.
Stcherbatsky, Th, 391 n. 7, 394 n. 63.
sthavīra, membros antigos da comunidade budista, 354.
stūpa, monumento budista, de Amarāvatī, 103; de Jaggayapeṭa, 103; de Vakkula, 356; palavras de Buddha sobre os homens dignos de, 103; reverência de Aśoka a um, 356.
Subhadda, monge budista, 353.
Subhūti, discípulo de Buddha, 348-351, 370, 371.
suborno *(dāna)*, em política, 97.
Sudassana, rei lendário budista, 111 n. 45.
Suddhāvāsa, céu do budismo, 387.
Sudharma-Gautama, mestre jaina, 165.
śūdra, casta dos, 41, 56, 406.
Suetônio, 92, 110 n. 42, 227.
sufis persas, poesia dos, 390.
suicídio, no Japão, 135; ver também: *satī*.
Suleiman, o Magnífico, 95.
Sumati, 5º salvador jaina, 160.
Suméria, 108 n. 11, 109 n. 13, 176; ver também: Mesopotâmia.
Sumeru, monte, 114.
Sun Yat-sen, 58.
Śunahśepa, herói bramânico, 72 n. 31.
Śuṅga, dinastia, 360.
śūnyatā, ver: vacuidade.
Śunyavāda, escola do budismo, 394 n. 75, 433; ver também: Mādhyamika.
Supārśva, 7º salvador jaina, 160.
super-homem *(mahāpuruṣa)*, 101, 111 n. 46; ver também: *Cakravartin*; herói.
Sūrya, deus védico, 24, 47 n. 5, 425 n. 12.
suśumṇa, ver: coluna vertebral.
Sūtralaṅkāra (Aśvaghoṣa), 396 n. 87.

suttee, ver: *satī*.
Suvidhi, 9º salvador jaina, 160.
Suvrata, 20º salvador jaina, 160, 167.
Suzuki, Daisetz Teitaro, 396 n. 84, 397 ns. 97 e 100.
svastika, postura da *(svastikasana)*, 305.
Svayambu, apóstolo jaina, 155.
Śvetaketu (Āruṇeya), mestre bramânico, 183; lição sobre o *ātman*, 245, 246, 261.
śvetāmbara (vestidos de branco), seita jaina, 138 n. 6, 159, 165, 202 n. 41.
Śvetāsvatara-Upaniṣad, ver *Upaniṣad*, 70 n. 26, 324 n. 35.
Swedenborg, Emmanuel, crenças de: em paralelo com o jainismo, 177-180; em paralelo com o Sāṁkhya-Yoga, 240 n. 6, 242 n. 42.

T

tabu, 121; ruptura ritual, no budismo, 388, 389; no Tantra, 406, 407, 410, 417; ver também: casta; dieta.
Tácito, 92, 110 n. 42, 227.
Tagore (Thākur), Devendranāth, dirigente do Brāhmo-Samāj, 425 n. 10.
Tagore (Thākur), Rabindranāth, 425 n. 10.
taijasa, fase do Eu, 256, 270, 272; ver também: sono.
Taittirīya-Āraṇyaka, 329 n. 130.
Taittirīya-Brāhmaṇa, ver: *Brāhmaṇa*.
Taittirīya-Upaniṣad, ver: *Upaniṣad*.
Taj Mahal, 226.
Takakusu, Junjiro, 395 n. 81, 396 ns. 84 e 91, 397 n. 100.
Tales, 34, 37, 46 n. 4, 198, 244, 439.
tamas, ver: *guṇa*.
Taṅka, mestre bramânico, 334 n. 231.
Tantra, 57, 73 n. 36, 289, 399-424, 441; afirmação, 254, 255, 408, 420; *bhūtaśuddhi*, 413, 418; castas, 407, 413, 420, 424; cinco coisas proibidas/boas, 406, 411, 415, 417, 421; como síntese, 70 n. 27, 71 n. 30, 164, 405, 409, 422, 423; devoção, 412, 419; Deusa, 57, 70 n. 27, 400-424; mandamentos de Kāma, 113, 114; monismo, 407-409; na arte, 362, 421; *śakti*, 401, 406, 407, 409, 413-418, 423; salvadores, 399, 409; sexo, 410; (ver também: cinco coisas...); Śiva-*śakti*, 395 n. 81, 409, 412-420; teísmo, 404; (ver também: Deusa); ver também: Rāmakrishna; Tantra (textos tântricos).
Tantra (textos tântricos), 57, 70 n. 27; *Gandharva*, 414, 426 ns. 24 e 35; *Kulārnava*, 409; *Mahānirvāṇa*, 427 n. 47; *Sammohama*, 428 n. 65; *Yogin*, 426 n. 25; ver também: *Āgama*.
Tantrasāra, 426 n. 34.
tapas, ver: ascetismo.
Tārā Dravamayī, conceito tântrico, 409; *tat tvam asi*, ver: Tu és Aquilo.
Tathāgata, 103, 112 n. 50; ver também: Buddha.
Tathāgata Dhyāna, 397 n. 100; ver também: *Dhyāna*; Zen.
tathātā, ver: ser tal qual é.
tattva, ver: princípios.
Tattvārthādhigama-Sūtra, 200 n. 14, 207 n. 97.
Tattvasaṅgraha (Śāntarakṣita), 397 n. 102.
teísmo: no Tantra, 404; no Vaiśeṣika-Nyāya, 435; ver também: deuses; Ser supremo; Senhor.
Tejaḥpāla, templo de, 202 n. 30.
templos, 400; jaina, 202 n. 30; ver também: *stūpa*.
tempo: constituinte do universo jaina, 193; e kāma 115; *Kaliyuga*, período, 70 n. 27, 88, 271; no Vedānta, 315; seu ciclo entre os jainistas, 167, 168.
Teofrasto, 35, 36, 440.
teósofos, 204 n. 51.
terapia, ver: medicina; psicanálise e psicologia; Yoga.
Tétis, deusa grega, 227.
Therāvāda, ramo do budismo; ver: Hīnayāna.
Therigāthā, 394 n. 60.
Thomas, Frederick William, 49 n. 22.
Thompson, E. J., 426 n. 18.
Tibete, budismo no, 47 n. 13, 164, 340, 390, 423.
tien ("Céu", em chinês), 83.
Timma Rāja, rei jaina, 201 n. 28.
tirania, ver: despotismo.
Tīrthaṁkara (salvadores jainas: "Os Autores da travessia do rio") 143, 144, 171, 342; antepassados e linhagem, 160-162, 166, 167, 209; celebração do nascimento, 150-151, "Doze meditações", 153; imagens, 156-162; onisciência, 204 n. 51, 238; "desligamento", 161, 164, 188, 223, 224; ver também: Ariṣṭanemi Mahāvīra, Pārśva.
Tiruvannamalai, 438 n. 31.
titãs (antideuses), 64, 84, 98, 114, 171, 218, 328 n. 102.
Ti-tsang, ver: Kṣitigarbha.
Tomás de Aquino, Santo, 34, 35, 398, 108, 432, 442.

Torricelli, Evangelista, 36.
totemismo vegetal, 163.
touro, na estatuária jaina, 159, 160.
tradição oral no ensinamento indiano, 71 n. 30.
Trajano, 361, 441.
transcendentalismo, na Nova Inglaterra, 402.
transferência, no ensinamento indiano, 50, 51.
transgressão sacramental: no budismo, 387, 388; no Tantra; ver: cinco coisas proibidas/boas.
transitórios, elementos, no budismo, ver: *dharma*.
transmigração, ver: reencarnação; *saṁsāra*.
transubstanciação, no Tantra, 412, 414.
Trikāya, doutrina budista do, 395 n. 81.
Tripura-sundarī, a Deusa como, 404.
Triśālā, na lenda jaina, 165.
trivarga, 38-42, 68, 77-137, 210, 322, 333 n. 211; ver também: *Artha-Śāstra*; *Dharma-Śāstra*; *Kāma-Śāstra*.
Tu és Aquilo *(tat tvam asi)*, fórmula bramânica, 119, 225, 246, 261, 294, 305, 331 n. 169.
tubarão, ver: peixes (lei dos peixes).
Tughlak, Shā Ghiyās-ud-dīn, rei de Délhi, 226.
Turīya, ver: "Quarto".
Turquia, 92, 93, 95.
Tzetzes, John, 49 n. 28.

U

Ucrânia, 91.
Udayana, mestre do Nyāya-Vaiśeṣika, 435.
Uddālaka-Āruṇi, ver: Āruṇi.
Uḍḍiyāna, 389.
Ujjain, 360.
Ulisses, 172, 174.
Ulug Jān, rei de Délhi, 226.
Umā, a Deusa como, 404.
universidade, afetada pela *lābhāntarāyakarman*, 195.
Universo, ver: cosmologia.
Uno-sem-segundo *(brahman)*, no bramanismo, 177, 224, 225, 300, 313, 318-320; ver também: Eu (cósmico; eterno); *brahman*.
Upadeśasahasrī (Śaṅkara), 330 n. 143, 332 ns. 175 e 189, 334 n. 224.
Upagupta, santo budista, 355.
Upaniṣad, as, 23, 24, 46 n. 4, 56, 60, 63, 71 n. 30, 73 n. 36, 119, 120 n. 9, 163, 176, 183, 184, 209, 242 n. 39, 247, 249, 293, 294, 316, 351, 368, 385, 405, 421, 439, bramanismo das, 258-272; *Aitareya-U.*, 47 n. 7; *Amṛtabindu-U.*, 323 n. 15, 324 ns. 41 e 43, 325 n. 47; *Bṛhadāraṇyaka-U.*, 70 n. 25, 241 n. 23, 323 n. 14, 324 ns. 24, 30, 33 e 38, 325 n. 48; *Chāndogya-U.*, 70 n. 25, 118, 205 n. 77, 269, 323 ns. 2 e 19; *Kaivalya-U.*, 332 n. 196; *Katha-U.*, 324 ns. 25, 28 e 36; *Maitri-U.*, 70 n. 26, 323 n. 20; *Māṇḍukya-U.*, (texto completo), 268-273, 294, 305, 318, 331 n. 160; *Muṇḍaka-U.*, 323 n. 18, 324 ns. 40 e 42, 325 n. 45, 330 ns. 145 e 151, 332 n. 186; *Śvetāśvatara-U.*, 70 n. 26, 324 n. 35; *Taittirīya-U*, 72 n. 31, 241 n. 35, 249, 323 n. 7, 324 n. 37.
Urano, 47 n. 5.
Uttarādhyayana-Sūtra, 200 n. 18, 202 ns. 40 e 41.

V

vaca: cósmica, 253; símile de Śaṅkara, 269, 271.
vacuidade, vazio *(śūnyatā)*, doutrina budista, 347, 364, 368, 370-373, 377, 386-389, 395 n. 81, 397 n. 97, 399, 423.
Vahagn, deus armênio, 201 n. 24.
Vaibhāṣika, escola budista, 364, 367, 435.
Vaidika Karma-kāṇḍa (secção ritual dos *Veda)*, segundo o tantrismo, 405.
Vairantya, rei legendário hindu, 100.
Vaiśālī (Basarh), 165; concílio budista de, 353, 354.
Vaiśeṣika, sistema do, 431-435, 437 ns. 11 e 15.
Vaiśeṣika-Sūtra (Kaṇāda), 433.
Vaiśvānara, fase do Eu, 248, 270, 271; ver também: vigília (consciência de).
vaiśya, casta dos, 41, 56.
Vajracchedikā, 241 n. 26, 370, 391 ns. 10 e 13, 394 ns. 68 e 70.
Vajraghoṣa, Pārśva como, 147.
Vajranābha, Pārśva como, 149.
Vajravīrya, rei legendário jaina, 149.
Vakkula, *stūpa* de, 356.
Vāmā, rainha legendária jaina, 144, 150.
vanaprastha, ver: bosque, estágio da vida no.
Vanur, 201 n. 28.
Vardhamāna, ver: Mahāvīra.
Vārttika (Kātyāyana), 210.
Varuṇa, deus védico, 23, 24, 251, 284.
Vasanta, deus védico, 113.
Vāśiṣṭha Rāmāyaṇa, 414.
Vasubandhu, mestre do Yogācāra, 363, 374, 376, 395 n. 80, 396 n. 83.
Vasudeva, rei legendário hindu, 163, 164, 167.
Vāsupūjya, 12º salvador jaina, 160.

Vātsyāyana, mestre do hinduísmo, 40, 117, 119.
Vauvernagues, marquês de, 40.
Veda, 52, 64, 73 n. 36, 87, 104, 112 n. 51, 177, 257, 283, 320, 427, 431, 432; castas, 56, 407, 432; história literária, 46 n. 4, 55, 56, 70 n. 27, 71 n. 30, 164, 244; língua, 46 n. 4, 234, 235, 432, 435; matrimônio sagrado, 196; rechaçado pela heterodoxia, 47 n. 13, 102, 111 n. 45, 163, 209, 438 n. 25, *(lokāyātika)*; no Tantra, 407, 408; *Atharva-V.*, 47 n. 5, 73 n. 38, 116-118, 205 n. 72; *Ṛg-V.*, 46 n. 4, 55, 60, 64, 97, 247; *Sāma-V.*, 46 n. 4; *Yajur-V*, 46 n. 4, 251; ver também: *Brāhmaṇa*; *Upaniṣad*.
Vedānta, 47 n. 11, 73 n. 36, 79, 268, 290-322, 324 n. 43, 372, 421, 423, 441; *advaita*, 293, 317, 318 (ver também: Śaṅkara); *brahman*, estágios na vida rumo ao, 318; compreensão, estágio da, 303, 304; consciência, seus quatro estados, 313, 316; disciplina, 52-54, 295, 300, 305; envolturas *(kośa)* do Eu, 294; escolas distintas da escola de Śaṅkara, 319, 320; faculdades e qualidades, 168, 169, 302; ideia fundamental, 328; ignorância *(avidyā)*, 32, 224, 294, 296, 298, 299, 303; *jñānin* (conhecedores), 400, 401; *karman*, tipos de, 309; liberado em vida *(jīvanmukta)*, 309; *māyā*, 28, 48 n. 14, 294, 301, 308, 315, 319, 320, 405, 425 n. 7; meta do, 383; monismo, 163, 176, 224, 225, 228, 238, 293, 295, 296, 306, 321, 322, 324 n. 43, 368, 371, 401, 431; paradoxo básico do, 296, 319; renúncia ao mundo, 293, 387, 389, 409; o Sāṁkhya em relação ao, 319; Seis Sistemas, posicionamento dentro do, 431, 432; Ser supremo, 299, 302, 332 n. 182, 387; como síntese, 71 n. 30, 293, 320, 409; sobreposição, 296, 297; o Tantra em relação ao, 405; textos sagrados, bases para a interpretação dos, 303, 304; como "verdade final dos *Veda*", 432; Eu cósmico *(ātman-brahman)*, 53, 176, 211, 290, 351, 383; ver também: *Saccidānanda Brahman*; Śaṅkara; "Tu és Aquilo"; *Vedāntasāra*.
Vedāntagītā, 313, 371, 408; ver também: *Aṣṭāvakra-Saṁhitā*.
Vedāntasāra (Sadānanda), 228, 442; atitude correta do discípulo, 52-54; consciência, 303, 304; disciplina, 305-308; a liberdade humana, 310-303; o Senhor da Criação, 299, 302, 387; o *samādhi* (absorção), 306-309.
Vedavyāsa, mestre do hinduísmo, 435.
vegetarianismo: no jainismo, 182, 184, 198; ruptura ritual do, no budismo, 357, 388; no Tantra, 406, 410, 415, 417.
veículo, ver: barca.
Velocino de Ouro, lenda do, 67.
vento, no encantamento bramânico, 61, 62.
verdade, duas classes de, no budismo, 369; ver também: ato de verdade; "Quatro Nobres Verdades".
Vessantara, rei, história dos filhos de, 379.
vestes, questão das, entre os monges jainas, 125, 159, 165, 201 n. 26, 202 n. 41.
vida, etapas da *(āśrama)*, segundo o *dharma* hindu, 43, 88, 109 n. 15, 122-126, 135, 305, 322, 407.
vida, instinto de *(abhiniviśa)*, 217, 219.
vida, Mahāvīra, 165, 166, 392 n. 21.
Vidiśa, antiga cidade indiana, 360.
Vidūratha, rei hindu, 100.
vidyā, ver: conhecimento.
vigília, consciência de, 256, 306; fase do Eu no bramanismo, 238, 262, 269, 271, 294, 304, 316; no Vaiśeṣika-Nyāya, 433.
Vijayanagar, 71 n. 30.
vijñāna, ver: consciência.
Vijñānabhikṣu, mestre do hinduísmo, 228; visão de, 240 n. 10.
Vijñānavāda, escola budista, 394 n. 75; ver também: Yogācāra.
Vijñāptimātratā-triṁśika (Vasubandhu), 395 n. 80.
Vijñāptimātratā-viṁśatikā (Vasubandhu), 396 n. 83.
Vikramāditya, rei de Ayodhyā, 395 n. 80.
Vimala, 13º salvador jaina, 160, 167.
Vimala, Shah, rei jaina, 202 n. 30.
vinaya (disciplina monástica), sua fixação no budismo, 354.
vinho, partilha ritual do: no budismo, 388; no Tantra, 406, 417.
Vipulamati, sábio jaina, 162.
vīra, ver: herói (no Tantra).
Virapāṇḍya, príncipe de Kanara, 201 n. 28.
virgem, como imagem venerada no Tantra, 412.
Virgílio, 441.
Viriñcivatsa, irmão de Asaṅga e Vasubandhu, 395 n. 80.
Viśakhadatta, dramaturgo hindu, 108 n. 5.
visarga, pronúncia do, 15.
Viṣṇu, deus hindu, 20, 71 n. 30, 104, 188, 196, 209, 254, 264, 284, 296, 297, 299, 325 n. 50, 360, 374, 375, 386, 414, 425 n. 12; Buddha como encarnação de, 391 n. 15; ver também: Kṛṣṇa; Rāma.

Viśvabhūti, estadista legendário jaina, 145.
Viśvakarman, deus védico, 123.
Vivekacūḍāmaṇi (Śaṅkara), 294, 332 n. 184, 428 n. 60.
Vivekānanda, Swāmī, 46 n. 3.
Vogel, J. Ph., 111 n. 48.
Voldemaras, Augustinas, 92.
Voltaire, 86.
Vṛtra, deus védico, 201 n. 24.
Vyāsa, poeta legendário hindu, 210, 431.

W

Wagner, Richard, 171; ver também: Brünnhilde; Parsifal; Siegfried.
Warren, Henry Clarke, 201 ns. 21 e 22, 391 n. 1, 394 n. 74.
Watts, Alan W., 397 n. 97.
Whitney, William Dwight, 120 n. 7.
Wilson, Horace Hayman, 108 n. 5.
Winternitz, Moritz, 49 n. 24, 71 n. 30, 327 n. 86, 437 n. 21, 438 ns. 28 e 30.
Woodroffe, Sir John, 418, 425 n. 15, 426 ns. 22, 24, 25, 31 e 32, 427 ns. 40 e 51; ver também: Avalon, Arthur.
Woods, James Houghton, 240 n. 12, 241 ns. 16 e 17.
Wotan, deus germânico, 171.

X

xadrez, 107, 212.

Y

Yab-Yum, conceito budista (tibetano), 388, 389, 395 n. 81, 425 ns. 7 e 12; ver também: Śiva-*śakti*.
Yahveh, ver: Jeová.
Yājñavalkya, mestre das *Upaniṣad*, 259, 260, 262, 323 n. 6, 324 n. 33.
Yajur-Veda, ver: *Veda*.
yakṣa (deuses da fertilidade), 114, 157, 327 n. 99.
Yang-shan, mestre budista, 397 n. 100.
Yaññadatta curado por seu ato de verdade, história de, 131, 132.
yantra, diagrama ritual, 412.
Yaśodā, na lenda jaina, 165.
Yenur, 201 n. 28.
Yoga: da ação desinteressada, ver mais abaixo: *karmayoga*; ascetismo demoníaco, 286, 328 n. 102; *Bhaktiyoga*, 288, 329 n. 114, 415; (absorção [*samādhi*]), 329 n. 123; no bramanismo, 270, 271, 295, 306, 307, 317; (ver também: *Bhaktiyoga*; *Karmayoga)*; no budismo, 115, 185, 209, 210, 373, 374, 383, 384, 389; definição, 208, 210, 211, 229; dieta de emagrecimento, 222; *Haṭhayoga*, 205 n. 83, 383; no jainismo, 158, 159, 162, 329 n. 115; *Karmayoga*, 69 n. 2, 274, 277-279, 282, 288, 329 n 114; *Kuṇḍalinīyoga*, 205 n. 83, 413, 414, 418, 419; mente, aquietamento da, 210, 211, 270, 329 n. 123; meta do, 208, 217, 383; prática do, 23, 174, 205 n. 83, 210, 211; (quatro tipos de *yogin*), 214-216, 219-222; (três modos de disciplina), 222, 224, 230, 231; (respiração), 231, 252, 384; (posturas), 305, 308, 317, 383, 389; Śiva como senhor de, 70 n. 27; no Tantra, 411; ver também: Patañjali; Sāṁkhya-Yoga.
Yoga-bhāṣya (Vyāsa), 210.
Yogācāra, escola budista, 364, 372-376, 396 n. 84, 435, 441.
Yogācārabhūmi (Asaṅga), 395 n. 80.
Yogāsārasaṅgraha (Vijñānabhikṣu), 240 n. 10.
Yoga-Sūtra (Patañjali), 209, 210, 213, 214, 216-224, 229, 240 ns. 10, 11, 12 e 13, 241 ns. 16 e 21, 289, 307, 329 n. 123.
Yoga-vārttika (Vijñānabhikṣu), 240 n. 10.
Yoga-vaśiṣṭha, 427 n. 43.
yoni, ver: feminino, órgão.
Yūan Chuang, peregrino budista, 364.
Yudhiṣṭhira, herói legendário do bramanismo, 109 n. 28.
yueh-chi, 111 n. 48, 361, 363.

Z

Zaratustra, 337; ver também: zoroastrismo.
Zen, escola do budismo japonês, 396 n. 84, 397 ns. 97 e 100, 441.
Zenão, 440.
Zeus, 47 n. 5, 250, 361.
Zimmer, Heinrich, 48 n. 14, 70 n. 24, 111 n. 47, 120 n. 31, 138 n. 13, 201 n. 23, 04 n. 55, 206 n. 85, 207 n. 98, 323 n. 12, 324 n. 29, 330 n. 139, 334 n. 231, 391 n. 4, 425 n. 13, 426 n. 37, 428 n. 61; comentários do compilador sobre, 70 n. 24, 71 n. 27, 111 ns. 45 e 48, 120 n. 9, 199 ns. 1 e 6, 202 n. 41, 203 n. 49, 334 n. 231, 393 n. 58, 395 ns. 81 e 82, 396 ns. 84 e 94, 397 n. 98.
zoroastrismo, 158, 199 n. 6, 337, 410.

ÍNDICE SÂNSCRITO

Este índice registra em ordem alfabética portuguesa todos os termos sânscritos e pális empregados no texto e notas. Estão citados todos os lugares – um ou vários – que ajudam a explicar o sentido e os matizes de sentido. Quando o significado varia segundo a escola filosófica, assinalam-se as variantes. São empregadas as seguintes abreviaturas:

Br	Bramanismo	P	Páli
Bu	Budismo	SY	Sāṁkhya-Yoga
J	Jainismo	Skr	Sânscrito
M	Mimāṁsā	T	Tantra
N	Nyāya	V	Vaiśeṣika

A

ābharaṇa, 426 n. 38
abhāva, 368
abhāvadhātu, 386
abhimāna, 231
abhiniveśa, 217-218
abhyāsa, 267, 304
acala, 277
ācamana, 426 n. 38
adharma, 193 (J)
adhi, 47 n. 6
adhidaiva, 47 n. 6
adhikārin, 28, 29, 52, 54
adhikaraṇa, 432
adhiṣṭhātṛ, 212
adhivāsa, 265
adhyāropa, 296, 297
adhyātman, 47 n. 6
adhyātman-adhidaiva, 24
adhyavasāya, 232
ādipuruṣa, 225
advaita, 270, 293, 318, 324 n. 43, 407
advaya, 297
advitīya, 318
āgāmikarman, 309
āgata, 112 n. 50
aghātikarman, 195
āgraha, 132, 133
aham ajñaḥ, 32
ahaṁkāra, 53, 169, 231, 236, 238, 270, 294
ahiṁsā, 133, 181, 198, 305
ajīva, 176, 177, 193, 221, 224, 273, 288, 293, 420 (J)
ājīva, 189, 206 ns. 87 e 92
ājīvika, 189, 190, 206 n. 87, 288
ājñā, 418
ajñāna, 303
ākāśa, 193, 303
akhaṇḍa, 308
Akṣapāda, 434
ālambana, 372
ālaya, 374, 375
ālayavijñāna, 373, 376, 395 n. 78
aloka, 193
ambara, 159
aṁśa, 280
amutra, 53
anāhataśabda, 414
ānanda, 294, 297, 300, 318, 409

ānandamayakośa, 294
Anaṅga, 114
ānāpanaprāṇa, 197
anatta (P; Skr. *anātman*), 365 (Bu)
anavadya, 420
aṅgiras, 73 n. 34
anirvacanīya, 32
anīśāyā, 267
anitya, 324 n. 39
añjana, 126
anna, 251, 294
annamayakośa, 294, 331 n. 171, 408
anta, 393 n. 57, 431
antaḥkaraṇa, 53, 212, 230, 231
antaraṅga, 321
antarindriya, 231,
antarātman, 263, 265
antarāyakarman, 195
antarikṣa, 248
antaryāmin, 270, 305, 320
antevāsin, 43, 123
aṇu, 169
anubhava, 32
anuvyañjana, 102
anukalpatattva, 417
anumāna, 434
apāṁnapāt, 248
apāna, 231
aparavidyā, 325 n. 44
aparigraha, 305
apavāda, 297
apavarga, 41
apavṛj, 41
apsaras, 114
apūrvatā, 304
arghya, 426 n. 4
arhat, 366, 391 n. 19
ariṣṭa, 167
Ariṣṭanemi, 167
āropa, 296
artha, 38, 39, 41, 45, 53, 68, 124, 125, 137, 170, 210, 263, 322, 333 n. 211, 406
Artha-Śāstra, 39, 40
arthavāda, 304
arūpaloka, 115 (Bu)
asamavāyikāraṇa, 434
asamprajñāta, 306
āsana, 305, 418, 426 n. 38
asañjñin, 169
asat, 32, 128, 130-132, 228, 256
asatī, 131
asatya, 134
asmi, 217
asmitā, 217, 218
āśrama, 43, 122, 123
āsrava, 170, 181, 185, 195, 385
asteya, 305
asti, 366
asura, 64, 114
āśvāda, 308
aśvamedha, 104, 196
aśvaratna, 102
ātmamāyayā, 279
ātman, 20, 21, 24, 25, 32, 41, 47 n. 6, 53, 59, 64, 66, 69 ns. 9 e 12, 176, 177, 211, 225 (SY) 245, 256, 257, 259, 261, 263, 265, 270, 294, 309, 317, 318, 385, 411 (Br), 433 (V); ver também: *anattā*
ātmayajñā, 387
AUṀ, 271
avacara, 115
avadhūta, 332 n. 197
āvaraṇa, 194
avatāra, 395 n. 81
avasarpiṇī, 166, 203 n. 43
avidyā, 32, 217-219, 222, 224, 294, 296, 298, 299, 301, 303, 338, 342, 374, 375, 387
āyatana, 230
āyus, 168, 197
āyuṣkarman, 194

B

bāhyendriya, 230
bala, 62
bandha, 195, 208
barhaṇā, 65
Bhagavant, 401
bhakta, 276
bhakti, 221, 242 n. 39, 250, 275, 276, 288, 300, 305, 319, 400, 420
bhaktimārga, 257, 266
bhāva, 266
bhāvarūpa, 32, 298
bheda, 98
bhikṣu, 43, 125
bhoga, 53, 411
bhogāntarāyakarman, 195
bhoktṛ, 230, 263, 264
bhrāmayant, 282
bhrānti, 298
bhūta, 327 n. 100, 413
bhūtaśuddhi, 413, 418
bhūtatathatā, 368
bīja, 285, 376, 388
bodhi, 165, 342, 368, 383, 387
bodhicaryā, 347, 383
Bodhisattva, 139 n. 23, 377-386
brahmacarya, 124, 267, 305

Brahmaloka, 114
Brahma-Mīmāṁsā, 432
brahman, 60, 63-66, 125, 127, 245, 305, 423
brāhmaṇa, 41
brahmanaḥ parimaraḥ, 60, 63
brahmavid brahmaiva bhavati, 296
Bṛhaspati, 64, 65
bṛṁhayati, 65
bṛṁhita, 65
Buddha, 336, 337
buddhamārga, 347
buddhi, 53, 167, 230-233, 236, 238, 263, 264, 269, 287, 314, 321
buddhimahānt, 320

C

caitanya, 211, 308, 331, n. 169
caitya, 99
caitra, 155
cakra, 101, 205 n. 83; ver também 406, 413, 418 (T)
cakravarta, 101
Cakravartin, 82, 101-105, 196
cakṣurindriya, 197
cāndrāyaṇa, 69 n. 6
cetana, 211
cetṛ, 265
cetomukha, 270
cint, 232
cintāmaṇi, 102
cit, 211, 232, 297, 300, 318, 413 n. 5
citi, 211
citta, 232, 270
cittam, 53
cittavṛtti, 297, 298

D

daiva, 83, 85
daiva, 47 n. 6
dama, 53 (Br), 359 (Bu)
dambha, 286
dāna, 97, 277, 286 (Br), 379 (Bu)
dānāntarāyakarman, 195
daṇḍa, 97, 101, 189
daṇḍin, 189
darśana, 143, 431
darśanāvaraṇakarman, 194
daśa, 415
dehin, 275, 276
deśa, 315
deva, 85
devata, 414
dhamma (P), ver: *dharma* (Bu)
dharā, 138 n. 11
dhāraṇā, 306
dharaṇa, 138 n. 11
dharma, 41, 48 n. 19, 68, 69 n. 12, 101, 122, 125, 128, 130, 131, 133, 137, 170, 210, 263, 274, 179, 295, 322, 333 n. 211 (Br), 193 (J), 353, 365, 366, 372, 386 (Bu), 406 (T)
dhī, 73 n. 37, 232
dhīra, 73 n. 37
dhūpa, 426 n. 38, 427 n. 41
dhyāna, 306, 397 n. 100, 412, 414
digambara, 125, 159, 161
dīpa, 426 n. 38, 427 n. 41
divya, 415, 417
dravya, 433
dravyato santi, 366
dṛdha, 111 n. 45
dṛṣṭānta, 434
dvandva, 54, 217, 230, 273, 282, 308, 314, 315, 334 n. 219
dveṣa, 217, 218

E

eka, 197, 315
ekātmapratyayasāra, 270
ekadaṇḍin, 189
ekāgryam, 334 n. 218
ekendriya, 197

G

gaṇadhāra, 165
gandha, 236, 426 n. 38
gandharva, 114
garbhakalyāṇa, 151
garuḍa, 114
gehapati, 102
gītā, 332 n. 197, 333 ns. 198 e 200
ghana, 270
ghātikarman, 195
ghī, 426 n. 33
ghrāṇendriya, 197
gocara, 263
gotrakarman, 194
graiveyaka, 205 n. 82
grāma, 43, 165
grantha, 267
gṛhapati, 102
gṛhastha, 43, 124
grīvā, 205 n. 82
guṇa, 169, 208, 217, 240 n. 14 (SY), 314 (Br), 377 (Bu), 433
guṇasambhāra, 377, 380 (Bu)

H

haṁsa, 125, 189, 436
hastiratna, 102
hetu, 434
hiṁsā, 181
hīna, 47 n. 13
Hīnayāna, 47 n. 13, 349, 363
hiraṇmaya, 313
hiraṇyagarbha, 196
hita, 39
Hitopadeśa, 39
homa, 412

I

icchā, 115
iha, 53
ihāmutrārthaphalabhogavirāgaḥ, 53
ikṣvāku, 163
indrajāla, 98
indriya, 197, 263, 287, 333 n. 214
īṣatprāgbhāra, 186
iṣṭadevatā, 69 n. 7, 317, 423
Īśvara, 282, 288, 299, 302, 320, 327 n. 87, 332 n. 182, 395 n. 81, 404, 418
Īśvarapraṇidhāna, 305

J

jaḍa, 242 n. 48
jāgaraṇa, 316
jagat, 269
jagrāt, 268
jāla, 98
jambha, 113
janmakalyāṇa, 151
japa, 317, 412
jāti, 121, 124 (N), 435
Jina, 159, 166
jīva, 169, 177, 181, 193, 194, 204 n. 58, 211, 224, 260, 273, 293, 385 (J), 85, 177, 212, 288, 302, 318 (Br)
jīvabhūta, 282
jīvaloka, 282
jīvanmukta, 139 n. 23, 309
jīvo nāham, 321
jñāna, 247, 251, 287, 324 n. 43, 400
jñānāvaraṇakarman, 194
jñānamārga, 63, 249, 289, 316, 319
jñānendriya, 230, 236, 263, 269
Jñātaputra, 165, 166
juṣṭaṁ īśam, 267

K

kaivalya, 183, 186-188, 208, 216, 223, 224, 226, 262, 309, 383, 406, 409, 420
kāla, 84, 85, 101, 193, 276
kalyāṇa, 151
kāma, 40, 49 n. 20, 68, 114, 116, 124, 125, 137, 170, 210, 263, 287, 322, 333 n. 111, 343, 406
Kāmaloka, 114 (Br), 115 (Bu)
kāmarāgabala, 285
Kāma-Sūtra, 119
kaṇṭaka, 89
kapota, 169
kāritā, 334 n. 223
karman, 53, 59, 60, 64 (Br), 177, 204 n. 58, 309, 310 (J), 341, 345, 375, 376 (Bu), 433 (V)
karman kurvan, 279
karmamārga, 60, 63, 249, 289, 316
Karma-Mīmāṁsā, 432
karmayoga, 69 n. 12, 274, 282
karmendriya, 236, 264, 269
kartṛ, 230, 263
karuṇā, 386, 387
kaṣāya, 307
kāyabala, 168, 197
kāyotsarga, 161
kevala, 143, 165 (J), 212, 223, 224, 227 (SY), 265
kevalajñāna, 233
kevalin, 194, 196, 197, 223
khak, 189
khakkhara, 189
khyāti, 232
kleśa, 215, 219, 222, 224, 375
kleśita, 374
kliśta, 216
kośa, 294
krodha, 287
kṛṣṇa, 169
kṣaṇa, 365
kṣatriya, 41, 56, 87
kula, 406
kumārīpūjā, 412
kumbhaka, 305
kumbhāṇḍa, 114
kuṇḍa, 165
kuṇḍalinī, 413, 418, 419
kuśa, 289
kuśala, 374
kūṭastha, 211

L

lābha, 195
lābhāntarāyakarman, 195
laya, 307, 333 n. 209
layaṁ yāti, 313
leśyā, 169, 181, 182, 385
līlā, 69 n. 12, 387, 406, 408, 409, 421, 425 n. 8
liṅga, 434 (N)
liṅgin, 434 (N)
loka, 114, 333 n. 208 (Br), 193 (J), 115 (Bu)
lokāyata, 438 n. 25
lokayātrā, 271

M

madhuparka, 426 n. 38
Madhyagraiveyaka, 149
madhyamaparimāṇa, 231
madya, 406, 417
mahā, 47 n. 13
mahān, 231
mahānt, 41, 59, 63, 159, 231, 232, 236
mahāpuruṣa, 101, 102
mahārāja, 104
mahāsukha, 387, 389, 390
mahātma, 41, 59
mahāvākya, 119, 261
Mahāvāyu, 419
Mahāvīra, 159, 166
mahāvyañjana, 102
Mahāyāna, 47 n. 13, 349, 363
maithuna, 406, 411, 413, 417, 418
mala, 384
mām, 417
māṁsa, 406, 417
manaḥparyāya, 154
manana, 304
manas, 53, 168, 169, 230, 232, 236, 238, 263, 269, 287, 294, 314, 433
maṇḍala, 92, 94
maṇipūra, 414
manobala, 197
manomayakośa, 294, 331 n. 171
mantha, 329 n. 120
mantṛ, 265
mantra, 381, 412-414, 418
māra, 343
Māra, 115, 120 n. 4, 156
mārga, 251
maskara, 189
mati, 232
mātra, 242 n. 50
matsya, 39, 406, 417
matsyamudrā, 413
Matsyanyāya, 39, 96, 133, 359
matta sarvaṁ pravartate, 288
mauna, 333 n. 203
maya, 294
māyā, 28, 33, 48 n. 14, 91, 98, 248, 254, 280-282, 294, 301, 308, 408
Mīmāṁsā, 431
moha, 113
mohanagṛha, 99
mohanīyakarman, 194
mokṣa, 41, 43, 44, 58, 116, 137, 295, 322, 335 n. 238, 375, 406 (Br), 144, 196 (J), 208 (SY), 343, 399 (Bu)
mokṣecchā, 52
mokṣakalyana, 155
mudrā, 100 (selo), 413, 414, 417, 426 n. 22 (postura das mãos), 406 (grãos tostados)
mūlādhāra, 413, 418, 419
mumukṣutva, 52, 54
muni, 314, 333 n. 203, 337

N

nāga, 114
nāgarāja, 369
nairāśya, 333 n. 215
naivedya, 426 n. 38
nāmakarman, 194
nāman, 31, 64, 194, 250, 267
nāmarūpa, 32, 177, 246, 247, 255, 301, 303
namaskriyā, 426 n. 38
Namuci, 115, 116, 120 n. 5
nara, 248
nātha, 159
nemi, 111 n. 45, 167
neti neti, 250, 263
nī, 49 n. 23
nididhyāsana, 304
nidrā, 213
nigamana, 434
nigrahasthāna, 435
nīla, 169
nimittakāraṇa, 434
nir, 372
nirālambanavāda, 372
nirañjana, 334 n. 216, 384
nirgrantha, 166
nirguṇa, 69 n. 7
nirjarā, 195
nirodha, 229
nirupādhi, 334 n. 220
nir-vā, 199 n. 3
nirvāṇa, 165, 199 n. 3, 341, 345, 348, 366, 371, 373, 391 n. 8, 411
nirvikalpa, 306, 418

nirvikalpasamādhi, 306, 318, 418
nirvṛtti, 41
niṣkriya, 320
niṣṇāta, 267
nīti, 49 n. 23, 96
nītisāra, 49 n. 23
nitya, 277, 315, 324 n. 39
nityānityavastuviveka, 53
nivṛtti, 41, 183
niyama, 305
nyāsa, 414
nyāya, 39, 296; também 431-435 (N)

O

OṀ, 268, 269, 271, 272

P

pada, 264
pāda, 169, 269
padārtha, 433
padma, 169, 413, 418
padmāsana, 305
pādya, 317, 426 n. 38
pagani, 283
pañca, 39
Pañcasāyaka, 113
Pañcatantra, 39
pañcatattva, 411, 421
pāṇi, 169
papāsrava, 170
pāpīyān, 115, 328 n. 108
parama, 42
paramahaṁsa 335 n. 234
paramakaivalya, 313
paramāṇu, 193, 236
paramārtha, 42, 369
paramārthatattva, 368
paramārthavid, 42
paramātman, 401
parambrahman, 267
parameṣṭhin, 147
pāramitā, 348, 377, 382
parātparaṁ, 260
parikalpa, 373
parimaraḥ, 64
pariṇāma, 334 n. 231
pariṇāmanityatva, 239
pariṇāyaka, 103
parinirvāṇa, 352, 377
parisaṁkhyāna, 235
pāśa, 113
paśu, 411, 412, 415
pauṣa, 154
pāyu, 169
phala, 53, 278, 286, 304, 305
piṭaka (P), 372
pīṭha, 161, 412
pitṛloka, 52, 116
prabhāsa, 211
pradeśa, 193
prajñā, 232, 329 n. 124, 331 n. 173, 348, 372, 373, 375, 387
prājña, 270, 272, 303
prajñānasantati, 232
prajñāpāramitā, 28, 281, 348, 349, 395 n. 81
prajñātman, 268
prakṛta, 234
prakṛti, 176, 203 n. 49, 204 n. 58, 206 n. 92, 208, 211, 212, 217, 222-224, 229, 231, 234-236, 238, 246, 273, 279, 288, 293, 374, 384, 421, 423
pramāṇa, 213
prāṇa, 60, 62, 169, 176, 177, 203 n. 47, 205 n. 61, 231, 262, 269, 294, 305, 312, 331 n. 171, 384, 412
prāṇamayakośa, 294, 331 n. 171
prāṇapratiṣṭhā, 412
prāṇāyāma, 305, 384, 413, 418
prapañcopaśama, 270
prārabdhakarman, 309, 310
prātaḥsmaraṇamstotram, 321
pratijñā, 434
pratīka, 412
pratimā, 412
pratītyasamutpāda, 396 n. 91
pratītyasamutpanna, 368
pratyag, 263
pratyāhāra, 306
pratyakṣa, 434
pravāha, 306
pravivikta, 270
pravṛtti, 374
preman, 406, 407, 415
preta, 114, 327 n. 100
pṛthagjana, 378, 380
pudgala, 193
pūjā, 317, 412,
puṁs, 211, 225
punarmṛtyu, 183
puṇyāsrava, 170
pūraka, 305
Purāṇa, 70 n. 27, 276, 405
puruṣa, 176, 196, 204 n. 58, 206 n. 92, 208, 211, 212, 216, 222-224, 229, 231, 237, 273, 293, 274, 385, 420 (SY), 126, 176, 247, 261, 267, 268, 281, 288, 297, 313 (Br), 431

Pūrva-Mīmāṁsā, 432
pūrvavat, 434
puṣpa, 427 n. 41
Puṣpabāṇa, 113

R

rāga, 212, 218,
rahasyam, 57
rāja, 62
rājādhirāja, 104
rājaputra, 225
rajas, 169, 203 n. 49, 216, 217, 221, 235, 285, 301, 302, 415
rājasa, 281
rājasūya, 153
rākṣasa, 114, 327 n. 99
rakta, 169, 217
rañj, 169, 217
rasa, 206 n. 96, 236, 308
rasāsvāda, 308
rasendriya, 197
ṛc, ṛg, 64
recaka, 306
ṛṣabha, 159
Ṛṣabhanātha, 159
Ṛṣi, 205 n. 61, 326 n. 61, 424
rūpa, 31, 64, 194, 236, 250, 267, 283, 284, 322, 396 n. 90
rūpaloka, 115 (Bu)

S

sa, 287
śabda, 414 (T), 434 (N); 236
śabdabrahman, 267
saccidānanda, ver: *sat-cit-ānanda*
śacī, 65
sādhaka, 409, 414
sādhanā, 405
sagara, 148, 209
saguṇa, 69 n. 7
sahajaṁ karman 278
sahasrāra, 418
śaka, 361
sakaṣāya, 308
śakra, 65, 73 n. 37
śakta, 65
śakti, 65, 70 n. 27, 123, 131, 176, 294, 301, 404, 406, 412, 415-418, 423
samādhā, 54
śama, 53
samādhāna, 54
samādhi, 304-306, 333 n. 210, 374, 416
sāman, 97
samāna, 231
sāmānya, 433
sāmānyato dṛṣṭa, 434
samaṣṭi, 299
samaṣṭyabhiprāyena, 299
samavasaraṇa, 155
samavāya, 433, 437 n. 14
samavāyikāraṇa, 434
samaya, 197
sambhāra, 377
sambhavāmi, 279
sāṁkhya, 208
sāmodbhava, 97
samprajānan, 184
samprajñāta, 306
saṁsāra, 53, 135, 208, 225, 264, 371
saṁskāra, 214, 234, 235, 396 n. 90
saṁskṛ, 234
saṁskṛta, 234
saṁvara, 195
saṁvṛtitattva, 368
samyagjñāna, 267
samyaksambodhi, 377
saṁyogaviśeṣa, 212
sanātana, 277
sañcitakarman, 309
sañjñā, 396 n. 90
sañjñin, 169
saññama (P), 359
sannyāsa, 144
sannyāsakalyāṇa, 153
sannyāsin, 189
śānta, 270
santāna, 365, 373, 375
santati, 365
santoṣa, 305
sāra, 39
śārad, 218
śārada, 218
śarīra, 66, 263
śarīrin, 275, 277
sarpin, 203 n. 43
sārūpya, 213
sarva, 366
sarvagata, 277
sarvajñā, 270
sarvāstivādin, 366
sarveśvara, 270
śāstra, 39, 70 n. 27, 405
sat, 32, 128, 130, 217, 228, 297, 298, 300, 318
sat-cit-ānanda (propriamente, *saccidānanda*), 303, 400, 420, 425 n. 5
satī, 130
sattva, 169, 203 n. 49, 216, 217, 222, 235, 286, 301, 302

sāttvika, 281
satya, 131, 132-134, 261, 267, 305
satyāgraha, 132, 134
satyaloka, 52
satyasya satyam, 57
śauca, 305
savikalpa, 306, 418
savikalpasamādhi, 306, 318, 418
senāpati, 212
śeṣavat, 434
śiṣya, 43
śiva, 270
Śivo 'ham, 321
smṛti, 70 n. 27, 213, 232, 405
smṛtimant samprajānan, 184
snāna, 426 n. 38
soma, 329 n. 126
sparśa, 236
sparśendriya, 197
śraddhā, 50, 52, 124, 285, 327 n. 98, 381
śrauta, 112 n. 51
śravaṇa, 303
śrāvaṇa, 155
śravaṇendriya, 197
Śrī, 85, 108 n. 10
śruti, 70 n. 27
stambha, 114
sthāṇu, 277
sthūla, 194, 236, 269, 316
sthūlabhūta, 236
sthūlaśarīra, 66
strīratna, 102
stūpa, 103, 356
sudarśana, 104
śūdra, 41, 56
śukla, 169
sūkṣma, 193, 237
sūkṣmaśarīra, 66
śūnya, 370, 373
śūnyatā, 347, 370-372, 377, 387, 388, 399
śuśrūṣā, 50, 124
suṣumṇā, 413
suṣupti, 256, 268, 270, 316
sūtra, 49 n. 25, 393 n. 57, 431, 433
sūtrānta, 393 n. 57
svadharma, 122
svādhiṣṭhāna, 413
svādhyāya, 305
svāgata, 426 n. 38
svāmin, 212
svapna, 268, 316
svarga, 358
svarūpa, 211
śvāsocchvāsabala, 168
śvāsocchvāsaprāṇa, 197
svastikāsana, 305
svasvarūpam, 225
svayambhū, 263
śvetāmbara, 138 n. 6, 159

T

taijasa, 256, 270, 272
tamas, 169, 203 n. 49, 216, 218, 221, 235, 285, 286, 301, 302
tāmasa, 281
tanmātra, 236, 242 n. 50
tantra, 39, 70 n. 27, 405
tanūm śvām, 268
tapas, 185, 195, 267, 277, 285, 305, 378
tathāgata, 112 n. 50
tathātā, 368, 373, 375, 389
tattva, 195 (J), 235, 431 (SY)
tat tvam asi, 119, 225, 246, 261, 294, 331 n. 169
tejas, 169 (J), 412 (T)
tīrtha, 342
Tīrthaṁkara, 143-156, 158-162, 163-167
titikṣā, 53
trivarga, 41, 43, 68, 333 n. 211, 335 n. 238, 406
tṛṣṇā, 338
turīya, 238, 268, 272, 307, 316, 321
tyāgin, 278

U

udāna, 238
upabhoga, 195
upabhogāntarāyakarman, 195
upacāra, 426 n. 38
upādānakāraṇa, 434
upadeśa, 39
upādhi, 212, 334 n. 220
upakrama, 303
upamāna, 434
upanaya, 434
upaniṣad, 57
upapatti, 304
uparati, 53
upasaṁhāra, 303
upastha, 169
upāya, 96, 109 n. 24, 389
upekṣā, 98
utsāha, 191
utsarpiṇī, 203 n. 43
Uttara-Mīmāṁsā, 432

V

vāc, 168, 177
vacanabala, 168, 197
vāda, 366, 372
vadana, 427 n. 41
vaibhāṣika, 367, 394 n. 62
Vaiśeṣika, 433
vaiśākha, 151
vaiśvānara, 256, 269, 271
vaiśya, 41, 56
valāhaka, 281
vana, 43
vanaprastha, 43, 125
varṇa, 122
vaśa, 114
vāsanā, 234, 374
vasana, 426 n. 38
vāyu, 408
Veda, 244
vedanā, 396 n. 90
Vedāṅga, 52
vedanīya-karman, 194
Vedānta, 47 n. 13, 320
Vedāntasāra, 52
vicitra, 313
vid, 42
vidāhin, 286
videhamukti, 309
vidvās, 278
vidyā, 32, 54, 267, 295, 343, 385
viguṇa, 279
vijānant, 326 n. 81
vijñāna, 265-267, 287, 294, 324 n. 43, 372, 373, 376, 395 n. 78, 396 n. 90, 399, 400
vijñānamayakośa, 294
vijñānavāda, 372
vijñānavant, 264
vijñātṛ, 265
vikalpa, 213, 306
vikāra, 25, 261
vikṣepa, 307, 334 n. 217
vikṣipta, 307
Vinaya (P), 353
viparyaya, 213
vīra, 63, 159 (Br), 409, 411, 415(T)
virāga, 53
viruddhābhāṣā, 367, 394 n. 62
vīrya, 83, 191
vīryāntarāyakarman, 195
viśārada, 218
visarjana, 412
viṣaya, 263
viśeṣa, 433
viśuddhacakra, 414
viśva, 248
vivarta, 334 n. 231
vivartavada, 319
viveka, 212, 222, 226, 233, 385
vrata, 63
vṛtti, 306
vyāna, 231
vyāpaka, 434
vyāpti, 434
vyāpya, 434
vyaṣṭi, 299
vyaṣṭyabhiprāyena, 299
vyavadāna, 375

Y

ya evaṃ veda, 60, 63, 272
yajña, 277, 409
yakṣa, 114, 327 n. 99
yama, 305
yāna, 28, 47 n. 13, 342
yantra, 413
yantrārūḍha, 282
yat sat tat kṣaṇikam, 365, 366
yoga, 208, 270, 411, 421
yoni, 270, 413
yonimudrā, 413

Obras da Palas Athena Editora relacionadas à temática abordada neste livro

O poder do mito

Joseph Campbell

Fruto de entrevistas com Joseph Campbell, realizadas pelo destacado jornalista Bill Moyers, revela os saberes e a extraordinária jornada do maior especialista da mitologia mundial, numa brilhante combinação de sabedoria e humor. O mito e o mundo moderno, a saga do herói, o caminho interior, os nascimentos virginais, sacrifício e bem-aventurança, amor e matrimônio, e mesmo os personagens de *Guerra nas estrelas,* são tratados de modo único, revelando a dimensão mítica na experiência humana e seu significado universal.

As máscaras de Deus

Joseph Campbell

Um projeto de doze anos, em quatro volumes que levou Joseph Campbell a confirmar a unidade humana, não só em termos biológicos, mas na sua história espiritual que, em toda parte, manifestou-se como uma única sinfonia, teve seus temas apresentados, desenvolvidos, amplificados e revolvidos, distorcidos e reafirmados, para hoje ressoar em uníssono num estrondoso *fortíssimo* para o clímax, do qual emergirá o próximo grande movimento.

Mitologia primitiva – volume 1

Aproxima-nos de um mundo e de uma experiência de vida que podem parecer distantes, mas que estão presentes em muitas das nossas crenças, medos e ansiedades. As mitologias dos povos surgem de uma perspectiva não apenas antropológica, mas também histórica e psicológica; recria-se a textura de um passado que continua pulsando no inesgotável mundo interior das culturas e dos indivíduos, portanto sempre atual.

Mitologia oriental – volume 2

Inicia com uma reflexão sobre o diálogo mítico entre Oriente e Ocidente: a tradição contemplativa oriental e a contrapartida ocidental que revela a separação entre as esferas divina e humana. Aborda mitologias que se desenvolveram na Suméria, no Vale do Nilo, na Índia dravídica, védica e budista, na China taoísta e confuciana, na Coreia, no Tibete e no Japão.

Mitologia ocidental – volume 3

As relações entre o Oriente e Ocidente – como as antigas cosmologias e mitologias foram transformadas e reinterpretadas nos mitos gregos e na Bíblia, bem como no Judaísmo, Cristianismo e Islamismo. Uma sistemática e fascinante comparação entre os temas que subjazem na arte, nos ritos e na literatura ocidental, trazendo questões tão atuais candentes, em ampla e inadiável reflexão.

Mitologia criativa – volume 4

Aborda as funções vitais da mitologia na atualidade, dada pelos artistas, literatos e pensadores, os criadores e os visionários de antigas e sempre novas aventuras espirituais. Nossa sociedade ao mesmo tempo plural e individualista já não permite verdades universalmente aceitas, nem espaços cognitivos, artísticos ou religiosos que não dialoguem – tornando cada um de nós o centro criativo de autoridade e significado para sua própria vida.

Deusas – Os mistérios do divino feminino

Joseph Campbell – editado por Safron Rossi

Esta obra acompanha a evolução da Grande Deusa nas sociedades agrárias da Idade da Pedra, passando pela Anatólia, a Europa Antiga, o Extremo Oriente e a Renascença, manifestando com sua presença as energias arquetípicas de transformação, iniciação e inspiração que são as promessas de futuro. Joseph Campbell, exímio tecelão, colheu os fios desse processo no solo sagrado de culturas de todos os quadrantes do mundo, que continuam a oferecer significados psicológicos e existenciais que orientam a compreensão do humano até os nossos dias. "A vida" – assinala Campbell – "não é um problema a ser resolvido, mas sim um mistério a ser vivido".

Yoga – imortalidade e liberdade

Mircea Eliade

Fonte de referência para estudiosos – de rigor científico, mas acessível – consagrada às origens, história, elementos teórico-práticos de uma disciplina vasta, abrangendo fisiologia, psicologia, metafísica e terapêutica. Este rastreamento permeia seus aspectos menos estudados: as ideias, simbolismo e os métodos expressos no tantrismo, na alquimia, no folclore e devoção aborígenes, resgatando o seu lugar no conjunto da espiritualidade indiana.

Mente zen, mente de principiante

Shunryu Suzuki

E se você procurar sentar e ficar quieto por algum tempo para descobrir o que é a sua mente? A inocência da primeira pergunta "o que sou eu?" é a mente de principiante. Suzuki traz a prática do Zen como disciplina e caminho viável – a postura e a respiração, as atitudes e a compreensão básicas da prática – a mente aberta, que inclui a dúvida e a capacidade de ver de forma sempre nova, em seu frescor original.

O livro tibetano do viver e do morrer

Sogyal Rinpoche

Obra-prima da espiritualidade do budismo tibetano – uma orientação para a vida e para a morte cujas raízes estão no coração da tradição do Tibete – traz práticas simples e poderosas para todas as pessoas, de qualquer religião ou cultura, usarem para transformar sua vida. Reúne a antiga sabedoria, e as modernas pesquisas ocidentais sobre o morrer, a morte e a natureza do universo.

Autobiografia Gandhi - Minha vida e minhas experiências com a verdade

Mohandas K.Gandhi

Este projeto editorial traz ao público brasileiro – pela primeira vez em tradução direta do inglês – uma parte importante da extensa obra escrita do homem extraordinário que marcou o século XX e tornou-se o guia visionário de novas gerações: Mohandas K. Gandhi, o célebre pensador, político e educador indiano, que levou a Índia à sua independência com inteligência e visão de longo alcance, cujo legado inspirou todos os movimentos pacifistas conhecidos. Sua saga de não violência é um exemplo luminoso de como a resistência à opressão deve começar primeiro pelo trabalho consigo mesmo, e logo estender-se à coletividade.

Texto composto em Copperplate Gothic e Sangatin,
impresso em papel Offset 90 pela Cromosete.